Recht des außerbörslichen Aktienhandels vor dem Hintergrund des Rechts des börslichen Aktienhandels

Sozialökonomische Schriften

Herausgegeben von Bert Rürup

Band 27

PETER LANG
Frankfurt am Main · Berlin · Bern · Bruxelles · New York · Oxford · Wien

Tobias Fehr

Recht des außerbörslichen Aktienhandels vor dem Hintergrund des Rechts des börslichen Aktienhandels

Das Kapitalmarktszenario
für kapitalmarktaktive Aktiengesellschaften,
deren Unternehmensführungen und aktuelle
und potentielle Aktionäre
und für Wertpapierdienstleister

PETER LANG
Europäischer Verlag der Wissenschaften

Bibliografische Information Der Deutschen Bibliothek
Die Deutsche Bibliothek verzeichnet diese Publikation in der Deutschen Nationalbibliografie; detaillierte bibliografische Daten sind im Internet über <http://dnb.ddb.de> abrufbar.

Zugl.: Darmstadt, Techn. Univ., Diss., 2004

D 17
ISSN 0172-1747
ISBN 3-631-54525-8

www.peterlang.de

Geleitwort

Der rechtlich wie tatsächlich komplexe, außerordentlich dynamische und wirtschaftlich bedeutsame Kapitalmarktbereich wird vom Autor methodisch stringent und mit großer Sorgfalt gerade auch bei Detailfragen erschlossen. Damit beweist er seine Fähigkeit zur eigenständigen Systematisierung. So gelingt es ihm, schwierige tatsächliche und rechtliche Zusammenhänge präzise und verständlich darzustellen und für die wissenschaftliche Diskussion sowie die Praxis zu ordnen. Der Autor knüpft dabei an die verfügbaren, für das betreffende Gebiet grundlegenden wissenschaftlichen Vorarbeiten an.

In der ersten Hälfte der Darstellung wird das Kapitalmarktszenario im Hinblick auf die börslichen und außerbörslichen Teilmärkte systematisch verdichtet im wirtschaftlichen Gesamtzusammenhang und in engem Bezug zum geltenden Recht entfaltet. Zentrale rechtliche oder gebräuchliche nicht-rechtliche Grundbegriffe werden erläutert. Einen Schwerpunkt legt der Autor dabei auf die Behandlung des Börsenorganisationsrechts und die genaue börsenrechtliche Einordnung börslicher und außerbörslicher Handelssysteme. Dies erleichtert dem Leser das Verständnis der für den außerbörslichen Aktienhandel relevanten, bislang weitgehend dogmatisch noch nicht erschlossenen Rechtsfragen, deren konkrete Darstellung in der zweiten Hälfte der Arbeit erfolgt.
Durch die parallele Anordnung der für den börslichen Aktienhandel einerseits und für den außerbörslichen Aktienhandel andererseits relevanten Rechtsmaterien im Normenteil werden beide Regelungsregime eng zueinander in Beziehung gesetzt.

Mit seiner Arbeit kann der Autor das Verdienst für sich in Anspruch nehmen, das Recht des außerbörslichen Aktienhandels erstmals umfassend dargestellt zu haben. Er leistet damit einen wichtigen Beitrag sowohl für die wissenschaftliche Befassung mit dieser Thematik wie auch für ihre Umsetzung in der Rechtspraxis. Die Untersuchung lässt sich über ihre engere wissenschaftliche Zielsetzung hinaus auch als Einführung in das Börsen- und Kapitalmarktrecht verstehen.

Prof. Dr. Achim Krämer
Rechtsanwalt beim Bundesgerichtshof, Karlsruhe

Inhaltsverzeichnis

Abkürzungsverzeichnis

a. A.	anderer Ansicht
a. a. O.	am angeführten Ort
a. E.	am Ende
a. F.	alte Fassung
ABl.	Amtsblatt
AG	Aktiengesellschaft
AG	Die Aktiengesellschaft
AGB	Allgemeine Geschäftsbedingungen
AGB-WPGeschäfte	Allgemeine Geschäftsbedingungen Wertpapiergeschäfte
AktG	Aktiengesetz
AktG-E	Gesetzentwurf zum angegebenen Paragraphen des Aktiengesetzes
Alt.	Alternative
AnSVG	Gesetz zur Verbesserung des Anlegerschutzes (Anlegerschutzverbesserungsgesetz), BGBl. I, 2004, 2630
Art.	Artikel
Artt.	Artikel (Plural)
ATS	Alternative Trading Systems
BaFin	Bundesanstalt für Finanzdienstleistungsaufsicht
BAKred	Bundesaufsichtsamt für das Kreditwesen
BAnz.	Bundesanzeiger
BAV	Bundesaufsichtsamt für Versicherungswesen
BAWe	Bundesaufsichtsamt für Wertpapierhandel
BB	Betriebsberater
Bedingungen	Bedingungen für Börsengeschäfte (Börsenusancen)
BGB	Bürgerliches Gesetzbuch

BGB AT	Allgemeiner Teil des Bürgerlichen Gesetzbuchs
BGBl.	Bundesgesetzblatt
BGH	Bundesgerichtshof
BilKoG	Gesetz zur Kontrolle von Unternehmensabschlüssen (Bilanzkontrollgesetz), BGBl. I, 2004, 3408
BilReG	Bilanzrechtsreformgesetz, BGBl. I, 2004, 3166
BOEGA	Börsengeschäftsabwicklung
BörsG	Börsengesetz
BörsO	Börsenordnung
BörsZulVO	Börsenzulassungsverordnung
BOSS-CUBE	Börsen-Order-Service-System/Kursunterstützungs-Berechnungssystem
BKR	Zeitschrift für Bank- und Kapitalmarktrecht
BT-Drs.	Bundestags-Drucksache
BVerfG	Bundesverfassungsgericht
BVerfGE	Entscheidung des Bundesverfassungsgerichts
BVerwG	Bundesverwaltungsgericht
BVerwGE	Entscheidung des Bundesverwaltungsgerichts
bzw.	beziehungsweise
ca.	circa
CESR	Comittee of European Securities Regulators
CG	Corporate Governance
d. h.	das heißt
D & O	directors and officers
DAI	Deutsches Aktieninstitut
DAV	Deutscher Anwaltsverein
Dax	Deutscher Aktienindex
DB	Der Betrieb
DBAG	Deutsche Börse AG

db pip	Deutsche Bank, Price Improvement Platform
DepotG	Depotgesetz
ders.	derselbe
DfBest	Durchführungsbestimmungen
DGAP	Deutsche Gesellschaft für Ad-hoc-Publizität
dies.	dieselbe/n
DJT	Deutscher Juristentag
Durchführungsrichtlinie 2004/72 zur Marktmissbrauchsrichtlinie	Richtlinie 2004/72/EG zur Durchführung der Richtlinie 2003/6/EG, ABl. EU vom 30.04.2004, Nr. L 162, S. 70
Durchführungsrichtlinie 2004/124 zur Marktmissbrauchsrichtlinie	Richtlinie 2004/124/EG zur Durchführung der Richtlinie 2003/6/EG, ABl. EU vom 24.12.2004, Nr. L 339, S. 70
EAEG	Einlagensicherungs- und Anlegerentschädigungsgesetz
ECN	Electronic Communication Network
EDV	Elektronische Datenverarbeitung
EG	Europäische Gemeinschaft
EGV	Vertrag zur Gründung der Europäischen Gemeinschaft
EHS	Elektronisches Handelssystem
Einl	Einleitung
Einl.	Einleitung
ESC	European Securities Committee
ESRC	EU-Securities Regulators Committee
EU	Europäische Union
EUV	Vertrag über die Europäische Union

EuZW	Europäische Zeitschrift für Wirtschaftsrecht
evtl.	eventuell
EWR	Europäischer Wirtschaftsraum
EWS	Europäisches Wirtschafts- und Steuerrecht
f.	folgende
FAZ	Frankfurter Allgemeine Zeitung
FESCO	Forum of European Securities Commissions
ff.	fortfolgende
FinDAG	Gesetz über die Bundesanstalt für Finanzdienstleistungsaufsicht
FTD	Financial Times Deutschland
FWB	Frankfurter Wertpapierbörse
GebO	Gebührenordnung
GmbH	Gesellschaft mit beschränkter Haftung
GmbHG	Gesetz betreffend die Gesellschaften mit beschränkter Haftung
GwG	Geldwäschegesetz
h. L.	herrschende Lehre
h. Rspr.	herrschende Rechtsprechung
HGB	Handelsgesetzbuch
HS.	Halbsatz
HÜSt	Handelsüberwachungsstelle
i. d. R.	in der Regel
i. d. S.	in diesem Sinne
i. S. d.	im Sinne des
i. V. m.	in Verbindung mit
i. Z. m.	im Zusammenhang mit
IAS	International Accounting Standards
IFRS	International Financial Reporting Standards

IBIS	Integriertes Börsenhandels- und Informationssystem
insbes.	insbesondere
InvG	Investmentgesetz
IOSCO	International Organisation of Securities Commissions
IPrax	Praxis des internationalen Privat- und Verfahrensrechts
IW-Order	interessewahrende Ausführung
JZ	Juristenzeitung
KAG	Kapitalanlagegesellschaft
KapInHaG-E	Gesetzentwurf der Bundesregierung für ein Kapitalmarktinformationshaftungsgesetz
KapMuG	Kapitalanleger-Musterverfahrensgesetz, BGBl. I, 2005, 2437
KGaA	Kommanditgesellschaft auf Aktien
KOM	Mitteilung der Kommission der Europäischen Gemeinschaften
KonTraG	Gesetz zur Kontrolle und Transparenz im Unternehmensbereich
KuMaKVO	Kursmanipulations-Konkretisierungsverordnung
KWG	Kreditwesengesetz
LSE	London Stock Exchange
m. w. N.	mit weiteren Nachweisen
MaKonVO	Marktmanipulations-Konkretisierungsverordnung, BGBl. I, 2005, 515
Marktmissbrauchs-richtlinie	Richtlinie 2003/6/EG über Insidergeschäfte und Marktmanipulation, ABl. EU vom 12.04.2003, Nr. L 96, S. 16
Mio.	Millionen
MMR	Multimedia und Recht

MONSTER	market-orientated new systems for terrifying exchange regulators
MTF	multilateral trading facilities
Mrd.	Milliarden
n. F.	neue Fassung
NaStraG	Gesetz zur Namensaktie und zur Erleichterung der Stimmrechtsausübung
NJW	Neue Juristische Wochenzeitung
NJW-RR	NJW-Rechtsprechungs-Report Zivilrecht
Nr.	Nummer
NVwZ	Neue Zeitschrift für Verwaltungsrecht
NZG	Neue Zeitschrift für Gesellschaftsrecht
o. a.	oder andere/s
o. ä.	oder ähnliches
OTC	over the counter
Prospektrichtlinie	Richtlinie 2003/71/EG betreffend den Prospekt, der beim öffentlichen Angebot von Wertpapieren oder bei deren Zulassung zum Handel zu veröffentlichen ist (...), ABl. EU vom 31.12.2003, Nr. L 345, S. 64
PrüfO	Prüfungsordnung
PTS	Proprietary Trading Systems
RIW	Recht der Internationalen Wirtschaft
Rn.	Randnummer
S.	Satz
S.	Seite
SanktVO	Sanktionsausschussverordnung
SBW	Sonderbedingungen Wertpapiergeschäfte
SchiedsGO	Schiedsgerichtsordnung
SE	société européenne

SEEG	Gesetz zur Einführung der Europäischen Gesellschaft
StGB	Strafgesetzbuch
Transparenzricht-linie (n. F.)	Richtlinie 2004/109/EG zur Harmonisierung der Transparenzanforderungen (…), ABl. EU vom 31.12.2004, Nr. L 390, S. 38
TransPuG	Transparenz- und Publizitätsgesetz
u. a.	unter anderem/n/und andere
u. U.	unter Umständen
Übernahmerichtlinie	Richtlinie 2004/25/EG betreffend Übernahmeangebote, ABl. EU vom 30.04.2004, Nr. L 142, S. 12
UMAG	Gesetz zur Unternehmensintegrität und Modernisierung des Anfechtungsrechts, BT-Drs. 15/5092
UmwG	Umwandlungsgesetz
Urt.	Urteil
v.	vom
VerkProspG	Verkaufsprospektgesetz
VerkProspVO	Verkaufsprospektverordnung
VGH	Verwaltungsgerichtshof
vgl.	vergleiche
4. Finanzmarktförde-rungsgesetz	4. Finanzmarktförderungsgesetz, BGBl. I, 2002, 2010
VO	Verordnung
Vorbem.	Vorbemerkung
VorstOG	Vorstandsvergütungs-Offenlegungsgesetz, BGBl. I, 2005, 2247
VwVfG	Verwaltungsverfahrensgesetz
WahlVO	Landesverordnung über die Wahl der Börsenräte

Wertpapierdienst-leistungsricht-linie (a. F.)	Richtlinie 93/22/EWG über Wertpapierdienstleistungen, ABl. EG vom 11.06.1993, Nr. L 141, S. 27
Wertpapierdienst-leistungsricht-linie (n. F.)	Richtlinie 2004/39/EG über Märkte für Finanzinstrumente, ABl. EU vom 30.04.2004, Nr. L 145, S. 1
WM	Wertpapiermitteilungen
WpAIV	Wertpapierhandelsanzeige- und Insiderverzeichnisverordnung, BGBl. I, 2004, 3376
WpHG	Wertpapierhandelsgesetz
WpHG-E	Gesetzentwurf zum angegebenen Paragraphen des Wertpapierhandelsgesetzes
WpPG	Prospektrichtlinien-Umsetzungsgesetz (Wertpapierprospektgesetz), BGBl. I, 2005, 1698
WPR	Wertpapierrecht
WpÜG	Wertpapiererwerbs- und Übernahmegesetz, BGBl. I, 2001, 3822
Xetra	exchange electronic trading
z. B.	zum Beispiel
ZBB	Zeitschrift für Bankrecht und Bankwirtschaft
ZfgK	Zeitschrift für das gesamte Kreditwesen
ZGR	Zeitschrift für Unternehmens- und Gesellschaftsrecht
ZHR	Zeitschrift für das gesamte Handels- und Wirtschaftsrecht
ZIP	Zeitschrift für Wirtschaftsrecht
ZPO	Zivilprozessordnung

A. Einführung

Die Unterscheidung von börslichem und außerbörslichem Aktienhandel wird durch die tatsächlichen finanzwirtschaftlichen Verhältnisse vorgegeben[1] und insbesondere im diese strukturierenden Recht getroffen. Über hundert Jahre schon gibt es den Rechtsbegriff der „Börse" im deutschen Börsengesetz (BörsG)[2] und eine hieran anknüpfende, im Laufe der Jahrzehnte immer feinmaschiger gewordene Regulierung des Börsenhandels durch das Börsenrecht[3] als besonderem Kapitalmarktrecht[4]. Damit erfolgt auf der rechtlichen Ebene seither eine klare Abgrenzung gegenüber dem übrigen Handel außerhalb der Börse[5]. Inzwischen ist „außerbörslicher Aktienhandel" ein Rechtsbegriff des (allgemeinen) Kapitalmarktrechts, der als Gegenbegriff zu dem des „börslichen Aktienhandels" dient[6].

Auf der Differenzierung zwischen börslichem und außerbörslichem Aktienhandel basiert auch die wirtschaftswissenschaftliche Studie von Stenzel zu Umfang und Ursachen außerbörslichen Aktienhandels aus dem Jahr 1995[7], die ein Ausgangspunkt für die vorliegende rechtswissenschaftliche Arbeit sein konnte. In der genannten Veröffentlichung wird eine separate Untersuchung der rechtlichen Rahmenbedingungen außerbörslichen Aktienhandels angekündigt[8]. Dieses Projekt wird hier verfolgt[9].

---

1 Vgl. hier nur Schwark-Beck, § 24 Börsengesetz (BörsG) Rn. 3; Beck, WM 1998, 417 (422); Kümpel, S. 1296 ff., 8.182 ff.; 1305 ff., 8.218 ff.; ders., Kapitalmarktrecht, S. 64; Hopt, BGH-Festschrift, 497 (500); U. H. Schneider, AG 1997, 81 (81); Schuster, S. 242; Stenzel, S. 19 ff., 32 ff.

2 § 1 I 1 BörsG; Schwark-Beck, § 1 BörsG Rn. 1 ff.; Breitkreuz, S. 25; Lenenbach, S. 7, Rn. 1.16.

3 Vgl. hier nur Hopt-Hopt, Börsenreform, S. 370 f.; ders./Baum, WM 1997, Sonderbeilage Nr. 4, 3 (16); Schwark, WM 1997, 293 (296); Claussen, S. 356, Rn. 7; Mues, S. 39 ff., 45, 53 ff.; Schlüter, S. 11 ff., Rn. 40 ff.

4 Lenenbach, Vorwort, S. V („(das) Börsenrecht (ist) ein Teilgebiet des Kapitalmarktrechts"); Hopt, BGH-Festschrift, 497 (504) („das Börsenrecht ist seit jeher der Kernbereich des Kapitalmarktrechts"); zum Begriff des Kapitalmarktrechts: a. a. O., (499); Kümpel, S. 1245 ff., 8.32 ff.; U. H. Schneider, AG 2001, 269 (270 ff.); Mülbert, JZ 2002, 826 (827); Weber, S. 1 ff.

5 Vgl. auch Hopt, BGH-Festschrift, 497 (500); Merkt, DJT-Gutachten (2002), G 70 f.

6 §§ 1 I i. V. m. 2 I 1 Nr. 1, 1. Alt., IIb 1, 1. Alt. Wertpapierhandelsgesetz (WpHG).

7 Stenzel.

8 Stenzel, S. 17 und Vorwort Hielscher; dementsprechend bezeichnet Stenzel seine Untersuchung im Untertitel auch als „Teilband 1".

9 Stenzel hatte fast alle führenden Finanzplätze der Welt einbezogen (vgl. Stenzel, S. 16); der Gegenstandsbereich dieser rechtswissenschaftlichen Arbeit beschränkt sich auf das deutsche Rechtsgebiet mit relevanten Vorgaben durch das Recht der Europäischen Union, Darstellun-

Wenn auch mehrere, sich bis heute durchhaltende Grundtrends bereits zum Zeitpunkt der ökonomischen Analysen Stenzels sichtbar waren, haben sich die tatsächlichen und rechtlichen Verhältnisse auf den Aktienmärkten in Deutschland und Europa seitdem allerdings dennoch nicht unwesentlich verändert. Das gilt auch für die Zeit nach der im Auftrag der Bundesregierung erfolgten Erstellung des Börsenreform-Gutachtens von 1997[10], das sich zunächst heranziehen ließ. Die Untersuchung Stenzels war hier ebenso wenig wie der wirtschaftswissenschaftliche Teil des Börsenreform-Gutachtens[11] mit wirtschaftswissenschaftlichem Instrumentarium empirisch und theoretisch auf die seither vergangenen Jahre bezogen fortzuführen. Eine rechtliche Untersuchung kann aber auch nicht problemlos an den damaligen Stand der Dinge anknüpfen[12]. Im Verlaufe der vorliegenden Darstellung wird deshalb versucht, die wichtigsten der eingetretenen Veränderungen zu benennen und die aktuelle Situation beim börslichen und außerbörslichen Aktienhandel in ihren wesentlichen Zügen zu beschreiben. Angesichts der allgemein konstatierten Dynamik und Komplexität der Verhältnisse[13] ist das kein leichtes Unterfangen. Zu verweisen ist auf den außergewöhnlichen Kapitalmarktboom der Jahre 1998 bis 2000 ebenso wie auf die anschließende Baisse, Phasen, die jeweils neue Erscheinungen mit sich brachten[14].

---

gen der ausländischen Rechte und umfassende rechtsvergleichende Studien können hier nicht erfolgen.

10 Hopt, Börsenreform, mit Darstellungen der deutschen und außerdem ausländischer Kapitalmarktrechtsordnungen auf dem Stand von 1997; zum Börsenreform-Gutachten Schwark-Beck, § 25 BörsG Rn. 14 ff.

11 Hopt-Rudolph, Börsenreform, S. 143 ff.

12 Vgl. methodisch Hopt-Rudolph, Börsenreform, S. 145, 147 („die wichtigsten Trends der internationalen Kapitalmarkt- und Börsenentwicklung (...) bilden die Ausgangsüberlegung für die Regulierung des Börsenhandels bzw. die Organisation des Marktes für Börsendienstleistungen" bzw. „für (...) Änderungen des Kapitalmarktrechts"); Merkt, DJT-Gutachten (2002), G 13 („Verfassung und Entwicklung der Kapitalmärkte" als „Ausgangspunkt des Gutachtens"); Köndgen, Festschrift Lutter, S. 1401 (1403 f.).

13 Spindler/Christoph, BB 2004, 2197 (2197); Kapitalmarkt Deutschland-Caspari, S. 15 („Kapitalmärkte sind keine statischen Gebilde, sondern befinden sich in einem ständigen Weiterentwicklungs- und Modernisierungsprozess"); Präambel, Erwägung 2 Wertpapierdienstleistungsrichtlinie (neuer Fassung (n. F.)), ABl. EU 2004, Nr. L 145, S. 1 („immer komplexeres und umfangreicheres Spektrum an Dienstleistungen und Finanzinstrumenten"); Präambel, Erwägung 34 Marktmissbrauchsrichtlinie, ABl. EU 2003, Nr. L 96, S. 16 („rasche Weiterentwicklung"); Präambel, Erwägung 1, Satz 6 Durchführungsrichtlinie 2004/72 zur Marktmissbrauchsrichtlinie, ABl. EU 2004, Nr. L 162, S. 70; KOM (2002) 625, S. 15 („das neu entstandene, heterogene und komplexe Handelsumfeld"), 33 („ständig wechselndes Spektrum von Wertpapierdienstleistungen"); Schwark-Schwark, § 16 BörsG Rn. 32 („Schnelllebigkeit des Börsengeschehens, in dem sich die technischen und rechtlichen Rahmenbedingungen ständig verändern"); Beck, DJT-Referat (2002), P 41; Merkt, NJW-Beilage 23/2002, 37 (41); Hopt/Baum, WM 1997, Sonderbeilage Nr. 4, 3 (15).

14 Spindler/Christoph, BB 2004, 2197 (2197); Geschäftsbericht 2004, Gruppe Deutsche Börse, S. 15 ff.; Schwark-Schwark, Einl BörsG Rn. 7 ff.; Kümpel/Hammen, S. 17; Köndgen, Festschrift Lutter, S. 1401 (1403); Schlüter, Vorwort, S. V und S. 23, Rn. 50; Lenenbach, S.

Deren Aufarbeitung dauert an[15]. Zum Teil kann auf statistisches Zahlenmaterial zurückgegriffen werden[16]. Nicht selten erscheint es zweckdienlich, geäußerte Einschätzungen am Kapitalmarktgeschehen maßgeblich Beteiligter heranzuziehen.

Außerbörslicher Aktienhandel ist ein immer schon wichtiger und zusehends wichtiger werdender Bestandteil des kapitalmarktlichen, des finanzmarktlichen und letztlich des gesamtwirtschaftlichen Geschehens[17]. Ihn kennzeichnet insbesondere eine ausgeprägte tatsächliche und rechtliche Wechselbezüglichkeit mit dem börslichen Aktienhandel[18], der nach wie vor im Zentrum der Wahrneh-

---

555, Rn. 12.3; Merkt, DJT-Gutachten (2002), G 9, G 43 ff.; ders., NJW-Beilage 23/2002, 37 (42); KOM (2002) 625, S. 6, bezogen auf Europa („neue Geschäftsmodelle und Marktpraktiken"; früher habe „es noch keinen Wettbewerb zwischen Börsen/Handelssystemen" gegeben, heute sei das hingegen „die wichtigste" regulatorische „Herausforderung"); Schlussbericht des Ausschusses der Weisen über die Regulierung der europäischen Wertpapiermärkte (Final Report of the Committee of Wise Men on the Regulation of European Securities Markets) („Lamfalussy-Bericht", Initial Report vom 09.11.2000), S. 21; Hammes, ZBB 2001, 498 (498 f.); Beck, WM 2000, 597 (597); Mues, S. 17; Hellwig, ZGR 1999, 781 (783 ff.).

15 Baums, ZHR 167 (2003), 139 (140); Spindler, WM 2004, 2089 (2089); ders./Christoph, BB 2004, 2197 (2197).

16 Zur Durchführung einer interdisziplinären und empirischen „PISA-Studie für die Kapitalmärkte" vgl. DJT-Beschlüsse (2002), NZG 2002, 1006 (1008), 6.6.; Hellwig, DJT-Referat (2002), P 79; vgl. inzwischen Kapitalmarkt Deutschland (auf dem Stand von Anfang 2003); vgl. insbesondere auch die statistischen Angaben in den DAI-Factbooks 2001 bis 2004, außerdem die Geschäftsberichte 1999 bis 2004, Gruppe Deutsche Börse.

17 Für den Aktienhandel allgemein vgl. Geschäftsbericht 2001, Gruppe Deutsche Börse, S. 46 („Der Aktienhandel ist einer der Haupttreiber der deutschen Volkswirtschaft"); zum außerbörslichen Handel allgemein (einschließlich des Rentenhandels) vgl. Geschäftsbericht 2003, Gruppe Deutsche Börse, S. 25 (die außerbörslichen Märkte seien wesentlich größer und wüchsen schneller als die börslichen), 28 ff. (die Größe dieses Geschäfts werde weithin unterschätzt); speziell für den außerbörslichen Aktienhandel z. B. Stenzel, S. 32 ff., 99 („Die am Umsatzvolumen gemessen größten außerbörslichen Aktienmärkte finden sich (...) in den USA, in Deutschland und in Großbritannien"); Schwark-Beck, § 24 BörsG Rn. 3; Kümpel, S. 1305 ff., 8.218 ff.; 1507, 10.2; ders., Kapitalmarktrecht, S. 64, 83 ff. i. V. m. 14, 19, 20; Assmann/Schütze-von Rosen, § 2 Rn. 231 ff.; Claussen, S. 474, Rn. 252; Mues, S. 23 f.; Liersch, S. 29 i. V. m. 26 ff.; Spindler, WM 2002, 1325 (1325 ff.); Hellwig, DJT-Referat (2002), P 74; Baums, ZHR 167 (2003), 139 (148); Schwark, Festschrift Immenga, S. 723 (723 f.); bezogen auf Europa KOM (2002) 625, S. 11, 24 („das beträchtliche und wachsende Volumen des außerbörslichen Handels"); zum Begriff „Kapitalmarkt" vgl. Kümpel, S. 1279 ff., 8.124 ff.; Lenenbach, S. 3 ff., Rn. 1.6 ff.; 20 ff., 1.45; zum Begriff „Finanzmarkt" vgl. Kümpel, S. 1279 f., 8.125; Lenenbach, S. 3, Rn. 1.5.

18 KOM (2002) 625, S. 26 („Wechselwirkungen zwischen verschiedenen Handelsformen"); Hopt-Hopt, Börsenreform, S. 394 („Funktionszusammenhang"); Schlüter, S. 350, Rn. 6 („Wertpapierbörsen sind Teilmärkte des Kapitalmarkts"); Wastl/Schlitt, MMR 2000, 387 (394).

mung kapitalmarktlicher Vorgänge steht[19]. Die Regulierung außerbörslichen Aktienhandels ist deshalb nicht im Wege einer isolierten Betrachtung, sondern sinnvoll nur im Rekurs auf die tatsächliche und rechtliche Entwicklung des Börsenhandels zu untersuchen[20]. Darüber hinaus muss das Handelsumfeld zu einem gewissen Maß einbezogen werden. Zu Letzterem gehören Aspekte der Unternehmensorganisation. Allgemein sei vorab gesagt, dass sich eine Vielzahl sowohl schon seit Längerem bestehender als auch neugeschaffener Normierungen und derzeit angestellter rechtspolitischer Überlegungen im Unternehmens- und Kapitalmarktrecht in gleicher oder ähnlicher Weise auf den börslichen wie zumindest Teile des außerbörslichen Bereichs beziehen oder dort auswirken[21].

Bevor also in der zweiten Hälfte der vorliegenden Arbeit die Darstellung einer möglichst umfassenden Auswahl des für außerbörslichen Aktienhandel besonders relevanten Rechts vor dem Hintergrund des Rechts des börslichen Aktienhandels erfolgen kann, wird in der ersten Hälfte vorbereitend das Kapitalmarktszenario für kapitalmarktaktive Aktiengesellschaften, deren Unternehmensführungen und aktuelle und potentielle Aktionäre in wesentlichen Zügen systematisch entfaltet. Das geschieht bereits mit engem Bezug zum jeweils relevanten Recht[22].

Der Stand der deutschen Börsenrechtswissenschaft wurde zwar als zu wenig weit entwickelt kritisiert[23], gleichwohl sind börsenrechtliche Fragen diskutiert[24]

---

19 Hopt, BGH-Festschrift, 497 (504) („Börse ist Kapitalmarkt in seiner reinsten Form"); ders./Baum, WM 1997, Sonderbeilage Nr. 4, 3 (13); Hopt-Rudolph, Börsenreform, S. 150; Kümpel, S. 1370 f., 8.436; 2213, 17.1; 2214, 17.6; ders./Hammen, S. 17, 103 (Wertpapierbörsen „als tragende Säulen des Kapitalmarktes"), 105; Lenenbach, S. 97, Rn. 3.2 („Die Börsen bilden das institutionelle Fundament des Kapitalmarkts"); 118, Rn. 3.33; Mues, S. 62, 125; Stenzel, S. 27, 50; Schwark, Festschrift Immenga, S. 723 (723); zum Anteil des Aktienhandels am gesamten Börsenhandel Schwark-Beck, § 25 BörsG Rn. 6 („die meisten börslichen Umsätze in Deutschland erfolgen im Aktienhandel").

20 Vgl. auch Mues, S. 21.

21 Im Einzelnen unten.

22 Um den Fluss der Darstellung nicht zu stören, erfolgen Paragraphenangaben zunächst nur in Fußnoten, in der zweiten Hälfte der Arbeit (Normenteil) sind solche hingegen zweckdienlicherweise in den Haupttext aufgenommen.

23 Hammen, ZBB 2000, 293 (293) („(Es ist) um den rechtlichen Rahmen der Geschäfte, die an der Börse und im Umfeld der Börse getätigt werden, eher still. Das Börsenrecht gilt auch unter Juristen als nicht eben unkomplizierte Spezialmaterie, die (...) nur von wenigen bearbeitet wird"); Köndgen/Mues, WM 1998, 53 (53) (die „Kritiklosigkeit", mit der in den neunziger Jahren bestimmte Entwicklungen im Bereich der deutschen Börsenorganisation „hingenommen" worden seien, sei „kein Ruhmesblatt für die deutsche Börsenrechtswissenschaft"); Breitkreuz, S. 21 f.; Wastl, WM 1999, 620 (620 f.); Beck, DJT-Referat (2002), P 39 (allgemein für das Kapitalmarktrecht: „ein Rechtsgebiet, das unbeschadet seiner in den vergangenen Jahren erheblich gestiegenen Bedeutung nach wie vor von relativ wenigen Insidern bearbeitet wird").

und zusammenhängende Darstellungen ausgearbeitet worden[25]. Im Laufe des vergangenen Jahrzehnts ist in Deutschland ein ansehnlicher Bestand an allgemein-kapitalmarktrechtlichen Normen gewachsen und Schrifttum hierzu entstanden[26]. Im Zusammenhang mit Börsenreformfragen oder als Gegenstand spezieller Überlegungen sind dann auch besondere rechtliche Aspekte außerbörslichen Aktienhandels auf wissenschaftlicher und rechtspolitischer Ebene in die Diskussion gekommen, d. h. gutachtlich, monographisch oder in Aufsatzform behandelt[27] und schließlich teilweise gesetzlich geregelt worden[28]. Damit haben einige Erscheinungsformen außerbörslichen Aktienhandels erstmals eine partielle oder sogar umfassende (spezial-)gesetzliche Regulierung erfahren oder sind in Deutschland überhaupt erst rechtlich zulässig geworden. Die rechtlichen Rahmenbedingungen außerbörslichen Aktienhandels befinden sich demnach gerade in einem Wandlungsprozess, der sich in der nächsten Zeit fortsetzen wird[29]. Darauf lassen neben einer nicht abgeschlossenen wissenschaftlichen Diskussion[30] insbesondere mehrere neue, entweder gerade national umgesetz-

---

24 Vgl. z. B. jüngst zur börsenrechtlichen Zulässigkeit einer expansiven Unternehmenspolitik durch deutsche Börsenbetreiber anlässlich der neuerlich gescheiterten Bemühungen einer „Zusammenarbeit“ zwischen Deutscher Börse AG/Frankfurt (DBAG) und London Stock Exchange (LSE) Christoph, ZBB 2005, 82 (82 ff.).

25 Schwark, BörsG; Schäfer, Börsengesetz mit BörsZulV; Breitkreuz; Kümpel, S. 2213 ff., 17.1 ff.; ders./Hammen; Assmann/Schütze-Franke, § 2; Claussen; Lenenbach, S. 97 ff.; Schlüter, S. 349 ff.

26 Kümpel, S. 5 f., 1.19.

27 Z. B. zu außerbörslichen elektronischen Handelssystemen zunächst Vaupel, RIW 1995, 568 (568 ff.); Schmidt-Diemitz, DB 1996, 1809 (1809 ff.); Hopt-Hopt, Börsenreform, S. 392 ff., 397 ff.; ders./Baum, WM 1997, Sonderbeilage Nr. 4, 3 (3 f., 8 f., 14 f., 16 f.); Schwark, WM 1997, 293 (293, 298 ff.); Hellwig, ZGR 1999, 781 (790); Mues; Dornau, Deutsche Börse AG, S. 22 ff.; Breitkreuz, S. 169 ff.; Wastl, WM 1999, 620 (622); ders., NZG 2000, 505 (505, 510); ders., WM 2001, 1702 (1702 ff.); ders./Schlitt, MMR 2000, 387 (387 ff.); Beck, WM 2000, 597 (597 ff.); Müller, NJW 2000, 3452 (3452 ff.); Börsensachverständigenkommission, S. 1 ff.; Hammen, WM 2001, 929 (929 ff.); Schmidt/Schleef/Küster/Simic, ZBB 2001, 69 (70); Florian, S. 2 f., 5, 7 f.; Liersch; ders., WM 2003, 473 (473 ff.).

28 §§ 58 ff. BörsG, 37i ff. WpHG, eingeführt durch das 4. Finanzmarktförderungsgesetz, BGBl. I, 2002, 2010; ferner zum Bereich außerbörslicher Unternehmensübernahmen Wertpapiererwerbs- und Übernahmegesetz (WpÜG), BGBl. I, 2001, 3822.

29 Spindler/Christoph, BB 2004, 2197 (2197); Merkt, NJW-Beilage 23/2002, 37 (41); Fleischer, DJT-Gutachten (2002), F 14 f; allgemein Assmann, DJT-Referat (2002), P 11 („Das deutsche Kapitalmarktrecht ist eine Großbaustelle“).

30 Zum Stand der wirtschaftswissenschaftlichen Forschung hinsichtlich Ausgestaltung und Ursachen außerbörslichen Aktienhandels im Jahr 1995 vgl. Stenzel, S. 16 („Literatur (...) erstaunlich dürftig“), 58 („bisher zum Themenbereich außerbörslicher Aktienhandel nur sehr wenig statistisches Material veröffentlicht“), 79; zum nationalen und internationalen Stand der rechtswissenschaftlichen Forschung zur Regulierung außerbörslicher Handelssysteme vgl. Merkt, DJT-Gutachten (2002), G 93 f. („Diskussion (...) erst in ihren Anfängen“); zum Teilbereich des außerbörslichen Pakethandels vgl. Wastl, NZG 2000, 505 (505) (dem „rechtstatsächlichen Stellenwert des Pakethandels wird die bisherige Auseinandersetzung der Juris-

te[31] oder noch umzusetzende[32] Richtlinien der Europäischen Union (EU) schließen, die mitten in den Bereich börslichen und außerbörslichen Aktienhandels zielen (ohne allerdings die vom deutschen Recht vorgenommene grundsätzliche Zweiteilung 'börslich - außerbörslich' und damit den hierauf basierenden Untersuchungsansatz der vorliegenden Arbeit in Frage zu stellen). Außerdem gibt es neue Gesetze im Unternehmens- und Kapitalmarktbereich, die der deutsche Gesetzgeber von sich aus geschaffen hat[33].

Der 64. Deutsche Juristentag (DJT) im September 2002 in Berlin hat sich in der Abteilung Wirtschaftsrecht mit dem Börsen- und Kapitalmarktrecht befasst, was auf deutschen Juristentagen in konzentrierter Weise mehr als zweieinhalb Jahrzehnte nicht mehr der Fall gewesen war[34] und worin sich der Stellenwert dokumentiert, der dieser Rechtsmaterie aktuell beigemessen wird[35]. Gutachten, Referate, Diskussionen und Beschlussfassung standen unter dem Thema „Empfiehlt es sich, im Interesse des Anlegerschutzes und zur Förderung des Finanzplatzes Deutschland das Kapitalmarkt- und Börsenrecht neu zu regeln?“[36]. Die für den Juristentag erstellten Fachgutachten von Fleischer (Kapitalmarktrechtliches Teilgutachten)[37] und Merkt (Börsenrechtliches Teilgutachten)[38] sind Bestandsaufnahmen (von Teilen) der Rechtslage im Jahr 2002[39],

---

prudenz mit dieser Thematik nicht gerecht“); zum Pakethandel inzwischen Liersch; Schlitt/Schäfer, AG 2004, 346 (346 ff.).

31 Marktmissbrauchsrichtlinie, umgesetzt insbesondere im Anlegerschutzverbesserungsgesetz (AnSVG), BGBl. I, 2004, 2630; Prospektrichtlinie, ABl. EU 2003, Nr. L 345, S. 64, umgesetzt im seit 01.07.2005 geltenden Wertpapierprospektgesetz (WpPG), BGBl. I, 2005, 1698.

32 Insbesondere Wertpapierdienstleistungsrichtlinie (n. F.); Übernahmerichtlinie, ABl. EU 2004, Nr. L 142, S. 12; Transparenzrichtlinie (n. F.), ABl. EU 2004, Nr. L 390, S. 38; Caspari, NZG 2005, 98 (102 f.); Spindler/Christoph, BB 2004, 2197 (2198, 2200 f., 2203, 2204 f.); Schwark, Festschrift Immenga, S. 723 (734 ff.).

33 Vgl. insbesondere das Kapitalanleger-Musterverfahrensgesetz (KapMuG), BGBl. I, 2005, 2437, das Gesetz zur Unternehmensintegrität und Modernisierung des Anfechtungsrechts (UMAG), Bundestags-Drucksache (BT-Drs.) 15/5092, und das Vorstandsvergütungs-Offenlegungsgesetz (VorstOG), BGBl. I, 2005, 2247; vgl. 10-Punkte-Programm der Bundesregierung zur Verbesserung der Unternehmensintegrität und des Anlegerschutzes vom 25.02.2003; Eckpunktepapier Finanzmarktförderplan 2006 des Bundesministeriums der Finanzen vom 05.03.2003; Eichel, Frankfurter Allgemeine Zeitung (FAZ) vom 07.03.2003, S. 20; Hopt/Voigt, WM 2004, 1801 (1801); Hopt, BB 2002, Heft 38, 1; ders., DJT-Eröffnung (2002), P 8.

34 Fleischer, DJT-Gutachten (2002), F 13; Merkt, DJT-Gutachten (2002), G 12 f.; 56. DJT 1976 in Stuttgart, vgl. Zimmer, S. 38 m. w. N.

35 Beck, DJT-Referat (2002), P 39 (eine „Thematik, deren Aktualität in Anbetracht der Entwicklung der nationalen und internationalen Kapitalmärkte kaum zu überbieten ist“), 41 (die „Bedeutung (...) (wird) weiter zunehmen“); Lenenbach, S. 1, Rn. 1.1.

36 Vgl. Hopt, BB 2002, Heft 38, 1; Mülbert, JZ 2002, 826 (826).

37 Fleischer, DJT-Gutachten, F 1 ff.

38 Merkt, DJT-Gutachten, G 1 ff.

strukturieren die Fachdiskussion im betreffenden rechtlichen Bereich bis dahin und weisen rechtspolitische Änderungsvorschläge auf[40]. Ergänzt werden sie durch die Referate von Assmann[41], Beck[42] und Hellwig[43]. In der folgenden Untersuchung wird u. a. auf dort formulierte Einsichten und Einschätzungen ebenso wie auf vom Juristentag gefasste Beschlüsse[44] Bezug zu nehmen sein. Die im 10-Punkte-Programm der Bundesregierung von 2003[45] angekündigten gesetzlichen Maßnahmen, die zum Teil inzwischen entweder schon geltendes Recht sind oder es jedenfalls bald werden sollen, gehen u. a. auf Anregungen des Juristentags zurück[46].

Die rechtspolitische Diskussion der Regelungsprobleme, die in Deutschland in den letzten Jahren erkennbar geworden sind, hat sich nicht komplett, im Zuge der Richtlinienvorarbeiten aber doch zu einem guten Teil von der nationalen auf die europäische (supranationale[47]) Ebene verlagert. Das erklärte Ziel war und ist, den Mitgliedstaaten umfassender als bisher Lösungen vorzugeben. Im Gefolge des „Aktionsplans für Finanzdienstleistungen" der Kommission der Europäischen Union (EU)[48] aus dem Jahr 1999 und des Schlussberichts des Ausschusses der Weisen über die Regulierung der europäischen Wertpapiermärkte (Final Report of the Committee of Wise Men on the Regulation of European Securities Markets) vom 15.02.2001 ist es im Kapitalmarktbereich zu stark intensivierten Rechtsetzungsaktivitäten der EU gekommen[49]. Deutschland hat sich für den Erfolg entsprechender Bemühungen in Brüssel besonders eingesetzt[50]. Ein einheitlicher europäischer Finanzmarkt soll durch eine über den bisher erreichten Stand deutlich hinausgehende Angleichung der jeweiligen nationalen Rechtsordnungen der EU-Mitgliedstaaten schnellstmöglich realisiert

---

39 Hopt, DJT-Eröffnung (2002), P 7; wobei das zwischen Veröffentlichung der Gutachten und Veranstaltung des Juristentags verabschiedete 4. Finanzmarktförderungsgesetz in seiner endgültigen Fassung (mit zum 01.07.2002 bzw. 01.02.2003 in Kraft getretenen Teilen) nicht (vollumfänglich) berücksichtigt werden konnte, vgl. Mülbert, JZ 2002, 826 (827, 829).

40 Mülbert, JZ 2002, 826 (826).

41 Assmann, DJT-Referat (2002), P 7 ff.

42 Beck, DJT-Referat (2002), P 39 ff.

43 Hellwig, DJT-Referat (2002), P 59 ff.

44 DJT-Beschlüsse, NZG 2002, 1006; DJT-Beschlüsse (2002), P 87 ff.

45 Dazu Kiethe, ZIP 2003, 707 (707 ff.).

46 Genauer unten.

47 Zum Begriff der „Supranationalität" von der Groeben-Zuleeg, Art. 1 EG Rn. 22 ff.; Geiger, Art. 1 EGV Rn. 13 ff.; Art. 1 EUV Rn. 9.

48 KOM (1999) 232 v. 11.05.1999, ZBB 1999, 254 (254 ff.); Bankrechts-Handbuch-Troberg, § 135 Rn. 7, 51.

49 Vgl. insbesondere die angeführten neuen Richtlinien.

50 Eichel, Frankfurter Allgemeine Zeitung (FAZ) vom 07.03.2003, S. 20.

werden[51]. Mittels des „Komitologieverfahrens“ (neues mehrstufiges Rechtsetzungsverfahren)[52] möchte man gewährleisten, dass EU-Rechtsakte im betreffenden Bereich zügiger als bisher zustande kommen und in der Folgezeit flexibler geändert werden können[53]. Neue, Wertpapierdienstleister, Wertpapiermärkte und zumindest die bedeutendsten kapitalmarktaktiven Unternehmen als Aktienemittenten betreffende sekundärrechtliche Vorgaben sollen zwar „keinen tief greifenden Wandel“ erzwingen, sondern eine „logische Weiterentwicklung“ herbeiführen[54], werden aber auch im deutschen Kapitalmarktrecht und speziell dem Recht des außerbörslichen Aktienhandels - über die im Zuge in der jüngeren Vergangenheit bereits erfolgter Richtlinienumsetzungen und die vom deutschen Gesetzgeber aus eigenem Antrieb geschaffenen Neuerungen hinaus - dennoch einige weitere wichtige Änderungen nach sich ziehen[55]. Wie immer bei neu in Kraft tretendem Recht kann zumindest in der ersten Phase Unsicherheit über den genauen Gehalt auslegungsbedürftiger Bestandteile herrschen, die erst im Laufe der Zeit durch Wissenschaft, Verwaltungspraxis und insbesondere Rechtsprechung beseitigt wird.

Andererseits muss man sagen, dass das deutsche Recht bereits heute einen verhältnismäßig hohen Entwicklungsstand erreicht hat. Das gilt vor allem für das deutsche Börsenorganisationsrecht, das den deutlich erweiterten Richtlinienbestimmungen über „geregelte Märkte“[56] nicht in allen[57], aber schon in vielen Hinsichten entspricht, und auch im Hinblick auf Teile der neuen europarechtlichen Anforderungen an die Regulierung außerbörslichen Handels. Größerer Reformdruck dürfte für andere, weniger ausgereifte nationale Rechtsordnun-

---

51 Aktionsplan, ZBB 1999, 254 (254); Mülbert, WM 2001, 2085 (2085 f.); vgl. dazu auch Geschäftsbericht 2002, Gruppe Deutsche Börse, S. 15.

52 Präambel, Erwägungen 4 bis 6 Marktmissbrauchsrichtlinie; Präambel, Erwägungen 6 bis 9 Prospektrichtlinie.

53 Präambel, Erwägungen 64 ff. Wertpapierdienstleistungsrichtlinie (n. F.); KOM (2002) 625, S. 8; Kapitalmarkt Deutschland-Caspari, S. 17 f.; Spindler, WM 2002, 1365 (1370); Mülbert, JZ 2002, 826 (827).

54 KOM (2002) 625, S. 7 f.; KOM (2000) 729, S. 2.

55 Kapitalmarkt Deutschland-Caspari, S. 35; so soll die weitere Zunahme des außerbörslichen Handels rechtlich nicht behindert werden, z. B. wird die den EU-Mitgliedstaaten bisher eingeräumte Möglichkeit zur Konzentration des Aktienhandels auf Börsen („optionale Konzentrationsregel“, Art. 14 II Wertpapierdienstleistungsrichtlinie (alter Fassung (a. F.)), ABl. EG 1993, Nr. L 141, S. 27) eliminiert (vgl. schon KOM (2002) 625, S. 14 f.) und werden neue Transparenzanforderungen für wichtige Bereiche außerbörslichen Handels begründet (Präambel, Erwägungen 44 ff., und Artt. 25 ff. Wertpapierdienstleistungsrichtlinie (n. F.); KOM (2002) 625, S. 15, 17).

56 Artt. 4 I Nr. 14, 36 ff. Wertpapierdienstleistungsrichtlinie (n. F.); KOM (2002) 625, S. 18 ff.; vgl. bisher Art. 1 Nr. 13 Wertpapierdienstleistungsrichtlinie (a. F.).

57 Vgl. Kapitalmarkt Deutschland-Beck, S. 75.

gen[58] entstehen, die im Rahmen der Richtlinienumsetzungen entsprechend anzugleichen sind.

58 Vgl. z. B. Präambel, Erwägung 11 Marktmissbrauchsrichtlinie.

B. Überblick über die Regelungsregime des börslichen und des außerbörslichen Aktienhandels

Eine Aufteilung des gesamten Aktienmarktes in einen börslichen und einen außerbörslichen Ausschnitt ist aus juristischer Perspektive, d. h. für eine Untersuchung und Darstellung der derzeitigen rechtlichen Verhältnisse in Deutschland, vorgegeben und methodisch sinnvoll[59]. Denn für sämtliche Börsen[60], nicht- oder teilrechtsfähige Anstalten des öffentlichen Rechts[61], gilt der Rechtsrahmen des Börsenrechts[62]. Jede Börse unterliegt dem Börsengesetz (BörsG)[63], der zentralen Kodifikation des Börsenrechts[64]. Jede Börse war vor ihrer Errichtung durch die Börsenaufsichtsbehörde des Bundeslandes, in dem sie ihren Sitz hat[65], staatlich zu genehmigen[66]. Jede Börse weist die börsengesetzlich vorgegebene (Mindest-)Organisationsstruktur auf (Börsenorgane[67], Markt- und Handelsorganisation[68]). Jede Börse als Institution[69] und der an ihr stattfindende Handel unterstehen intensiver staatlicher Überwachung durch die für sie zuständige Börsenaufsichtsbehörde[70]. Und das im Wege der börslichen Selbstver-

---

59 Ähnlich Merkt, DJT-Gutachten (2002), G 70 f.

60 Düsseldorf, München, Stuttgart, Hannover, Berlin, Bremen und Hamburg, auch „Regionalbörsen“ genannt, und Frankfurt, vgl. Kümpel, S. 2213, 17.1.

61 VGH Kassel, NJW-RR 1997, 110 (110); Schwark-Beck, § 1 BörsG Rn. 8 ff.; Schäfer-Peterhoff, § 1 BörsG (a. F.) Rn. 33; Kümpel, S. 2311 ff., 17.317 ff.; ders./Hammen, S. 171; Hammen, WM 2001, 929 (929); ders., AG 2001, 549 (550 f.); U. H. Schneider/Burgard, WM 2000, Sonderbeilage Nr. 3, 24 (25, 26 f.); Hopt-Hopt, Börsenreform, S. 401; Wastl/Schlitt, WM 2001, 1702 (1703); Köndgen/Mues, WM 1998, 53 (56 f.); Mues, S. 17, 67, 72 ff., insbes. 73, 84 ff.; Lenenbach, S. 7, Rn. 1.16; 104 ff., Rn. 3.8 f.; inzwischen auch Claussen, S. 362 ff., Rn.18 ff.; a. A. Breitkreuz, S. 52 ff., 88 ff., 112: teilrechtsfähige Körperschaft des öffentlichen Rechts; für private Organisationsform deutscher Börsen de lege lata Nachweise bei Hopt/Baum, WM 1997, Sonderbeilage Nr. 4, 3 (17 f.); Riehmer/Heuser, NZG 2001, 385 (386 ff.); Breitkreuz, S. 59 ff., 68 ff.; Mues, S. 70 f., 72, 84; Lenenbach, S. 104 f., Rn. 3.8.

62 Vgl. auch Beck, WM 2000, 597 (600); Kümpel/Hammen, S. 156 f.; Jäger, NZG 1999, 381 (381).

63 Hopt/Baum, WM 1997, Sonderbeilage Nr. 4, 3 (16); Lenenbach, S. 25, Rn. 1.52

64 Kümpel/Hammen, S. 5.

65 Kümpel/Hammen, S. 18, 22 („Prinzip der Regionalbörsen“), 89.

66 § 1 I 1 BörsG; Schwark-Beck, § 1 BörsG Rn. 13 ff.; Schwark, WM 1997, 293 (294); Kümpel, S. 2278, 17.200 f.; Schäfer-Peterhoff, § 1 BörsG (a. F.) Rn. 1; Breitkreuz, S. 28 ff., 167 ff.; Mues, S. 53; Lenenbach, S. 98, Rn. 3.3.

67 Kümpel/Hammen, S. 140 ff.; Lenenbach, S. 106 ff.; Rn. 3.10 ff.; Wastl, WM 1999, 620 (627).

68 Kümpel/Hammen, S. 215 ff.

69 Assmann/Schütze-Assmann, § 1 Rn. 5, 7; Mues, S. 24 ff., 27 f.; Lenenbach, S. 97, Rn. 3.2.

70 Vgl. insbesondere §§ 1 IV, 2, 18 BörsG; Schwark-Beck, § 1 BörsG Rn. 31 ff.; § 2 BörsG Rn. 1 ff.; Schwark-Schwark, § 18 BörsG Rn. 1 ff.; Kümpel, S. 2331 ff., 17.384 ff.; 2479 f.,

waltungsbefugnis[71] von den einzelnen Börsen selbst erlassene Recht - unter dem Eindruck der gemachten Erfahrungen immer wieder geändert bzw. verfeinert[72] - ist unter den verschiedenen deutschen Börsen angeglichen[73]. In dieser Untersuchung wird der Regelungsbestand der Frankfurter Wertpapierbörse (FWB) als deutscher Leitbörse[74] mit ihrem Börsenträger[75], der „Deutsche Börse AG" (DBAG)[76], herangezogen, die in den vergangenen Jahren regulativ neue Wege beschritten und in größerem Umfang als früher außer mit den Mitteln des öffentlichen Rechts[77] auch mit solchen des Privatrechts gearbeitet haben[78].

Das Börsenrecht beinhaltet also Bestimmungen, die sich auf das Genehmigungserfordernis als Börse, auf den inneren Börsenaufbau oder auf die staatliche Aufsicht über die Börse beziehen. Es stellt außerdem rechtliche Anforderungen auf für diejenigen, die am Börsenhandel teilnehmen[79], für die Verfahren, nach

---

18.116 ff.; Schäfer-Peterhoff, § 1 BörsG (a. F.) Rn. 8 ff.; Claussen, S. 367 f., Rn. 27; Breitkreuz, S. 197 ff.; Mues, S. 45, 72, 77 ff.; Lenenbach, S. 563 ff., Rn. 12.17 ff.

71 Schwark-Beck, § 1 BörsG Rn. 32; Beck, DJT-Referat (2002), P 44 f.; ders., WM 1998, 417 (429); Kümpel, S. 2310, 17.312 ff.; ders./Hammen, WM 2000, Sonderbeilage Nr. 3, 3 (8); Breitkreuz, S. 113 ff.; Mues, S. 69, 90; vgl. auch Hopt-Hopt, Börsenreform, S. 368.

72 Kümpel/Hammen, S. 229 („Die Frankfurter Wertpapierbörse (...) hat ihre Börsenordnung von Mai 2000 bis April 2003 elf mal und in teils einschneidender Weise geändert"); allgemein zur börslichen „Selbstregulierung" Hopt/Baum, WM 1997, Sonderbeilage Nr. 4, 3 (15 f.).

73 Mues, S. 32 („Geleitzugprinzip" der deutschen Börsen); Beck, WM 2000, 597 (597, 604); Claussen, S. 372, Rn. 38; Liersch, S. 40.

74 Geschäftsbericht 2004, Gruppe Deutsche Börse, S. 25 (98 % des börslichen Handels in deutschen Aktien wird über die Frankfurter Börse abgewickelt); Kümpel, S. 2329, 17.379 (FWB als „führende kontinental-europäische Börse und gewichtige Stimme im Konzert der Weltbörsen"); ders./Hammen, S. 17, 20; Beck, WM 2000, 597 (609) (FWB im Aktienhandel „marktbeherrschend"); Hellwig, ZGR 1999, 781 (781 f.); Wastl, WM 1999, 620 (622, 623, 625); Weber, S. 72 (Frankfurt als Kapitalmarkt „mit Weltgeltung"), 77 (in Europa mit führend).

75 Allgemein zum Börsenträger vgl. insbesondere § 1 II BörsG; Schwark-Beck, § 1 BörsG Rn. 11; Lenenbach, S. 102, Rn. 3.7; Kümpel, S. 2278, 17.202 ff.; 2293 ff., 17.258 ff.; Schäfer-Peterhoff, § 1 BörsG (a. F.) Rn. 34 f.

76 Assmann/Schütze-von Rosen, § 2 Rn. 260; Köndgen/Mues, WM 1998, 53 (57); Lenenbach, S. 102, Rn. 3.7; Wastl, WM 1999, 620 (627).

77 Kümpel/Hammen, S. 102 (allgemein zum „Zugriff (der Börsenorgane) auf die effizienten Regelungsinstrumente des öffentlichen Rechts"), 183 ff.

78 Claussen, S. 379, Rn. 48b; Kümpel/Hammen, S. 158 ff., 228 f.; Schwark-Schwark, § 13 BörsG Rn. 15; Schwark-Zimmer, § 15 WpHG (a. F.) Rn. 29; Schwark-Heidelbach, § 42 BörsG Rn. 1; Mues, S. 20, 83; Lenenbach, S. 27, Rn. 1.54; in jüngerer Zeit sind in Teilbereichen allerdings wieder Tendenzen zum Übergang bzw. zur Rückkehr zu einer öffentlich-rechtlichen Reglementierung erkennbar, Gebhardt, WM 2003, Sonderbeilage Nr. 2, 3 (3 f., 8 f., 15 f.); Schwark-Heidelbach, § 42 BörsG Rn. 2; § 49 BörsG Rn. 5 f.; Geschäftsbericht 2003, Gruppe Deutsche Börse 2003, S. 37.

79 Vgl. insbesondere §§ 16, 17 I, 26 BörsG und von der Börse geschaffene Regelungen.

denen der Handel abzulaufen hat[80], für Aktien als Objekte, die an der Börse gehandelt werden bzw. für die Unternehmen, von denen die Aktien ausgegeben worden sind[81].
Dieser gesamte Rechtsrahmen des Börsenrechts unterscheidet Börsenhandel von außerbörslichem Handel, da dieses spezielle Marktorganisations- und Marktverhaltensrecht[82] für Letzteren eben nicht oder jedenfalls nicht unmittelbar gilt.

Das Recht, das für den Börsenhandel relevant ist, geht jedoch über das Börsenrecht im engeren Sinne hinaus (bei den hier angesprochenen Rechtsmaterien gibt es die meisten Überschneidungen mit dem Recht des außerbörslichen Handels). Zu nennen sind das Bankaufsichtsrecht[83], dem die wichtigsten Teilnehmer am Börsenhandel unterworfen sind, und vor allem das (allgemeine) Kapitalmarktrecht[84], das u. a. für die wichtigsten Börsenhandelsteilnehmer, für einen wesentlichen Teil der börsengehandelten Unternehmen, deren Aktionäre oder Unternehmensleitungsorgane zusätzliche Pflichten begründet[85]. Die Einhaltung des Bankaufsichtsrechts und des (allgemeinen) Kapitalmarktrechts wird im Rahmen der gesetzlichen Ermächtigungen auf dem gesamten Kapitalmarkt bundesweit von der Bundesanstalt für Finanzdienstleistungsaufsicht (BaFin) als zuständiger Aufsichtsbehörde staatlich überwacht[86] (die im Börsengesetz definierten Kompetenzen der Börsenaufsichtsbehörden und Börsen sind dabei ausgenommen[87]). Da Bankaufsichtsrecht und (allgemeines) Kapitalmarktrecht zum großen Teil auf Richtlinien der Europäischen Union (EU) zurückgehen[88] (das Börsenrecht

---

80 Vgl. insbesondere §§ 24 II, III, 25, 27 BörsG und von der Börse geschaffene Regelungen.

81 Vgl. insbesondere §§ 30 ff., 49 ff., 56, 57 BörsG, Börsenzulassungsverordnung (BörsZulVO) und von der Börse geschaffene Regelungen.

82 Begriffe bei Hopt, Kapitalanlegerschutz, S. 228; Mues, S. 45.

83 In erster Linie kodifiziert im Kreditwesengesetz (KWG), vgl. Kümpel, S. 2519 ff., 19.111 ff.

84 Kodifiziert insbesondere im 1994 eingeführten Wertpapierhandelsgesetz (WpHG); Zimmer, S. 39 f.; Kümpel, S. 1993, 16.1; Lenenbach, S. 21, Rn. 1.45 („WpHG (...) als Nukleus des deutschen Kapitalmarktrechts"); 24, Rn. 1.52 (WpHG als „Keimzelle, Grundgesetz und Zentrum des deutschen Kapitalmarktrechts"); 481, Rn. 10.1 m. w. N.; Assmann, DJT-Referat (2002), P 12.

85 Z. B. §§ 9, 10, 12 ff., 15, 15a, 15b, 16, 20a, 21 ff., 31 ff. WpHG.

86 Vgl. insbesondere §§ 6 KWG, 4 WpHG; Lenenbach, S. 555, Rn. 12.3; Schlüter, S. 67, Rn. 82; 173 ff., Rn. 126 ff.; Schwark-Beck, § 4 BörsG Rn. 2.

87 Schwark-Beck, § 1 BörsG Rn. 31; § 4 BörsG Rn. 2; zur Zusammenarbeit der verschiedenen Aufsichtsinstanzen Lenenbach, S. 562, Rn. 12.14; in bestimmten Fällen werden die Börsenaufsichtsbehörden im Wege der Organleihe für die Bundesanstalt (BaFin) in deren Aufgabenbereich tätig, § 6 I WpHG; zum Wertpapierrat, § 5 WpHG, vgl. Claussen, S. 368, Rn. 28; Lenenbach, S. 554, Rn. 12.2.

88 Mülbert, WM 2001, 2085 (2085 ff.); ders., JZ 2002, 826 (827); Bankrechts-Handbuch-Troberg, § 135 Rn. 1, 42 ff.; Kümpel, S. 2166 ff., 19.12 ff.; Horn, ZBB 1999, 1 (5 f.); Heinze,

im engeren Sinne bzw. das geregelte Märkte betreffende Recht hingegen ist bisher nur in einigen Hinsichten harmonisiert[89], wird jedoch, wie bereits angedeutet, zukünftig ebenfalls in größerem Umfang anzugleichen sein[90]), müssen die betreffenden Richtlinien nach allgemein geltenden Grundsätzen[91] bei der Auslegung des sie umsetzenden nationalen Rechts herangezogen werden[92]. Für den Börsenhandel bedeutsam sind außerdem z. B. das Gesellschaftsrecht (Aktienrecht) und das Bilanzrecht als Rechtsmaterien, die für die Unternehmen, deren Aktien börslich gehandelt werden, und für deren aktuelle oder potentielle Aktionäre von Belang sind. Von Bedeutung ist auch der nach Vorarbeiten der Regierungskommission Corporate Governance[93] 2002 geschaffene Deutsche Corporate Governance-Kodex[94]. Zu denken ist außerdem an das für die einzelnen Aktiengeschäfte selbst und das für die im Zusammenhang mit solchen erbrachten Dienstleistungen jeweils geltende Vertrags- bzw. Handelsrecht[95].

Im Gegensatz zum Börsenhandel war der außerbörsliche Handel lange nicht oder kaum und ist nach wie vor vergleichsweise deutlich weniger organisiert[96] bzw. institutionalisiert. Im Grunde ist gerade dies eines seiner überkommenen Charakteristika, dass er frei außerhalb der Institution Börse stattfindet[97]. Ein spezielles, in großem Umfang öffentlich-rechtliches Organisations- und Verhal-

---

S. 15 ff.; Lenenbach, S. 24, Rn. 1.51; 29, Rn. 1.57; Merkt, DJT-Gutachten (2002), G 19 f., 64; Hopt-Hopt, Börsenreform, S. 310 ff.; Assmann, DJT-Referat (2002), P 12.

89 Präambel Wertpapierdienstleistungsrichtlinie (a. F.) („die Struktur der geregelten Märkte muss weiterhin dem einzelstaatlichen Recht unterliegen"); KOM (2002) 625, S.6 („die wenigen bescheidenen Bestimmungen zu geregelten Märkten der bisherigen Wertpapierdienstleistungsrichtlinie"), 18 (in der Wertpapierdienstleistungsrichtlinie „sind eine begrenzte Reihe von Rechtsmerkmalen festgeschrieben, die von allen geregelten Märkten in der EU beachtet werden sollten. Diese noch nicht ausgereiften Aspekte reichen indes nicht aus"), 42; Präambel, Erwägung 1 Wertpapierdienstleistungsrichtlinie (n. F.); Schwark-Schwark, Einl BörsG Rn. 5 ff., 23; Schwark-Beck, § 1 BörsG Rn. 13; Heinze, S. 30 ff; Mues, S. 58; Köndgen, Festschrift Lutter, S. 1401 (1411 f.); Stenzel, S. 43; im Hinblick auf die frühere europäische und die in Deutschland noch bestehende Rechtslage ungenau Claussen, S. 354 f., Rn. 6 (das Börsenrecht sei überwiegend „europarechtlich intendiert"); zumindest missverständlich auch Lenenbach, S. 31, Rn. 1.58 („die europäischen Regelungen konzentrieren sich auf den börslich organisierten Markt").

90 Artt. 36 ff. Wertpapierdienstleistungsrichtlinie (n. F.).

91 Lutter, JZ 1992, 593 (593 ff.); Heinze, S. 26 ff.

92 Assmann/Schütze-Assmann, § 1 Rn. 82; Heinze, S. 26 ff.; Lenenbach, S. 32, Rn. 1.60.

93 Baums, Bericht Regierungskommission.

94 Deutscher Corporate Governance Kodex in der Fassung vom 02.06.2005; Kollmann, WM 2003, Sonderbeilage Nr. 1, 3 (3 ff.).

95 Vgl. auch Lenenbach, S. 26, Rn. 1.53; Lenzen, S. 151.

96 Kümpel, S. 1306, 8.220 ff.; ders., Kapitalmarktrecht, S. 83; Lenenbach, S. 8, Rn. 1.18.

97 Auf besondere, früher häufiger aufgetretene Formen außerbörslichen Handels im Börsensaal hinweisend Hammen, WM 2002, 2129 (2132 f.).

tensrecht, wie es das Börsenrecht für die Börse und den Handel an ihr festschreibt, gab es für außerbörslichen Handel lange Zeit überhaupt nicht[98]. Erst neuerdings nähert sich der tatsächliche und rechtliche Verfestigungsgrad bestimmter außerbörslicher Handelsstrukturen, deren wirtschaftliche Bedeutung in Deutschland zunimmt, im Zusammenhang mit neugeschaffenen gesetzlichen Regelungen demjenigen der Börse an (ohne ihn zu erreichen)[99]. Die neuen Brüsseler Kapitalmarktrichtlinien werden zur Folge haben, dass es innerhalb der gesamten EU in dieser Richtung weitergeht. Gerade hat man für die mitgliedstaatlichen Finanzmärkte Regelungsvorgaben geschaffen, die zur Angleichung der verschiedenen nationalen Börsenrechte, aber insbesondere auch zu Regulierungen wichtiger Bereiche außerbörslichen Handels führen werden, und versucht so, den Interdependenzen, den funktionalen Entsprechungen, aber auch den sachlich gebotenen und deshalb anzuerkennenden Unterschieden[100] zwischen börslichen und außerbörslichen Handelsformen im Interesse eines funktionierenden Gesamtmarkts besser gerecht zu werden[101].

Das Recht des außerbörslichen Aktienhandels ist noch weniger als das Recht des Börsenhandels als in sich abgeschlossenes Rechtsgebiet zu begreifen[102]. Zwar gibt es neuerdings mehrere spezialgesetzliche Regelungen, darüber hinaus setzt

---

98 Börsensachverständigenkommission, S. 8; Hopt, BGH-Festschrift, 497 (527) („keine gesetzlichen Sondervorschriften (...) beim Vertrieb von Aktien außerhalb der geregelten Aktienmärkte"); Wastl, WM 1999, 620 (628, 630) („weitestgehend ungeregelter außerbörslicher Handel"); Lenenbach, S. 9, Rn. 1.18 („Ein wesentlicher Unterschied zu den Börsen besteht in der weit geringeren Regelungsdichte. Während für die Börse spezielle Normen gelten, hat der außerbörsliche Handel nur die allgemeinen Wirtschafts- und Zivilgesetze zu beachten" (Letzteres ist angesichts neuer Spezialgesetze (vgl. sogleich) nicht mehr ganz zutreffend)).

99 Vgl. z. B. Lenenbach, S. 9, Rn. 1.18; 97, Rn. 3.1a; Schwark-Beck, § 24 BörsG Rn. 20.

100 Z. B. Präambel, Erwägungen 5 f., 25, 40 ff., 49 ff. Wertpapierdienstleistungsrichtlinie (n. F.); KOM (2002) 625, S. 16, 17; vgl. auch Hopt-Hopt, Börsenreform, S. 374.

101 Präambel, Erwägungen 44 ff., 71 Wertpapierdienstleistungsrichtlinie (n. F.); KOM (2002) 625, S. 4, 14, 43; Präambel, Erwägung 3 Durchführungsrichtlinie 2004/72 zur Marktmissbrauchsrichtlinie; Schwark-Schwark, § 22 BörsG Rn. 4.

102 Zum (allgemeinen) Kapitalmarktrecht, dem wichtigsten Teilgebiet des Rechts des außerbörslichen Aktienhandels, vgl. Kümpel, Kapitalmarktrecht, S. 16 („Das hochkomplexe Gefüge moderner Rechtsordnungen kann schon lange nicht mehr trennscharf und überschneidungsfrei in einzelne Rechtsgebiete zerlegt werden"); ders., S. 1237, 8.2 („Verflechtungen des Kapitalmarktrechts mit anderen Rechtsgebieten"); 1370, 8.434; U. H. Schneider, AG 2001, 269 (271) („Kapitalmarktrecht (...) als Querschnittsrecht" bzw. „gemischtes Rechtsgebiet"); Lenenbach, S. 1 f., Rn. 1.1 ff.; 23, Rn. 1.49; 24, Rn. 1.50 (Rechtsquellen des Kapitalmarktrechts als „schwer durchschaubarer Dschungel an Normen"); Fleischer, DJT-Gutachten (2002), F 20; Lenzen, S. 151; Heinze, S. 4 ff.; Assmann/Schütze-Assmann, § 1 Rn. 27, 31 ff., aber auch Rn. 21 (das „Kapitalmarktrecht (ist) im Begriffe, sich als eigenständiges Rechtsgebiet zu etablieren"); ähnlich Liersch, S. 25; zum Begriff des „europäischen Kapitalmarktrechts" Mülbert, WM 2001, 2085 (2086 f.).

es sich jedoch ebenso aus verschiedenen Bereichen des Wirtschafts- bzw. Wirtschaftsverwaltungsrechts zusammen[103], wobei dem (allgemeinen) Kapitalmarktrecht eine zentrale Stellung zukommt, aber insbesondere auch Teile des Börsenrechts mit einzubeziehen sind[104]. Für außerbörslichen Aktienhandel Maßgebliches findet sich im Bankaufsichtsrecht (eine bankgewerbliche Zulassung, die eine fortlaufende Bankaufsicht zur Folge hat, ist für die wichtigsten Dienstleistungen bei Aktiengeschäften rechtliche Voraussetzung, unabhängig davon, ob solche börslich oder außerbörslich erbracht werden[105]), im (allgemeinen) Kapitalmarktrecht (wo Rechtsfolgen zwar häufig an die Voraussetzung geknüpft werden, dass an der Börse handelbare Aktien betroffen sind, dabei dann aber nicht entscheidend ist, ob diese Aktien im konkreten Fall börslich oder außerbörslich gehandelt werden[106]), im Börsenrecht (an der Börse handelbare Aktien bleiben bestimmten börsenrechtlichen Bestimmungen unterworfen, auch wenn sie außerbörslich gehandelt werden[107]), im Bankrecht, im Bilanz-, Handels- und Gesellschaftsrecht (Aktienrecht) und im allgemeinen Zivilrecht (die genannten Rechtsmaterien haben ebenfalls für den börslichen wie den außerbörslichen Handel Bedeutung). Der Corporate Governance Kodex besitzt jedenfalls für bestimmte Unternehmen[108] auch außerbörslich Relevanz. Spezialregelungen sind das Wertpapiererwerbs- und Übernahmegesetz (WpÜG) (in dem der außerbörsliche[109] Erwerb der wichtigsten börsengehandelten Aktien[110] nach öffentlichen Kaufangeboten[111] ausführlich geregelt wird[112]) oder gesetzliche Anforderungen an die Organisation bestimmter außerbörslicher elektronischer Märkte (die nur von begrenztem Umfang, dabei aber bis zu einem gewissen Grad am Börsenorganisationsrecht orientiert sind)[113]. Die Aufsichtszuständigkeiten liegen überwiegend bei der Bundesanstalt für Finanzdienstleistungsaufsicht (BaFin)[114]. Aber auch den Börsenaufsichtsbehörden kommen einzelne Kompetenzen im Hinblick auf außerbörslichen Handel zu[115].

---

103 Vgl. Assmann/Schütze-von Rosen, § 2 Rn 238 f.; Lenenbach, S. 9, Rn. 1.18.

104 Hopt, BGH-Festschrift, 497 (542); ungenau Claussen, S. 396, Rn. 76.

105 §§ 32 i. V. m. 1 I 1, 2 Nr. 4, Ia 1, 2 Nr. 1, 2, 4 KWG.

106 §§ 9, 14 i. V. m. 12 f., 15, 15a, 15b, 16, 37b, 37c, 20a, 21 ff. und 10, 31 ff. WpHG; 10 I WpPG.

107 Z. B. §§ 39 ff. BörsG; vgl. auch Lenenbach, S. 8, Rn. 1.18.

108 Kollmann, WM 2003, Sonderbeilage Nr. 1, 3 (6).

109 Vgl. Schwark-Noack, §§ 1, 2 WpÜG Rn. 16.

110 §§ 1, 2 II Nr.1 WpÜG; Schwark-Noack, §§ 1, 2 WpÜG Rn. 49.

111 § 2 I WpÜG.

112 Vgl. hierzu auch die umzusetzende Übernahmerichtlinie.

113 §§ 58 ff. BörsG; Schwark-Schwark, Einl BörsG, Rn. 16; Schwark-Beck, § 1 BörsG Rn. 1.

114 §§ 6 KWG, 4, 37i ff. WpHG, 13, 21 ff. WpPG, 4 WpÜG; Lenenbach, S. 553 ff., Rn. 12.1 ff.; Lenzen, S. 155.

115 §§ 58 ff. BörsG; Spindler, WM 2002, 1325 (1332); Lenenbach, S. 563, Rn. 12.17.

In der für deutsches Wirtschaftsrecht typischen Weise ist der gesamte hier interessierende Bereich also sowohl öffentlich-rechtlich als auch privatrechtlich reguliert[116]. Auf verschiedenen Normebenen bestehendes öffentliches Recht auf der einen und zwingendes, dispositives und privatautonom geschaffenes Privatrecht auf der anderen Seite greifen (einmal mehr, einmal weniger stark) ineinander und sind in wechselseitigem Bezug zu sehen[117].

Ein beachtlicher Teil des umrissenen Rechts, hier aber vor allem des (allgemeinen) Kapitalmarktrechts und des Börsenrechts, wurde erst im Verlaufe der letzten Jahre bis in die jüngste Vergangenheit hinein geschaffen oder wesentlich modifiziert[118]. U. a. wegen der vorzunehmenden übrigen Richtlinientransformationen ist insbesondere noch in den kommenden ein, zwei Jahren mit weiteren Änderungen zu rechnen. Auch die erfolgten oder möglicherweise erfolgenden kapitalmarktrelevanten Änderungen des Aktienrechts sind mit in den Blick zu nehmen. Neues und seit Längerem bestehendes Recht müssen aufeinander abgestimmt werden. Junge Gesetze werfen häufig Auslegungsfragen auf, zu denen höchstrichterliche Rechtsprechung noch nicht vorliegen kann[119], wenn Streitigkeiten in diesem Bereich überhaupt jemals vor Gericht ausgetragen werden[120].

---

116 Spindler, IPrax 2001, 400 (400); für das Kapitalmarktrecht allgemein Kümpel, S. 1370 ff., 8.434 ff.; ders., Kapitalmarktrecht, S. 17, 101 ff.; Claussen, S. 351, Rn. 1b; Lenenbach, Vorwort, S. V; Heinze, S. 4; speziell für das Übernahmerecht Schwark-Noack, Einl WpÜG Rn. 10 ff.; speziell für das Börsenrecht Breitkreuz, S. 21, 51 f., 117 ff., 302 ff.; Schwark, BGH-Festschrift, S. 455 (455); vgl. auch Hellwig, DJT-Referat (2002), P 73; für das Bankrecht Kümpel, S. 13 f., 2.20 ff.

117 Schäfer-Hamann, Vor § 36 BörsG (a. F.) Rn. 4; z. B. öffentlich-rechtliches Aufsichtsrecht (§ 15 WpHG) und privatrechtliches Haftungsrecht (§§ 37b, 37c WpHG; 826 BGB); privatrechtliche Vorgaben und Überwachung und staatliche Aufsicht im Bereich der Rechnungslegung (§§ 316 ff., 342b HGB, 37o ff. WpHG).

118 Insbesondere Kapitalanleger-Musterverfahrensgesetz (KapMuG), Wertpapierprospektgesetz (WpPG), Anlegerschutzverbesserungsgesetz (AnSVG), Bilanzkontrollgesetz (BilKoG), BGBl. I, 2004, 3408, Bilanzrechtsreformgesetz (BilReG), BGBl. I, 2004, 3166, 4. Finanzmarktförderungsgesetz; Spindler/Christoph, BB 2004, 2197 (2197) („stürmische (Weiter-) Entwicklung" hinsichtlich der Jahre 2003/2004); Lenenbach, S. 28, Rn. 1.56 („Das Jahr 2002 ist das Jahr der kapitalmarktrechtlichen Reformwerke"); 555, Rn. 12.3; Schlüter, S. 51, Rn. 234; Fleischer, DJT-Gutachten (2002), F 13; ders., NJW-Beilage 23/2002, 37; Beck, DJT-Referat (2002), P 47; Claussen, S. 351, Rn. 1c; Gruppe Deutsche Börse, Geschäftsbericht 2002, S. 48; Hammen, WM 2001, 929 (929); Hopt, BGH-Festschrift, 497 (498, 500 ff.); ders., ZGR 2000, 779 (781 f.); Weber, NJW 2000, 2061 und 3461; Wastl, NZG 2000, 505 (507); Hopt/Baum, WM 1997, Sonderbeilage Nr. 4, 3 (20); Assmann/Schütze-Assmann, § 1 Rn. 21; ders., Ergänzungsband, § 1 Rn. 1 ff.

119 Vgl. z. B. Schwark-Zimmer, §§ 37b, 37c WpHG (a. F.) Rn. 18.

120 Hammen, ZBB 2000, 293 (293 f.); Schwark, BGH-Festschrift, 455 (456 f.); Hopt, BGH-Festschrift, 497 (498 f., 543); ders., Kapitalanlegerschutz, S. 3 f.; zu den Bereichen mit einer reichhaltigen Kasuistik oder in denen sogar Richterrecht maßgeblich ist, ders., BGH-Festschrift, S. 497 (533 ff.); Lenenbach, S. 28, Rn. 1.55; 383, Rn. 8.1 („Gerichtsentscheidungen, die sich mit dem Kapitalmarktrecht beschäftigen, haben fast ausnahmslos Schadens-

Dass sich die hier interessierende Gesamtrechtslage kontinuierlich entwickelt und verändert, erschwert die Befassung damit. Eine solche kann aber angesichts der außerordentlichen gesamtwirtschaftlichen Bedeutung der kapitalmarktlichen Vorgänge[121] nicht etwa mit dem Verweis auf nicht abgeschlossene rechtspolitische Entwicklungen o. ä. unterbleiben. Die Rechtswissenschaft hat hier Ordnungsleistungen zu erbringen. Das nicht zuletzt durch die entweder gerade umgesetzten oder sich in der Phase der Umsetzung befindlichenden neuen Richtlinien noch bedeutsamer gewordene hier gegenständliche Thema soll systematisch und im wirtschaftlichen und rechtlichen Gesamtzusammenhang aufbereitet werden[122]. Ziel der vorliegenden Arbeit ist es nicht, alle rechtlichen Detailfragen umfassend zu behandeln. Zum Teil kann hinsichtlich ganzer Themenkomplexe oder spezieller Einzelfragen auf Darstellungen in der Literatur verwiesen werden (Gesamtdarstellungen[123], Kommentierungen[124] der einschlägigen Rechtsmaterien, Gutachten, Monographien und Aufsätze). Vollständigkeit soll hier schon angesichts der tatsächlichen Vielgestaltigkeit des Kapitalmarktgeschehens und der Fülle der im Einzelfall möglicherweise relevant werdenden Regelungen nicht angestrebt und beansprucht werden[125]. Hinzunehmen ist überdies, dass derzeit hinsichtlich einiger Richtlinien noch nicht festliegt, wie sie konkret ins deutsche Recht transformiert werden. Vorrangig geht es um die Sichtung und Zusammenstellung geltenden deutschen Rechts, und zwar auf überschaubarem Raum. Das hat unter besonderer Berücksichtigung der in der jüngeren Vergangenheit erfolgten, aber auch mit Blick auf einige der sich jetzt für die nahe Zukunft abzeichnenden Rechtsänderungen zu geschehen. Bevor aber die betreffenden Normen im Einzelnen aufgeführt werden, erfolgt eine in enger Anlehnung an die relevanten rechtlichen Strukturen sinnvoll geordnete, zusammenhängende Entfaltung des für kapitalmarktaktive Aktiengesellschaften

---

ersatzansprüche von Anlegern zum Gegenstand"); zur regelmäßigen Erfolglosigkeit von Anlegern erhobener Schadensersatzklagen auf der Grundlage des bestehenden Rechts Zimmer, WM 2004, 9 (9); Baums, ZHR 167 (2003), 139 (140 ff., 151, 173 f.); Möllers, ZBB 2003, 390 (390, 396 ff.); vgl. jetzt BGH ZIP 2004, 1593 (1593 ff.) („Infomatec"), hierzu Spindler, WM 2004, 2089 (2089 ff.).

121 Hopt, BB 2002, Heft 38, S. 1; ders./Baum, WM 1997, Sonderbeilage Nr. 4, 3 (13); Kümpel, Kapitalmarktrecht, S. 14, 19, 20; ders./Hammen, S. 102 f.; Liersch, S. 26 ff.; Lenenbach, S. 35, Rn. 2.1; Geschäftsbericht 2001, Gruppe Deutsche Börse, S. 46; speziell für den Börsenhandel Breitkreuz, S. 73 ff.; Mues, S. 125; Wastl, WM 1999, 620 (620).

122 Vgl. Weber, Vorwort, S. VII f., für seinen Untersuchungsgegenstand des österreichischen Kapitalmarktrechts.

123 Kümpel; ders., Kapitalmarktrecht; ders./Hammen; Assmann/Schütze; Bankrechts-Handbuch; Schlüter; Claussen; Lenenbach.

124 Schwark; Assmann/Schneider; Assmann/Lenz/Ritz; Groß; Schäfer; Kölner Kommentar; Fleischer/Kalss; Geibel/Süßmann; Steinmeyer/Häger.

125 Ähnlich z. B. Hellwig, DJT-Referat (2002), P 59; Merkt, Vorwort, S. VIII, und S. 131, für den Bereich der Unternehmenspublizität; ferner Christoph, ZBB 2005, 82 (84) für börsenrechtliche Fragestellungen.

maßgeblichen Szenarios. Das soll eine bessere Orientierung und die erleichterte Einordnung der verschiedenen (schon länger bestehenden, neu geschaffenen oder rechtspolitisch gerade erwogenen) Regelungskomplexe ermöglichen.

C. Einordnung des börslichen und außerbörslichen Aktienhandels und deren jeweiliger Regelungsregime in das (finanz-)wirtschaftliche Gesamtgeschehen

Die eigentlichen börslichen und außerbörslichen Handelsvorgänge und deren Regulierung sind in ein weiteres wirtschaftliches und rechtliches Umfeld eingebettet. Mit dem Aktienhandel eng verbunden sind die Komplexe der finanzgewerblichen Dienstleistungen bei Aktiengeschäften, der börslichen und außerbörslichen Aktienmarktorganisation und der Bank-, Börsen- und Kapitalmarktaufsicht. Mit dem Aktienwesen angesprochen ist aber auch die innere Organisationsverfassung von Unternehmen in der Rechtsform der Aktiengesellschaft (AG)[126] [127]. Berührt sind damit u. a. die Bereiche der Anteilseignerschaft, der Kapitalanlage, der Unternehmensfinanzierung, der Führung von Unternehmen, der Kontrolle der Unternehmensführung und der Kontrolle über Unternehmen. Banken spielen mehrere Rollen, ihnen kommt im gesamten Finanz-, Kapitalmarkt- und Unternehmensbereich eine herausgehobene Stellung zu[128].

I. Aktien

Der im Rahmen dieser Untersuchung interessierende Handelsgegenstand[129] sind Aktien (Nennbetrags- oder Stückaktien)[130]. Aktien als Wertpapiere[131] sind Finanzinstrumente[132], die Anteile an Wirtschaftsunternehmen in der Rechtsform der Aktiengesellschaft (AG)[133] verbriefen[134]. Die Regelform in Deutschland

126 Oder der praktisch selteneren Kommanditgesellschaft auf Aktien (KGaA), Jäger, NZG 1998, 496 (498); ders., NZG 1999, 101 (101 f.).

127 Lenenbach, S. 26, Rn. 1.53; 567 ff., Rn. 13.24 ff., insbes. 568, Rn. 13.26; Fleischer, DJT-Gutachten (2002), F 20 („Der Anleger handelt im Regelungsdreieck von Vertrag, Verband und Markt"); Hopt-Hopt, Börsenreform, S. 370 f.; Assmann/Schütze-Assmann, § 1 Rn. 60; Heinze, S. 97.

128 Vgl. Mülbert, DJT-Gutachten (1996), E 9 ff., 22 ff.

129 Vgl. Weber, S. 50; Lenenbach, S. 4, Rn. 1.8 („das Handelsobjekt"); Hopt-Rudolph, Börsenreform, S. 184 (das „Transaktionsprodukt").

130 §§ 8 I bis V i. V. m. 1 II AktG; Hüffer, § 8 Rn. 2 ff.; Münchener Kommentar-Heider, AktG, § 8 Rn. 1 ff.

131 Lenenbach, S. 35, Rn. 2.1; Schlüter, S. 55, Rn. 16 ff.

132 §§ 1 XI 1, 2 Nr. 1 KWG, 2 I 1 Nr. 1, 1. Alt., IIb 1, 1. Alt. WpHG; Schlüter, S. 55, Rn. 13 ff.

133 § 1 I 1, II AktG, oder der Kommanditgesellschaft auf Aktien (KGaA), § 278 AktG.

134 Münchener Kommentar-Heider, § 10 AktG Rn. 6 ff.; Hüffer, § 10 Rn. 1 ff.; Baumbach/Hefermehl, WPR, 1. Teil, I. Rn. 3 ff.; Einsele, S. 11 f.; Claussen, S. 413 ff., Rn. 110 (Wertpapier als „Urkunde, in der ein privates Recht in der Weise verbrieft ist, dass zur Geltendmachung des Rechts das Innehaben der Urkunde erforderlich ist"); die mit dessen globaler Betrachtung zusammenhängenden Definitionsprobleme Stenzels (ders., S. 30) stellen sich hier nicht.

sind Inhaberaktien[135]. Namensaktien[136], die im anglo-amerikanischen Raum vorherrschen[137], gewinnen an Bedeutung[138]. Aktien sind regelmäßig verkehrsfähig („fungibel“)[139], können also auf verschiedenen Aktienmärkten gekauft oder verkauft und übereignet werden.

II. Aktiengeschäfte auf börslichen und außerbörslichen Aktienmärkten

Aktiengeschäfte werden sowohl auf börslichen als auch auf außerbörslichen Märkten abgeschlossen. Börsliche und außerbösliche Aktienmärkte bilden gemeinsam den Kapitalmarkt für Aktien, der einen bedeutenden Ausschnitt des Gesamtkapitalmarkts darstellt[140] und sich „gegenwärtig am stärksten im Blickpunkt des rechtspolitischen und rechtswissenschaftlichen Interesses“ befindet[141].

III. Aktiengeschäfte auf Primär- und Sekundärmärkten

Die Unterscheidung von „Primär-“ und „Sekundärmärkten“ (oder von „Emissions-“ und „Zirkulationsmärkten“) für Wertpapiere im Allgemeinen und Aktien im Besonderen ist in der wirtschaftswissenschaftlichen Literatur etabliert[142],

---

135 § 10 I AktG; Inhaberaktie als Inhaberpapier (§ 793 ff. BGB analog), Hüffer, § 10 Rn. 4; Münchener Kommentar-Heider, § 10 AktG Rn. 15, 32 ff.; Baumbach/Hefermehl, WPR, Rn. 33 (allgemein zu Inhaberpapieren Rn. 31 ff.); Einsele, S. 8 f.; Claussen, S. 420, Rn. 121 f.; 422, Rn. 125; Schanz, S. 55.

136 § 10 I AktG; Namensaktie als Orderpapier, Hüffer, §§ 10 Rn. 4; 67 Rn. 2 f.; 68 Rn. 1 ff.; Münchener Kommentar-Heider, § 10 AktG Rn. 15, 24 ff.; Baumbach/Hefermehl, WPR, 1. Teil, V. Rn. 54 (allgemein zu Orderpapieren Rn. 51 ff.); Einsele, S. 10; Claussen, S. 420 f., Rn. 122; 422, 125; Schanz, S. 55.

137 Münchener Kommentar-Bayer, § 67 AktG Rn. 2 ff.

138 Münchener Kommentar-Bayer, § 67 AktG Rn. 2; Florian, S. 3.

139 Münchener Kommentar-Heider, § 10 AktG Rn. 8; Kümpel, S. 1417, 9.100; Claussen, S. 414 f., Rn. 113; Mues, S. 24; Florian, S. 3; Lenenbach, S. 35 ff., Rn. 2.2 ff.; 151 f., Rn. 4.2 f.; Baumbach/Hefermehl, WPR, 1. Teil, II. Rn. 8, 9.

140 Schwark-Beck, § 25 BörsG Rn. 6; Mues, S. 23 f.; Florian, S. 2.

141 Fleischer, DJT-Gutachten (2002), F 14.

142 Hopt-Rudolph, Börsenreform, S. 161; Stenzel, S. 31.

aber auch im rechtswissenschaftlichen Schrifttum gängig[143] (obwohl es sich dabei, soweit ersichtlich, nicht um Rechtsbegriffe handelt[144]).

Die erstmalige Ausgabe von Aktien (Emission[145]) durch Unternehmen (Aktienemittenten) geschieht - zumeist unter Mithilfe von das Emissionsgeschäft[146] betreibenden Banken als Emissionshelfern[147] - außerbörslich[148] auf Primärmärkten[149], um für die Entfaltung ihrer unternehmerischen Tätigkeit erforderliches Kapital zu erhalten; die Unternehmen treten dort als Kapitalnachfrager auf. Die Ersterwerber von Aktien erhalten ihre Rechtsposition gegen Hingabe ihres Kapitals als Einlage an das Unternehmen[150], mit Übertragung der Aktien an sie werden sie Aktionäre, d. h. Gesellschafter (Mitglieder) und Anteilseigner der betreffenden Aktiengesellschaft[151]. Auf Primärmärkten kommen also Unter-

---

143 Kümpel, S. 1294 ff., 8.172 ff.; 2213 f., 17.3 ff.; ders./Hammen, S. 17; Mues, S. 23; Lenenbach, S. 6 f., Rn. 1.10 ff.; Fleischer, NJW-Beilage 23/2002, 37 (38, 39); ders., DJT-Gutachten (2002), F 36, aufgeteilt nach den Primärmarkt einerseits (F 39 ff.) und den Sekundärmarkt andererseits (F 94 ff.) betreffenden Analysen; ebenso Hopt/Voigt, WM 2004, 1801 (1801, 1802); Hopt, BGH-Festschrift, 497 (525 ff., 533 ff.); Köndgen, Festschrift Lutter, S. 1401 (1401); Weber, S. 53, 62 f.; Florian, S. 164 ff., 241 ff.; Baums, ZHR 167 (2003), 139 (143, 149 ff.); vgl. auch KOM (2002) 625, S. 4.

144 Die dennoch vorhandene rechtliche Relevanz der Unterscheidung betonend Lenenbach, S. 7, Rn. 1.14.

145 Kümpel, S. 1389 f., 9.2 ff.; Weber, S. 51 f.; Lenenbach, S. 313 ff., Rn. 7.1 ff.; Jäger, NZG 1999, 643 (643 ff.); ders., NZG 1999, 814 (814 ff.).

146 §§ 1 I 2 Nr. 10 KWG, 2 III Nr. 5 WpHG; Kümpel, S. 1390 f., 9.6 f.; Claussen, S. 497 ff., Rn. 295 ff.; Schlüter, S. 120 ff., Rn. 370 ff.; Mülbert, DJT-Gutachten (1996), E 9, 22, 23, 28.

147 Kümpel, Kapitalmarktrecht, S. 62 ff.; Heinze, S. 5; Fleischer, NJW-Beilage 23/2002, 37 (38); Schanz, S. 244 ff.; Hopt, Kapitalanlegerschutz, S. 114 ff.

148 Kümpel/Hammen, S. 17; Kümpel, Kapitalmarktrecht, S. 61 ff.; Mues, S. 23; Kurth, WM 2000, 1521 (1524); Lenenbach, S. 6, Rn. 1.12; 9, Rn. 1.20; Stenzel, S. 29; zu Emissionen im Internet Assmann, Festschrift Schütze, S. 15 ff.; Spindler, NZG 2000, 1058 (1058 ff).

149 Kümpel, S. 1315 f., 8.249 ff.; Lenenbach, S. 6, Rn. 1.10 (Primärmarkt als „Markt der Erstanbieter und Erstkäufer eines Wertpapiers").

150 Mülbert, z. B. S. 3 („Aktiengesellschaft als Kapitalsammelbecken"), 64, 66 („Aktionär (...) als Unternehmensfinanzier"; Assmann/Schütze-Assmann, § 1 Rn. 5 („Kapitalsammelstelle"); Münchener-Kommentar-Semler, AktG, Einl Rn. 8; Münchener-Kommentar-Heider, AktG, § 1 Rn. 96; Heinze, S. 5, 96; vgl. auch Assmann, DJT-Referat (2002), P 30 („Der Bezugspunkt kapitalmarktrechtlicher Rechtsverhältnisse und Institutionen ist die auf öffentlichem Angebot von Kapitalsuchenden (Unternehmen) zustande kommende Finanzierungsbeziehung zwischen Kapitalgebern (Anlegern) und Kapitalsuchenden (Unternehmen)"); Kümpel/Hammen, WM 2000, Sonderbeilage Nr. 3, 3 (11); Schlüter, S. 349, Rn. 1; Weber, S. 46 f., 53, 62.

151 Weber, S. 54; Mülbert, S. 63 („Eigentümerstellung der Aktionäre").

nehmensemittenten als Kapitalnachfrager und am Aktienerwerb Interessierte als Kapitalanbieter zusammen[152].

Durch die Emission von Aktien erlangen Unternehmen so genanntes Eigenkapital[153]. Dieses kann später durch die Ausgabe weiterer Aktien vergrößert werden (Kapitalerhöhung)[154].

Das Eigenkapital lässt sich um Fremdkapital ergänzen[155]. Hierunter werden Mittel verstanden, die dem Unternehmen z. B. durch Begebung von Anleihen[156] oder seitens des Staates oder von Banken als Kredit im Darlehenswege[157], dem in Deutschland herkömmlicherweise wichtigsten Pfeiler der Unternehmensfinanzierung[158], zur Verfügung gestellt werden[159].

Der Handel mit bereits emittierten Aktien spielt sich dann auf Sekundärmärkten ab[160]. Kontrahenten auf Sekundärmärkten, die börslicher oder außerbörslicher Natur sein können[161], sind verkaufsbereite Aktionäre als Aktienanbieter (Ver-

---

152 Allerdings handelt es sich regelmäßig nicht um einen unmittelbaren Kontakt, da ein Bankenkonsortium zwischengeschaltet ist, Jäger, NZG 1999, 643 (643 ff.); Kümpel, S. 1394, 9.16.

153 Jäger, NZG 1998, 718 (718 f.); Kümpel, S. 1389, 9.3; Mülbert, S. 97; Kübler, Festschrift Zöllner, S. 321 (324 ff., 327); Köndgen, Festschrift Lutter, S. 1401 (1401); Lenenbach, S. 314, Rn. 7.3; Kapitalmarkt Deutschland-Rudolph, S. 9.

154 §§ 182 ff. AktG.

155 Jäger, NZG 1998, 718 (718); Kümpel, S. 1389 f., 9.3 f.; Mülbert, DJT-Gutachten (1996), E 33 (Mischung von Fremd- und Eigenkapitalfinanzierung als „duales System", „gespaltene Finanzierung"); Kübler, Festschrift Zöllner, S. 321 (324 f., 327); Kapitalmarkt Deutschland-Rudolph, S. 9.

156 Jäger, NZG 1999, 101 (102); Kümpel, S. 1390, 9.3 f.

157 Hopt, ZGR 2000, 779 (803, 804); Jäger, NZG 1998, 718 (718); Kümpel, S. 799 ff., 5.5 ff.

158 Mülbert, DJT-Gutachten (1996), E 53 („Nach herkömmlichem Verständnis ist die Kreditfinanzierung für deutsche Unternehmen von herausragender Wichtigkeit"); Assmann/Schütze-Assmann, § 1 Rn. 9 (früher „Dominanz der unternehmerischen Selbst- und Fremdfinanzierung ohne größere Inanspruchnahme des nur zögerlich und ohne durchgreifende Erfolge stimulierten organisierten Kapitalmarkts"), Rn. 47; Kapitalmarkt Deutschland-Rudolph, S. 9.

159 Vgl. Mülbert, DJT-Gutachten (1996), E 22 f., 25, 26, 33 ff., 46, allerdings auch 49 f., 53 f. (heutzutage geringer Anteil der Bankkreditfinanzierung bei Großunternehmen).

160 Kümpel, Kapitalmarktrecht, S. 64 ff., 83 ff.; Fleischer, DJT-Gutachten (2002), F 94; ders., NJW-Beilage 23/2002, 37 (39 f.); Mues, S. 23; Lenenbach, S. 6 f., Rn. 1.13 f.; Oelkers, WM 2001, 340 (341) („In Abgrenzung zum Emissionsgeschäft schließt ein Handelsgeschäft ab, wer sich über den Kauf von Finanzinstrumenten einigt, die im Sekundärmarkt gehandelt werden"); nicht selten allerdings wird, wenn der Börsenhandel angestrebt wird, die Emission mit der Einführung des betreffenden Aktienwerts in den börslichen Sekundärmarkt verbunden, Kümpel, S. 1410, 9.77; vgl. auch Heinze, S. 60, 103, 121 f.; zu Maßnahmen der Kursstabilisierung in der ersten Zeit Schwark-Schwark, § 20a WpHG (a. F.) Rn. 36 ff.

161 Kümpel, S. 1296 ff., 8.182 ff.; 1305 ff., 8.218 ff.; Fleischer, NJW-Beilage 23/2002, 37 (39 f.); Florian, S. 241; Weber, S. 53, 54, 62, 63 (in österreichischer Terminologie: „Im Zirkulationsmarkt kann, je nachdem ob Wertpapiere an der Börse oder außerhalb der Börse

käufer) auf der einen und Aktiennachfrager (Käufer) auf der anderen Seite. Die Unternehmensemittenten selbst sind an diesen Geschäften nicht mehr unmittelbar beteiligt[162].

Dem Trennungs- bzw. Abstraktionsprinzip des deutschen Zivilrechts[163] entsprechend sind bei Aktiengeschäften grundsätzlich schuldrechtliches Verpflichtungs- oder Kausalgeschäft, der Kaufvertrag, und dingliches Verfügungs- oder Erfüllungsgeschäft, die Übereignung, zu unterscheiden. Die Rechtsstellung als Aktionär geht nach mobiliarsachenrechtlichen Grundsätzen erst mit der gegen Bezahlung des Kaufpreises erfolgenden Übertragung der Aktie (jedenfalls dem gesetzlichen Grundprinzip nach) durch Einigung und Übergabe des Wertpapiers vom Verkäufer auf den Käufer über[164]. Die rechtliche Konstruktion des Rechtsübergangs weicht allerdings im Massengeschäft angesichts der zu dessen Erleichterung vorherrschenden Aktienverwahrung in Girosammelbeständen[165] von der Grundfigur der Eigentumsübertragung der in einer konkreten Aktie als Wertpapier verkörperten Rechtsposition durch körperliche Übergabe ab und wird durch reine Buchungsakte vorgenommen[166] („Entmaterialisierung des Aktienwesens“, „Dematerialisierung“, „Entkörperung des Wertpapiers“ oder „Funktionsverlust der Wertpapierurkunde“)[167]. Die im Massengeschäft „Clearing“ und „Settlement“ genannten Abwicklungsphasen[168] werden von der Wert-

---

gehandelt werden, zwischen dem Börsemarkt und dem Außerbörsemarkt unterschieden werden“); vgl. auch Heinze, S. 3 f.

162 Kümpel, S. 1315, 8.248; Claussen, S. 356 f., Rn. 8; Mues, S. 24; Lenenbach, S. 93, Rn. 2.58; zum Verhältnis von Primär- und Sekundärmärkten Baums, ZHR 167 (2003), 139 (149) („untrennbarer Zusammenhang beider Märkte“).

163 Medicus, BGB AT, S. 92 ff., Rn. 220 ff.

164 Baumbach/Hefermehl, WPR, 1. Teil, IV. Rn. 31; Mentz/Fröhling, NZG 2002, 201 (201 ff.); Einsele, S. 8; Schlüter, S. 57, Rn. 26; Lenenbach, S. 45, Rn. 2.11; missverständlich Stenzel, S. 30; die Übertragung einer Aktie ist aber auch durch Abtretung der Rechtsposition möglich (§§ 398, 413, 952 II BGB), Baumbach/Hefermehl, WPR, 1. Teil, IV. Rn. 31, V. Rn. 52; eine Übereignung nach mobiliarsachenrechtlichen Grundsätzen ist auch bei Übertragung von Namensaktien durch Indossament (§ 68 I 1 AktG) erforderlich, Baumbach/Hefermehl, WPR, 1. Teil, V. Rn. 52; Münchener Kommentar-Bayer, § 68 AktG Rn. 3; bei Namensaktien haben Eintragungen in das Aktienregister (§ 67 AktG) keinen Einfluss auf die materielle Rechtslage, Verfügungen über eine Aktie erfolgen außerhalb des Registers, Münchener Kommentar-Bayer, § 67 AktG Rn. 36.

165 Schlüter, S. 545 ff., Rn. 1041 ff.; zur Sammelverwahrung i. S. d. §§ 5 ff. Depotgesetz (DepotG) Baumbach/Hopt-Hopt, § 5 DepotG Rn. 1 ff.

166 Schlüter, S. 547 f., Rn. 1050 ff.; Baumbach/Hefermehl, WPR, 1. Teil, IX. Rn. 91 f.; Einsele, WM 2001, 7 (7 ff., 11 ff.); Blitz, WM 1997, 2211 (2211).

167 Baumbach/Hefermehl, WPR, 1. Teil, IX. Rn. 90; Einsele, S. 7 ff., insbes. 12 ff.; dies., WM 2001, 7 (8 ff.); Merkt, S. 20; Lenenbach, S. 49 f., Rn. 2.14; Schwark-Noack, §§ 1, 2 WpÜG Rn. 17.

168 Schlüter, S. 545, Rn. 1039; Hopt-Rudolph, Börsenreform, S. 182 f., 219; Mues, S. 30; vgl. auch KOM (2002) 625, S. 37.

papiersammelbank („Clearstream Banking AG") außerhalb der Börse ausgeführt[169] [170].

Die hier erfolgende Untersuchung beschäftigt sich primär mit dem schuldrechtlichen Teil von Aktiengeschäften auf Sekundärmärkten[171].

IV. Aktiengeschäfte auf Kassa- und Terminmärkten

Bei den Sekundärmärkten wird zwischen Kassamärkten und Terminmärkten unterschieden[172]. Beide können börslich oder außerbörslich sein[173].

Wenn Vertragsgegenstand des Aktiengeschäfts der „schlichte", kurzfristig zu erfüllende Kauf ist (bei börslichen Abschlüssen gemäß den Bedingungen für Börsengeschäfte (Usancen) z. B. innerhalb von zwei Tagen[174]), wird von Kassahandel bzw. Kassageschäften auf Kassamärkten gesprochen[175]. Der Rechtsrahmen derartiger Geschäfte steht im Zentrum der vorliegenden Arbeit.

Dem Kassahandel wird der Termin- oder Derivatehandel (bedingte Termin- oder Optionsgeschäfte und unbedingte Termin- oder Festgeschäfte) gegenüberge-

---

169 Baumbach/Hopt-Hopt, § 1 DepotG Rn. 6; Schlüter, S. 547 f., Rn. 1051; 551 f., Rn. 1068 ff.; Schwark-Schwark, § 16 BörsG Rn. 5, 25; § 19 BörsG Rn. 3 (die „Clearingstelle (ist) eine rechtlich separierte Einrichtung, die auf einer dem eigentlichen Börsenhandel nachgelagerten Stufe in den Abwicklungsprozess eingebunden ist"); Claussen, S. 474 ff., Rn. 253 ff.; Kümpel/Hammen, S. 181 f.; Lenenbach, S. 46 f., Rn. 2.12; Geschäftsbericht 2004, Gruppe Deutsche Börse, S. 38 ff.; Geschäftsbericht 2003, Gruppe Deutsche Börse, S. 68 ff.

170 Zu internationalen Rechtsangleichungsbemühungen im Abwicklungsbereich Einsele, WM 2005, 1109 (1109 ff.); Paech, WM 2005, 1101 (1101 ff.); The Giovannini Group, Second Report on EU Clearing and Settlement Arrangements, 2003.

171 Diese Eingrenzung ebenfalls bei Hopt-Hopt, Börsenreform, S. 336; Mues, S. 30, und sinngemäß bei Stenzel, S. 30.

172 Kümpel, S. 2412, 17.646; ders./Hammen, WM 2000, Sonderbeilage Nr. 3, 3 (7); Lenenbach, S. 113, Rn. 3.25; Bauer/Möllers, S. 23; Beck, WM 1998, 417 (421); Weber, S. 63 f.

173 Beck, DJT-Referat (2002), P 43; für Terminmärkte Kümpel, S. 2415, 17.655; ders./Hammen, S. 261; fand der Derivatehandel früher nur außerbörslich statt, so hat die Börse für Options- und Termingeschäfte namens „Eurex Deutschland" (Kümpel, S. 2415 ff., 17.657 ff.; ders./Hammen, S. 263 f., 266; Schwark-Schwark, § 13 BörsG Rn. 9; Schlüter, S. 564 ff., Rn. 1138 ff.; Kurth, WM 2000, 1521 (1521 ff.)) beachtliche Marktanteile gewinnen können, vgl. Geschäftsbericht 2004, Gruppe Deutsche Börse, S. 28 ff.; Geschäftsbericht 2003, Gruppe Deutsche Börse, S. 48 ff.; Geschäftsbericht 2002, Gruppe Deutsche Börse, S. 22, 56 ff.; Geschäftsbericht 2001, Gruppe Deutsche Börse, S. 56 ff.; Geschäftsbericht 2000, Gruppe Deutsche Börse, S. 38 ff.; zum börslichen Terminhandel Schlüter, S. 554 ff., Rn. 1080 ff.; Kümpel, S. 2412 ff., 17.646 ff.

174 § 15 Bedingungen (FWB); Kümpel/Hammen, S. 219; Claussen, S. 382, Rn. 53; Lenenbach, S. 113, Rn. 3.25.

175 Kümpel, S. 2352, 17.444; 2378, 17.535; 2412 f., 17.648 f.; ders./Hammen, S. 215 ff.; Breitkreuz, S. 44; Claussen, S. 463 f., Rn. 222; Weber, S. 63.

stellt[176]. Bei Optionsverträgen ist das Recht einer Vertragsseite Vertragsgegenstand, einen Aktienkaufvertrag zwischen den Parteien des Optionsvertrages durch einseitige Erklärung, die bis zu einem bestimmten zukünftigen Zeitpunkt abzugeben ist, zu festgelegten Bedingungen zustande kommen zu lassen[177]. Bei unbedingten Termin- oder Festgeschäften werden Aktienkaufverträge zwischen den Kontrahenten zwar fest abgeschlossen, aber die genauen Konditionen werden regelmäßig erst durch den zu einem bestimmten, vertraglich vereinbarten zukünftigen Termin tatsächlich bestehenden börslichen Aktienkurs endgültig fixiert[178]. Options- und unbedingten Termingeschäften wohnt ein vergleichsweise größeres spekulatives Element für die Beteiligten inne. Beide Vertragsparteien hoffen in gesteigertem Maße auf eine für sie günstige Marktentwicklung im Verlaufe der wirtschaftlich entscheidenden Phase nach Abschluss des betreffenden „Deals"[179]. Gewinnchancen und Verlustrisiken sind bei Derivaten aufgrund der so genannten „Hebelwirkung" groß, regelmäßig erheblich größer als bei Kassageschäften[180], um die es, wie gesagt, in der vorliegenden Untersuchung in erster Linie geht[181].

V. Aktiengesellschaft (Emittentin) - Aktionäre - Unternehmensführung

Aktien werden von Aktionären „gehalten", die damit Gesellschafter bzw. Mitglieder der betreffenden Aktiengesellschaft (Aktienemittentin) und Anteilseigner des Unternehmens sind. Unternehmensführung (durch den Vorstand)[182] und Unternehmenseignerschaft (seitens der Aktionäre) fallen in der Regel auseinander[183]; das ist aber nicht zwangsläufig vollständig der Fall, Vorstandsmitglieder

---

176 Kümpel, S. 1285 ff., 8.142 ff.; 2412 ff., 17.646 ff.; Claussen, S. 382 ff., Rn.53 ff.; 452 f., Rn.195 ff.; Merkt, DJT-Gutachten (2002), G 101 ff.; Schlüter, S. 557 ff., Rn. 1095 ff., insbes. 559, Rn. 1104 ff.; der Bereich der Finanztermingeschäfte hat durch das 4. Finanzmarktförderungsgesetz in §§ 37d bis 37g WpHG eine Neuregelung erfahren, hierzu Schlüter, S. 64, Rn. 60 ff.; Lenenbach, S. 310 ff., Rn. 6.130 ff.

177 Schlüter, S. 63, Rn. 58 f.; 559 ff., Rn. 1112 ff.

178 Schlüter, S. 63, Rn. 56 f.; 559, Rn. 1110 f.

179 Kümpel, S. 2413 f., 17.651; Schlüter, S. 557 f., Rn. 1098 f.

180 Schlüter, S. 554, Rn. 1080; 557, Rn. 1097; 558, Rn. 1100; Schwark-Schwark, § 20a WpHG (a. F.) Rn. 31; ders., BGH-Festschrift, 455 (467 f.); Eurex, Strategien, S. 4; Lenenbach, S. 289 f., Rn. 6.93 f. m. w. N.; Geschäfte mit Derivaten dienen aber auch zur Absicherung von Risiken, die mit Aktiengeschäften im Kassabereich verbunden sind („Hedging"), vgl. Kümpel, S. 2413, 17.650; ders./Hammen, S. 265 f.; Schlüter, S. 63, Rn. 56; 554 f., Rn. 1080 ff.; Financial Times Deutschland (FTD) vom 24.08.2001, S. 25; Frankfurter Allgemeine Zeitung (FAZ) vom 15.08.2001, S. 25 f.; Eurex, Strategien, S. 4; Geschäftsbericht 2000, Gruppe Deutsche Börse, S. 38.

181 Das entspricht auch der Beschränkung auf Sekundärmärkte ohne Derivatemärkte bei Stenzel, S. 33.

182 § 76 I 1 AktG; Münchener Kommentar-Hefermehl/Spindler, § 76 AktG Rn. 1, 9, 15 ff.

183 Schanz, S. 23; Heinze, S. 243.

können als Privatleute durchaus Aktien des von ihnen geleiteten Unternehmens haben[184].

Eine Aktiengesellschaft wird von ihrem Vorstand weisungsfrei, aber unter der Kontrolle ihres Aufsichtsrats[185] geleitet[186] (auch Aufsichtsratsmitglieder können außerdem Aktieninhaber des betreffenden Unternehmens sein[187]). Die Vorstandsmitglieder, die vom Aufsichtsrat bestellt werden[188], sind meistens Angestellte des Unternehmens[189] (Dritt- oder Fremdorganschaft)[190]; die Vorstandsbezüge, die in einem angemessenen Verhältnis zu den Aufgaben des betreffenden Vorstandsmitglieds und der Lage der Gesellschaft stehen müssen, setzt der Aufsichtsrat fest[191]. Der Vorstand trifft die unternehmerischen Entscheidungen[192], bei denen ihm grundsätzlich ein weites unternehmerisches Ermessen zukommt[193]. Die Leitungsaufgaben lassen sich grob untergliedern in die Planungs-, Steuerungs-, Organisations-, Informations- und Finanzverantwortung[194]. Der Vorstand disponiert innerhalb der rechtlich vorgegebenen Grenzen über die erhaltenen Geldmittel (Eigen- und Fremdkapital). Zum Schutz der Gläubiger der Gesellschaft und ferner auch der Aktionäre ist hierbei ein Mindestkapital (das Grundkapital, das bei Unternehmensgründung aufzubringen war) zu erhalten[195]. Die Unternehmensleitung ist verpflichtet, die Leitung sorg-

---

184 Vgl. §§ 15a I 1 WpHG, 27 I 2 Nr. 4 WpÜG.

185 § 111 AktG; Münchener Kommentar-Semler, § 111 AktG Rn. 47 ff., insbes. 83 ff.; Schanz, S. 31 ff.

186 § 76 I AktG; BGHZ 125, 239 (246); Münchener Kommentar-Hefermehl/Spindler, § 76 AktG Rn. 15 ff.; Hüffer, § 76 Rn. 10 f.; Fleischer, ZIP 2003, 1 (1 ff., 5 ff.); Schanz, S. 26 ff.

187 Vgl. §§ 15a I 1 WpHG, 27 I 2 Nr. 4 WpÜG.

188 § 84 I 1 AktG; Münchener Kommentar-Hefermehl/Spindler, § 84 AktG Rn. 6 ff.; Hüffer, § 84 Rn. 3 ff.; Ihrig, WM 2004, 2098 (2099).

189 Münchener Kommentar-Hefermehl/Spindler, § 84 AktG Rn. 42 ff.

190 Kübler, S. 183 f.

191 § 87 I 1 AktG; Münchener Kommentar-Hefermehl/Spindler, § 87 AktG Rn. 6 ff.; vgl. auch die neueingeführte Pflicht zur Offenlegung von Vorstandsbezügen durch das Vorstandsbezüge-Offenlegungsgesetz (VorstOG) (insbesondere § 285 S. 1 Nr. 9 a) HGB (n. F.)).

192 Fleischer, ZIP 2003, 1 (2 f.); Siebel/Gebauer, WM 2001, 118 (120); dazu auch Kübler, Festschrift Zöllner, S. 321 (334); Martens, ZHR 169 (2005), 124 (124 ff.); Kramersch, ZHR 169 (2005), 112 (112 ff.); Hoffmann-Becking, ZHR 169 (2005), 155 (155 ff.); Maul, WM 2004, 2146 (2146 ff.).

193 Münchener Kommentar-Hefermehl/Spindler, § 93 AktG Rn. 24 ff.; Fleischer, ZIP 2004, 685 (686 f.); Ihrig, WM 2004, 2098 (2099).

194 Fleischer, ZIP 2003, 1 (5, 6).

195 §§ 1 II, 7, 23 III Nr. 3, 57, 58 IV, 66, 71 ff., 150 AktG i. V. m. 266 III, 272 HGB und Rechtsprechung und Lehre (Institute der verschleierten Sacheinlage und des kapitalersetzenden Gesellschafterdarlehens, Münchener Kommentar-Heider, § 1 AktG Rn. 88; Münchener Kommentar-Bayer, § 57 AktG Rn. 157 ff.); Hüffer, § 1 Rn. 10, 12; Merkt, ZGR 2004, 305 (311 ff.); Baums, ZHR 167 (2003), 139 (169); Hopt, BGH-Festschrift, 497 (503 f.); Schanz,

faltsgerecht auszuüben[196] und für den Bestand und die dauerhafte Rentabilität des Unternehmens Sorge zu tragen[197]. Der Vorstand hat Treupflichten gegenüber der Gesellschaft und den Aktionären[198]. Dem Aufsichtsrat ist er zur Berichterstattung verpflichtet[199]. Dem Vorstand kommt die Aufgabe zu, auf eine ordnungsgemäße Erfüllung der Buchführungspflicht hinzuwirken[200]. Im Falle bedeutender Verluste bzw. Verschuldung oder gar Zahlungsunfähigkeit der Gesellschaft hat er die im Gesetz vorgesehenen Schritte zu ergreifen[201].

Der Aufsichtsrat hat seine Aufgaben, in deren Zentrum die Überwachung des Vorstands steht[202], ebenfalls sorgfältig und unter Einhaltung von Verschwiegenheitspflichten zu erfüllen[203].

S. 51 ff.; Münchener Kommentar-Heider, § 1 AktG Rn. 84 ff.; § 6, Rn. 14; § 7, Rn. 11 (die Bemessung des Grundkapitals ist eine unternehmerische Ermessensentscheidung der Gründer, das Eigenkapital hat in einem vernünftigen Verhältnis zur geplanten Geschäftstätigkeit, zum Gegenstand des Unternehmens und zu den damit verbundenen wirtschaftlichen Risiken zu stehen, es müssen aber mindestens 50.000.- Euro sein, § 7 AktG).

196 § 93 I 1 AktG; Münchener Kommentar-Hefermehl/Spindler, § 93 AktG Rn. 1, 19 ff.; Hüffer, § 76 Rn. 13; ein Pflichtverstoß eines Vorstandsmitglieds begründet unter den Voraussetzungen des § 93 II bis VI AktG eine Schadensersatzpflicht, Münchener Kommentar-Hefermehl/Spindler, § 93 AktG Rn. 67 ff.; Habersack/Schürnbrand, WM 2005, 57 (57 ff.); eine Haftung kann sich auch aus § 117 II i. V. m. I AktG ergeben, dazu Münchener Kommentar-Kropff, § 117 AktG Rn. 9 ff., 50 ff.; zur Verantwortlichkeit bei Kollegialentscheidungen Fleischer, BB 2004, 2645 (2645 ff.); zu Compliance-Aufgaben des Vorstands ders., AG 2005, 291 (291 ff.); U. H. Schneider, ZIP 2003, 645 (645 ff.); vgl. allerdings Kapitalmarkt Deutschland-Baums, S. 45 (die „in der Theorie durchaus strenge Haftung der Vorstandsmitglieder (...) nach deutschem Recht versagt in der Praxis weitgehend“, Vorstände würden nicht von Aufsichtsräten, in Vertretung der Gesellschaft, auf Schadensersatz in Anspruch genommen); deshalb ist jetzt durch das Gesetz zur Unternehmensintegrität und Modernisierung des Anfechtungsrechts (UMAG) hinsichtlich der Innenhaftung von Unternehmensorganen u. a. eine Erleichterung der Klagedurchsetzung durch eine Aktionärsminderheit geschaffen worden (§§ 147 I 1, 148 I 1 AktG (n. F.)); nicht realisiert wurde hingegen bisher die Einführung einer direkten Außenhaftung von Emittenten und Organen gegenüber Anlegern, vgl. Entwurf für ein Kapitalmarktinformationshaftungsgesetz (KapInHaG-E).

197 Hüffer, § 76 Rn. 13; gemäß § 91 II AktG hat der Vorstand überdies geeignete Maßnahmen zu treffen, insbesondere ein Überwachungssystem einzurichten, damit den Fortbestand der Gesellschaft gefährdende Entwicklungen früh erkannt werden, Münchener Kommentar-Hefermehl/Spindler, § 91 AktG Rn. 14 ff.; U. H. Schneider, ZIP 2003, 645 (645 ff.).

198 Münchener Kommentar-Hefermehl/Spindler, § 76 AktG Rn. 14, 46, 77; Fleischer, WM 2003, 1045 (1045 ff.).

199 § 90 AktG; Münchener Kommentar-Hefermehl/Spindler, § 90 AktG Rn. 14 ff.

200 § 91 I AktG; Münchener Kommentar-Hefermehl/Spindler, § 91 AktG Rn. 4 ff.

201 § 92 AktG; Münchener Kommentar-Hefermehl/Spindler, § 92 AktG Rn. 1 ff.

202 § 111 I AktG; Münchener Kommentar-Semler, § 111 AktG Rn. 89 ff.

203 §§ 116 Satz 1, 93 bzw. 116 Satz 2 AktG; Münchener Kommentar-Semler, § 116 AktG Rn. 27 ff., 98 ff.; wie bei Vorstandsmitgliedern ist auch bei Aufsichtsratmitgliedern eine Haftung außerdem gemäß § 117 II i. V. m. I AktG möglich, Münchener Kommentar-Semler, §

Aktionären erwachsen aus ihrer Mitgliedschaft Rechte und Pflichten. Im Verhältnis zwischen den Aktionären und im Verhältnis zwischen den Aktionären und der Gesellschaft bestehen gewisse Treubindungen[204], insbesondere haben Unternehmensorgane Aktionäre unter gleichen Voraussetzungen gleich zu behandeln[205].

Rechte üben Aktionäre grundsätzlich in der Hauptversammlung der Aktionäre des jeweiligen Unternehmens aus[206]. Zu den wichtigsten Aktionärsrechten zählen das Stimmrecht[207] (als einem Verwaltungsrecht[208] bzw. gesellschaftsbezogenen Mitgliedschaftsrecht[209]) und der Anspruch auf Ausschüttung eines Anteils am erwirtschafteten Unternehmensgewinn (Dividendenanspruch als einem Vermögensrecht[210] bzw. eigennützigen Mitgliedschaftsrecht[211])[212].

Im Rahmen des gesellschaftsrechtlich Vorgesehenen können Aktionäre durch Stimmabgabe in der Hauptversammlung grundlegende unternehmensinterne Entscheidungen (mit) treffen[213]. In welchem Umfang hängt für jeden Aktionär

---

117 AktG Rn. 9 ff., 50 ff.; vgl. auch Fleischer, ZGR 2004, 437 (437 ff.); Maul, WM 2004, 2146 (2146 ff.); Thümmel, AG 2004, 83 (83 ff.); die u. U. erfolgende Vergütung der Aufsichtsratsmitglieder kann in der Satzung festgesetzt oder von der Hauptversammlung der Aktionäre bewilligt werden, § 113 AktG; Münchener Kommentar-Semler, § 113 AktG Rn. 1 ff.; vgl. auch Gehling, ZIP 2005, 549 (549 ff.); Kramersch, ZHR 169 (2005), 112 (112 ff.); Hoffmann-Becking, ZHR 169 (2005), 155 (155 ff.); Habersack, ZGR 2004, 721 (721 ff.); Fuchs, WM 2004, 2233 (2233 ff.); Paefgen, WM 2004, 1169 (1169 ff.); ferner Wörle/Roth, ZGR 2004, 565 (565 ff.); Fleischer, WM 2004, 157 (157 ff.).

204 Hüffer, § 53a Rn. 2, 13 ff.; die Treupflichten zwischen Aktionären und zwischen Aktionären und Gesellschaft sind aber nicht so intensiv wie z. B. bei Personengesellschaften, Claussen, S. 425 f., Rn. 131.

205 § 53a AktG; Münchener Kommentar-Heider, § 1 AktG Rn. 94; Hüffer, § 53a Rn. 4 ff.

206 § 118 I AktG; Münchener Kommentar-Kubis, § 118 AktG Rn. 33 ff.; gemäß § 119 I AktG beschließt die Hauptversammlung u. a. regelmäßig über die Bestellung des Aufsichtsrats (Nr. 1), die Verwendung des Bilanzgewinns (Nr. 2), die Entlastung der Mitglieder des Vorstands und des Aufsichtsrats (Nr. 3 i. V. m. § 120 AktG) und die Bestellung des Abschlussprüfers (Nr. 4), Münchener Kommentar-Kubis, § 119 AktG Rn. 9 ff.; einem Aktionär steht in den Grenzen des § 131 AktG gegenüber dem Vorstand ein Auskunftsrecht in der Hauptversammlung zu, § 131 I, II AktG; Münchener Kommentar-Kubis, § 131 AktG Rn. 33 ff.

207 §§ 12 I 1, 118 I, 133 ff. AktG; Münchener Kommentar-Volhard, § 133 AktG Rn. 1 ff.; Münchener Kommentar-Heider, § 12 AktG Rn. 5 ff.; Hüffer, §§ 11 Rn. 3; 12, Rn. 1 ff.; Mülbert, S. 56, 58, 59, 124; Claussen, S. 424 f., Rn. 130; Schanz, S. 40 ff.

208 Münchener Kommentar-Heider, § 11 AktG Rn. 12; Hüffer, § 11 Rn. 3.

209 Hüffer, § 53a Rn. 16; zum Begriff des Mitgliedschaftsrechts Münchener Kommentar-Heider, § 11 AktG Rn. 5 ff.

210 Münchener Kommentar-Heider, § 11 AktG Rn. 11; Hüffer, § 53a Rn. 16.

211 Hüffer, § 11 Rn. 4.

212 Münchener Kommentar-Bayer, § 58 AktG Rn. 96 ff.; Mülbert, S. 65 f., 99, 143.

213 Mülbert, S. 137; z. B. gemäß § 119 I AktG Satzungsänderungen (Nr. 5) oder Maßnahmen der Kapitalbeschaffung (Nr. 6).

davon ab, welchen Anteil er an den insgesamt emittierten Aktien des Unternehmens hält[214]. Es herrscht das durch den Minderheitenschutz begrenzte Mehrheitsprinzip[215].

Erwirtschaftet die Unternehmensführung Gewinne, vermögen die Aktionäre davon (ebenfalls ihren jeweiligen Kapitalanteilen entsprechend) zu profitieren[216]. Wenn ein Emittent Aktien verschiedener Gattungen ausgegeben hat, unterscheiden sich die Rechtsstellungen der Aktionäre je nach Gattungszugehörigkeit[217] der gehaltenen Aktien (z. B. unterschiedliche Dividendenansprüche[218], höhere Dividendenansprüche, dafür kein Stimmrecht[219] o. a.).

Die Mehrheit der Aktionäre oder, wenn es im Unternehmen einen solchen gibt, der „Mehrheitsaktionär", ist in der Hauptversammlung über die Bestellung bzw. Abberufung der Aktionärsvertreter im Aufsichtsrat[220], der wiederum den Vorstand bestellt, überwacht und abberuft[221], in der Lage, die (indirekte) Kontrolle über das Unternehmen auszuüben. Gelingt es jemandem, auf dem Markt die Mehrheit der Aktien eines Unternehmens zusammenzukaufen[222], erwirbt jemand ein von einem Mehrheitsaktionär gehaltenes Aktienpaket[223] auf dem Kapitalmarkt oder nach eingehenden Prüfungen und Vertragsverhandlungen im Wege des „Unternehmenskaufs" in der Variante des Beteiligungskaufs[224], geht also die Unternehmenskontrolle auf den Erwerber über, was spürbare Auswir-

---

214 Verbreitet lassen Aktionäre ihr Stimmrecht allerdings von Banken, die deren Aktien in ihrem Depot verwalten, (unter oder ohne Erteilung einer inhaltlichen Weisung) ausüben, vgl. § 135 AktG; Hüffer, § 135; Hopt, ZGR 2000, 779 (804); Mülbert, DJT-Gutachten (1996), E 15 f.; Rozijn, ZBB 2000, 371 (376 f., 379); für den Aktionär erwächst hieraus ein „Interessenvertretungsrisiko", Hopt, Kapitalanlegerschutz, S. 289 ff.; Mues, S. 47.

215 § 133 I, II AktG; Münchener Kommentar-Volhard, § 133 AktG Rn. 27 ff.; Münchener Kommentar-Heider, § 1 AktG Rn. 7.

216 § 58 IV AktG; Kübler, S. 181 f.; Mülbert, S. 102; vgl. auch Kuhner, ZGR 2004, 244 (244 ff.).

217 § 11 AktG; Münchener Kommentar-Heider, § 11 AktG Rn. 27 ff.; Hüffer, § 11 Rn. 7; Schanz, S. 55 f.

218 Vgl. § 11 Satz 1 AktG.

219 Vgl. § 12 I AktG.

220 §§ 101 ff., 119 I Nr. 1 AktG; Münchener Kommentar-Semler, §§ 101 AktG ff.; Kübler, S. 190 f.

221 §§ 84, 111 AktG; Kübler, S. 183, 192 f.

222 Auf börslichen oder außerbörslichen Märkten; eine besondere Weise, das außerbörslich zu versuchen, ist die Abgabe eines öffentlichen Kauf- bzw. Übernahmeangebots (für die wichtigsten börsengehandelten Unternehmen jetzt im WpÜG geregelt).

223 Schlitt/Schäfer, AG 2004, 346 (346 ff.); Hammen, WM 2004, 1753 (1755 f.); Müller, NJW 2000, 3452 (3452); Assmann/Schütze-von Rosen, § 2 Rn. 234; Wastl, NZG 2000, 505 (506).

224 Hölters-Hölters, S. 12 f., Rn. 25 f.

kungen auf die Unternehmenssituation und für die Unternehmensführung haben kann[225] (die Unternehmensführung muss befürchten, zumindest mittelfristig durch eine neue Leitung ersetzt zu werden[226]), aber nicht haben muss. Die wesentliche Motivation eines Aktionärs liegt nämlich häufig weniger im unternehmerischen Bereich[227]. Ihm ist es dann nicht so wichtig, die unternehmerische Führung seiner Gesellschaft bei deren Leitungstätigkeit konkret zu beeinflussen oder gar deren personelle Zusammensetzung zu ändern. Hat ein Mehrheitsaktionär als Großaktionär aufgrund seiner Stimmrechtsmehrheit immerhin grundsätzlich Möglichkeiten hierzu, sind Einflussnahmemöglichkeiten für Kleinaktionäre als Minderheitsaktionäre, die auch nicht über die Sperrminorität von 25 % der Stimmanteile verfügen, sowieso begrenzt[228]; solche bestehen im Wege koordinierten Abstimmungsverhaltens in der Hauptversammlung.

Ein Aktionär hat dementsprechend gewöhnlich vorrangig die Hoffnung auf eine gewinnbringende Anlage seines Kapitals[229]. Das wird insbesondere bei Anteilen an Großunternehmen so sein. Steht diese Zielsetzung im Vordergrund der Betrachtung, wird er als „Anleger“ oder „Investor“ bezeichnet[230]. Er hat sein

---

225 Mögliche Motive des Erwerbers: Hölters-Hölters, S. 6 ff., Rn. 11 ff. (unternehmerische Einflussnahme, Marktbereinigung durch Stilllegung des erworbenen Unternehmens), 21 ff., Rn. 48 ff. (Verfolgung von Konzernstrategien); Hölters-Semler, S. 525, Rn. 8 („will (der Erwerber) die vom bisherigen Inhaber entfaltete unternehmerische Aktivität weiterführen“, „steht das Interesse am Erwerb der im Unternehmen verkörperten Ertragskraft im Vordergrund“, er könne aber auch lediglich „an einzelnen Vermögenswerten“ interessiert sein); Müller, NJW 2000, 3452 (3453) („So wirkt es sich möglicherweise günstig aus, dass die Gesellschaft nach der Veräußerung Bestandteil eines größeren Unternehmensverbundes ist. Vielleicht werden auch neue Märkte, Finanzierungsquellen oder Know-how erschlossen“); Liersch, S. 30 („zu erzielende Synergieeffekte“); Lenenbach, S. 521, Rn. 10.89 („eine Kontaktaufnahme mit dem neuen oder gestärkten Großaktionär (ist) für (Vorstand und Aufsichtsrat) (...) wichtig“); Kapitalmarkt Deutschland-Rudolph, S. 8 („Inhaber bedeutender Beteiligungen (…) übernehmen (…) Kontrollaufgaben, die in bestimmten Situationen vor einem Eingriff in die Geschäftspolitik (des Unternehmens) nicht halt machen dürfen. Darüber hinaus werden sie auch ihre eigene Expertise und ihre Verbindungen in das Unternehmen einbringen (…)“. Deshalb „wird eine enge und individuelle Informationspolitik verfolgt.“).

226 Hölters-Hölters, S. 29 ff., Rn. 63 ff.; Geibel/Süßmann-Zehetmeier-Müller, Einl., S. 50, Rn. 44; zum Widerruf der Vorstandsbestellung durch Hauptversammlungsbeschluss (Vertrauensentzug) vgl. Hüffer, § 84 Rn. 29.

227 Lenenbach, S. 385 f., Rn. 8.5; Hölters-Hölters, S. 4 ff., Rn. 8 ff.; Hölters-Widmann, S. 75 Rn. 1.

228 Hölters-Hölters, S. 6 f., Rn. 12 f.; 8 f., Rn. 18 f.; 30 Rn. 64; Mülbert, S. 114, 115, 138; Hüffer, § 12 Rn. 2; Kapitalmarkt Deutschland-Rudolph, S. 8.

229 BGHZ 90, 381 (388); Assmann/Schütze-Assmann, § 1 Rn. 2; Mülbert, S. 98; Hopt, BGH-Festschrift, 497 (504); Stenzel, S. 59, 102.

230 Mülbert, S. 59, 63 ff., 66, 78 („Investment statt (...) Mitgliedschaft“), 88, 89, 99 („der Aktionär des AktG 1965 ist in seiner gesetzlichen Ausformung ein Hybrid aus Verbands-

Kapital zum Aktienerwerb in der Hoffnung auf Kapitalerträge und Kursgewinne eingesetzt[231], d. h. dass er regelmäßig Dividenden erhalten und der Wert der von ihm erworbenen Aktien zukünftig steigen möge[232]. Aus Aktionärssicht wünschenswert ist eine jährliche Dividende, die z. B. über dem ohne die aktientypischen Unwägbarkeiten sicher erhältlichen Jahreszins für Spareinlagen oder festverzinsliche Unternehmensanleihen in Höhe des für den Aktienerwerb aufgewendeten Betrags liegt[233]. In diesem Falle ist die Kapitalanlage in Aktien gegenüber der festverzinslichen Anlage selbst dann ertragreicher, wenn der auf dem Sekundärmarkt erzielbare Preis der Aktie stabil bleibt, also nicht steigt.

Allerdings findet eine Gewinnausschüttung an die Aktionäre selbst bei wirtschaftlichem Erfolg des Unternehmens nicht zwangsläufig statt[234]. Die Bildung von Rücklagen gewissen Umfangs durch die Aktiengesellschaft ist bereits gesetzlich vorgeschrieben[235]. Die Unternehmensführung kann ein Interesse daran haben, zumindest weitere Teile der Gewinne als Rücklagen („Thesaurierung")[236] oder als „stille Reserven"[237] einzubehalten, um die eigenen unternehmerischen Spielräume zu erhalten bzw. zu erweitern[238]; in der Praxis geschieht das verbreitet[239]. Ob und in welchem Umfang der restliche Gewinn an die Aktionäre entsprechend ihrem jeweiligen Aktien- bzw. Kapitalanteil am Unternehmen ausgeschüttet wird[240], ist aber (regelmäßig auf der Basis des von Vorstand und Aufsichtsrat festgestellten Jahresabschlusses[241]) von der Haupt-

---

mitglied und Anleger", „nicht dem Schutz der Mitverwaltungsrechte, also vor allem dem Stimmrecht, sondern dem Schutz der Vermögensrechte kommt im AktG 1965 besonderer Stellenwert zu"), 136 (unter Verweis auf Wiedemann: „AG als Anlagegesellschaft im Gegensatz zur Mitunternehmergemeinschaft"), 142, 143; Weber, S. 56 („Der Anleger in Aktien ist kapitalmarktrechtlich Anleger und gesellschaftsrechtlich Aktionär"); Schwark-Zimmer, § 15 WpHG (a. F.) Rn. 52; Hölters-Hölters, S. 5, Rn. 9 f.; Hölters-Widmann, S. 75 Rn. 1; Assmann, DJT-Referat (2002), P 12 f.; Assmann/Schütze-Assmann, § 1 Rn. 2, vgl. auch Rn. 1 mit Ausführungen zum Begriff „Kapitalanlagerecht".

231 Weber, S. 51, 54 f.; Claussen, S. 424, Rn. 129; Liersch, S. 27.

232 Lenenbach, S. 73, Rn. 2.36; 77, Rn. 2.39; Hölters-Hölters, S. 5, Rn. 10.

233 Vgl. auch Kübler, Festschrift Zöllner, S. 321 (325).

234 § 58 AktG; Lenenbach, S. 77 f., Rn. 2.39.

235 §§ 150, 300 AktG.

236 §§ 58 II 1, 172 I 1 AktG; Münchener Kommentar-Bayer, § 58 AktG Rn. 5, 8, 12, 72; Jäger, NZG, 1998, 718 (718).

237 Münchener Kommentar-Bayer, § 58 AktG Rn.6 (durch „Nichtaktivierung oder Unterbewertung von Vermögen oder durch die Überbewertung von Verbindlichkeiten" in der Bilanz).

238 Schanz, S. 18; Münchener Kommentar-Oechsler, § 71 AktG Rn. 7.

239 Hommelhoff, ZGR 2000, 748 (759); Hopt, ZGR 2000, 779 (793).

240 § 60 I AktG.

241 § 174 I 2 AktG; Münchener Kommentar-Bayer, § 58 AktG Rn. 8, 12, 37 ff.

versammlung zu entscheiden[242]. Beschließt diese eine Gewinnausschüttung an die Aktionäre, bleiben die Gewinne nicht im Unternehmen gebunden und die Aktionäre können später individuell darüber befinden, wie sie die betreffenden Beträge verwenden. In Betracht kommt der Einsatz der Mittel zum Zwecke des Konsums oder der neuerlichen Kapitalanlage, wobei dann als Anlagealternativen der Erwerb weiterer Aktien des betreffenden Unternehmens, anderer Gesellschaften (ein Aktionär kann schließlich Aktien mehrerer Aktiengesellschaften halten, auch solcher, die derselben Wirtschaftsbranche zugehören und miteinander im Wettbewerb stehen) oder auch anderer Finanzinstrumente in Erwägung zu ziehen sind. Anleger mit der Hoffnung auf besonders große Gewinne und der Bereitschaft, ein entsprechend größeres Risiko einzugehen, werden vielleicht (Aktien-)Derivate wählen.

Im Falle einer späteren Veräußerung gehaltener Aktien auf dem Sekundärmarkt zu einem Preis, der über dem früheren Preis für den eigenen Erwerb der Aktien liegt, lässt sich ein zusätzlicher, also über zwischenzeitlich etwaig erhaltene Dividenden hinausgehender Vermögenszuwachs erzielen. Der Erlös kommt dabei nur dem verkaufenden Aktionär unmittelbar zugute, nicht aber dem Unternehmen, das die Aktien emittiert hat[243]. Unmittelbar erlangt das Unternehmen Kapital lediglich seitens der ersten Aktionäre auf dem Primärmarkt bei der Emission der Aktien. Danach findet ein Kapitalfluss nur noch zwischen auf Sekundärmärkten kaufenden und verkaufenden Anlegern statt, nämlich wenn der Kaufpreis für kaufgegenständliche Aktien vom jeweiligen Käufer an den Verkäufer entrichtet wird. Ein Verkauf der Aktien an die eigene Gesellschaft (Aktienemittentin) ist Aktionären nur unter besonderen Umständen und dann lediglich in begrenztem Umfang möglich, für den Regelfall aber ausgeschlossen; die Zahlung des Erwerbspreises durch die Gesellschaft wäre grundsätzlich verbotene Einlagenrückgewähr[244], ein Verstoß gegen den Grundsatz der Kapitalerhaltung bzw. das Prinzip einer umfassenden Vermögensbindung der Aktiengesellschaft[245]. Wenn eine Aktiengesellschaft die selbst emittierten Aktien ausnahmsweise zurückerwerben darf[246], stehen ihr aus eigenen Aktien keine Rech-

---

242 § 174 I 1 AktG; Münchener Kommentar-Bayer, § 58 AktG Rn. 8, 81 ff.

243 Mues, S. 24.

244 §§ 57 I, 71 ff. AktG; Münchener Kommentar-Bayer, § 57 AktG Rn. 7 ff., insbes. 25 ff.; Hüffer, §§ 57 Rn. 6; 71 Rn. 1.

245 Münchener Kommentar-Bayer, § 57 AktG Rn. 9, 25 ff., 75.

246 Insbes. §§ 71 i. V. m. 71a ff. AktG, außerdem bei wechselseitigen Beteiligungen (§§ 19, 328 AktG) oder bei Prospekthaftung, vgl. Münchener Kommentar-Bayer, AktG, § 57 Rn. 14 ff., 75, 117 ff.; Hopt, BGH-Festschrift, S. 497 (526 f.); Fleischer, DJT-Gutachten (2002), F 73 ff.; Schlüter, S. 481, Rn. 686 ff.; Schäfer, WM 1999, 1345 (1346, 1347); zur Geltung des WpÜG bei öffentlichen Rückkaufangeboten eines Emittenten an die eigenen Aktionäre vgl. Lenenbach, S. 572 f., Rn. 13.34.

te zu[247]; anderenfalls wären die Stimmrechte vom Vorstand auszuüben, womit gegen die vorgesehene Rollenverteilung zwischen Unternehmensleitung und Hauptversammlung verstoßen würde[248]. Einem Unternehmen wird also beim Verkauf von ihm emittierter Aktien durch Aktionäre auf Sekundärmärkten regelmäßig kein Eigenkapital entzogen[249].

Die Aktie als Objekt einer Transaktion wird in ihrer Attraktivität für potentielle Käufer (und damit ihr Kurs bzw. Marktwert) wesentlich durch die bestehende wirtschaftliche Situation des Unternehmens, an dem sie einen Anteil darstellt, bestimmt[250]. Hierüber müssen Informationen erhältlich sein, um eine sinnvolle Kauf- bzw. Verkaufsentscheidung treffen zu können[251]. Der Preisbildungsprozess für Aktien soll in einem rationalen Zusammenhang mit der wirtschaftlichen Situation des betreffenden Unternehmens stehen, die sich erfahrungsgemäß im Laufe der Zeit verändert. Rechtliche Vorgaben für die Unternehmen, vor allem verschiedene Veröffentlichungspflichten, müssen hier für die nötige Transparenz sorgen[252]. Die hierdurch allgemein verfügbaren Daten dienen als Grundlage für eine Einschätzung der Anleger (bzw. ihrer professionellen Ratgeber)[253], ob ein Unternehmen in Zukunft Gewinne erwarten kann, womit wahrscheinlich interessante Dividendenzahlungen und Aktienkurssteigerungen verbunden wären. Entsprechend informierte Anleger können danach ihre Entscheidungen für eine Investition in einen Aktienwert oder für eine Desinvestition treffen[254]. Gelangen verschiedene (u. U. unterschiedlich gut informierte) Anleger zu gegensätzlichen Einschätzungen der zukünftigen Unternehmensentwicklung, kommt es zu Aktiengeschäften, entsteht Aktienhandel auf dem Sekundärmarkt. Bei positiven Zukunftsprognosen ist naturgemäß eher mit einer im Vergleich

---

247 § 71b AktG.

248 Münchener Kommentar-Oechsler, § 71b AktG Rn. 6, 8, 10.

249 Fleischer, DJT-Gutachten (2002), F 94; vgl. auch Claussen, S. 424, Rn. 128.

250 Weber, S. 50 f.

251 Baums, ZHR 167 (2003), 139 (143 ff.); Fleischer, DJT-Gutachten (2002), F 95; Assmann/Schütze-Assmann, § 1 Rn. 63; Hopt, Kapitalanlegerschutz, S. 88 ff.; Zimmer, S. 40 f.; Hommelhoff, ZGR 2000, 748 (749 ff., 753 f.); Heinze, S. 4, 95; Siebel/Gebauer, WM 2001, 118 (124 f.); Weber, S. 53; Lenenbach, S. 384, Rn. 8.4; Mues, S. 50; Claussen, S. 355, Rn. 6.

252 Hopt-Rudolph, Börsenreform, S. 220 f. („Publizitätsvorschriften sollen die asymmetrische Informationsverteilung mildern, weil Finanzierungsbeziehungen auf der (zeitweiligen) Überlassung von Kapital beruhen und die Kapitalnehmer typischerweise gegenüber den Investoren einen Informationsvorsprung aufweisen. Publizitätsvorschriften engen die Handlungsspielräume der Kapitalnehmer ein und ermöglichen ihre Evaluation"); Weber, S. 66.

253 Hopt, Kapitalanlegerschutz, S. 8 ff.

254 Zum tatsächlichen Entscheidungsverhalten von Anlegern Fleischer, DJT-Gutachten (2002), F 29 ff. m. w. N.; Oehler.

zum Angebot gesteigerten Nachfrage und einem Kursanstieg, bei negativen eher mit einem größeren Angebot bei sinkenden Kursen zu rechnen[255].

Obwohl nur der verkaufende Aktionär von einem günstigen Weiterverkauf von Aktien auf Sekundärmärkten unmittelbar profitiert und unter einem ungünstigen Weiterverkauf unmittelbar leidet, besteht dennoch in der Regel eine gewisse Parallelität der Interessen des Unternehmens (bzw. der Unternehmensführung) und seiner aktuellen Aktionäre an einem hohen Kurs bzw. Marktwert der Aktien. Sollte nämlich das Unternehmen zu einem späteren Zeitpunkt neues Kapital benötigen und dieses, wirtschaftspolitisch grundsätzlich erwünscht, als Eigenkapital erhalten wollen[256], z. B. auch deshalb, weil Fremdkapital nicht oder jedenfalls nicht in ausreichender Menge zu bekommen oder aus anderen Gründen nicht opportun ist[257], so können im Rahmen einer vorzunehmenden Kapitalerhöhung weitere Aktien ausgegeben werden[258] (wobei Bezugsrechte der Altaktionäre bestehen[259]). Der durch die Gesellschaft zu erzielende Preis für die neuen Aktien hängt dann regelmäßig wesentlich vom gegenwärtigen (Sekundär-)Marktwert der sich bereits im Umlauf befindlichen Aktien ab[260]. Mit höheren Ausgabepreisen wäre für die AG ein größerer neuer Eigenkapitalzustrom verbunden. Schon deshalb wird ein Unternehmen ein gewisses (indirektes) Interesse am Marktwert der Aktien haben, die Anteile an diesem darstellen[261]. Auch Fremdkapital kann dann einfacher erhältlich sein[262]. Daneben erleichtert ein hoher Aktienkurs der Unternehmensführung natürlich die Außendarstellung des Unternehmens, damit verbundenes höheres Unternehmensprestige kann sich auf den wirtschaftlichen Unternehmenserfolg (z. B. bei Unternehmen der produzierenden Branche beim Produktabsatz) auswirken. Die Unternehmensführung einer Aktiengesellschaft wird außerdem auch darum auf ein möglichst positives Bild des Unternehmens, einen nach außen sichtbaren, sich in den Unternehmenszahlen und dem Aktienkurs bzw. -marktwert dokumentierenden unternehmerischen Erfolg aus sein, weil die Bewertung ihrer Führungsqualitäten in erster Linie anhand der erwirtschafteten Zahlen und der Entwicklung des Preises der Unternehmensaktie auf dem Sekundärmarkt vorge-

---

255 Vgl. auch Liersch, S. 63.

256 Vgl. hier nur Kapitalmarkt Deutschland-Rudolph, S. 9 ff.

257 Kümpel/Hammen, WM 2000, Sonderbeilage Nr. 3, 3 (11).

258 §§ 182 ff. AktG.

259 § 186 I 1 AktG; Hüffer, § 186 Rn. 1 ff.; Mülbert, S. 124; Lenenbach, S. 78, Rn. 2.39.

260 Schwark-Zimmer, § 15 WpHG (a. F.) Rn. 9; Heinze, S. 5; Mülbert, S. 120; Mues, S. 24, 29, 91, 207; Lenenbach, S. 19, Rn. 1.41; Drygala, WM 2001, 1282 (1283) („Ein höherer Börsenkurs bedeutet eine verbesserte Möglichkeit der Eigenfinanzierung und damit einen Wettbewerbsvorteil gegenüber Konkurrenten, die sich zu ungünstigeren Konditionen finanzieren"); Jäger, NZG 2000, 186 (187); Lenzen, S. 54.

261 Vgl. auch Fleischer, DJT-Gutachten (2002), F 94; Mues, S. 24, 29; Liersch, S. 26 f.

262 Jäger, NZG 1998, 932 (932).

nommen wird[263]. Im Anschluss an eine geglückte Aktienemission beobachtet deshalb das Management die Aktienkursentwicklung auf den Sekundärmärkten, auf denen die vom Unternehmen emittierten Aktien unter Anlegern gehandelt werden (wenn das Marktgeschehen in der Weise sichtbar wird, dass die Preise, zu denen dort Aktien von Anlegern angeboten und nachgefragt werden und Geschäfte geschlossen worden sind, auch an den Geschäften nicht beteiligten Dritten bekannt werden, wie das typischerweise an der Börse der Fall ist[264]) und ist bemüht, im Rahmen des ihm Möglichen zu einem positiven Kursverlauf beizutragen[265]. Der Versuchung, Negativentwicklungen gegenüber Anlegern (Aktionären und potentiellen Aktionären des betreffenden Unternehmens) durch beschönigende oder verfälschende Darstellungen[266] bzw. durch Kursmanipulationen[267] zu kaschieren, muss widerstanden werden[268]. Eine zunehmende Neigung zu derartigem Fehlverhalten ist bei privatem Aktienbesitz der Unternehmensorgane und vor allem in der wirtschaftlichen Krise des Unternehmens auszumachen[269].

Anleger gehen mit der Investition in eine Aktie das Risiko ein, dass das betreffende Unternehmen nicht im gewünschten Maße prosperiert und der betreffende Aktienkurs sinkt. In solchen Fällen droht Investoren ein Verlust, weil sie u. U. billiger verkaufen müssen, als sie zuvor gekauft haben. Der maximale Verlust, den sie erleiden können, ist der Totalverlust des für den Aktien-

---

263 Lenzen, S. 55; Frankfurter Allgemeine Zeitung (FAZ) vom 10.01.2005, S. 22 („Aktienkurs bleibt Erfolgsindikator").

264 Genauer unten.

265 Jäger, NZG 2000, 186 (187) („Erreichen einer möglichst geringen Volatilität" als vorrangiges Ziel).

266 BGH, Urt. v. 19.07.2004, ZIP 2004, 1593 (1593 ff.) („Infomatec" (fehlerhafte Ad hoc-Meldungen)); Spindler, WM 2004, 2089 (2091 f.); Kapitalmarkt Deutschland-Caspari, S. 30 ff. (unsaubere Bilanzierung, Fälschung von Unternehmensdaten, gezielte Bilanzmanipulation); Baums, ZHR 167 (2003), 139 (140, 152 ff.); Jäger, NZG 2000, 1049 (1057); Schwark-Schwark, §§ 44, 45 BörsG Rn. 26; für Anleger besteht insofern u. a. ein „Informationsrisiko", Hopt, Kapitalanlegerschutz, S. 289 ff.

267 Hopt-Rudolph, Börsenreform, S. 187 f.; Siebel/Gebauer, WM 2001, 118 (119, 122); Fleischer, DJT-Gutachten (2002), F 95; Lenzen, S. 1, 48; Zimmer, S. 40 f.; Schwark-Zimmer, § 15a WpHG (a. F.) Rn. 8; Mues, S. 47.

268 U. a. § 20a WpHG; vgl. auch die gerade gesetzlich erleichterte Verfolgung von Ansprüchen gegen Unternehmensorgane im Bereich der Innenhaftung (§§ 147 ff. AktG) durch das Gesetz zur Förderung der Unternehmensintegrität und der Modernisierung des Anfechtungsrechts (UMAG); von der Einführung einer Außenhaftung von Organen gegenüber geschädigten Aktionären für falsche Kapitalmarktinformationen (vgl. den Entwurf für ein Kapitalmarktinformationshaftungsgesetz (KapInHaG-E)) wurde bisher abgesehen.

269 Baums, ZHR 167 (2003), 139 (174).

erwerb aufgewendeten Kapitals[270]. Dieses Risiko nehmen sie im Wege einer privatautonomen Entscheidung auf sich und die Rechtsordnung kann und will ihnen dieses im Regelfall nicht abnehmen[271]. Darüber hinaus müssen sie aber für Unternehmensschulden nicht einstehen. Gläubigern gegenüber haftet nur die Gesellschaft mit ihrem Vermögen, die einzelnen Gesellschafter (Aktionäre) haften dagegen auch im Falle der Zahlungsunfähigkeit des Unternehmens (von Ausnahmen abgesehen)[272] nicht mit ihrem Privatvermögen für Schulden der Gesellschaft[273]. Diese Haftungsbegrenzung macht mit eigener Rechtspersönlichkeit ausgestattete Kapitalgesellschaften wie Aktiengesellschaften[274] als Rechtsform von Wirtschaftsunternehmen für die beteiligten Gesellschafter grundsätzlich attraktiv, da das wirtschaftliche Risiko der Gesellschafter regelmäßig auf die geleistete Einlage bzw. den für den Aktienerwerb aufgewendeten Betrag begrenzt bleibt. Aktionäre haben aber eben auch nicht die Möglichkeit, z. B. bei sich abzeichnendem unternehmerischem Misserfolg oder gar Bankrott[275] die Aktien ihrer Gesellschaft gegen Bezahlung zurückzugeben, wenn sie auf den Aktiensekundärmärkten keinen Käufer für diese finden[276]. Hierin liegt aus Unternehmenssicht ein gewisser Vorteil der Finanzierung über Eigenkapital. Bei der Aufnahme von Fremdkapital sieht sich die Aktiengesellschaft nämlich entsprechenden Rückzahlungs- und/oder Zinsansprüchen seitens der Gläubiger ausgesetzt, deren Bemessung regelmäßig weitgehend unabhängig vom konkreten unternehmerischen Erfolg ist[277]. Dividendenansprüche der Aktionäre entstehen dagegen nur im Falle erwirtschafteten Unternehmensgewinns.

---

270 Hopt, Kapitalanlegerschutz, S. 289 ff. („Risiko der Substanzerhaltung" oder „Substanzrisiko"); Zimmer, S. 40 f.; Mülbert, S. 117; Mues, S. 47; Weber, S. 65.

271 Fleischer, DJT-Gutachten (2002), F 29 ff.; ders., NJW-Beilage 23/2002, 37 (38); Kapitalmarkt Deutschland-Caspari, S. 30; Baums, ZHR 167 (2003), 139 (150, 186); Hommelhoff, ZGR 2000, 748 (772); Claussen, S. 355, Rn. 6; 396, Rn. 77; Heinze, S. 96; Weber, S. 65; vgl. jedoch auch Mülbert, S. 118 f., 144.

272 Münchener Kommentar-Heider, § 1 AktG Rn. 44 ff.

273 § 1 I 2 AktG; Münchener Kommentar-Semler, AktG, Einl. Rn. 2; Münchener Kommentar-Heider, AktG, § 1 Rn. 5, 8; Hüffer, § 1 Rn. 8 f., 15; Schanz, S. 23.

274 § 1 I 1 AktG; Münchener Kommentar-Heider, § 1 AktG Rn. 23 ff.; Hüffer, § 1 Rn. 4 ff.

275 Spindler, WM 2004, 2089 (2094 ff.); Baums ZHR 167 (2003), 139 (141).

276 Kübler, Festschrift Zöllner, S. 321 (325) („die Aktionäre (...) sind die letzten, die im Konkursfall Geld sehen").

277 Vgl. aber auch Kübler, Festschrift Zöllner, S. 321 (327) („Bei einer dünnen Eigenkapitaldecke nimmt das langfristige Fremdkapital zunehmend die Merkmale des Eigenkapitals an; die Gläubiger übernehmen das residuale Risiko des völligen Ausfalls"); andererseits Kapitalmarkt Deutschland-Rudolph, S. 10 („hoher Fremdkapitalanteil mit festen Rückzahlungsverpflichtungen gilt (...) als Disziplinierungsinstrument, das Unwirtschaftlichkeiten und eine zu risikoreiche Geschäftspolitik vermeiden hilft"); zu sonstigen Auswirkungen (z. B. Möglichkeiten der Einflussnahme auf das Unternehmen durch Fremdkapitalgeber) vgl. Hopt, ZGR 2000, 779 (803 f.); Mülbert, DJT-Gutachten (1996), E 22.

VI. Anlegergruppen - Aktionärstransparenz

Der Kreis der Aktionäre, die Anlegerschaft, ist vielfältig zusammengesetzt[278]. In der Praxis und im Schrifttum wird unterschieden zwischen institutionellen und nicht-institutionellen Anlegern, professionellen und nicht-professionellen bzw. privaten Anlegern[279], zwischen Groß- und Kleinanlegern und zwischen Firmen- oder Unternehmensanlegern und Privatanlegern[280]. Das deutsche Recht differenziert zwischen Verbraucher-Anlegern und Nicht-Verbraucher-Anlegern[281] und zwischen qualifizierten und sonstigen Anlegern[282], das noch umzusetzende europäische Richtlinienrecht zwischen professionellen Kunden und Kleinanlegern[283].

Als institutionelle Anleger bezeichnet werden traditionell Versicherungen, Banken, Kapitalanlagesellschaften (Investmentfonds), Vermögensverwaltungsgesellschaften, andere große Unternehmen, Pensionskassen, Sozialversicherungsträger, öffentliche Haushalte, Zentralbanken und Stiftungen[284].

Die Gruppe der professionellen Anleger überschneidet sich mit derjenigen der institutionellen Anleger. Nicht als professionelle wird man wohl solche institutionellen Anleger bezeichnen, die entweder keine Unternehmen oder lediglich Unternehmen finanzferner Branchen sind. Professionelle Anleger zeichnen sich durch ihre besondere Ausbildung in Kapitalmarktfragen bzw. eine finanzgewerbliche Tätigkeit aus[285]. Über diese besondere Sachkunde verfügen solche institutionellen Anleger, die entweder keine Unternehmen oder lediglich Unternehmen finanzferner Branchen sind, nicht unbedingt.
Großanleger, die zumeist institutionelle Anleger sind[286], heben sich von Kleinanlegern durch die große Menge der von ihnen gehaltenen bzw. von ihnen oder für sie gehandelten Aktien ab[287]. Hat ein Unternehmen die Aktienmehrheit an

---

278 Caspari, NZG 2005, 98 (99 f.); Hopt-Rudolph, Börsenreform, S. 255 („zunehmend heterogene Investoren"); Hansen, AG 2000, R 399 (400 f.); Fleischer, DJT-Gutachten (2002), F 21 f.; ders., NJW-Beilage 23/2002, 37 (38); Mülbert, S. 125; Hopt, Kapitalanlegerschutz, S. 79 ff.; Weber, S. 54.

279 Fleischer, DJT-Gutachten (2002), F 21; Schwark-Schwark, § 22 BörsG Rn. 8.

280 Weber, S. 54.

281 § 22 BörsG; Schwark-Schwark, § 22 BörsG Rn. 6 ff.

282 § 2 Nr. 6 Wertpapierprospektgesetz (WpPG); Art. 2 I e) Prospektrichtlinie.

283 Art. 4 I Nr. 11, 12 Wertpapierdiensleistungsrichtlinie (n. F.)

284 Oehler, S. 6; Hopt, Kapitalanlegerschutz, S. 79 f.; Lenenbach, S. 94, Rn. 2.60; Weber, S. 54.

285 Weber, S. 54; Schwark-Heidelbach, § 2 Verkaufsprospektgesetz (VerkProspG) (a. F.) Rn. 3.

286 Wastl, WM 1999, 620 (621).

287 Weber, S. 54.

einer anderen, abhängigen Aktiengesellschaft und sind beide unter der einheitlichen Leitung des herrschenden Unternehmens zusammengefasst, besteht eine Konzernlage mit Mutter- und Tochterunternehmen[288], eine in Deutschland verbreitete Art der Beteiligung von Unternehmen an anderen Unternehmen, die durch das Konzernrecht reguliert ist[289]; zur Beschreibung der traditionell durch viele „Ringbeteiligungen" unter den deutschen Unternehmen bzw. zwischen Banken und sonstigen Unternehmen gekennzeichneten Verhältnisse wird auch von „Unternehmensverflechtung"[290] und überspitzt von der „Deutschland-AG" gesprochen[291].

Die deutschen Universalbanken lassen sich neben den großen Versicherungen, den angelsächsischen Investmentbanken und den großen Investmentfonds[292] als die vermutlich wichtigsten professionellen, institutionellen Groß- und Unternehmensanleger einordnen[293]. Über ihr Auftreten als Aktionäre hinaus spielen sie weitere Rollen im Unternehmenswesen bzw. auf dem Kapitalmarkt und sind dort zentrale Akteure[294].

Privatleute als Aktionäre („retail investors")[295] sehen im Aktienerwerb eine Alternative zur klassischen Form der privaten Kapitalanlage, dem Sparbuch[296].

---

288 §§ 18 i. V. m. 15 ff. AktG; Münchener Kommentar-Bayer, §§ 16 bis 18 AktG.

289 §§ 15 ff., 291 ff. AktG; Hüffer, § 15 Rn. 2; Hopt, ZGR 2000, 779 (807 ff.).

290 Hopt-Hopt, Börsenreform, S. 301 („starke wechselseitige Kapitalverflechtungen"); ders., Kapitalanlegerschutz, S. 109 ff.; Wastl, NZG 2000, 505 (510); Kapitalmarkt Deutschland-Baums, S. 40.

291 Wastl, NZG 2000, 505 (509); Kapitalmarkt Deutschland-Baums, S. 39, der allerdings darauf hinweist, dass die Verflechtungen derzeit „sehr stark in Auflösung begriffen" seien, S. 40.

292 § 2 I, VI Investmentgesetz (InvG); allgemein zu solchen sogleich.

293 Caspari, NZG 2005, 98 (99); Wastl, WM 1999, 620 (621); zum „Beteiligungsbesitz" von Banken vgl. Hopt, ZGR 2000, 779 (804); Mülbert, DJT-Gutachten (1996), E 14 ff., 16 ff., 33 ff., 36 (empirisch feststellbare Tendenz zurückgehender Beteiligungen an anderen Unternehmen von über 25 % bei gleichzeitiger Zunahme von Beteiligungen um 10 % deute „auf ein zunehmend sinkendes Interesse der Banken (hin), unternehmerische Verantwortung in eigentümerkontrollierten Unternehmen zu übernehmen").

294 Mehr hierzu in verschiedenen Zusammenhängen unten.

295 Fleischer, DJT-Gutachten (2002), F 21; Beck/Prinz, ZfgK 2000, 1182 (1182).

296 Caspari, NZG 2005, 98 (99); Hammen, ZBB 2000, 293 (293); vgl. bereits Hopt, Kapitalanlegerschutz, S. 9 („viele Sparer (sind) „wertpapierreif" geworden"), 15, 75; Münchener Kommentar-Semler, AktG, Einl. Rn. 10 („Die Aktiengesellschaft erweist sich immer mehr als das am besten geeignete Instrument, um breiten Bevölkerungsschichten eine Beteiligung am Produktivvermögen zu ermöglichen. (...) Die Aktie spielt eine hervorragende Rolle bei allen Vermögensbildungsplänen"); aber auch Hellwig, DJT-Referat (2002), P 72 (die „in der Bevölkerung (...) noch immer weitgehend feststellbare Sparbuchmentalität" müsse „zu einer Kapitalanlegermentalität werden"); Beck, DJT-Referat (2002), P 44 („die Bedeutung der

Privatanleger sind häufig unerfahrene Kleinanleger[297]. Die Stimmrechtsausübung in der Hauptversammlung überlassen sie überwiegend Banken[298].

Firmen- oder Unternehmeranleger („wholesale investors")[299] sind zwar geübter im Wirtschaftsverkehr als Private, nicht zwangsläufig aber auch versiert in Aktiendingen.

Der neue Rechtsbegriff des qualifizierten Anlegers[300] umfasst neben institutionellen Anlegern[301] unter bestimmten Voraussetzungen auch wirtschaftlich potentere kleine und mittlere Unternehmen und natürliche Personen, die als qualifizierte Anleger angesehen werden möchten[302].

Für einen bestimmten Regelungsgegenstand[303] unterscheidet das neue europäische Sekundärrecht „Kleinanleger"[304] von „professionellen Kunden"[305] bzw. „geeigneten Gegenparteien"[306] (europarechtlich ist auch früher schon an das Kriterium der „Professionalität" angeknüpft worden, allerdings weniger differenziert[307]). In diesem europarechtlichen Regelungszusammenhang werden institutionelle Anleger jetzt grundsätzlich als professionelle Kunden eingestuft[308]. Sie können allerdings eine Behandlung als „nicht-professioneller Kunde" beantragen[309]. Zunächst nicht als professionelle Kunden kategorisierten

---

privaten Anleger für die Entwicklung des Kapitalmarktes kann nicht hoch genug eingeschätzt werden"); zur rechtlichen Einordnung des Sparbuchs Baumbach/Hefermehl, WPR, 1. Teil, VII. Rn. 83a ff.

297 Oehler, S. 5; Mülbert, S. 114 f.

298 § 135 AktG; Münchener Kommentar-Schröer, § 135 AktG Rn. 1 ff.; Hopt, Kapitalanlegerschutz, S. 138 ff.; zur Interessenverteilung bei der Ausübung des Vollmachtstimmrechts vgl. Hopt, ZGR 2000, 779 (804); Mülbert, DJT-Gutachten (1996), E 39 ff.; Hommelhoff, Festschrift Zöllner, S. 235 ff.

299 Fleischer, DJT-Gutachten (2002), F 21.

300 § 2 Nr. 6 WpPG; Art. 2 I e) Prospektrichtlinie.

301 § 2 Nr. 6 a), b), c) WpPG; Art. 2 I e) i), ii) Prospektrichtlinie.

302 §§ 2 Nr. 6 d), 7 bzw. 6 e) jeweils i. V. m. 27 WpPG; Art. 2 I e) iv), v) Prospektrichtlinie.

303 Wohlverhaltensregeln, Artt. 19 ff. Wertpapierdienstleistungsrichtlinie (n. F.).

304 Präambel, Erwägung 31, und Art. 4 I Nr.12 Wertpapierdienstleistungsrichtlinie (n. F.).

305 Präambel, Erwägung 31, und Art. 4 I Nr. 11, 21 VI a) und insbesondere Anhang II (Auflistung der hierunter fallenden Anlegergruppen) Wertpapierdienstleistungsrichtlinie (n. F.).

306 Präambel, Erwägung 31, und Art. 24 Wertpapierdienstleistungsrichtlinie (n. F.).

307 Art. 11 I, III Wertpapierdienstleistungsrichtlinie (a. F.).

308 Anhang II, I. 1. i) Wertpapierdienstleistungsrichtlinie (n. F.).

309 Anhang II, I. 4. Wertpapierdienstleistungsrichtlinie (n. F.).

Anlegern wie insbesondere „individuellen privaten Anlegern“ kann hingegen die Behandlung als professioneller Kunde gestattet werden[310].

Wenn Vorstandsmitglieder, Aufsichtsräte und (sonstige) Mitarbeiter einer Aktiengesellschaft als Privatleute Aktien des betreffenden Unternehmens halten, d. h. selbst dessen Aktionäre sind, gilt das als motivationssteigernd[311] und damit besonders erwünscht, angesichts deren privilegierten Zugangs zu Informationen über die aktuelle Lage des Unternehmens[312] (u. U. Insiderwissen[313]), die sie außerdem selbst mit gestalten, und den Möglichkeiten, den Kapitalmarkt falsch oder unvollständig zu informieren und ihre Informationsvorsprünge gegenüber sonstigen Anlegern bei Aktiengeschäften zum eigenen Vorteil auszunutzen, aber auch als problematisch[314].

Haben Unternehmensemittenten Inhaberaktien ausgegeben, kennen sie die jeweilige Zusammensetzung ihres Aktionärskreises nicht. Nur bei Über- oder Unterschreitung gesetzlich festgelegter Schwellenwerte hinsichtlich der von einem Unternehmen als Aktionär gehaltenen Aktien sind sie von diesem hierüber zu informieren[315]; bei den bedeutendsten börsengehandelten Gesellschaften hat auch eine Veröffentlichung zu erfolgen[316]. Bei hohem Streubesitz mit wenigen Großanlegern, der für große Publikumsgesellschaften typisch ist, bleiben also die meisten Aktionäre für Gesellschaft und Unternehmensführung, aber auch für die anderen Aktionäre des Unternehmens unbekannt.
Die Ausgabe von Namensaktien hingegen ermöglicht dem Emittenten (aber nicht mehr den Aktionären[317]) über das geführte Aktienregister den jeweiligen

---

310 Anhang II, II. 1. Wertpapierdienstleistungsrichtlinie (n. F.).

311 Jäger, NZG 1998, 932 (933); Kübler, Festschrift Zöllner, S. 321 (332) („stock options (...) sollen die Interessen der Manager an die der Gesellschafter koppeln“); Lenzen, S. 57 f.

312 Schwark-Zimmer, § 15a WpHG (a. F.) Rn. 7.

313 Vgl. §§ 12 ff. WpHG; BaFin-Emittentenleitfaden, S. 26.

314 §§ 10, 14 i. V. m. 12 f., 15a, 15b, 16, 20a WpHG, 27 I 2 Nr. 4 WpÜG; Fleischer, NJW 2002, 2977 (2978); Hopt-Rudolph, Börsenreform, S. 195 f., 200; Baums, ZHR 167 (2003), 139 (174); U. H. Schneider, AG 2002, 473 (473 ff.); Münchener Kommentar-Oechsler, § 71 AktG Rn. 1 ff., 25; Heinze, S. 243; Schlüter, S. 159, Rn. 51; 189, Rn. 221; Lenenbach, S. 486 f., Rn. 10.15; 530 f., Rn.10.110; Schwark-Zimmer, § 15a WpHG (a. F.) Rn. 1 („(...) das in der Praxis beobachtete Aufkommen marktmissbräuchlicher Transaktionen von Mitgliedern des Vorstands oder des Aufsichtsrats“ kapitalmarktaktiver Gesellschaften); Kapitalmarkt Deutschland-Caspari, S. 31; BaFin-Emittentenleitfaden, S. 17.

315 §§ 20 ff. AktG bzw. §§ 21 ff. WpHG; die genannten aktiengesetzlichen Pflichten treffen Privataktionäre nicht (Münchener Kommentar-Bayer, § 20 AktG Rn. 6), die wertpapierhandelsgesetzlichen hingegen Unternehmens- und Privataktionäre gleichermaßen (a. a. O., § 22 Anh, § 21 WpHG Rn. 3).

316 §§ 21 ff. WpHG.

317 Münchener Kommentar-Bayer, § 67 AktG Rn. 5, 8, 125 ff.

Überblick[318]. Eingetragen sind dort Name, Adresse und Geburtsdatum jedes Aktionärs[319]. Damit wird der Gesellschaft die Pflege der Beziehungen zu ihren Aktionären („investor relations"[320]) erleichtert[321].

VII. Aktienfonds als Alternative zur Aktiendirektanlage

Angesichts einer sich ständig erweiternden Palette auf den Kapitalmärkten gehandelter Finanzobjekte[322] ist die Aktie das klassische, nach wie vor zentrale Finanz- und Anlageinstrument. Als Anlagealternative kommen u. a. Anteile an Aktienfonds in Betracht[323]. Aktienfonds stellen eine in Deutschland sehr verbreitete Anlageform dar[324], die vom einzelnen Anleger vergleichsweise weniger Sachverstand und Eigeninitiative verlangt. Kapitalanlagegesellschaften (KAG)[325], als Kreditinstitute[326] selbst häufig Aktiengesellschaften[327], halten diversifizierte Aktienportfolios[328] („Risikomischung" oder „Risikostreuung"[329]), die von einem professionellen Management verwaltet werden[330].

---

318 § 67 AktG; Hüffer, § 67 Rn. 8.

319 §§ 67 I AktG; Münchener Kommentar-Bayer, § 67 AktG Rn. 24 ff.

320 Ekkenga, NZG 2001, 1 (1 ff.); Jäger, NZG 2000, 186 (186 ff.).

321 Münchener Kommentar-Bayer, § 67 AktG Rn. 2, 133; Münchener Kommentar-Heider, § 10 AktG Rn. 15.

322 Caspari, NZG 2005, 98 (99); Kümpel, S. 1827 ff., 14.1 ff.; Lenenbach, S. 251 ff., Rn. 6.1 ff.; Stenzel, S. 30; vgl. auch schon Hopt, Kapitalanlegerschutz, S. 75 f.

323 Hopt-Rudolph, Börsenreform, S. 148; Liersch, S. 30 f.; Lenenbach, S. 72 f., Rn. 2.35; 533, Rn. 11.1 ff.; Kümpel, S. 1731 ff., 12.1 ff.

324 Merkt, DJT-Gutachten (2002), G 38; Beck, DJT-Referat (2002), P 40 f.; Lenenbach, S. 5, Rn. 1.8; Hansen, AG 2001, R 212, für Deutschland („Die Anzahl der Fonds von Kapitalanlagegesellschaften erhöhte sich allein von Ende 1994 bis Ende 2000 um 111% auf 6447. Im gleichen Zeitraum stieg das Fondsvermögen um 268 % auf 821 Mrd. Euro an. (...) Ende 1999 entfielen auf deutsche Kreditinstitute, Versicherungen und Investmentfonds, die überwiegend die Gruppe der institutionellen Anleger ausmachen, bereits 43 % des gesamten in Aktien angelegten inländischen Vermögens, verglichen mit den 26 % Anfang der neunziger Jahre."); Geschäftsbericht 2000, Gruppe Deutsche Börse, S. 34; Beck/Prinz, ZfgK 2000, 1182 (1188); Gerke/Steiner-Gerke, S. 287 (288) (für 1995: „das Fondsvolumen der deutschen Investmentfonds (hat sich) (...) in zwanzig Jahren verzehnfacht").

325 §§ 2 VI i. V. m. 2 II, III, IV Nr. 1; 6 ff. Investmentgesetz (InvG); europarechtlich „Organismen für gemeinsame Anlagen" (z. B. Anhang II. 1. e) Wertpapierdienstleistungsrichtlinie (n. F.)).

326 §§ 2 VI, 6 I 1 InvG, 1 I 2 Nr. 6 KWG; Kümpel, S. 1746, 12.54.

327 § 6 I 2 InvG; Münchener Kommentar-Semler, AktG, Einl. Rn. 198 ff.

328 Vgl. § 2 IV Nr. 1 InvG; Merkt-DJT-Gutachten (2002), G 41.

329 Kümpel, S. 1731, 12.2 f.; Lenenbach, S. 543, Rn. 11.23; Hopt-Rudolph, Börsenreform, S. 148.

Anleger können Fondsanteile erwerben[331]. Im Gegensatz zum eigenen Aktienerwerb, einer Direktanlage, wird ein Anleger durch den Erwerb eines Anteilsscheins[332] nicht selbst Aktionär[333] - Aktionär der Unternehmen, an denen der Fonds Aktien erwirbt, ist der Fonds selbst -, sondern eben nur Fondsanteilseigner, d. h. Miteigentümer am gesamten Aktienbestand des Fonds als Sondervermögen[334]. Dem Anleger als Inhaber eines Fondsanteils ist die Verantwortung für die Aktienverwaltung abgenommen. Nicht er trifft Kauf- und Verkaufsentscheidungen hinsichtlich einzelner Aktienwerte[335], sondern die KAG handelt treuhänderisch für ihn (Dienstvertrag, Geschäftsbesorgung)[336]. Er kann lediglich seinen Fondsanteil verkaufen[337], entweder an andere Anleger oder an die KAG, die gesetzlich regelmäßig zur jederzeitigen Rücknahme verpflichtet ist[338].

Kapitalanlagegesellschaften sind angesichts der überdurchschnittlich großen Menge von ihnen gehaltener und gehandelter Aktien entsprechend bedeutende Akteure auf den Aktienmärkten[339].

VIII. Unmittelbare Hauptakteure beim Aktienhandel in Deutschland - Intermediation durch finanzgewerbliche Dienstleister

Ein Aktionär mag es aus verschiedenen Motiven irgendwann vorziehen, sein Engagement in einer Aktiengesellschaft zu beenden. Will er anstelle der Aktien und der Aktionärsstellung wieder Geld erlangen, muss er versuchen, seine Aktien auf dem Sekundärmarkt zu verkaufen, was bei entsprechender Nachfrage

---

330 Hansen, AG 2001, R 212 (214); Lenenbach, S. 533, Rn. 11.2; nachteilig ist, dass u. a. „Managementgebühren einen großen Teil der Rendite aufzehren können", Geschäftsbericht 2001, Gruppe Deutsche Börse, S. 52.

331 Lenenbach, S. 533, Rn. 11.1; das Investmentgesetz sieht neben Publikumsfonds, an denen jeder Anteile erwerben kann, Spezialfonds vor, die maximal 30 Anleger als Anteilsinhaber aufweisen dürfen, die selbst wiederum juristische Personen sein müssen, §§ 2 III, 91 ff. InvG, also insbesondere institutionellen Anlegern offen stehen (Kümpel, S. 1753 f., 12.80 ff.; Lenenbach, S. 537 f., Rn. 11.10; Gerke/Steiner-Gerke, S. 287 (288)).

332 § 33 InvG; Kümpel, S. 1754 f., 12.84 ff.; Lenenbach, S. 545, Rn. 11.26.

333 Lenenbach, S. 537, Rn. 11.10.

334 § 30 I InvG; Kümpel, S. 1751 f., 12.70 ff.; Lenenbach, S. 535, Rn. 11.6; 544 f., Rn. 11.24 f.

335 Hopt-Rudolph, Börsenreform, S. 168.

336 §§ 611, 675 BGB; Kümpel, S. 1746 ff., 12.53; 1770, 12.140 ff.; Lenenbach, S. 543, Rn. 11.22.

337 Regelmäßig außerbörslich, z. T. ist das inzwischen jedoch auch börslich möglich, vgl. Geschäftsbericht 2003, Gruppe Deutsche Börse, S. 42 f.; Geschäftsbericht 2001, Gruppe Deutsche Börse, S. 52; Geschäftsbericht 2000, Gruppe Deutsche Börse, S. 32; Schwark-Beck, § 9 WpHG Rn. 14.

338 §§ 2 II, 37 InvG; Lenenbach, S. 72, Rn. 2.35.

339 Merkt, DJT-Gutachten (2002), G 41; Hopt-Rudolph, Börsenreform, S. 148.

auf dem Kapitalmarkt gelingen wird, um dann seine Aktien und damit seine Rechtsstellung auf den Käufer der betreffenden Aktien gegen Bezahlung des Kaufpreises zu übertragen, der dann an seiner Stelle Aktionär des Unternehmens wird. Wie Noch-Aktionär einerseits und Erwerbsinteressent andererseits vorgehen, hängt von deren individuellen Profilen, den betreffenden Aktien, der Menge der Aktien, die abgegeben bzw. erworben werden soll, oder sonstigen speziellen Interessenlagen im konkreten Einzelfall ab, z. B. ob jemand vorwiegend unternehmerische oder ausschließlich investorische Zielsetzungen verfolgt. Wer nicht selbst finanzgewerblich tätig ist, wird sich für ein Aktiengeschäft in den überwiegenden Fällen jedenfalls professioneller Unterstützung bedienen[340]. Die wichtigsten unmittelbaren Akteure beim Aktienhandel neben (reinen) Maklern[341] sind Banken (Kreditinstitute), die die Wertpapiere für sich oder als finanzgewerbliche Dienstleister für ihre Anlegerkunden, vor allem Privatleute und Unternehmen finanzferner Branchen, handeln[342].

In der Standardkonstellation[343] wird eine Bank über angestellte Aktienhändler für den Aktionär, der sich von seinen Aktien trennen will, als ihrem Kunden, und eine andere Bank für denjenigen, der Aktien erlangen möchte, tätig. Jede Bank handelt hierbei gegen Provision und Erstattung ihrer Aufwendungen[344] als Kommissionärin im eigenen Namen, aber für fremde Rechnung[345], nämlich die ihres Kunden als Kommittent[346] (klassisches Effektengeschäft[347], in der

---

340 Kümpel, S. 1508, 10.6; Heinze, S. 5.

341 Lenenbach, S. 94, Rn. 2.61; 111, Rn. 3.20; 114 ff., Rn. 3.26 ff.; vgl. § 93 HGB.

342 Kümpel, S. 1508, 10.6; ders., Kapitalmarktrecht, S. 14, 48 f., 89 ff., 98 ff.; Weber, S. 53; Hopt, Kapitalanlegerschutz, S. 76 ff.

343 Nr. 1 I 1 Sonderbedingungen Wertpapiergeschäfte (SBW), dazu Baumbach/Hopt-Hopt, AGB-WPGeschäfte 1 Rn. 1 ff.; Kümpel, S. 1525, 10.67; 1525 ff., 10.71 ff.; Schlüter, S. 83, Rn. 156; Lenzen, S. 176.

344 § 403 HGB bzw. §§ 396 I, II HGB, 670 BGB, Nr. 1 III SBW; Kümpel, S. 1528, 10.84; 1529, 10.90; Schlüter, S. 85, Rn. 173, 174; zu den „Kommissionskosten" Hopt-Rudolph, Börsenreform, S. 174; Stenzel, S. 111 („In der Regel erheben die Intermediäre für die Kosten der Auftragsannahme, der Auftragsweiterleitung, des Geschäftsabschlusses und des Aktientransfers eine Provision, die unabhängig von den tatsächlich entstandenen Kosten ist und als Prozentsatz des Transaktionsgegenwertes berechnet wird").

345 § 383 I HGB, Nr. 1 I SBW; Kümpel, S. 1320, 8.268; 1525, 10.68; Claussen, S. 460 f., Rn. 213 f.; vgl. auch KOM (2002) 625, S. 4.

346 Hammen, ZBB 2000, 293 (294); Lenenbach, S. 92, Rn. 2.57; 93, Rn. 2.60; 154 ff., Rn. 4.8 ff. („Das Komissionsgeschäft passt deshalb so gut, da die Bank als Mittelsperson einen gewissen Handlungsspielraum hat und gleichzeitig das Geschäftsrisiko dem Anleger zugeordnet ist"); Schlüter, S. 83, Rn. 156; 86, Rn. 175 f.; 96, Rn. 231 ff.

347 Kümpel, S. 1507 ff., 10.1 ff.; 1525, 10.67; Hopt, Kapitalanlegerschutz, S. 74 ff.; Lenenbach, S. 151 ff., Rn. 4.1 ff.; Schlüter, S. 81 f., Rn. 148 ff.

jetzigen Sprache des Kreditwesengesetzes (KWG) „Finanzkommissionsgeschäft" genannt[348]).

Banken treten jedoch nicht nur als Kommissionäre auf[349], sondern auch als Eigenhändler für ihre Kunden („Eigenhandel für andere", „Festpreisgeschäft"[350] (auch neuere Variante des „direct-brokerage"))[351], dabei kommt es zum unmittelbaren Abschluss eines Aktienkaufvertrags zwischen Bank und Kunde[352], oder als Makler, d. h. Vermittler zwischen ihren Kunden und Dritten (Anlage- und Abschlussvermittlung)[353].

Das Finanzkommissionsgeschäft als Bankgeschäft dürfen nach dem Kreditwesengesetz (KWG) regelmäßig nur Kreditinstitute[354] ausüben[355], Eigenhandel für andere[356] und Vermittlungsgeschäfte[357] als Finanzdienstleistungen neben Kreditinstituten auch Finanzdienstleistungsinstitute[358]. In der Sprache des Wertpapierhandelsgesetzes (WpHG) sind Kreditinstitute und Finanzdienstleistungs-

---

348 § 1 I 2 Nr. 4 KWG; Kümpel, S. 1507, 10.3; Schlüter, S. 82, Rn. 152; Dreher, ZIP 2004, 2161 (2161 ff.).

349 Schlüter, S. 82, Rn. 155 („Die Erbringung von Wertpapierdienstleistungen kann in ganz verschiedenen rechtlichen Gestaltungsformen geschehen. Ihre Wahl hängt wesentlich von der Interessenlage der beteiligten Parteien ab, insbesondere auch vom Schutzbedürfnis des Leistungsempfängers").

350 Oelkers, WM 2001, 340 (340 ff.); Börsensachverständigenkommission, S. 12; Kümpel, S. 1525, 10.67; Claussen, S. 461 f., Rn. 217; Lenenbach, S. 154, Rn. 4.8; 156, Rn. 4.11; 158, Rn. 4.13; 176 ff., Rn. 4.51 ff. (ein Festpreisgeschäft ist im Interesse des Kunden, wenn er „an einer festen Lieferverpflichtung der Bank interessiert ist" (S. 176, Rn. 4.51)); Schlüter, S. 92, Rn. 212 ff., insbes. S. 97 ff., Rn. 242 ff.

351 Lenenbach, S. 10, Rn. 1.21; Schwark, Festschrift Immenga, S. 723 (725).

352 Nr. 9 SBW; Schwark, Festschrift Immenga, S. 723 (723 f.); Lenenbach, S. 154, Rn. 4.8; 156, Rn. 4.11; 158, Rn. 4.13; Schlüter, S. 92 ff., Rn. 212 ff.; 97 ff., Rn. 242 ff.; 101 ff., Rn. 265 ff.; zu interessewahrenden Orders (IW-Orders) als Eigenhandel für andere vgl. Schlüter, S. 104 f., Rn. 280 ff.; Oelkers, WM 2001, 340 (342 f.).

353 Schlüter, S. 105 ff., Rn. 285 ff., zum Aufgabegeschäft Schlüter, S. 108 ff., 304 ff.

354 § 1 I 1 KWG; Schlüter, S. 52 ff., Rn. 4 ff.

355 § 1 I 1, 2 Nr. 4 KWG.

356 § 1 Ia 2 Nr. 4 KWG.

357 § 1 Ia 2 Nr. 1, 2 KWG.

358 § 1 Ia 1 KWG (neue Kategorie seit 1997; viele frühere Freimaklerfirmen sind heute Finanzdienstleistungsinstitute, Schwark-Schwark, § 16 BörsG Rn. 11); Horn, ZBB 1999, 1 (6); Meixner, NJW 1998, 862 (869); Schlüter, S. 52 ff., Rn. 4 ff., insbes. 9; unter bestimmten Voraussetzungen dürfen ausnahmsweise auch Finanzdienstleistungsinstitute Finanzkommissionsgeschäfte betreiben, obwohl es sich dabei um Bankgeschäfte handelt, welche eigentlich nur Kreditinstitute tätigen dürfen; aus praktischen Gründen (Finanzdienstleistungsinstituten fehlt die Berechtigung für das Einlagengeschäft) ist dies aber selten, vgl. Schlüter, S. 54, Rn. 10 f.; 87 f., 185 ff.

institute Wertpapierdienstleistungsunternehmen[359], Finanzkommission, Eigenhandel für andere und Vermittlungsgeschäfte Wertpapierdienstleistungen[360]. Banken und Finanzdienstleistungsinstitute verfügen als Voraussetzung für ihre finanzgewerbliche Tätigkeit über eine bankaufsichtsrechtliche Gewerbeerlaubnis der Bundesanstalt für Finanzdienstleistungsaufsicht (BaFin) nach dem Kreditwesengesetz (KWG)[361] und unterliegen deren Aufsicht[362], insbesondere der fortlaufenden Eigenmittel- und Solvenzkontrolle[363]. Als Wertpapierdienstleistungsunternehmen haben sie sowohl bei der börslichen als auch bei der außerbörslichen Erbringung ihrer Wertpapierdienstleistungen kapitalmarktrechtliche Pflichten des Wertpapierhandelsgesetzes (WpHG), insbesondere die so genannten Wohlverhaltenspflichten im Verhältnis zu ihren Kunden zu beachten[364].

Natürlich können Banken und Finanzdienstleistungsinstitute wie Finanzunternehmen (die keiner bankaufsichtsrechtlichen Erlaubnis bedürfen[365]) auch für sich selbst tätig werden (Eigenhandel (für sich), auch „Nostrohandel" genannt)[366], womit sie selbst die Rolle des Aktionärs und Anlegers einnehmen, der Aktien anbietet oder nachfragt (als professionelle Unternehmensanleger und u. U. institutionelle Anleger)[367].

Bei Aktientransaktionen treten also regelmäßig professionelle Finanzakteure für sich selbst oder aber als Transaktionshelfer für ihre Anlegerkunden auf. Für die Finanz- oder Kapitalmarktmittlung[368], wie sie in der letztgenannten Konstellation stattfindet, hat sich der (untechnische) Ausdruck „Intermediation" eingebürgert, sie erfolgt durch „Intermediäre", man spricht auch von „intermedia-

---

359 § 2 IV WpHG; Schlüter, S. 64 f., Rn. 66 ff.; Lenenbach, S. 485 f., Rn. 10.12.

360 § 2 III Nr. 1, 2, 4 WpHG; Art. 1 Nr.1 Wertpapierdienstleistungsrichtlinie (a. F.); vgl. auch Art. 4 I Nr. 2 Wertpapierdienstleistungsrichtlinie (n. F.); Lenenbach, S. 484 f., Rn. 10.10.

361 § 32 I KWG; Kümpel, S. 2519 ff., 19.115 ff.; Schlüter, S. 67 ff., Rn. 82 ff.; Voraussetzung der Erlaubniserteilung ist u. a. ein Mindestanfangskapital, § 32 I 2 Nr. 1 KWG; Schlüter, S. 71 f., Rn. 103 ff.

362 § 6 I KWG; Lenenbach, S. 566, Rn. 12.23.

363 §§ 10 ff. KWG; Kümpel, S. 2524 ff., 19.132 ff.

364 §§ 9, 10, 16, 31 ff. WpHG; Liersch, S. 42.

365 §§ 1 III, 32 I KWG.

366 Vgl. § 1 III 1 Nr. 5 KWG; Kümpel, S. 1314, 8.244; 1507 f., 10.4 f.; 2214, 17.6; ders./Hammen, S. 72 f.; Schlüter, S. 102, Rn. 268 f.; 114 ff., Rn. 333 ff. (335: „Beim reinen Eigenhandel hat das Unternehmen keine Kundenorder vorliegen"); vgl. auch KOM (2002) 625, S. 4.

367 Stenzel, S. 59; Weber, S. 57; Schlüter, S. 65 f., Rn. 71 ff.; 114, Rn. 333 ff.

368 Hopt, ZGR 2000, 779 (796 f.); Weber, S. 53; Lenenbach, S. 153, Rn. 5.3.

tisiertem Handel"[369]. Im Schrifttum ist in diesem Zusammenhang die Bezeichnung der Intermediäre als „unmittelbare Marktteilnehmer" im Gegensatz zu deren Anlegerkunden (und zu den Unternehmensemittenten) als „mittelbaren (oder „indirekten") Marktteilnehmern" zu finden[370]. Durch die Professionalität der zu den betreffenden Finanzgeschäften zugelassenen und staatlich kontrollierten Intermediäre bzw. unmittelbaren Marktteilnehmer sollen u. a. ein reibungsloserer Handel gewährleistet, ein stabiler Kapitalmarkt erhalten[371], Transaktionskosten der Anleger gesenkt[372] und unerfahrene Anleger geschützt[373] werden. Die Gefahr, dass die Gegenpartei eines Aktiengeschäfts nach Abschluss des Verpflichtungsgeschäfts nicht erfüllen kann (Kontrahentenrisiko)[374], wird durch die Einschaltung finanzkräftiger, der bankaufsichtlichen Eigenmittel- und Solvenzkontrolle unterliegender Intermediäre verringert[375]. Gleichzeitig sind aber auch Interessenkonflikte möglich in der Weise, dass ein Intermediär seine Eigenhandelsinteressen über die Interessen seiner Kunden zu stellen geneigt sein kann[376]. Durch rechtliche Pflichtenbindungen der Intermediäre sollen Missbräuche zulasten der Anlegerkunden verhindert werden[377].

---

369 Kümpel, z. B. S. 1309, 8.229; 1320, 8.269; 1508, 10.6; ders., Kapitalmarktrecht, S. 20; ders./Hammen, S. 216; Hopt, DJT-Eröffnung (2002), P 9; ders., ZGR 2000, 779 (797); Assmann, DJT-Referat (2002), P 31, 32; Assmann/Schütze-Assmann, § 1 Rn. 46; Breitkreuz, S. 45, 102; KOM (2002) 625, S. 9; Börsensachverständigenkommission, S. 12; Stenzel, S. 61; Beck/Prinz, ZfgK 2000, 1182 (1182 ff.); Jäger, NZG 2000, 1049 (1053); Kapitalmarkt Deutschland-Rudolph, S. 7.

370 Kümpel, S. 1315, 8.248; 1316, 8.252; 1319, 8.265; ders., Kapitalmarktrecht, S. 14, 89 ff.; Breitkreuz, S. 45 ff., 272 ff.; Claussen, S. 356, Rn. 8; Lenenbach, S. 93, Rn. 2.58; 93 Rn. 2.60; Stenzel, S. 27, begrenzt den Kreis der Intermediäre auf die zum Börsenhandel zugelassenen Akteure; für die Zwecke der vorliegenden Untersuchung besteht keine Veranlassung zu einer derartigen Verengung des Intermediärsbegriffs.

371 Hopt-Rudolph, Börsenreform, S. 202 („Orderbündelung sorgt für ein hohes Ordervolumen, das den Zugangsintermediären eine Spezialisierung auf den Wertpapierhandel ermöglicht"); Stenzel, S. 114 (Intermediäre verfügen über besondere „Expertise" und „Kontakte"); Beck/Prinz, ZfgK 2000, 1182 (1186).

372 Beck/Prinz, ZfgK 2000, 1182 (1183 ff.); Hopt-Rudolph, Börsenreform, S. 202.

373 Kümpel, Kapitalmarktrecht, S. 48; Fleischer, DJT-Gutachten (2002), F 38; ders., NJW-Beilage 23/2002, 37 (38); Hopt, ZGR 2000, 779 (797); vgl. auch Lenenbach, S. 517, Rn. 10.82.

374 Hopt-Rudolph, Börsenreform, S. 183, 202; KOM (2002) 625, S. 46.

375 Noch geringer wird es durch die Einschaltung einer zentralen Gegenpartei (Schwark-Beck, § 1 BörsG Rn. 6; Schwark-Schwark, § 16 BörsG Rn. 2; Liersch, S. 122 f.; Florian, S. 248 f.; Horn, WM 2002, Sonderbeilage Nr. 2, 3 (3 ff.); Merkt, DJT-Gutachten (2002), G 96 ff.; ders., NJW-Beilage 23/2002, 37 (45)), wie sie die Frankfurter Börse just eingeführt hat (vgl. Geschäftsbericht 2003, Gruppe Deutsche Börse, S. 38 f.; Geschäftsbericht 2002, Gruppe Deutsche Börse, S. 50 f.; Kümpel/Hammen, S. 229; Claussen, S. 463, Rn. 222; Schlüter, S. 553 f., Rn. 1073 ff).

376 Hopt-Rudolph, Börsenreform, S. 151, 186 ff., 240; für die Anlegerkunden entstehen durch die Intermediation gleichzeitig „Abwicklungs-" und „Verwaltungsrisiken", außerdem

Im Zusammenhang mit neueren Handelsformen[378], von denen einige für professionelle bzw. institutionelle, andere vorwiegend für private Anleger (direct-brokerage verschiedener Machart) bereitgestellt werden und bei denen eine Intermediation ganz entbehrlich ist oder nur in vergleichsweise abgeschwächter Form erfolgt[379], wird von Tendenzen zur „Disintermediation" gesprochen[380].

IX. Gründe für Aktienhandel an und außerhalb der Börse(n) - kein Börsenzwang - Reichweite des gesetzlichen Börsenvorrangs

Die traditionell zentralen Institutionen, die die Infrastruktur für organisierten Kassahandel mit Aktien unter bestimmten rechtlichen Voraussetzungen anbieten, sind die Börsen[381]. Der bedeutendste deutsche Aktiensekundärmarkt im Kassabereich ist die Frankfurter Wertpapierbörse (FWB), zusammen mit den 7

---

das „Konditionenrisiko", Hopt, Kapitalanlegerschutz, S. 132 ff., 144 ff., 289 ff.; Mues, S. 47; Stenzel, S. 120 f. („Dem Anleger kann ein Schaden in Höhe der Differenz zwischen dem Kurs, der bei ordnungsgemäßer Ausführung zu erzielen gewesen wäre, und dem Kurs, der durch die nicht ordnungsgemäße Ausführung tatsächlich zustande gekommen ist, entstehen"), 121 (Risiko des Mitlaufens, der Gegendisposition, von Kursschnitten, der willkürlichen oder vorsätzlichen Nichtbedienung eines Auftrages, des Abschlusses zu manipulierten Kursen oder zu Zufallskursen, der nachlässigen Auftragsausführung, von Verzögerungen in der Belieferung von Geschäften, wenn sie den rechtzeitigen Wiederverkauf verhindern, und der Insolvenz des Intermediärs); zum „Churning" (Spesenschinderei) Rössner/Arendt, WM 1996, 1517 (1517 ff.).

377 Insbesondere durch die Wohlverhaltenspflichten gemäß §§ 31 ff. WpHG und die kommissions- und bankvertragsrechtlichen Pflichten.

378 Präambel, Erwägung 5 Wertpapierdienstleistungsrichtlinie (n. F.).; KOM (2002) 625, S. 6 („neue Handelsmöglichkeiten", „neue Distributionskanäle"); Schwark, Festschrift Immenga, S. 723 (723 ff.).

379 Hopt-Rudolph, Börsenreform, S. 152, 155, 158 ff., 204, 222, 236; Schlüter, S. 520, Rn. 907 („Instinet"); Cohn, ZBB 2002, 365 (367); Kümpel, S. 1530 f., 10.97 ff. (discount brokerage („executing only")); Schwark-Schwark, § 16 BörsG Rn. 3; 2.6, bundesaufsichtsbehördliche Richtlinie im Sinne des § 35 VI WpHG vom 23.08.2001, Bundesanzeiger (BAnz.) Nr. 165 vom 04.09.2001, S. 19.217; Spindler, WM 2001, 1689 (1689) („Der über das Internet mögliche direkte Kontakt mit einer Vielzahl von Kunden bietet Anreize, die klassischen Finanzintermediäre auszuschalten und unmittelbar an den Kunden heranzutreten"); Riehmer/Heuser, NZG 2001, 385 (386); Jäger, NZG 2000, 1049 (1053 f., 1057); Dornau, Deutsche Börse AG, S. 2, 5; Geschäftsbericht 1999, Gruppe Deutsche Börse, S. 28.

380 Begriff z. B. bei Hopt, ZGR 2000, 779 (797); Hopt-Rudolph, Börsenreform, S. 151 f., 236; Köndgen, Festschrift Lutter, S. 1401 (1406, 1411, 1415 ff.); Florian, S. 242; Schlüter, S. 116, Rn. 343; Dornau, Deutsche Börse AG, S. 3, 33 f.; Geschäftsbericht 2001, Gruppe Deutsche Börse, S. 22; Geschäftsbericht 1999, Gruppe Deutsche Börse, S. 15.

381 Schwark, Festschrift Immenga, S. 723 (723); Kümpel, S. 1370 f., 8.436; 2213, 17.1; 2214, 17.6; ders./Hammen, S. 17, 103, 105; Hopt, BGH-Festschrift, 497 (504); ders./Baum, WM 1997, Sonderbeilage Nr. 4, 3 (13); Hopt-Rudolph, Börsenreform, S. 150; Lenenbach, S. 97, Rn. 3.2; Mues, S. 62, 125; Stenzel, S. 27, 50.

anderen deutschen Börsen stellt sie den börslichen Markt dar. Dort findet börslicher Aktienhandel statt[382]. Aktienhandel auf Märkten außerhalb der Börsen ist außerbörslicher Handel[383]. Von diesen beiden Grundregeln ist jedenfalls auszugehen.

An einer Börse werden das Angebot von und die Nachfrage nach Aktien gebündelt, Geschäftsabschlüsse ermöglicht und dabei Aktienkurse festgestellt[384]. Das gilt jedoch nur für bestimmte Aktien und bestimmte Handelsakteure und für diese wiederum nur in der Regel.

1. Börsennotierte und nicht-börsennotierte Aktien

In diesem Zusammenhang ist zunächst die Unterscheidung von „börsennotierten" und „nicht-börsennotierten Aktien"[385] bzw. mit Bezug auf die Emittenten diejenige von „börsennotierten" und „nicht-börsennotierten Gesellschaften" einzuführen, die auch das geltende Recht an verschiedenen Stellen trifft[386]. Während börsennotierte Aktien „an der Börse" gehandelt werden können[387], sind nicht-börsennotierte Aktien[388] an der Börse nicht handelbare Aktien[389], d. h. an keiner der verschiedenen Börsen. Börsennotierte Aktien sind zum Handel an einer oder mehreren[390] Börsen zugelassene[391] und in diesen eingeführte[392]

---

382 Vgl. Stenzel, S. 30.

383 Vgl Stenzel, S. 32 ff., der allerdings den Handel an ausländischen Börsen als außerbörslichen Handel im Sinne seiner Untersuchung einordnet (S. 32); dieser erweiterte Begriff außerbörslichen Aktienhandels muss hier nicht übernommen werden, es ist also von börslichem Handel an ausländischen Börsen die Rede.

384 Hopt-Rudolph, Börsenreform, S. 168 f., 184, 190 f.; Stenzel, S. 43; Kümpel, S. 2227, 17.46 f. („Zentralisierung der Geschäftsabschlüsse"); Mues, S. 24 ff.; Breitkreuz, S. 32 f.; Schlüter, S. 349 f., Rn. 5 f.; Schwark-Schwark, § 16 BörsG Rn. 5; Schwark-Beck, § 24 Rn. 1 ff.

385 Vgl. Stenzel, S. 32, 33, 54.

386 Z. B. §§ 21 I 1 WpHG, 3 II AktG; Lenenbach, S. 569 f., Rn. 13.27 f. („für börsennotierte AGen (gelten) besondere kapitalmarktrechtliche Normen", „deutliche Tendenz hin zu einem Sonderrecht der börsennotierten AG" im Aktienrecht).

387 D. h. in irgendeinem der börslichen Marktsegmente (zu diesen im Einzelnen unten).

388 Vgl. Stenzel, S. 53 ff.

389 Kümpel/Hammen, S. 221.

390 Jäger, NZG 1999, 381 (386) („Mehrfachnotierung", „Parallelnotierung"); Stenzel, S. 61.

391 §§ 30 I, 49 I 1, 1. Alt. BörsG; Schwark-Heidelbach, § 30 BörsG Rn. 5, 6 (Zulassung als „Erlaubnis, für Geschäfte in den zugelassenen Papieren die Börseneinrichtungen zu benutzen"); 51 ff. (zu den aktienrechtlichen Voraussetzungen der Börsenzulassung von Aktien).

392 §§ 37 I BörsG, 24, 45 I BörsO; Kümpel, S. 2398, 17.604; Schwark-Schwark, § 14 BörsG Rn. 3 (Einführung als „tatsächliche Eröffnung des Handels" an der Börse); Schwark-Heidelbach, § 30 BörsG Rn. 6 (Abgrenzung zur Emission der Papiere („erstes In-den-Verkehr-Bringen"); § 37 Rn. 1 ff.

Werte, u. U. auch lediglich in den Börsenhandel einbezogene[393] und eingeführte Werte. Die konkreten Anforderungen sind vom jeweiligen Börsenmarktsegment abhängig[394]. Zwischen den Emittenten börsenzugelassener Werte und der Börse besteht ein Benutzungsverhältnis[395]. Eine Einbeziehung in den Börsenhandel ist unter deutlich geringeren Voraussetzungen und mit weniger Folgepflichten möglich als eine Zulassung, aber nur in bestimmten börslichen Marktsegmenten. Das (allgemeine) Kapitalmarktrecht knüpft weitere, über die börsenrechtlichen hinausgehende Pflichten an eine Börsennotierung, wobei teilweise die Zulassung zum Börsenhandel Voraussetzung ist, teilweise bereits die Einbeziehung in den Börsenhandel genügt[396].

Um an einer Börse als Handelsteilnehmer auftreten zu können - wofür nach dem Börsengesetz insbesondere die über eine allgemeine bankaufsichtsrechtliche Zulassung verfügenden, in der Praxis des Börsenhandels zahlenmäßig dominierenden Kreditinstitute und die Finanzdienstleistungsinstitute in Betracht kommen[397] -, bedarf es einer Zulassung durch die jeweilige Börse[398], durch die (wie zwischen börsenzugelassenen Unternehmensemittenten und Börse) ein Benutzungsverhältnis zu dieser Börse begründet wird[399]. Wer an der Börse als Handelsteilnehmer zugelassen werden will, muss u. a. ein Mindesteigenkapital aufweisen und geeignet und zuverlässig sein, was entweder bereits durch die bankaufsichtsrechtlichen Anforderungen gewährleistet wird oder aber börsenge-

---

393 Z. B. §§ 49 I 1, 2. Alt., 56 I BörsG; Schäfer-Hamann, § 36 BörsG (a. F.) Rn. 2.

394 Im Einzelnen unten.

395 Kümpel, S. 2424 ff., 17.690 ff., insbes. 2436 ff., 17.733 ff.; ders./Hammen, S. 178, 194 ff.; Mues, 80 f.; Schlüter, S. 400 ff.; Rn. 262 ff.; Schäfer-Hamann, § 36 BörsG (a. F.) Rn. 2.

396 Der Begriff der „Börsennotierung" wird hier im Text (wie häufig in der rechtswissenschaftlichen Literatur) im weiten Sinne verwendet; einige rechtliche Bestimmungen knüpfen, wenn sie auf den Terminus nicht ganz verzichten, Rechtsfolgen an eine „Börsennotierung", definieren diese dann nicht immer, aber häufig enger, vorwiegend in der Weise, dass bestimmte börsliche Marktsegmente benannt werden bzw. ausdrücklich oder sinngemäß an die Zulassung an einem organisierten, d. h. geregelten Markt im Sinne der Wertpapierdienstleistungsrichtlinie bzw. des § 2 V WpHG angeknüpft wird (§§ 15, 15a, 15b, 21 ff. WpHG), bisweilen reicht die Einbeziehung in den Handel (§§ 3 II AktG, 9, 10, 14 i. V. m. 12 f., 16, 20a WpHG); vgl. auch §§ 58 II 2, 110 III, 124 III, 130 I 3, 134 I 2, 171 II 2, 328 III AktG; Münchener Kommentar-Semler, AktG, Einl. Rn. 7.

397 Schwark-Schwark, § 16 BörsG Rn. 26.

398 §§ 16 I 1, IV, V BörsG; Schwark- Schwark, § 16 BörsG Rn. 1; Beck, WM 1998, 417 (424); Mues, S. 26, 27 f.; Lenenbach, S. 8, Rn. 1.16; 109 ff., Rn. 3.18 ff.; allgemein zu Börsenzugangsbeschränkungen und deren Sinn Hopt-Rudolph, Börsenreform, S. 201 ff. („Begrenzung des Kontrahentenrisikos", es sind keine Prüfungen der Bonität der Gegenpartei nötig bei jedem einzelnen Geschäft).

399 Schwark-Schwark, § 16 BörsG Rn. 5; Kümpel, S. 2424 ff., 17.690 ff., insbes. 2428 ff., 17.707 ff.; ders./Hammen, S. 177 ff.; Schäfer-Ledermann, § 7 BörsG (a. F.) Rn. 3; Mues, S. 80; Bauer/Möllers, S. 50 ff.

setzliche Zulassungsvoraussetzung ist[400]. Professionelle Börsenhändler und Börsenmakler, die als natürliche Personen eine gesonderte Börsenzulassung brauchen[401], agieren für die börsenzugelassenen Unternehmen[402] im börslichen Präsenzhandel „auf dem Börsenparkett" oder im elektronischen Börsenhandel[403] als alternativen börslichen Handelsarten[404]. Die Aktionäre selbst treten auf börslichen Sekundärmärkten, wenn sie sich mangels einer eigenen Börsenzulassung eines Intermediärs (in der Regel einer börsenzugelassenen Bank als Kommittentin) bedienen müssen, bloß als mittelbare Marktteilnehmer auf[405], ansonsten können sie, wie z. B. Banken in der Rolle als Aktionäre bzw. Anleger beim Nostrohandel, unmittelbare Börsenmarktteilnehmer sein[406].

2. Wirtschaftswissenschaftliche Charakterisierung eines Sekundärmarkts mit Börsenfunktion - Gründe für börsliche Durchführung von Aktiengeschäften

In wirtschaftswissenschaftlicher Terminologie sind Wertpapierbörsen „transaktionskostensenkende Institutionen zur Erleichterung des Wertpapierhandels"[407]. Wertpapierhandel wird als aus einer Vielzahl von einzelnen Transaktionen (Tausch von Geld gegen Wertpapiere als Transaktionsprodukten) bestehend beschrieben[408], bei deren Durchführung Transaktionskosten[409] entstehen, die es aus Sicht der Transaktionspartner möglichst niedrig zu halten gilt[410].

---

400 § 16 II 1, IV 1 Nr. 3, 4 BörsG; Schwark-Schwark, § 16 BörsG Rn. 1 ff., 14 ff., 26; Mues, S. 172 f., 174.

401 § 16 V BörsG; Schwark- Schwark, § 16 BörsG Rn. 32.

402 Schwark- Schwark, § 16 BörsG Rn. 31; Kümpel, Kapitalmarktrecht, S. 89 ff.; Schäfer-Ledermann, § 7 BörsG (a. F.) Rn. 4.

403 §§ 17 I, 25 S. 1 BörsG; Bauer/Möllers, S. 20; Lenenbach, S. 113 f., Rn. 3.25.

404 Vgl. §§ 13 II 2 Nr. 3, 22 I 2 BörsG; Schwark- Schwark, § 13 BörsG Rn. 11; Kümpel, S. 1538, 10.124.

405 Zu dieser Konstellation Claussen, S. 463, Rn. 222; Spindler, WM 2001, 1689 (1696) („Ausschluss von Privatanlegern von der Teilnahme am Börsenhandel"); Hopt-Rudolph, Börsenreform, S. 186 (Intermediär als „Zugangsagent").

406 Kümpel, S. 1314, 8.244; Stenzel, S. 61.

407 Hopt-Rudolph, Börsenreform, S. 162; vgl. auch Mues, S. 25 f., 28, 95, 97 f.; Stenzel, S. 103.

408 Hopt-Rudolph, Börsenreform, S. 161, 164.

409 Hopt-Rudolph, Börsenreform, S. 162, 170 ff.; Mues, S. 97; Stenzel, S. 108 ff.

410 Hopt-Rudolph, Börsenreform, S. 150 f. („zunehmende Sensibilisierung gegenüber den Transaktionskosten des Wertpapierhandels"), 159, 161, 162 („Ziel der Transaktionspartner ist es, eine Wertpapiertransaktion durchzuführen, die eine möglichst geringfügige Ablenkung durch Transaktionskosten erfährt"), 172 („der Transaktionskostenreduktion (kommt) bei jeder Investitionsstrategie eine entscheidende Bedeutung zu"), 250; Mues, S. 25 f., 28, 31; Stenzel,

Der Begriff der „Intermediation" wird zum Teil noch weiter als oben angegeben gefasst, indem nicht nur Transaktionshelfer, sondern auch organisierte Sekundärmärkte wie Börsen selbst als „Intermediäre" eingeordnet werden, deren „Intermediationsleistung" die „Standardisierung der Transaktionsprodukte und Transaktionsprozesse" ist[411].

Ein Sekundärmarkt mit Börsenfunktion kann als Netzwerk von „Orders" (Aktienkauf- und -verkaufsangebote) verstanden werden, dessen Nutzen umso mehr zunimmt, je mehr Teilnehmer das Netzwerk aufweist (Netzeffekt)[412], weil damit die Wahrscheinlichkeit steigt, dass eine gegengleiche Order eintrifft und ein Geschäftsabschluss erfolgen kann[413]. Ein wesentliches Qualitätsmerkmal eines Sekundärmarktes ist ein hohes, natürlich von Aktienwert zu Aktienwert unterschiedliches und von der aktuellen Marktlage abhängiges Maß an „Liquidität"[414]. Ein Markt ist liquide, „wenn die Marktteilnehmer schnell und zu niedrigen Transaktionskosten die von ihnen gewünschte Anzahl von Aktien kaufen oder verkaufen können, ohne dass ihre Aufträge den Kurs nennenswert beeinflussen"[415]. Marktbreite, Markttiefe, Sofortigkeit und Erneuerungskraft des Marktes sind Maßstäbe dafür[416]. Die Marktbreite ist groß, wenn die Auswahl verschiedener gehandelter Aktienwerte groß ist. Die Markttiefe ist groß, wenn in einem bestimmten Aktienwert nahe am Gleichgewichtspreis (bzw. dem bestehenden Marktpreis) eine relevante Anzahl weiterer Orders liegt, so dass auch eine große Order zum Gleichgewichtspreis (bzw. dem bestehenden Marktpreis) ausgeführt werden kann. Große Sofortigkeit bedeutet, dass Orders gegebener Größe sehr schnell zu gegebenen Transaktionskosten ausgeführt werden

---

S. 109; Schiereck, ZBB 1996, 185 (188); Schlüter, S. 352 f., Rn. 16 ff.; Kümpel, S. 2433, 17.723; ders./Hammen, S. 190; Breitkreuz, S. 32 f.

411 Hopt-Rudolph, Börsenreform, S. 162 f. (Börse als „Finanzintermediär im weiten Sinne" im Gegensatz zu z. B. Banken als „Finanzintermediären im engen Sinn"), 168, 169, 184, 190 f. („transaktionsproduktgestaltende und transaktionsprozessgestaltende Börsenleistungen"), 225 (Systematiserung der Intermediationsstufen); vgl. auch die Systematisierung (intermediationsfrei, einstufige Intermediation, zweistufige Intermediation) bei Hopt-Hopt, Börsenreform, S. 345 ff.; Schlüter, S. 350 f., Rn. 7 ff.; Stenzel, S. 164; Mues, S. 26, vgl. auch S. 174 f.

412 Hopt-Rudolph, Börsenreform, S. 179 f., 221.

413 Stenzel, S. 60.

414 Stenzel, S. 64, 124, 134 ff., 138; Hopt-Rudolph, Börsenreform, S. 177 ff.; Mues, S. 100 ff.; Köndgen/Mues, WM 1998, 53 (54); Köndgen, Festschrift Lutter, S. 1401 (1407); Schiereck, ZBB 1996, 185 (189); Beck, WM 1998, 417 (419); Börsensachverständigenkommission, S. 10; KOM (2002) 625, S. 12; Liersch, S. 37, 40, 123; Schlüter, S. 110 f., Rn. 313; Spindler, WM 2002, 1325 (1329); Kümpel/Hammen, S. 47; Geschäftsbericht 2003, Gruppe Deutsche Börse, S. 39; Geschäftsbericht 2000, Gruppe Deutsche Börse, S. 28; vgl. auch Präambel, Erwägung 1, Satz 4 Durchführungsrichtlinie 2004/72 zur Marktmissbrauchsrichtlinie.

415 Hopt-Rudolph, Börsenreform, S. 177; vgl. auch Stenzel, S. 126.

416 Hopt-Rudolph, Börsenreform, S. 177 ff.; Stenzel, S. 125 f.; Schiereck, ZBB 1996, 185 (189); Mues, S. 100.

können. Große Erneuerungskraft bedeutet, dass Preise nach periodischen Orderungleichgewichten durch neue Gegenaufträge schnell zu einem Gleichgewicht zurückfinden. Die Liquidität nimmt u. a. dann umso mehr zu, je größer die kollektive Erwartung der Transakteure ist, dass auch andere Investoren ihre Orders an den betreffenden Sekundärmarkt leiten werden[417]. Einmal vorhandene Liquidität zieht regelmäßig weitere Liquidität auf einen Handelsplatz. Im Bereich des Kassahandels ist sie an der nationalen Leitbörse in dort notierten Werten nach wie vor gemeinhin am größten[418].
Das Börsengesetz stellt Anforderungen an die Qualität (Neutralität), die Überwachung und die Transparenz der börslichen Preisbildung[419]. Transparenz und Fairness[420] des Handels sind neben der Liquidität weitere wichtige Kriterien bei der Bewertung von Sekundärmärkten[421], beim Börsenhandel ist die Transparenz vergleichsweise groß. Gesichtspunkte dafür, in welchem Umfang das Marktgeschehen für die Handelsteilnehmer oder allgemein sichtbar wird, sind Art und Ausmaß der veröffentlichten Informationen über das Handelsgeschehen, der Zeitpunkt der Bekanntmachung der gewünschten und der zustande gekommenen Transaktionspreise und deren Volumens sowie der jeweilige Adressatenkreis der Informationen[422].

Es liegt sowohl im Interesse der einzelnen Anleger als auch im gesamtwirtschaftlichen Interesse, dass die zur Disposition stehenden Geldmittel der Investoren bevorzugt in solche Unternehmen fließen, die möglichst auf Dauer wirtschaftlichen Erfolg haben und weitere Gewinne zu erzielen versprechen (Steuerungsleistung des Marktes)[423]. Dafür sollte möglichst große Informations-

---

417 Hopt-Rudolph, Börsenreform, S. 179 f.; Mues, S. 192 f.

418 Beck, DJT-Referat (2002), P 42, 43; Gruppe Deutsche Börse, Geschäftsbericht 2002, S. 21 („Liquidität, einmal auf einer Handelsplattform konzentriert, lässt sich auch bei scharfem Wettbewerb nicht einfach transferieren“); KOM (2002) 625, S. 17 („derzeit tendiert die Liquidität in Europa dazu, sehr schwerfällig zu sein und sich weiterhin auf den Markt der Erstnotierung zu konzentrieren - auch wenn davon auszugehen ist, dass alternative Marktplätze bessere Kurse bieten“); Liersch, S. 123; Mues, S. 108, 193 („order flow attracts order flow“), 195; Hopt-Rudolph, Börsenreform, S. 180 („Investoren (routen) ihre Orders möglichst dorthin (...), wo der Handel in Wertpapieren bereits stattfindet“); Stenzel, S. 50.

419 §§ 24 II, 25, 27 BörsG; Schwark-Beck, § 24 BörsG Rn. 1 ff.; Börsensachverständigenkommission, S. 11; Lenenbach, S. 122 ff., Rn. 3.41 ff.; Kümpel, S. 2213 f., 17.5; ders./Hammen, S. 32 ff.; vgl. zu „nicht marktgerechten Preisen im außerbörslichen Handel“ Fleckner/Vollmuth, WM 2004, 1263 (1263 ff.).

420 Caspari, NZG 2005, 98 (101 f.).

421 Kümpel/Hammen, S. 29; Spindler, WM 2002, 1325 (1329); Börsensachverständigenkommission, S. 9; KOM (2002) 625, S. 12.

422 Vgl. §§ 24 II 2 bis 7 BörsG, 35, 39, 43 II BörsO; Schiereck, ZBB 1996, 185 (189 f.); Lenenbach, S. 6 f., Rn. 1.13.

423 Hopt-Rudolph, Börsenreform, S. 195, 205; Assmann/Schütze-Assmann, § 1 Rn. 24; Assmann/Schneider-Koller, Vor § 31 Rn. 10; Mues, S. 24, 46 („Funktion (...), Ressourcen in

effizienz herrschen[424]. Informationseffizient ist ein Markt, wenn sich Informationen, die den Wert der gehandelten Aktien beeinflussen, unverzüglich und vollständig in den Preisen (Kursen) niederschlagen[425]. Hierbei handelt es sich um ein Ideal, dem wirkliche Märkte zwar regelmäßig nicht entsprechen[426], dem man aber insbesondere bei börslich gehandelten Werten durch verschiedenartige, über die allgemeine Rechnungslegungspublizität[427] und die außerbörsliche Primärmarktpublizität[428] hinausgehende Veröffentlichungspflichten für die betreffenden Unternehmen hinsichtlich deren Unternehmensinterna möglichst nahe zu kommen versucht, wobei die Pflichten zum Teil Voraussetzung, zum Teil Folge einer Börsenzulassung oder Einbeziehung in den Börsenhandel sind[429].

Für Anleger bzw. Intermediäre halten sich die Kosten, die bei der Suche nach Geschäftspartnern entstehen, an der Börse in Grenzen, obwohl sie den Koordinationsmechanismus des Börsenmarktes nur gegen Gebühr bzw. Entgelt nutzen dürfen[430]. Gewöhnlich überwiegen die Vorteile die Unkosten, die den Anlegern u. U. in Form von zusätzlichen, an Transaktionsmittler (Intermediäre) zu zahlen-

---

effizienter Weise ihrer produktivsten Verwendung zuzuführen"), 50, 51 („Funktion (...), eine optimale Allokation der Ressource Kapital herbeizuführen", sich positiv auf die „Allokationseffizienz" auszuwirken), 96 („je zuverlässiger die Preisbildung ist, desto eher nähert sich die Zuordnung des Kapitals dem Optimum"), 103, 105, 125; Weber, S. 46 („Bewertungsfunktion" des Kapitalmarktes), 48, 61, 67 ff.; Zimmer, S. 42 f.; Lenzen, S. 53 f.; Hommelhoff, ZGR 2000, 748 (754); Münchener Kommentar-Oechsler, AktG, § 71 Rn. 1; Lenenbach, S. 19, Rn. 1.40; zur Frage, ob das faktisch gelingt, kritisch Mülbert, S. 132 ff., u. a. mit dem Verweis auf das „noise trading".

424 Baums, ZHR 167 (2003), 139 (143 ff.); Münchener Kommentar-Oechsler, AktG, § 71 Rn. 1; Spindler, WM 2002, 1325 (1327); Lenzen, S. 53.

425 Hopt-Rudolph, Börsenreform, S. 181; Hopt-Voigt, WM 2004, 1801 (1802); Schiereck, ZBB 1996, 185 (189); Mülbert, S. 129.

426 Hopt-Rudolph, Börsenreform, S. 182, 205; Liersch, S. 59 f.; Lenzen, S. 53; Schwark-Zimmer, § 15 WpHG (a. F.) Rn. 9 („halbstrenge Informationseffizienz"); §§ 37b, 37c WpHG (a. F.) Rn. 5 („(Semi-)Informationseffizienz"); vgl. auch Mülbert, S. 132 ff.

427 §§ 242 I 1, 264, 284 ff., 289 HGB.

428 Seit 01.07.2005 §§ 3 I i. V. m. 1 ff. Wertpapierprospektgesetz (WpPG); bis dahin § 1 Verkaufsprospektgesetz (VerkProspG) i. V. m. Verkaufsprospektverordnung (VerkProspVO) (a. F.).

429 §§ 30 III Nr. 2, 32 BörsG, 13 ff. BörsZulVO (a. F.) (bis 01.07.2005) bzw. §§ 30 II Nr. 2, 32 BörsG, §§ 3 III i. V. m. 1 ff. WpPG (seit 01.07.2005); 51 I Nr. 2 (a. F.) BörsG (bis 01.07.2005) bzw. 51 I Nr. 2, §§ 3 III i. V. m. 1 ff. WpPG (seit 01.07.2005) (Prospektpflicht/ Börsenzulassungspublizität); z. B. §§ 39 ff. bzw. 54 i. V. m. 39 I Nr. 1 bis 3, 41 bis 43 BörsG (börsenrechtliche Börsenzulassungsfolgepublizität), z. B. §§ 9, 15, 15a, 21 ff. WpHG; 10 I WpPG (kapitalmarktrechtliche Börsenzulassungsfolge- bzw. Einbeziehungsfolgepublizität) (im Einzelnen unten).

430 §§ 1 ff. Gebührenordnung (GebO), 14 BörsG; Kümpel, S. 2432 ff., 17.721 ff.; 2438, 17.743; ders., Kapitalmarktrecht, S. 27, 28; ders./Hammen, S. 187 ff.; Breitkreuz, S. 32 ff.

den Vergütungen (Provisionen, evtl. Courtagen[431]), und diejenigen, die den Emittenten und Handelsteilnehmern durch die nötigen Börsenzulassungen bzw. Benutzungsgebühren und Nutzungsentgelte[432] und die Erfüllung etwaiger Zulassungsfolgepflichten entstehen und die direkt oder mittelbar an die Aktionäre weitergegeben werden. Bei hoher Liquidität und niedrigen Transaktionskosten, die sich durch eine effiziente Gestaltung der Handelsorganisation („Verfahrenseffizienz")[433] zusätzlich reduzieren lassen, kommt der „innere" oder „wahre Wert"[434] einer Aktie im jeweiligen Aktienkurs genauer zum Ausdruck[435], womit sich Anleger bei ihren Anlageentscheidungen auch besser am jeweiligen konkreten Kurs eines Aktienwertes orientieren können[436] [437].

Es ist also für Anleger wirtschaftlich gewöhnlich von Vorteil, sich beim Aktienkauf und -verkauf einer Marktorganisation, wie sie von Börsen vorgenommen wird, zu bedienen[438]. Gezwungen sind sie dazu aber nicht. So gibt es sowohl klassische als auch neuere Gründe, warum bestimmte Aktiengeschäfte dennoch außerhalb von Börsen stattfinden.

---

431 § 652 I BGB; Schlüter, S. 111 ff., Rn. 316 ff.; Lenenbach, S. 117, Rn. 3.32; Stenzel, S. 111; Schwark, Festschrift Immenga, S. 723 (725).

432 §§ 1 ff. GebO; Kümpel, S. 2432 ff., 17.721 ff.; 2438, 17.743; Schwark, Festschrift Immenga, S. 723 (725, 727) (genauer unten).

433 Mues, S. 97 m. w. N., 98.

434 Hopt-Rudolph, Börsenreform, S. 181, vgl auch 195; Lenzen, S. 52; kritisch Piltz, ZGR 2001, 185 (192 ff.); vgl. auch Mues, S. 103.

435 Mues, S. 98; Lenenbach, S. 6 f., Rn. 1.13; Kümpel/Hammen, S. 47; Schwark-Zimmer § 15 WpHG (a. F.) Rn. 9 („Bildung „realistischer Wertpapierpreise" als Ziel"); KOM (2002) 625, S. 12; der Börsenkurs muss aber dem wahren Wert nicht entsprechen, realisiert werden muss lediglich „formelle Kurswahrheit", Lenzen, S. 187; Schwark-Beck, § 24 BörsG Rn. 3, 10.

436 KOM (2002) 625, S. 5 („Eine der zentralen Aufgaben der Finanzmärkte ist, alle verfügbaren Informationen zu einem Finanzinstrument in seiner Kursnotierung wiederzugeben"); Hopt-Rudolph, Börsenreform, S. 195 („Auf Märkten mit asymmetrischer Informationsverteilung vermitteln Handelsaktivitäten selbst Informationen an die weniger gut informierten Marktteilnehmer"), 205 („Investoren (können sich) (...) an den bereits ausgehandelten Wertpapierkursen anderer Transaktionen orientieren"); Mues, S. 24, 96, 103; Weber, ZGR 2004, 280 (280 ff.); zur Relevanz des Börsenkurses für andere Zusammenhänge Schwark-Beck, § 24 BörsG Rn. 5.

437 Möglichst geringe Transaktionskosten liegen auch im Interesse der Aktienemittenten, da die Renditeerwartungen der Aktionäre an das Unternehmen mit zunehmenden Transaktionskosten steigen, wollen sie einen bestimmten Vermögenszuwachs erzielen, Hopt-Rudolph, Börsenreform, S. 169, 171, 172; Stenzel, S. 64 f.; Lenenbach, S. 20, Rn. 1.42.

438 Stenzel, S. 27; Liersch, S. 52, 60.

3. Gründe für außerbörsliche Durchführung von Aktiengeschäften - Börsenvorrang, aber kein Börsenzwang

Einige können bereits aus rechtlichen Gründen von vornherein nicht an einer Börse getätigt werden, z. B. weil die geschäftsgegenständlichen Aktienwerte nicht zum Börsenhandel zugelassen oder in diesen einbezogen sind (nichtbörsennotierte Aktien). Unternehmen, die die von ihnen emittierten Aktien an der Börse handeln lassen wollen, müssen wirtschaftliche Mindestvoraussetzungen erfüllen, ohne die der Börsenzugang rechtlich verschlossen oder jedenfalls ökonomisch nicht sinnvoll ist und ohne die sie auf die außerbörsliche Sphäre verwiesen sind[439]. Bisweilen streben Emittenten trotz eigentlich vorhandener wirtschaftlicher Börsenreife[440] des betreffenden Unternehmens einen „kontinuierlichen und öffentlichen Handel" der emittierten Aktien nicht an, wollen eine „kleine Aktionärsbasis" behalten und verzichten deshalb bewusst darauf, die Aktien dem Börsenhandel zuzuführen[441]. Aktien dürfen, sofern sie mangels eines entsprechenden Antrags des Emittenten nicht börsenzugelassen und auch nicht auf Antrag eines Handelsteilnehmers in den Börsenhandel einbezogen worden sind, ausschließlich außerbörslich, wie es im internationalen Finanzmarktjargon heißt, „over the counter" gekauft und verkauft werden („OTC-Geschäfte")[442].

Eine börsliche Durchführung kann auch deshalb ausscheiden, weil die Kontrahenten eines Aktiengeschäfts selbst nicht börsenzugelassen sind, die Transaktion aber ohne Hilfe professioneller börsenzugelassener Handelsakteure, also nichtintermediatisiert abschließen wollen.

Bei wiederum anderen Geschäften ist der allgemeine börsliche Rahmen zumindest ungünstig, weshalb es seit langem Formen außerbörslichen Handels in börsennotierten Werten gibt, die das börsliche Handelsgeschehen gewissermaßen ergänzen, wie insbesondere die direkte telefonische Kontaktaufnahme zwischen potentiellen Kontrahenten im „Telefonhandel"[443], die vor allem bei

---

439 Schanz, S. 13 ff; Stenzel, S. 53 ff.; vgl. z. B. § 2 BörsZulVO.

440 Jäger, NZG 1998, 932 (933 f.) (Maßstäbe für die Börsenreife sind u. a. eine bestimmte Unternehmensgröße, ausreichende Ertragskraft, überproportionales Umsatzwachstum, ein hochqualifiziertes Management, ein nach Kompetenzgesichtspunkten besetzter Aufsichtsrat, unabhängiges Controlling, transparente Buchführung, ein entwickeltes Informations- und Berichtswesen, Publizitätsbereitschaft).

441 Stenzel, S. 54, 143 f., 163 f.

442 Stenzel, S. 54; Liersch, S. 38; Präambel, Erwägung 53 Wertpapierdienstleistungsrichtlinie (n. F.); Baums, ZHR 167 (2003), 139 (148); zur US-amerikanischen Herkunft der Begrifflichkeit Schlüter, S. 41, Rn. 178.

443 Stenzel, S. 17, 45, 107, 136, 166 f.; Kümpel, S. 1305, 8.218 f.; 1508, 10.5; ders./Hammen, S. 72; Schlitt/Schäfer, AG 2004, 346 (351).

sehr umfangreichen Geschäften erfolgt. Dabei sind Erwägungen ausschlaggebend, die mit unerwünschten Auswirkungen auf den Börsenkurs bzw. Marktwert der zu handelnden Aktienwerte zusammenhängen, und die trotz grundsätzlicher Erfüllung der rechtlichen und wirtschaftlichen Voraussetzungen für eine börsliche Durchführung durch Aktien bzw. Unternehmensemittenten (Börsennotierung) und beteiligte Handelsakteure (Börsenzulassung) eine außerbörsliche Durchführung dennoch vorteilhaft erscheinen lassen. Häufig sollen dadurch die börsenrechtlichen Bestimmungen umgangen werden, die zur Transparenz des Transaktionsgeschehens führen[444]. Dies sind vor allem die im Börsenrecht (jedenfalls für den Börsenhandel in seiner Regelform) verankerten Pflichten einer Börse zur unverzüglichen Bekanntmachung aller Börsenumsätze und Börsenpreise gegenüber den Handelsteilnehmern[445] - die Börsenordnung sieht über die börsengesetzlichen Anforderungen hinaus auch deren Veröffentlichung vor[446] - („Post-trade-Transparenz"[447] oder „nachbörsliche Transparenz"[448]), außerdem die Börsenregeln, nach denen die jeweils aktuellen Angebotslagen gegenüber den Handelsteilnehmern mehr oder weniger umfassend offen zu legen sind[449] („Pre-trade-Transparenz"[450] oder „vorbörsliche Transparenz"[451]). Das klassische Feld außerbörslichen Handels, das man bis vor einigen Jahren fast ausschließlich mit außerbörslichem Handel verbunden hat, ist eben das des Handels besonders großer Mengen eines Aktienwerts („Aktienpakete" oder „-blöcke"), „Pakethandel"[452], „Blockhandel"[453] oder „Beteiligungshandel"[454] ge-

---

444 Liersch, S. 36, 150.

445 §§ 24 II 3, 13 II 1 Nr. 4 BörsG; Stenzel, S. 158 ff.

446 §§ 39, 45 II BörsO; dazu Mues, S. 30; zur Bedeutung der Kenntnis der Umsatzzahlen für die verschiedenen Beteiligten vgl. Stenzel, S. 58 ff.

447 Liersch, S. 73 f., 96 ff., 114 ff.; Merkt, DJT-Gutachten (2002), G 50; Hopt-Rudolph, Börsenreform, S. 183, 205, 209 f.; Einschränkungen der Post-trade-Transparenz sind möglich unter den Voraussetzungen des § 13 II 2 BörsG.

448 Begrifflichkeit in KOM (2002) 625, S. 19, 88.

449 § 24 II 2 BörsG.

450 Liersch, S. 73 ff., 92 ff.; Hopt-Rudolph-Börsenreform, S. 183, 205, 208 f.

451 Begrifflichkeit in KOM (2002) 625, S. 19, 87.

452 Schmidt-Diemitz, DB 1996, 1809 (1809) („Wird eine größere Stückzahl Aktien einer Gesellschaft außerhalb der Börse zwischen individualisierbaren Vertragsparteien gehandelt, spricht man gemeinhin von „Pakethandel" "); Müller, NJW 2000, 3452 (3453); Wastl, NZG 2000, 505 (505, 506 („Pakethandel" als oftmals sinnvolle, wenn nicht sogar zwingend gebotene Handlungsalternative, die insbesondere im internationalen Vergleich (...) bereits seit längerem weit realistischer und auch positiver bewertet wird, als dies in Deutschland der Fall ist"), 510, 513); Liersch, S. 30 f.; Hammen, WM 2004, 1753 (1755 f.).

453 KOM (2002) 625, S. 13; Gerke/Steiner-Gerke, S. 287 ff. (Blockhandel als „Handel mit besonders hohen Stückzahlen in einem Wertpapier"); Wastl, NZG 2000, 505 (506); Stenzel, S. 44 ff., spricht vorwiegend von „Blocktransaktionen" bzw. „Blockorders"; Liersch, S. 29 ff., der zwischen Blockhandel und Pakethandel in der Weise unterscheidet, dass von Letzterem nur die Rede sein soll, wenn die gehandelte Aktienmenge Kontrollrechte im Hinblick auf

nannt, der klassischerweise im „Telefonhandel“ („Telefonverkehr“[455]) zwischen Banken[456], zum Teil aber auch innerhalb elektronischer Handelssysteme[457] vorwiegend außerbörslich erfolgt[458] und als wenig transparent gilt[459]. Die Transparenz des normalen Börsenhandels wirkt sich nämlich bei einem großvolumigen Geschäft für dessen Initiator außerordentlich nachteilig aus. Die börsliche Durchführung selbst bewirkt eine ungünstige Entwicklung des Börsenkurses der betreffenden Aktie[460], ohne dass Letzteres durch (auf die Blocktransaktion bezogen) externe Faktoren wie z. B. eine Verschlechterung der wirtschaftlichen Lage des Unternehmens, dessen Aktien gerade blockweise gehandelt werden, veranlasst wäre[461]. Aus Gründen der Schonung des Börsenkurses (Marktpreises) bzw. der Vermeidung übermäßig hoher Transaktionskosten erfolgen besonders umfangreiche Geschäfte deshalb hauptsächlich außerbörslich (u. U. darüber hinaus auch, um „Stimmrechtsverschiebungen möglichst diskret stattfinden zu lassen“[462], wobei jedenfalls die seit einigen Jahren im Hinblick auf bestimmte börsennotierte Aktien bzw. Unternehmen bei Erreichen gesetzlich

---

das betreffende Unternehmen vermittelt; vgl. schon Rupprecht, S. 12 ff., insbesondere 14 (als Aktienpaket zu bezeichnen sei „jede Vereinigung gleichartiger Aktien einer Gesellschaft in einer Hand, die ihrem Eigentümer allein oder zusammen mit anderen aktuell oder potentiell die Möglichkeit gibt, die Herrschaft über die Gesellschaft auszuüben“); wieder etwas anders jetzt Schlitt/Schäfer, AG 2004, 346 (347) (beim Blockhandel werde ein Paket an eine Vielzahl von institutionellen Investoren verkauft, beim Pakethandel ein ganzes Paket an einen oder wenige Erwerber zu einem zumeist über dem Börsenkurs liegenden Preis, womit auch Einfluss auf das Unternehmen übergehe).

454 Schwark, WM 1997, 293 (297); Hammen, WM 2004, 1753 (1755 f.).

455 Schwark-Schwark, § 57 BörsG Rn. 9.

456 Zum Procedere Stenzel, S. 45 f.

457 Dornau, Deutsche Börse AG, S. 2, 5, 30; Lenenbach, S. 10, Rn. 1.22; Schwark, Festschrift Immenga, S. 723 (723); zu elektronischen Handelssystemen ausführlich unten.

458 Vgl. Präambel, Erwägung 2, Satz 3 Durchführungsrichtlinie 2004/72 zur Marktmissbrauchsrichtlinie; Wastl, NZG 2000, 505 (510, 512, 513 („der Handel mit größeren Aktienpaketen börsennotierter Unternehmen (wird) nahezu ausnahmslos außerbörslich abgewickelt“); Schwark, WM 1997, 293 (297) („Geschäfte (...), die (...) der Natur der Sache nach außerbörslich zu kontrahieren sind“); ders., Festschrift Immenga, S. 723 (723); Liersch, S. 137 f., 146; Stenzel, S. 44 ff.; Kümpel, Kapitalmarktrecht, S. 83; Müller, NJW 2000, 3452 (3453); U. H. Schneider, AG 1997, 81 (81); Schmidt-Diemitz, DB 1996, 1809 (1809).

459 Stenzel, S. 106 f. („Für identische Abschlussgrößen werden von unterschiedlichen Anbietern unterschiedliche Transaktionspreise angeboten. Ein Überblick über die aktuelle Marktlage ist nur durch direkte Kontaktaufnahme zu erreichen“); Gerke/Steiner-Gerke, S. 287 (289) („intransparente Blockhandelsmärkte“); Börsensachverständigenkommission, S. 2, 9 (zum Handel innerhalb außerbörslicher elektronischer Handelssysteme („fehlende Transparenz“)); Wastl, WM 1999, 620 (628); Lenenbach, S. 8, Rn. 1.18; Liersch, S. 143, 150.

460 Liersch, S. 62; Schwark-Beck, § 24 BörsG Rn. 21; Hopt-Rudolph, Börsenreform, S. 150, 172, 232; Stenzel, S. 156 ff.; Wastl, NZG 2000, 505 (513); Hammen, WM 2004, 1753 (1756).

461 Liersch, S. 35 f.

462 Hopt-Rudolph, Börsenreform, S. 232, 240; Hopt-Hopt, Börsenreform, S. 430.

festgelegter Beteiligungsschwellen bestehenden kapitalmarktrechtlichen Pflichten zur unverzüglichen Veröffentlichung eine länger währende Geheimhaltung ausschließen[463]).

Das deutsche Recht erlaubt ein solches Vorgehen. Ein rechtlicher Zwang, Aktien, die die Voraussetzungen dafür, an der Börse gehandelt zu werden, erfüllen (börsennotierte Aktien), auch in jedem Fall an der Börse zu handeln[464], besteht nicht. Zwar müssen Banken als Intermediäre Aufträge ihrer Anlegerkunden zur Durchführung von Geschäften in derartigen Werten im Rahmen der Kommission[465] seit 1994 über die Börse abwickeln, wenn sie keine anderweitige Kundenweisung erhalten haben[466] (gesetzlicher „Börsenvorrang“[467] oder auch „relativer Börsenzwang“[468]). Dem liegt die gesetzgeberische Erwägung zugrunde, dass die Ausführung einer Kundenorder über einen Börsenmarkt dem Kundeninteresse jedenfalls grundsätzlich am besten genügt[469]. Dafür sind die staatliche Überwachung der Börsenpreisbildung und der übrige ausdifferenzierte Rechtsrahmen des Börsenhandels maßgeblich[470]. Außerdem soll das Aktienhandelsaufkommen an der Börse liquiditätssteigernd gebündelt werden, u. a. auch zur Beförderung der „Kurswahrheit“, d. h. um zu gewährleisten, dass sich die Gesamtgeschäftslagen des Handels in den Aktienwerten in deren jeweiligen Börsenkursen möglichst genau widerspiegeln[471]. Es liegt aber in der Hand eines Anlegerkunden, eine Weisung zur außerbörslichen Durchführung zu erteilen[472].

---

463 §§ 21 ff. WpHG; Hommelhoff, ZGR 2000, 748 (762 f.); Schäfer-Opitz, Vor §§ 21-30 WpHG Rn. 6.

464 Vgl. zum Börsenzwang als theoretischer rechtspolitischer Regelungsoption Schwark, Festschrift Immenga, S. 723 (731 f.).

465 Schwark-Schwark, § 22 BörsG Rn. 3.

466 § 22 I BörsG (§ 10 BörsG a. F.), Nr. 2 I, III SBW; Art. 14 III, IV Wertpapierdienstleistungsrichtlinie (a. F.); dazu KOM (2000) 729, S. 16; Schwark, Festschrift Immenga, S. 723 (731); Schmidt/Schleef/Küster Simic, ZBB 2001, 69 (70); Schiereck, ZBB 1996, 185 (185 f.); Lenenbach, S. 155, Rn. 4.8; 156, Rn. 4.10; 156 f., Rn. 4.11; Schwark-Schwark, § 22 BörsG Rn. 2.

467 Hopt-Hopt, Börsenreform, S. 430 f.; KOM (2002) 625, S. 6 f., 14 f.; Schlüter, S. 96, Rn. 234 ff.

468 D. h. nur zwischen Kunde und Kommissionärin (Bank) wirkender Börsenzwang, Liersch, S. 43, 136 f.; Stenzel, S. 29 f., berücksichtigt bei seiner Definition des Begriffs „relativer Börsenzwang“ § 22 BörsG (§ 10 BörsG (a. F.)) noch nicht.

469 Bundestags-Drucksache (BT-Drs.) 12/6679, S. 69; Liersch, S. 137.

470 Vgl. Kümpel, S. 1536, 10.117.

471 Merkt, DJT-Gutachten (2002), G 98; Hammen, ZBB 2000, 293 (296); Mues, S. 103 f.; KOM (2002) 625, S. 6 f.; Schwark-Schwark, § 22 BörsG Rn. 20.

472 § 22 I BörsG, Nr. 2 I 1 SBW.

Über diese Möglichkeit ist er von Seiten der Bank aufzuklären[473]. Einen („absoluten“ oder „strengen“) „Börsenzwang“[474] gibt es also nicht[475]. Der Gesetzgeber hat mit dem 4. Finanzmarktförderungsgesetz bei der gesetzlichen Regelung des Börsenvorrangs die Unterscheidung zwischen Verbrauchern und anderen Anlegern eingeführt und den Börsenvorrang durch das Erfordernis für Verbraucherkunden, Einzelweisungen zur außerbörslichen Durchführung von Aktiengeschäften zu erteilen, leicht verschärft[476], wodurch Verbraucher zu bewussten Entscheidungen für eine außerbörsliche Durchführung angehalten werden sollen[477]. Verbraucheranleger müssen derartige Weisungen an ihren Intermediär (Kommissionär) in jedem Einzelfall erteilen, für eine unbestimmte Zahl von Fällen ist das gesetzlich nur noch Nicht-Verbrauchern gestattet[478].

Handeln Banken oder Finanzdienstleistungsinstitute Aktien im Wege des Eigenhandels für andere oder Banken, Finanzdienstleistungsinstitute oder sonstige Anleger, die dazu in der Lage sind wie neben Finanzunternehmen vor allem andere institutionelle Anleger, Aktien für sich selbst, bestehen keine Beschränkungen[479]. Sie müssen Risiken einschätzen können. Ihnen wird zugestanden, bei der Auswahl der Märkte, auf denen sie agieren, ihren wirtschaftlichen Interessen gemäß frei zu entscheiden und, wenn sie eine außerbörsliche Durchführung vorziehen, den börslichen Handels- und Preisbildungsmechanismus zu meiden[480].

---

473 § 31 II Nr. 2 WpHG; Assmann/Schneider-Koller, § 31 Rn. 13; 2.2, Satz 3, bundesaufsichtsbehördliche Richtlinie im Sinne des § 35 VI WpHG vom 23.08.2001, Bundesanzeiger (BAnz.) Nr. 165 vom 04.09.2001, S. 19.217.

474 Stenzel, S. 27 ff.; Hopt-Hopt, Börsenreform, S. 429.

475 Schwark-Beck, § 24 BörsG Rn. 3; Schwark-Schwark, § 22 BörsG Rn. 1; Schäfer-Geibel, § 10 BörsG (a. F.) Rn. 2; dennoch wird verbreitet von „Börsenzwang“ zur Bezeichnung der deutschen Rechtslage gesprochen, vgl. z. B. Kümpel, S. 1536 f., 10.117 f.; 2219, 17.22; Hammen, ZBB 2000, 293 (294); Assmann/Schütze-von Rosen, § 2 Rn. 230; Assmann/Schneider-Koller, § 3 Rn. 13; Schwark, Festschrift Immenga, S. 723 (731) („grundsätzlicher“ oder „gemilderter Börsenzwang“).

476 § 22 I 1, 1. HS. a. E. BörsG; Kümpel, S. 1535 f., 10.116; Schwark-Schwark, § 22 BörsG Rn. 4 ff. (zum Verbraucherbegriff Rn. 6 ff.).

477 Schwark-Schwark, § 22 BörsG Rn. 5.

478 § 22 I 1, 2. HS. BörsG; Kümpel, S. 1535 f., 10.116; Schwark-Schwark, § 22 BörsG Rn. 4.

479 Kümpel, S. 2214, 17.6; Schwark-Schwark, § 22 BörsG Rn. 3 (Regelung schon von ihrem Zweck her auf Kommission begrenzt); für das Festpreisgeschäft Lenenbach, S. 156 f., Rn. 4.11 (andere Weisung des Kunden i. S. v. § 22 I BörsG sei in einer auf Abschluss eines Festpreisgeschäftes gerichteten Willenserklärung enthalten); für den Nostrohandel Stenzel, S. 46, 49.

480 Liersch, S. 137; Schwark, WM 1997, 293 (301); Hopt-Rudolph, Börsenreform, S. 216; Assmann/Schütze-von Rosen, § 2 Rn. 240.

Die Zulassung von Aktien zum bzw. Einbeziehung in den börslichen Handel führt nach deutschem Recht also nicht dazu, dass diese Aktien daneben nicht auch außerbörslich gehandelt werden dürften[481]. Börsennotiert zu sein heißt für Aktien demnach nicht, ausschließlich börslich gehandelt zu werden. Eine daraus resultierende „Liquiditätsfragmentierung" durch Aufteilung des Handelsaufkommens in einem Aktienwert auf mehrere Märkte[482] (einen oder mehrere börsliche und verschiedene außerbörsliche) wird also gesetzlich immer schon in Kauf genommen[483], auch wenn ihr durch den Börsenvorrang, darüber hinaus durch die bankvertragliche oder kommissionsrechtliche Pflicht der Intermediäre zur interessewahrenden Auftragsausführung[484] und die kapitalmarktrechtlich begründete Verpflichtung, für eine im Kundenauftrag erfolgende Transaktion jeweils den günstigsten Markt zu wählen[485] („best execution")[486], in gewissem Umfang entgegengewirkt wird; hingenommen wird auch, dass die beim außerbörslich erfolgenden Pakethandel zustande kommenden Preise keinen direkten

481 Assmann/Schütze-von Rosen, § 2 Rn. 229 (es sei jedermann gestattet, „Wertpapiere auch außerhalb einer organisierten Börse anzubieten, zu veräußern und zu erwerben", Organisations- und Ordnungsvorschriften des Börsengesetzes würden insofern grundsätzlich „mehr ein Angebot als einen Zwang" darstellen), 240 („Das Kapitalmarktrecht unterdrückt einen Wertpapierhandel außerhalb der Börse nicht, es erkennt vielmehr dessen Existenz (...) an", „der sicherheitsbedachte Anleger kann sich mit seinen Transaktionen auf die Börse beschränken, derjenige, der Börsenvorschriften als hinderlich empfindet, kann außerhalb der Börse Geschäfte abschließen"); Breitkreuz, S. 33; Müller, NJW 2000, 3452 (3454) (außerbörslicher Pakethandel sei „grundsätzlich nicht unerwünscht"); Liersch, S. 52 („Wegen des Grundsatzes der Privatautonomie können Wertpapiere grundsätzlich frei, das heißt auf jedem denkbaren Weg gehandelt werden. Der Eigentümer eines Wertpapiers kann vollkommen frei entscheiden, wann, wie und wo immer er über sein Recht verfügen will").

482 Hopt-Rudolph, Börsenreform, S. 215, 255 ff.; Hopt-Hopt, Börsenreform, S. 336 ff., 362 ff.; Hopt/Baum, WM 1997, Sonderbeilage Nr. 4, 3 (14 f.); Schwark, Festschrift Immenga, S. 723 (727); Merkt, DJT-Gutachten (2002), G 48 f., 94; Börsensachverständigenkommission, S. 11; Kümpel/Hammen, S. 48 ff., 105; Beck, WM 1998, 417 (419); Mues, S. 21, 98 ff.; Dornau, Deutsche Börse AG, S. 2, 16; Spindler, WM 2002, 1325 (1328 f.); Mülbert, JZ 2002, 826 (828 f.); Schlüter, S. 367, Rn. 87; Lenenbach, S. 101, Rn. 3.5; Schmidt/Schleef/Küster Simic, ZBB 2001, 69 (69, 70); KOM (2002) 625, S. 10, 12, 13, 15; KOM (2000) 729, S. 20; Geschäftsbericht 1999, Gruppe Deutsche Börse, S. 29.

483 Liersch, S. 149; vgl. auch Stenzel, S. 51f.; Schwark-Schwark, § 24 BörsG Rn. 3.

484 Schlüter, S. 83, Rn. 160; Schwark-Schwark, § 22 BörsG Rn. 19 ff.

485 Der günstigste Markt ist zumeist der liquideste, Schwark-Schwark, § 22 BörsG Rn. 20.

486 Vgl. 3.3, bundesaufsichtsbehördliche Richtlinie im Sinne des § 35 VI WpHG v. 23.08.2001, Bundesanzeiger (BAnz.) Nr. 165 v. 04.09.2001, S. 19.217; Präambel, Erwägung 33, und Art. 21 Wertpapierdienstleistungsrichtlinie (n. F.); KOM (2002) 625, S. 13 („Nach den best-execution-Regeln haben Wertpapierhäuser gemeinhin ihre Pflicht gegenüber ihren Kunden erfüllt, wenn sie deren Aufträge auf einem geregelten Markt oder zu einem gleichwertigen oder besseren Kurs abwickeln"); Spindler, WM 2002, 1325 (1329); Hopt-Rudolph, Börsenreform, S. 215.

Eingang in die Börsenkurse finden[487], was die Kurswahrheit und damit die Aussagekraft der Börsenkurse in den betreffenden Aktienwerten beeinträchtigt[488]. Angesichts des Umstands, dass es sich bei börsennotierten Gesellschaften um die wirtschaftlich bedeutendsten Unternehmen handelt und der Umfang des börslichen und außerbörslichen Handels in von diesen emittierten Werten auch wegen des überdurchschnittlichen Emissionsvolumens[489] besonders groß ist, muss dem außerbörslichen Handel börsennotierter Unternehmen einschließlich dessen rechtlichen Rahmenbedingungen besondere Aufmerksamkeit gelten. Diese Einschätzung wird durch die gesteigerte Regelungsdichte in Bezug auf börsennotierte Unternehmen bestätigt[490].

Neben Blocktransaktionen werden auch grenzüberschreitende Geschäfte (kleineren oder größeren Volumens) aus Rechts- bzw. Kostengründen traditionell vorwiegend im außerbörslichen Telefonhandel getätigt[491].

Der Kauf von Aktiengesellschaften (Unternehmenskauf) in Form des Anteilskaufs („share deal“)[492] erfolgt außerbörslich[493], bei nicht-börsennotierten Unternehmen geschieht das zwangsläufig, aber auch bei börsennotierten ist das die Regel angesichts der komplexen Verhandlungen und Prüfungen, die hier üblich sind[494].
Außerbörslich zu erfolgen hat auch der Handel mit Beteiligungen an jungen Unternehmen, die auf die Börsenreife erst noch hinarbeiten (Wagniskapitalbeteiligungen)[495]. Die rechtlichen Verhältnisse bei Unternehmensbeteiligungsgesellschaften, die in diesem Bereich aktiv sind, haben im Gesetz über Unternehmensbeteiligungsgesellschaften (UBGG) eine gesetzliche Regelung gefunden[496].

---

487 Liersch, S. 141 f.; indirekt können sie sich natürlich schon darauf auswirken, Müller, NJW 2000, 3452 (3454); Financial Times Deutschland (FTD) vom 24.08.2001, S. 25; Frankfurter Allgemeine Zeitung (FAZ) v. 15.08.2001, S. 25 f.

488 Liersch, S. 36, 142; neuerdings sieht das Börsengesetz allerdings in § 24 II 4 BörsG die Möglichkeit vor, bestimmte außerbörslich zustande gekommene Preise bei der Börsenpreisbildung zu berücksichtigen, dazu Kümpel/Hammen, S. 53 ff.

489 Vgl. z. B. §§ 2, 7 BörsZulVO.

490 Vgl. §§ 9, 10, 14 i. V. m. 12 f., 15, 15a, 15b, 16, 20a, 21 ff. WpHG, 10 I WpPG.

491 Hopt-Rudolph, Börsenreform, S. 152; Kümpel, S. 2214, 17.6; ders., Kapitalmarktrecht, S. 83.

492 Schröcker, ZGR 2005, 63 (63 ff.); Gasteyer/Brauscheid, AG 2005, 307 (307 ff.); Brandi/Süßmann, AG 2004, 642 (642 ff.); Kindl, WM 2003, 409 (409 ff.).

493 Stenzel, S. 47.

494 Hölters-Hölters, S. 38 ff., Rn. 85 ff.; Holzapfel/Pöllath, S. 1 ff., Rn. 1 ff.; Hasselbach, NZG 2004, 1087 (1087); Stenzel, S. 55.

495 Jäger, NZG 2000, 1049 (1051 f.); ders., NZG 1998, 718 (718 f.).

496 BGBl. I, 1986, 2488; 1998, 2765; Jäger, NZG 1998, 718 (719); Münchener Kommentar-Semler, AktG, Einl. Rn. 203; Assmann/Schütze-Otto, § 27; Assmann-Schütze-Otto, Er-

Erwartet wird, dass sich eine in Deutschland aufgrund der spezifischen hiesigen Unternehmensverhältnisse anders als im anglo-amerikanischen Raum[497] bislang seltene[498] Art außerbörslicher Märkte zukünftig häufiger bilden wird[499]: im Zusammenhang mit dem Versuch der Übernahme einer Aktiengesellschaft kann es seitens eines Übernahmewilligen zu einem öffentlichen Übernahmeangebot[500] an die Aktionäre dieser Zielgesellschaft kommen, deren Aktien aufzukaufen. Dieses Vorgehen wird insbesondere dann sinnvoll sein, wenn es sich um eine Publikumsgesellschaft handelt, deren Aktien sich nicht in der Hand weniger Paketinhaber, an die man ansonsten diskret herantreten könnte, sondern im Streubesitz vieler Kleinanleger befinden. In der Folge eines solchen öffentlichen Übernahmeangebots bildet sich ein außerbörslicher Markt, kommt es zu außerbörslichen Aktientransaktionen zwischen Aktionären der Zielgesellschaft und dem Übernahmewilligen (regelmäßig selbst ein Unternehmen). Richten sich Übernahmeversuche auf deutsche Unternehmen, deren Aktien zu einem der beiden anspruchsvollsten Börsenmarktsegmente zugelassen sind, macht das seit Beginn des Jahres 2002 geltende deutsche Wertpapiererwerbs- und Übernahmegesetz (WpÜG) detaillierte rechtliche Vorgaben, wie solche abzulaufen haben[501]. Ins Aktiengesetz (AktG) sind darüber hinaus neue Regeln bezüglich der Behandlung von Minderheitsaktionären durch den Mehrheitsaktionär (u. U. im Anschluss an eine erfolgte Übernahme) („Squeeze-out“-Regeln) aufgenommen worden, die allerdings, anders als das WpÜG nicht nur für börsenzugelassene, sondern für alle Aktiengesellschaften gelten[502]. Ein Großaktionär, der 95 % Aktienanteile eines Unternehmens hält, kann unter bestimmten gesetzlichen Voraussetzungen die Aktien der Minderheitsaktionäre gegen eine angemessene Abfindung übernehmen[503].

Die Übernahme des deutschen Traditionsunternehmens „Mannesmann“ durch die englische „Vodafone“ im Jahr 2000[504] ist das prominente Beispiel für eine geglückte feindliche Übernahme nach einem öffentlichen Übernahmeangebot in Deutschland[505].

---

gänzungsband, § 27; weitere Ausführungen dazu werden im Rahmen dieser Arbeit unterbleiben.

497 Geschäftsbericht 1999, Gruppe Deutsche Börse, S. 17 f.

498 Kübler, Festschrift Zöllner, S. 321 (321); Schwark-Noack, Einl WpÜG Rn. 2.

499 Kölner Kommentar-Hirte, Einleitung, Rn. 1.

500 Für börsenzugelassene Unternehmen als Zielgesellschaft vgl. §§ 29 I i. V. m. 1, 2 I WpÜG; Geibel/Süßmann-Zehetmeier-Müller, S. 48 f., Rn. 40 f.

501 Schwark-Noack, Einl WpÜG Rn. 7.

502 Geibel/Süßmann-Zehetmeier-Müller, S. 47, Rn. 33.

503 §§ 327a ff. AktG.

504 Also noch vor Inkraftreten des WpÜG.

505 Vgl. Burgard, WM 2000, 611 (611 ff.); Lenenbach, S. 571, Rn. 13.29; Brauer/Dreier, NZG 2005, 57 (57 ff.).

Verstärkt seit mehreren Jahren stellen jetzt Anbieter verschiedener elektronischer Formen außerbörslicher Handelsorganisation[506], soweit in Deutschland zulässig, eine für - je nachdem - private oder professionelle und institutionelle Anleger bzw. Intermediäre[507] im Vergleich zur Börse günstigere[508] Durchführung von Aktiengeschäften in Aussicht. Die Rechtsverhältnisse zwischen Betreibern und Nutzern werden dabei hauptsächlich durch privatvertragliche Regelungen (in der Regel von Betreiberseite gestellte Allgemeine Geschäftsbedingungen (AGB)) festgelegt[509]. Jüngst erfolgte Liberalisierungen des deutschen Rechts eröffnen Organisatoren nicht-börslicher elektronischer Märkte erweiterte Spielräume, mit den Börsen in Konkurrenz zu treten[510]. Besondere Möglichkeiten kommen hier vor allem Banken (aber auch Finanzdienstleistungsinstituten) zu, die elektronische Märkte für dem Börsenhandel vergleichbare Handelsweisen oder für direkte Geschäfte mit ihren eigenen Kunden bereitstellen können[511]. Die erweiterte Zulässigkeit derartiger außerbörslicher Handelsorganisation geht einher mit einer begrenzten spezialgesetzlichen Reglementierung und gegenüber sonstigem außerbörslichem Handelsgeschehen moderat gesteigerter staatlicher Überwachung[512].

---

506 Vgl. z. B. Hopt, BGH-Festschrift, 497 (542); Schwark-Schwark, § 22 BörsG Rn. 4, 12; ders., WM 1997, 293 (293, 298 ff.); ders., Festschrift Immenga, S. 723 (723 f., 725 ff.); Hellwig, ZGR 1999, 781 (790); Dornau, Deutsche Börse AG, S. 22 ff.; Wastl, WM 1999, 620 (622); ders., WM 2001, 1702; ders./Schlitt, MMR 2000, 387; Beck, WM 2000, 597 (597, 601, 605, 611); KOM (2000) 729, S. 13 f.; Kümpel, S. 2243 f., 17.92 f.; 2252 ff., 17.115 ff.; ders., Kapitalmarktrecht, S. 64 ff.; ders./Hammen, WM 2000, Sonderbeilage Nr. 3, 3 (7); dies., S. 48, 190; Schlüter, S. 26, Rn. 56; Lenenbach, S. 10 f., Rn. 1.22; Börsensachverständigenkommission, S. 1 ff.; Schmidt/Schleef/Küster Simic, ZBB 2001, 69 (70); Florian, S. 2 f., 5, 7 f.; Merkt, DJT-Gutachten (2002), G 43 ff.; Spindler, WM 2002, 1325 (1326 ff.); Cohn, ZBB 2002, 365; Liersch, WM 2003, 473 (473 ff.).

507 Spindler, WM 2002, 1325 (1326 f.).

508 Schwark, Festschrift Immenga, S. 723 (725, 727).

509 Dornau, Deutsche Börse AG, S. 2; Cohn, ZBB 2002, 365 (367).

510 Stenzel, S. 17, 34 („Wenn diese Einrichtungen Transaktionen in Aktien erleichtern oder ermöglichen, die bereits an einer staatlich genehmigten Börse notiert sind, werden sie als Parallelmärkte bezeichnet"), 38, 51 f., 112 f.

511 Zur „Price Improvement Platform (PIP)" der Deutschen Bank, vgl. Schwark, Festschrift Immenga, S. 723 (725).

512 §§ 58 ff. BörsG.

D. Präzisierung des Untersuchungsgegenstands (in allgemeiner Form)

Der Gegenstand der vorliegenden Untersuchung lässt sich jetzt genauer allgemein bestimmen. Es geht um die rechtlichen Rahmenbedingungen der (Verpflichtungs-)Geschäfte beim Kassahandel oder bei besonderen Formen des Handels börsennotierter und nicht-börsennotierter Aktien auf außerbörslichen Sekundärmärkten zwischen professionellen und/oder sonstigen Anlegern, bei Letzteren unter oder ohne Mithilfe professioneller Transaktionshelfer (Intermediäre).

Vergleichsmaßstab sind die rechtlichen Rahmenbedingungen des Kassahandels börsennotierter Aktien auf börslichen Sekundärmärkten zwischen professionellen und/oder sonstigen Anlegern, der bei Aktiengeschäften eines selbst nicht börsenzugelassenen Kontrahenten zwingend unter Einschaltung eines börsenzugelassenen professionellen Transaktionshelfers auf dieser Seite (intermediatisiert) erfolgt.

E. Zentrale Regelungsziele bezüglich des Aktienhandels

Fehlverhalten im Rahmen der eigentlichen Handelsvorgänge, aber auch in deren Umfeldbereich kann leicht zu immensen Schäden für die Beteiligten führen. Gefährdet sind in erster Linie die Anleger (Aktionäre)[513], darüber hinaus die einzelnen kapitalmarktaktiven Unternehmen (Aktienemittenten). Vom Fehlverhalten anderer können aber auch die Händler und Makler bzw. die Unternehmen der Finanzbranche (professionelle Handelsakteure) betroffen sein. Außerdem kommen die Organisatoren von Sekundärmärkten als Leidtragende in Betracht. Und wenn in der Folge sichtbar gewordener Missstände das Vertrauen in funktionierende Aktienmärkte schwindet, haben es Unternehmen allgemein schwerer, sich zu finanzieren, womit deren wirtschaftliche Möglichkeiten begrenzt bleiben[514]. Dies wiederum hat negative volkswirtschaftliche Auswirkungen[515], die niemand wünscht. Eine angemessene rechtliche Regulierung des Aktienhandels soll wesentlich dazu beitragen, dass Fehlentwicklungen vermieden werden[516]. Das Vertrauen der Anleger in die Kapitalmärkte zu erhalten ist ein zentrales Ziel der Kapitalmarktregulierung[517], denn es ist volkswirtschaftlich erwünscht, dass sie zu einer entsprechenden Kapitalanlage bereit sind, Unternehmen den disponiblen Teil ihres Vermögens zur Verfügung stellen und die Liquidität auf den Sekundärmärkten erhöhen[518].

Als zentrale Regelungsziele[519] gelten allgemein der Funktionsschutz, d. h. der Erhalt eines funktionierenden und vertrauenswürdigen Kapitalmarktes[520], und

---

513 Caspari, NZG 2005, 98 (98 ff.); Mues, S. 47.

514 Baums, ZHR 167 (2003), 139 (144).

515 Vgl. Hopt-Hopt, Börsenreform, S. 361; Mülbert, S. 119; Köndgen, Festschrift Lutter, S. 1401 (1401); Lenzen, S. 54 f.; Liersch, S. 28; KOM (2002) 625, S. 3 f.; vgl. auch Präambel, Erwägung 43, 7. Gedankenstrich Marktmissbrauchsrichtlinie („Bedeutung einer Senkung der Kapitalkosten und eines erleichterten Zugangs zum Kapital").

516 Baums, ZHR 167 (2003), 139 (144) m. w. N.

517 Hopt, Kapitalanlegerschutz, Vorwort, S. VII; Zimmer, S. 43; Lenenbach, S. 19, Rn. 1.38; Präambel, Erwägung 2, 43, 1. Gedankenstrich Marktmissbrauchsrichtlinie; Präambel, Erwägung 41, 7. Gedankenstrich Prospektrichtlinie; KOM (2002) 625, S. 5; Caspari, NZG 2005, 98 (98); BaFin-Emittentenleitfaden, S. 12; zum volkswirtschaftlichen Stellenwert des Anlegervertrauens allgemein Kümpel, Kapitalmarktrecht, S. 29.

518 Hopt-Hopt, Börsenreform, S. 363; Hopt-Rudolph, Börsenreform, S. 186; Lenenbach, S. 19, Rn. 1.40; Caspari, NZG 2005, 98 (98); die positive gesamtökonomische Bedeutung, die der „Spekulation" von Investoren grundsätzlich zukommt, ist anerkannt, Hopt-Hopt, Börsenreform, S. 439; Heinze, S. 9; Schlüter, S. 555, Rn. 1084 f. (Hedging ist nur durch das Auftreten von Spekulanten möglich); vgl. auch Piltz, ZGR 2001, 185 (189 f.).

519 Beck, DJT-Referat (2002), P 39 („die beiden Rechtsgüter des Kapitalmarktrechts").

520 Hopt-Hopt, Börsenreform, S. 365, 375; ders., Kapitalanlegerschutz, S. 51; Kümpel, S. 2, 1.8; Assmann/Schütze-Assmann, § 1 Rn. 2 ff.; Zimmer, S. 38, 42 f.; Merkt, DJT-Gutachten (2002), G 57 f.; Fleischer, DJT-Gutachten (2002), F 26; Börsensachverständigenkommission, S. 7 ff.; Heinze, S. 7 ff.; Claussen, S. 396 ff., Rn. 77 ff.; Lenenbach, S. 2, Rn. 1.3; 18, Rn.

der Anlegerschutz[521] („dualistische Zielkonzeption des Kapitalmarktrechts“[522]). Beide Regelungszwecke gehen häufig Hand in Hand[523]. Funktionsschutz liegt grundsätzlich im Interesse aller Anleger und sonstigen Beteiligten am Handelsgeschehen. Je geringer der Professionalitätsgrad einer Anlegergruppe ist, desto größer ist tendenziell ihr Bedürfnis nach anlegerschützenden Vorschriften[524], die in unterschiedlichem Umfang Substanz-, Informations-, Verwaltungs-, Interessenvertretungs- und Konditionenrisiken der Anleger begrenzen sollen[525].

Funktionsschutz und Anlegerschutz sollen zunächst durch Effizienz[526] und Transparenz[527] erreicht werden. Transparenz wird dabei in verschiedenen Hin-

---

1.37; 19 ff., Rn. 1.39 ff.; Liersch, S. 27; Präambel Wertpapierdienstleistungsrichtlinie (a. F.); Präambel, Erwägungen 17, 44, 71 Wertpapierdienstleistungsrichtlinie (n. F.); KOM (2002) 625, S. 6 („Markteffizienz/-stabilität“), 9, 15, 16; Präambel, Erwägung 43, 2. Gedankenstrich Marktmissbrauchsrichtlinie; Präambel, Erwägung 12, 16, 18, 41, 2. Gedankenstrich Prospektrichtlinie; Präambel, Erwägung 4 Durchführungsrichtlinie 2003/124 zur Marktmissbrauchsrichtlinie; kritisch Mues, S. 45, 46.

521 Hopt-Hopt, Börsenreform, S. 365, 375; ders., Kapitalanlegerschutz, S. 51; Zimmer, S. 38, 40 ff.; Merkt, DJT-Gutachten (2002), G 57 f.; Fleischer, DJT-Gutachten (2002), F 18 ff., 24, 26, 27 f. (zwei „formale Leitziele“: „Vertrauensindividual- und Vertrauenskollektivschutz“, und „vier sachliche Leitprinzipien“ des Anlegerschutzes: informierte Transaktionsentscheidung, Markttransparenz (dazu auch Hopt-Rudolph, Börsenreform, S. 183 f., 193, 204 ff.), Anlegergleichbehandlung und Marktintegrität (dazu auch Hopt-Rudolph, Börsenreform, S. 185 ff.); ders., NJW-Beilage 23/2002, 37 (38); Börsensachverständigenkommission, S. 7 ff.; Mülbert, S. 105 f.; Lenenbach, S. 2, Rn. 1.3; 18 f., Rn. 1.38 f.; Präambel Wertpapierdienstleistungsrichtlinie (a. F.); Präambel, Erwägungen 2, 17, 31, 44, 71 Wertpapierdienstleistungsrichtlinie (n. F.); KOM (2002) 625, S. 9, 15, 16; kritisch Mues, S. 45, 46 ff.

522 Merkt, S. 296 ff.

523 Präambel, Erwägung 18 Prospektrichtlinie; Zimmer, S. 44; Beck, DJT-Referat (2002), P 40; Liersch, S. 27 f.; Lenenbach, S. 383 f., Rn. 8.2 f., 487 f., Rn. 10.17 ff.; Hommelhoff, ZGR 2000, 748 (772); Heinze, S. 96; z. B. Fleischer, NJW-Beilage 23/2002, 37 (38) (Marktbreite und Markttiefe eines Sekundärmarktes hängen wesentlich von der Qualität des bestehenden Anlegerschutzes ab); differenziert Merkt, S. 301 ff.

524 Börsensachverständigenkommission, S. 8; Hopt-Rudolph, Börsenreform, S. 216 („Die institutionellen Anleger können sich selbst schützen, weil sie über genügend Kapital und Know-how verfügen, eine Evaluierung ihrer Transaktionsintermediäre vorzunehmen“); Hopt-Hopt, Börsenreform, S. 308 f., 375 (zur unterschiedlichen Schutzbedürftigkeit verschiedener Anlegergruppen, die sich in entsprechend abgestuften Anlegerschutzbestimmungen widerspiegeln solle); Mues, S. 48; Claussen, S. 392, Rn. 79; Präambel und Art. 11 I, III Wertpapierdienstleistungsrichtlinie (a. F.) („Eines der Ziele ist der Anlegerschutz. Dazu sollte den unterschiedlichen Schutzbedürfnissen der einzelnen Gruppen von Anlegern und ihrer unterschiedlichen fachlichen Erfahrung Rechnung getragen werden“); Artt. 19 ff., insbesondere 24 Wertpapierdienstleistungsrichtlinie (a. F.); Geschäftsbericht 2003, Gruppe Deutsche Börse, S. 43.

525 Zimmer, S. 40 f.

526 Mues, S. 50, 96 ff.; Zimmer, S. 42 f.; z. B. Informationseffizienz, Allokationseffizienz, institutionelle Effizienz, Verfahrenseffizienz.

sichten angestrebt. Zu unterscheiden ist Transparenz z. B. für die gesamte Öffentlichkeit[528], nur für die Handelsteilnehmer auf einem Aktienmarkt[529], nur für die Unternehmensleitung[530], nur für Aktionäre eines Unternehmens bezüglich dessen interner Belange[531], für finanzgewerbliche Intermediäre hinsichtlich des aufklärungs- bzw. beratungsrelevanten Profils ihrer Kunden[532] oder solche nur für die Aufsichtsbehörden zu Aufsichtszwecken[533].

Die Handelsvorgänge selbst und damit die Preisfindung sollen - von begründeten Ausnahmen abgesehen[534] - möglichst durchsichtig sein (z. B. börsliche

527 Hopt-Rudolph, Börsenreform, S. 183 f., 193, 204 ff.; Hopt-Hopt, Börsenreform, S. 364, 374, 423; Heinze, S. 13 ff., 103; Präambel Wertpapierdienstleistungsrichtlinie (a. F.); Präambel, Erwägung 44 Wertpapierdienstleistungsrichtlinie (n. F.); KOM (2002) 625, S. 12; KOM (2000) 729, S. 20 f.; Präambel, Erwägung 15, 43, 1., 4. Gedankenstrich Marktmissbrauchsrichtlinie; Präambel, Erwägung 6 Durchführungsverordnung 2273/2003 zur Marktmissbrauchsrichtlinie; Präambel, Erwägung 2 Durchführungsrichtlinie 2004/72 zur Marktmissbrauchsrichtlinie; Corporate Governance Kodex, 6.; BaFin-Emittentenleitfaden, S. 12; zum Transparenzbegriff differenziert Merkt, S. 1 ff., 11 ff.; zum ökonomischen Sinn der Transparenz vgl. auch Stenzel, S. 67; Schiereck, ZBB 1996, 185 (189 f.).

528 Z. B. Rechnungslegungspublizität, jetzt mit Offenlegung der Vorstandsbezüge (§ 285 S. 1 Nr. 9 a) HGB); kapitalmarktrechtliche Prospektpflicht bei erstmaligem öffentlichem Angebot von Aktien (seit 01.07.2005 Wertpapierprospekt (§ 3 I 1 WpPG), davor Verkaufsprospekt), Prospektaktualisierungspflicht (§§ 16 I, II, 9 I, 1. Alt., V, 1. Alt. WpPG); börsenrechtliche Börsenzulassungs- und Börsenzulassungsfolgepublizität (seit 01.07.2005 Wertpapierprospekt (§ 3 III WpPG), davor Börsenzulassungsprospekt bzw. Unternehmensbericht) und Prospektaktualisierungspflicht (u. a. §§ 16 I, II, 9 I, 1. Alt., V, 1. Alt. WpPG)), Zwischenbericht (§ 40 BörsG), kapitalmarktrechtliche Börsenzulassungsfolgepflichten (u. a. §§ 15 (Ad hoc-Publizität), 15a (Director's dealings), 21 ff. WpHG (Stimmanteilspublizität); 10 I WpPG (jährliches Dokument); börsenrechtliche Post-trade-Transparenz nicht nur für die Handelsteilnehmer, wie börsengesetzlich vorgeschrieben, sondern seitens der Börsen durch Veröffentlichung auch für die Allgemeinheit hergestellt (§§ 24 II 2 bis 7 BörsG, 35, 39, 43 II BörsO); Post-trade-Transparenz bei bestimmten außerbörslichen Handelssystemen (§ 59 Satz 1 Nr.6 BörsG); Transparenz bei öffentlichen Kauf- bzw. Übernahmeangeboten (z. B. zu veröffentlichende Angebotsunterlage, § 11 WpÜG, oder § 23 WpÜG oder Veröffentlichungspflicht bei Kontrollerlangung, § 35 WpÜG).

529 Z. B. § 24 II 2 bis 7 oder § 59 Satz 1 Nr. 7 BörsG.

530 Z. B. § 20 AktG; Assmann/Schneider-Schneider, Vor § 21 Rn. 38; Gesamteinblick in das Namensregister bei Namensaktien (§ 67 AkG).

531 Z. B. Auskunftsrecht der Aktionäre in der Hauptversammlung, § 131 AktG; § 21 AktG; Assmann/Schneider-Schneider, Vor § 21 Rn. 39.

532 § 31 II 1 Nr. 1 WpHG.

533 Z. B. §§ 9 (Meldepflichten von Geschäften), 10 I 1 (Anzeigepflicht bei Verdacht des Insiderhandels oder der Marktmanipulation), 15b (Führung von Insiderverzeichnissen), 16 Satz 1, 34 (Aufzeichnungspflichten), 34c (Anzeigepflicht/Wertpapieranalysen) WpHG; bankaufsichtsrechtliche Eigenmittel- und Solvenzkontrolle bei Instituten; § 58 BörsG.

534 Schwark-Schwark, Einl BörsG Rn. 8; § 13 BörsG Rn. 12; Schwark-Beck, § 24 BörsG Rn. 21; KOM (2002) 625, S. 13, 16, 17 („gleicher Grad an Transparenz nicht für alle Geschäftsmodelle zweckmäßig"), 21, 23, 24, 26.

oder zukünftig in größerem Umfang auch außerbörsliche Pre-trade- und Post-trade-Transparenz)[535]. Sie sollen integer[536], d. h. insbesondere manipulationsfrei ablaufen[537] und zu einer Preisbildung führen, die die jeweils bestehende Marktsituation und den „inneren" oder „wahren Wert" der Aktien möglichst angemessen wiedergibt[538].
Das Vorgehen der Handelsakteure hat zu einem Mindestmaß staatlicher Überwachung zu unterliegen.
In einem als Aktiengesellschaft organisierten Wirtschaftsunternehmen wirken viele Beteiligte in unterschiedlichen Rollen, mit teilweise unterschiedlichen Interessenlagen und verschiedenartigen Bindungen an das Unternehmen zusammen[539]. Die Verhältnisse im Unternehmensverband bilden den Hintergrund börslichen und außerbörslichen Handelsgeschehens und wirken sich auf den Aktienhandel und dessen Regulierung aus. Regelungszweck nicht nur gesellschaftsrechtlicher (aktienrechtlicher), sondern auch börsenrechtlicher und kapitalmarktrechtlicher Normen ist nicht selten, ungleiche Kräfteverhältnisse zwischen Unternehmen (Aktienemittenten), Unternehmensführungen, Aktionären und außenstehenden Anlegern auszugleichen und Missbräuche zu verhindern[540].

Es müssen Informationen über die gehandelten Aktienwerte bzw. die Unternehmen, an denen die jeweiligen Aktien Anteile darstellen, verfügbar sein[541]. Rationale Kauf- oder Verkaufsentscheidungen können seitens der Akteure nur auf der Basis bekannter Unternehmensdaten getroffen werden[542]. Die hierfür nötigen Prognosen müssen seitens der Anleger bzw. ihrer professionellen

535 Hopt-Rudolph, Börsenreform, S. 183 f., 193, 205, 208 ff.; §§ 24 II 2 bis 7 BörsG, 35, 39, 43 II BörsO; 59 Satz 1 Nr. 6 BörsG; Art. 21 II Wertpapierdienstleistungsrichtlinie (a. F.); Präambel, Erwägung 44 und Artt. 25 ff., 44 f. Wertpapierdienstleistungsrichtlinie (n. F.); KOM (2002) 625, S. 12 f., 23, 48; Schwark, Festschrift Immenga, S. 723 (733 ff.).

536 Hopt-Rudolph, Börsenreform, S. 185 ff.

537 § 20a WpHG; Schlüter, S. 196, Rn. 264.

538 Hopt-Rudolph, Börsenreform, S. 187 f.; Hopt/Voigt, WM 2004, 1801 (1802); Mues, S. 96; Präambel, Erwägung 44, Wertpapierdienstleistungsrichtlinie (n. F.).

539 Mülbert, S. 60.

540 Münchener Kommentar-Semler, AktG, Einl. Rn. 17; Heinze, S. 243; Lenenbach, S. 385 f., Rn. 8.5; z. B. §§ 131 AktG, 14 i. V. m. 12 f., 15, 15a, 15b, 20a WpHG; vgl. auch Corporate Governance Kodex, 4.3, 5.5.

541 Präambel, Erwägung 18 Prospektrichtlinie.

542 Präambel, Erwägung 19 Prospektrichtlinie; Präambel, Erwägung 1 Durchführungsrichtlinie 2003/124 zur Marktmissbrauchsrichtlinie; Baums, ZHR 167 (2003), 139 (143 ff.); Lenenbach, S. 19, Rn. 1.40; 384, Rn. 8.4; Lenzen, S. 7; Hommelhoff, ZGR 2000, 748 (753 f.); Heinze, S. 95; vgl. auch Geschäftsbericht 2002, Gruppe Deutsche Börse, S. 67 ff.

Berater[543] auf einer Tatsachenbasis gestellt werden können[544]. Um diese zur Grundlage einer Anlageentscheidung, also den Kauf oder Verkauf bestimmter Aktienwerte, machen zu können, ist eine einmalige[545], regelmäßige[546] oder sogar zeitnahe[547] Information der Anleger geboten[548]; nur so lässt sich auch eine größtmögliche Allokationseffizienz erreichen. Als regelmäßige Informationsquelle dient die Rechnungslegung[549], zu der die Unternehmen bilanzrechtlich verpflichtet sind[550]. Eine gute Rechnungslegung wird als „grundlegender Baustein für erfolgreiche Kapitalmärkte" betrachtet[551]. Für kapitalmarktaktive Emittenten haben überdies abgestufte kapitalmarkt- bzw. börsenrechtliche Veröffentlichungspflichten dafür zu sorgen, dass beim erstmaligen öffentlichen Angebot, bei der Börsenzulassung und in deren Folge innerhalb eines bestimmten Rhythmus oder sogar unverzüglich Informationen von Relevanz gegeben werden[552]. Verschiedene Anleger haben unterschiedliche Zugänge zu Informationen (bestehende „Informationsasymmetrien") und/oder sie verfügen jedenfalls über unterschiedliche Kompetenz, veröffentlichte Informationen angemessen auszuwerten und in interessengerechte Anlageentscheidungen einflie-

---

543 Präambel, Erwägung 3 Wertpapierdienstleistungsrichtlinie (n. F.) („wachsende Abhängigkeit der Anleger von persönlichen Empfehlungen"); KOM (2002) 625, S. 43.

544 Mülbert, S. 110 f.

545 Wertpapierprospekt (allerdings gegebenenfalls zu aktualisieren).

546 Rechnungslegung; nach Prospektveröffentlichung jährliches Dokument, u. U. Zwischenbericht oder Quartalsbericht.

547 §§ 15, 15a, 21 ff. WpHG; Prospektaktualisierungspflicht.

548 DJT-Beschlüsse, NZG 2002, 1006 (1006), 1.1. („Den bewährten Ausgangspunkt des kapitalmarktrechtlichen Anlegerschutzes bildet die Information der Investoren (...)"); „Fleischer, NJW-Beilage 23/2002, 37 (40); so lassen sich „Informationsrisiko" und „Substanzerhaltungsrisiko" des Anlegers reduzieren, Hopt, Kapitalanlegerschutz, S. 53 f.; KOM (2002) 625, S. 5.

549 Hommelhoff, ZGR 2000, 748 (758 ff.); Schwark-Zimmer, § 15 WpHG (a. F.) Rn. 12; Kübler, Festschrift Zöllner, S. 321(330 f.); Heinze, S. 77 f.; Schlüter, S. 182, Rn. 174 ff.; Merkt, S. 23, 157 f.

550 Hommelhoff, ZGR 2000, 748 (749 f.); Mülbert, S. 79 f.; Corporate Governance Kodex, 7.1.

551 Kapitalmarkt Deutschland-Tweedie, S. 57; zu den in den vergangenen Jahren aufgedeckten Unregelmäßigkeiten im Bereich der Bilanzierung (u. a. in den USA bei Enron) und den durch Vertrauensschwund geprägten Reaktionen der Kapitalmärkte („Enronitis"), dem die Regulierungsinstanzen entgegenzuwirken versuchen, Kapitalmarkt Deutschland-Caspari, S. 30, 31 ff.; Kapitalmarkt Deutschland-Baums, S. 50 f.; Kapitalmarkt Deutschland-Tweedie, S 57 ff.; Kapitalmarkt Deutschland-Baetge, S. 65 ff.; zu Unregelmäßigkeiten im Bilanzbereich und deren Auswirkungen auf das Anlegervertrauen Assmann, DJT-Referat (2002), P 27 ff., 38.

552 Hommelhoff, ZGR 2000, 748 (752 ff., 773); Schlüter, S. 183 ff., Rn. 181 ff.; Lenenbach, S. 507, Rn. 10.63; Schwark-Zimmer, § 15 WpHG (a. F.) Rn. 12 ff.

ßen zu lassen[553]. Die Gruppe der gemeinhin wenig schutzbedürftigen professionellen Anleger, die zum großen Teil außer für sich selbst auch in der Rolle als Intermediär für nicht-professionelle Anleger Informationen auswerten[554], Anlageempfehlungen vornehmen und auf dem Kapitalmarkt agieren, allgemein die institutionellen Anleger[555], die Gruppe der Emittenten[556] und die Mitglieder der Unternehmensleitungen sind gegenüber der Gruppe der nicht-professionellen, hier vor allem der normalen privaten Anleger regelmäßig in einem strukturellen Vorteil[557], der in einem gewissen Umfang durch rechtliche Regelungen zwar nicht völlig nivelliert, aber doch wenigstens abgeschwächt werden muss[558]. Analysten und Rating-Agenturen (Risikobeurteilungsunternehmen)[559] haben hier als „Informationsintermediäre" eine wichtige Funktion[560].

---

553 Präambel, Erwägung 16 Prospektrichtlinie („unterschiedliche Schutzanforderungen für die verschiedenen Anlegerkategorien und ihrem jeweiligen Sachverstand"); Fleischer, DJT-Gutachten (2002), F 23; ders., NJW-Begleitheft 23/2002, 37 (38); Hopt-Rudolph, Börsenreform, S. 148, 161 f., 176, 183, 188 f., 195, 205 ff., 220 f.; Hopt-Hopt, Börsenreform, S. 303; 374 f.; ders./Voigt, WM 2004, 1801 (1802) („Die individuelle Anlageentscheidung ist vielfach von komplexen, teilweise irrationalen, teils spekulativen Erwägungen getragen (…)"); Assmann/Schütze-Assmann, § 1 Rn. 63; Münchener Kommentar-Oechsler, AktG, § 71 Rn. 1; Mülbert, S. 111; Mues, S. 25, 26 f., 97, 215; Heinze, S. 9, 94; Lenenbach, S. 384, Rn. 8.4; 517, Rn. 10.82; Lenzen, S. 8 („starker „Herdentrieb" beim Aktienhandel"); vgl. auch Kübler, Festschrift Zöllner, S. 321 (326) („rationale Apathie" der Kleinanleger, „Passivität (...) wirtschaftlich sinnvoll"); Schlüter, S. 155 f., Rn. 24 f.; grundsätzlich unerwünscht ist die Ausnutzung nicht-veröffentlichter Informationen durch Insider, Schiereck, ZBB 1996, 185 (187); vgl. §§ 14 i. V. m. 12 f. WpHG.

554 Heinze, S. 102, 113 f., 192; Jäger, NZG 2000, 186 (186); Lenzen, S. 7.

555 Heinze, S. 192 („die institutionellen Anleger (verfügen) über die notwendige Verhandlungsmacht, um den notwendigen Informationsfluss zu gewährleisten"); Jäger, NZG 2000, 186 (187); vgl. auch Oehler, S. 5.

556 Hopt-Rudolph, Börsenreform, S. 221.

557 Hopt-Hopt, Börsenreform, S. 309, 375; ders., Kapitalanlegerschutz, S. 9, 89 ff., 226, 351 f.; 385 f.; Mülbert, S. 110; Fleischer, DJT-Gutachten (2002), F 21; Claussen, S. 397, Rn. 79; Mues, S. 47.

558 Fleischer, NJW 2002, 2977 (2978); ders., DJT-Gutachten (2002), F 23, 27; Lenenbach, S. 29, Rn. 1.57 („Anlegerschutz durch Informationsvermittlung" als „eines der Hauptziele der europäischen Kapitalmarktrechtsetzung"); Hopt-Rudolph, Börsenreform, S. 205, 206; Heinze, S. 94; vgl. auch die differenzierte Anwendung der Wohlverhaltensregeln auf professionelle und nicht-professionelle Kunden nach neuem Europarecht, Artt. 19 ff. i. V. m. Anhang II Wertpapierdienstleistungsrichtlinie (n. F.).

559 Präambel, Erwägung 10 Durchführungsrichtlinie 2003/125 zur Marktmissbrauchsrichtlinie („Rating-Agenturen geben Beurteilungen der Kreditwürdigkeit eines bestimmten Emittenten oder eines Finanzinstruments zu einem bestimmten Zeitpunkt heraus"); Zu rechtlichen Fragen des Rating Habersack, ZHR 169 (2005), 155 (155 ff.); Wittig, ZHR 169 (2005), 212 (212 ff.); Deipenbrock, WM 2005, 261 (261 ff.); Witte/Hrubesch, ZIP 2004, 1346 (1346 ff.); Vetter, WM 2004, 1701 (1701 ff.); Strunz-Happe, WM 2004, 115 (115 ff.).

560 Vgl. § 34b WpHG; DJT-Beschlüsse (2002), NZG 2002, 1006 (1007), 2.1., 2.2.; Kümpel, S. 1244 f., 8.29 f.; Baums, ZHR 167 (2003), 139 (151 f.); Fleischer, NJW-Beilage 23/2002,

Wirtschaftswissenschaftliche Einsichten stützen aber auch die Auffassung, dass es gesamtökonomisch sinnvoll ist, wenn für die Akteure Anreize bestehen, Wissensvorsprünge zu erzielen und davon zu profitieren. Das Ziel vollkommener Transparenz sollte deshalb nicht mit Mitteln des Rechts verfolgt werden[561]. Die Veröffentlichungspflichten dürfen nicht so weit gehen, dass die mit der Bereitstellung verbundenen Kostenbelastungen für die Unternehmen unverhältnismäßig groß sind[562], unternehmerische Strategien nicht mehr entwickelt und im Wettbewerb mit der Konkurrenz erfolgreich realisiert werden können, weil sie sofort allseits bekannt zu machen sind[563]. Auch gilt es, eine Überflutung des Kapitalmarkts mit Informationen mit der Folge, dass deren Auswertung kaum noch gelingen kann, zu verhindern[564].

Bereits nach den bisherigen Ausführungen fällt die Mehrfachpräsenz professioneller bzw. institutioneller Finanzakteure auf[565].
Banken (Kreditinstitute), auch Maklergesellschaften (Finanzdienstleistungsinstitute) weisen zumeist oder jedenfalls häufig selbst die Rechtsform der Aktiengesellschaft (AG) auf, verfügen dementsprechend über die typischen Organisationsstrukturen (Vorstand, Aufsichtsrat und insbesondere eigene Aktionäre). Sie sind selbst profitorientierte Wirtschaftseinheiten, ihre jeweilige Unternehmensführung will den eigenen Aktionären Gewinne präsentieren. Die ihnen zur Verfügung stehenden Mittel werden sie also optimal auszunutzen suchen. Sie sind selbst Aktionäre (Anleger), haben in bedeutendem Umfang Anteile an anderen

---

37 (41); Assmann, DJT-Referat (2002), P 37 f.; Lenenbach, S. 95 f., Rn. 2.62 ff., Drygala, WM 2001, 1282 (1282 ff.), 1313 (1313 ff., insbes. 1317 ff.); Jäger, NZG 2000, 186 (186); Lenzen, S. 7; Kübler, Festschrift Zöllner, S.321 (330, 332 f.); Weber, S. 59, 67; Kapitalmarkt Deutschland-Rudolph, S. 8; zu den Informationsdienstleistungen der Deutsche Börse AG, Geschäftsbericht 2002, Gruppe Deutsche Börse, S. 66 ff.; Geschäftsbericht 2001, Gruppe Deutsche Börse, S. 66 ff.

561 Hopt-Rudolph, Börsenreform, S. 182, 206 f.; Heinze, S. 13; in diesem Sinne vom Wortlaut her zu weitgehend Präambel, Erwägung 15 Marktmissbrauchsrichtlinie („vollständig und wirklich transparenter (Markt) als Ziel"); vgl. auch Präambel, Erwägung 5 Durchführungsrichtlinie 2003/124 zur Marktmissbrauchsrichtlinie.

562 Assmann/Schütze-Assmann, § 1 Rn. 29, 65; Hopt-Hopt, Börsenreform, S. 444; vgl. auch Claussen, S. 387, Rn. 62.

563 Präambel, Erwägung 25 Prospektrichtlinie; Schlüter, S. 186 Rn. 203; Lenenbach, S. 513, Rn. 10.74; Heinze, S. 126 f. („der Anlegerschutzgedanke (kollidiert) in fast allen Fällen mit dem Bedürfnis des Emittenten, bestimmte Informationen nicht vor einem von ihm bestimmten Zeitpunkt preiszugeben. (...) Es droht der Verlust an Boden gegenüber anderen Wettbewerbern, die nun ohne größere Anstrengungen über die relevanten Unternehmensdaten verfügen können").

564 Schwark-Zimmer, § 15 WpHG (a. F.) Rn. 113; Merkt, S. 3 (drohender „informational overkill"), 25.

565 Vgl. Hopt, ZGR 2000, 779(802 ff.); Mülbert, DJT-Gutachten (1996), E 9 ff.; Fleischer, DJT-Gutachten (2002), F 34; ders., NJW-Beilage 23/2002, 37 (37 f.); Hommelhoff, Festschrift Zöllner, S. 235 ff.; Weber, S. 57.

Unternehmen verschiedener Branchen[566], nicht selten sind Kapitalanlagegesellschaften (Investmentfonds) deren Tochtergesellschaften. Den Banken kommt also Stimmenmacht in den jeweiligen Hauptversammlungen anderer Unternehmen aus eigenen Aktienbeständen zu. Darüber hinaus üben sie als Depotbanken, als die sie Aktien vieler anderer Aktionäre, insbesondere von Kleinanlegern, verwahren, weitere Stimmrechte mit entsprechenden Vollmachten aus[567]. Auch wenn diese Stimmrechtsausübung weisungsgebunden erfolgen kann und gesteigerten gesetzlichen Vorgaben unterliegt, bringt sie für die Banken weitere Einflussmöglichkeiten auf einzelne Unternehmen und letztlich das Wirtschaftsgeschehen im Ganzen mit sich. Gesteigert werden diese durch die Entsendung von Aufsichtsratsmitgliedern in andere Unternehmen[568].
Die deutschen Universalbanken sind nicht nur Eigenkapitalgeber, sondern die wichtigsten Kreditgeber, d. h. Fremdkapitalgeber von Unternehmen[569]. Normalerweise holen Banken im Vorfeld einer Kreditvergabe Informationen über das betreffende Unternehmen als Kreditnehmer ein[570], um das vorhandene Ausfallrisiko einschätzen zu können[571]. Diesem Informationsbedürfnis auf Bankenseite werden die kreditsuchenden Unternehmen nachkommen, wenn sie den Kredit erhalten wollen. Es steht die Möglichkeit im Raum, dass eine Bank solche Informationen, die sie z. B. im Zusammenhang mit der Vergabe von Krediten an ein Unternehmen über dessen Interna oder die sie im Vorfeld von Wertpapierdienstleistungen von ihren Privat- oder Unternehmenskunden bekommen hat, bei der Verwaltung der Aktienbestände zum eigenen Vorteil verwendet[572]. Im Zusammenhang mit den eigenen Aktienbeständen treten sie schließlich selbst als Anleger und Eigenhändler für sich auf. Dem soll u. a. mit kapitalmarktrechtlichen Organisationspflichten[573] begegnet werden.
Außerdem agieren sie finanzgewerblich als Intermediäre. Das Finanzkommissionsgeschäft wird traditionell von Banken als Kreditinstituten betrieben. Damit sind sie der wichtigste Intermediär im Aktienhandel. Sie sind auf börslichen und außerbörslichen Märkten tätig, als Kommissionäre für Kunden unter Beachtung des Börsenvorrangs. Angesichts der gehaltenen Aktienmengen können Börsenkurse und Marktpreise u. U. gesteuert werden. Bereits die Kon-

566 Mülbert, DJT-Gutachten (1996), E 14 ff., 16 ff., 33 ff., 36.

567 Mülbert, DJT-Gutachten (1996), E 9 ff., 15, 18 ff., 39 ff.; Rozijn, ZBB 2000, 371 (376 f., 379).

568 Mülbert, DJT-Gutachten (1996), E 15 f., 20 ff., 45 ff. (Banken stellen Aufsichtsräte bzw. Aufsichtsratsvorsitzende in anderen Banken oder in Nicht-Banken-Unternehmen), 45 („personelle Verflechtungen"); Rozijn, ZBB 2000, 371 (380 f.).

569 Kapitalmarkt Deutschland-Rudolph, S. 9.

570 Mülbert, DJT-Gutachten (1996), E 22 f.

571 Mülbert, DJT-Gutachten (1996), E 9 ff., 25, 28 (Funktionen der Banken als Unternehmensfinanzier und -kontrolleur).

572 Mülbert, DJT-Gutachten (1996), E 26.

573 §§ 33 ff. WpHG.

stellation, einerseits als professioneller Transaktionsmittler (Intermediär) für Kunden und andererseits für sich selbst tätig zu sein, kann zu Interessenkonflikten führen, die rechtlich insbesondere durch die kapitalmarktrechtlichen Wohlverhaltenspflichten[574] (u. a. zwecks Begrenzung der Abwicklungs-, Verwaltungs-, Konditionen- und Interessenvertretungsrisiken) und privatrechtliche Pflichten der Intermediäre entschärft werden sollen.

Oben wurde bereits angedeutet, dass Banken neben ihrer klassischen Rolle als Intermediäre verstärkt auch dazu übergehen, in Form des Betreibens alternativer elektronischer Handelssysteme selbst Marktorganisation vorzunehmen. Auf schwierige Regulierungsfragen in diesem Zusammenhang gibt jetzt die bis Mitte 2006[575] bzw. 2007[576] umzusetzende novellierte Wertpapierdienstleistungsrichtlinie Antworten[577].

---

574 §§ 31 ff. WpHG.

575 Art. 71 I Wertpapierdienstleistungsrichtlinie (n. F.).

576 Ankündigung des europäischen Binnenmarktkommissars McCreevy, angesichts der komplizierten Regulierungsfragen die Frist für die Richtlinienumsetzung durch die Mitgliedstaaten zu verlängern, Frankfurter Allgemeine Zeitung (FAZ) vom 02.02.2005, S. 21.

577 Hierzu ausführlicher im weiteren Verlauf der Darstellung.

F. Allgemeine jüngere Kapitalmarktentwicklung und langfristige Trends

I. Elektronisierung

Von großer Tragweite ist die Elektronisierung des börslichen und außerbörslichen Handelsgeschehens. Sie ist weiter vorangeschritten, hat die Handelsabläufe in weiten Teilen beträchtlich verändert und prägt das aktuelle Erscheinungsbild der Aktienmärkte[578].

Börslicher und außerbörslicher Handel in Deutschland hatten, dem allgemeinen technischen Entwicklungsstand entsprechend, lange ohne den Einsatz von Computern auskommen müssen. So war ursprünglich börslich nur im Börsengebäude von Angesicht zu Angesicht und außerbörslich vorwiegend telefonisch gehandelt worden. Seit Beginn der neunziger Jahre hat man sich börslich und außerbörslich zusehends der Unterstützung durch Computer bedient[579]. Die Entwicklung gipfelte dann zunächst Ende 1997 in der Einführung eines vollelektronischen börslichen Handelssystems durch die Frankfurter Börse[580] (zusätzlich zum bis heute weiterhin stattfindenden börslichen Präsenzhandel im Börsengebäude[581]). Im Rahmen des in Deutschland rechtlich Zulässigen sind daneben außerbörsliche elektronische Handelsplattformen entstanden bzw. (auch) für deutsche Nutzer zugänglich geworden[582], zum Teil mit anglo-amerikanischer Begrifflichkeit „Alternative Trading Systems“[583] („ATS“[584]),

---

578 Schwark-Schwark, § 16 BörsG Rn. 6, 34; Schwark-Beck, § 1 BörsG Rn. 1; § 25 BörsG Rn. 10; Beck, DJT-Referat (2002), P 41; ders., WM 1998, 417 (418); Merkt, DJT-Gutachten (2002), G 9, G 43 ff., 47; Schlüter, S. 45 f., Rn. 202 ff.; Lenenbach, S. 3, Rn. 1.6; Börsensachverständigenkommission, S. 7; Hopt-Rudolph, Börsenreform, S. 146, 153 ff., 178, 201, 203 f.; Hopt-Hopt, Börsenreform, S. 307, 340, 372; Kümpel, S. 1306, 8.223; ders./Hammen, S. 36; Mues, S. 18, 90, 122 f.; Krüger/Bütter, WM 2001, 221 (221); Riehmer/Heuser, NZG 2001, 385 (385); Wastl/Schlitt, WM 2001, 1702 (1702); dies., MMR 2000, 387 (387); KOM (2000) 729, S. 2, 6; Beck/Prinz, ZfgK 2000, 1182 (1182 ff.); Kurth, WM 2000, 1521 (1523, 1524); Florian, S. 245; Geschäftsbericht 2001, Deutsche Börse AG, S. 29; Weber, S. 59; Gerke/Steiner-Hertle/Schenk, S. 410; hinsichtlich der elektronischen Verbreitung veröffentlichter Unternehmensdaten Merkt, S. 3; Noack, AG 2003, 537 (537 ff.).

579 Hopt/Baum, WM 1997, Sonderbeilage Nr. 4, 3 (3, 8 f., 16 f.); Hopt-Rudolph, Börsenreform, S. 158 f.; Stenzel, S. 21; Lenenbach, S. 126, Rn. 3.43; Schwark-Beck, § 25 BörsG Rn. 10.

580 Beck, WM 1998, 417 (417); Lenenbach, S. 8, Rn. 1.17; 126, Rn. 3.43.

581 Geschäftsbericht 2003, Gruppe Deutsche Börse, S. 43 f.; Schwark-Beck, § 24 BörsG Rn. 6.

582 Dornau, Deutsche Börse AG, S. 22 f.; Beck, WM 2000, 597 (597, 601); Kurth, WM 2000, 1521 (1524); Hopt/Baum, WM 1997, Sonderbeilage Nr. 4, 3(3, 8 f., 16 f.); Spindler, WM 2002, 1325 (1327 f.); Stenzel, S. 15 und Vorwort Hielscher.

583 Dornau, Deutsche Börse AG, z. B. S. 2, 4, 22; Spindler, WM 2002, 1325 (1327); Riehmer/Heuser, NZG 2001, 385 (385); Florian, S. 247; Lenenbach, S. 10, Rn. 1.22; CESR, Standards for Alternative Trading Systems, S. 1 ff.

„Proprietary Trading Systems"[585] („PTS"[586]), „Electronic Communication Networks"[587] („ECN")[588]) oder übersetzt „alternative (Wertpapier-)Handelssysteme"[589], „private"[590] oder „proprietäre Handelssysteme"[591] oder „proprietäre Transaktionssysteme"[592], bisweilen auch „börsenähnliche Systeme"[593], „börsenäquivalente Einrichtungen"[594] oder „MONSTER" („market-orientated new systems for terrifying exchange regulators")[595] genannt[596]. Die Variationsbreite der elektronischen Handelsplattformen und die Konkurrenz unter ihnen um die Gunst der Handelsbereiten, die u. U. über mehrere Bildschirme gleichzeitig das Geschehen auf mehreren Märkten verfolgen und dort agieren können[597], könnte zukünftig noch größer werden. Das Interesse richtet sich verstärkt auf die technisch-verfahrensmäßige Gestaltung der Handelsorganisation verschiedener

---

584 Dornau, Deutsche Börse AG, z. B. S. 2, 4, 22; Mues, S. 66; Spindler, WM 2002, 1325 (1327); Florian, S. 247; Lenenbach, S. 10, Rn. 1.22; CESR, Standards for Alternative Trading Systems, S. 14.

585 Dornau, Deutsche Börse AG, z. B. S. 23; Hopt-Rudolph, Börsenreform, S. 152; Spindler, WM 2002, 1325 (1327); Lenenbach, S. 11, Rn. 1.22; Schlüter, S. 43, Rn. 191.

586 Dornau, Deutsche Börse AG, z. B. S. 23; Mues, z. B. S. 55, 59, 60, 65 f., 88; Spindler, WM 2002, 1325 (1327); Florian, S. 246, 247; Lenenbach, S. 11, Rn. 1.22; Schlüter, S. 43, Rn. 191.

587 Dornau, Deutsche Börse AG, z. B. S. 4, 22 f.; Börsensachverständigenkommission, S. 4; Florian, S. 249; Riehmer/Heuser, NZG 2001, 385 (385); Lenenbach, S. 10, Rn. 1.22.

588 Dornau, Deutsche Börse AG, S. 4, 22 f.; Börsensachverständigenkommission, S. 4; Kümpel/Hammen, WM 2000, Sonderbeilage Nr. 3, 3 (7); Florian, S. 249; Lenenbach, S. 10, Rn. 1.22.

589 Börsensachverständigenkommission, z. B. S. 2; Köndgen, Festschrift Lutter, S. 1401 (1402).

590 Hopt-Hopt, Börsenreform, S. 372.

591 Hopt-Hopt, Börsenreform, S. 308; Mues, S. 23; Hammen, WM 2001, 929 (929 ff.); Wastl/Schlitt, WM 2001, 1702 (1702, 1705).

592 Hopt-Rudolph, Börsenreform, S. 152, 156, 158, 163, 201 f.; Hopt-Hopt, Börsenreform, S. 339 f., 372, 392 ff.; Wastl, WM 1999, 620 (622, 626, 627, 628); ders./Schlitt, WM 2001, 1702 (1702, 1705); Florian, S. 246, 247.

593 Hopt-Hopt, Börsenreform, S. 336.

594 Merkt, NJW-Beilage 23/2002, 37 (43); verwendet wurden auch die Begriffe „elektronische Handelssysteme" und „börsenähnliche Einrichtungen", die mittlerweile zu Gesetzesbegriffen mit spezifischen Begriffsumfängen geworden sind (§§ 58 ff. BörsG).

595 Breitkreuz, S. 169 ff. m. w. N.

596 Kümpel/Hammen, S. 49 („(die) Terminologie für diese Handelsplattformen (ist) durch eine schillernde Vielfalt gekennzeichnet"); Kümpel, S. 2252, 17.115; Schlüter, S. 362 ff., Rn. 62 ff.

597 Vgl. schon Stenzel, Vorwort Hielscher; inzwischen KOM (2002) 625, S. 17 („nun (sind) „smart order-routing"-Anwendungen auf dem Markt, mit denen die Wertpapierhäuser die Kurse und Tiefe auf allen EU-Börsen und anderen wichtigen Marktplätzen überwachen können"); zu den möglichen Schwierigkeiten beim parallelen Handel auf verschiedenen Märkten aber Liersch, S. 150.

elektronischer Aktienmärkte und juristisch auf Fragen der angemessenen Regulierung elektronischen Handels und dessen Umfelds[598].

Neuartige elektronische Handelseinrichtungen, die marktliche Infrastruktur für Aktienhandel anbieten und auf die sich das Handelsgeschehen zusehends verlagert, sind also sowohl börslicher als auch außerbörslicher Natur. Angeregt durch deren Aufkommen ist in den vergangenen Jahren im rechtswissenschaftlichen Schrifttum im Hinblick auf diese darüber diskutiert worden, wo die Grenze zwischen börslichem und außerbörslichem Aktienhandel und damit auch für die Anwendung des Börsenrechts de lege lata bzw. de lege ferenda genau zu ziehen ist[599]. Analog oder jedenfalls ähnlich funktionierende[600] in Deutschland zugängliche elektronische Plattformen wurden als außerbörsliche, sofern sie überhaupt rechtlich zulässig waren, grundlegend anders reguliert als als börsliche, was die Frage nach der Angemessenheit dieser Rechtslage aufwarf[601]. Einen wesentlichen Anstoß hatte diese Diskussion durch das schon angesprochene, im Auftrag der deutschen Bundesregierung erstellte umfangreiche Gutachten zu einer anvisierten Börsenreform aus dem Jahr 1997[602] erhalten[603],

---

598 Vgl. Wertpapierdienstleistungsrichtlinie (n. F.); KOM (2002) 625, S. 6; Schwark, Festschrift Immenga, S. 723 (723 ff.); Mues, S. 161; Köndgen, Festschrift Lutter, S. 1401 (1402).

599 Hopt-Rudolph, Börsenreform, S. 164; Hopt-Hopt, Börsenreform, S. 386 ff.; ders./Baum, WM 1997, Sonderbeilage Nr. 4, 3 (16 f.); Mues, S. 18, 55, 62 ff.; Dornau, Deutsche Börse AG, S. 3, 25 ff.; Köndgen, Festschrift Lutter, S. 1401 (1402, 1419); Kümpel, Kapitalmarktrecht, S. 84 ff.; Breitkreuz, S. 169 ff.; Börsensachverständigenkommission, S. 2; Hammen, WM 2001, 929 (929 ff.); Schlüter, S. 363, Rn. 63.

600 Börsensachverständigenkommission, S. 8; Schwark-Beck, § 1 BörsG Rn. 5; Hammen, WM 2001, 929 (930); Florian, S. 242 f.; Stenzel, S. 33 f.

601 Hopt-Rudolph, Börsenreform, S. 163 („Sprengung (...) des klassischen Börsenbegriffs (...) durch proprietäre Transaktionssysteme"); Hopt/Baum, WM 1997, Sonderbeilage Nr. 4, 3 (16 f.); Schwark, WM 1997, 293 (293, 294, 298, 299 f.); Köndgen, Festschrift Lutter, S. 1401 (1402, 1419); Dornau, Deutsche Börse AG, S. 3, 23 ff.; Mues, S. 65 f., 85, 88; Breitkreuz, S. 173, 174 ff.; Wastl, WM 1999, 620 (626 ff.); ders./Schlitt, WM 2001, 1702 (1702, 1705 ff., 1707); Börsensachverständigenkommission, S. 7; Spindler, WM 2002, 1325 (1327 („hohe Unsicherheit über die Einordnung der neuen Systeme in das geltende Recht"); ders., WM 2002, 1689 (1695 f.)); vgl. inzwischen auch KOM (2002) 625, S. 14 („Frage (...), ob man zulassen soll, dass neue Handelssysteme mit Börsen um Orderfluss konkurrieren, ohne einer vergleichbaren Regulierungsstruktur unterworfen zu sein"), 43 („es muss einer aufkommenden neuen Generation von Systemen des organisierten Handels neben den geregelten Märkten Rechnung getragen werden, die Pflichten unterworfen werden sollten, die auch weiterhin ein wirksames und ordnungsgemäßes Funktionieren der Finanzmärkte gewährleisten"); CESR, Standards for Alternative Trading Systems, S. 1 ff.; Beck, DJT-Referat (2002), P 46 („vergleichbare Geschäftstätigkeiten (sollten) ähnlich reguliert sein"); Schlüter, S. 362 ff., 62 ff.; 367 ff., Rn. 86 ff.; Lenenbach, S. 11, Rn. 1.22; Schwark-Beck, § 1 BörsG Rn.1 („bestand und besteht eine nicht zu leugnende Rechtsunsicherheit, die (...) in der jüngeren Vergangenheit eher größer denn kleiner geworden ist"), 5.

602 Hopt, Börsenreform; darauf Bezug nehmend Hopt, BB 2002, Heft 38, S. 1.

in dem u. a. diese Fragen rechts- und wirtschaftswissenschaftlich angegangen, Rechtspositionen bezogen und rechtspolitische Neukonzeptionen für den Bereich der Börsenorganisation in Deutschland entwickelt worden waren. Eine weitere systematische, konzentrierte Aufbereitung dieser Problematik unternahm dann die Börsensachverständigenkommission beim Bundesministerium der Finanzen in ihren „Empfehlungen zur Regulierung alternativer Handelssysteme“ vom Mai 2001. Elektronische Handelssysteme wurden hier hinsichtlich ihrer Funktionsweise (Preisbildungsmechanismus und andere Leistungsmerkmale[604]) zweckdienlich in zwei Großgruppen eingeteilt, nämlich in multilaterale Systeme mit Marktplatzfunktion[605] und bilaterale Systeme (Kontrahentensysteme)[606], die multilateralen Systeme internationalen wirtschaftswissenschaftlichen Standards entsprechend nochmals u. a. in ordergetriebene Systeme (Auktionssysteme) und quote-getriebene Systeme (Händlersysteme)[607] bzw. Mischsysteme (Hybridsysteme)[608], die Kombinationen der vorgenannten Modelle darstellen, Crossing-Systeme („auction-crossing“-Systeme als spezielle Auktionssysteme) und (aktive) Inseratsysteme untergliedert und jeweils allgemein charakterisiert. Unterschiede und Gemeinsamkeiten der Funktionsweisen der verschiedenen Systemtypen[609] werden zu benennen sein.

Nachdem es, betrachtet man die ersten Entwürfe zum in überwiegenden Teilen am 01.07.2002 in Kraft getretenen[610] 4. Finanzmarktförderungsgesetz, zunächst nicht so aussah, als würde die Rechtslage neu gestaltet[611] und damit auf legislativem Wege mehr Klarheit geschaffen, wurde der Gesetzgeber letztlich doch in einigen Hinsichten regelnd tätig. Die rechtlichen Rahmenbedingungen haben sich insbesondere im Zusammenhang mit Normen, die am 01.02.2003 wirksam geworden sind[612], teilweise einschneidend geändert. Bereits hier sei gesagt, dass in Deutschland sämtliche oben genannten Systeme (multilaterale als Auktions-, Crossing-, Händler- oder (aktive) Inseratsysteme und bilaterale Systeme) für Handel an der Börse entweder aktuell dienen oder in der Vergangenheit gedient

---

603 Spindler, WM 2002, 1325 (1331).

604 Mülbert, JZ 2002, 826 (829); allgemein zu verschieden Handelsmodellen bzw. Preisfeststellungssystemen bereits Hopt-Rudolph, Börsenreform, S. 211 f., 227 f.

605 Börsensachverständigenkommission, S. 2, 4 ff.; vgl. inzwischen KOM (2002) 625, S. 20.

606 Börsensachverständigenkommission, S. 2, 6 f.

607 Schwark-Beck, § 25 BörsG Rn. 31.

608 Schwark-Beck, § 25 BörsG Rn. 31; Begriff („Hybridsysteme“) schon bei Hopt-Rudolph, Börsenreform, S. 228; Hopt-Hopt, Börsenreform, S. 349; ders./Baum, WM 1997, Sonderbeilage Nr. 4, 3 (10).

609 Vgl. dazu auch Schmidt/Schleef/Küster Simic, ZBB 2001, 69 (74 f.); Liersch, S. 49 ff.; Stenzel, S. 35 ff.; Schiereck, ZBB 1996, 185 (191).

610 Art. 23 Satz 1 des 4. Finanzmarktförderungsgesetzes.

611 Mülbert, JZ 2002, 826 (829); Spindler, WM 2002, 1325 (1331 f.).

612 §§ 58 ff. BörsG; Art. 23 Satz 3 des 4. Finanzmarktförderungsgesetzes.

haben und allesamt schon bislang als vom europäischen Ausland und seit Inkrafttreten der angesprochenen Neuregelungen auch als von Deutschland aus betriebene Systeme für außerbörslichen Handel in Betracht kommen. Die Rechtslage in Bezug auf den gesamten Bereich elektronischer Handelsplattformen ist (bereits ohne Berücksichtigung des weiteren Umfeldrechts) durch eine Komplexität gekennzeichnet, die sich darstellungsmäßig nicht beliebig reduzieren lässt. Sie zu erfassen ist der Schlüssel zu einer angemessenen, dem gegenwärtigen Stand gerecht werdenden Behandlung des Rechts börslichen und außerbörslichen Aktienhandels[613] und zum Verständnis der Regelungsvorgaben der neugefassten Wertpapierdienstleistungsrichtlinie, im Zuge deren vorzunehmender Umsetzung das deutsche Recht im bezeichneten Bereich unter Beibehaltung der bestehenden Grundstruktur weiter zu verfeinern sein wird.

II. Langfristig gestiegenes Aktienhandelsaufkommen - zwischenzeitlich Kapitalmarktboom und Aktienbaisse

Die Handelsvolumina im Aktienbereich haben in Deutschland in den zurückliegenden Jahren im Zuge des Kapitalmarkt-Booms, der seinen vorläufigen Höhepunkt in den Jahren 1999 und 2000 hatte, insgesamt beträchtlich zugenommen[614]. In Deutschland stößt das Geschehen an der Börse und um die Börse anders als früher auf ein breiteres gesellschaftliches Interesse[615]. Es gibt - vom derzeitigen, schon länger anhaltenden gesamtwirtschaftlichen Konjunkturtief, das sich zumindest zwischenzeitlich auch stark auf die Aktienmärkte ausgewirkt hat[616], einmal abgesehen - einen langfristigen Trend, bei der Unternehmensfinanzierung neben der Aufnahme von Krediten („Bankfinanzierung“[617]) u. a.

---

613 Die neue Wertpapierdienstleistungsrichtlinie weist in Anerkennung der Realitäten auf den europäischen Kapitalmärkten ebenfalls ein u. a. nach multilateralen und bilateralen Handelssystemen (Internalisierungssysteme) differenzierendes Regelungskonzept auf (Präambel, Erwägung 6, und Art. 4 I Nr. 7, 15 bzw. Artt. 14, 25 ff. Wertpapierdienstleistungsrichtlinie (n. F.)), das um allgemeine Anforderungen an Wertpapierfirmen und geregelte Märkte herum gebaut ist, die über die in der Wertpapierdienstleistungsrichtlinie bisheriger Fassung verankerten deutlich hinausgehen (Art. 4 I Nr. 14 bzw. Artt. 36 ff. Wertpapierdienstleistungsrichtlinie (n. F.)).

614 Merkt, DJT-Gutachten (2002), G 37, mit Nachweisen aus dem DAI-Factbook 2001; Köndgen, Festschrift Lutter, S. 1401 (1407) („explosionsartige Ausweitung der Handelsvolumina“); zum Umfang bis 1995 vgl. Stenzel, S. 57 ff.; Wastl, WM 1999, 620 (621).

615 Piltz, ZGR 2001, 185 (189 f.); Assmann/Schütze-Assmann, § 1 Rn. 21; Schlüter, S. 156, Rn. 25; Liersch, S. 25.

616 Kapitalmarkt Deutschland-Riess, Vorwort, S. 5; Kapitalmarkt Deutschland-Rudolph, S. 7; Kapitalmarkt Deutschland-Caspari, S. 30; Geschäftsbericht 2002, Gruppe Deutsche Börse, S. 16, 47; KOM (2002) 625, S. 3; Hansen, AG 2001, R 211 (211 f.).

617 KOM (2002) 625, S. 3.

verstärkt Aktien auszugeben[618], was zu einer Ausweitung des Wertpapierwesens im Vergleich zum Kreditgeschäft geführt hat („Wertpapierfinanzierung")[619]. In ähnlicher Form ist eine derartige Ausweitung des Aktienwesens auch auf anderen europäischen Kapitalmärkten zu verzeichnen[620]. Auf dem europäischen Festland entsteht eine „Aktienkultur"[621], die vor allem in den USA[622], Japan und in Großbritannien[623] schon lange existiert[624]. Die volkswirtschaftliche Bedeutung dieser Entwicklung hin zu einer „marktbasierten Finanzierung"[625] z. B. für Wirtschaftswachstum und eine Verbesserung der Beschäftigungslage ist anerkanntermaßen groß[626]. Zudem soll zukünftig die private und betriebliche Altersversorgung zu einem wesentlichen Teil über den Kapitalmarkt erfolgen[627].

---

618 Kapitalmarkt Deutschland-Riess, Vorwort, S. 5; Jäger, NZG 2000, 1049 (1051); ders., NZG 1998, 718 (718); ders., NZG 1998, 496 (496, 498); Lenenbach, S. 598, Rn. 13.89.

619 Assmann, DJT-Referat (2002), P 11 („Deutschland befindet sich mitten im Umbruch von einem bisher bankendominierten zu einem kapitalmarktdominierten Unternehmensfinanzierungsmarkt. (...) Die Zuwachsraten von Bankkrediten an Unternehmen und Private ist auf dem tiefsten Stand seit 20 Jahren"); Geschäftsbericht 2001, Gruppe Deutsche Börse, S. 29 („wachsende Bedeutung der internationalen Kapitalmärkte für die Unternehmensfinanzierung"); Hopt, ZGR 2000, 779 (806); Kümpel, S. 7, 1.18; ders., Kapitalmarktrecht, S. 16; Claussen, S. 353, Rn. 5; KOM (2000) 729, S. 5; Liersch, S. 26; Spindler, IPrax 2001, 400 (400) („(...) gerade die Kapitalmärkte (stellen) eine der Branchen (dar), bei denen trotz anhaltender Flaute noch am ehesten ein anhaltendes Wachstum zu erwarten ist"); ders., WM 2001, 1689 (1689) („Von dem Einbruch der New Economy bleibt eine Branche weitestgehend unberührt: die Finanzdienstleistungen im Internet").

620 KOM (2002) 625, S. 3; Lamfalussy-Bericht, S. 14; Merkt, DJT-Gutachten (2002), G 37 f.

621 Hopt, BB 2002, Heft 38, S. 1.

622 Lamfalussy-Bericht, S.15 f.; Merkt, DJT-Gutachten (2002), G 30 ff.

623 Merkt, DJT-Gutachten (2002), G 26 ff.

624 Vgl. die statistischen Angaben, Geschäftsbericht 2001, Gruppe Deutsche Börse, S. 48; Merkt, DJT-Gutachten (2002), G 38; Hopt, ZGR 2000, 779 (802 f.); Hopt-Hopt, Börsenreform, S. 289 ff.

625 KOM (2002) 625, S. 3.

626 Präambel, Erwägung 2, 34 Marktmissbrauchsrichtlinie; Präambel, Erwägung 4 Prospektrichtlinie („soll der weitestmögliche Zugang zu Anlagekapital auf Gemeinschaftsbasis (...) erleichtert werden"); KOM (2002) 625, S. 4; KOM (2000) 729, S. 5, 6; Kapitalmarkt Deutschland-Rudolph, S. 9 ff.; Merkt, DJT-Gutachten (2002), G 25; Beck, DJT-Referat (2002), P 40 f.; Hellwig, DJT-Referat (2002), P 72; Wolf, WM 2001, 557; Kümpel, Kapitalmarktrecht, S. 14, 19, 20; ders./Hammen, WM 2000, Sonderbeilage Nr. 3, 3 (11); Hopt-Hopt, Börsenreform, S. 361; ders./Baum, WM 1997, Sonderbeilage Nr. 4, 3 (13); Hopt, ZGR 2000, 779 (806), zur Bedeutung für die deutschen Universalbanken; Mues, S. 95, 125; Geschäftsbericht 2001, Deutsche Börse AG, S. 16.

627 Altersvermögensgesetz vom 26.06.2001, BGBl. I, 2001, 1310; Fleischer, DJT-Gutachten (2002), F 13; Beck, DJT-Referat (2002), P 40 f.; Hellwig, DJT-Referat (2002), P 72; Lenenbach, S. 18, Rn. 1.37; Kümpel, S. 1768, 12.137; ders., Kapitalmarktrecht, S. 20; ders./Hammen, S. 103; KOM (2002) 625, S. 3; KOM (2000) 729, S. 5; Aktionsplan, ZBB

Bedingung für eine Finanzierung über den Kapitalmarkt im jeweiligen Einzelfall ist natürlich, dass ein Unternehmen über die wirtschaftlichen Voraussetzungen verfügt, sich in der Rechtsform der Aktiengesellschaft (AG)[628] (oder der praktisch selteneren Alternative der Kommanditgesellschaft auf Aktien (KGaA)[629]) zu organisieren[630] und dann den Anforderungen des Kapitalmarkts zu entsprechen. Anderenfalls bleibt neben personenhandelsgesellschaftlichen Organisationsformen[631] diejenige der in Deutschland für Unternehmen favorisierten Gesellschaft mit beschränkter Haftung (GmbH)[632], die allerdings wie die Personenhandelsgesellschaften nicht kapitalmarktfähig ist[633]. Die Anzahl der Aktiengesellschaften und Kommanditgesellschaften auf Aktien hat sich (nach vorausgegangenen langen Jahren der rückläufigen Entwicklung bei den Aktiengesellschaften[634]) mit insgesamt 15.176 im August 2003 seit 1999 (7.375) mehr als verdoppelt und seit 1994 (3.527) mehr als vervierfacht[635], fällt aber gegen die der Gesellschaften mbH, die 1998 bereits bei geschätzten 815.000 gelegen haben soll[636], dennoch nach wie vor deutlich ab[637] (die absoluten Zahlen dürfen natürlich nicht darüber hinwegtäuschen, dass die relativ wenigen Aktiengesellschaften und Kommanditgesellschaften auf Aktien über vergleichsweise viel Kapital (Gesamtgrundkapital im Juli 2002 fast 169 Milliarden Euro[638]) und große Wirtschaftskraft verfügen). Die im Hinblick auf den Kapitalmarkt früher noch größeren Hürden für kleinere und mittlere Unternehmen[639] sind in gewissem Umfang durch die gesetzliche Einführung der

---

1999, 254 (257); Liersch, S. 25; Schmidt/Schleef/Küster Simic, ZBB 2001, 69 (82); von Rosen, DAI-Factbook 2002, Vorwort; ders., DAI-Factbook 2001, Vorwort.

628 §§ 1, 7 AktG; Kübler, S. 152 ff.

629 § 278 AktG; Kübler, S. 206 ff.; Jäger, NZG 1998, 496 (498); ders., NZG 1999, 101 (101 f.); Schanz, S. 94 ff.

630 Jäger, NZG 1998, 496 (496); zu den Emissionskosten Stenzel, S. 139 ff.; Heinze, S. 122.

631 Offene Handelsgesellschaft (oHG), § 105 I HGB; Kommanditgesellschaft (KG), § 161 I HGB.

632 § 13 GmbH-Gesetz (GmbHG).

633 Körber, NZG 2002, 263 (267); vgl. auch Lenenbach, S. 5, Rn. 1.8; 568 f., Rn. 13.27 („Andere Gesellschaftsformen als die AG spielen nur eine marginale Rolle auf dem Kapitalmarkt"); Kapitalmarkt Deutschland-Rudolph, S. 12 („Für diejenigen Unternehmen, die keinen Zugang zum Kapitalmarkt haben, müssen alternative Finanzierungswege gefunden werden.").

634 Hansen, AG 2000, R 123 (123 f.); Hopt-Hopt, Börsenreform, S. 294, 298 ff.; ders./Baum, WM 1997, Sonderbeilage Nr. 4, 3 (10 ff.).

635 DAI-Factbook 2003, 01-1; vgl. auch die Zahlenangaben bei Hansen, AG 2000, R 123 (124).

636 Michalski, GmbHG, Bd. 1, S. 47, Rn. 129.

637 Für 1997 Hopt-Hopt, Börsenreform, S. 299.

638 DAI-Factbook 2002, 01-1.

639 Hopt-Hopt, Börsenreform, S. 302.

„kleinen Aktiengesellschaft"[640] und Zugangserleichterungen zum Börsenhandel[641] (die allerdings von Seiten der Frankfurter Wertpapierbörse (FWB) auf Grund zuletzt sehr schlechter Erfahrungen[642] mit den extra für kleine und mittlere bzw. junge, wachstumsorientierte Unternehmen eingerichteten Börsensegmenten nach mehreren Jahren deren Existenz inzwischen zum großen Teil wieder zurückgenommen worden sind[643]) abgebaut worden. Die Zahl der an deutschen Börsen notierten Aktienwerte ist, was inländische Aktien betrifft, von 679 im Jahr 1987 auf 1.075 im Jahr 2001 gewachsen und 2002 wieder leicht auf 1.011 zurückgegangen. Unter Einbeziehung der vielen ausländischen, in Deutschland börsennotierten Aktien ist die Gesamtsumme von 1.111 (1987) auf 11.203 (2001) gestiegen und 2002 wieder auf 5.777 gesunken[644]. Die Zahl der Neuemissionen in Kombination mit börslichen Neueinführungen hat sich von 15 im Jahr 1994 auf 175 1999 erhöht, im Jahr 2000 etwas reduziert (142), betrug 2001 allerdings nur 26 und 2002 lediglich 7, um dann 2003 auf Null zu sinken[645]; 2004 gab es in Frankfurt 7 Börsengänge[646].

Mit der vermehrten Kapitalbeschaffung der Unternehmen über Aktien und der gewachsenen Nachfrage nach Anlagemöglichkeiten auf Seiten von Privat- und Firmenanlegern[647], einer erwünschten Entwicklung[648], die in Deutschland auch

---

640 BGBl. I, 1994, 1961; Lutter, AG 1994, 429; Hommelhoff, ZGR 2000, 748 (769); Münchener Kommentar-Semler, AktG, Einl. Rn. 6; Hopt-Hopt, Börsenreform, S. 300, 304; Hopt/Baum, WM 1997, Sonderbeilage Nr. 4, 3 (20); Assmann/Schütze-Assmann, § 1 Rn. 18; Wastl, WM 1999, 620 (625).

641 Hellwig, ZGR 1999, 781 (782); Kümpel/Hammen, WM 2000, Sonderbeilage Nr. 3, 3 (11, 14 f.); Mues, S. 20, 46; insbesondere mit der gesetzlichen Schaffung des börslichen Marktsegments des geregelten Marktes und der rechtlichen Anerkennung des Freiverkehrs im Jahr 1986 (Schwark-Schwark, Einl BörsG Rn. 5) und des Handelssegmentes des Neuen Marktes im Jahr 1997 (zu den Börsenmarktsegmenten im Einzelnen unten), vgl. Hopt-Hopt, Börsenreform, S. 356 ff.; Jäger, NZG 1999, 381(383, 384); Gebhardt, WM 2003, Sonderbeilage Nr. 2, 3 (3); Kümpel/Hammen, S. 225 ff.

642 Von Rosen, DAI-Factbook 2002, S. 7, Vorwort.

643 §§ 69 bzw. 90 i. V. m. 95 II BörsO.

644 DAI-Factbook 2003, 02-1.

645 DAI-Factbook 2003, 03-8; von Rosen, DAI-Factbook 2003, Vorwort.

646 Geschäftsbericht 2004, Gruppe Deutsche Börse, S. 12, 26.

647 Merkt, DJT-Gutachten (2002), G 39; Fleischer, DJT-Gutachten (2002), F 13; Liersch, S. 26; Geschäftsbericht 2000, Gruppe Deutsche Börse, S. 34; Geschäftsbericht 1999, Gruppe Deutsche Börse, S. 36; anders noch Hopt-Hopt, Börsenreform, S. 301 („starke Risikoaversion der Privatanleger", „zu wenig Anreize für Privatanleger, in Aktien zu investieren", „zu hohe Transaktionskosten für diese Gruppe beim Handel"); anders inzwischen wieder Geschäftsbericht 2002, Gruppe Deutsche Börse, S. 47 (zur Zeit „extreme Zurückhaltung privater Anleger"); Beck, DJT-Referat (2002), P 44 (Zurückhaltung institutioneller und privater Anleger).

durch die Privatisierung und den Börsengang großer, ehemals staatlicher Unternehmen begleitet und forciert worden ist[649], und mit der Elektronisierung des Aktienhandels ist das Handelsaufkommen in Deutschland zunächst gewachsen. Das börsliche Transaktionsvolumen lag gegenüber z. B. gut 1 Billion Euro im Jahr 1994[650] im Rekordjahr 2000 bei etwa 4,5 Billionen Euro[651]. Geht man davon aus, dass Aktienhandel in Deutschland zu etwa 70 % an den Börsen und zu 30 % außerbörslich stattfindet[652], dürfte der Umfang der außerbörslichen Aktiengeschäfte im Jahr 2000 danach ca. 1,5 Billionen Euro betragen haben. Diese Größenordnungen lassen die wirtschaftliche Bedeutung erkennen, die dem Handelsgeschehen auf den börslichen und außerbörslichen Aktienmärkten zukommt[653].

Noch im Verlauf des Jahres 2000 begann im Zuge der andauernden Konjunkturkrise eine Aktienbaisse[654] (etwa seit dem Frühjahr 2003 werden wieder gewisse

---

648 Hopt-Hopt, Börsenreform, S. 306; Mues, S. 95; Kapitalmarkt Deutschland-Rudolph, S. 9 ff., der aber eine nach wie vor bestehende Eigenkapitallücke deutscher Unternehmen diagnostiziert.

649 Merkt, DJT-Gutachten (2002), G 39 f.; Fleischer, DJT-Gutachten (2002), F 13; Lenenbach, Vorwort, S. V.

650 DAI-Factbook 2002, 06-1-1.

651 DAI-Factbook 2002, 06-1-1.

652 Claussen, 2. Auflage, S. 591, Rn. 251 („gerechnet nach den bewegten Geldbeträgen"); Stenzel, S. 86, für 1992 (35 bis 45 % des börslichen Aktienhandels, wobei er, wie oben angesprochen, einen erweiterten Begriff des außerbörslichen Handels einschließlich des Handels deutscher Aktien an ausländischen Börsen zugrundelegt).

653 Vgl. auch die volkswirtschaftlichen Vergleichsgrößen für 2001, Geschäftsbericht 2001, Gruppe Deutsche Börse, S. 45.

654 Kapitalmarkt Deutschland-Riess, Vorwort, S. 5; Kapitalmarkt Deutschland-Rudolph, S. 7; Kapitalmarkt Deutschland-Caspari, S. 30; Gebhardt, WM 2003, Sonderbeilage Nr. 2, 3 (3) („die allgemeine wirtschaftliche Entwicklung der letzten Jahre (...), die weltweit an den Börsen zu einem dramatischen Wechsel vom Kursanstieg zum Kursverfall insbesondere der Technologieaktien geführt hat", „Platzen der Börsenblase"); Geschäftsbericht 2002, Gruppe Deutsche Börse, S. 16 („nunmehr seit Jahren andauernde Kapitalmarktschwäche"), 47; KOM (2002) 625, S. 3 („Rückschläge auf den Aktienmärkten"); Hansen, AG 2001, R 211 (211 f.); Liersch, S. 28; Beck, DJT-Referat (2002), P 40 („Stimmung des Marktes gegenwärtig auf einem Tiefpunkt angelangt"), aber auch a. a. O. („Gleichwohl besteht kein Anlass zu dauerhaftem Pessimismus. Zum einen ist der deutsche Kapitalmarkt unbeschadet der Baisse der letzten drei Jahre qualitativ und quantitativ, was den Gegenstand und Umfang des Kapitalmarktgeschäfts betrifft, auf einem Niveau, dass vor wenigen Jahren noch undenkbar gewesen wäre. Zum weiteren ist mittel- und längerfristig mit einer weiteren Zunahme des anlagesuchenden Kapitals sowie hierzu korrelierend mit einem wachsenden Bedarf an Investitionsmöglichkeiten für die institutionellen und privaten Anleger zu rechnen"); Assmann, DJT-Referat (2002), P 29 („Talfahrt des Marktes"), aber auch P 13 („die Krise des deutschen Kapitalmarkts" könne „man überhaupt nur als solche bezeichnen", „weil es seit wenigen Jahren so etwas wie ein kritische Masse eines deutschen Kapitalmarkts gibt".).

Aufwärtsentwicklungen registriert[655], ohne dass von einer nachhaltigen Verbesserung der Situation gesprochen werden könnte[656]). Die Schwäche spiegelt sich bereits in den soeben angeführten, lange rückläufigen Zahlen der Börsennotierungen bzw. Börsenneueinführungen in Deutschland wider. Das börsliche Handelsvolumen in Deutschland verringerte sich 2001 insgesamt auf etwa 3 Billionen Euro[657], 2002 betrugen die Börsenumsätze gut 2,5 Billionen Euro[658]. Prozentual ähnliche Rückgänge sind für die außerbörslichen Märkte anzunehmen. Die Aktieneuphorie, die zwischenzeitlich aufgekommen war, ist wegen enttäuschter Erwartungen an Aktienkursentwicklungen[659], aufgrund bekannt gewordenen Fehlverhaltens verschiedener Beteiligter[660], einer teilweise unübersichtlichen Rechtslage[661] oder zu Lasten der Anleger gehender, aus heutiger Sicht unangemessener rechtlicher Freiräume für die Akteure[662] inzwischen bei vielen Anlegern in Ernüchterung gemündet. Die Rede ist von einer entstandenen tiefen „Vertrauenskrise"[663], die gefährliche gesamtwirtschaftliche Auswirkungen haben kann[664]. Um zu verhindern, dass weiterer, eventuell nicht wieder gut zu machender Schaden eintritt, sehen sich seither Gesetzgeber und sonstige Regulierungsinstanzen auf den Plan gerufen[665].

---

655 Von Rosen, DAI-Factbook 2003, Vorwort.

656 Geschäftsbericht 2004, Gruppe Deutsche Börse, S. 15 ff.

657 DAI-Factbook 2002, 06-1-1.

658 DAI-Factbook 2003, 06-1-1.

659 Beck, DJT-Referat (2002), P 40; Kapitalmarkt Deutschland-Rudolph, S. 7.

660 Hopt/Voigt, WM 2004, 1801 (1802) („fehlerhafte Ad hoc-Meldungen und Bilanzskandale"); Baums, ZHR 167 (2003), 139 (140); Fleischer, NJW-Beilage 23/2002, 37 (40); ders., NJW 2002, 2977 (2979); Assmann, DJT-Referat (2002), P 29; Beck, DJT-Referat (2002), P 40, 44; Eichel, Frankfurter Allgemeine Zeitung (FAZ) vom 07.03.2003, S. 20; von Rosen, DAI-Factbook 2003, Vorwort; ders., DAI-Factbook 2002, Vorwort; Lenenbach, S. 531, Rn. 10.111 (inhaltlich falsche Ad hoc-Mitteilungen).

661 Claussen, S. 379 f., Rn. 48b f.

662 Baums, ZHR 167 (2003), 139 (140 ff., 192); Fleischer, NJW 2002, 2977 (2979); zu Missständen auf dem „grauen Kapitalmarkt" Diekmann/Sustmann, NZG 2004, 929 (929) (hohe Schäden und Totalverluste bis zu 30 Mrd. Euro pro Jahr).

663 Kapitalmarkt Deutschland-Caspari, S. 30; Fleischer, DJT-Gutachten (2002), F 13 f., 28; ders., NJW 2002, 2977 (2977); Beck, DJT-Referat (2002), P 44; Hellwig, DJT-Referat (2002), P 59; KOM (2002), 625, S.3 f.; Kümpel, S. 1240. 8.13.

664 KOM (2002) 625, S. 3 f. („Finanzmärkte überdauern periodische Schwankungen und zyklische Korrekturen ebenso wie schlechte Leistungen einzelner Aktien. Was dagegen eine zerstörerische Wirkung auf sie hat, ist die Erosion des Anlegervertrauens (...)"); Liersch, S. 28; allgemein Kümpel, Kapitalmarktrecht, S. 29; Mülbert, S. 119.

665 Hopt, DJT-Eröffnung (2002), P 8; Assmann, DJT-Referat (2002), P 13; Hellwig, DJT-Referat (2002), P 59; Fleischer, NJW 2002, 2977 (2977, 2983); ders., DJT-Gutachten (2002), F 95 f.; Lenenbach, S. 146, Rn. 3.71; Bundestags-Drucksache (BT-Drs.) 14/8601, S. 9; KOM (2002) 625, S. 3 („Die jüngsten Rückschläge auf den Aktienmärkten schwächen die Argumente für eine marktbasierte Finanzierung nicht. Vielmehr heben sie die Bedeutung eines

In Anbetracht wieder gesunkener Handelsvolumina haben sich auch Umstrukturierungen der Aktienmärkte nicht mit dem Tempo der vorausgegangenen Jahre fortgesetzt[666]. Alternative Handelsplattformen hatten es, ganz abgesehen von bis vor kurzem noch bestehenden weitgehenden rechtlichen Beschränkungen, in diesem marktlichen Umfeld schwerer, sich zu behaupten oder neu zu etablieren[667]. Die Beteiligten warten auf die Hausse[668].

Aber selbst in diesen, auf das Handelsgeschehen bezogen vergleichsweise ruhigeren Zeiten zeichnet sich national und international ein sich intensivierender Wettbewerb zwischen Anbietern börslicher und außerbörslicher Transaktionsformen ab. Die derzeitige Situation ist durch Wettbewerb unter den Börsen bzw. zwischen börslichen und außerbörslichen elektronischen Handelsplattformen gekennzeichnet. Organisatoren neuer elektronischer Formen außerbörslichen Handels kämpfen im Rahmen des in Deutschland rechtlich Zulässigen mit den Börsen um Aktienhandelsaufkommen, indem sie dem Börsenhandel mehr oder weniger ähnelnde Handelsinfrastrukturen bereitstellen. Wie darzustellen sein wird, organisieren Börsen im Gegenzug auch Handel, der zuvor nur außerbörslich erfolgt war. Beide sind inzwischen bemüht, in ehedem fremde Domänen einzudringen. Das klassische Komplementärverhältnis zwischen börslichem und außerbörslichem Handel entwickelt sich damit in zentralen Feldern zu einem Konkurrenzverhältnis (der heute bereits erreichte bzw. zukünftig zu erwartende Intensitätsgrad dieses Wettbewerbs wird von verschiedenen Seiten allerdings unterschiedlich eingeschätzt)[669]. Ein zusätzlicher Impuls für eine solche Ent-

---

soliden Rechts- und Regulierungsrahmens hervor"), 6 („Die bisherige Wertpapierdienstleistungsrichtlinie enthält veraltete Regeln für den Anlegerschutz, die entsprechenden Schutzbestimmungen müssen aktualisiert werden und insbesondere auf die neuen Geschäftsmodelle und Marktpraktiken und deren Risiken eingehen").

666 Mülbert, JZ 2002, 826 (829) („Konsolidierungsbewegung"); Beck, DJT-Referat (2002), P 41.

667 Schwark, Festschrift Immenga, S. 723 (723).

668 Geschäftsbericht 2004, Gruppe Deutsche Börse, S. 15 ff.

669 Schwark, Festschrift Immenga, S. 723 (723 ff.); Bundestags-Drucksache (BT-Drs.) 14/8601, S. 15; 14/8017, S. 152; Kümpel, S. 2243, 17.92; 2328, 17.378; ders./Hammen, S. 48 („es (wird) allgemein für wahrscheinlich gehalten, dass der Einsatz moderner Kommunikationstechnologien im Wertpapiergeschäft zu einer starken Verlagerung der Liquidität von den Börsen auf die außerbörslichen Handelssysteme im In- und Ausland führen wird"), 190; dies., WM 2000, Sonderbeilage Nr. 3, 3 (6 (zur unterschiedlichen Ausrichtung verschiedener deutscher Börsen), 7); Baums, ZHR 167 (2003), 139 (148) („außerordentlich bedeutsamer außerbörslicher over-the-counter-Markt"); CESR, Standards for Alternative Trading Systems, S. 1 („In equity markets the development of new trading systems has often signalled incipient additional competition for exchanges that had previously enjoyed near monopolies"); Spindler, WM 2002, 1325 (1325 ff., insbes. 1328, 1330); Cohn, ZBB 2002, 365 (366); KOM (2002) 625, S. 6, 9 ff., 20 (bezogen auf elektronische Handelssysteme in Europa: „die Zahl dieser Systeme nimmt ständig zu"), 23 („wachsende Bedeutung des parallelen Handels mit erstklassigen Wertpapieren"), 24; Präambel, Erwägung 5 Wertpapierdienstleistungsrichtlinie

wicklung soll von der 2003 wirksam gewordenen Änderung des deutschen Rechts mit teilweise ganz neuen Möglichkeiten zum (unter begrenzter

---

(n. F.); Liersch, S. 123 („Jede Börse versucht nach Möglichkeit zu verhindern, dass das Ordervolumen an andere Börsen oder in den außerbörslichen Bereich abwandert"); Mülbert, JZ 2002, 826 (828); ders., WM 2003, 473 (473); Merkt, DJT-Gutachten (2002), G 9, 43 ff., 50, 58 ff.; ders., NJW-Beilage 23/2002, 37 (42, 43 f.); Beck, DJT-Referat (2002), P 41 (fraglich sei, ob „die intensive Beschäftigung mit dem Phänomen der alternativen Handelssysteme der tatsächlichen Bedeutung des Themas" entspreche), 43 („Sämtliche Versuche außerbörslicher Systembetreiber oder neuer Börsen sich zu etablieren, waren bislang wenig erfolgreich"); 45 f. („unzureichende Marktakzeptanz"); aber auch 43 (ob die Internalisierung eine Bedrohung der Börsen darstellen könne, sei sorgfältig zu beobachten); ders., WM 2000, 597 (597, 601, 604 (seit 1997 haben mehrere Börsen versucht, durch individuelle Gestaltung einzelner Aspekte des Handels im Wettbewerb der Börsen an Profil zu gewinnen), 605, 611); Hellwig, DJT-Referat (2002), P 74 („der zunehmende Trend zum außerbörslichen Handel, insbesondere in der Form des Blockhandels"); Schlüter, S. 51, Rn. 232; Lenenbach, S. 10 f., Rn. 1.22; Köndgen, Festschrift Lutter, S. 1401 (1402, 1404 ff.); Geschäftsbericht 2001, Gruppe Deutsche Börse, S. 21 („hohe Zahl elektronischer Handelssysteme, die in den letzten Jahren versucht haben, den etablierten Börsen Konkurrenz zu machen"), 29 („der Wettbewerb zwischen den Börsenplätzen (...) hat deutlich zugenommen"); Schmidt/Schleef/Küster Simic, ZBB 2001, 69 (69 („Problem der Plattformwahl"), 70 („Immer mehr Marktorganisatoren - deutsche und europäische Börsen, aber auch außerbörsliche Marktorganisatoren - werben mit preislich und qualitativ differenzierten Effektenhandelsdienstleistungen um bestimmte Anleger- und Emittentengruppen und lassen eine Börsenlandschaft entstehen, die durch Vielfalt und Offenheit geprägt ist"), 81 ff.); Börsensachverständigenkommission, S. 4 ff., 7; Geschäftsbericht 2001, Deutsche Börse AG, S. 21, 22; Geschäftsbericht 2000, Deutsche Börse AG, S. 15 einerseits (ECN würden „überschätzt"), 71 andererseits („Sowohl zwischen den etablierten Börsen als auch zwischen den Börsen und den zahlreichen neuen außerbörslichen Plattformen wird der Wettbewerb immer schärfer"); Florian, S. 245 ff.; Wastl, WM 1999, 620 (622 f.); ders./Schlitt, WM 2001, 1702 (1702); Riehmer/Heuser, NZG 2001, 385 (385); Kümpel, Kapitalmarktrecht, S. 84 ff.; Jäger, NZG 2000, 1049 (1058); ders., 186 (187) („die elektronischen Handelssysteme im OTC-Markt (werden) durch eine Verknüpfung mit Internet- und proprietären Online-Diensten mit hoher Wahrscheinlichkeit auch im Massengeschäft zu einer echten Bedrohung für die konventionellen Börsen"); von Heusinger, Börsen-Zeitung vom 09.11.2000, S. 1 („Überall sprießen außerbörsliche Handelssysteme aus dem Boden, beginnen Investmentbanken eigene Börsen zu bauen"); Dornau, Deutsche Börse AG, S. 3, 29 ff., 35 f.; Mues, S. 17, 31, 33, 121 ff. (gegen ein „natürliches Monopol" für Börsen); Hopt-Rudolph, Börsenreform, S. 147, 159, 225 („Wettbewerb um Orders"), 229 („Neben dem (...) Interbörsenwettbewerb ist der außerbörsliche Handel von Wertpapieren ein weiterer wichtiger Konkurrent um den Orderstrom der Investoren bzw. deren Agenten. (...) der außerbörsliche Handel (ist) ein starker Substitutionskonkurrent für Börsen um die Orders institutioneller Investoren"), 232, 241 („bisher nicht gekannte Rivalität zwischen den Börsen"), 251 („Börse als Marktmachtjäger (und damit gleichzeitig auch als Revierverteidiger der Marktmacht)"); Hopt-Hopt, Börsenreform, S. 308, 336; Hopt/Baum, WM 1997, Sonderbeilage Nr. 4, 3 (8 f., 16 f.); Schwark, WM 1997, 293 (293, 299 f., 307); Schiereck, ZBB 1996, 185 (185); Stenzel, S. 15, 57, 66 („bei der Einführung neuer Handelssysteme (...) wird vor allem auf die Entwicklung des Marktanteils abgestellt, wenn der Erfolg dieser Systeme und Produktinnovationen beurteilt werden soll"), 102, 103 f., 195 und Vorwort Hielscher.

staatlicher Aufsicht stehenden) Betrieb außerbörslicher Systeme[670] ausgehen. Auch das neue europäische Sekundärrecht will zum allgemeinen Nutzen einen geordneten europaweiten Wettbewerb der Märkte untereinander fördern[671]. So ist die den EU-Mitgliedstaaten früher europarechtlich eingeräumte Möglichkeit, den Handel auf Börsen zu konzentrieren (fakultative oder optionale Konzentrationsregel[672]), im Zuge der Novellierung der Wertpapierdienstleistungsrichtlinie beseitigt worden[673]. Auf der regulativen Ebene gewinnt damit das „Wettbewerbskonzept“ gegenüber dem „Zentralisierungs- oder Konzentrationskonzept“ an Bedeutung[674]. In diesem wirtschaftspolitisch inzwischen gewünschten und

---

670 §§ 58 ff. BörsG, 37i ff. WpHG.

671 Präambel, Erwägungen 5 f. Wertpapierdienstleistungsrichtlinie (n. F.).

672 Art. 14 II Wertpapierdienstleistungsrichtlinie (a. F.).

673 Vgl. bereits KOM (2002) 625, S. 14.

674 Schmidt/Schleef/Küster Simic, ZBB 2001, 69 (69); KOM (2002) 625, S. 5 („die geregelten Märkte (sollen) bei der Liquiditätsbeschaffung miteinander konkurrieren“), 6 („der Wettbewerb zwischen verschiedenen Auftragsausführungsstrukturen (soll) jeweils zum Vorteil des Endanlegers und nicht zu dessen Nachteil wirken“), 10 („Die Zeiten, wo Börsen als einzige, unanfechtbare nationale Liquiditätsquellen fungierten, die Dienstleistungen im Sinne eines öffentlichen Dienstes erbrachten, sind vorüber. (...). Neue Marktteilnehmer bieten (...) Anlegern alternative Ausführungsstrukturen“), 11 („Der Wettbewerb zwischen Auftragsausführungssystemen hat dann eine interessante und dynamische Wirkung, wenn Transaktionskosten gesenkt, die Märkte mit zusätzlicher Liquidität ausgestattet, leistungsfähige Handelsstrategien ermöglicht und die Abrechnungsverfahren der Transaktionen gestrafft werden können“), 12 („ein Rechtsrahmen, der eine bestimmte Art von Auftragsausführungsstruktur bevorteilt, (wird) nicht in der Lage sein, der breiten Palette von Handelsinteressen und Strategien Rechnung zu tragen, aus denen ein wettbewerbsfähiger Markt besteht“; „wenn der integrierte europäische Finanzmarkt seine Wirkung voll entfalten soll, muss es das Regulierungsumfeld erlauben, dass verschiedene Markt-Mikrostrukturen nebeneinander bestehen, dass Handelssysteme miteinander konkurrieren und dass die Anleger und Marktteilnehmer die Auftragsausführungsart frei wählen können“), 16 (die „Koexistenz verschiedener Handels-„Kanäle““ soll unterstützt werden); KOM (2000) 729, S. 3; vgl. die früheren Forderungen von Seiten der Wissenschaft, Schäfer-Peterhoff, § 2a BörsG (a. F.) Rn. 7 („Erstrebenswert ist ein freier Wettbewerb zwischen Marktmodellen und Handelssystemen für den Wertpapierhandel in Deutschland“); Hopt-Rudolph, Börsenreform, S. 146 („Das Finden der optimalen Börse stellt einen fortwährenden trial-and-error-Prozess dar, der besser der Markt- als der Planwirtschaft zu überlassen ist“), 190 („Die Organisation des Wertpapierhandels (...) muss durch ein permanentes fine-tuning den Anforderungen des Marktes angepasst werden“), 191 (die „Börse (kann) ihre Dienstleistung als transaktionskostenreduzierende Institution nur in Interaktion mit ihren Kunden erbringen“), 222 („(...) ein wettbewerbsinduzierter Wandel der Handelsplattformen (wird) immer mehr Bedeutung (gewinnen)“); Hopt-Hopt, Börsenreform, S. 363 („Die Förderung von Wettbewerb im Börsenwesen ist (...) bei der Ausgestaltung des Börsenrechts (...) eine der wichtigsten Leitideen“), 371; zu möglichen positiven Auswirkungen eines größeren Wettbewerbes zwischen Sekundärmärkten vgl. auch ders./Baum, WM 1997, Sonderbeilage Nr. 4, 3 (14 f.); Mues, S. 102; Stenzel, S. 57 („Anbieter von Börsendienstleistungen werden sich zukünftig immer weniger auf staatliche Protektion, die in der Vergangenheit vielfach eine angenehme Monopolstellung garantierte, verlassen können.

heute und zukünftig umfassender als früher rechtlich ermöglichten Wettbewerb im Bereich der Marktorganisation ist selbstverständlich vorhandene oder fehlende Qualität der börslichen Handelsinfrastruktur ein wesentlicher Faktor für die Aussichten von außerbörslichen Anbietern, sich auf diesem „Markt der Märkte“[675] zu behaupten.

III. Verhältnis von tatsächlichen Kapitalmarktentwicklungen und Recht

Das tatsächliche Kapitalmarktgeschehen spiegelt sich allgemein in gewissem Umfang im rechtlichen Bereich wieder. Zwischen der tatsächlichen Entwicklung der Aktienmärkte und dem diese regulierenden Recht bestehen Wechselwirkungen[676]. Das Recht bietet den Märkten einen Ordnungsrahmen[677] und schafft Anreizstrukturen für ein bestimmtes Verhalten[678]. Veränderungen auf den Märkten wiederum können Normgeber zu Anpassungen des bestehenden Rechtsrahmens veranlassen[679]. Einerseits haben veränderte oder neugeschaffene Normen die zwischenzeitliche Expansion der Märkte ermöglicht oder jedenfalls begünstigt[680]. Andererseits hat die Dynamik der Kapitalmärkte zu verstärkter Rechtsetzungsaktivität auf nationaler und internationaler einschließlich der europäischen (supranationalen) Ebene geführt[681], der Kapitalmarktboom der Jahre 1998 bis 2000 hat mehrere Unzulänglichkeiten der bestehenden Rechtslage(n)[682] (z. B. hinsichtlich des Anlegerschutzes[683]) erst sichtbar gemacht[684] und ins allgemeine Bewusstsein gehoben. Die neuen technologischen Möglich-

---

Vielmehr werden sie, wie andere Anbieter von Finanzdienstleistungen vor ihnen, lernen müssen, sich in einem wettbewerblich organisierten Markt zu behaupten“).

675 Weber, S. 86 ff.

676 Hopt-Hopt, Börsenreform, S. 307 ff.

677 Wolf, WM 2001, 557; Hopt-Rudolph, Börsenreform, S. 191.

678 Fleischer, DJT-Gutachten (2002), F 31; KOM (2002) 625, S. 14.

679 Fleischer, NJW 2002, 2977 (2977); Hopt, ZGR 2000, 779 (782); Mülbert, WM 2001, 2085 (2085 f.), zum europäischen Kapitalmarktrecht: „marktgetriebene“ Rechtsetzung; KOM (2002) 625, S. 16 (bei der Novellierung der Wertpapierdienstleistungsrichtlinie gehe es um „die Regulierung der Hauptformen von Auftragsausführungssystemen (...), die derzeit auf dem europäischen Finanzmarkt bestehen“).

680 Vgl. auch Fleischer, DJT-Gutachten (2002), F 14.

681 Kapitalmarkt Deutschland-Caspari, S. 15 ff.; Präambel, Erwägung 5 Wertpapierdienstleistungsrichtlinie (n. F.).

682 Baums, ZHR 167 (2003), 139 (140 ff., 192); Spindler, WM 2004, 2089 (2089 ff.); Fleischer, DJT-Gutachten (2002), F 95; KOM (2002) 625, S. 3 f.

683 Wolf, WM 2001, 557; Assmann, DJT-Referat (2002), P 13 (in Deutschland gebe es einen „im internationalen Vergleich eher unterentwickelten Anlegerindividualschutz“), 32 („im deutschen Kapitalmarktrecht“ bestehe „eine das Anlegervertrauen erheblich beeinträchtigende „Anlegerschutzlücke“); KOM (2002) 625, S. 6, 13, 22 (für Europa: „bestehende Anlegerschutzbestimmungen (sind) noch erheblich zu verschärfen“), 27, 28, 33.

684 Fleischer, NJW-Beilage 23/2002, 37; ders., NJW 2002, 2977 (2977).

keiten haben zur Elektronisierung des Handels, soweit nicht geltendes Recht entgegenstand, zum Aufkommen neuer Handelsplattformen und damit zu einem heterogeneren Erscheinungsbild des Gesamtkapitalmarkts geführt. Diese in Deutschland und auf europäischer (supranationaler) Ebene inzwischen rechtspolitisch erwünschte Entwicklung muss (neben anderen Herausforderungen) regulatorisch bewältigt werden[685]. Dabei lässt sich nicht immer einfach beurteilen, wo sinnvollerweise regelnd auf Marktentwicklungen eingewirkt und wo besser regulatorische Zurückhaltung geübt werden sollte. Die verschiedenen Normgeber sind jedenfalls allgemein gehalten, ein möglichst angemessenes Gleichgewicht zwischen Regulierung und Deregulierung zu wahren und Überregulierung zu vermeiden[686]. Dabei bereitet es Normgebern bei der Rechtsetzung nicht selten Schwierigkeiten, ausreichend präzise Informationen hinsichtlich der bestehenden tatsächlichen Marktverhältnisse zu erhalten. Auch häufig sehr schnell erfolgende Marktveränderungen[687], die Normsetzungsverfahren überholen können, machen Probleme[688]. Teilweise gegenläufige Maßnahmen erfordernde legislatorische Ziele sind die Verwirklichung möglichst weitgehender wirtschaftlicher Freiheit einerseits und die Kompensation von Marktversagen andererseits[689], die „Förderung des Wettbewerbs der Handelssysteme“[690] und

---

685 Börsensachverständigenkommission, S. 7 ff.; KOM (2002) 625, S. 6 („heute stellt der Wettbewerb zwischen verschiedenen Arten der Auftragsausführung (Börsen, neue Handelssysteme, interne Auftragsausführung durch Wertpapierhäuser) die wichtigste Herausforderung für die Regulierungstätigkeit der EU-Wertpapieraufsichtsbehörden dar“), 11 f.; Aktionsplan, ZBB 1999, 254 (256).

686 KOM (2002) 625, S. 11, 15 („die Ziele der Markteffizienz und des Anlegerschutzes sollten mittels regulatorischer Interventionen verfolgt werden, die eine angemessene Antwort auf ein nachweisbares Risiko darstellen. Dabei gilt es, den technologischen Entwicklungen und den vom Markt entwickelten Lösungsansätzen Rechnung zu tragen und den Wettbewerb und die Innovationen so wenig wie möglich einzuschränken“; KOM (2000) 729, S. 5 f.; Merkt, DJT-Gutachten (2002), G 60, 66 f.; ders., NJW-Beilage 23/2002, 37 (42); Fleischer, DJT-Gutachten (2002), F 22, 31; ders., NJW-Beilage 23/2002, 37 (38) (einerseits sei guter Anlegerschutz geboten, er dürfe aber auch nicht zu weit getrieben werden); Börsensachverständigenkommission, S. 7; Wolf, WM 2001, 557; Beck, DJT-Referat (2002), P 41; Liersch, S. 36 („Nur wenn (das) freie Spiel der Marktkräfte, das heißt das jeweils ökonomisch sinnvolle Verhalten der einzelnen Marktteilnehmer, dazu führt, dass gesamtvolkswirtschaftliche Ziele (...) gefährdet werden, ist ein regulatorischer Eingriff in die Privatautonomie (...) gerechtfertigt“); Baums, ZHR 167 (2003), 139 (144) (Regulierung gerechtfertigt bei Marktversagen); Lenenbach, S. 7, Rn. 1.15; Lenzen, S. 59; Hopt-Hopt, Börsenreform, S. 309 f.; Hopt-Rudolph, Börsenreform, S. 186; Assmann/Schneider-Vogel, Vor § 21 Rn. 28 f.

687 Beck, DJT-Referat (2002), P 41 („Trends kommen und gehen schneller denn je“); KOM (2002) 625, S. 33 („ständig wechselndes Spektrum an Wertpapierdienstleistungen“).

688 Aktionsplan, ZBB 1999, 254 (261); Merkt, DJT-Gutachten (2002), G 55, 60, 61 f.; Beck, DJT-Referat (2002), P 41.

689 Köndgen, Festschrift Lutter, S. 1401 (1401 f.).

690 KOM (2002), 625, S. 11 f.; Hopt-Hopt, Börsenreform, S. 371; Merkt, NJW-Beilage 23/2002, 37 (42); ders., DJT-Gutachten (2002), G 12.

„Marktschutz vor Monopolisierung und Destabilisierung“[691]. Neben Liberalisierungsmaßnahmen wird zur Zeit intensiver als früher versucht, als Missstände ausgemachten Vorkommnissen und Praktiken auf den Märkten mit den Mitteln des Rechts und der Aufsicht über dessen Einhaltung zu begegnen, um das Vertrauen der Anleger und sonstigen Beteiligten in das Funktionieren und die Integrität des Kapitalmarktes zu erhalten bzw., soweit es wieder verloren gegangen ist, neu zu gewinnen[692]. Die Elektronisierung des Handels hat neue Formen der Manipulation des Handelsgeschehens[693], aber auch größere Transparenz mit deutlich verbesserten Möglichkeiten der aufsichtlichen Kontrolle und des Nachweises von Regelverstößen mit sich gebracht[694]. Mit der größeren Transparenz für die Aufsicht, die die Auswertung der jetzt verfügbaren Daten leisten muss, steigen auch die Chancen, bestehendes Recht praktisch durchzusetzen. Rechtsetzung wird heute als sinnvoll erachtet, wo vielleicht bislang mangels realistischer Aussicht auf die Durchsetzung des Rechts bereits auf dessen Schaffung verzichtet worden war[695]. Die Qualität eines Finanzplatzes oder eines Teilmarktes wird heute überwiegend jedenfalls sowohl daran festgemacht, dass er angemessen reguliert ist, als auch daran, dass das bestehende materielle Recht im Wege dessen Durchsetzung verlässlich zur Geltung gebracht wird[696].

---

691 Hopt-Hopt, Börsenreform, S. 362, 374; Mues, S. 121; Merkt, NJW-Beilage 23/2002, 37 (42); ders., DJT-Gutachten (2002), G 12.

692 Vgl. insbesondere die die Richtlinien auf EU-Ebene bzw. die Neuregelungen des 4. Finanzmarktförderungsgesetzes, des Anlegerschutzverbesserungsgesetzes (AnSVG), des Wertpapierprospektgesetzes (WpPG), des Bilanzkontrollgesetzes (BilKoG) und die neuen Gesetzesentwürfe; KOM (2002), 625, S. 3 f. 27, 28, 33; Merkt, DJT-Gutachten (2002), G 40; Schwark-Zimmer, § 15a WpHG (a. F.) Rn. 1.

693 Präambel, Erwägung 10 Marktmissbrauchsrichtlinie; Merkt, DJT-Gutachten (2002), G 48 f.; Lenzen, ZBB 2002, 279(286); vgl. auch Assmann/Schneider-Vogel, Vor § 20a (a. F.) Rn. 20.

694 Vgl. Spindler, WM 2002, 1325 (1326, 1328); Kapitalmarkt Deutschland-Caspari, S. 22; zu den positiven Aspekten der Elektronisierung schon Hopt-Rudolph, Börsenreform, S. 189, 204 f., 234.

695 Liersch, S. 36 („(bei der) Frage, ob man etwas verbieten kann, (ist) jeweils zu bedenken (...), ob (...) eine Durchsetzung des Verbots möglich ist“); Lenzen, S. 185, zu Durchsetzungsproblemen im Zusammenhang mit Kursmanipulationen.

696 Kapitalmarkt Deutschland-Caspari, S. 23 ff.; BaFin-Emittentenleitfaden, S. 12; Kümpel, S. 1240 ff., 8.14 ff.; zur „rechtlichen Durchsetzung der Bestimmungen in den (EU-)Mitgliedstaaten“ KOM (2002) 625, S. 7 („unzulässige Verhaltensweisen“ müssten „überall in der Union mit der gleichen Strenge verfolgt und geahndet werden“), 33, 50 („gleichstarke Durchsetzung der Richtlinie“ in allen Mitgliedstaaten als Ziel); Präambel, Erwägungen 60 ff. Wertpapierdienstleistungsrichtlinie (n. F.); Präambel, Erwägungen 24, 38, 43, 3., 6. Gedankenstrich Marktmissbrauchsrichtlinie; Präambel, Erwägungen 28, 30, 41, 3., 6. Gedankenstrich Prospektrichtlinie; KOM (2000) 729, S. 3, 4, 6; Hopt, BB 2002, Heft 38, S. 1 („(die) Durchsetzung von Richtlinien (ist) bisher den Mitgliedstaaten überlassen“); Fleischer, DJT-Gutachten (2002), F 24; Hellwig, DJT-Referat (2002), P 70 f.; Beck, DJT-Referat (2002), P 49, 50 (es sei „auf einen konsequenten Normvollzug zu achten“); Lenenbach, S. 553, Rn. 12.1

In Deutschland ist die Bundesaufsicht über die Kapitalmärkte, die neben der traditionellen Börsenaufsicht der Bundesländer durch die jeweiligen Börsenaufsichtsbehörden steht, durch Schaffung des Bundesaufsichtsamts für Wertpapierhandel (BAWe) 1994 eingeführt und im Mai 2002 mit der Bankaufsicht des Bundesaufsichtsamts für das Kreditwesen (BAKred) und der Versicherungsaufsicht durch das Bundesaufsichtsamt für Versicherungswesen (BAV) zu einer „Allfinanzaufsicht"[697] in Händen der neuen Bundesanstalt für Finanzdienstleistungsaufsicht (BaFin) als insgesamt zuständiger Bundesaufsichtsbehörde zusammengeführt worden[698], die u. a. über die Einhaltung des bundesweit geltenden Bankaufsichtsrechts und des allgemeinen Kapitalmarktrechts wacht[699]. Durch diese verwaltungsorganisatorische Maßnahme soll die deutsche Finanzaufsicht noch effektiver werden[700].

IV. Nationale Kapitalmärkte - Tendenzen zur Internationalisierung - Regulierungswettbewerb - europäische Rechtsangleichung

Obwohl man derzeit (immer noch) nicht davon sprechen sollte, dass ein einheitlicher europäischer Kapitalmarkt bestünde, vielmehr von segmentierten nationalen Märkten ausgegangen werden muss[701], ist der kapitalmarktliche status

---

(„Die den Kapitalmarkt regelnden Normen (...) bedürfen einer schlagkräftigen Überwachung und Durchsetzung durch die staatliche Aufsicht, um nicht zu zahnlosen Papiertigern zu verkümmern"); Eichel, Frankfurter Allgemeine Zeitung (FAZ) vom 07.03.2003, S. 20; Bundestags-Drucksache (BT-Drs.) 12/7918, S. 97; Heinze, S. 116 f., 179 ff.; Hopt/Voigt, WM 2004, 1801 (1801); rechtspolitisch vgl. DJT-Beschlüsse (2002), NZG 2002, 1006 (1007), 1.14 bis 1.17.

697 Kapitalmarkt Deutschland-Caspari, S. 24; Lenenbach, Vorwort, S. V.

698 § 1 I des Gesetzes über die Bundesanstalt für Finanzdienstleistungsaufsicht (FinDAG) vom 22.04.2002, BGBl. I, 2002, 1310; Kapitalmarkt Deutschland-Caspari, S. 23 ff.; Schwark-Beck, § 1 BörsG Rn. 31; Claussen, S. 365, Rn. 24; 366 f., Rn. 25; Lenenbach, S. 553, Rn. 12.1, 554 ff., Rn. 12.2a ff.

699 §§ 6 KWG, 4 WpHG i. V. m. § 4 I 1 FinDAG.

700 Vgl. allgemein Beck, DJT-Referat (2002), P 39 f. („die Gestaltung der Aufsichtsstrukturen ist für einen ordnungsgemäß funktionierenden effizienten Kapitalmarkt wesentlich"), 50 („wichtig, dass bei den zuständigen Aufsichtsbehörden und Staatsanwaltschaften ausreichendes Wissen über die Produkte und Märkte vorgehalten wird"); Liersch, S. 218 („bisherige Friktionen bei der Zusammenarbeit des Bundesaufsichtsamtes mit den Staatsanwaltschaften"); Schlüter, S. 178 f., Rn. 158 („unzureichende personelle Ausstattung bzw. mangelnde Schwerpunktbildung bei den Staatsanwaltschaften und bei der Strafjustiz" als „besonderes Hemmnis bei der Verfolgung von Insiderdelikten"); Hildner, WM 2004, 1068 (1068 ff.).

701 Geschäftsbericht 2004, Gruppe Deutsche Börse, S. 39 („europäische Finanzmärkte stark fragmentiert"); Geschäftsbericht 2003, Gruppe Deutsche Börse, S. 15, 18 („Grenzüberschreitende Wertpapiertransaktionen verursachen in Europa pro Jahr etwa 5 Mrd. Euro Zusatzkosten.", „Kapitalmarktrecht und Steuersysteme äußerst unterschiedlich", „unterschiedliche Kapitalmarktkulturen in den verschiedenen Ländern der Gemeinschaft"); Beck, WM 2000,

quo in Europa schon seit Längerem zunehmend auch durch Tendenzen der Internationalisierung gekennzeichnet[702]. Die verschiedenen nationalen Märkte mit ihren börslichen und außerbörslichen Teilmärkten öffnen sich einander[703]. Der grenzüberschreitende Handel in Europa hat z. B. in fünf Jahren (bis 2002) jährlich um ca. 20 bis 25 % zugenommen[704]. Gründe für die wachsende gegenseitige Durchdringung der nationalen Märkte sind die Schaffung verbesserter infrastruktureller Voraussetzungen mittels Computertechnologie, durch deren Einsatz die Überwindung nationaler Grenzen zumindest technisch regelmäßig keine Probleme bereitet[705], Rechtsangleichungsmaßnahmen mit dem Ergebnis erleichterter finanzgewerblicher Tätigkeit im EU-Ausland bzw. in den Ländern des Europäischen Wirtschaftsraums (EWR)[706], vereinfachte Börsenzulassungen im Inland für bestimmte ausländische Handelsteilnehmer (u. a. „remote-member-ship“)[707] und ausländische Aktienwerte[708], Gestattung des Betreibens

---

597 (600 f., 604 f.); Kümpel/Hammen, WM 2000, Sonderbeilage Nr. 3, 3 (8); Aktionsplan, ZBB 1999, 254 (254 f.); Horn, ZBB 1999, 1 (2, 8); Heinze, S. 20; Weber, S. 75.

702 Münchener Kommentar-Hefermehl/Semler, Vor § 76 AktG Rn. 8 (die „Kapitalmärkte der Welt (...) (wachsen) zunehmend zu einem einzigen großen Kapitalmarkt zusammen“); Schwark-Beck, § 1 BörsG Rn. 31; Beck, DJT-Referat (2002), P 41, 42 („die Börsen (sind), was die gehandelten Produkte betrifft, im Wertpapierhandel immer noch stark national ausgerichtet, wohingegen sich der Kreis ihrer Handelsteilnehmer - jedenfalls im Fall der Frankfurter Wertpapierbörse - in den vergangenen Jahren stark internationalisiert hat“, „eine wirkliche Internationalisierung ist auf der Produktseite nur bei den Terminbörsen zu beobachten“); Geschäftsbericht 2001, Gruppe Deutsche Börse, S. 17, 21 („Problem eines sich nur langsam entwickelnden europäischen Kapitalmarkts“), aber auch 46 f.; Präambel, Erwägungen 10, 40 Marktmissbrauchsrichtlinie; KOM (2000) 729, S. 2; Heinze, S. 16; Köndgen, Festschrift Lutter, S. 1401 (1411 f.); Mülbert, DJT-Gutachten (1996), E 54 f.; Stenzel, S. 15.

703 Merkt, DJT-Gutachten (2002), G 37; Hopt, BGH-Festschrift, 497 (546 f.); KOM (2000) 729, S. 2; KOM (2002) 625, S. 7, 18 („Die geregelten Märkte werden immer europäischer, was die Anlegerbasis, die Mitgliedschaft und das Spektrum der zum Handel zugelassenen Instrumente betrifft“); Assmann/Schütze-von Rosen, § 2 Rn. 242; Weber, S. 74; Geschäftsbericht 2003, Gruppe Deutsche Börse, S. 17 („der europäische Kapitalmarkt ist bereits (...) integrierter (...) als gemeinhin behauptet und anerkannt).

704 KOM (2002) 625, S. 4; vgl. auch die Zahlenangaben bei Kurth, WM 2000, 1521 (1524).

705 Geschäftsbericht 2003, Gruppe Deutsche Börse, S. 16; Kurth, WM 2000, 1521 (1523 f.).

706 Horn, ZBB 1999, 1 (8).

707 Vgl. Präambel und Art. 15 I Wertpapierdienstleistungsrichtlinie (a. F.); § 16 IV 2 BörsG; Hopt-Rudolph, Börsenreform, S. 203 f. („Börsenmitgliedschaft ohne physische Präsenz auf einem nationalen Markt“), 227; KOM (2002) 625, S. 21; KOM (2000) 729, S. 8; Horn, ZBB 1999, 1 (6); Beck, WM 2000, 597 (603); Kurth, WM 2000, 1521 (1523, 1524, 1525, 1526); Schwark-Schwark, § 16 BörsG Rn. 15 (Zulassung zu einer Börse im Herkunftsmitgliedstaat genügt für die Teilnahme am Börsenhandel hier); Claussen, S. 360, Rn. 14; Handelsteilnehmer vgl. Geschäftsbericht 2001, Gruppe Deutsche Börse, S. 46 f.

708 Präambel, Wertpapierdienstleistungsrichtlinie (a. F.); so waren 1994 an allen deutschen Börsen zusammen 854 ausländische Aktien zum Handel zugelassen, im Jahr 1999 allein an der Frankfurter Wertpapierbörse (FWB) bereits 7.603, 2001 10.128 und 2002 immerhin noch

elektronischer Märkte vom Ausland aus mit Zugang für inländische Handelsteilnehmer[709], außerdem, dass Anleger auf der Suche nach aussichtsreichen Kapitalanlagemöglichkeiten verstärkt auch ausländische Investments u. U. unter Inanspruchnahme von Wertpapierdienstleistungen dort[710] in Betracht ziehen (wozu sie auch durch Anlegerschutzvorschriften, die in gewissem Umfang europaweit angeglichen sind, ermutigt werden[711]) und Unternehmen zunehmend auch an ausländischen Kapitalgebern interessiert sind[712]. Die Einführung des Euro als gemeinsamer Währung eines Teils der EU-Staaten und der damit verbundene Wegfall des Währungsrisikos hat die Investitionsbereitschaft der Anleger im Ausland innerhalb der Euro-Zone zusätzlich erhöht[713].

Die europäischen Märkte geraten dabei immer stärker unter den Einfluss international langfristig vorherrschender Entwicklungstendenzen („Globalisierung"[714]): u. a. die „Securitisation", d. h. die starke Ausweitung des Wertpapierwesens zu Lasten des unverbrieften Kreditgeschäfts[715], die Globalisierung der Mittelanlage und Mittelaufnahme[716], die „Institutionalisierung" der Märkte und Marktteilnehmer[717], der neue Wettbewerb zwischen Computerbörsen und alternativen Wertpapierhandelssystemen auf nationaler und internationaler Ebene[718],

---

9.928, DAI-Factbook 2003, 02-1; Beck, WM 2000, 597(604); aber auch ders., DJT-Referat (2002), P 42; Claussen, S. 360, Rn. 14.

709 Vgl. Art. 15 IV Wertpapierdienstleistungsrichtlinie (a. F.); KOM (2000) 729, S. 8; Beck, WM 1998, 417 (419); ders., WM 2000, 597 (603); Schwark, WM 1997, 293 (298 f., 300); Wastl/Schlitt, MMR 2000, 387 (394 f.).

710 Vgl. auch Präambel, Erwägungen 60 ff. Wertpapierdienstleistungsrichtlinie (a. F.) („Kein Mitgliedstaat darf das Recht der Anleger, die in diesem Mitgliedstaat ihren gewöhnlichen Aufenthalt bzw. eine Niederlassung haben, einschränken, von einer unter diese Richtlinie fallenden Wertpapierfirma, die außerhalb dieses Mitgliedstaats gelegen ist und außerhalb dieses Mitgliedstaats Geschäfte tätigt, Wertpapierdienstleistungen zu erhalten").

711 Kurth, WM 2000, 1521 (1525); Lenenbach, S. 29, Rn. 1.57.

712 Horn, ZBB 1999, 1 (2, 3); Assmann/Schütze-Assmann, § 1 Rn. 51; Heinze, S. 35; zum ganzen KOM (2002) 625, S. 18; Geschäftsbericht 2001, Gruppe Deutsche Börse, S. 29; Jäger, NZG 2000, 186 (189).

713 Merkt, DJT-Gutachten (2002), G 39; Horn, ZBB 1999, 1 (2 f.); zur Situation vor der Euro-Einführung Weber, S. 76, 84.

714 Hopt-Rudolph, Börsenreform, S. 152 f.; Gerke/Steiner-Hertle/Schenk, S. 410 (411); Kurth, WM 2000, 1521 (1521); Schlüter, S. 45, Rn. 199 ff.

715 Einsele, S. 1; Hopt-Rudolph, Börsenreform, S. 151; Assmann/Schütze-Assmann, § 1 Rn. 19, 48; Geschäftsbericht 2001, Gruppe Deutsche Börse, S. 29.

716 Vgl. Hopt-Rudolph, Börsenreform, S. 152; Beck, DJT-Referat (2002), P 42.

717 Hopt-Rudolph, Börsenreform, S. 148 ff.; Hopt/Baum, WM 1997, Sonderbeilage Nr. 4, 3 (3 f.); Stenzel, S. 15, 102; Gerke/Steiner-Gerke, S. 287 (288); Wastl, NZG 2002, 505 (505); Schlüter, S. 44 f., Rn. 196 ff.

718 Hopt-Rudolph, Börsenreform, S. 158 ff.; Merkt, NJW-Beilage 23/2002, 37 (43 f.); Stenzel, S. 15, 57; Schlüter, S. 47 ff., Rn. 213 ff.

die durch Informations- und Kommunikationstechnologie[719] beschleunigte Reaktionsgeschwindigkeit der Marktteilnehmer und die Regulierung und Deregulierung[720] mit verbesserten Möglichkeiten der „Regulierungsarbitrage"[721].

Mit dem Begriff „Institutionalisierung" wird u. a. die zunehmende Bedeutung der Investmentfonds und der institutionellen Anleger insgesamt beschrieben. Institutionelle Anleger als besonders wirtschaftsstarke, finanzkräftige Investoren führen vermehrt Geldvermögensanlagen durch[722]. Sie handeln im Vergleich zu anderen, insbesondere privaten Anlegern größere Aktienmengen mit höherer Frequenz, deshalb gibt es heutzutage mehr Blocktransaktionen (Pakethandel)[723]. Das trägt maßgeblich zum Anstieg der Handelsvolumina auf den Kapitalmärkten bei. Der professionelle Einsatz von Analyse- und Informationssystemen und die Verfolgung von Anlagestrategien seitens institutioneller Anleger[724] führt insgesamt zu einer zunehmenden Professionalisierung des Anlageverhaltens[725]. Das Prinzip der risikostreuenden Anlage (Risikomischung, Diversifizierung)[726] und das Bemühen um optimale Chancenausnutzung seitens institutioneller Anleger führen zu einer Globalisierung der Anlage, d. h. grenzüberschreitende Transaktionen nehmen zu[727]. Da Pakethandel und grenzüberschreitender Handel aus den oben angedeuteten Gründen jedenfalls in Deutschland traditionell und immer noch vorwiegend außerbörslich erfolgen,

---

719 Hopt-Rudolph, Börsenreform, S. 153 ff.; Gerke/Steiner-Hertle/Schenk, S. 410; Schlüter, S. 45 f., Rn. 202 ff.

720 Hopt-Rudolph, Börsenreform, S. 156 ff.; Hopt-Hopt, Börsenreform, S. 307 ff., insbes. 309; Stenzel, S. 15.

721 Hopt-Rudolph, Börsenreform, S. 157 f.; Merkt, DJT-Gutachten (2002), G 68; Stenzel, S. 35.

722 Geschäftsbericht 2003, Gruppe Deutsche Börse, S. 16; Merkt, DJT-Gutachten (2002), G 41; Fleischer, DJT-Gutachten (2002), F 34; Liersch, S. 31; Hansen, AG 2001, R 212 (212); Siebel/Gebauer, WM 2001, 118 (124); Drygala, WM 2001, 1282 (1283); Wastl, WM 1999, 620 (621); Kübler, Festschrift Zöllner, S. 321 (332 f.); Hopt-Rudolph, Börsenreform, S. 149; Hopt-Hopt, Börsenreform, S. 308 f.; vgl. bereits ders., Kapitalanlegerschutz, S. 12; Stenzel, S. 103 (der allerdings nochmals zwischen institutionellen Investoren, die nur gelegentlich Aktientransaktionen durchführen, und solchen, die sehr häufig handeln, differenziert), 144 ff.; Gerke/Steiner-Gerke, S. 287 (288).

723 Liersch, S. 29, 119; Merkt, DJT-Gutachten (2002), G 41; Wastl, NZG 2000, 505 (505); Hopt-Rudolph, Börsenreform, S. 149 f.; Oehler, S. 5; Gerke/Steiner-Gerke, S. 287 (288) (institutionelle Anleger „akkumulieren ständig größere Eigenbestände und Treuhandvermögen, deren Umschichtung(en) fast ausschließlich zu Blocktransaktionen führen"); vgl. auch KOM (2002) 625, S. 14 (für Europa: „die Kleinanlegeraufträge machen der Anzahl nach 90 %, dem Wert nach aber nur 10 % der Geschäfte aus").

724 Oehler, S. 5; Mülbert, S. 130, 135.

725 Hopt-Rudolph, Börsenreform, S. 148; Gerke/Steiner-Gerke, S. 287 (288).

726 Lenenbach, S. 543, Rn. 11.23; Hopt-Rudolph, Börsenreform, S. 148.

727 Hopt-Rudolph, Börsenreform, S. 152; Beck, DJT-Referat (2002), P 42.

wächst also die Bedeutung außerbörslichen Handelsgeschehens hier (auch) durch die Auswirkungen weltweit vorherrschender Kapitalmarktentwicklungen.

Institutionelle Anleger weichen aus ihrer Sicht überregulierten bzw. ineffizient regulierten Märkten im Rahmen des Möglichen aus und agieren auf konkurrierenden Märkten[728]. Die spezielle Eignung für bestimmte, von Anlegern gerade ins Auge gefasste Transaktionen[729] und die Erwartung im Vergleich niedrigerer Transaktionskosten[730], aber auch allgemein die vorhandene oder fehlende Qualität der Marktorganisation bzw. -regulierung können im sich intensivierenden Wettbewerb zwischen den Finanzplätzen der Welt[731] und zwischen den nationalen Teilmärkten (verschiedene Börsen, verschiedene außerbörsliche Märkte) also eine ausschlaggebende Rolle spielen[732] [733]. Ein wesentliches Ziel zwi-

---

728 Stenzel, S. 102, 146; Hopt-Rudolph, Börsenreform, S. 156 ff., 186; Hopt-Hopt, Börsenreform, S. 308, 365; Mues, S. 21, 89; Wastl, WM 1999, 620 (621); Geschäftsbericht 2000, Gruppe Deutsche Börse, S. 14; Kurth, WM 2000, 1521 (1529); Liersch, S. 36 f.

729 Hopt-Rudolph, Börsenreform, S. 198, 201 („eine einzige optimale Marktorganisation, d. h. Handelsplattform, die den Transaktionsbedürfnissen aller Investoren entspricht und damit alle Orders in einem Markt konzentriert, (kann) kaum geschaffen werden", „Ursache hierfür ist (...) auch die große Heterogenität der Transaktionsbedürfnisse der Investoren"); KOM (2002) 625, 12 („breite Palette von Handelsinteressen und Strategien"); Spindler, WM 2002, 1325 (1330) („Spezialisierung im Hinblick auf die Bedürfnisse bestimmter Kundengruppen, etwa großer institutioneller Investoren (...)"); Schiereck, ZBB 1996, 185 (189).

730 Hopt/Baum, WM 1997, Sonderbeilage Nr. 4, 3 (3, 8 f., 14 ff.); Hopt-Rudolph, Börsenreform, S. 172; Stenzel, S. 102 („Durch die im Zuge der wachsenden Verwendung von Telekommunikationseinrichtungen relativ immer weiter sinkenden variablen Kosten des Geschäftsabschlusses reichen bereits kleine Kostendifferenzen bei der Transaktionsdurchführung aus, um den Wechsel von einer Ausführungsart zur nächsten unter Kostengesichtspunkten sinnvoll werden zu lassen. Dies gilt in besonderem Maße für große Marktteilnehmer, die bereits über Teilnahmerechte oder Teilnahmemöglichkeiten an mehreren börslichen oder außerbörslichen Märkten verfügen. Durch die zunehmende Institutionalisierung des Wertpapierhandels stehen die Möglichkeiten zur Kostenreduzierung durch Umgehung der Börse (...) an erster Stelle der Ursachen für den außerbörslichen Aktienhandel"), 103 f. („Für bedeutende institutionelle Investoren und große Intermediäre (...) verlieren die fixen Kosten des Systemzugangs wegen der Höhe der abgewickelten Transaktionsvolumina tendenziell an Bedeutung. Für aktive Marktteilnehmer, die große Transaktionsvolumina abzuwickeln haben, kommt daher die gleichzeitige Systemteilnahme an mehreren Börsen oder Parallelmarktsystemen eher in Betracht").

731 Hopt, BB 2002, Heft 38, S. 1; Hopt-Rudolph, Börsenreform, S. 153; Liersch, S. 26; Köndgen/Mues, WM 1998, 53 (53); Mues, S. 161; vgl. auch Präambel, Erwägungen 43, 9. Gedankenstrich („Notwendigkeit, die internationale Wettbewerbsfähigkeit der Finanzmärkte der Europäischen Union (…) zu fördern").

732 Schiereck, ZBB 1996, 185 (185) (Wahl des Marktes für eine Transaktion als „vielschichtiges Entscheidungsproblem"); Weber, S. 87; Hopt-Rudolph, Börsenreform, S. 191; Hopt-Hopt, Börsenreform, S. 365; Köndgen/Mues, WM 1998, 53 (53); aber auch Schmidt/Schleef/Küster Simic, ZBB 2001, 69 (69, 70 („Dem Anleger ist gewöhnlich wenig oder nichts über die Unterschiede zwischen den Plattformen bekannt. Er kann überhaupt nicht abschätzen, ob und an welcher Börse er eine Chance hat, überdurchschnittlich gut bedient zu

schenstaatlicher, staatlicher, unterstaatlicher, nicht-staatlicher bzw. privater Regulierungsinstanzen muss es deshalb sein, für den „eigenen" Markt einen rechtlichen Rahmen zu schaffen, der für Finanzakteure aus dem In- und Ausland so attraktiv ist, dass sie ihre Investments verstärkt hier tätigen[734]. Es wird von zwischenstaatlichem „Regulierungswettbewerb"[735], „Wettbewerb der Rechtsordnungen"[736] oder „Regulierungsregimes"[737], „regulatorischem Wettbewerb"[738] oder „Wettbewerb der Regulierungsinstanzen"[739] gesprochen. Ausdifferenziertere Rechtsordnungen, die anlegerschützende und das Funktionieren der heimischen Kapitalmärkte begünstigende Bestimmungen in angemessenem Umfang aufweisen, und die in einem solchen rechtlichen Milieu angesiedelten Märkte besitzen hier regelmäßig Vorteile[740]. Aber gerade auch Staaten bzw. Märkte mit vergleichsweise niedrigem Regulierungs- und Aufsichtsniveau können eine besondere Attraktivität für die Anlegerschaft entwickeln[741], womit gleichzeitig ein rechtspolitisch unerwünschter[742] Anreiz für andere Rechtsordnungen oder Konkurrenzmärkte entstehen kann, das eigene Regulierungsniveau

---

werden. Selbst professionelle Anleger können hierüber oft kein Urteil abgeben"), 81 ff.); KOM (2002) 625, S. 14.

733 Dabei ist außerdem auch die Überschaubarkeit der Unternehmensorganisation wichtig, Präambel Corporate Governance Kodex; Lenenbach, S. 598 f., Rn. 13.90.

734 Kapitalmarkt Deutschland-Caspari, S. 15; Merkt, DJT-Gutachten (2002), G 10; Lenenbach, S. 18, Rn. 1.37; Hammen, ZBB 2000, 293 (294); Hopt-Rudolph, Börsenreform, S. 157, 191, 233 („Teilziel der Börsenregulierung muss es sein, den regulierten Börsen einen Handlungsspielraum zu eröffnen, der ihnen im internationalen Wettbewerb die Attrahierung möglichst großer bzw. attraktiver Transaktionsvolumina ermöglicht. (...) (es) ist ein Regulierungsrahmen zu entwerfen, der es den Heimspielern ermöglicht, im internationalen Wettbewerb dauerhaft eine Überlebenschance als eigenständige Institution zu behalten"); KOM (2000) 729, S. 6 („Auch das Regulierungssystem selbst muss effizient sein").

735 Hopt-Rudolph, Börsenreform, S. 156, 233; Hopt-Hopt, Börsenreform, S. 307 ff.; Schlüter, S. 46 f., Rn. 208 ff.

736 Callies, EWS 2000, 432 (432, 434, 439 f.); Weber, S. 87.

737 Hopt-Rudolph, Börsenreform, S. 157.

738 Hopt-Rudolph, Börsenreform, S. 156 ff.; Merkt, DJT-Gutachten (2002), G 65 ff.

739 Hopt-Rudolph, Börsenreform, S. 225.

740 Vgl. auch Liersch, S. 37.

741 Callies, EWS 2000, 432 (434); Heinze, S. 179; Weber, S. 87; Stenzel, S. 39; Liersch, S. 36 f. (Gefahr, dass Marktteilnehmer „als zu einschneidend empfundene Vorschriften dadurch umgehen, dass das Geschäft außerhalb des räumlichen Anwendungsbereichs dieser Vorschrift verlagert wird" (Regulierungsarbitrage)); innerhalb Deutschlands vgl. i. d. Z. z. B. Umgehung der börslichen Transparenz durch Pakethandel im außerbörslichen Telefonhandel; Schiereck, ZBB 1996, 185 (189) („die informationseffizientere Börse (muss) nicht unbedingt die von Anlegern bevorzugte sein"); deshalb auch KOM (2002) 625, S. 16 („Mit der ISD-Revision muss folglich ein sorgfältiges Gleichgewicht zwischen den die aufsichtliche Arbitrage betreffenden Anliegen und der Notwendigkeit geschaffen werden, liquiden Anbietern einen ausreichenden Handlungsspielraum zu bieten").

742 KOM (2000) 729, S. 3.

entsprechend abzusenken („race-to-the-bottom", „Delaware-Effekt")[743]. Während internationale Rechtsvereinheitlichung (u. U. auch die Schaffung oder Aufrechterhaltung nationaler Börsenmonopole) Regulierungsarbitrage innerhalb des betreffenden Wirtschaftsraums verhindert und die Informationskosten der am internationalen Kapitalmarktgeschehen Beteiligten hinsichtlich der Beschaffenheit für sie bei Aktiengeschäften relevanten Rechts senkt[744], eröffnet ein „ungeordnet" verlaufender Regulierungswettbewerb zwischen den nationalen Rechtsordnungen bzw. Märkten für die Akteure Auswahlmöglichkeiten[745] und hat vielleicht den Vorteil, dass unterschiedliche Regelungskonzepte zeitgleich auf ihre Praktikabilität getestet und die überzeugendsten Regime später von anderen Staaten ins eigene Recht (bzw. für den Fall der rechtlich zugelassenen Koexistenz börslicher und außerbörslicher Märkte, die unterschiedlich reguliert sind, von jeweils anderen Märkten in ihre Selbstregulierung) übernommen werden können („Entdeckungsverfahren", „Findungsprozess")[746]. In der Europäischen Union spielen sowohl Rechtsangleichung[747] als auch zugelassener Wettbewerb der Rechtsordnungen, wie sich abzeichnet zunehmend auch der nationale und internationale Wettbewerb unterschiedlich regulierter nationaler (Teil-)Märkte eine Rolle[748].

Nach allgemeinen Grundsätzen des Europarechts bedarf es für ein Tätigwerden der EU einer ausdrücklichen Ermächtigung hierzu im EU-Vertrag. Eine allgemeine Ermächtigung, den Bereich der Finanzmärkte umfassend zu regeln, existiert nicht. Es ist jeweils im Einzelfall zu prüfen, ob eine Regelungskompetenz der EU besteht (Prinzip der begrenzten Einzelermächtigung)[749]. Das Primärrecht beinhaltet das Gebot, einen Binnenmarkt[750] und damit auch einen

743 Callies, EWS 2000, 432 (432, 439); Heinze, S. 179; Weber, S. 88.

744 Assmann/Schütze-von Rosen, § 2 Rn. 243.

745 Assmann/Schütze-von Rosen, § 2 Rn. 243.

746 Merkt, NJW-Beilage 23/2002, 37 (42); ders., DJT-Gutachten (2002), G 66, 67; Weber, S. 86 f.; Hopt-Hopt, Börsenreform, S. 366; zum Stellenwert der Kapitalmarktrechtsvergleichung Fleischer, NJW-Beilage 23/2002, 37 (37).

747 Präambel, Erwägungen 12, 13 Marktmissbrauchsrichtlinie; Präambel, Erwägung 30 Prospektrichtlinie.

748 Callies, EWS 2000, 432 (434); Weber, S. 81 f.; Präambel, Erwägung 43, 10. Gedankenstrich Marktmissbrauchsrichtlinie („Notwendigkeit, gleiche Wettbewerbsbedingungen für alle Marktteilnehmer durch Einführung gemeinschaftsweiter Regelungen zu erreichen, wann immer das angezeigt ist") einerseits, Präambel, Erwägung 43, 11. Gedankenstrich Marktmissbrauchsrichtlinie („Notwendigkeit, Unterschiede zwischen den nationalen Märkten zu respektieren, sofern sie sich nicht in unzulässiger Weise auf die Kohärenz des Binnenmarktes auswirken") andererseits; Präambel, Erwägung 41, 10., 11. Gedankenstrich Prospektrichtlinie.

749 Art. 5 I EGV; von der Groeben-Zuleeg, Art. 5 EG Rn. 2; Geiger, Art. 5 EGV Rn. 2 f.; Art. 249 EGV Rn. 2; Heinze, S. 10 f.; Lenenbach, S. 31, Rn. 1.59.

750 Artt. 2, 3 I c), 14 II, 95 I EGV; von der Groeben-Pipkorn/Bardenhewer-Rating/Taschner, Art. 95 EG Rn. 7 ff.; Geiger, Art. 14 EGV Rn. 4 f.; Art. 95 EGV Rn. 1 ff.

europäischen Kapitalmarkt zu schaffen[751]. Kapitalverkehrsfreiheit[752], Niederlassungsfreiheit[753] und Dienstleistungsfreiheit[754] sollen hergestellt und dabei Verbraucherschutz[755] realisiert werden[756]. Regelungsvorhaben im Bereich des europäischen Finanzmarktes lassen sich regelmäßig auf eine der entsprechenden Kompetenzgrundlagen stützen[757].

Das Regelungsinstrument der EU-Richtlinie[758] führt bekanntlich nicht zur Vereinheitlichung der nationalen Rechte im jeweiligen Regelungsbereich, sondern lediglich zu deren mehr oder weniger umfassenden Angleichung (Harmonisierung)[759], je nachdem, welche Regelungsspielräume den nationalen Gesetzgebern in einer Richtlinie für die Umsetzung der verbindlichen Zielvorgabe ins nationale Recht eingeräumt werden (Spektrum von minimal- bis maximalharmonisierenden Richtlinien bzw. Richtlinienbestimmungen)[760] und in welchem Maße die Mitgliedstaaten unterschiedlichen Gebrauch von diesen Spielräumen im Zuge der („mindestens 18 Monate dauernden"[761]) Umsetzung machen. Gewisse Unterschiede zwischen den nationalen Rechten bleiben also regelmäßig bestehen[762]. Der EU-Verordnung, die unmittelbar in den Rechtsordnungen der Mitgliedstaaten gilt[763] und im Gegensatz zur Richtlinie eine

---

751 Mülbert, WM 2001, 2085 (2088, 2092 ff.); Heinze, S. 11.

752 Art. 56 I EGV; von der Groeben-Kiemel, Vorbem. zu den Artikeln 56 bis 60 EG; Art. 56 EG; Geiger, Art. 56 EGV Rn. 3 f. (Kapitalverkehr umfasst auf Geld bezogene Transaktionen, die nicht direkt durch den Waren- und Dienstleistungsverkehr bedingt sind, umfasst ist die Emission von Wertpapieren und der Handel nichtbörsengängiger Wertpapiere, nicht umfasst ist der Handel börsengängiger Wertpapiere); Fleischer, DJT-Gutachten (2002), F 13; Weber, S. 73, 91 ff.

753 Artt. 43 ff. EGV; von der Groeben-Troberg/Tiedje, Vorbem. zu den Artikeln 43 bis 48 EG; Artt. 43 ff.; Geiger, Artt. 43 ff. EGV.

754 Artt. 49 ff. EGV; von der Groeben-Troberg/Tiedje, Vorbem. zu den Artikeln 49 bis 55 EG; Artt. 49 ff.; Geiger, Artt. 49 ff. EGV Bankrechts-Handbuch-Troberg, § 135, Rn. 13.

755 Art. 153 EGV; Geiger, Art. 153 EGV Rn. 4 ff.

756 Mülbert, WM 2001, 2085 (2088 ff.); Heinze, S. 11 f.

757 Mülbert, WM 2001, 2085 (2092); ders., JZ 2002, 826 (827); Heinze, S. 11, 98; Claussen, S. 359, Rn. 11; vgl. z. B. Präambel Wertpapierdienstleistungsrichtlinie (a. F.) (Niederlassungs- und Dienstleistungsfreiheit für Wertpapierfirmen); Präambel Wertpapierdienstleistungsrichtlinie (n. F.) (insbesondere auf Art. 47 II gestützt); kritisch, insbesondere für den Bereich des Börsenorganisationsrechts, Merkt, NJW-Beilage 23/2002, 37 (42).

758 Artt. 94, 249 I, III EGV; Geiger, Art. 249 EGV Rn. 8 ff.

759 Geiger, Art. 94 EGV Rn. 4 ff.; Art. 249 EGV Rn. 8; von der Groben-Taschner, Art. 94 EG Rn. 1 ff.

760 Geiger, Art. 94 EGV Rn. 5; Art. 249 EGV Rn. 8 ff.; von der Groeben-Taschner, Art. 94 EG Rn. 25 f., 42 ff.; Mülbert, WM 2001, 2085 (2093 f.); Heinze, S. 57, 125.

761 Lamfalussy-Bericht, S. 20.

762 Geiger, Art. 94 EGV Rn. 4; Horn, ZBB 1999, 1 (7 f.); Heinze, S. 19 ff., 23 ff.

763 Art. 249 I, II EGV; Geiger, Art. 249 EGV Rn. 4 ff.

vollständige Rechtsvereinheitlichung hinsichtlich ihres Regelungsgegenstands mit sich bringt, war im Unternehmens- und Kapitalmarktbereich als Regelungsinstrument lange Zeit keine Bedeutung zugekommen[764]. Die Einigung der Mitgliedstaaten auf einen für alle nationalen Rechtsordnungen unmittelbar verbindlichen Normtext scheitert in der Praxis häufig an den divergierenden Interessen und der deshalb allenfalls bestehenden Bereitschaft, sich regulatorisch auf einen mehr oder weniger kleinen gemeinsamen Nenner zu verständigen[765]. Die EU verfolgt auch im allgemeinen kein Konzept der „Vollharmonisierung" mehr, sondern seit der Einheitlichen Europäischen Akte 1986 nur noch eines der „Mindestharmonisierung"[766] bei wechselseitiger Anerkennung der jeweils anderen nationalen Rechtsordnungen im Übrigen[767]. Rechtsangleichung erfolgt danach nur im unbedingt nötigen Umfang, ansonsten haben die einzelnen Mitgliedstaaten abweichende Rechtslagen anderer Staaten im Vertrauen auf deren grundsätzliche Gleichwertigkeit zu akzeptieren[768]. Mit den Verträgen von Maastricht wurde 1992 außerdem das Subsidiaritätsprinzip im europäischen Primärrecht verankert[769], wonach in den Bereichen, in denen die Gemeinschaft nicht die ausschließliche Regelungskompetenz hat, der lokalen, sachnäheren Kompetenzausübung Vorrang vor einer zentralen Regulierung zukommt[770]. Eine Kompetenz der Gemeinschaft besteht nur, wenn die Mitgliedstaaten die betreffenden Regelungsziele nicht ausreichend selbst erreichen können und damit besser auf EU-Ebene zu verfolgen sind[771]. Der Subsidiaritätsgrundsatz gilt grundsätzlich auch für Finanzmarktrichtlinien[772].

---

764 Lamfalussy-Bericht, S. 20; Heinze, S. 20 f., 23; inzwischen ist das aber etwas anders, vgl. SE-Verordnung (zur Europäischen Aktiengesellschaft) Nr. 2157/2001, ABl. EU 2001, Nr. L 294, S. 1; Verordnung (EG) Nr. 1606/2002 betreffend die Anwendung internationaler Rechnungslegungsstandards, ABl. EU 2002, Nr. L 243, S. 1; Verordnung (EG) Nr. 2560/2001 über grenzüberschreitende Zahlungen in Euro, ABl. EU 2001, Nr. L 344, S. 13; Durchführungsverordnung 2273/2003 zur Richtlinie 2003/6 (Marktmissbrauchsrichtlinie), ABl. EU 2003, Nr. L 336, S. 33; Verordnung (EG) Nr. 809/2004 zur Umsetzung der Richtlinie 2003/71 (Prospektrichtlinie), ABl. EU 2004, Nr. L 149, S. 1.

765 Assmann/Schütze-von Rosen, § 2 Rn. 244.

766 Vgl. z. B. Präambel Wertpapierdienstleistungsrichtlinie (a. F.).

767 Callies, EWS 2000, 432 (433); Assmann/Schütze-von Rosen, § 2 Rn. 244; Claussen, S. 360, Rn. 12; Heinze, S. 21, 84; Merkt, NJW-Beilage 23/2002, 37 (42) m. w. N.; vgl. z. B. Präambel Wertpapierdienstleistungsrichtlinie (a. F.).

768 Von der Groeben-Taschner, Art. 94 EG Rn. 16; Callies, EWS 2000, 432 (432 f., 440); Heinze, S. 22.

769 Art. 5 II EGV; Geiger, Art. 5 EGV Rn. 4 ff.; Heinze, S. 21.

770 Geiger, Art. 5 EGV Rn. 7 f.; von der Groeben-Zuleeg, Art. 5 EG Rn. 25 ff.; Callies, EWS 2000, 432 (439 f.).

771 Geiger, Art. 5 EGV Rn. 8; von der Groeben- Zuleeg, Art. 5 EG Rn. 7 ff., 25 ff.

772 KOM (2002) 625, S. 51; Merkt, DJT-Gutachten (2002), G 65; Claussen, S. 360, Rn. 13; Präambel, Erwägung 71 Wertpapierdienstleistungsrichtlinie (n. F.) (das Ziel der Schaffung eines integrierten Finanzmarkts sei „besser auf Gemeinschaftsebene zu erreichen", deshalb

Die somit verbleibenden Regelungsspielräume für die EU-Mitgliedstaaten können für einen Auf- oder Ausbau einer starken Stellung im Regulierungswettbewerb genutzt werden[773], einem zwischen ihnen denkbaren regulatorischen race-to-the-bottom stehen das EU-vertragliche Solidaritätsprinzip und der Grundsatz der Gemeinschaftstreue mit der Pflicht zu gegenseitiger Rücksichtnahme entgegen[774].

Das vorhandene deutsche Bankaufsichtsrecht geht jedenfalls in beachtlichem Umfang auf EU-Richtlinien zurück[775], die bereits bis Mitte der neunziger Jahre für eine weitgehende europäische Rechtsharmonisierung in diesem Bereich gesorgt hatten. Nach begrenzten europäischen Rechtsangleichungsmaßnahmen in den Bereichen der Börsenzulassung, der Börsenzulassungs- und der Börsenzulassungsfolgepublizität, die seit den späten siebziger Jahren erfolgt waren[776], und der Rechnungslegung[777] ist auch das meiste (allgemeine) deutsche Kapitalmarktrecht in Umsetzung europäischer Richtlinien geschaffen worden[778]. Die

verstoße die diesbezügliche Rechtsangleichung nicht gegen das Subsidiaritätsprinzip); Präambel, Erwägung 41 Marktmissbrauchsrichtlinie.

773 Geschäftsbericht 2004, Gruppe Deutsche Börse, S. 39 („kurzfristig (ist) nicht mit einem einheitlichen rechtlichen (…) Umfeld in Europa zu rechnen").

774 Callies, EWS 2000, 432 (440).

775 1. Bankrechtskoordinierungsrichtlinie, ABl. EG 1977, Nr. L 322, S. 30; diese später konsolidiert, dann ersetzt, ABl. EG 1992, Nr. L 110, S. 52, bzw. berichtigt, ABl. EG 1992, Nr. L 110, S. 54; Bankbilanzrechtsrichtlinie, ABl. EG 1986, Nr. L 372, S. 1, geändert durch ABl. EU 2003, Nr. L 178, S. 16; Eigenmittelrichtlinie, ABl. EG 1989, Nr. L 124, S. 16; 2. Bankenrichtlinie, ABl. EG 1989, Nr. L 386, S. 1; Solvabilitätsrichtlinie, ABl. EG 1989, Nr. L 386, S. 14; die letzten drei zusammengefasst in der Bankrechtskoordinierungsrichtlinie, ABl. EG 2000, Nr. L 126, S. 1; Großkreditrichtlinie, ABl. EG 1993, Nr. L 29, S. 1; Kapitaladäquanzrichtlinie, ABl. EG 1993, Nr. L 141, S. 1; BCCI-Richtlinie, ABl. EG 1995, Nr. L 168, S. 7; Überweisungsrichtlinie, ABl. EU 1997, Nr. L 43, S. 25; Richtlinie über die Sanierung und Liquidation von Kreditinstituten, ABl. EG 2001, Nr. L 125, S. 15; Richtlinie zur Besteuerung von Zinserträgen, ABl. EU 2003, Nr. L 157, S. 38; Horn, ZBB 1999, 1 (5 f.); Bankrechts-Handbuch-Troberg, § 135, Rn. 1 ff., insbes. 42 ff.; eine besondere Herausforderung waren und sind unterschiedliche Bankensysteme in verschiedenen EU-Staaten wie das deutsche Universalbankensystem auf der einen und das angelsächsische Trennbankensystem auf der anderen Seite, Bankrechts-Handbuch-Troberg, § 136, Rn. 9.

776 Börsenzulassungsrichtlinie, ABl. EG 1979, Nr. L 66, S. 21 (mehrfach geändert); Börsenzulassungsprospektrichtlinie, ABl. EG 1980, Nr. L 100, S. 1; Zwischenberichtsrichtlinie, ABl. EG 1982, Nr. L 48, S. 26; Börsenzulassungsprospektanerkennungsrichtlinie, ABl. EG 1987, Nr. L 185, S. 81; alle Börsenrichtlinien in einer Konsolidierungsrichtlinie zusammengefasst, ABl. EG 2001, Nr. L 184, S. 1; Schwark, WM 1997, 293 (296 f.); Heinze, S. 35 ff.; Mues, S. 91 f.

777 Dazu Habersack, Europäisches Gesellschaftsrecht, S. 39 ff., 168 ff.; vgl. Verordnung (EG) betreffend die Anwendung internationaler Rechnungslegungsstandards, ABl. EG 2002, Nr. L 243, S. 1.

778 Transparenzrichtlinie, ABl. EG 1988, Nr. L 348, S. 63; Insiderrichtlinie, ABl. EG 1989, Nr. L 334, S. 31; Wertpapierverkaufsprospektrichtlinie, ABl. EG 1989, Nr. L 124, S. 8;

bankaufsichtsrechtlichen Richtlinien und die Wertpapierdienstleistungsrichtlinie von 1993[779] hatten vor allem den Zweck, die Verwirklichung der Dienstleistungsfreiheit und der Niederlassungsfreiheit für Banken und sonstige Wertpapierhäuser voranzubringen[780], ihnen so eine grenzüberschreitende, EU-weite finanzgewerbliche Tätigkeit zu erleichtern und dabei für deren Kunden einen rechtlichen Mindestschutz zu gewährleisten[781]. Man folgt hierbei dem „Herkunftsland-“ oder „Heimatstaatprinzip“. Für die Zulassung von Banken und sonstigen Wertpapierhäusern und die europaweite Beaufsichtigung deren finanzgewerblicher Tätigkeit sind zumindest grundsätzlich die Aufsichtsbehörden des Staates zuständig, in dem der Sitz der Hauptniederlassung eines Unternehmens belegen ist (Herkunftsmitgliedstaat)[782]. Weitere Genehmigungserfordernisse für Zweigniederlassungen oder grenzüberschreitende Dienstleistungen gibt es im jeweiligen Gast- oder Aufnahmemitgliedstaat[783] nicht („Europäischer Pass“, „Single-license-Prinzip“)[784].

Europäische Rechtsangleichung im Finanzmarktbereich wird weiter und intensiver als früher verfolgt. Im Aktionsplan für Finanzdienstleistungen der EU-Kom-

---

Wertpapierdienstleistungsrichtlinie (a. F.), ABl. EG 1993, Nr. L 141, S. 27; Investmentfondsrichtlinie (OGAW-Richtlinie), ABl. EG 1985, Nr. L 375, S. 3, mehrfach geändert, ABl. EG 1988, Nr. L 100, S. 31; ABl. EG 1995, Nr. L 168, S. 7; ABl. EU 2001, Nr. L 41, S. 20 und 35; Einlagensicherungsrichtlinie, ABl. EG 1994, Nr. L 135, S. 5; Anlegerentschädigungsrichtlinie, ABl. 1997 EG Nr. L 84, S. 22; Geldwäscherichtlinie, ABl. EG 1991, Nr. L 166, S. 83, verschärft, ABl. EG 2001, Nr. L 344, S. 76; Finalitätsrichtlinie, ABl. EG 1998, Nr. L 166, S. 45 (dazu Keller, WM 2000, 1269 (1269 ff.); Schefold, IPrax 2000, 468 (468 ff.)); Richtlinie über den elektronischen Geschäftsverkehr, ABl. EG 2000, Nr. L 178, S. 1; Richtlinie über E-Geld-Institute, ABl. EG 2000, Nr. L 275, S. 39; Finanzsicherheitenrichtlinie, ABl. EG 2002, Nr. L 168, S. 43; Richtlinie über den Fernabsatz von Finanzdienstleistungen an Verbraucher, ABl. EG 2002, Nr. 271, S. 16; Finanzkonglomeraterichtlinie, ABl. EU 2003, Nr. L 35, S. 1; Kümpel, Kapitalmarktrecht, S. 22 ff; Assmann/Schütze-Assmann, § 1 Rn. 29; Horn, ZBB 1999, 1 (6 f.); Bankrechts-Handbuch-Troberg, § 135, Rn. 48; Hopt-Hopt, Börsenreform, S. 310 ff.; Hopt, BGH-Festschrift, 497 (501 f.).

779 Wertpapierdienstleistungsrichtlinie (a. F.); zu dieser Hopt-Hopt, Börsenreform, S. 316 ff.; Bankrechts-Handbuch-Troberg, § 136, Rn. 9 ff.; KOM (2002) 625, S. 40 f.

780 Präambel Wertpapierdienstleistungsrichtlinie (a. F.); Präambel, Erwägung 1 Wertpapierdienstleistungsrichtlinie (n. F.); Callies, EWS 2000, 432 (432); Bankrechts-Handbuch-Troberg, § 135, Rn. 13 ff., insbes. 23 ff.; Horn, ZBB 1999, 1 (6); Weber, S. 73 f.

781 Aktionsplan, ZBB 1999, 254 (258).

782 Artt. 1 Nr. 6, 3 I, 8 III, 10, 11 Wertpapierdienstleistungsrichtlinie (a. F.); Präambel Erwägungen 2, 17, 23, Art. 4 I Nr. 20 Wertpapierdienstleistungsrichtlinie (n. F.).

783 Art. 1 Nr. 7 Wertpapierdienstleistungsrichtlinie (a. F.); Art. 4 I Nr. 21 Wertpapierdienstleistungsrichtlinie (n. F.).

784 Präambel und Art. 14 I, II Wertpapierdienstleistungsrichtlinie (a. F.); Aktionsplan, ZBB 1999, 254 (261); KOM (2000) 729, S. 2, 7; Kümpel, S. 2545, 19.214; Callies, EWS 2000, 432 (432); Kurth, WM 2000, 1521 (1525, 1526, 1527); Horn, ZBB 1999, 1 (5 f.); Assmann/Schütze-von Rosen, § 2 Rn. 249; Heinze, S. 18 f.; Hopt-Rudolph, Börsenreform, S. 204; Lenenbach, S. 29, Rn. 1.57.

mission von 1999 wurden ehrgeizige Ziele formuliert[785]. Die Schaffung eines einheitlichen europäischen Binnenmarkts für Finanzdienstleistungen („Level-playing-field") mit noch umfassender als bisher verwirklichter Niederlassungs- und Dienstleistungsfreiheit für Banken und sonstige Wertpapierfirmen ist erklärte Absicht der Europäischen Union[786]. Überwachung und Anlegerschutz, insbesondere im Privatkundenbereich, sollen verbessert werden[787]. Es gilt, Ausnahmen vom Herkunftslandprinzip, also Rechtsbereiche, in denen das Gastland eigene Vorschriften gegenüber ausländischen Wertpapierdienstleistern zur Geltung bringt[788], weiter zu reduzieren[789].

Einen außerordentlichen Anschub bei der Verfolgung der im Aktionsplan gesteckten Ziele brachte der Lamfalussy-Bericht von Februar 2001[790]. Die schnellstmögliche Realisierung eines integrierten europäischen Finanzmarktes wurde dort unter Verweis auf wesentliche wirtschaftliche Vorteile energisch angemahnt[791]. Einem wirklich weitgehend freien Kapital- und Dienstleistungsverkehr stünden derzeit u. a., so die kritische Bestandsaufnahme im Lamfalussy-Bericht, „Hürden, die von unnötiger Bürokratie über mangelndes Vertrauen bis hin zu unverhohlenem Protektionismus reichen", entgegen[792]. Die Mitgliedstaaten würden über „verschiedene kreative Verfahren" verfügen, „durch Bevorzugung einheimischer Anbieter nationale Märkte oder Produkte (zu) schützen"[793]. Der Bereich der Wertpapiermärkte sei europarechtlich derzeit noch durch „lückenhafte oder fehlende Regelungen" gekennzeichnet[794]. Das Rechtsetzungsverfahren der EU wurde u. a. als zu langwierig und unflexibel kritisiert und dessen Reform gefordert[795]. Im Februar 2002 kam es dann innerhalb der EU zur Festlegung darauf, dass mit dem so genannten Komitologie-

---

785 Merkt, DJT-Gutachten (2002), G 21 f., 63 f.; Fleischer, DJT-Gutachten (2002), F 15; Mues, Vorwort, S. 5; Claussen, S. 361, Rn. 15.

786 Dazu zuvor Weber, S. 81 ff.

787 Aktionsplan, ZBB 1999, 254 (256, 258, 259 f.).

788 Präambel (Ausnahmevorschriften „zum Schutz des Allgemeininteresses") und Art. 11 II Wertpapierdienstleistungsrichtlinie (a. F.); §§ 31 ff. WpHG; Präambel, Erwägung 32 Wertpapierdienstleistungsrichtlinie (n. F.); Kurth, WM 2000, 1521 (1526); Nachweise hinsichtlich der Umsetzungen in die Rechte der Mitgliedstaaten bei Assmann/Schneider-Koller, Vor § 31 Rn. 7a.

789 Aktionsplan, ZBB 1999, 254 (256); zu den allgemeinen Grenzen des Prinzips Heinze, S. 19.

790 Präambel, Erwägungen 4 bis 6 Marktmissbrauchsrichtlinie; KOM (2002) 625, S. 7, 8; Claussen, S. 361, Rn. 15; Schwark-Heidelbach, § 30 BörsG Rn. 4.

791 Lamfalussy-Bericht, S. 14.

792 Lamfalussy-Bericht, S. 14.

793 Lamfalussy-Bericht, S. 17.

794 Lamfalussy-Bericht, S. 17.

795 Lamfalussy-Bericht, S. 16, 18, 19 ff., 26 ff.

verfahren[796] ein neues, zügiges Rechtsetzungsverfahren für den Finanzmarktsektor[797] eingeführt wurde[798]. „Rahmenrichtlinien“ werden im Wege von „Durchführungsmaßnahmen“ inhaltlich konkretisiert und bei neu auftretenden Regelungserfordernissen flexibel angepasst[799]. Dabei ist eine differenzierte Einbindung der Betroffenen, insbesondere der nationalen Aufsichtsbehörden vorgesehen[800]. Zwei neue Ausschüsse wurden geschaffen[801]: der EU-Wertpapierausschuss („European Securities Committee (ESC)“) und der Ausschuss der EU-Wertpapierregulierungsbehörden („EU-Securities Regulators Committee (ESRC)“)[802]. Das vierstufige Rechtsetzungsverfahren[803] ist u. a. dadurch geprägt, dass die nationalen Wertpapieraufsichtsbehörden, die zuvor nur eher informell zusammenarbeiten konnten[804] (früher im Rahmen des „Forum of European Securities Comissions“ (FESCO), heute des „Comittee of European Securities Regulators“ (CESR), weltweit sind die nationalen Aufsichtsbehörden in der International Organisation of Securities Commissions (IOSCO) in Kontakt)[805], institutionell eingebunden sind und die EU-Kommission bei der Konkretisierung der Rahmengesetzgebung durch Richtlinien im Wege von Durchführungsbestimmungen unterstützen[806]. Dem europäischen Normfindungsprozess mag der besondere Überblick der nationalen Aufsichtsbehörden über die Situation auf ihren jeweiligen nationalen Märkten und ihr besonderer Sinn für abzubauende regulatorische Defizite zugute kommen. Es wird außerdem erwartet, dass die nationalen Aufsichtsbehörden bei der späteren Anwendung so harmonisierten Rechts koordinierter als bisher vorgehen, wozu sie überdies durch differenziertere Regeln für die grenzüberschreitende Zusammenarbeit angehal-

---

796 Kapitalmarkt Deutschland-Caspari, S. 17 f.

797 Kümpel, S. 1275 f., 8.114 ff.; vgl. Aktionsplan, ZBB 1999, 254 (261 f.).

798 Schwark-Heidelbach, § 30 BörsG Rn. 4; von Kopp-Colomb/Lenz, AG 2002, 25 (25 ff.).

799 KOM (2002) 625, S. 7.

800 KOM (2002) 625, S. 8, 50; Merkt, DJT-Gutachten (2002), G 65.

801 Vgl. Aktionsplan, ZBB 1999, 254 (260) („die EU (ist) gelähmt worden durch das Fehlen eines Ausschusses angemessenen Ranges, der die EU-Institutionen bei der Entwicklung und Einführung von Vorschriften für die Dienstleistungen der Kapitalanlage und der Wertpapiermärkte unterstützt“).

802 Beschluss der Kommission zur Einsetzung des Europäischen Wertpapierausschusses, ABl. EG 2001, Nr. L 191, S. 45; Beschluss der Kommission zur Einsetzung des Ausschusses der europäischen Wertpapierregulierungsbehörden, ABl. EG 2001, Nr. L 191, S. 43; Kümpel, S. 1276 f., 8.118 ff.; Lamfalussy-Bericht, S. 35 ff.

803 Präambel, Erwägung 6 Prospektrichtlinie; KOM (2002) 625, S. 8, 38 f., 50.

804 Aktionsplan, ZBB 1999, 254 (259).

805 Merkt, DJT-Gutachten (2002), G 20; Fleischer, DJT-Gutachten (2002), F 15; Lenenbach, S. 562, Rn. 12.16; Aktionsplan, ZBB 1999, 254 (260); KOM (2000) 729, S.8 f.; Hopt-Hopt, Börsenreform, S. 369 f.

806 Präambel, Erwägungen 64 ff. Wertpapierdienstleistungsrichtlinie (n. F.); Schwark-Heidelbach, § 30 BörsG Rn. 4; Kümpel/Hammen, S. 63.

ten werden sollen[807]. Wie die EU-Kommission „mahnt" auch der deutsche Juristentag 2002 eine Verbesserung der rechtlichen Zusammenarbeit in Europa bei der Beaufsichtigung der Kapitalmärkte „dringend an"[808]. Die Aufsicht liegt in den Händen der einzelnen nationalen Aufsichtsbehörden[809], grundsätzlich bezieht sich deren jeweiliger Zuständigkeitsbereich auf das eigene nationale Territorium („Territorialitätsprinzip")[810]. Nach dem im europäischen Bankaufsichts- und Kapitalmarktrecht niedergelegten Herkunftslandprinzip haben Aufsichtsbehörden Banken und sonstige Wertpapierhäuser aber nicht nur im eigenen Land, sondern auch hinsichtlich deren Tätigkeit im EU-Ausland (in Gastländern) zu überwachen. Bei beabsichtigten Aufsichtsmaßnahmen im Ausland sind sie auf die Amtshilfe der fremden Aufsichtsbehörden angewiesen[811]. Ein solches grenzüberschreitendes Zusammenwirken stellt sich in der Praxis trotz erreichter Fortschritte offenbar nach wie vor als schwierig dar[812]. Eine einheitliche europäische Finanzdienstleistungsaufsicht in Form einer zentralen Aufsichtsbehörde[813] mit europaweiten Verwaltungsvollstreckungsbefugnissen wird häufig als ein wesentlicher Meilenstein auf dem Weg zu einem gesamteuropäischen Kapitalmarkt gefordert[814], ist aber Zukunftsmusik[815].

Die heute auf den nationalen europäischen Kapitalmärkten vorhandene computerbasierte Handelstechnologie erlaubt in größerem Umfang die grenzübergreifende Vernetzung bestehender nationaler Handelsinfrastrukturen[816]. Eine weitergehende Beseitigung von Rechtsunterschieden soll grenzüberschreitenden

---

807 Artt. 56 ff. Wertpapierdienstleistungsrichtlinie (n. F.); Art. 16 Marktmissbrauchsrichtlinie; Art. 22 Prospektrichtlinie; Aktionsplan, ZBB 1999, 254 (256); KOM (2002) 625, S. 7, 38, 50.

808 DJT-Beschlüsse (2002), NZG 2002, 1006 (1008), 6.3.; Beck, DJT-Referat (2002), P 48 f.

809 Lamfalussy-Bericht, S. 22.

810 Kurth, WM 2000, 1521 (1527); Beck, DJT-Referat (2002), P 48; Spindler, WM 2001, 1689 (1689).

811 Kurth, WM 2000, 1521 (1526 ff.); Merkt, NJW-Beilage 23/2002, 37 (46).

812 Kurth,WM 2000, 1521 (1526 ff.); KOM (2002) 625, S. 7; Merkt, DJT-Gutachten (2002), G 124 ff.; Lamfalussy-Bericht, S. 22 („Kleinteiligkeit und häufig Konfusion"); hinsichtlich der Probleme der Börsenaufsicht Mues, S. 164; deshalb Präambel, Erwägung 39 Prospektrichtlinie.

813 Aktionsplan, ZBB 1999, 254 (260); Köndgen, Festschrift Lutter, S. 1401 (1412, 1420).

814 DJT-Beschlüsse (2002), NZG 2002, 1006 (1008), 6.2.; Merkt, DJT-Gutachten (2002), G 124; ders., NJW-Beilage 23/2002, 37 (46); Hopt, BB 2002, Heft 38, S. 1; Geschäftsbericht 1999, Gruppe Deutsche Börse, S .24; dagegen Kurth, WM 2000, 1521 (1528); reserviert U. H. Schneider, AG 2001, 269 (270), wohl auch Claussen, S. 359, Rn. 12.

815 Kapitalmarkt Deutschland-Caspari, S. 33 f. („Ein gangbarer Weg könnte die schrittweise Europäisierung der Aufsicht sein. (...) Der graduelle Aufbau einer europäischen Struktur muss mit einem graduellen Abbau auf nationaler Ebene einhergehen"); Köndgen, Festschrift Lutter, S. 1401 (1412, 1420).

816 Kurth, WM 2000, 1521 (1524).

Handel auch rechtlich weiter erleichtern[817]. Die Transaktionskosten im internationalen Geschäft lassen sich hierdurch verringern[818]. Unternehmen sollen sich europaweit Kapital beschaffen (welcher Erfolg der nach mehr als dreißigjährigen Bemühungen[819] nun Wirklichkeit werdenden Rechtsform der Europäischen Aktiengesellschaft[820] beschieden sein und welche Auswirkung deren Einführung auf die europäische Kapitalmarktsituation haben wird, bleibt abzuwarten), Anleger europaweit Anlagemöglichkeiten nutzen und so liquidere Aktienmärkte entstehen können[821]. Um auf ein geordnetes und vertrauenswürdiges Kapitalmarktgeschehen in Europa hinzuwirken, wird eine Rechtsangleichung auf hohem Niveau angestrebt, wobei das Ziel, (Gesamt-)Markttransparenz herzustellen, einen hohen Stellenwert hat. Durch die Novellierung der von 1993 stammenden Wertpapierdienstleistungsrichtlinie im April 2004 mit der Einführung eines „kohärenten" Regelungskonzepts mit deutlich ausgeweiteten Transparenzverpflichtungen und präzisierten Verhaltenspflichten für Wertpapierdienstleister soll die Transparenz auf den mitgliedstaatlichen Märkten verbessert bzw. europaweit erreicht werden[822]. Die Marktmissbrauchsrichtlinie[823] ist Anfang 2003 in Kraft getreten und insbesondere im Anlegerschutzverbesserungsgesetz (AnSVG) vom 28.10.2004[824] umgesetzt worden. Mit der neuen Prospektrichtlinie[825], im seit 01.07.2005 geltenden Wertpapierprospektgesetz (WpPG) umgesetzt, wird auch der „Europäische Pass für Emittenten" durch die weitergehende Harmonisierung der kapitalmarktlichen Prospektpflichten für Unternehmensemittenten und Verpflichtungen der Gastländer, im

---

817 Aktionsplan, ZBB 1999, 254 (256, 258); Präambel, Erwägung 5 Prospektrichtlinie; KOM (2002) 625, S. 7 (grundlegende Unterschiede in der Regulierung der Marktstruktur führen zu entscheidenden Behinderungen bei grenzüberschreitenden Geschäften und zu einer Aufsplitterung der Liquidität), 14 f., 18.

818 Aktionsplan, ZBB 1999, 254 (259); Kurth, WM 2000, 1521 (1524); zu Rechtsunterschieden in Europa als Kostenfaktor bei grenzüberschreitenden Transaktionen vgl. auch Geschäftsbericht 2001, Gruppe Deutsche Börse, S. 20.

819 Pluskat, EuZW 2001, 524 (524 ff.).

820 Gesetz zur Einführung der Europäischen Gesellschaft (SEEG), BGBl. I 2004, 3675; SE-Verordnung, ABl. EG 2001, Nr. L 294, S. 1; Lächler/Oplustil, NZG 2005, 381 (381 ff.); Oechsler, NZG 2005, 449 (449 ff.); Hopt, EuZW 2002, 1; Hommelhoff, AG 2001, 279 (279 ff.); Aktionsplan, ZBB 1999, 254 (257 f.).

821 Präambel, Erwägung 43, 7. Gedankenstrich Marktmissbrauchsrichtlinie; KOM (2002) 625, S. 4; KOM (2000) 729, S. 5; Aktionsplan, ZBB 1999, 254 (256).

822 Präambel, Erwägungen 5, 44, 71 Wertpapierdienstleistungsrichtlinie (n. F.); KOM (2002) 625, S. 11 ff., 48 f.; KOM (2000) 729, S. 2; Aktionsplan, ZBB 1999, 254 (256); Caspari, NZG 2005, 98 (103).

823 ABl. EU 2003, Nr. L 96, S. 16.

824 BGBl. I, 2004, 2630.

825 ABl. EU 2003, Nr. L 345, S. 64; Crüwell, AG, 2003, 80 (80 ff.); Caspari, NZG 2005, 98 (103); Schwark-Heidelbach, § 30 BörsG Rn. 4.

Heimatland erfüllte Publizitätspflichten anzuerkennen, Wirklichkeit[826]. Man hat sich auf eine Übernahmerichtlinie verständigen können[827]. Es gibt eine neue Transparenzrichtlinie[828].

Neben den also immens verstärkten Harmonisierungsbemühungen in Brüssel nutzen die EU-Mitgliedstaaten die ihnen verbleibenden Regelungsspielräume, um sich abzeichnenden Regelungserfordernissen möglichst schnell nachzukommen und um die Wettbewerbsfähigkeit des eigenen Finanzplatzes im internationalen Vergleich sowohl zu anderen Staaten der Europäischen Union (EU) und des Europäischen Wirtschaftsraums (EWR) als auch zu Staaten außerhalb der EU und des EWR zu verbessern[829]. Solange die rechtspolitischen Überlegungen der EU noch nicht zu wirksamen Rechtsakten geführt haben, kann ein nationaler Gesetzgeber eigenständige Regelungen im (noch) nicht (umfassend) harmonisierten Bereich treffen[830], die allerdings nicht gegen europäisches Primärrecht, insbesondere die Grundfreiheiten, verstoßen dürfen[831]. Sollte er sich hierzu entschließen[832] und nicht lieber das Ende des EU-Rechtsetzungsprozesses abwarten wollen, z. B. weil er Regelungserfordernissen besonders schnell und flexibel entsprechen möchte[833], wird er sich sinnvollerweise so weit wie möglich auch an der europäischen Diskussion orientieren. Die dort im Verlauf der jüngsten Richtlinienvorarbeiten erörterten Regelungskonzepte waren zum Teil unter Mitarbeit bzw. Konsultation von Finanzfachleuten aus ganz Europa entwickelt worden[834] und demnach Ausfluss gebündelten internationalen Sachverstandes. Eigenmächtige nationale Regelungsmodelle wären mit dem Wirksamwerden zukünftiger Richtlinien bei der nationalen Richtlinienumsetzung wieder zu beseitigen, wenn sie sich als nicht richtlinienkonform erweisen sollten[835]. Diese

---

826 §§ 17 f. Wertpapierprospektgesetz (WpPG); Caspari, NZG 2005, 98 (103); Hopt/Voigt, WM 2004, 1801 (1801).

827 ABl. EU 2004, Nr. L 142, S. 12; Maul, NZG 2005, 151 (151 ff.); dies./Muffat-Jeandet, AG 2004, 221 (221 ff.) und 306 (306 ff.); Caspari, NZG 2005, 98 (103); Wiesner, ZIP 2004, 343 (343 ff.).

828 ABl. EU 2004, Nr. L 390, S. 38; Caspari, NZG 2005, 98 (103).

829 Merkt, DJT-Gutachten (2002), G 56 f., 59, 62, 65; ders., NJW-Beilage 23/2002, 37 (42); Schwark-Schwark, Einl BörsG Rn. 18.

830 Von der Groeben-Taschner, Art. 94 EG Rn.23; Präambel, Erwägung 43, 11. Gedankenstrich Marktmissbrauchsrichtlinie; zur Sperrwirkung von Richtlinien Geiger, Art. 249 EGV Rn. 11.

831 Mülbert, WM 2001, 2085 (2088 ff.); Bankrechts-Handbuch-Troberg, § 135 Rn. 13 bis 41; Heinze, S. 12; Assmann/Schütze-Assmann, § 1 Rn. 83.

832 Das 4. Finanzmarktförderungsgesetz z. B. geht überwiegend nicht auf Europarecht zurück, Beck, BKR 2002, 662 (663); Schwark-Schwark, Einl BörsG Rn.11.

833 Merkt, NJW-Beilage 23/2002, 37 (42).

834 KOM (2002) 625, S. 8; KOM (2000) 729, S. 2, 4; Aktionsplan, ZBB 1999, 254 (256).

835 Von der Groeben-Taschner, Art. 94 EG Rn. 24; Geiger, Art. 249 Rn. 8 ff.

Erwägungen sind bei der Kapitalmarktgesetzgebung in Deutschland in der jüngeren Vergangenheit regelmäßig angestellt worden[836].
Neu in Deutschland ist die Allfinanzaufsicht, die durch das Gesetz über die integrierte Finanzdienstleistungsaufsicht (mit dem Gesetz über die Bundesanstalt für Finanzdienstleistungsaufsicht (FinDAG)) eingeführt wurde. Wie bereits angesprochen sind die drei Bundesaufsichtsämter, die früher im Finanzdienstleistungsbereich bestanden (das Bundesaufsichtsamt für das Kreditwesen (BAKred), das 1994 geschaffene Bundesaufsichtsamt für den Wertpapierhandel (BAWe) und das Bundesaufsichtsamt für das Versicherungswesen (BAV)), im Mai 2002 in der neugeschaffenen Bundesanstalt (BaFin) aufgegangen, auf die die entsprechenden Aufsichtskompetenzen übergeleitet worden sind[837].
Der deutsche Bundesgesetzgeber hat nach mehreren vorausgegangenen Gesetzen mit ähnlicher Zielrichtung[838] Mitte 2002 das (schon mehrfach in Bezug genommene) Gesetz zur weiteren Fortentwicklung des Finanzplatzes Deutschland (4. Finanzmarktförderungsgesetz) verabschiedet[839]. Es enthält mehrere, überwiegend nicht europarechtlich vorgegebene Rechtsänderungen[840], die für den Gegenstand der vorliegenden Untersuchung unmittelbar von Belang sind. Z. B. werden außerbörsliche elektronische Handelssysteme allgemein einer Anzeigepflicht[841], bestimmte derartige Systeme darüberhinaus am Börsenrecht orien-

836 Vgl. Kümpel, S. 1238, 8.6; Mülbert, JZ 2002, 826 (837); Börsensachverständigenkommission, S. 13; Beck, DJT-Referat (2002), P 41 (der „nationale Blickwinkel (reicht) häufig nicht mehr (aus)“); aber auch Assmann, DJT-Referat (2002), P 30 („Dem „Aktionsplan Finanzdienstleistungen“ der EU fehlt nach wie vor ein die verschiedenen singulären Vorschläge und eingeleiteten Maßnahmen einigendes Gesamtkonzept zur Schaffung der regulatorischen Grundlagen eines integrierten europäischen Finanzplatzes. Deshalb ist es zu empfehlen, die Entwicklung des Kapitalmarkt- und Börsenrechts in Deutschland zwar im Blick auf die Vorhaben der EU, im Übrigen aber nach einem eigenständigen Konzept der Ordnung des deutschen Kapitalmarkts voranzutreiben. (...) Die zunehmende Profilierung des deutschen Kapitalmarktrechts könnte die Chancen einer stärkeren Einflussnahme auf die europäische Finanzmarktregulierung verbessern.“); ähnlich Hellwig, DJT-Referat (2002), P 59.

837 § 4 I FinDAG; Lenenbach, S. 554 f., Rn. 12.2a.

838 Schwark-Schwark, Einl BörsG Rn. 5 ff.; Schlüter, S. 15 f., Rn. 60 (1. Finanzmarktförderungsgesetz, BGBl. I, 1990, 266); 16 ff., Rn. 64 ff. (2. Finanzmarktförderungsgesetz, BGBl. I, 1994, 1749); 23, Rn. 89 (3. Finanzmarktförderungsgesetz, BGBl. I, 1998, 525); Merkt, DJT-Gutachten (2002), G 56; Fleischer, DJT-Gutachten (2002), F 13; ders., NJW-Beilage 23/2002, 37; Beck, DJT-Referat (2002), P 47; Wolf, WM 2001, 557; Hellwig, ZGR 1999, 781 (783); U. H. Schneider/Burgard, WM 2000, Sonderbeilage Nr. 3, 24 (36); Assmann/Schütze-Assmann, Ergänzungsband, § 1 Rn. 2, 7 ff.; Claussen, S. 357 f., Rn. 9 f.; Wastl, WM 1999, 620 (625).

839 BGBl. I, 2002, 2010 ff.; Claussen, S. 357 f., Rn. 9 f.; Gebhardt, WM 2003, Sonderbeilage Nr. 2, 3 (4); Lenenbach, Vorwort, S. V und S. 28, Rn. 1.56; Schlüter, S. 23 ff., Rn. 90 ff.

840 Fleischer, NJW 2002, 2977 (2977 ff.); Beck, BKR 2002, 662 (663).

841 § 58 BörsG; Spindler, WM 2002, 1325 (1332); Fleischer, NJW 2002, 2977 (2983); Mülbert, JZ 2002, 826 (829).

tierten Organisationspflichten unterworfen und der börsenaufsichtsbehördlichen Aufsicht zugeführt[842], und zwar ohne den Erlass der angesprochenen, auf die Regulierung elektronischer Handelssysteme gerichteten Richtlinienbestimmungen der EU (vgl. inzwischen Wertpapierdienstleistungsrichtlinie (n. F.) abzuwarten[843]. Für ausländische organisierte elektronische Märkte gilt jetzt eine Anzeige- bzw. Erlaubnispflicht[844]. Es gibt mehrere Änderungen im Recht der Börsenorganisation[845] (das, wie gesagt, bislang europarechtlich kaum harmonisiert ist, für das allerdings jetzt Richtlinienbestimmungen größeren Umfangs vorgegeben werden). Das 4. Finanzmarktförderungsgesetz brachte eine Aufwertung des elektronischen Börsenhandels, d. h. eine weitgehende Gleichstellung mit dem börslichen Präsenzhandel, dem bislang in verschiedenen Hinsichten Priorität zukam[846]. Die hoheitliche Preisfeststellung durch Kursmakler im amtlichen Markt einer Börse wurde abgeschafft[847].

Es liegt seit Februar 2003 ein „Finanzmarktförderungsplan 2006“[848] vor. Das 10-Punkte-Programm der Bundesregierung vom März 2003[849] bezweckt insbesondere die Verbesserung des Anlegerschutzes[850].

Im Bereich des Kapitalmarktrechts zu nennen ist die Neuregelung des durch das Anlegerschutzverbesserungsgesetz (AnSVG)[851] bereits wieder geänderten Verbots der Kurs- und Marktpreismanipulation[852]. Die Voraussetzungen der Ad hoc-Publizität wurden zunächst durch das 4. Finanzmarktförderungsgesetz präzisiert[853] und inzwischen durch das AnSVG gemeinsam mit dem Insiderrecht neu gefasst. Es gibt die angesprochene Veränderung im Bereich des gesetzlichen Börsenvorrangs (Einschränkung bei Verbraucherweisung)[854], neue Veröffent-

---

842 §§ 59 f. BörsG; Spindler, WM 2002, 1325 (1332 ff.); Fleischer, NJW 2002, 2977 (2983); Mülbert, JZ 2002, 826 (829).

843 Spindler, WM 2002, 1325 (1331).

844 §§ 37i ff. BörsG; Spindler, WM 2002, 1325 (1339 ff.).

845 Beck, BKR 2002, 662 (663 ff.); Gebhardt, WM 2003, Sonderbeilage Nr. 2, 3 (4).

846 § 22 I BörsG im Vergleich zu § 10 I BörsG (a. F.); Schwark-Schwark, § 22 BörsG Rn. 18 f.

847 Vgl. §§ 25 ff. BörsG.

848 Pressemitteilung des Bundesministeriums der Finanzen Nr. 35/03 v. 06.03.2003; Eichel, Frankfurter Allgemeine Zeitung (FAZ) vom 07.03.2003, S. 20; Kümpel, S. 1238, 8.5 ff.; Hopt, BB 2002, Heft 38, S. 1; ders., DJT-Eröffnung (2002), P 8; Mülbert, JZ 2002, 826 (826).

849 Kiethe, ZIP 2003, 707 (707 ff.).

850 Schwark-Schwark, Einl BörsG Rn. 20; Caspari, NZG 2005, 98 (98 ff.).

851 BGBl. I 2004, 2630; Diekmann/Sustmann, NZG 2004, 929 (929 ff.); Kuthe, ZIP 2004, 883 (883 ff.); Holzborn/Israel, WM 2004, 1948 (1948 ff.); Caspari, NZG 2005, 98 (102 f.).

852 § 20a WpHG; dazu Lenzen, ZBB 2002, 279 ff.; Fleischer, NJW 2002, 2977 (2978 f.); Schlüter, S. 196 ff., Rn. 264 ff.; Assmann, DJT-Referat (2002), P 25, 36.

853 Schwark-Zimmer, § 15 WpHG (a. F.) Rn. 7.

854 § 22 I 1, 2. HS. BörsG.

lichungs- und Mitteilungspflichten von Aktiengeschäften für Unternehmensführungs- und -aufsichtsorgane[855] (durch das AnSVG modifiziert), neue Schadensersatzansprüche bei Pflichtverstößen im Bereich der Ad hoc-Publizität[856] (durch das AnSVG modifiziert) und neue gesetzliche Anforderungen an Wertpapieranalysen[857] (durch das AnSVG modifiziert) (Regelungskomplexe, die in der Anfang 2003 in Kraft getretenen EU-Richtlinie zur Harmonisierung der Bestimmungen gegen Kurs- und Marktpreismanipulationen erst vorgesehen sind und dieser dann anzupassen waren).
Seit Anfang Juli 2005 ist das die Prospektrichtlinie umsetzende Wertpapierprospektgesetz (WpPG) wirksam. Es erhöht die Publizitätsanforderungen (Prospektinhalt) bei erstmaligen öffentlichen Angeboten (Primärmarktpublizität), die bisher in Verkaufsprospektgesetz und Verkaufsprospektverordnung niedergelegt waren, deutlich und gleicht sie denjenigen an, die bei einer Börsenzulassung bestehen - jetzt auch im WpPG, nicht mehr in der Börsenzulassungsverordnung (BörsZulVO) geregelt - .
Mit dem Bilanzkontrollgesetz (BilKoG)[858] sind neue Befugnisse der Bundesanstalt für Finanzdienstleistungsaufsicht zur Kontrolle der Rechnungslegung im Inland börsenzugelassener Aktiengesellschaften geschaffen worden. Gesetzlich ermöglicht wurde in diesem Zusammenhang auch die Einrichtung einer neuen privatrechtlichen Prüfstelle. Die Qualität der Rechnungslegung soll nach Regelverstößen in der Vergangenheit gewährleistet werden.
Vorstandsbezüge sind zukünftig offen zu legen (Gesetz zur Offenlegung von Vorstandsbezügen (VorstOG)[859]).
Mit dem Gesetz über Musterverfahren in kapitalmarktrechtlichen Streitigkeiten (KapMuG)[860] wurde eine neue zivilprozessuale Form kollektiver Rechtsverfolgung in kapitalmarktrechtlichen Streitigkeiten eingeführt.
Vom ursprünglichen Plan, eine umfassende Kapitalmarktinformationshaftung einzuführen (mit einer Außenhaftung für Emittenten und Organe gegenüber Anlegern), wie sie im Entwurf für ein Kapitalmarktinformationshaftungsgesetz (KapInHaG-E) entwickelt worden war, ist man inzwischen zunächst abgerückt.

Anzuführen ist nochmals das seit Anfang 2002 wirksame Gesetz zur Regelung von öffentlichen Angeboten zum Erwerb von Wertpapieren und von Unternehmensübernahmen (WpÜG)[861]. Das deutsche Gesetz wurde zunächst unabhängig

855 § 15a WpHG; Fleischer, NJW 2002, 2977 (2978).

856 §§ 37b f. WpHG; Fleischer, NJW-Beilage 23/2002, 37 (40); ders., NJW 2002, 2977 (2979); Mülbert, JZ 2002, 826 (834 f.).

857 § 34b WpHG; Mülbert, JZ 2002, 826 (836 f.); Fleischer, NJW 2002, 2977 (2982).

858 BGBl. I, 2004, 3408.

859 BGBl. I, 2005, 2247; Baums, ZIP 2004, 1877 (1877 ff.).

860 BGBl. I, 2005, 2437.

861 BGBl. I, 2001, 3822.

von europarechtlichen Vorgaben geschaffen und ist jetzt in Einklang mit der Übernahmerichtlinie zu bringen.

Unten wird dargestellt, wie sich diese und andere neue Regelungen in das bereits bestehende, großenteils erst in den vergangenen Jahren sukzessiv geschaffene übrige deutsche Recht einfügen.

In den vergangenen Jahren wurde auch durch mehrere Änderungen des Aktiengesetzes (AktG) versucht, das Gesellschaftsrecht den veränderten kapitalmarktlichen Anforderungen anzupassen[862]. Hierzu zählen auch die neuen Bestimmungen zum Squeeze-out[863]. U. a. sind das Gesetz zur Kontrolle und Transparenz im Unternehmensbereich (KonTraG)[864], das Gesetz zur Namensaktie und zur Erleichterung der Stimmrechtsausübung (NaStraG)[865] und das Transparenz- und Publizitätsgesetz (TransPuG)[866] ergangen. Weitere Änderungen im Aktienrecht bringt das Gesetz zur Unternehmensintegrität und Modernisierung des Anfechtungsrechts (UMAG)[867].
Nach anglo-amerikanischem Vorbild wurden deutsche Corporate Governance-Grundsätze für börsennotierte Gesellschaften von einer hierfür eingesetzten Regierungskommission erarbeitet[868], die zum Teil geltendes Recht wiedergeben, im Übrigen Soll-Bestimmungen enthalten[869]. Vorgesehen ist eine jährlich

---

862 Großfeld, NZG 2005, 1 (1 ff.); zu dieser Zielsetzung Möllers, AG 1999, 433 (433 ff.); Schiessl, AG 1999, 442 (442 ff.).

863 §§ 327a ff. AktG; Geibel/Süßmann-Zehetmeier-Müller, Einl. S. 46 f., Rn. 33; 63 f., Rn.86 f.; Lenenbach, S. 597, Rn. 13.87.

864 BGBl. I, 1998, 786.

865 BGBl. I, 2001, 123.

866 BGBl. I,, 2002, 2681; Kümpel, S. 1263 f., 8.80 f.; Knigge, WM 2002, 1729 (1729 ff.).

867 Bundestags-Drucksache (BT-Drs.) 15/5092; Weiss/Buchner, WM 2005, 162 (162 ff.); Seibert, WM 2005, 157 (157 ff.); Seibert/Schütz, ZIP 2004, 252 (252 ff.); Jahn, BB 2005, 5 (5 ff.); Wilsing, ZIP 2004, 1082 (1082 ff.); Fleischer, ZIP 2004, 685 (685 ff.); Paefgen, AG 2004, 245 (245 ff.); Weißhaupt, WM 2004, 705 (705 ff.); Roth, BB 2004, 1066 (1066 ff.); Kuthe, BB 2004, 449 (449 ff.).

868 Corporate Governance Kodex; Nowak/Rott/Mahr, ZGR 2005, 252 (252 ff.); van Hulle/Maul, ZGR 2004, 484 (484 ff.); Heintzen, ZIP 2004, 1933 (1933 ff.); Vetter, ZIP 2004, 1527 (1527 ff.); Seidel, ZIP 2004, 285 (285 ff.); Wiesner, ZIP 2003, 977 (977 ff.); Merkt, AG 2003, 126 (126 ff.); Lutter, ZIP 2003, 737 (737 ff.); Kollmann, WM 2003, Sonderbeilage Nr. 1, 3 (3 ff.); Eichel, Frankfurter Allgemeine Zeitung (FAZ) vom 07.03.2003, S. 20; Kümpel, S. 1248 ff., 8.43 ff., insbes. 1255 ff., 8.63 ff.; Lenenbach, S. 597 ff., Rn. 13.88 ff., zur Frage, ob es eines Parlamentsgesetzes bedürfte, S. 601, Rn. 13.93 m. w. N.; die vollständige Umsetzung der Reformvorschläge der Regierungskommission Corporate Governance (Baums, Bericht Regierungskommission Corporate Governance) ist vorgesehen, Knigge, WM 2002, 729 (730); vgl. auch U. H. Schneider/Strenger; AG 2000, 106 (106 ff.).

869 Lenenbach, S. 599, Rn. 13.91.

stattfindende Revision der Grundsätze[870]. Der früher von ausländischer Seite geäußerten Kritik, die deutsche Unternehmensverfassung leide unter einer mangelhaften Ausrichtung auf Aktionärsinteressen, des Weiteren unter der dualen Unternehmensverfassung mit Vorstand und Aufsichtsrat, mangelnder Transparenz deutscher Unternehmensführung, mangelnder Unabhängigkeit deutscher Aufsichtsräte und der eingeschränkten Unabhängigkeit deutscher Abschlussprüfer, soll neben den jüngeren Gesetzesänderungen u. a. auch mit dem Kodex begegnet werden[871].

Innerhalb des ihnen jeweils vorgegebenen Rechtsrahmens und mit den ihnen zur Verfügung stehenden Mitteln konkurrieren also börsliche Aktienmärkte untereinander und mit verschiedenen außerbörslichen Märkten national und zunehmend auch international um Handelsaufkommen. Ein wichtiges Selektionskriterium in diesem Wettbewerb der Märkte ist eine attraktive, effizienzfördernde und vertrauenschaffende (Selbst-)Regulierung bzw. Marktorganisation.

870 Corporate Governance Kodex, Vorwort.

871 Corporate Governance Kodex, Vorwort.

G. Entwicklung des börslichen Aktienhandels

An den deutschen Wertpapierbörsen, vor allem der Frankfurter Wertpapierbörse (FWB), erfolgt der überwiegende Teil der auf dem deutschen Kapitalmarkt insgesamt getätigten Aktiengeschäfte. Das über einen langen Zeitraum evolutionär entstandene und verfeinerte Börsenrecht muss Ausgangspunkt und permanente Bezugsgröße für eine Betrachtung des außerbörslichen Handels sein. Im Folgenden werden die jüngere Börsenentwicklung und die Grundzüge des aktuellen Börsenrechts am Beispiel der Frankfurter Wertpapierbörse (FWB) in konzentrierter Form dargestellt.

I. Einführung (voll-)elektronischen Börsenhandels zusätzlich zum börslichen Präsenzhandel (Parketthandel)

1. Präsenzhandel

a) Präsenzhandel in klassischer Form

Unter Börsenhandel ist bis vor etwa anderthalb Jahrzehnten ausschließlich, zwischenzeitlich jedenfalls noch in erster Linie der „Präsenzhandel" oder auch „Parketthandel" im Börsengebäude verstanden worden[872]. In dessen Rahmen führen professionelle Börsenhändler und Börsenmakler per Zuruf Aktienkauf- und Aktienverkaufsaufträge zusammen. Im Mittelpunkt des Präsenzhandels steht die Preisfeststellung seitens damit besonders betrauter Makler (Skontroführer)[873]. Sie erfolgt nach dem Einheitskursverfahren (Meistausführungsprinzip)[874] oder fortlaufend (fortlaufende oder variable Notierung)[875].
Die Ortsgebundenheit bzw. die körperliche Anwesenheit der Handelsteilnehmer ist früher ein rechtliches Definitionsmerkmal für das Vorliegen börslichen Handels gewesen[876] („institutioneller" Börsenbegriff[877]).

b) Präsenzhandel in elektronisch unterstützter Form

Im Jahr 1992 war für den Präsenzhandel der deutschen Wertpapierbörsen ein elektronisches Order-Routing-System namens „BOSS-CUBE" (Börsen-Order-

---

872 Kümpel, S. 1297, 8.184; 2352 ff., 17.445 ff.; ders., Kapitalmarktecht, S. 65; Bauer/Möllers, S. 17; Lenenbach, S. 8, Rn. 1.17; Schwark-Beck, § 25 BörsG Rn. 11.

873 §§ 27 I BörsO, 25 Satz 1, 2. Alt. BörsG; Kümpel, S. 2354 ff., 17.450 ff., insbes. 2364 ff., 17.485 ff.; Lenenbach, S. 94, Rn. 2.61.

874 § 28 II 1 BörsO; Kümpel/Hammen, S. 215 ff.; Schwark-Beck, § 25 BörsG Rn. 42, 45.

875 § 28 II 2, 34 BörsO; Kümpel/Hammen, S. 217 f.; Schwark-Beck, § 25 BörsG Rn. 42, 46.

876 Kümpel, S. 1297, 8.184, 8.187; 2223, 17.35; ders., Kapitalmarktecht, S. 65 f.; ders./Hammen, S. 19; Breitkreuz, S. 34; Lenenbach, S. 8, Rn. 1.17.

877 Kümpel/Hammen, S. 19.

Service-System/Kursunterstützungs-Berechnungssystem) eingeführt worden[878], das inzwischen durch das Orderleitsystem „Xontro" abgelöst worden ist[879]. Damit ist eine Teilnahme am börslichen Präsenzhandel der verschiedenen deutschen Börsen für Zugelassene auch von außerhalb der Börsensäle möglich[880]. Angebote können auf diesem Wege direkt in das elektronische Orderbuch[881] eines Skontroführers geleitet werden[882], der dann als Makler die Preisfeststellung vornimmt und die Geschäfte vermittelt[883].
Für die im Anschluss an den Abschluss von Börsengeschäften folgende Weiterleitung zur Geschäftsabwicklung steht ebenfalls das System Xontro zur Verfügung, das das elektronische Abwicklungssystem „BOEGA" (Börsengeschäftsabwicklung)[884] ersetzt hat[885].

2. (Voll-)Elektronischer Handel

1989 war das elektronische Handelssystem „IBIS" (Integriertes Börsenhandels- und Informationssystem) eingerichtet[886], 1991 modifiziert[887] („aktives Inserat-

878 Kümpel, S. 1529, 10.92; Schwark-Beck, § 1 BörsG Rn. 35; § 25 BörsG Rn. 5; Schäfer-Peterhoff, § 1 BörsG (a. F.) Rn. 27; Breitkreuz, S. 160; Beck, WM 1998, 417 (418); ders., WM 2000, 597 (597, 607); Bauer/Möllers, S. 17; Merkt, DJT-Gutachten (2002), G 43; Stenzel, S. 53; Claussen, S. 461, Rn. 216; vgl. Hopt-Rudolph, Börsenreform, S. 235 (allgemeiner Trend, Parketthandel elektronisch zu unterstützen).

879 Kümpel, S. 1529, 10.92; 2444, 17.759; ders./Hammen, S. 20, 180; Schwark-Schwark, § 14 BörsG Rn. 8; Schwark-Beck, § 1 BörsG Rn. 35; § 25 BörsG Rn. 5.

880 Hopt-Hopt, Börsenreform, S. 341; Beck, WM 1998, 417 (418).

881 Merkt, DJT-Gutachten (2002), G 45.

882 Vgl. § 5 I 1 Bedingungen; Kümpel, S. 1970, 17.61; ders./Hammen, S. 36; Lenenbach, S. 168, Rn. 4.35; ein „computerunterstützter" Präsenzhandel wie beschrieben wird im wirtschaftswissenschaftlichen und im rechtswissenschaftlichen Schrifttum (nicht aber im deutschen Recht) auch als „Computerbörse im weiteren Sinne" bezeichnet, Hopt-Rudolph, Börsenreform, S. 158; Hopt-Hopt, Börsenreform, S. 341; Kümpel/Hammen, S. 36.

883 Schwark-Beck, § 25 BörsG Rn. 5, 7, 20; es gab sogar sog. „Fernskontren", Skontroführer waren dabei nicht im Börsensaal anwesend, sondern haben ihr Skontro von außerhalb elektronisch via BOSS-CUBE bzw. Xontro geführt, Schwark-Beck, § 27 BörsG Rn. 23.

884 Schwark-Beck, § 1 BörsG Rn. 35; Merkt, DJT-Gutachten (2002), G 43; Mues, S. 30; Breitkreuz, S. 52, 323.

885 Schwark-Beck, § 1 BörsG Rn. 35; Kümpel/Hammen, S. 20.

886 Stenzel, S. 112; Hopt-Hopt, Börsenreform, S. 341 f.; Kümpel, S. 1298, 8.188; 2252, 17.116; 2380, 17.543; ders., Kapitalmarktrecht, S. 66 f.; ders./Hammen, S. 49; Schlüter, S. 521, Rn. 908.

887 Schlüter, S. 522 ff., Rn. 915 ff.; Schäfer-Peterhoff, § 1 BörsG (a. F.) Rn. 21; Beck, WM 1998, 417 (418); Hopt-Hopt, Börsenreform, S. 341 f.; Bauer/Möllers, S. 17 f.; Stenzel, S .25 f., 83; Assmann/Schütze-von Rosen, § 2 Rn. 255 f.; Lenenbach, S. 8, Rn. 1.17; Kümpel, S. 2380, 17.544; ders./Hammen, S. 49.

system“[888]) und in die Frankfurter Wertpapierbörse (FWB) integriert worden[889]. Handelsteilnehmer hatten im verbesserten System bereits auf Angebote, die in das System eingestellt worden waren, zugreifen und auf diesem Weg im System Aktiengeschäfte mit anderen abschließen können[890].

Mittlerweile hat sich das Gesamtbild des börslichen Handelsgeschehens als Folge der rasanten technologischen Entwicklung nochmals deutlich gewandelt. Der Börsenhandel in Deutschland hat mit der Ende 1997 erfolgten Installierung des leistungsstarken Computerhandelssystems „Xetra“ (exchange electronic trading) durch die Frankfurter Wertpapierbörse (FWB) ein völlig anderes Gesicht bekommen[891]. Der Hauptteil des börslichen Handels vollzieht sich jetzt innerhalb Xetra[892], das das in seinen Möglichkeiten viel beschränktere Vorgängersystem IBIS ablöste[893]. Der (elektronisch unterstützte) Präsenzhandel[894] findet heute zwar nach wie vor statt[895], aber letztlich nur noch als grundsätzlich weniger bedeutende Alternative zum reinen Computerhandel[896]. Bei Letzterem sind die hierzu zugelassenen[897] professionellen Teilnehmer über Computer miteinander vernetzt. Präsenz auf dem Börsenparkett spielt dabei keine Rolle[898], die an das Handelssystem angeschlossenen Computer stehen ganz überwiegend außerhalb des Börsengebäudes im In- oder Ausland. Alle Handelsteilnehmer können unter

---

888 Börsensachverständigenkommission, S. 5 f.; Dornau, Deutsche Börse AG, S. 22.

889 Kümpel, S. 1298, 8.188; 2252, 17.116; ders./Hammen, S. 49 f.; IBIS wurde durch Rahmenverträge auch in die übrigen deutschen Börsen integriert, Schwark-Schwark, § 17 BörsG Rn. 3, 7; Schwark-Beck, § 25 BörsG Rn. 10.

890 Schäfer-Peterhoff, § 1 BörsG (a. F.) Rn. 24; Börsensachverständigenkommission, S. 5 f.

891 Beck, WM 1998, 417 (417, 419 f.); Schwark-Beck, § 25 BörsG Rn. 10; Assmann/Schütze-Franke, Ergänzungsband, § 2 Rn. 71 ff. (Xetra im Vergleich zum Parketthandel); Rn. 110 ff.; Kümpel, S. 1298, 8.189; 2381 ff., 17.548 ff.; ders., Kapitalmarktrecht, S. 61; Schäfer-Peterhoff, § 1 BörsG (a. F.) Rn. 26; Bauer/Möllers, S. 18; Schlüter, S. 525 ff., Rn. 927 ff.

892 Beck, WM 2000, 597 (597); nach der oben angeführten wirtschaftswissenschaftlichen Kategorisierung ist Xetra als „Computerbörse im engeren Sinne“ (Hopt-Rudolph, Börsenreform, S. 158; Hopt-Hopt, Börsenreform, S. 341, 343) einzuordnen.

893 Schwark-Schwark, § 17 BörsG Rn. 7 (die IBIS-Rahmenverträge wurden zur Einführung von Xetra gekündigt).

894 „Computerbörse im weiteren Sinne“, Hopt-Rudolph, Börsenreform, S. 158.

895 Geschäftsbericht 2003, Gruppe Deutsche Börse, S. 43 f.; Schwark-Beck, § 24 BörsG Rn. 6.

896 Liersch, S. 148; Schwark-Beck, § 25 BörsG Rn. 2; §27 Rn. 1; durch das parallele Stattfinden von Präsenzhandel und Xetra-Handel kommt es zu einer Fragmentierung auch der börslichen Liquidität, Bauer/Möllers, S. 20.

897 §§ 18 BörsO, 17 I BörsG; Beck, WM 1998, 417 (424).

898 Beck, WM 1998, 417 (418); Kümpel, S. 2224, 17.38; ders., Kapitalmarktecht, S. 65 f.; ders./Hammen, S. 180; Breitkreuz, S. 34.

anonymen[899] Kennziffern ihre Kauf- und Verkaufsangebote in das Handelssystem eingeben[900] und untereinander Geschäfte tätigen. Die Abschlüsse kommen innerhalb des Systems zustande, indem sie bei inhaltlicher Übereinstimmung von Geboten automatisch zusammengeführt werden („Matching")[901]. Die Funktionen, die im Präsenzhandel den Maklern bzw. Skontroführern zukommen[902], übernimmt gewissermaßen das System[903]. Das elektronische Handelssystem Xetra hat insofern Marktplatzfunktion[904] (dem börslichen Präsenzhandel vergleichbar[905]), als grundsätzlich alle, die zugelassen und angeschlossen sind, untereinander handeln können. Das war in deutlich weniger komplexer Form innerhalb IBIS zuletzt auch schon der Fall. Aber Xetra ermöglicht multilateralen Handel in besonders avancierter Form und sieht parallel verschiedene Handelsmodelle vor[906].
Innerhalb Xetra abgeschlossene Börsengeschäfte werden automatisch der Abwicklung zugeführt.

Auch ohne Hang zu Übertreibungen wird man sagen können, dass Xetra die Verhältnisse beim Aktienhandel in Deutschland revolutioniert hat und Maßstäbe für andere börsliche und außerbörsliche Handelseinrichtungen setzt[907]. Der Anteil des Handels innerhalb Xetra macht bereits ca. 95 % des gesamten börslichen Kassahandels in Deutschland aus[908]. Zwischenzeitlich sollte der Präsenzhandel in Frankfurt sogar völlig abgeschafft werden, eine Entwicklung, die einem weltweiten Trend entspricht[909] und in Fachkreisen auch für Deutschland

899 Lenenbach, S. 36, Rn. 2.4.

900 §§ 32 ff. Bedingungen.

901 Bauer/Möllers, S. 19; Schwark-Beck, § 25 BörsG Rn. 20; Lenenbach, S. 8, Rn. 1.17; Kümpel, S. 2378 f., 17.538; 2387, 17.564; ders./Hammen, S. 26; Schlüter, S. 363 f., Rn. 68.

902 Kümpel, S. 2354 ff., 17.450 ff.; ders./Hammen, S. 215 ff.

903 Mues, S. 87; Lenenbach, S. 94, Rn. 2.61; 118, Rn. 3.33; 168, Rn. 4.35; Schlüter, S. 51, Rn. 233; 116, Rn. 343ff.; Schwark-Beck, § 24 BörsG Rn. 10; Stenzel, S. 112, zu den Kostenvorteilen elektronischer Systeme im Zusammenhang mit dem Wegfall der Maklercourtagen am Beispiel von IBIS.

904 Börsensachverständigenkommission, S. 2, 4 ff.; Merkt, DJT-Gutachten (2002), G 44.

905 Kümpel, S. 2386, 17.563 („Die Ausführung der Kauf- und Verkaufsaufträge und die Preisfeststellung im elektronischen Börsenhandel sind der Handhabung im Präsenzhandel weitgehend nachgebildet"); ebenso Schwark-Beck, § 25 BörsG Rn. 32.

906 §§ 44a ff. BörsO, 35 ff. Bedingungen; Börsensachverständigenkommission, S. 4 f., 6.

907 Geschäftsbericht 2003, Gruppe Deutsche Börse, S. 41 f.; Schlüter, S. 34 Rn. 136.

908 Frankfurter Allgemeine Zeitung (FAZ) vom 05.11.2003, S. 23; Schwark-Schwark, § 22 BörsG Rn. 18; § 16 BörsG Rn. 34; § 25 BörsG Rn. 6 (statistische Angaben); § 27 BörsG Rn. 1.

909 Bauer/Möllers, S. 20; Stenzel, S. 21 ff., 34; Geschäftsbericht 2001, Gruppe Deutsche Börse, S. 17 (für Europa); Schwark-Beck, § 25 BörsG Rn. 10.

erwartet worden war[910]. Mit dem 4. Finanzmarktförderungsgesetz wurde zunächst einmal der, für die im Vergleich zum elektronischen Handel besondere Qualität des börslichen Präsenzhandels bis zuletzt immer wieder ins Feld geführte Einsatz von Kursmaklern[911] beendet[912]. Das Bundesverfassungsgericht hat das im Hinblick auf die Berufsfreiheit der Kursmakler für verfassungsrechtlich zulässig erachtet[913]. Kursmakler sind mit der Börsenpreisfeststellung im anspruchsvollsten börslichen Marktsegment des „amtlichen Handels", vom Gesetz jetzt „amtlicher Markt" genannt[914], betraut und in dieser Funktion als staatlich Beliehene und Börsenorgane hierbei hoheitlich tätig gewesen[915]. Im amtlichen Markt agieren jetzt im Präsenzhandel wie in den übrigen börslichen Marktsegmenten Makler als Skontroführer auf überwiegend privatrechtlicher Grundlage[916].
Der klassische Bezug zum Börsengebäude durch die Verortung des Handelsgeschehens dort lockert sich also durch die eingetretene Verlagerung des börslichen Handelsschwerpunkts in den elektronischen Handel zusehends und „droht" gänzlich zu verschwinden („Enträumlichung der Marktbeziehungen")[917]. Xetra würde technisch die nötige Leistungsstärke für die Bewältigung des gesamten börslichen Handelsaufkommens besitzen[918].

Ursache für eine Zunahme außerbörslich erfolgender Aktiengeschäfte können im Allgemeinen zu hohe Transaktionskosten im Börsenhandel sein[919], diese wiederum mit einer ineffizienten Organisation der börslichen Handelsabläufe

---

910 Beck, WM 1998, 417 (417, 418); Schwark-Beck, § 25 BörsG Rn. 12; Köndgen/Mues, WM 1998, 53 (54); Mues, S. 18, 28; Wastl, WM 1999, 620 (622); Merkt, DJT-Gutachten (2002), G 43; zu den rechtlichen Fragen einer Beendigung des Präsenzhandels insbesondere Bauer/Möllers, S. 22 ff.

911 Vgl. §§ 29 ff. BörsG (a. F.); Schwark-Beck, § 26 BörsG Rn. 1 ff.

912 Vgl. §§ 25 ff. BörsG; Schwark-Beck, § 25 BörsG Rn. 1, 7; § 26 BörsG Rn. 6; Lenenbach, S. 114, Rn. 3.26a; 146, Rn. 3.72; Kümpel/Hammen, S. 140, 225; vgl. die entsprechende Forderung in Hopt-Hopt, Börsenreform, S. 462.

913 BVerfG, Beschl. v. 21.08.2002, NZG 2002, 1028 (1028 ff.); vgl. zuvor schon Bauer/Möllers, S. 35 f., 72 ff.

914 Z. B. § 30 I BörsG; Schwark-Beck, § 25 BörsG Rn. 2; Schwark-Heidelbach, § 30 BörsG Rn. 3.

915 Kümpel/Hammen, S. 225; Schwark-Heidelbach, § 30 BörsG Rn. 12.

916 Schwark-Schwark, Einl BörsG Rn. 13; Schwark-Beck, § 25 BörsG Rn. 8 f., 21, 43; § 26 BörsG Rn. 6; Kümpel/Hammen, S. 223 f., zu den Gründen für die Beibehaltung der Bezeichnung „amtlich", obwohl eine öffentlich-rechtliche Preisfeststellung nicht mehr erfolgt.

917 Merkt, DJT-Gutachten (2002), G 47; Beck, WM 2000, 597 (603); Mues, S. 18; Hopt-Rudolph, Börsenreform, S. 159, 166 f.; Hopt/Baum, WM 1997, Sonderbeilage Nr. 4, 3 (3).

918 Beck, WM 1998, 417 (417, 421).

919 Stenzel, S. 16 f.; Mues, S. 92.

und unsachgerechten Regularien zusammenhängen[920]. Vorwürfe in diese Richtung lassen sich im Hinblick auf die heute in Deutschland bestehenden Verhältnisse grundsätzlich nicht erheben. Dies ist zum einen auf die Initiative der Börsenverantwortlichen, zum anderen auf die bestehende, zur Ermöglichung der Elektronisierung börslichen Handels in Teilen extra geänderte Gesetzeslage[921] zurückzuführen. Der deutsche börsliche Markt ist inzwischen auch im internationalen Vergleich technologisch hoch entwickelt und außerbörslichen und ausländischen börslichen und außerbörslichen Märkten nicht unterlegen[922]. Möglichkeiten zu einer weiteren Effizienzsteigerung des Börsenhandels bestehen, was die Organisation des elektronischen Handels betrifft, inzwischen eher nur noch im Detail[923]. Die für Anleger beim Kauf und Verkauf von Aktien an der Börse regelmäßig entstehenden Transaktionskosten haben sich durch die effizientere Gestaltung der Handelsabläufe im elektronischen Handel erheblich verringern lassen[924]. Das Handelsgeschehen ist jedenfalls in bestimmten Hinsichten transparenter (offenes Orderbuch im fortlaufenden Handel[925]) und für Handelsteilnehmer und Anleger dadurch im Allgemeinen[926] attraktiver geworden. Xetra ermöglicht - an die unterschiedliche Liquidität der einzelnen Aktienwerte oder spezielle Bedürfnisse einzelner Handelsteilnehmer angepasst -

---

920 Stenzel, S. 17, 102 ff.; Mues, S. 89.

921 U. a. §§ 16 I 2, 17, 25 Satz 1 BörsG.

922 Schlüter, S. 34, Rn. 136 (Xetra als das „inzwischen wohl weltweit beste Handelssystem"); Geschäftsbericht 2003, Gruppe Deutsche Börse, S. 41 (Xetra als „eines der weltweit zuverlässigsten Handelssysteme"); Geschäftsbericht 2001, Gruppe Deutsche Börse, S. 45 („Die Xetra-Handelsplattform ist seit ihrer Einführung eines der modernsten und effizientesten Systeme der Welt"); Geschäftsbericht 2000, Gruppe Deutsche Börse, S. 11 („Xetra als „führende europäische Plattform im Kassamarkt"); Geschäftsbericht 1999, Gruppe Deutsche Börse, S. 28; Dornau, Deutsche Börse AG, S. 29.

923 Dornau, Deutsche Börse AG, S. 3; Beck, DJT-Referat (2002), P 43.

924 Geschäftsbericht 2001, Gruppe Deutsche Börse, S. 45 ff., insbes. 47; Dornau, Deutsche Börse AG, S. 3, 29 („Das Xetra-System ist im europäischen Vergleich Preisführer"); Hansen, AG 2001, 212 (212); Kümpel/Hammen, S. 26 f.; allgemein (vor Einführung von Xetra) zu den Möglichkeiten der Effizienzsteigerung durch Technologieeinsatz bereits Hopt-Rudolph, Börsenreform, S. 153 ff., 178 (Verbesserung der Sofortigkeit); Assmann/Schütze-von Rosen, § 2 Rn. 257; Spindler, WM 2002, 1325 (1326).

925 § 44a II 2 BörsO; Liersch, S. 93; Schwark-Beck, § 24 BörsG Rn. 10 f. (im Präsenzhandel ist das Orderbuch für die Handelsteilnehmer nicht einsehbar), 35; Geschäftsbericht 2001, Gruppe Deutsche Börse, S. 24 und Geschäftsbericht 2000, Gruppe Deutsche Börse, S. 11, 34 f. (Privatanleger können zwar nicht selbst am Handel teilnehmen, aber über Xetra-Live Einblick in das Orderbuch nehmen; allgemein Hopt-Rudolph, Börsenreform, S. 208 (offenes Orderbuch bietet „maximale Pre-trade-Transparenz"); Schwark-Beck, § 27 BörsG Rn. 11 (geschlossenes Orderbuch im Präsenzhandel, das (abgesehen von der Aufsicht) nur vom Skontroführer eingesehen werden darf).

926 Liersch, S. 92 (bei einem offenen Orderbuch bestehen u. U. Manipulationsmöglichkeiten für Großanleger mit entsprechenden Nachteilen für börsenferne Anleger), 172; Lenzen, S. 187.

Handel nach verschiedenen Handelsmodellen, ist insofern ein hybrides System[927]. Umsatzstarke Aktienwerte sind für den fortlaufenden Handel (Auktionsmodell[928], Auftragshandel oder order-driven-market[929] als Synonyme) geeignet[930]. Den besonderen Schwierigkeiten beim Handel umsatzschwächerer Werte (u. a. stark schwankende Kurse (hohe Volatilität), Schwierigkeiten, für ein gewünschtes Geschäft schnell einen Vertragspartner zu finden (geringe Sofortigkeit)), die im Präsenzhandel durch die Tätigkeit der Skontroführer bewältigt werden[931], wird im elektronischen Handel mit dem Auktionshandel (anderes Auktionsmodell)[932] oder dem Einsatz von Betreuern („designated sponsors")[933] als „Market-Makern" begegnet, die zusätzliche Liquidität und bessere Sofortigkeit schaffen („Sofortigkeitsservice"), indem sie ständig selbst limitierte Kauf- und Verkaufsangebote („Quotes") in Xetra einstellen[934] (Händler-, Kursnotierungsmodell oder quote-driven-market[935]). Orders größeren Umfangs lassen sich seit Oktober 2000 als „Iceberg Orders" in den Xetra-Hauptmarkt eingeben, die durch das System kursschonend automatisch gestückelt und sukzessiv dem Handel zugeführt werden[936]. Für weitere, die Handelsorganisation betreffende Sonderbedürfnisse weist Xetra jetzt neue spezielle Segmente mit anderen Handelsmodellen auf (ein Crossing-System für Blockhandel[937] und ein spezielles Händlermodell für den Handel von Börsenhandelsteilnehmern wie insbesondere Banken mit ihren Kunden[938]).

---

927 Börsensachverständigenkommission, S. 6.

928 §§ 44a ff. BörsO, 35 ff. Bedingungen; zur Funktionsweise des Auktionsmodells Hopt/Baum, WM 1997, Sonderbeilage Nr. 4, 3 (10); Börsensachverständigenkommission, S. 4 f.

929 Mues, S. 101; Liersch, S. 49.

930 Schwark-Beck, § 25 BörsG Rn. 26, 31, 35, 40 (insbesondere Dax- und andere Index-Werte).

931 Schwark-Beck, § 25 BörsG Rn. 26; Kümpel/Hammen, S. 223; Lenenbach, S. 147, Rn. 3.72; Hopt-Rudolph, Börsenreform, S. 214, zu möglichen Vor- und Nachteilen der Preisfeststellung im Präsenzhandel allgemein S. 213 f.; der Umstand, dass in Zeiten weniger liquider Aktienmärkte der Präsenzhandel wieder etwas bedeutungsvoller geworden ist, kommt in neuen umfangreichen Verfahrensregeln hinsichtlich der Auswahl von Skontroführern in der Frankfurter Börsenordnung (§§ 39c ff. BörsO) zum Ausdruck.

932 Schwark-Beck, § 25 BörsG Rn. 33 f.

933 §§ 23 ff. BörsO; Schwark-Beck, § 25 BörsG Rn. 40; Kümpel, S. 2385 f., 17.561.

934 §§ 23 III, 23b BörsO, 32 III Bedingungen; Schwark-Beck, § 25 BörsG Rn. 26, 31, 33 ff., 40; § 27 BörsG Rn. 1; Beck, WM 1998, 417 (430); Kümpel, S. 2385 f., 17.561; Lenenbach, S. 121, Rn. 3.40; allgemein zur Funktionsweise des market-making unten, vgl. hier nur Hopt-Rudolph, Börsenreform, S. 174; Hopt/Baum, WM 1997, Sonderbeilage Nr. 4, 3 (10); Liersch, S. 49 f., 52.

935 Börsensachverständigenkommission, S. 5; Mues, S. 101; Liersch, S. 49.

936 § 33 I 1, 6. Spiegelstrich, 7 Bedingungen; Liersch, S. 93 f.

937 §§ 44c BörsO, 37b Bedingungen.

938 §§ 46 ff. BörsO, 37c Bedingungen; Schwark, Festschrift Immenga, S. 723 (725 ff.).

Durch Xetra sind die börslichen Aktienmarktanteile in vielen Bereichen gegenüber außerbörslichen Märkten verteidigt oder ausgebaut worden[939]. In den USA hatte die (heute offenbar immer noch weitgehend bestehende) technologische Rückständigkeit[940] der dortigen Börsen zu Aufkommen und Etablierung außerbörslicher Computerhandelssysteme geführt[941]. Nach amerikanischem Recht waren Errichtung und Betrieb solcher alternativen Handelsplattformen mit Börsenfunktion schon möglich gewesen[942]. In Deutschland dagegen ist mit dem mehrere Handelsmodelle bietenden System Xetra alsbald avancierte Computertechnologie für den Börsenhandel bereitgestellt worden[943], und das, obwohl das deutsche Börsenrecht in seiner Fassung, die bis 01.02.2003 galt, Konkurrenz jedenfalls durch deutsche Organisatoren außerbörslicher Märkte nur in gewissem Umfang zuließ und sich der außerbörsliche Konkurrenzdruck für deutsche Börsen so noch in Grenzen hielt[944]. Ein stärkerer Innovationsdruck war zwischenzeitlich von der Londoner Börse (London Stock Exchange (LSE)) ausgegangen, die in der ersten Hälfte der neunziger Jahre einen beachtlichen Teil des Handels in deutschen Aktien auf sich hatte ziehen können[945]. Stenzel und die Verfasser des Börsenreform-Gutachtens konnten somit zum Zeitpunkt ihrer Analysen, also insbesondere vor Einführung von Xetra, noch zu anderen Bewertungen der Effizienz und skeptischeren Entwicklungsprognosen des deutschen

---

939 Spindler, WM 2002, 1325 (1328); Schmidt/Schleef/Küster Simic, ZBB 2001, 69 (70); Dornau, Deutsche Börse AG, S. 3, 29 ff.; Mues, S. 113, 164 f.

940 Geschäftsbericht 2003, Gruppe Deutsche Börse, S. 16 („Das Beispiel des Kassamarktes zeigt, dass hiesige Börsen dank ihres vollelektronischen Marktmodells einen Wettbewerbsvorteil vor den amerikanischen haben, den sie vermutlich noch ausbauen werden. Denn die Europäer investieren doppelt so viel in Informationstechnologie wie ihre amerikanischen Kollegen (…)“), 19 („jenseits (des Atlantiks) findet die Preisfindung noch immer in der Form wild gestikulierender Händler in bunten Jacken statt“).

941 Dornau, Deutsche Börse AG, S. 2, 7, 13 f., 29; Geschäftsbericht 2001, Gruppe Deutsche Börse, S. 17; Geschäftsbericht 2000, Gruppe Deutsche Börse, S. 66; Geschäftsbericht 1999, Gruppe Deutsche Börse, S. 15, 28 f.; Merkt, DJT-Gutachten (2002), G 44 f.; Beck, DJT-Referat (2002), P 43; Spindler, WM 2002, 1325 (1327, 1328); Hopt-Rudolph, Börsenreform, 229 ff., 245 ff.; Vaupel, RIW 1995, 568 (568 ff.); Lenenbach, S. 10, Rn. 1.22; Schlüter, S. 43 f., Rn. 191 ff.

942 Dornau, Deutsche Börse AG, S. 2 f., 4 ff., 13, insbes. 18 ff.; Mues, S. 59 f., 99; Vaupel, RIW 1995, 568 (568 ff.).

943 Spindler, WM 2002, 1325 (1328) („In Europa und insbesondere in Deutschland haben die alternativen Handelssysteme noch nicht die gleiche Bedeutung wie in den USA erreicht. Dies dürfte in erster Linie auf die erfolgreiche Strategie der Deutsche Börse AG zurückzuführen sein, die in den USA für Alternative Handelssysteme eröffneten Marktnischen selbst zu besetzen, insbesondere in Gestalt des Xetra-Systems (...)“); Dornau, Deutsche Börse AG, S. 3, 29 ff.; Börsensachverständigenkommission, S. 7.

944 Schwark, Festschrift Immenga, S. 723 (723).

945 Stenzel, S. 148 ff., 195, 196; Gerke/Steiner-Gerke, S. 287 (288 f.).

Börsenhandels kommen[946]. Nahe liegend ist auch, dass die von ihnen Mitte der neunziger Jahre ausgearbeiteten Analysen und Verbesserungsvorschläge[947] bei den Börsenverantwortlichen und dem Gesetzgeber in Deutschland (teilweise) Gehör gefunden haben und für deren entsprechendes Tätigwerden mit dem Ergebnis der zwischenzeitlich eingetretenen deutlichen Effizienzsteigerung der börslichen Marktorganisation mit initiativ waren.

II. „Börse" im materiellen bzw. im formellen Sinn - geänderter materieller Börsenbegriff

1. Genehmigungsbedürftigkeit von Börsen - Börsenaufsicht

Gemeinhin wird in Deutschland die Frage, ob im Einzelfall Börsenhandel vorliegt oder nicht, beim gesetzlichen Genehmigungserfordernis aktuell[948]. Die rechtlichen und wirtschaftlichen Konsequenzen der Beantwortung dieser Frage nach der rechtlichen Einordnung eines Aktienmarktes sind beachtlich.

Nach deutschem Börsenrecht ist für Errichtung und Betrieb einer Börse eine staatliche Genehmigung durch die zuständige Börsenaufsichtsbehörde des Bundeslandes, in dem die Börse ihren Sitz haben soll, erforderlich[949]. Die jeweils zuständige Börsenaufsichtsbehörde, der die Organisationsgewalt zukommt[950], genehmigt Errichtung und Betrieb einer Börse auf Antrag des Börsenbetreibers nach einer Bedürfnisprüfung im Rahmen einer Ermessensentscheidung[951]. Dabei gilt es, das Entstehen geschäftsschwacher Börsen zu verhin-

---

946 Stenzel, S. 15 („geraten die traditionellen Börsen in die Gefahr, angestammte Marktpositionen zu verlieren"), 195; Hopt-Rudolph, Börsenreform, S. 152 f., weist allerdings auch bereits 1997 darauf hin, dass deutsche Börsen gegenüber der Londoner Börse, die zwischenzeitlich einen bedeutenden Anteil des deutschen Aktienhandelsvolumens hatte erringen können und so einen internationalen Börsenwettbewerb ausgelöst hatte, wieder an Boden gewonnen haben.

947 Hopt-Rudolph, Börsenreform, S. 161 (Börsen „werden (...) einen Wandel vollziehen müssen, der sie von ehemals quasi-hoheitlichen Betrieben zu marktorientierten Dienstleistern transformiert"), 233 ff.

948 Schlüter, S. 363, Rn. 63.

949 § 1 I 1 BörsG; Schwark-Beck, § 1 BörsG Rn. 13; Kümpel, S. 2278, 17.200 f.; ders./Hammen, S. 18, 89; Schäfer-Peterhoff, § 1 BörsG (a. F.) Rn.1; Schwark, WM 1997, 293 (294); Breitkreuz, S.28 ff., 167 ff.; Mues, S. 53; Lenenbach, S. 98, Rn. 3.3.

950 Schwark-Beck, § 1 BörsG Rn. 13; Hopt-Hopt, Börsenreform, S. 378; Mues, S. 67, 98 f.; Kümpel/Hammen, WM 2000, Sonderbeilage Nr. 3, 3 (10).

951 Schwark-Beck, § 1 BörsG Rn. 13; Breitkreuz, S. 183; Lenenbach, S. 102, Rn. 3.6; de lege ferenda kritisch hinsichtlich der Bedürfnisprüfung Hopt-Hopt, Börsenreform, S. 401, 405; Wastl/Schlitt, WM 2001, 1702 (1703); Merkt, NJW-Beilage 23/2002, 37 (44).

dern[952], ein Erwägungsgrund bei der Entscheidung gegen eine Genehmigungserteilung kann die Konzentration der Liquidität auf einen (bereits bestehenden) Börsenmarkt oder möglichst wenige Börsenmärkte sein[953]. Ein Anspruch auf Genehmigung besteht also auf Seiten eines Antragstellers nicht[954].

Mit der Erteilung einer beantragten Genehmigung entscheidet die Börsenaufsichtsbehörde positiv über das Entstehen einer Börse im formellen Sinn[955]. Durch die Genehmigung werden die staatliche Organisationsgewalt, eine Börse als teilrechtsfähige öffentliche Anstalt[956] zu errichten und zu betreiben, auf den Antragsteller und die im Börsengesetz vorgesehenen hoheitlichen Befugnisse auf die zu schaffenden Börsenorgane übertragen[957]. Die Börse steht fortan unter staatlicher Aufsicht der Börsenaufsichtsbehörde[958]. Diese übt eine Rechtsaufsicht[959] über die Börse, die im Wege grundsätzlich fachweisungsfreier Selbstverwaltung[960] Aufgaben öffentlicher Verwaltung erfüllt („Konzept der börsli-

---

952 Schwark-Beck, § 1 BörsG Rn. 13; Kümpel/Hammen, WM 2000, Sonderbeilage Nr. 3, 3 (6).

953 Mues, S. 99; Lenenbach, S. 102, Rn. 3.6; vgl. auch Riehmer/Heuser, NZG 2001, 385 (386).

954 Schwark-Beck, § 1 BörsG Rn. 13; Schwark, WM 1997, 293 (296); Breitkreuz, S. 189 ff.; Kümpel/Hammen, WM 2000, Sonderbeilage Nr. 3, 3 (10); U. H. Schneider/Burgard, WM 2000, Sonderbeilage Nr. 3, 24 (37); Hopt-Hopt, Börsenreform, S. 378, 405; Schlüter, S. 354 f., Rn. 26; Wastl/Schlitt, WM 2001, 1702 (1703); Riehmer/Heuser, NZG 2001, 385 (386); kritisch Hopt/Baum, WM 1997, Sonderbeilage Nr. 4, 3 (18) (die Errichtung einer Börse solle de lege ferenda nicht in der Organisationsgewalt der Genehmigungsbehörde liegen, sondern eine unternehmerische Entscheidung des Betreibers unter Berücksichtigung der Marktsituation sein); Mues, S. 98 f.; diskutiert wird jetzt, ob sich die Rechtslage durch die Neueinführung der §§ 58 ff. BörsG in der Weise geändert hat, dass nun ein Anspruch auf Genehmigung als Börse bestehen kann, bejahend Mülbert, JZ 2002, 826 (829), verneinend Spindler, WM 2002, 1325 (1333).

955 Schwark-Beck, § 1 BörsG Rn. 3; Dornau, Deutsche Börse AG, S. 23; Schlüter, S. 364, Rn. 69.

956 Vgl. hier nur Schwark-Beck, § 1 BörsG Rn. 8 ff.; gemäß der im deutschen Verwaltungsrecht etablierten Definition ist eine „Anstalt" ein Bestand aus sachlichen und persönlichen Mitteln, der in der Hand eines Trägers öffentlicher Verwaltung einem besonderen Zweck dauerhaft zu dienen bestimmt ist, Mues, S. 73; Claussen, S. 363, Rn. 20; Kümpel, S. 2308 ff., 17.306 ff.

957 Lenenbach, S. 102, Rn. 3.7; Mues, S. 75, 77 (m. w. N. zum Streit, ob der Inhaber einer Börsengenehmigung ein subjektives Recht auf die Börsenveranstaltung erworben hat oder die Börsenaufsichtsbehörde jederzeit frei ist, die Genehmigung wieder aufzuheben), 84.

958 Kümpel, S. 2479 ff., 18.116 ff.

959 Mues, S. 79; Kümpel/Hammen, WM 2000, Sonderbeilage Nr. 3, 3 (6, 8, 9); U. H. Schneider/Burgard, WM 2000, Sonderbeilage Nr. 3, 24 (38); Lenenbach, S. 563, Rn. 12.17.

960 Mues, S. 69, 90; Kümpel, S. 2483, 18.131; Kümpel/Hammen, WM 2000, Sonderbeilage Nr. 3, 3 (8); Beck, DJT-Referat (2002), P 44 f.

chen Selbstverwaltung verbunden mit staatlicher Letztaufsicht“[961]), und über den an ihr stattfindenden Handel (Marktaufsicht) aus[962]. In einzelnen gesetzlich vorgesehenen Fällen (Handelsüberwachung) intensiviert sich die Rechtsaufsicht zu einer Art Fachaufsicht mit entsprechender Weisungsbefugnis[963].

Ohne Genehmigung sind Handelseinrichtungen, die rechtlich als Börse im materiellen Sinne (im Sinne des „materiellen Börsenbegriffs“)[964] einzuordnen sind und als Börse privat errichtet und betrieben werden sollen, unzulässig (präventives Verbot mit Erlaubnisvorbehalt[965])[966].

2. Keine Legaldefinition der „Börse“ - in Schrifttum und Verwaltungspraxis heute herrschender Börsenbegriff

Eine ausdrückliche gesetzliche Klarstellung der Kriterien, nach denen zu entscheiden ist, ob eine (geplante) Marktveranstaltung rechtlich als genehmigungsbedürftiger Börsenhandel einzuordnen ist, womit der betreffende Betreiber, sollte er eine entsprechende Genehmigung beantragen und erhalten, als Folge aufwendige börsengesetzliche Organisationspflichten zu erfüllen hätte, existiert nicht[967]. Die Entwicklung allgemeiner Kriterien ist in Deutschland immer schon Rechtsprechung, Lehre und Verwaltung überlassen worden[968]. In der rechtswissenschaftlichen Literatur sind in den vergangenen Jahren Für und Wider

961 Beck, WM 1998, 417 (429); vgl. auch Hopt-Hopt, Börsenreform, S. 368.

962 Vgl. insbesondere §§ 1 IV, 2, 18 BörsG; Kümpel, S. 2480 f., 18.121 ff.; 2483 ff., 18.131 ff.; Schäfer-Peterhoff, § 1 BörsG (a. F.) Rn. 8 ff.; Breitkreuz, S. 113 ff., 197 ff., 200 ff.; Hopt-Hopt, Börsenreform, S. 405; Beck, WM 1998, 417 (421, 422 ff.); Mues, S. 45, 69, 72, 77 ff., 79 f.; Claussen, S. 367 f., Rn. 27; Lenenbach, S. 563 ff., Rn. 12.17 ff.

963 Breitkreuz, S. 202; Mues, S. 79; Schwark, WM 1997, 293 (296).

964 Vgl. Börsensachverständigenkommission, S. 2; Schwark-Beck, § 1 BörsG Rn. 3 f.; Schäfer-Peterhoff, § 1 BörsG (a. F.) Rn. 19 f.; Kümpel/Hammen, S. 26; Dornau, Deutsche Börse AG, S. 23; Wastl, WM 1999, 620 (626); ders./Schlitt, WM 2001, 1702 (1703); Riehmer/Heuser, NZG 2001, 385 (385); Bauer/Möllers, S. 37; Lenenbach, S. 99, Rn. 3.4; Schlüter, S. 364, Rn. 69 f.

965 Schäfer-Peterhoff, § 1 BörsG (a. F.) Rn. 2; Breitkreuz, S. 167, 185 f.; Mues, S. 75, 77, 84 f.; Kümpel, S. 2222, 17.33; ders./Hammen, S. 18; sogar als repressives Verbot mit Ausnahmevorbehalt eingeordnet von Cohn, ZBB 2002, 365 (367).

966 Schwark-Beck, § 1 BörsG Rn. 5, 13, 14, 19; Schwark, WM 1997, 293 (294); Mues, S. 17, 84 f., 127.

967 Schwark-Beck, § 1 BörsG Rn. 1; Börsensachverständigenkommission, S. 4; Hopt-Hopt, Börsenreform, S. 377 f.; Hopt-Rudolph, Börsenreform, S. 164; Kümpel, S. 2222 f., 17.33 f.; 2240 f., 17.83 ff.; ders./Hammen, S. 18; Beck, WM 1998, 417 (418); Assmann/Schütze-von Rosen, § 2 Rn. 253; Mues, S. 53; Breitkreuz, S. 27 f.; Wastl, WM 1999, 620 (623 f.); ders./Schlitt, WM 2001, 1702 (1703); Dornau, Deutsche Börse AG, S. 25; Lenenbach, S. 99, Rn. 3.3; Stenzel, S. 25.

968 Kümpel, S. 2223, 17.35; Breitkreuz, S. 29 f.

einer Legaldefinition der Börse intensiv diskutiert und eine solche verbreitet mit Nachdruck gefordert worden[969]. Auch der Deutsche Juristentag 2002 hat sich für die Einführung einer gesetzlichen Definition ausgesprochen[970] [971].

Wenn sich der Gesetzgeber auch bis heute einer Legaldefinition der „Börse“ enthält, hat er aber gesetzlich bestimmt, dass auch in Computerhandelssystemen Börsenhandel im Sinne des Börsengesetzes (BörsG) stattfinden kann. Zum Börsenhandel können nämlich auch Geschäfte über zugelassene Aktien gehören, die durch Übermittlung von Willenserklärungen durch elektronische Datenübertragung zustande kommen[972]. Damit wird zunächst computerunterstützter Präsenzhandel als zulässige Form börslichen Handels qualifiziert[973]. Der Abschluss von börslichen Aktiengeschäften lässt sich aber auch über ein vollelektronisches Handelssystem der Börse durchführen[974], hinsichtlich der Rechtsnatur von Xetra als börslichem elektronischen Handelssystem bestehen (jedenfalls in Bezug auf den Xetra-Hauptmarkt) keine Zweifel[975]. Im elektronischen Handel ermittelte Preise sind grundsätzlich ebenso wie die im Präsenzhandel zustande gekommenen Kurse Börsenpreise im Sinne des Börsengesetzes[976].

Xetra als elektronisches börsliches Handelssystem ist rechtlich keine eigenständige Börse, sondern bildet zusammen mit dem Präsenzhandel den Frankfurter

---

969 Kümpel, S. 2241 f., 17.87; ders./Hammen, S. 45; Merkt, NJW-Beilage 23/2002, 37 (43); ders., DJT-Gutachten (2002), G 74 bis 81, widmet Aufbereitung dieser Diskussion und Stellungnahme dazu breiten Raum; Dornau, Deutsche Börse AG, S. 3, 27 ff.; Hopt-Hopt, Börsenreform, S. 377 ff.

970 DJT-Beschlüsse (2002), NZG 2002, 1006 (1007), 4.2.

971 Zugunsten einer Legaldefinition wird u. a. angeführt, dass die rechtliche Einordnung neuartiger elektronischer Handelsplattformen als Börsen oder Nicht-Börsen zur Erreichung größtmöglicher Rechtsklarheit in diesem Bereich besser anhand gesetzlich festzulegender Kriterien vorzunehmen ist; gegen eine Legaldefinition spricht u. a., dass die Systemvielfalt größer werden kann und sich dann die Rechtslage an neue Systeme nicht schnell und flexibel genug anpassen lässt, vgl. Hopt-Hopt, Börsenreform, S. 372; zu den Auswirkungen der neuen §§ 58 ff. BörsG auf den Börsenbegriff in § 1 BörsG vgl. Spindler, WM 2002, 1325 (1333 ff.); dagegen Kümpel/Hammen, S. 41 ff., insbes. 42 ff.

972 Vgl. §§ 14 I Nr. 1, 16 I 2, 17 I, 19 I 1, 25 S. 1, 1. Alt. BörsG; Bauer/Möllers, S. 38 ff.; Koendgen/Mues, WM 1998, 53 (54 f.); Kümpel, S. 2224, 17.38; ders./Hammen, S. 20, 26; Schwark-Schwark, Einl BörsG Rn. 6; Schwark-Beck, § 25 BörsG Rn. 11 f.; Stenzel, S. 25 f.; Assmann/Schütze-von Rosen, § 2, Rn. 253; Dornau, Deutsche Börse AG, S. 24; Spindler, WM 2001, 1689 (1695).

973 Beck, WM 1998, 417 (418 f.).

974 § 1 I 1, 2 BörsO; Schwark-Schwark, § 16 BörsG Rn. 6; Kümpel, S. 2224, 17.38; 2381 ff., 17.548 ff.; ders., Kapitalmarktrecht, S. 61; Dornau, Deutsche Börse AG, S. 24.

975 Schwark-Beck, § 25 BörsG Rn. 20; Kümpel/Hammen, S. 20; Spindler, WM 2001, 1689 (1695).

976 §§ 25 S. 1 i. V. m. 24 BörsG; Beck, WM 1998, 417 (422); Kümpel, S. 2386, 17.562; ders./Hammen, S. 222 f.

Börsenmarkt[977]. Die hessische Börsenaufsichtsbehörde hat Xetra bei dessen Neueinführung nicht als genehmigungsbedürftige neue Börse angesehen und dementsprechend auch nicht als neue Börse genehmigt[978]. In der Literatur wird zum Teil u. a. mit Verweis auf den über die Mitglieder der Frankfurter Wertpapierbörse (FWB) hinausgehenden Kreis der Teilnehmer am Xetra-Handel - für die Teilnahme reicht unter bestimmten gesetzlichen Voraussetzungen die Zulassung an einer anderen Börse aus[979] - vertreten, dass dies eigentlich geboten gewesen wäre[980]. Genehmigt hat die Börsenaufsichtsbehörde nur die im Zusammenhang mit Xetra nötig gewordenen Änderungen der Börsenordnung durch die Börse[981] [982].

So war die zuvor in Rechtsprechung, Schrifttum und zuständiger Verwaltung während eines Zeitraums von etwa hundert Jahren herrschende, vom klassischen Bild der Börse als Präsenzbörse geprägte Definition dessen, was im deutschen Recht allgemein unter einer Börse bzw. unter Börsenhandel zu verstehen ist, inzwischen unter dem Eindruck elektronischen Handels zu modifizieren. Das für das Vorliegen einer Börse im materiellen Sinne und damit sowohl für die Genehmigungsbedürftigkeit einer Marktveranstaltung als auch für deren Genehmigungsfähigkeit „als Börse" im formellen Sinne früher konstitutive Merkmal der Zusammenkunft von Kaufleuten vor Ort ist durch das Merkmal des - auch elektronisch - organisierten Zusammenführens von Aufträgen, das Kriterium der Ortsgebundenheit durch dasjenige der Systemgebundenheit ersetzt worden[983]. Nach neuem materiellem (mehr „funktionalem"[984]) Börsenbegriff ist

---

977 Vgl. §§ 14 I Nr. 1, 16 I 1, 2, 17 I, 19 I 1, 22 I 1, 2, 25 S. 1 BörsG; Beck, WM 1998, 417 (425); Breitkreuz, S. 179.

978 Mues, S. 64; dazu auch Beck, WM 1998, 417 (421); Bundestags-Drucksache (BT-Drs.) 12/6679, S. 70.

979 § 17 I BörsG.

980 Köndgen/Mues, WM 1998, 53 (54); Mues, S. 64 ff., 162 f.

981 Beck, WM 1998, 417 (420 f.); Schäfer-Peterhoff, § 5 BörsG (a. F.) Rn. 13; Mues, S. 65, 115.

982 Die Wertpapierdienstleistungsrichtlinie (n. F.) sieht jetzt vor, dass geregelten Märkten bzw. deren Betreibern der Betrieb eines multilateralen Handelssystems ohne zusätzliche Genehmigung gestattet werden soll (Artt. 4 I Nr. 13, 5 II Wertpapierdienstleistungsrichtlinie (n. F.)).

983 Schwark-Beck, § 1 BörsG Rn. 3; § 24 BörsG Rn. 6; § 25 BörsG Rn. 1, 17 ff. (inzwischen auch gesetzlich völlige rechtliche Gleichstellung von Präsenzhandel und elektronischem Handel); Schwark-Schwark, § 16 BörsG Rn. 34 (zwischenzeitlich überholtes Leitbild des Präsenzhandels); Bauer/Möllers, S. 37; Kümpel/Hammen, S. 20 ff.; Schäfer-Peterhoff, § 1 BörsG (a. F.) Rn. 19 f.; Breitkreuz, S. 34; Dornau, Deutsche Börse AG, S. 24; Stenzel, S. 20 ff., 25 ff.; Wastl, WM 1999, 620 (624); ders./Schlitt, MMR 2000, 387 (389); dies., WM 2001, 1702 (1702, 1703); Riehmer/Heuser, NZG 2001, 385 (385); Lenenbach, S. 99, Rn. 3.4.

eine „Börse“ die organisierte, regelmäßige und andauernde Zusammenführung von Angebot und Nachfrage innerhalb einer die Gebote konzentrierenden und damit fördernden Handelseinrichtung hinsichtlich vertretbarer, nicht zur Stelle gebrachter Güter (wie Wertpapiere) mit dem Ziel, Vertragsabschlüsse nach einheitlichen Geschäftsbedingungen zwischen Handelsteilnehmern zu ermöglichen. Geschäftsabschlüsse innerhalb eines elektronischen Handelssystems müssen im System automatisch erfolgen und grundsätzlich zwischen allen Teilnehmern möglich sein[985].

Diesen Anforderungen entsprechen neben dem Präsenzhandel in seiner elektronisch unterstützten Form elektronische Systeme, die als multilaterale Systeme mit Marktplatzfunktion kategorisiert werden[986]. Nach der allgemeinen Definition der Börsensachverständigenkommission sind solche Systeme dadurch gekennzeichnet, dass sie die Zusammenführung von Angebot und Nachfrage in Wertpapieren innerhalb eines elektronischen Systems zu festgelegten Regeln mit dem Ergebnis eines unwiderruflichen Vertrags ermöglichen[987]. Hierunter fallen jedenfalls Auktionssysteme, in denen der Handel vor allem in Form von Auktionen und/oder fortlaufendem Handel order-getrieben erfolgt[988], und multilaterale quote-getriebene Händlersysteme, in denen von mehreren Market-Makern in einzelnen Aktienwerten gleichzeitig Kauf- und Verkaufsangebote eingestellt werden, die von den übrigen Handelsteilnehmern angenommen werden

984 Hopt-Rudolph, Börsenreform, S. 166; Hopt-Hopt, Börsenreform, S. 372, 381; Mues, S. 61 f.; Köndgen/Mues, WM 1998, 53 (58); Schwark-Beck, § 1 BörsG Rn. 3; Beck, WM 1998, 417 (418, 423); Breitkreuz, S. 28 ff.; Stenzel, S. 26 f.

985 Hopt-Hopt, Börsenreform, S. 386 ff.; Breitkreuz, S. 30; Kümpel, S. 2235, 17.68 (Börse als „ein in regelmäßig kürzeren Zeitabständen zugängliches Handelsystem, das in ihm Geschäftsabschlüsse zwischen den Handelstelnehmern über dort gehandelte Gegenstände mit transparenter und neutraler Preisermittlung ermöglicht“); ders./Hammen, S. 20 ff., mit Präzisierungsbemühungen; vgl. auch Stenzel, S. 27; Wastl/Schlitt, WM 2001, 1702 (1704 ff.); Schwark-Beck, § 1 BörsG Rn. 3; Schwark-Schwark, § 16 BörsG Rn. 7.

986 Börsensachverständigenkommission, S. 2, 4 ff.; Schwark-Beck, § 1 BörsG Rn. 3; Mülbert, JZ 2002, 826 (829); Spindler, WM 2002, 1325 (1334); Breitkreuz, S. 173; Liersch, S. 148; CESR, Standards for Alternative Trading Systems, S. 4.

987 Börsensachverständigenkommission, S. 4.

988 Börsensachverständigenkommission, S. 4 f. (Order-getriebene Systeme mit „kontinuierlichem Handel“ dienen der Zusammenführung von Angebot und Nachfrage in Wertpapieren in Form von Markt- und Limit-Ordern in einem Orderbuch innerhalb des elektronischen Systems durch den Systembetreiber zu festgelegten Regeln (i. d. R. nach Preis-Zeit-Priorität) mit dem Ergebnis eines unwiderruflichen Vertrags; order-getriebene Systeme mit Auktionen dienen der Zusammenführung von Angebot und Nachfrage in Wertpapieren zu bestimmten Zeitpunkten innerhalb des elektronischen Systems durch den Systembetreiber in einer Auktion zu festgelegten Regeln (i. d. R. zu dem Preis, der zu einer maximalen Ausführungsmenge führt) mit dem Ergebnis eines unwiderruflichen Vertrages); Lenenbach, S. 127, Rn. 3.45.

können[989], nach neuer, seit Februar 2003 bestehender Rechtslage wohl auch generell Crossing-Systeme, bei denen die Preise, die z. B. im Rahmen durchgeführter Auktionen im System zustande kommen, von einem anderen Aktienmarkt importiert werden[990], und aktive Inseratsysteme[991]. Soweit die Genehmigungspraxis deutscher Börsenaufsichtsbehörden früher dahingegangen war, Crossing-Systeme und aktive Inseratsysteme nicht als Börse im materiellen Sinn und damit weder als als Börse genehmigungsbedürftig noch als als Börse genehmigungsfähig anzusehen[992], obgleich es sich bei diesen hinsichtlich ihrer Funktionsweise um multilaterale Systeme handelt, wäre der gerade angeführten Börsendefinition etwa hinzuzufügen gewesen, dass die Geschäftsabschlüsse automatisch im System zu sich im System selbst bildenden Preisen zustande kom-

---

989 Börsensachverständigenkommission, S. 5 (Quote-getriebene Systeme mit mehreren Market-Makern ermöglichen den Handel mit Wertpapieren ausschließlich über mehrere Market-Maker je Wertpapier innerhalb eines elektronischen Systems zu den vom Market-Maker nach festgelegten Regeln gesetzten Preisen/Mengen mit dem Ergebnis eines unwiderruflichen Vertrags); Lenenbach, S. 127, Rn. 3.46; Hopt-Hopt, Börsenreform, S. 348 f.; zur Funktionsweise quote-getriebener Systeme auch Hopt-Rudolph, Börsenreform, S. 174 (Market-Maker bieten „einen verbindlichen Abschlussservice an, den Liquidität suchende Marktteilnehmer nachfragen können. Investoren beziehen vom Market-Maker Wertpapiere zum höheren Verkaufskurs, Verkäufer erhalten nur den niedrigeren Kaufkurs. Der Market-Maker separiert damit eine Wertpapiertransaktion in zwei getrennte Transaktionen, wodurch die Notwendigkeit der synchronen Existenz gegengleicher Orders entfällt. Die Differenz zwischen Ankaufs- und Verkaufskurs ist die Spanne eines Market-Makers. Sie stellt seine Handelseinnahme dar."), 180 f., 194 ff., 196 ff. (ein besserer Kurs lässt sich deshalb u. U. erzielen, „wenn auf die Sofortigkeit der Auftragsdurchführung zugunsten eines günstigeren An- oder Verkaufskurses verzichtet wird", indem man die Transaktion im Auktionshandel (Auktion, fortlaufender Handel) durchführt), 209 f., 211 („Der entscheidende Unterschied zwischen beiden Preisfeststellungsverfahren ist der Zeitpunkt der Feststellung der Preise. Im Market-Maker-System zeigen die Market-Maker Preise an, bevor die Orders platziert werden. Im Auktionssystem platzieren die Investoren erst die Orders, bevor sich Preise bilden"); a. A. Kümpel/Hammen, S. 50 (Market-Maker-Systeme seien keine multilateralen Systeme, weil auch bei mehreren Market-Makern nicht alle Handelsteilnehmer „untereinander" abschließen können); vgl. auch die neue Definition des „Market-Makers" in Art. 4 I Nr. 8 Wertpapierdienstleistungsrichtlinie (n. F.).

990 Börsensachverständigenkommission, S. 5 (Crossing-Systeme dienen der Zusammenführung von Angebot und Nachfrage in Wertpapieren innerhalb des elektronischen Systems durch den Systembetreiber zu Preisen, die nach festgelegten Regeln auf der Basis anderer Märkte ermittelt wurden zu bestimmten Terminen mit dem Ergebnis eines unwiderruflichen Vertrags); vgl. auch Hopt/Baum, WM 1997, Sonderbeilage Nr. 4, 3 (17); Dornau, Deutsche Börse AG, S. 4 f., 6, 23.

991 Börsensachverständigenkommission, S. 5 f. (Aktive Inseratsysteme dienen der Veröffentlichung verbindlicher Angebote über den Kauf oder Verkauf von Wertpapieren, auf welche die Marktteilnehmer innerhalb des elektronischen Systems unmittelbar zu zuvor festgelegten Bedingungen mit dem Ergebnis eines unwiderruflichen Vertrages zugreifen können).

992 Börsensachverständigenkommission, S. 7; Dornau, Deutsche Börse AG, S. 4 f., 23, 26; vgl. auch Spindler, WM 2002, 1325 (1332) („Die Praxis der Aufsichtsämter war uneinheitlich, übergreifende Leitlinien fehlten offenbar").

men müssen o. ä.. Das seit Februar 2003 geltende neue Recht wirkt sich aber, wie sich im Wege dessen Auslegung ergibt, in der Weise auf den materiellen Börsenbegriff aus, dass ihm jedenfalls jetzt alle multilateralen Systeme einschließlich der Crossing- und der aktiven Inseratsysteme unterfallen[993] [994].

Bilaterale Systeme (Kontrahentensysteme), bei denen Geschäfte nur mit dem Systembetreiber auf einer Seite des Geschäfts oder nur nach dessen Ermessen mit Dritten abgeschlossen werden können[995], sind dem materiellen Börsenbegriff bisher nicht unterfallen[996] und unterfallen ihm, soweit absehbar, auch zukünftig nicht[997]. Für das Vorliegen multilateralen Handels und damit börslichen Handels im materiellen Sinn wird die Möglichkeit von Handelsabschlüssen einer Mehrzahl von Handelsteilnehmern untereinander verlangt, deren Zustandekommen nicht im Ermessen des Systembetreibers steht[998].

In etwa der Parallelbegriff zum deutschen formellen Börsenbegriff im europäischen Sekundärrecht ist der „geregelte Markt". Die Anforderungen des Europarechts an die Einordnung als „geregelter Markt" (denen in Deutschland derzeit nur die beiden anspruchsvollsten börslichen Marktsegmente entsprechen) waren

---

993 Mülbert, JZ 2002, 826 (829); Spindler, WM 2002, 1325 (1333 ff.), der zu Recht darauf hinweist, dass sich jetzt aus § 59 Satz 1, 1. HS. BörsG eine gesetzliche Definition des Börsenbegriffs ableiten lässt; zustimmend Schwark-Beck, § 1 BörsG Rn. 5.

994 Auch europarechtlich sollen z. B. „auction-crossing-Systeme" bald als multilaterale Systeme eingeordnet und damit der gleichen Regulierung unterworfen werden wie „normale" Auktions- und multilaterale Händlersysteme, KOM (2002) 625, S. 20; vgl. auch CESR, Standards for Alternative Trading Systems, S. 4.

995 Schwark, Festschrift Immenga, S. 723 (723 ff.); Börsensachverständigenkommission, S. 6 (Kontrahentensysteme ermöglichen den An- und Verkauf von Wertpapieren ausschließlich über einen Anbieter innerhalb eines elektronischen Systems zu den vom Anbieter gesetzten Preisen/Mengen mit dem Ergebnis eines unwiderruflichen Vertrags); Schlüter, S. 364 f., Rn. 71 ff., insbes. S. 365, Rn. 76; Kümpel, S. 2253, 17.120; 2257 f., 17.134 ff.; Dornau, Deutsche Börse AG, S. 22 f.; Merkt, DJT-Gutachten (2002), G 43 ff.; Schwark-Beck, § 1 BörsG Rn. 3; vgl. auch KOM (2002) 625, S. 44; CESR, Standards for Alternative Trading Systems, S. 4.

996 Börsensachverständigenkommission, S. 2, 6 f., 11 ff., 14; KOM (2002) 625, S. 44.

997 Schwark-Beck, § 1 BörsG Rn. 6; Kümpel/Hammen, S. 39 f.; KOM (2002) 625, S. 16, 24 („fundamentale Unterschiede zwischen dem bilateralen Handel und der Auftragsausführung durch Wertpapierhäuser und Börsen"); a. A. Schlüter, S. 368 f., Rn. 91 ff., insbes. 93; KOM (2002) 625, S. 14 (in gewissem Widerspruch zu S. 16, 24).

998 Schwark-Beck, § 1 BörsG Rn. 6; vgl. auch KOM (2002) 625, S. 16; die an der Frankfurter Börse neuerdings auch im Kassahandel eingeschaltete zentrale Gegenpartei dient der Vereinfachung des Handels und der Verringerung des Gegenparteirisikos für die Handelsteilnehmer, der multilaterale Charakter der Handelsorganisation wird dadurch nicht in der Weise modifiziert, dass nun etwa bilateraler Handel stattfände, Schwark-Beck, § 1 BörsG Rn. 6.

bislang noch gering[999]. Geregelte Märkte im Sinne der Wertpapierdienstleistungsrichtlinie alter Fassung sind vor allem dadurch gekennzeichnet, dass sie staatlich überwacht sind, der dort stattfindende Handel bestimmten Regeln unterliegt, die rechtlichen Voraussetzungen für die Zulassung von Handelsteilnehmern und Handelsgegenständen zumindest behördlich genehmigt und sie vom betreffenden Mitgliedstaat in ein Register geregelter Märkte aufgenommen worden sind[1000]. Durch die Wertpapierdienstleistungsrichtlinie (n. F.) werden die Anforderungen, die die nationalen Rechtsordnungen zukünftig an geregelte Märkte stellen müssen, allerdings in beachtlichem Umfang europaweit angeglichen werden müssen[1001]. In der Richtlinie findet sich jetzt auch eine Definition des „geregelten Marktes“: ein von einem Marktbetreiber[1002] betriebenes und/oder verwaltetes multilaterales System[1003], das die Interessen einer Vielzahl Dritter am Kauf und Verkauf von Finanzinstrumenten innerhalb des Systems und nach seinen nichtdiskretionären Regeln in einer Weise zusammenführt oder das Zusammenführen fördert, die zu einem Vertrag in Bezug auf Finanzinstrumente führt, die gemäß den Regeln und/oder den Systemen des Marktes zum Handel zugelassen wurden, sowie eine Zulassung erhalten hat und gemäß den Bestimmungen des Titels II[1004] funktioniert[1005]. Das zentrale Abgrenzungskriterium ist auch im neuen Europarecht die Multilateralität des Handels. Bilaterale Systeme[1006], die den multilateralen entgegengesetzt werden, können also keine geregelten Märkte sein.

Der Prototyp eines elektronischen Börsenhandelssystems nach derzeitigem deutschen Recht ist Xetra. Als jedenfalls in seinem Hauptmarkt multilateralen Handel nach dem Auktions- und dem Händlermodell ermöglichendes System mit Marktplatzfunktion und automatisch erfolgenden Geschäftsabschlüssen innerhalb des Systems entspricht Xetra dem neuen materiellen Börsenbegriff par

999 Präambel Wertpapierdienstleistungsrichtlinie (a. F.); KOM (2002) 625, S. 6; Mues, S. 58; Schwark-Beck, § 1 BörsG Rn. 13; Börsensachverständigenkommission, S. 4; Stenzel, S. 43; Hopt-Hopt, Börsenreform, S. 378; Schwark, WM 1997, 293 (294, 298, 301); Dornau, Deutsche Börse AG, S. 3; Breitkreuz, S. 28; Mues, S. 57 ff., 137 ff., 150.

1000 Art. 1 Nr. 13 Wertpapierdienstleistungsrichtlinie (a. F.); Mues, S. 57 ff.

1001 Artt. 4 I Nr. 14, 36 ff. Wertpapierdienstleistungsrichtlinie (n. F.); KOM (2002) 625, S. 18 ff.; KOM (2000) 729, S. 3; Schwark-Beck, § 1 BörsG Rn. 7, 13.

1002 Art. 4 I Nr. 13 Wertpapierdienstleistungsrichtlinie (n. F.).

1003 Definition des „multilateralen Handelssystems (MTF)“ in Art. 4 I Nr. 15 Wertpapierdienstleistungsrichtlinie (n. F.); es können, müssen aber nicht technische Systeme sein, Präambel, Erwägung 6 Wertpapierdienstleistungsrichtlinie (n. F.).

1004 Artt. 5 ff. Wertpapierdienstleistungsrichtlinie (n. F.).

1005 Artt. 4 I Nr. 14 Wertpapierdienstleistungsrichtlinie (n. F.).

1006 Präambel, Erwägung 6 und Artt. 4 I Nr. 7, 27 f. Wertpapierdienstleistungsrichtlinie (n. F.).

excellence[1007]. Da die Genehmigung der Frankfurter Börse Errichtung und Betrieb von Xetra umfasst, ist Xetra auch eine Börse im formellen Sinne[1008]. Genauer gesagt bietet Xetra eine, dem neuen materiellen Börsenbegriff entsprechende börsliche Handelsart[1009] neben dem Präsenzhandel als anderer, bereits dem traditionellen materiellen Börsenbegriff entsprechender börslicher Handelsart. Beide, Präsenzhandel und elektronischer Handel, sind Teil einer einheitlichen, formell genehmigten Börse, der Frankfurter Wertpapierbörse[1010]. Wenn eine Handelseinrichtung unter den materiellen Börsenbegriff fällt, hat sie in Deutschland bisher nicht bereitgestellt werden dürfen, ohne selbst zuvor formell als Börse genehmigt worden zu sein[1011] (es sei denn, die Bereitstellung erfolgte seitens einer bereits früher formell genehmigten Börse, wie das bei der Installierung von Xetra durch die Frankfurter Wertpapierbörse (FWB) der Fall war, hier durfte ein multilaterales, dem materiellen Börsenbegriff entsprechendes elektronisches Handelssystem bereitgestellt werden, ohne dass für das elektronische System selbst eine zusätzliche formelle Börsengenehmigung eingeholt werden musste; die neue Wertpapierdienstleistungsrichtlinie beinhaltet eine entsprechende Regelung[1012]). Entsprechend den oben gemachten Ausführungen sind die Chancen eines Antragstellers, seitens der Börsenaufsichtsbehörde eine Börsengenehmigung zu erhalten, gering, jedenfalls wenn im betreffenden Bundesland bereits eine Börse existiert. Ein Anspruch auf Genehmigung besteht ja nicht. Selbst wenn eine Genehmigung möglich erscheinen sollte, können die umfangreichen Organisationspflichten, die das Börsengesetz für Börsen normiert, für an der Bereitstellung neuer marktlicher Handelsinfrastrukur Interessierte wirtschaftlich nicht zu schultern sein, womit sie letztlich von einer auf Erteilung einer Börsengenehmigung gerichteten Antragstellung absehen. Dieser Rechtszustand war als unbefriedigend empfunden worden. Die Kritik u. a. der Autoren des Börsenreform-Gutachtens von 1997 bis hin zu Merkt im DJT-Gutachten von 2002 richtete sich gegen diese Rechtslage, die u. a. einen, wie man ja inzwischen überwiegend und auch auf Gesetzgeberseite meint, ökonomisch sinnvollen Wettbewerb der Anbieter technologisch hoch entwickelter Handelsinfrastruktur weitgehend ausschloss[1013].

1007 Kümpel, S. 2224, 17.38; Lenenbach, S. 101, Rn. 3.5; Schwark-Beck, § 1 BörsG Rn. 3; erstaunlich Claussen, S. 460, Rn. 213 („außerbörslich im Xetra-Handel gehandelt").

1008 Breitkreuz, S. 28 f. i. V. m. 179.

1009 Vgl. § 13 II 2 Nr. 3 BörsG; Schwark-Schwark, § 13 BörsG Rn. 11; § 58 BörsG Rn. 1; Schwark-Beck, § 25 BörsG Rn. 2.

1010 § 1 I 1, 2 BörsO; Koendgen/Mues, WM 1998, 53 (54); Lenenbach, S. 101, Rn. 3.5.

1011 Schwark-Beck, § 1 BörsG Rn. 5; Breitkreuz, S. 185 f.

1012 Präambel, Erwägung 56, und Artt. 5 II Wertpapierdienstleistungsrichtlinie (n. F.), dabei müssen allerdings insbesondere die Anforderungen des Art. 14 Wertpapierdienstleistungsrichtlinie (n. F.) erfüllt sein.

1013 Schwark, WM 1997, 293 (300) („closed shop der Börsen"); Hopt, Börsenreform, S. 400 f., 402 ff., 407 ff.; Hopt/Baum, WM 1997, Sonderbeilage Nr. 4, 3 (14 f., 16 f.); Mues, S. 53

Nach neuem Recht[1014] gibt es für elektronische Handelseinrichtungen mit Börsenfunktion eine außerbörsliche Alternative, vorausgesetzt, ein an einer Bereitstellung interessierter Organisator fällt in den gesetzlich bestimmten Kreis möglicher Betreiber (Kreditinstitute und Finanzdienstleistungsinstitute)[1015] [1016] (diese Option wird es aufgrund der entsprechenden Vorgaben in der neuen Wertpapierdienstleistungsrichtlinie demnächst in der gesamten EU geben[1017]). Anders als bei Börsen ist es die private, unternehmerische Entscheidung eines Betreibers, liegt damit also nicht in der Organisationsgewalt der Aufsichtsbehörde, eine derartige alternative Handelsplattform zu errichten. Sollen elektronische Handelseinrichtungen allerdings „als Börse" betrieben werden und soll dort Börsenhandel stattfinden, ist hierfür (außer für schon bestehende formelle Börsen als Anbieter) allgemein auch weiterhin eine formelle Genehmigung als Börse einzuholen[1018], deren Erteilung in behördlichem Ermessen steht.

3. Börsenorgane

Die öffentlich-rechtliche Börse hat mehrere gesetzlich vorgeschriebene Organe aufzuweisen, die als Teile mittelbarer staatlicher Verwaltung Behörden sind[1019]. Im Rahmen der Ermächtigungen können sie nach allgemeinen Grundsätzen des deutschen Verwaltungsrechts Verwaltungsakte erlassen und diese im Wege der Verwaltungsvollstreckung ohne vorherige gerichtliche Geltendmachung durchsetzen[1020]. Mit dem 2. Finanzmarktförderungsgesetz wurde 1994 die innere Börsenverfassung in der Weise geändert, dass seither der Börsenrat und die Börsengeschäftsführung die Geschicke der Börse im Wesentlichen bestimmen[1021].

(„Markteintrittsbarriere"), 88, 127 ff., 134, 143 ff., 150; Breitkreuz, S. 173, 174 ff.; Börsensachverständigenkommission, S. 7; Merkt, DJT-Gutachten (2002), G 81 bis 93; ders., NJW-Beilage 23/2002, 37 (42).

1014 §§ 58 ff. BörsG.

1015 § 59 Satz 1 BörsG; Schwark-Beck, § 1 BörsG Rn. 5.

1016 Zur Regulierung außerbörslicher elektronischer Handelssysteme ausführlich unten.

1017 Präambel, Erwägung 6, und Artt. 4 I Nr. 15, 14 Wertpapierdienstleistungsrichtlinie (n. F.).

1018 Mülbert, JZ 2002, 826 (829); Lenenbach, S. 101, Rn. 3.5.

1019 Schwark-Schwark, § 9 BörsG Rn. 2 („Organ des Trägers öffentlicher Verwaltung, der eigenständige konrete Rechtshandlungen auf dem Gebiet des Verwaltungsrechts nach außen hin vornehmen kann"); Mues, S. 74.

1020 Vgl. nur Mues, S. 74 f., 163.

1021 Schwark-Schwark, Einl BörsG Rn. 7; § 9 BörsG Rn. 1; § 12 BörsG Rn. 1; Schäfer-Peterhoff, § 3 BörsG (a. F.) Rn. 1; Kümpel/Hammen, S. 143; Mues, S. 46.

Der von den Börsennutzern (vor allem die Teilnehmer am Börsenhandel und die börsennotierten Unternehmen) zu wählende[1022], also „demokratisch legitimierte“[1023], maximal 24-köpfige[1024] Börsenrat[1025], der sich börsenrechtlichen Vorgaben gemäß auch ganz überwiegend aus Vertretern der Börsennutzer zusammensetzt[1026], ist das maßgebliche Rechtsetzungsorgan und gibt der Börse eine, von der Börsenaufsichtsbehörde zu genehmigende Börsenordnung[1027] als Satzung[1028], die zugleich das wichtigste Regelwerk im Bereich der börslichen Selbstregulierung, das „Organisationsstatut der Börse“, ist[1029]. Der Börsenrat erlässt u. a. auch eine Gebührenordnung[1030]. Ebenfalls von ihm geschaffene Bedingungen für Börsengeschäfte[1031] (Usancen) legen regelmäßig die Einzelheiten der Handelsabläufe fest und finden bei den Aktiengeschäften zwischen den Börsenhandelsteilnehmern zum Teil Eingang in die privatrechtlichen Vertragsverhältnisse.

Die Börsengeschäftsführung[1032], die vom Börsenrat im Einvernehmen mit der Börsenaufsichtsbehörde bestellt wird[1033], leitet die Börse[1034], lässt Handelsteilnehmer zum Börsenhandel zu und kann bestimmte Regelungen schaffen, die den Handel strukturieren[1035].

Ein weiteres wichtiges Börsenorgan ist die Zulassungsstelle[1036] für Wertpapiere.

Börsen müssen seit 1994 selbst eine Stelle zur Überwachung des Handels einrichten (Handelsüberwachungsstelle), die „vor Ort“ gewissermaßen den

---

1022 § 10 BörsG.

1023 Schwark-Beck, § 1 BörsG Rn. 32; Beck, WM 1998, 417 (420); Kümpel/Hammen, WM 2000, Sonderbeilage Nr. 3, 3 (6).

1024 §§ 9 I 1 BörsG, 5 I BörsO.

1025 §§ 9 f. BörsG, 4 ff. BörsO; Kümpel, S. 2323 f., 17.359 ff.; ders./Hammen, S. 143 ff.; Breitkreuz, S. 139 ff.

1026 §§ 9 I 2, 3, 10 I, II 2, III BörsG, 5 II, III BörsO; Schwark-Schwark, § 9 BörsG Rn. 5 ff.; § 16 BörsG Rn. 5; Schäfer-Peterhoff, § 3 BörsG (a. F.) Rn. 2 ff.; Mues, S. 114, 115.

1027 §§ 9 II Nr. 1, 13 BörsG, 4 I Nr. 1 BörsO; Breitkreuz, S. 117 ff.

1028 § 13 I BörsG.

1029 Beck, WM 1998, 417 (421, 424); zur Börsenordnung als Regelungsinstrument kritisch Mues, S. 162 f.

1030 §§ 9 II Nr. 1, 14 BörsG, 4 I Nr. 1 BörsO; Schäfer-Peterhoff, § 5 BörsG (a. F.) Rn. 1 ff.

1031 §§ 9 II Nr. 5 BörsG, 4 I Nr. 2 BörsO; Schwark-Schwark, § 9 BörsG Rn. 13, 19.

1032 Breitkreuz, S. 143 ff.; Kümpel, S. 2321 ff., 17.350 ff.

1033 § 9 II Nr. 2 BörsG.

1034 §§ 12 I 1 BörsG, 9 ff. BörsO.

1035 § 10 I Nr. 2 BörsO.

1036 §§ 31 BörsG, 50 ff. BörsO; Schwark-Heidelbach, § 31 BörsG Rn. 1; Kümpel/Hammen, S. 145 f.; Kümpel, S. 2324 f., 17.364; Breitkreuz, S. 147 f.

verlängerten Arm der Börsenaufsichtsbehörde bildet und deren Weisungen unterliegt[1037].

Zu nennen ist außerdem der Sanktionsausschuss[1038].

Eine Organstellung kommt u. U. auch Börsenmaklern in der Funktion als Skontroführer zu[1039].

4. Börsenträger - rechtlich selbständige Betreibergesellschaft der Börse

Von der Börse selbst zu unterscheiden ist der „Träger" oder Betreiber der Börse[1040] privater Rechtsform[1041], der nicht mit dem Anstaltsträger der Börse im verwaltungsrechtlichen Sinne identisch ist und verwechselt werden darf; Anstaltsträger ist das Bundesland des Börsensitzlandes[1042]. Die öffentlich-rechtliche Frankfurter Wertpapierbörse (FWB) hat z. B. über ihre komplexe, gesetzlich verlangte innere Organisationsstruktur hinaus noch die „Deutsche Börse AG" (DBAG) als rechtlich selbständige[1043] Träger- bzw. Betreibergesellschaft[1044] privater Rechtsform[1045], die mit staatlichen Aufgaben beliehen

---

1037 § 4 BörsG; Schwark-Beck, § 4 BörsG Rn. 6 f. (gegen die Einordnung als Fachaufsicht der Börsenaufsichtsbehörde); Kümpel, S. 2326 f., 17.370 ff.; ders./Hammen, S. 146 f.; Breitkreuz, S. 147, 258 ff.; Merkt, DJT-Gutachten (2002), G 120 ff.; Mues, S. 78, 215 f.; Hopt-Rudolph, Börsenreform, S. 216 ff. (allgemein zur Handelsüberwachungsstelle, die angesichts der Besetzungspraxis häufig ein „zahnloser Tiger" sei).

1038 § 20 BörsG; Schwark-Schwark, § 20 BörsG Rn. 1 ff.; Kümpel, S. 2327, 17.375 ff.; ders./Hammen, S. 148; Breitkreuz, S. 148 f.

1039 Dies bejahend Kümpel/Hammen, S. 140.

1040 §§ 1 II, III, 9 II 4 BörsG; Schwark-Beck, § 1 BörsG Rn. 11; Breitkreuz, S. 49 ff., 103 f., 168, 186 ff.; Köndgen/Mues, WM 1998, 53 (57); Mues, S. 18, 73; Kümpel/Hammen, S. 24, 89 ff., insbesondere 108 ff.; Christoph, ZBB 2005, 82 (84).

1041 Schwark-Beck, § 1 BörsG Rn. 11; Beck, DJT-Referat (2002), P 43; Mues, S. 18, 90; Wastl, WM 1999, 620 (627 f.); U. H. Schneider/Burgard, WM 2000, Sonderbeilage Nr. 3, 24 (27); Lenenbach, S. 102, Rn. 3.7; 104, Rn. 3.8.

1042 Mues, S. 85 f.

1043 Lenenbach, S. 103, Rn. 3.7.

1044 § 2 Satz 1 BörsO; Breitkreuz, S. 50 f.; U. H. Schneider/Burgard, WM 2000, Sonderbeilage Nr. 3, 24 (27); Claussen, S. 362, Rn. 16; Schlüter, S. 10, Rn. 23; Lenenbach, S. 102, Rn. 3.7.

1045 Schwark-Beck, § 1 BörsG Rn. 15; Kümpel/Hammen, S. 101; Wastl, WM 1999, 620 (627).

ist[1046]. Deren Aktien werden inzwischen selbst an der Frankfurter Börse gehandelt[1047].

Der Börsenträger (bzw. ein Rechtsvorgänger von diesem[1048]) hat den Antrag auf Errichtung und Betrieb einer Börse gestellt[1049]. Mit Erteilung der Genehmigung ist er zu Errichtung und Betrieb der Börse nicht nur berechtigt, sondern auch verpflichtet[1050] und dazu, der Börse auf Anforderung der Börsengeschäftsführung die zur Durchführung und angemessenen Fortentwicklung des Börsenbetriebs erforderlichen finanziellen, personellen und sachlichen Mittel zur Verfügung zu stellen[1051]. Er ist und bleibt „Eigentümer der börsenmäßigen Infrastruktur"[1052], ist „Gläubiger börsenbezogener Forderungen und Schuldner der aus dem Börsenbetrieb entstehenden Verbindlichkeiten"[1053], wofür die Börse selbst mangels Vollrechtsfähigkeit nicht in Frage kommt[1054]. Ihm steht - jedenfalls im Ergebnis - das von den Börsennutzern erhobene Gebühren- bzw.

1046 Schwark-Beck, § 1 BörsG Rn. 15; Mues, S. 17, 76, 86 f.; Köndgen/Mues, WM 1998, 53 (57); U. H. Schneider/Burgard, WM 2000, Sonderbeilage Nr. 3, 24 (27); Wastl/Schlitt, WM 2001, 1702 (1703); Lenenbach, S. 102 f., Rn. 3.7; Kümpel, S. 2294 f., 17.259 f.; ders./Hammen, S. 90, 108 ff.; anders Breitkreuz, S. 187 ff. („Börsenträger als Verwaltungshelfer nach funktionaler Privatisierung").

1047 Geschäftsbericht 2004, Gruppe Deutsche Börse, S. 8 ff.; Geschäftsbericht 2003, Gruppe Deutsche Börse, S. 3, 7 f. (Börsenwert 2003 in der Spitze 5,5 Mrd. Euro), 23 f.; Geschäftsbericht 2002, Gruppe Deutsche Börse, S. 33, 35 (Aufnahme in den Dax-Index im Dezember 2002); Geschäftsbericht 2001, Gruppe Deutsche Börse, S. 29 f.; beim Börsengang wurden Mittel von 983 Mio. Euro erlöst (Geschäftsbericht 2000, Gruppe Deutsche Börse, S. 17), durch Kapitalerhöhung im Juni 2002 nochmals knapp 400 Mio. Euro (Geschäftsbericht 2002, Gruppe Deutsche Börse, S. 34); U. H. Schneider/Burgard, WM 2000, Sonderbeilage Nr. 3, 24 (28); Hammen, WM 2001, 929 (937 f.); Schlüter, S. 353, Rn. 21; Belege für diese Entwicklung hin zur Börsennotierung auch bei Börsen im Ausland bei Merkt, DJT-Gutachten (2002), G 53 f.; Geschäftsbericht 2001, Gruppe Deutsche Börse, S. 30.

1048 U. H. Schneider/Burgard, WM 2000, Sonderbeilage Nr. 3, 24 (27).

1049 Breitkreuz, S. 49, 168, 184; Mues, S. 76; Lenenbach, S. 102, Rn. 3.7.

1050 § 1 II 1 BörsG; Schwark-Beck, § 1 BörsG Rn. 16 ff.; Mues, S. 76, 109; Kümpel/Hammen, WM 2000, Sonderbeilage Nr. 3, 3 (10); Christoph, ZBB 2005, 82 (85 f.).

1051 § 1 II 2 BörsG; Schwark-Beck, § 1 BörsG Rn. 16; Kümpel/Hammen, WM 2000, Sonderbeilage Nr. 3, 3 (6, 10 f.); Lenenbach, S. 103, Rn. 3.7; 150, Rn. 3.77.

1052 Mues, S. 73, 76, 81 f. (wobei die sächlichen Mittel dem Anstaltszweck der Börse gewidmet und dementsprechend öffentliche Sachen sind, über die der Börsenbetreiber trotz seiner Eigentümerstellung nicht mehr frei verfügen kann, die Befugnis hierzu steht vielmehr der Börse bzw. den Börsenorganen zu); Schwark-Beck, § 1 BörsG Rn. 11, 17.

1053 Mues, S. 73, 76; vgl. auch Kümpel, S. 2285 f., 17.229; ders./Hammen, S. 98, 123 f.; Schwark-Beck, § 1 BörsG Rn. 11, 17.

1054 Mues, S. 76, 90 („Börsen" als „gänzlich vermögenslose Verwaltungseinheiten"); Wastl/Schlitt, WM 2001, 1702 (1703); Lenenbach, S. 103, Rn. 3.7; Schwark-Beck, § 1 BörsG Rn. 11.

Entgeltaufkommen zu[1055]. Er wird unternehmerisch[1056], d. h. gewinnorientiert geführt[1057], auch wenn die Börsen, öffentlich-rechtliche Anstalten, als Institutionen mit für die Volkswirtschaft und die Allgemeinheit elementar wichtiger Zwecksetzung selbst öffentlich-rechtliche Funktionen wahrnehmen (Gemeinwohlbindung)[1058], gebührenrechtlich dem Äquivalenzprinzip (Kostendeckungsprinzip) unterworfen[1059] und damit also selbst nicht auf Gewinnerzielung ausgerichtet sind[1060].

Das Börsengesetz bestimmt in seiner neuen Fassung den Status des Börsenträgers und dessen Verhältnis zur Börse erstmals genauer[1061]. Damit hat der Gesetzgeber der im rechtswissenschaftlichen Schrifttum an der früheren Gesetzeslage geübten Kritik[1062] entsprochen und in gewissem Umfang Abhilfe geschaffen[1063]. Gesetzlich eingeführt wurde auch die börsenaufsichtsbehördliche Kontrolle von Inhabern bedeutender Beteiligungen am Börsenbetreiber[1064].

Sind öffentlich-rechtliche Börse und ihr Träger rechtlich auch klar zu trennen, ist die Praxis im Falle der Frankfurter Wertpapierbörse (FWB) offenbar dadurch gekennzeichnet, dass Mitglieder des Börsenrates, insbesondere Kreditinstitu-

---

1055 § 5 GebO; Schäfer-Peterhoff, § 5 BörsG (a. F.) Rn. 9; Mues, S. 114; Lenenbach, S. 103 f., Rn. 3.7; Kümpel, S. 2287, 17.233; 2306 f., 17.298 f.; ders./Hammen, S. 118, 123 ff.; Schwark-Schwark, § 14 BörsG Rn. 5 (Gebührengläubiger sei entgegen der GebO die Börse, die dann das Meiste an den Börsenträger, der die Börse ja finanziert, abzuführen hat); z. B. eingenommene Xetra-Gebühren von 243,1 Mio. Euro im Jahr 2001 und 210,8 Mio Euro 2002, vgl. Geschäftsbericht 2002, Gruppe Deutsche Börse, S. 47.

1056 Christoph, ZBB 2005, 82 (88).

1057 Kümpel, S. 2306, 17.296 f.; Merkt, DJT-Gutachten (2002), G 26, G 53, G 59; Mues, S. 19, 29, 31 f., 95; Beck, WM 2000, 597 (597); Wastl, WM 1999, 620 (624, 629); Florian, S. 246; Schlüter, S. 353, Rn. 20 f.

1058 Beck, WM 2000, 597 (599); Kümpel, S. 2290 ff., 17.248 ff.; ders./Hammen, S. 105 ff.; Merkt, DJT-Gutachten (2002), G 54; Breitkreuz, S. 73 ff.; Mues, S. 20, 125.

1059 Kümpel, S. 2432 f., 17.722; ders./Hammen, S. 188 ff.; Schwark-Schwark, § 14 BörsG Rn. 4 f.

1060 BVerfGE 83, 363 (392); BVerwGE 80, 33 (39); Mues, S. 84, 116, 176; Breitkreuz, S. 130 f.

1061 § 1 II, III BörsG; Lenenbach, S. 150, Rn. 3.77; Kümpel/Hammen, S. 90 f.; Schwark-Schwark, Einl BörsG Rn. 12; Schwark-Beck, § 1 BörsG Rn. 11, 16; Christoph, ZBB 2005, 82 (84 f.).

1062 Köndgen/Mues, WM 1998, 53 (57); Mues, S. 18 f., 86 f. (keine, dem Bestimmtheitsgebot genügende gesetzliche Regelung des Beleihungsumfangs).

1063 Wobei im Schrifttum noch differenziertere gesetzliche Festlegungen dessen Rechtsstellung einschließlich „institutionelle(r) Konfliktlösungsregeln“ für wünschenswert erachtet werden, vgl. Mülbert, JZ 2002, 826 (830 f.); anders Beck, DJT-Referat (2002), P 46 f. („übermäßige Regulierung des Börsenträgers (sollte) unterbleiben“).

1064 § 3 BörsG.

te[1065], nicht selten auch Aktionäre der Deutsche Börse AG (DBAG) als Betreibergesellschaft der Börse sind oder ihr sonst wie nahe stehen[1066]. Außerdem waren in der Vergangenheit die Geschäftsführung der Börse (Behörde) und die Geschäftsführung des Börsenträgers zumindest teilweise mit denselben Personen besetzt[1067]. Hinsichtlich der Zulässigkeit dieser „(unechten) Personalunion", die natürlich die praktische Koordinierung erleichtert, wurden im rechtswissenschaftlichen Schrifttum verbreitet Bedenken angemeldet[1068]. Die mittlerweile teilweise gesetzlich festgelegte Rollenverteilung zwischen Börse und Träger könnte unter der personellen Verschränkung leiden. Deshalb wird zum Teil für eine zwingende personelle Trennung plädiert[1069]. Die Aufgabenstellungen, rechtlichen Vorgaben und Verantwortlichkeiten der Geschäftsführung einer Börse (Gemeinwohlverantwortung) und der Geschäftsführung ihres Börsenträgers (Gemeinwohlverantwortung im Bereich der Beleihung, darüber hinaus aber kommerzielle Interessen, Verantwortung gegenüber den eigenen Aktionären) decken sich schließlich nicht[1070]. Der Börsenrat unterliegt der Rechtsaufsicht durch die Börsenaufsichtsbehörde, der Träger nur im Rahmen seines Beleihungsauftrags[1071]. Und dem Börsenträger ist es grundsätzlich nicht erlaubt, auf die Börsenorgane „rechtlich Einfluss" zu nehmen[1072]. Auch wenn der Börsenrat als zuständigem Organ der Börse z. B. über technische Neuerungen der börslichen Handelsorganisation entscheidet[1073], sind in den zurückliegenden Jahren die zahlreichen Impulse zu solchen offenbar vom Börsenbetreiber ausgegangen[1074]. Im insoweit kritischen Schrifttum ist zu lesen, der Börsenträger habe allgemein einen „überragenden faktischen Einfluss"[1075] und Entscheidungen

1065 Mues, S. 165.

1066 Mues, S. 115, 116; zur im Vergleich zu früher inzwischen veränderten Aktionärsstruktur der Deutsche Börse AG mit vielen ausländischen institutionellen Anlegern als Anteilseignern aber Geschäftsbericht 2003, Gruppe Deutsche Börse, S. 7.

1067 Schäfer-Peterhoff, § 3c BörsG (a. F.) Rn. 27; Mues, S. 19, 110, 113; U. H. Schneider/Burgard, WM 2000, Sonderbeilage Nr. 3, 24 (27).

1068 Merkt, DJT-Gutachten (2002), G 89 f.; Mülbert, JZ 2002, 826 (831); Breitkreuz, S. 51, 149 ff.; Mues, S. 19; Köndgen/Mues, WM 1998, 53 (57 ff.); Kümpel/Hammen, WM 2000, Sonderbeilage Nr. 3, 3 (10); inzwischen ist man offenbar von dieser Praxis abgerückt, Kümpel/Hammen, S. 117.

1069 Merkt, DJT-Gutachten (2002), G 90; Mülbert, JZ 2002, 826 (831).

1070 U. H. Schneider/Burgard, WM 2000, Sonderbeilage Nr. 3, 24 (27, 30); Mülbert, JZ 2002, 826 (830 f.).

1071 Schwark-Beck, § 1 BörsG Rn. 32, 40 f.; Beck, DJT-Referat (2002), P 47; Mues, S. 76, 78 f., 109; Kümpel/Hammen, S. 110.

1072 Kümpel/Hammen, S. 24; Schwark-Beck, § 1 BörsG Rn. 15; Schwark, WM 2000, 2517 (2520); vgl. auch Lenenbach, S. 103, Rn. 3.7; Breitkreuz, S. 51, 149 ff.; Mues, S. 76 f.

1073 § 9 II 2 BörsG; Beck, WM 1998, 417 (420).

1074 Köndgen/Mues, WM 1998, 53 (57); Mues, S. 19., 87 f., 113 ff.; Breitkreuz, S. 51.

1075 Lenenbach, S. 103, Rn. 3.7.

des Börsenrats seien „in Wahrheit bloßer Nachvollzug der vom Betreiber konzipierten Vorgaben“[1076].
Von anderer Seite wird hingegen auf den das Börsenrecht beherrschenden Grundsatz vom „Gleichlauf der Interessen von Börse und Träger“ verwiesen, nach dem „der Träger stets das tun“ werde, „was dem wirtschaftlichen Erfolg der von ihm betriebenen Börse am ehesten förderlich ist, und umgekehrt“[1077]. Eine Doppelmandatierung im angeführten Sinn werde auch in anderen Kontexten rechtlich hingenommen[1078], im Übrigen könne die Börsenaufsichtsbehörde auf eine Trennung hinwirken[1079].
Die umzusetzende Novelle der Wertpapierdienstleistungsrichtlinie sieht nun recht präzise Anforderungen an die Überwachung von Betreibern geregelter Märkte[1080], an die Leitung eines geregelten Marktes[1081] und an Personen mit wesentlichem Einfluss auf die Verwaltung des geregelten Marktes[1082] vor.

5. Reformdiskussion

Die rechtliche Konstruktion deutscher Börsen mit ihren Börsenträgern (Börsenorganisation) weist also eine beachtliche, im internationalen Vergleich außergewöhnliche Komplexität auf[1083] (die Rede ist von einem „hybride(n) öffentlich-privatrechtliche(n) Mischcharakter der deutschen Börsen“[1084], einem „dualen System“[1085] der Börsenorganisation, einer „dualen“ oder „dualistischen Organisationsstruktur“[1086], einer „eigentümlichen dualen Rechtsstruktur“[1087], einer „eigenartigen Organisation“[1088], einer „januskŏpfigen Börsenstruktur“[1089], „Bipolarität“[1090] oder einer „public private partnership“[1091]). Das ist

---

1076 Mues, S. 109.

1077 Beck, DJT-Referat (2002), P 46; Kümpel/Hammen, S. 117 f., erwägen sogar de lege ferenda, „die Einflussmöglichkeiten des Börsenträgers auf die Ausgaben- und Einahmepolitik der Börse als faktischen Marktveranstalter im Börsengesetz generell zu verstärken“.

1078 Schwark-Schwark, § 12 BörsG Rn. 3.

1079 Schwark-Schwark, § 12 BörsG Rn. 3.

1080 Art. 36 Wertpapierdienstleistungsrichtlinie (n. F.).

1081 Art. 37 Wertpapierdienstleistungsrichtlinie (n. F.).

1082 Art. 38 Wertpapierdienstleistungsrichtlinie (n. F.).

1083 Köndgen/Mues, WM 1998, 53 (53); Mues, S. 89, 109; Hopt-Hopt, Börsenreform, S. 402; Merkt, NJW-Beilage 23/2002, 37 (43 f.); Schwark-Beck, § 1 BörsG Rn. 12; Wastl, WM 1999, 620 (625).

1084 Merkt, NJW-Beilage 23/2002, 37 (46); ähnlich Koendgen/Mues, WM 1998, 53 (53).

1085 Mülbert, JZ 2002, 826 (830); Kümpel/Hammen, S. 24.

1086 Kümpel/Hammen, S. 89, 92, 96, 97; Christoph, ZBB 2005, 82 (84).

1087 Schwark, WM 1997, 293(294).

1088 Lenenbach, S. 102, Rn. 3.7.

1089 Lenenbach, S. 150, Rn. 3.77.

auch nach dem 4. Finanzmarktförderungsgesetz so geblieben. Die im rechts- und wirtschaftswissenschaftlichen Schrifttum in den vergangenen Jahren geführte Diskussion sowohl zur Börsenorganisation de lege lata als auch über eine Börsenrechtsreform[1092] hat den Gesetzgeber in den strittigen Punkten bisher weder zur völligen Klarstellung der geltenden Rechtslage noch zu einer einschneidenden Börsenrechtsreform veranlasst. Insbesondere ist eine von Teilen der Literatur propagierte vollständige oder zumindest fakultative Privatisierung[1093] der Börsen nicht erfolgt. Auch dem Vorschlag, im Falle der Beibehaltung der „Staatsbörse"[1094] die Börse von einer nicht-rechtsfähigen Anstalt „in eine rechtsfähige Anstalt unter Fortfall des Erfordernisses eines eigenen Börsenträgers" umzuwandeln[1095], ist kein Gehör geschenkt worden[1096]. Im Gegenteil, der Gesetzgeber hat durch die neuen, den Börsenträger betreffenden Bestimmungen im Börsengesetz die bestehende Struktur gesetzlich anerkannt[1097]. Vielleicht wird im anvisierten 5. Finanzmarktförderungsgesetz eine

---

1090 Claussen, S. 354, Rn. 6.

1091 U. H. Schneider/Burgard, WM 2000, Sonderbeilage Nr. 3, 24 (25, 26 f.); Mülbert, JZ 2002, 826 (828); Kümpel, S. 2288, 17.236; ders./Hammen, S. 101.

1092 Hopt, Börsenreform, 1997; Schwark, WM 1997, 293 (301 f.); Mues, S. 84; Hellwig, ZGR 1999, 781 ff.; Wastl, WM 1999, 621 (625 ff.); Claussen, S. 364, Rn. 22 m. w. N.; die Vorteile der bestehenden Struktur hervorhebend dagegen Beck, DJT-Referat (2002), P 43 f., 44 f. („unverändert als zeitgemäß und entwicklungsfähig anzusehende Struktur"); Schwark-Beck, § 1 BörsG Rn. 12; ebenso Kümpel, S. 2329 ff., 17.379 ff.; ders./Hammen, S. 102 ff., 148 ff.

1093 Schwark-Beck, § 1 BörsG Rn. 12; Merkt, DJT-Gutachten (2002), G 81 bis 93; ders., NJW-Beilage 23/2002, 37 (43, 44); Schwark, BGH-Festschrift, 455 (492 f.); Hopt-Hopt, Börsenreform, S. 400 f., 402 ff., 407 ff.; ders./Baum, WM 1997, Sonderbeilage Nr. 4, 3 (18); Mues, S. 20, 45, 84 m. w. N., 88 (zur Rechtslage vor dem 4. Finanzmarktförderungsgesetz (mit den neuen §§ 58 ff. BörsG): „Der staatliche Betätigungsvorbehalt in § 1 I BörsG verlangt ebenso nach einer Rechtfertigung wie die öffentlich-rechtliche Börsenorganisation, die faktisch durch einen mit staatlichem Monopol versehenen Börsenbetreiber dominiert wird. Warum soll diesem unter dem Deckmantel staatlicher Aufgabenerfüllung die Erbringung der Börsendienstleistungen vorbehalten bleiben? Weshalb wird er durch die öffentlich-rechtliche Marktstruktur und die Notwendigkeit des Beleihungsakts nach § 1 I BörsG vor Konkurrenz abgeschirmt?"), 92 ff. (dazu, was unter „Privatisierung" zu verstehen ist („formelle" oder „materielle" Privatisierung)), 125 ff. (Börse als „staatliche" oder „öffentliche Aufgabe"); Mues moniert Verfassungswidrigkeit des Ausschlusses einer privatrechtlichen Börsenorganisationsform im Hinblick auf Art. 12 I GG, S. 125 ff. (135), 161 ff.; außerdem kommt er zur Europarechtswidrigkeit der Nichtzulassung von Privatbörsen wegen Verstoßes gegen die Niederlassungsfreiheit (Artt. 43 ff. EGV), S. 150.

1094 Mues, S. 31 f. (deutsche Börsen als „Staatsbetriebe", deutscher Börsensektor als „staatlich oligopolisierte(r) Bereich"); Köndgen/Mues, WM 1998, 53 (53) („traditionell „staatslastige" deutsche Börsenstruktur").

1095 Merkt, NJW-Beilage 23/2002, 37 (44).

1096 Schwark-Schwark, Einl BörsG Rn. 17; Fleischer, NJW 2002, 2977 (2983).

1097 Mülbert, JZ 2002, 826 (828); Claussen, S. 362 ff., Rn. 18 ff.; Lenenbach, S. 150, Rn. 3.77.

Öffnung des deutschen Börsenrechts für rein privatrechtliche Börsen vorgenommen. Der Deutsche Juristentag 2002 hat sich gegen die Aufgabe der bisherigen öffentlich-rechtlichen Struktur[1098], gleichzeitig aber für die Einführung einer alternativen Wahlmöglichkeit der privaten Börsenrechtsform ausgesprochen[1099].

6. Börsliche Marktsegmente

Das Börsengesetz sieht vor, dass der Börsenhandel innerhalb verschiedener Marktsegmente (amtlicher Markt[1100], geregelter Markt[1101] und Freiverkehr[1102]) erfolgt[1103]. Innerhalb dieser Marktsegmente kann eine Börse nochmals Unterteilungen in Form von speziellen Handelssegmenten schaffen[1104]. Die Marktsegmentierung gilt für Präsenzhandel und Xetra-Handel gleichermaßen[1105]. Aktien eines Emittenten dürfen nur in einem der drei bestehenden Marktsegmente gehandelt werden (Verbot der Doppelnotierung)[1106]. Unternehmen, deren Aktien im amtlichen Markt gehandelt werden sollen, müssen traditionell die anspruchsvollsten Voraussetzungen erfüllen[1107], die börsengesetzlich bzw. verordnungsrechtlich vorgegeben sind. Der amtliche Markt ist das börsliche Marktsegment, das im Hinblick auf die Zulassungsvoraussetzungen und Zulassungsfolgepflichten für Aktien bzw. Emittenten schon längere Zeit durch EU-Richtlinien europaweit harmonisiert ist[1108]. Die Zulassungsvoraussetzungen

---

1098 DJT-Beschlüsse (2002), NZG 2002, 1006 (1007), 4.5., A.

1099 DJT-Beschlüsse (2002), NZG 2002, 1006 (1007), 4.5.; dazu Claussen, S. 365, Rn. 22.

1100 §§ 30 ff. BörsG; Kümpel, S. 1298 ff., 8.191 ff.; 2397 f., 17.601 ff.; ders./Hammen, S. 223 f.; Claussen, S. 373 ff., Rn. 41 f.; 386 ff., Rn. 61 ff.

1101 §§ 49 ff. BörsG; Schwark-Schwark, § 49 BörsG Rn. 1 f.; Kümpel, S. 1301 ff., 8.202 ff.; 2398 ff., 17.605 ff.; ders./Hammen, S. 225 ff.; Claussen, S. 375 ff., Rn.43 ff.; 391 f., Rn.71 ff.

1102 § 57 BörsG; Schwark-Schwark, § 57 BörsG Rn. 1 ff.; Kümpel, S. 1303 f., 8.208 ff.; 2403 ff., 17.620 ff.; ders./Hammen, S. 232 ff.; im Freiverkehr kommen zwar Börsenpreise zustande (§ 57 II BörsG), dieses Marktsegment wird dennoch als „der Börse nur faktisch integriertes Marktsegment“ bezeichnet, Breitkreuz, S. 299 ff.; Kümpel, S. 2254, 17.124; 2391, 17.584; ders./Hammen, WM 2000, Sonderbeilage Nr. 3, 3 (14 f.).

1103 Kümpel, S. 1298, 8.190; 2390, 17.579; 2392 f., 17.585 ff. („Drei-Segmente-Prinzip“); ders./Hammen, S. 221 ff.; Gebhardt, WM 2003, Sonderbeilage Nr. 2, 3 (4 f.); Schwark-Heidelbach, § 30 BörsG Rn. 12; Lenenbach, S. 114, Rn. 3.25; 129 ff., Rn. 3.50 ff.; Beck, WM 2000, 597 (600); Breitkreuz, S. 41 ff.; Wastl, WM 1999, 620 (624 f.); kritisch, Claussen, S. 372 f., Rn. 39.

1104 Z. B. früher der „Neue Markt“ als Teilsegment des Freiverkehrs.

1105 Vgl. § 40 I 2, II 3 BörsO; Beck, WM 1998, 417 (425).

1106 Vgl. §§ 49 I 1, 57 I BörsG; Kümpel, S. 2391, 17.579; Schwark-Schwark, § 57 BörsG Rn. 3.

1107 Kümpel, S. 2397, 17.602; ders./Hammen, S. 223;

1108 Börsenzulassungsrichtlinie, ABl. EG 1979, Nr. L 66, S. 21 (mehrfach geändert); Börsenzulassungsprospektrichtlinie, ABl. EG 1980, Nr. L 100, S. 1; Zwischenberichtsrichtlinie,

für den geregelten Markt sind in geringerem Umfang im Börsengesetz geregelt[1109], darüber hinaus legt eine Börse diese in der Börsenordnung nieder[1110]. Die Frankfurter Börse hat jetzt die Zulassungsvoraussetzungen von amtlichem und geregeltem Markt weitgehend vereinheitlicht[1111]. Sowohl innerhalb des amtlichen als auch innerhalb des geregelten Marktes gibt es nun neben einem Handelssegment des „General Standard“[1112] ein Handelssegment des „Prime Standard“[1113] mit jeweils strengeren Zulassungsfolgepflichten[1114]. Die von der Zulassung zu unterscheidende, neuerdings gesetzlich ermöglichte Einbeziehung von Aktien in den geregelten Markt erfolgt unter gesonderten, stark vereinfachten Voraussetzungen[1115]. Die rechtlichen Vorgaben für den börslichen Freiverkehr, der in einem privatrechtlichen Rahmen stattfindet[1116], sind insgesamt deutlich geringer. Das 1997 geschaffene, in den ersten Jahren stark frequentierte Handelssegment „Neuer Markt“ für Aktien junger Wachstumsunternehmen[1117], für den ein Unternehmen einer Zulassung zum geregelten Markt und einer

---

ABl. EG 1982, Nr. L 48, S. 26; Börsenzulassungsprospektanerkennungsrichtlinie, ABl. EG 1987, Nr. L 185, S. 81; alle Börsenrichtlinien in einer Konsolidierungsrichtlinie zusammengefasst, ABl. EG 2001, Nr. L 184, S. 1; Prospektrichtlinie, ABl. EU 2003, Nr. L 345, S. 64; Schwark-Heidelbach, § 30 BörsG Rn. 3.

1109 §§ 49 f. BörsG; Schwark-Schwark, § 49 BörsG Rn. 10; § 51 BörsG Rn. 1 ff.

1110 § 50 BörsG; Schwark-Schwark, § 50 BörsG Rn. 1 ff.; Kümpel, S. 2392, 17.587.

1111 Gebhardt, WM 2003, Sonderbeilage Nr. 2, 3 (4, 17 f.).

1112 §§ 56 ff. bzw. 68 ff. BörsO (FWB); Schwark-Heidelbach, § 30 BörsG Rn. 12; Schwark-Schwark, § 49 BörsG Rn. 6; § 56 BörsG Rn. 1 ff.; Geschäftsbericht 2004, Gruppe Deutsche Börse, S. 26 (am 31.12.2004 waren im General Standard insgesamt 500 Aktien notiert).

1113 §§ 60 ff. bzw. 75 ff. BörsO (FWB); Schwark-Heidelbach, § 30 BörsG Rn. 12; Schwark-Schwark, § 49 BörsG Rn. 6; Kümpel, S. 2394 f., 17.594 ff.; Geschäftsbericht 2004, Gruppe Deutsche Börse, S. 26 (am 31.12.2004 waren im Prime Standard insgesamt 369 Aktien notiert).

1114 Gebhardt, WM 2003, Sonderbeilage Nr. 2, 3 (4, 9 ff.); Geschäftsbericht 2003, Gruppe Deutsche Börse, S. 37; Schlüter, S. 158 f., Rn. 44; 491, Rn. 750; Claussen, S. 375, Rn. 42; 378, Rn. 48.

1115 §§ 83 f. BörsO; Gebhardt, WM 2003, Sonderbeilage Nr. 2, 3 (5); Schlüter, S. 490 f., Rn. 747 ff.

1116 Kümpel, S. 2391, 17.583; 2406 ff., 17.631 ff.; ders./Hammen, S. 221, 232 ff.; Schwark-Schwark, § 57 BörsG Rn. 2; Schwark-Beck, § 25 BörsG Rn. 8 f.; Claussen, S. 380 ff., Rn.49 ff.; 395 ff., Rn. 74 ff.; Breitkreuz, S. 313 (Handelsrichtlinien für den Freiverkehr (vgl. § 57 I BörsG) als „aufgrund privater Rechtssetzung erlassene Benutzungsordnungen“), 314 f. (Einbeziehung von Aktien in den Freiverkehr auf privatvertraglicher Grundlage); Geschäftsbericht 2004, Gruppe Deutsche Börse, S. 26 (am 31.12.2004 waren im Freiverkehr 5.556 Aktien notiert).

1117 Gebhardt, WM 2003, Sonderbeilage Nr. 2, 3 (3); Claussen, S. 378, Rn. 48a; Lenenbach, S. 140, Rn. 3.63; Schwark-Schwark, § 49 BörsG Rn. 3 ff.; Kümpel/Hammen, S. 228 f.; Kümpel, S. 2409, 17.641.

anschließenden Einbeziehung in den Freiverkehr bedurfte[1118], wies einerseits geringere, andererseits besonders differenzierte und anspruchsvolle Anforderungen auf[1119]. Im amtlichen Markt sind vor allem Großunternehmen, im geregelten Markt mittlere (mittelständische) Unternehmen notiert[1120]. Insbesondere in den Freiverkehr sind auch viele ausländische Werte einbezogen. Die Einrichtung des Marktsegments des geregelten Marktes 1986 bzw. 1987 und vor allem die des Handelssegments des Neuen Marktes 1997 geschah, um kleineren und mittleren Unternehmen die Eigenkapitalbeschaffung durch die Ermöglichung des Börsenhandels emittierter Aktien zu erleichtern[1121] (zuvor hatten sich im Grunde lediglich große Unternehmen über den Kapitalmarkt finanzieren können). Das hatte zur Folge, dass die Rechtsform der Aktiengesellschaft (AG) wegen der mit dieser verbundenen Möglichkeit zur Börsennotierung für kleine und mittlere, insbesondere junge Unternehmen interessant wurde[1122]. Die Zahl der Aktiengesellschaften in Deutschland, die bis Mitte der neunziger Jahre kontinuierlich abgenommen hatte, begann, wie oben belegt, stark anzusteigen. Während der Phase des Börsen- bzw. Kapitalmarktbooms bis etwa Mitte des Jahres 2000 war der Neue Markt das Erfolgssegment der Frankfurter Börse[1123]. Die letztlich gescheiterten Bemühungen um eine Börsenfusion zwischen London und Frankfurt im Verlaufe des Jahres 2000[1124] hätten den Plänen entsprechend zur Folge haben können, dass lediglich der Neue Markt „in Frankfurt verblieben

---

1118 Hopt/Baum, WM 1997, Sonderbeilage Nr. 4, 3 (18); Kümpel, S. 2410, 17.643; ders./Hammen, WM 2000, Sonderbeilage Nr. 3, 3 (15); dies., S. 228; Claussen, S. 379, Rn. 48b; Schwark-Heidelbach § 42 BörsG Rn. 1.

1119 Frühere Richtlinien Neuer Markt; Kümpel, S. 2409 f., 17.642 f.; Claussen, S. 392 ff., Rn. 73a ff.

1120 Kümpel, S. 2398, 17.605; 2400 f., 17.611 ff.; Schwark-Schwark, § 51 BörsG Rn. 3 (keine Begrenzungen der Unternehmensgröße nach unten oder oben als Zulassungsvoraussetzung für den geregelten Markt), allerdings muss ein ordnungsgemäßer Börsenhandel gewährleistet sein (§ 51 I Nr. 1 BörG), was eine Mindesstreuung und -menge der emittierten Aktien voraussetzt.

1121 Zum geregelten Markt Kümpel, S. 2393, 17.588; 2409, 17.641; Schwark-Schwark, Einl BörsG Rn. 5; Schlüter, S. 183, Rn. 184; Claussen, S. 391, Rn. 71; zum Neuen Markt Gebhardt, WM 2003, Sonderbeilage Nr. 2, 3 (3); zur gesamtökonomischen Notwendigkeit der Erlangung von Risikokapital seitens junger Unternehmen im Vorfeld der Schaffung des Neuen Marktes Hopt/Baum, WM 1997, Sonderbeilage Nr. 4, 3 (11 f.).

1121 Schlüter, S. 9; Schwark-Schwark, § 49 BörsG Rn. 1, 2, 3.

1122 Claussen, S. 375 f., Rn. 43 f.; 377 f., Rn. 47 f.

1123 Claussen, S. 378, Rn. 48a; Kümpel, S. 2410, 17.644; vgl. noch Geschäftsbericht 2001, Gruppe Deutsche Börse, S. 49; Geschäftsbericht 2000, Gruppe Deutsche Börse, S. 30 f., 34; Geschäftsbericht 1999, Gruppe Deutsche Börse, S. 38 f.; Jäger, NZG 1999, 381 (384 f.).

1124 Schlüter, S. 34, Rn. 136; U. H. Schneider, AG 2001, 269 (270); U. H. Schneider/Burgard, WM 2000, Sonderbeilage Nr. 3, 24 (24 ff.); Kümpel/Hammen, WM 2000, Sonderbeilage Nr. 3, 3 (3 ff.); Hammen, ZBB 2001, 84 (84 ff.); Schwark-Beck, § 1 BörsG Rn. 13; Christoph, ZBB 2005, 82 (83).

wäre“, während die übrigen Marktsegmente nach London „abwandern“ sollten[1125]. Die Unregelmäßigkeiten am Neuen Markt während der andauernden Baisse haben zu der doch dramatischen Entwicklung geführt, dass die Frankfurter Börse dieses Handelssegment eliminiert hat[1126].

Diese Börsenmarktsegmentierung ist juristisch auch insofern wichtig, als einige europarechtliche Vorgaben für das deutsche Börsen- und Kapitalmarktrecht eben nicht über den Begriff der „Börse“, sondern über den des „geregelten“ oder eigentlich besser, zwecks Vermeidung der Verwechslung mit dem deutschrechtlichen Rechtsbegriff des „geregelten Marktes“ (als Bezeichnung für das deutsche börsliche Marktsegment) des „regulierten“ oder in der Terminologie des Wertpapierhandelsgesetzes (WpHG), des „organisierten Marktes“[1127], erfolgen[1128]. Geregelte Märkte in diesem europarechtlichen Sinn sind in Deutschland die börslichen Marktsegmente des amtlichen Marktes und des geregelten Marktes[1129], nicht jedoch das Marktsegment des börslichen Freiverkehrs[1130] oder außerbörsliche Märkte. Die durch das Europarecht vorgenommene Aufteilung der mitgliedstaatlichen Kapitalmärkte durch die Grenzziehung zwischen den geregelten und den übrigen Märkten verläuft also nicht zwangsläufig zwischen Börsen und außerbörslichen Märkten, sondern kann wie in Deutschland zwischen Börsenmarktsegmenten liegen[1131].

7. Verschiedene Handelsmodelle im elektronischen Börsenhandelssystem Xetra

Der Xetra-Handel erfolgt nicht auf einheitliche Weise, sondern nach mehreren, parallel zur Verfügung gestellten Handelsmodellen (Xetra als Hybridsystem),

---

1125 Zu den rechtstechnischen Einzelheiten des damals geplanten Zusammengehens vgl. das Papier der Deutsche Börse AG, iX-international exchanges, 2001; zu den unter anderen Vorzeichen jüngst neuerlich gescheiterten Bemühungen Christoph, ZBB 2005, 82 (82 ff.).

1126 Geschäftsbericht 2002, Gruppe Deutsche Börse, S. 50; Claussen, S. 378 ff., Rn. 48a ff.; Kümpel, S. 2409, 17.641; Schwark-Schwark, § 49 BörsG Rn. 4 („Niedergang des Neuen Marktes“); Wittkowski, ZHR 167 (2003), 130 (130 ff.).

1127 § 2 V WpHG; Kümpel, Kapitalmarktrecht, S. 40 f.; Liersch, S. 38 f.

1128 Schwark, WM 1997, 293 (294, 298); Mues, S. 58.

1129 Gebhardt, WM 2003, Sonderbeilage Nr. 2, 3 (3 f.); Kümpel, Kapitalmarktrecht, S. 40; Liersch, S. 39 f.; Schwark-Schwark, § 49 BörsG Rn. 1; Schwark-Noack, §§ 1, 2 WpÜG Rn. 49.

1130 Gebhardt, WM 2003, Sonderbeilage Nr. 2, 3 (3 f.); Kümpel, Kapitalmarktrecht, S. 40; ders./Hammen, S. 38; Claussen, S. 381, Rn. 51; Liersch, S. 40.

1131 In der Wertpapierdienstleistungsrichtlinie (n. F.) wird am Begriff des geregelten Marktes festgehalten (Art. 4 I Nr. 14 Wertpapierdienstleistungsrichtlinie (n. F.)); an geregelte Märkte sollen umfangreichere Anforderungen gestellt werden (Artt. 36 ff. Wertpapierdienstleistungsrichtlinie (n. F.)) als bisher, wo der Bereich der Börsenorganisation im Europarecht weitgehend ausgeklammert worden war.

die gewissermaßen Unterarten der Handelsart des elektronischen Handels darstellen[1132]. Mit den verschiedenartigen Handelsverfahren soll sich wandelnden, für einzelne Aktienwerte häufig sowieso unterschiedlichen Marktlagen und differenzierten Wünschen der Handelsteilnehmer bzw. Anlegerschaft entsprochen werden können[1133].

a) Xetra-Hauptmarkt

Sämtliche Handelsmodelle des Xetra-Hauptmarkts ermöglichen multilateralen Handel, haben Marktplatzfunktion und die Preise bilden sich innerhalb des Systems. Sie entsprechen damit dem materiellen Börsenbegriff. Zur Verfügung stehen order-getriebene („order driven") Auktions- bzw. Auftragshandelsmodelle (Auktion[1134], fortlaufender Handel[1135], fortlaufende Auktionen[1136]), die mit einem quote-getriebenen („quote driven") Händler- bzw. Kursnotierungsmodell kombiniert sind (Market-Making durch Betreuer (designated sponsors) für einzelne Aktienwerte)[1137]. Der Handel funktioniert jeweils nach dem Prinzip der Preis-Zeit-Priorität, d. h. vorliegende Orders einer Marktseite (Angebots- oder Nachfrageseite) werden in der Weise ausgeführt, dass zuerst das bessere Angebot berücksichtigt wird und bei gleichem Angebot der frühere Einstellungszeitpunkt der Order entscheidet[1138].

b) Besondere Xetra-Segmente

Außerhalb des Xetra-Hauptmarkts, allerdings an diesen auf mehr oder weniger komplizierte Weise angebunden, sind in den Jahren 2001 und 2002 weitere Xetra-Segmente geschaffen worden[1139].

Für den klassischerweise außerbörslich durchgeführten Blockhandel wird seit März 2001 das Crossing-System „Xetra XXL" bereitgestellt[1140]. Das ist ein multilaterales, nicht wie die Handelsmodelle des Xetra-Hauptmarkts nach dem

---

1132 § 13 II 2 Nr. 3 BörsG; Schwark-Schwark, § 13 Rn. 11.

1133 Vgl. schon Hopt-Rudolph, Börsenreform, S. 231, 235 („Maßschneidern der Transaktionsprozesse"), 237 ff., 255 („unterschiedliche Transaktionsanforderungen der zunehmend heterogenen Investoren").

1134 § 44a I BörsO.

1135 § 44a II, III, IV BörsO.

1136 § 44b BörsO.

1137 §§ 23 ff. BörsO.

1138 Liersch, S. 123; allgemein zu „Prioritätsregeln" Hopt-Rudolph, Börsenreform, S. 193.

1139 Assmann, DJT-Referat (2002), P 26; Schwark-Beck, § 9 WpHG Rn. 21.

1140 §§ 44c BörsO, 37b Bedingungen; Xetra, Market Model Block Crossing, Deutsche Börse vom 01.12.2000; Schlüter, S. 534 f., Rn. 989 ff.; Liersch, S. 94 f.; Lenenbach, S. 128, Rn. 3.48; Schlitt/Schäfer, AG 2004, 346 (347).

Prinzip der Preis-Zeit-Priorität, sondern nach dem der Volumen-Zeit-Priorität[1141] funktionierendes Auktionssystem, bei dem die Preise nach bestimmten Regeln aus dem Xetra-Hauptmarkt mehrmals täglich als Referenzpreise importiert werden[1142] und die in einem Mindestvolumen (Aktien im Wert von zwischen 0,5 und 7 Millionen Euro)[1143] zustande gekommenen Geschäfte nicht in den Börsenpreis der betreffenden Aktienwerte eingehen. Das Orderbuch ist geschlossen[1144]. Die vor- und nachbörsliche Handelstransparenz innerhalb Xetra XXL ist in börsengesetzlich[1145] und europarechtlich[1146] zulässiger Weise eingeschränkt, um die spezifischen, mit Blockgeschäften in transparenten Märkten grundsätzlich verbundenen negativen Auswirkungen auf den Aktienkurs zu vermeiden[1147]. Börsenpreise kommen hier nicht zustande[1148].
Seit September 2002 gibt es „Xetra Best Execution"[1149], ein bilaterales[1150] Händler-Handelsmodell ohne Börsenfunktion, das in Bezug auf seine rechtliche Zulässigkeit nicht unbestritten ist[1151]. Aus den Eigenaufträgen des Best Executors werden Market-Maker-Quotes generiert[1152]. Als bilaterales System entspricht es weder dem früheren noch dem seit Februar 2003 geltenden materiellen Börsenbegriff[1153]. Dennoch gilt der dort stattfindende Handel in verschiedenen Hinsichten als Börsenhandel, z. B. wird dem börsengesetzlichen

---

1141 § 44c III 6 BörsO; Liersch, S. 123; allgemein Mues, S. 105.

1142 §§ 44c II, III BörsO, 37b Bedingungen; Schwark-Beck, § 25 BörsG Rn. 37; zur Problematik des Preisimports Mülbert, JZ 2002, 826 (829).

1143 § 44c I BörsO.

1144 § 44c III 3 BörsO; Liersch, S. 94 f.

1145 §§ 13 II 3 i. V. m. 24 II 6 BörsG; Schwark-Beck, § 24 BörsG Rn. 21.

1146 Art. 21 II Wertpapierdienstleistungsrichtlinie (a. F.); Stenzel, S. 67.

1147 Schwark-Beck, § 24 BörsG Rn. 21; vgl. im Jahr 1995 Gerke/Steiner-Gerke, S. 287 (291) („Es sollte das Bestreben (...) sein, die Börsenmärkte auch für Blockhändler so attraktiv zu gestalten, dass es für sie uninteressant wird, auf außerbörsliche Märkt auszuweichen"); Gerke/Steiner-Hertle/Schenk, S. 410 (417).

1148 Schwark-Beck, § 24 BörsG Rn. 9.

1149 §§ 46 ff. BörsO, 37c Bedingungen; Köndgen/Theissen, WM 2003, 1497 (1497, 1503 ff.); Schlüter, S. 540 ff., Rn. 1010 ff.; Lenenbach, S. 11 f., Rn. 1.22; Kümpel, S. 1539 ff., 10.128 ff.; 2258, 17.136; 2262 ff., 17.146 ff.; ders./Hammen, S. 68 ff.; Spindler, WM 2002, 1325 (1328); Schwark, Festschrift Immenga, S. 723 (725); Schwark-Schwark, § 22 BörsG Rn. 13; Schwark-Beck, § 25 BörsG Rn. 38; Merkt, DJT-Gutachten (2002), G 46 f.; Hammen, WM 2002, 2129 (2129 ff.); Geschäftsbericht 2002, Gruppe Deutsche Börse, S. 52; Geschäftsbericht 2001, Deutsche Börse AG, S. 22.

1150 Köndgen/Theissen, WM 2003, 1497 (1504); Hammen, WM 2002, 2129 (2129).

1151 Hammen, WM 2002, 2129 (2129 ff., insbes. 2135 ff.); Mülbert, JZ 2002, 826 (830); Merkt, DJT-Gutachten (2002), G 46 f., 100.

1152 § 46a I BörsO.

1153 Schwark, Festschrift Immenga, S. 723 (732).

Börsenvorrang[1154] genügt, wenn Geschäfte über Xetra Best Execution durchgeführt werden[1155]. Die Börsenaufsichtsbehörde hat auch gegen Xetra Best keine grundsätzlichen Einwände erhoben. Sie hat jedoch nicht erlaubt, die dort zustande kommenden Preise als Börsenpreise zu bezeichnen[1156].

Soweit es nach börsenaufsichtsbehördlicher Genehmigungspraxis früher für ein Betreiben von elektronischen Handelsplattformen, die den beiden letztgenannten Handelsmodellen (Crossing-System, bilaterales System) oder einem Inseratsystem entsprechen, keiner Genehmigung als Börse bedurfte, war ein solches bislang ohne Einschränkungen des Kreises möglicher Betreiber außerbörslich gestattet. Die Frankfurter Börse bot mit Xetra XXL unter dem Dach der formellen Börse früher eventuell und bietet bisher und zukünftig eindeutig mit Xetra Best Execution elektronischen Handel an, der im Hinblick auf die Funktionsweise nicht dem materiellen Börsenbegriff entspricht[1157] (und deshalb außerhalb einer formellen Börse nicht als Börsenhandel eingeordnet wird bzw. werden dürfte und weder „als Börse" genehmigungsbedürftig noch genehmigungsfähig wäre), ohne dass die hessische Börsenaufsichtsbehörde hieran Anstoß genommen hätte. Am materiellen Börsenbegriff gemessen fand also u. U. innerhalb Xetra XXL, fand und findet jedenfalls aber innerhalb Xetra Best „außerbörslicher" oder „nicht-börslicher Handel an der Börse" statt. Er wird von einer formellen Börse bereitgestellt, die zumindest mit dem Präsenzhandel und dem Xetra-Hauptmarkt mit seinen diversen Handelsmodellen dem materiellen Börsenbegriff genügende Handelsformen offeriert. Ihr wird auch das Angebot von Handelsmodellen gestattet, die dem materiellen Börsenbegriff nicht entsprechen. In den Börsenkurs der Aktienwerte gehen die innerhalb dieser Xetra-Segmente geschlossenen Geschäfte aber, wie gesagt, nicht ein.

1154 § 22 I BörsG.

1155 Mülbert, JZ 2002, 826 (830); Schwark-Schwark, § 22 BörsG Rn. 13 m. w. N.; a. A. Schwark, Einl BörsG Rn. 19; ders., Festschrift Immenga, S. 723 (732); Hammen, WM 2002, 2129 (2135).

1156 § 46a IV 1 BörsO; Köndgen/Theissen, WM 2003, 1497 (1505); Hammen, WM 2002, 2129 (2130); Schwark-Schwark, Einl BörsG Rn. 19; § 22 BörsG Rn. 13, 15 ff.; Mülbert, JZ 2002, 826 (829, 830).

1157 Schwark-Schwark, Einl BörsG Rn. 19; Schwark-Beck, § 24 BörsG Rn. 9; ungenau bzw. missverständlich deshalb die Bezeichnung „Börsenhandel ohne Börsenpreise", wiedergegeben bei Kümpel/Hammen, S. 69; Kümpel, S. 1542 f., 10.136 f.

H. Entwicklung des außerbörslichen Aktienhandels

Außerbörslicher Aktienhandel war und ist ein fester Bestandteil des Kapitalmarktgeschehens. Die wirtschaftliche Bedeutung außerbörslichen Aktienhandels war nach den Ergebnissen Stenzels und des Börsenreform-Gutachtens zu den damaligen Zeitpunkten (1995 bzw. 1997) groß und im Zunehmen begriffen. Diese Tendenz setzt sich bis heute mehr oder weniger fort[1158], trotz des Erfolgs von Xetra seit Ende 1997 und teilweise unter veränderten Vorzeichen. Die Bedeutung kommt nicht zuletzt in neuen gesetzlichen Regelungen in Deutschland und auf EU-Ebene zum Ausdruck, wo u. a. der beobachtete außerbörsliche Handel in den Mitgliedstaaten Anlass für die kapitalmarktrechtlichen Reform- bzw. Harmonisierungsbestrebungen war[1159]; Wettbewerb zwischen Börsen und alternativen Aktienmärkten um Handelsaufkommen soll rechtlich gefördert werden. Im Folgenden sei die Einschätzung Merkts wiedergegeben, wie er sie im Gutachten für den Deutschen Juristentag 2002 formuliert hat: „Börsenhandel stellt heutzutage lediglich eine besondere und vergleichsweise stark regulierte Form des allgemeinen Handels mit Kapitalmarkttiteln dar. Der ehemals aus staatsfürsorglichen Motiven überprononcierte Unterschied zwischen zugelassenem Börsenhandel und (bestenfalls geduldetem) Wertpapierhandel außerhalb von Börsen verliert an Bedeutung“[1160]; in der Folge fordert Merkt, „die überkommene, das deutsche Recht unverändert prägende Zweiteilung zwischen klassischem Börsenrecht und dem leicht pejorativ konnotierten Begriff des Rechts der „Nichtbörsen“ (...)“ müsse „überwunden werden“[1161]. Mit dem 4. Finanzmarktförderungsgesetz ist ein Schritt in diese Richtung erfolgt[1162]. Auf der Ebene des europäischen Rechts ist es nun zu entsprechenden oder weitergehenden Anpassungen mit dem Zwang zu europaweiten Liberalisierungen und gleichzeitig präziseren Regelungen gekommen, deren Transformation ins nationale Recht bevorsteht[1163].

1158 Merkt, DJT-Gutachten (2002), G 43 ff.; Mülbert, JZ 2002, 826 (828); Börsensachverständigenkommission, S. 12.

1159 KOM (2002), 625, S. 6, 10.

1160 Merkt, DJT-Gutachten (2002), G 70; ähnlich schon Hopt-Rudolph, Börsenreform, S. 159.

1161 Merkt, DJT-Gutachten (2002), G 70; ähnliche Stoßrichtung schon bei Schwark, WM 1997, 293 (307) („Die Entwicklung (...) zeigt (...), dass das Recht nicht mehr an die überkommenen Markteinrichtungen anknüpft und anknüpfen darf, sondern Sachprobleme zu lösen hat, die nur zu geringen Teilen spezifisch börsenrechtlicher Natur sind“).

1162 §§ 58 ff. BörsG, 37i ff. WpHG.

1163 Vgl. insbesondere Artt. 14, 25 ff. Wertpapierdienstleistungsrichtlinie (n. F.).

Stenzel war mangels verfügbarer unmittelbarer Daten[1164] zu dem Versuch gezwungen, Methoden aufzuzeigen, mittels derer sich der Umfang außerbörslichen Aktienhandels „zumindest annäherungsweise“[1165] indirekt erschließen lassen könnte[1166]. Für den deutschen Markt kam er im Ergebnis zu einer Größenordnung von ca. einem Drittel des gesamten, also börslichen und außerbörslichen Handelsvolumens in inländischen Aktien[1167]. Mittlerweile herrscht mehr Übersicht, jedenfalls auf Seiten der Aufsichtsverwaltung. In Deutschland müssen Banken seit Anfang 1996 und seit 1998 auch Finanzdienstleistungsinstitute als zentrale Handelsakteure sämtliche in börsennotierten Aktienwerten unter ihrer Mitwirkung getätigten Aktiengeschäfte bis spätestens zum folgenden Tag an die Bundesaufsichtsbehörde melden, egal, ob diese börslich oder außerbörslich[1168] erfolgt sind[1169]. Auch wenn die Handelsvolumina mangels Veröffentlichung der Zahlen der Allgemeinheit auch heute noch nicht zugänglich sind[1170], verfügt inzwischen immerhin die Aufsichtsverwaltung über eine genaue Kenntnis der Verteilung des gesamten Aktienhandelsaufkommens in börsennotierten Werten auf Börsen und außerbörsliche Märkte[1171], womit die Wissenschaft indirekter Quantifizierungsbemühungen enthoben ist (auch wenn sie selbst aus Datenschutzgründen immer noch nicht unmittelbar auf die vorhandenen Daten zugreifen kann). Nicht gemeldet werden muss nach derzeit geltender Rechtslage allerdings der genaue außerbörsliche Markt, an dem das jeweilige Geschäft getätigt worden ist, die genaue Angabe ist nur bei Börsengeschäften verlangt. De lege ferenda wird eine entsprechende gesetzliche Erweiterung des Meldesatzes gefordert[1172].

1164 Vgl. Börsensachverständigenkommission, S. 13; Dornau, Deutsche Börse AG, S. 30 („Über das Volumen des (...) außerbörslichen Handels in Deutschland sind leider keine zuverlässigen Zahlen erhältlich: Die anbietenden Unternehmen halten Angaben zu Volumen und Kundenstruktur aus Wettbewerbsgründen geheim“); vgl. auch Hölters-Hölters, S. 13 ff., Rn. 30 ff.

1165 Stenzel, S. 16, 58; ders., Vorwort Hielscher („erhebliche Messbarkeitsprobleme“).

1166 Stenzel, S. 16, 57 f., 66, 76, 79 ff., 83 ff.

1167 Stenzel, S. 100.

1168 Einschließlich des außerbörslichen Handels im Ausland, Lenenbach, S. 557, Rn. 12.6.

1169 § 9 WpHG, Wertpapierhandel-Meldeverordnung, BGBl. I, 1995, 2094, geändert durch VO, BGBl. I, 1998, 519, zuletzt geändert durch VO, BGBl. I, 2003, 1042; Lenenbach, S. 556 f., Rn. 12.6; Börsensachverständigenkommission, S. 10; Stenzel, S. 79, mit Ausblick auf diese Regelung; zu eng Merkt, DJT-Gutachten (2002), G 18 („sämtliche über die Börse abgewickelte Wertpapiertransaktionen“ seien zu melden); einerseits zu weit, andererseits auch zu eng Claussen, S. 366 f., Rn. 25 („jedes Wertpapiergeschäft, das inländische Kreditinstitute als Wertpapierdienstleistung tätigen, (ist) der BaFin zu melden“).

1170 Hellwig, DJT-Referat (2002), P 49; Liersch, S. 147; insofern geht die Prognose Stenzels, S. 79, Fn. 53, der von einer Veröffentlichung der Daten ausgeht, zu weit.

1171 Zu eng Merkt, DJT-Gutachten (2002), G 18.

1172 Börsensachverständigenkommission, S. 3, 15.

I. Block- bzw. Pakethandel und grenzüberschreitender Aktienhandel im freien Telefonhandel als hergebrachte Erscheinungsformen - außerbörsliche Unternehmenskäufe

Außerbörslichem Handel kommt im Verhältnis zum Handel an der Börse immer schon eine wichtige Komplementärfunktion zu. Klassischerweise werden bestimmte Aktientransaktionen bevorzugt außerhalb der Börse durchgeführt[1173]. Dies gilt insbesondere für den grenzüberschreitenden Handel und für den Handel großer Aktienpakete (Pakethandel oder Blockhandel), die vor allem im (mittlerweile teilweise computergestützten) Telefonhandel[1174] erfolgen. Banken handeln hierbei telefonisch direkt miteinander[1175] (deshalb auch „Interbankenhandel“ oder „Interbankenmarkt“, daneben aber auch „4. Markt“[1176] genannt), d. h. unter Umgehung der börslichen Preis- und Umsatztransparenz an der börslichen Handelsinfrastruktur vorbei.

Grenzüberschreitender Aktienhandel erfolgt häufig schon deshalb außerbörslich, weil es keine Börse gibt, an der beide Parteien einer beabsichtigten Transaktion als Handelsteilnehmer zugelassen sind. Üblicherweise ist ein Finanzakteur an einer Börse oder mehreren Börsen seines Heimatlandes zugelassen, seltener aber an einer Börse im Ausland (innerhalb der Europäischen Union sind allerdings Zulassungsbeschränkungen zu geregelten Märkten für im EU- oder EWR-Ausland zu einem dortigen geregelten Markt zugelassene Handelsakteure inzwischen weitgehend unzulässig[1177]). Mit der natürlich regelmäßig möglichen Einschaltung „vor Ort“ börsenzugelassener Dritter auf einer oder beiden Seiten der Aktientransaktion sind u. U. unerwünscht hohe Zusatzkosten (z. B. weitere Provisionen) verbunden[1178]. Selbst wenn eine Börse existiert, an der beide Seiten verschiedener Nationalität handeln dürfen, kann eine börsliche Durchführung daran scheitern, dass ausländische Aktienwerte gehandelt werden sollen, die an dieser Börse nicht gehandelt werden dürfen (innerhalb des EU-/ EWR-Raums findet allerdings eine weitgehende Anerkennung im Ausland erfolgter Börsenzulassungen statt[1179]).

1173 Vgl. auch KOM (2002) 625, S. 11 („Die Börsen aller Mitgliedstaaten sind zumindest bei bestimmten Abschlüssen seit Langem mit der Konkurrenz der außerbörslichen Durchführung konfrontiert“), 12 („(...) sind sich die Handelsmilieus aller Mitgliedstaaten bewusst, dass Börsenorderbücher nicht für alle Transaktionen die optimale Ausführungsart darstellen“).

1174 Kümpel, S. 1305, 8.218 f.; zur Einordnung des Telefonhandels als nicht-börslichem Handel im Sinne des materiellen Börsenbegriffs vgl. Wastl/Schlitt, WM 2001, 1702 (1706 f.).

1175 Stenzel, S. 45, 106 f.

1176 Hopt-Rudolph, Börsenreform, S. 232.

1177 Art. 15 Wertpapierdienstleistungsrichtlinie (a. F.).

1178 Stenzel, S. 117 f.; vgl. auch Geschäftsbericht 2001, Gruppe Deutsche Börse, S. 50.

1179 Vgl. §§ 17 f. WpPG; für Emittenten mit Sitz in Drittstaaten §§ 19 WpPG.

Der Handel mit großen Aktienpaketen in bzw. der Paketverkauf von börsennotierten Werten unterliegt eigenen, oben skizzierten Gesetzmäßigkeiten[1180]. Regelmäßig gibt es das Bedürfnis nach größtmöglicher Geheimhaltung von Geschäften, deren Umfangs und des dabei vereinbarten Kaufpreises[1181].
Vorhandene Aktienpakete bzw. -blöcke können en bloc, aber auch sukzessiv verkauft werden[1182].
Ein Paketerwerber mag vorrangig oder ausschließlich aus Motiven der Kapitalanlage agieren. Bei ausnahmsweise zulässigen Aktienrückkäufen des Emittenten z. B. zwecks Kurspflege kommt es ebenfalls zum Erwerb von Paketen[1183].
Dem Erwerber kann es aber auch um die Erlangung der Unternehmenskontrolle gehen[1184]. Wenn ein besonders umfänglicher Aktienblock Kaufgegenstand ist, der alleine oder zusammen mit anderen auf dem Markt erhältlichen Paketen die unternehmerische Kontrolle über die Aktiengesellschaft vermittelt, wird ein „Paketzuschlag" vom Käufer verlangt werden können (Kontrollprämie)[1185], also ein über dem Börsenkurs liegender Preis.
Mehrere Paketkäufe kleineren Umfangs können letztendlich zur Erlangung der Kontrollmehrheit führen. Ein oder mehrere Paketkäufe können auch ein für später geplantes öffentliches Übernahmeangebot vorbereiten[1186].
Es wird darüber diskutiert, ob für einen Paketinhaber aufgrund der mit dem Aktienpaket verbundenen Möglichkeiten zur Einflussnahme im Unternehmen besondere Treuepflichten bestehen[1187], die Beschränkungen der freien Veräußerbarkeit des Pakets mit sich bringen. Das wird aber wohl insbesondere bei großen Publikumsgesellschaften nur in Ausnahmefällen angenommen werden können[1188].
Beim Verkauf eines die Unternehmenskontrolle vermittelnden Pakets kann es zivilrechtlich um Fragen des Unternehmenskaufs in der Form des Anteils- oder Beteiligungserwerbs (share deal)[1189] gehen, die in verschiedenen Handbüchern

---

1180 Gerke/Steiner-Gerke, S. 287 (290) („Es ist außerordentlich schwierig, bei der Gestaltung des Blockhandels Organisationsformen zu finden, die den Interessen aller Marktteilnehmer gerecht werden. (...) Die Interessenkonflikte lassen sich niemals völlig beseitigen. Sie können aber durch Kompromisslösungen verringert werden); Stenzel, S. 45 f.

1181 Hopt-Hopt, Börsenreform, S. 374; Wastl, NZG 2000, 505 (513).

1182 Liersch, S. 69.

1183 Münchener Kommentar-Oechsler, § 71, Rn. 204 ff.; Wastl, NZG 2000, 505 (508 f.).

1184 Mülbert, DJT-Gutachten (1996), E 60 (außerbörslicher Paketerwerb als „zentrales Instrument zur Kontrollerlangung"); Geibel/Süßmann-Zehetmeier-Müller, Einl., S. 47, Rn. 37.

1185 Hölters-Widmann, S. 135 f., Rn. 164 f.; Liersch, S. 30; Rupprecht, S. 15; Schlitt/Schäfer, AG 2004, 346 (347).

1186 Geibel/Süßmann-Zehetmeier-Müller, Einl., S. 48 f., Rn. 40.

1187 Schwark-Noack, Einl WpÜG Rn. 11.

1188 Wastl, NZG 2000, 505 (506 f.).

1189 Hölters-Semler, S. 523 ff., Rn. 5 ff.; 563 ff., Rn. 88 ff.; Stenzel, S. 47, 55; Körber, NZG 2002, 263 (263 f.); Knott, NZG 2002, 249 (249); Wastl, NZG 2000, 505 (513).

zum Recht des Unternehmenskaufs im Einzelnen behandelt werden[1190]. Der Markt für außerbörsliche Unternehmenskäufe florierte zwischenzeitlich außerordentlich[1191]. Abweichend vom börslichen und außerbörslichen Massengeschäft und in gegenüber dem außerbörslichen Pakethandel im Telefonhandel gesteigertem Maße ist ein Unternehmenskauf durch komplexe Verhandlungsmuster im Vorfeld eines ins Auge gefassten Kaufabschlusses gekennzeichnet. Regelmäßig kommt es zu persönlichen Kontakten zwischen den potentiellen Vertragspartnern und von diesen zur Unterstützung jeweils eingesetzten Fachleuten, die über einen längeren Verhandlungszeitraum mehrfach stattfinden. Im Verlauf der Verhandlungen nimmt die am Kauf eines Unternehmens interessierte Seite Unternehmensprüfungen vor[1192], die seitens der Unternehmensführung in gewissem Umfang zu gestatten und zu unterstützen sind, um so zu einer angemessenen Unternehmensbewertung und Preisfindung zu gelangen[1193]. Geheimhaltungsinteressen des Unternehmens[1194], an dem die verkaufsinteressierte Seite Anteile hält, sind hierbei zu beachten und rechtlich abzusichern. Gegenstand eines Unternehmenskaufs können selbstverständlich sowohl börsennotierte als auch nicht-börsennotierte Unternehmen sein[1195], insbesondere beim Kauf börsennotierter Unternehmen sind kapitalmarktrechtliche, gesellschaftsrechtliche und kaufvertragsrechtliche Pflichtenbindungen miteinander in Einklang zu bringen[1196].

Findet sich kein Käufer für ein Gesamtpaket, bleibt der sukzessive Verkauf auf einem oder verschiedenen Aktienmärkten. Dabei muss es darum gehen, „den Block schnell und zu einem guten Kurs bei der Marktgegenseite“ peu à peu „unterzubringen“[1197]. Der Paketverkauf gilt angesichts der auf dem Spiel stehenden Beträge und der für eine möglichst erfolgreiche Durchführung

---

1190 Z. B. Holzapfel/Pöllath; Hölters.

1191 Hölters-Hölters, S. 14 f., Rn. 32; Hölters-Widmann, S. 75, Rn. 1; Jäger, NZG 2000, 1049 (1052).

1192 Zum Zweck dieser sogenannten „due diligence“ Hölters-Widmann, S. 83, Rn. 19.

1193 Hölters-Widmann, S. 76 ff., Rn. 3 ff.; 82, Rn. 15 („Wenn ein Unternehmenskauf (...) mit einer geplanten Veränderung der Unternehmenspolitik verbunden ist oder durch einen Kauf Synergieeffekte zwischen erworbenen und aquirierenden Unternehmen entstehen, dann kann der Entscheidungswert über dem Marktwert des erworbenen Unternehmens liegen“); 137 f., Rn. 168; Hölters-Semler, S. 568 ff., Rn. 97 ff.

1194 Hölters-Semler, S. 527 f., Rn. 12 f.; 547 ff., Rn. 53 ff.

1195 Stenzel, S. 45 ff., 55.

1196 Schlitt/Schäfer, AG 2004, 346 (353 ff.); Müller, NJW 2000, 3452 (3452 ff.); Körber, NZG 2002, 263 (263 ff.); Linker/Zinger, NZG 2002, 497 (497 ff.); Mertens, AG 1997, 541 (541 ff.); Schroeder, DB 1997, 2161 (2161 ff.); Roschmann/Frey, AG 1996, 449 (449 ff.); Schmidt-Diemitz, DB 1996, 1809 (1809 ff.); Bihr, BB 1998, 1198 (1198 ff.).

1197 Liersch, S. 54; vgl. auch Stenzel, S. 107.

nötigen Kenntnis der Märkte und ihrer Reaktionsmechanismen[1198] als „Königsdisziplin des Investmentbanking"[1199] und kann für die durchführenden Banken sehr lukrativ sein[1200]. Es kommen verschiedene Konstruktionen des Rechtsverhältnisses zwischen verkaufswilligem Großaktionär und Intermediär (mit unterschiedlicher Risiko- und entsprechender Gewinnverteilung zwischen den Beteiligten) in Betracht[1201]. Z. B. kann ein Blockverkauf in Kommission[1202] oder durch Vermittlung[1203] erfolgen, dann verbleibt das wirtschaftliche Risiko beim Blockverkäufer. Banken oder Finanzdienstleistungsinstitute können einen Block auch in den eigenen Aktienbestand übernehmen und ihn anschließend auf eigenes Risiko im Markt unterbringen (Eigenhandel (für andere))[1204].

Ein Paketverkäufer kann sich aus Verantwortungsgefühl gegenüber dem Unternehmen für einen außerbörslichen Verkauf entscheiden, weil er wissen möchte, an wen er verkauft und an wen die mit dem Aktienanteil verbundene Möglichkeit zur Einflussnahme auf das Unternehmen übergeht. Im anonymen Börsenhandel kennen sich Käufer und Verkäufer ja nicht.
Pakethandel wird traditionell jedoch meistens vor allem deshalb außerhalb des regulären Börsenhandels durchgeführt, um negative Auswirkungen auf den Börsenkurs der betreffenden Aktie („market impact"[1205] und „Informationseffekt"[1206])[1207] und damit gesteigerte Transaktionskosten zu vermeiden, was bei einer Durchführung über die Börse im Präsenzhandel oder im Xetra-Hauptmarkt angesichts des zu einem bestimmten Zeitpunkt auf einmal erfolgenden großen Angebots in diesem Aktienwert kaum gelingen würde[1208]. Schließlich resultiert der jeweilige Kurs aus dem Verhältnis von Angebot und Nachfrage[1209], worüber der Markt im Wege der Pre-trade- oder vorbörslichen Transparenz und der Post-trade- oder nachbörslichen Transparenz informiert wird, und

---

1198 Liersch, S. 66, 118 ff.

1199 Frankfurter Allgemeine Zeitung (FAZ) vom 15.08.2001, S. 26.

1200 Erträge des Pakethandels können einen wesentlichen Beitrag zum Geschäftsergebnis von Banken leisten, vgl. Mülbert, DJT-Gutachten (1996), E 35 m. w. N.

1201 Schlitt/Schäfer, AG 2004, 346 (347 ff.); Stenzel, S. 45 f.

1202 Schlitt/Schäfer, AG 2004, 346 (348).

1203 Auch als Aufgabegeschäft.

1204 Absicherung durch Hedging, Schlüter, S. 555, Rn. 1082; Liersch, S. 53; Eigenhandel für andere stellt auch die Ausführung einer IW-Order (interessewahrende Ausführung) dar.

1205 Liersch, S. 58 ff., 70 f.

1206 Liersch, S. 62 ff., 71 f.; Gerke/Steiner-Gerke, S. 287 (289).

1207 Stenzel, S. 45, 136, 138, 156 ff. („adverse Preiseffekte"), vgl. auch S. 146; Hopt-Rudolph, Börsenreform, S. 150, 170, 172 f.; Wastl, NZG 2000, 505 (513 („Kursverzerrungen")).

1208 Liersch, S. 35 ff., 95; Hopt-Rudolph, Börsenreform, S. 150, 172, 232; Hopt-Hopt, Börsenreform, S. 431 f.

1209 Lenzen, S. 6 f.; Liersch, S. 154.

sieht das Börsenrecht vor, dass Börsen den Handelsteilnehmern die jeweils aktuelle Angebotslage bekannt (Pre-trade-Transparenz) und zustande gekommene Börsenumsätze und Börsenpreise unverzüglich bekannt bzw. der Allgemeinheit im Wege der Veröffentlichung zugänglich zu machen haben (Post-trade-Transparenz). Beim Xetra-Handel ist das Orderbuch (weitgehend) offen. Eine Blockorder ist sowohl bei den verschiedenen Varianten eines offenen Orderbuchs (Einzelauflistung sämtlicher Orders oder aggregierte Darstellung der Aufträge)[1210] als auch bei einem geschlossenen Orderbuch (nur jeweils bestes Kauf- und bestes Verkaufsangebot werden angezeigt) für die Handelsteilnehmer wahrnehmbar. Ein besonders großes Kauf- oder Verkaufsangebot hinsichtlich eines bestimmten Aktienwertes führt unabhängig[1211] von der jeweiligen Marktorganisation nach dem Auktionsmodell oder nach dem Händlermodell zu einem Angebotsüberhang auf der jeweiligen Marktseite und damit zu unerwünschten (adversen) Effekten. In der Folge, und zwar vor vollständiger Ausführung der Blockorder, entwickelt sich dadurch der Aktienkurs angesichts des Verhältnisses von Angebot und Nachfrage ungünstig. Erst nach deren Ausführung wird sich der Preis wieder auf dem normalen, dem Ausgangsniveau einpendeln, wovon der Blockhändler aber nichts mehr hat. Hierdurch entstehen zusätzliche Transaktionskosten für den Initiator des Blockgeschäfts. Andere Marktteilnehmer hingegen erhalten Gelegenheit zu für sie vorteilhaften Geschäften. Die Einstellung eines gesamten Blocks als Limitorder eröffnet für andere Marktteilnehmer über den gesamten Zeitraum der Ausführung die Möglichkeit, das Angebot zu den Bedingungen anzunehmen, auch wenn sich zwischenzeitlich Veränderungen (z. B. aufgrund externer Faktoren) ergeben haben („faktische unentgeltliche Option“[1212])[1213].

Die Auswirkungen des market impact werden noch durch den Informationseffekt verstärkt. Erlangen andere Marktteilnehmer Kenntnis von einer Großorder, messen sie dieser einen Informationsgehalt im Hinblick auf die betreffende Aktie bei[1214]. Eine große Kauforder legt den Schluss darauf nahe, dass der Kaufinteressent Informationen hat, die eine positive Entwicklung des Unternehmens bzw. der Aktie wahrscheinlich erscheinen lassen. Einer großen Verkaufsorder wird der gegenteilige Aussagegehalt entnommen. Diese Erwartungen anderer Anleger führen dazu, dass sie ihr Kauf- bzw. Verkaufsverhalten entsprechend anpassen. Bei einer großen Kauforder werden sie also selbst kaufen, womit der Kurs der Aktie in die Höhe getrieben wird und damit die Ausführung der Blockorder zu immer ungünstigeren Bedingungen erfolgen muss. Bei einer großen Verkaufsorder werden sie selbst verkaufen, wodurch der Kurs zusätzlich nach unten beeinflusst wird. Kommt einer Großorder in Wirklichkeit kein

1210 Liersch, S. 67.

1211 Liersch, S. 60, 69 f., 72.

1212 Liersch, S. 68 f.

1213 Zum Ganzen Liersch, S. 58 f., 62.

1214 Gerke/Steiner-Gerke, S. 287 (289); Schiereck, ZBB 1996, 185 (190).

derartiger Informationswert zu und stellt sich das später, regelmäßig erst nach Abschluss des Blockgeschäfts, heraus, so wird sich das in einer Rückanpassung des Kursniveaus auswirken, für den Initiator des Blockgeschäfts zu spät. Um den Informationseffekt zu verringern, müsste verhindert werden, dass andere Marktteilnehmer während der Zeit der Ausführung des Blockgeschäfts etwas von diesem erfahren. Dem stehen die Transparenzbestimmungen im Börsenhandel normalerweise entgegen. Market impact und Informationseffekt können bei einer börslichen Durchführung dadurch verringert oder ausgeschlossen werden, dass die Großorder gestückelt wird und Teilorders kleineren Umfangs sukzessiv in den Markt eingestellt werden (vgl. auch die Möglichkeit zu „Iceberg-Orders" innerhalb Xetra). Dabei besteht der Nachteil, dass zwischen der jeweiligen Eingabe der Teilorders andere gleichgerichtete Aufträge anderer Marktteilnehmer eintreffen können, denen nach dem geltenden Grundsatz der zeitlichen Priorität Vorrang eingeräumt wird. Die vollständige Durchführung des Blockgeschäfts kann auf diese Weise sehr lange dauern[1215]. Der Blockhändler setzt sich dadurch anderen (externen) Gefahren in stärkerem Maße aus, als dies bei einer zügigen Durchführung en bloc der Fall ist. Es können während der zeitlich gestreckten Ausführung für das Blockgeschäft ungünstige Unternehmensnachrichten eintreffen oder die Marktlage sich aus anderen Gründen als den mit einem Blockgeschäft regelmäßig zusammenhängenden Folgen ungünstig entwickeln.

Die außerbörsliche Suche nach einem Geschäftspartner für den Kauf oder Verkauf eines kompletten Aktienblocks im Telefonhandel mit anschließendem außerbörslichen Abschluss[1216] hat den Vorteil, dass zu einem bestimmten Zeitpunkt ein Preis vereinbart werden kann, der nicht mehr durch market impact und Informationseffekt beeinträchtigt werden kann und der mangels zeitlicher Streckung der Geschäftsausführung auch keinen Veränderungsrisiken im Zusammenhang mit externen Faktoren ausgesetzt ist.

Meistens sind die Verkäufer von Aktienpaketen, die nicht so groß sind, dass Kontrollrechte am Unternehmen mit ihnen verbunden wären, dazu bereit, außerbörslich zu einem Preis abzuschließen, der unter dem aktuellen Börsenkurs der betreffenden Aktie liegt („Paketabschlag")[1217]. Aus Sicht des Paketverkäufers ist es wirtschaftlich rational, u. U. einen Paketabschlag in Kauf zu nehmen, wenn im Vergleich dazu ein Verkauf über die Börse den Aktienkurs kontinuierlich „in den Keller treiben" würde.

Das für Blockhandel börslicherseits jüngst geschaffene elektronische Handelssegment Xetra XXL sieht zur Vermeidung von market impact und Informations-

---

1215 Liersch, S. 67.

1216 Liersch, S. 118 ff.

1217 Stenzel, S. 45 f.

effekt für dort erfolgende Blockgeschäfte keine Pre-trade-Transparenz und eine verzögerte, erst am Ende eines Handelstages hergestellte Post-trade-Transparenz vor, um so den Blockhandel an der Börse attraktiv zu machen. Wie die begrenzten Umsätze innerhalb Xetra XXL vermuten lassen, ziehen die Blockhandelsteilnehmer aber den völligen Ausschluss der Post-trade-Transparenz im außerbörslichen Telefonhandel der zwar verzögerten, aber letztlich dennoch hergestellten Post-trade-Transparenz innerhalb Xetra XXL vor[1218]. U. U. schrecken auch gesteigerte Kursmanipulationsgefahren, die mit dem Crossing, bei dem die Preise aus dem Xetra-Hauptmarkt importiert werden, zusammenhängen. Durch Geschäfte im Xetra-Hauptmarkt, die im Vergleich geringeren Umfangs sind, kann dort über den relevanten Zeitraum hinweg der betreffende Aktienkurs beeinflusst werden, der dann maßgeblich wird für Großtransaktionen innerhalb Xetra XXL[1219].
Blocktransaktionen sind allerdings auch sonst spezifischen Manipulationsrisiken ausgesetzt. Häufig greifen die Parteien im Telefonhandel außerbörslich zustande gekommener Geschäfte auf den Börsenkurs als Referenzpreis zurück[1220]. Wird ein erst zukünftig, etwa am Ende des betreffenden Handelstages, bestehender Börsenpreis als für das außerbörsliche Blockgeschäft maßgeblich vereinbart, besteht die Gefahr, dass eine der beiden Parteien zwischen außerbörslichem Vertragsschluss und dem Zeitpunkt, zu dem der für den Inhalt des Blockgeschäfts entscheidende Börsenkurs festgestellt wird, zu seinen Gunsten Einfluss auf den Börsenpreis nimmt[1221]. Dies kann durch unzulässige manipulative Mittel (informationsbasierte Manipulationen oder fiktive Geschäfte) versucht werden, aber auch durch effektive Geschäfte[1222], deren Zulässigkeit nach der Rechtslage bis zum 4. Finanzmarktförderungsgesetz nicht in Frage stand, die aber nach den Bestimmungen gegen Marktmanipulation inzwischen doch unzulässig sind[1223].

Vermehrte Blocktransaktionen im normalen börslichen Kassahandel bergen die Gefahr steigender Marktvolatilität[1224]. Der gesamtwirtschaftliche Nachteil der außerbörslichen Durchführung besteht darin, dass dem Börsenmarkt Liquidität entzogen wird und die Blockgeschäfte nicht in die Börsenkurse eingehen, sie können regelmäßig nicht als Börsenpreise behandelt werden (die innerhalb Xetra XXL abgeschlossenen Geschäfte finden ebenso wenig wie die im

1218 Liersch, S. 118.

1219 Liersch, S. 168 f.

1220 Wastl, NZG 2000, 505 (513); Liersch, S. 153.

1221 Gerke/Steiner-Gerke, S. 287 (289); Liersch, S. 158, 160 f., 162 f; Schwark-Schwark, § 20a WpHG Rn. 31.

1222 Lenzen, S. 39 f.

1223 § 20a I 1 Nr. 2 WpHG; vgl. schon Bundestags-Drucksache (BT-Drs.) 14/8017, S. 152; Liersch, S. 217.

1224 Gerke/Steiner-Gerke, S. 287 (288).

Telefonhandel zustande gekommenen Berücksichtigung bei den Börsenkursen). Hierunter leidet die Kurswahrheit bzw. die Aussagekraft der ermittelten Börsenkurse[1225], die nicht nur Anlegern als zentrale Orientierung bei ihren Anlageentscheidungen dienen sollen, sondern auch in verschiedenen Normen als Bezugsgröße dienen[1226]. Das schlägt besonders zu Buche, haben die Blockgeschäfte doch (definitionsgemäß) einen besonders großen Umfang. Auch werden sie gemeinhin unter Beteiligung besonders fachkundiger professioneller Akteure durchgeführt[1227], die überdurchschnittlich großen Analyseaufwand hinsichtlich der über die Unternehmen, deren Aktien gehandelt werden, zur Verfügung stehenden Informationen betreiben[1228]. Jedenfalls im Interesse größtmöglicher Allokationseffizienz ist es gerade wünschenswert, dass deren Kauf- und Verkaufsentscheidungen Berücksichtigung bei der Kursbildung finden[1229].

Außerbörslich ausgehandelte Geschäfte dürfen nicht später dennoch über den Börsenhandel ausgeführt werden[1230]. Der Abwicklung (Erfüllung) lassen sie sich aber durch die auf diese bezogene Eingabe in Xetra zuführen[1231].

II. Öffentliche (Übernahme-)Angebote

Für öffentliche Angebote zum Kauf von Aktien börsenzugelassener Unternehmen sieht das Wertpapiererwerbs- und Unternehmensübernahmegesetz u. a. Regelungen vor, die das Bietverfahren bei feindlichen Übernahmeversuchen ordnen, Benachteiligungen der Aktionäre der Zielgesellschaft zugunsten des Bieters und Behinderungsversuche des Vorstands der Zielgesellschaft entgegenwirken sollen, die ansonsten erfahrungsgemäß auftreten[1232]. Über deren Einhaltung wacht die Bundesanstalt für Finanzdienstleistungsaufsicht (BaFin)[1233]. Um die Schaffung des WpÜG hat eine ausgiebige wissenschaftliche Auseinander-

---

1225 An diesem Befund ändert die Meldepflicht außerbörslicher Geschäfte mit börsennotierten Aktien (§ 9 WpHG) nichts, sie besteht nur gegenüber der BaFin und die Meldung muss erst am auf den Tag des Geschäftsabschlusses folgenden Werktag erfolgen; eine Veröffentlichungspflicht, die zu einer Post-Trade-Transparenz außerbörslicher Geschäfte führen würde, gibt es gerade nicht.

1226 Z. B. §§ 305, 320b, 186 III 4 AktG, 29 UmwG.

1227 Stenzel, S. 106.

1228 Lenzen, S. 38.

1229 Nach dem durch das 4. Finanzmarktförderungsgesetz novellierten Börsengesetz können jetzt innerhalb bestimmter alternativer Handelssysteme außerbörslich zustande gekommene Geschäfte in den Börsenkurs einbezogen werden, § 24 II 3, 4 BörsG; dazu Kümpel/Hammen, S. 47 ff., insbes. 53 ff.

1230 § 38 I Bedingungen.

1231 Schwark-Beck, § 24 BörsG Rn. 22; Liersch, S. 122, 138.

1232 Geibel/Süßmann-Zehetmeier-Müller, Einl., S. 50, Rn. 45.

1233 Vgl. §§ 4 ff. WpÜG; Schwark-Noack, Einl WpÜG Rn. 4.

setzung hinsichtlich verschiedener Regelungskomplexe stattgefunden[1234], inzwischen liegen mehrere Kommentare zum WpÜG vor[1235]. Die früher im Übernahmebereich allgemein diskutierten Probleme gibt es jetzt noch bei lediglich in den Börsenhandel einbezogenen und bei nicht-börsennotierten Zielunternehmen.

III. Außerbörsliche elektronische Handelssysteme

1. Elektronischer Handel innerhalb außerbörslicher elektronischer, vom Ausland aus betriebener, dort staatlich überwachter multilateraler Handelssysteme mit Börsenfunktion

Aktienhandel (Blockhandel) ist institutionellen Anlegern seit Längerem auch innerhalb vom Ausland aus betriebener multilateraler alternativer elektronischer Handelssysteme[1236] intermediationsfrei, damit unter Wegfall normalerweise an Intermediäre zu zahlender Provisionen[1237] außerbörslich möglich[1238]. Handelsinfrastruktur lässt sich schließlich vom Ausland aus auf elektronischem Wege für in Deutschland und andernorts ansässige, angeschlossene und dort agierende Handelsteilnehmer bereitstellen[1239]. Das prominente Beispiel ist „Instinet"[1240], dessen Sitz sich in London befindet[1241]. Diese Einrichtungen entsprechen zum Teil wegen ihrer multilateralen Funktionsweise dem materiellen Börsenbegriff, ohne formell Börsen nach deutschem Recht zu sein[1242]. Eine börsenrechtliche

---

1234 Schwark-Noack, WpÜG, Schrifttum zum WpÜG und zu den Gesetzentwürfen; Einl WpÜG Rn. 1.

1235 Z. B. Kölner Kommentar; Schwark-Noack, WpÜG; Geibel/Süßmann; Fleischer/Kalss; Steinmeyer/Häger.

1236 Auch „Parallelmarktsysteme" genannt, wenn nur mit börsennotierten Aktien gehandelt werden kann, Stenzel, S. 17, 34, 38, 51 f., 112 f.; KOM (2002) 625, S. 23 („paralleler Handel mit erstklassigen Wertpapieren").

1237 Stenzel, S. 114; vgl. auch Spindler, WM 2002, 1325 (1330).

1238 Hopt-Rudolph, Börsenreform, S. 152, 156, 159, 202 f., 222, 231; Hopt/Baum, WM 1997, Sonderbeilage Nr. 4, 3 (8 f.); Beck, WM 2000, 597 (601); Dornau, Deutsche Börse AG, S. 2 („Die Wurzeln der ATS liegen im Blockhandel institutioneller Investoren"), 5; Liersch, WM 2003, 473 (473 ff.); Gounalakis/Lochen, ZHR 167 (2003), 632 (632 ff.).

1239 Börsensachverständigenkommission, S. 7; Mues, S. 21.

1240 Börsensachverständigenkommission, S. 4, 7; Stenzel, S. 36, 113; Vaupel, RIW 1995, 568 (570 f.); Schwark, WM 1997, 293 (295, 299); Hopt-Rudolph, Börsenreform, S. 152, 158 f.; Hopt-Hopt, Börsenreform, S. 339 f.; Dornau, Deutsche Börse AG, S. 7, 9, 14, 26 f.; Spindler, WM 2002, 1325 (1327); Cohn, ZBB 2002, 365 (367); Schlüter, S. 520, Rn. 907.

1241 Dornau, Deutsche Börse AG, S. 26.

1242 Dornau, Deutsche Börse AG, S. 26; Schwark, WM 1997, 293 (298); vgl. auch Börsensachverständigenkommission, S. 2 („(...) Zwischenergebnis, dass (alternative) Wertpapierhandelssysteme aufgrund ihrer Funktion grundsätzlich den materiellen Börsenbegriff erfüllen können. Eine funktionale, materielle Definition der Börse als Abgrenzung zu Wertpapierhandelssystemen ist daher nicht möglich").

Genehmigung einer Börsenaufsichtsbehörde eines deutschen Bundeslandes besitzen die Betreiber derartiger elektronischer Märkte nicht, auch unterstehen sie nicht der Aufsicht einer solchen. Jedenfalls für Banken und Wertpapierfirmen mit Sitz in einem anderen Staat der EU oder des EWR als Betreiber derartiger Märkte, die im Heimatland staatlicher Regulierung und Überwachung unterworfen sind, wurden durch den so genannten „Europäischen Pass" für Wertpapierdienstleister die rechtlichen Voraussetzungen für eine Geschäftstätigkeit auch in Deutschland geschaffen, ohne dass es einer zusätzlichen Genehmigung in Deutschland bedürfte[1243]. Den aufsichtsrechtlichen Anforderungen des Heimatstaates müssen sie entsprechen („Sitzlandkontrolle" oder „Herkunftslandprinzip")[1244]. Deutschem Aufsichtsrecht unterliegen sie nur in begrenztem, europarechtlich zulässigem Umfang. Besonders zu nennen sind hier die europaweit harmonisierten, aber doch im Einzelnen national individuell ausgeformten Wohlverhaltenspflichten für Wertpapierdienstleister nach deutschem Kapitalmarktrecht[1245], die ausländische Systembetreiber bei ihrer Geschäftstätigkeit (hier der Aktienmarktorganisation, die aufsichtsrechtlich z. B. im Fall von Instinet als Vermittlungstätigkeit eingeordnet wird[1246]) auf dem deutschen Finanzmarkt einzuhalten haben. Die Befolgung dieser Pflichten wird seitens der Bundesanstalt für Finanzdienstleistungsaufsicht (BaFin) bundesweit überwacht. Der staatlichen Überwachung durch eine Börsenaufsichtsbehörde und den komplexen Anforderungen des deutschen Börsengesetzes bezüglich Marktorganisation, insbesondere an die Transparenz der Preisbildung, und Zulassungsvoraussetzungen unterliegen sie nicht[1247]. Das ist von deutscher Börsenseite als Wettbewerbsvorteil gegenüber deutschen Börsen kritisiert[1248], gleichzeitig aber auch als Qualitätsnachteil im Vergleich zu Börsen betrachtet worden[1249]. Diese Rechtslage ist Ausfluss des europarechtlich vorgegebenen Herkunftslandprinzips einschließlich des „Europäischen Passes" für Wertpapierdienstleister[1250]. Neues deutsches Recht sieht jetzt immerhin für Betreiber derartiger elektronischer Märkte, die deutschen Handelsteilnehmern in Deutschland Zugang gewähren, eine Anzeigepflicht, wenn sie ihren Sitz außerhalb Deutschlands, aber innerhalb der Europäischen Union (EU) oder des Europäischen Wirtschafts-

---

1243 Hopt-Hopt, Börsenreform, S. 310, 317, 320 f.; Dornau, Deutsche Börse AG, S. 26 f.; KOM (2000) 729, S. 7 f.; Schwark, WM 1997, 293 (300).

1244 Hopt-Hopt, Börsenreform, S. 318 f.

1245 §§ 31 ff. WpHG; Art. 11 Wertpapierdienstleistungsrichtlinie (a. F.); KOM (2000) 729, S. 9, vgl. auch Hopt-Hopt, Börsenreform, S. 318 f.; ders./Baum, WM 1997, Sonderbeilage Nr. 4, 3 (16).

1246 Breitkreuz, S. 174.

1247 Kritisch zur Tauglichkeit der kapitalmarktrechtlichen Wohlverhaltensregeln zur Überwachung außerbörslicher multilateraler Systeme Mues, S. 63.

1248 Dornau, Deutsche Börse AG, S. 3, 13, 26 f.

1249 Riehmer/Heuser, NZG 2001, 385 (385).

1250 Hopt-Hopt, Börsenreform, S. 363; ders./Baum, WM 1997, Sonderbeilage Nr. 4, 3 (15).

raums (EWR) haben[1251], und eine Erlaubnispflicht, wenn deren Sitz außerhalb des bezeichneten Gebiets liegt[1252], vor. Solche Anzeigen bzw. Anträge auf Erteilung einer Erlaubnis sind nicht an eine Börsenaufsichtsbehörde eines Bundeslandes zu richten, sondern an die Bundesanstalt für Finanzdienstleistungsaufsicht (BaFin) als der hierfür gesetzlich zuständigen Bundesaufsichtsbehörde[1253] [1254].

2. Elektronischer Handel innerhalb außerbörslicher elektronischer, vom Inland aus betriebener multilateraler Handelssysteme mit Börsenfunktion - „börsenähnliche Einrichtungen" als spezielle elektronische Handelssysteme

Bis 01.02.2003 war die deutsche Rechtslage dadurch gekennzeichnet, dass eine elektronische Handelseinrichtung, die materiell eine Börse ist bzw. Börsenhandel ermöglicht, in Deutschland nur nach beantragter und erteilter Genehmigung als Börse formell als Börse errichtet oder von einer bereits bestehenden formellen Börse installiert und unter Beachtung der gesetzlichen Folgepflichten unter staatlicher Überwachung durch die Börsenaufsichtsbehörde betrieben werden durfte oder aber gänzlich unzulässig war. Alternative elektronische Handelsplattformen, die wie eine Computerbörse im engeren (materiellen) Sinne funktionieren (multilaterale Systeme mit Marktplatzfunktion, bei denen die Geschäftsabschlüsse im System erfolgen wie z. B. bei einem der für den Xetra-Hauptmarkt zur Verfügung gestellten Handelsmodelle), konnten von deutschem Gebiet aus überhaupt nicht betrieben werden[1255]. Denn hierfür bedurfte es bisher zwingend einer staatlichen Genehmigung zu Errichtung und Betrieb einer Börse, und zwar als Börse. Eine Genehmigung steht, wie oben ausgeführt, grundsätzlich im Ermessen der Börsenaufsichtsbehörde, die bei ihrer Ausübung des Ermessens auch eine entsprechende Bedürfnisprüfung vornimmt, ein Anspruch auf Genehmigung besteht für potentielle Betreiber nicht. Ein potentieller Antragsteller musste bislang davon ausgehen, dass bei der Gestattung zusätzlicher multilateraler Handelseinrichtungen neben einer bereits existierenden Börse Zurückhaltung geübt würde. Ein Grund hierfür war u. a. der börsenaufsichtsbehördliche Bedacht auf Verhinderung einer zunehmenden Fragmentierung des vorhandenen Handelsaufkommens mit unerwünschten Folgen für den Preisfeststellungsmechanismus. Die Risiken einer (über die Aufteilung des

---

1251 §§ 37i ff. WpHG.

1252 § 37m WpHG.

1253 §§ 37i I 1, 37m I 1 WpHG.

1254 Die Wertpapierdienstleistungsrichtlinie (n. F.) sieht die Einführung einer neuen Wertpapierdienstleistung „Betrieb eines multilateralen Handelssystems" durch Banken und sonstige Wertpapierhäuser vor (Art. 4 I Nr. 2, Anhang I, Abschnitt A, Nr. 8 Wertpapierdienstleistungsrichtlinie (n. F.)).

1255 Börsensachverständigenkommission, S. 7.

Gesamtordervolumens auf die verschiedenen deutschen Börsen, den außerbörslichen Telefonhandel und sonstige alternative Handelssysteme hinausgehenden) „Liquiditätszersplitterung“ und damit eventuell verbundene Konsequenzen für den Kapitalmarkt (mangelnde Kurswahrheit der Börsenkurse mit Nachteilen für unerfahrene Anleger, die nicht über den Überblick über die Preise auf außerbörslichen Märkten verfügen[1256], Verletzung des Prinzips der Preispriorität (bezogen auf den Gesamtmarkt) mit steigender Volatilität der Kurse und damit geringere Allokationseffizienz als Folge[1257]) wurden und werden in der Literatur regelmäßig als Problem thematisiert, deren Gefährlichkeit im Ergebnis aber unterschiedlich eingeschätzt[1258].

Angenommen, einem Antrag auf Errichtung und Betrieb einer Börse wird stattgegeben, ist die Erfüllung der als Rechtsfolge der Genehmigungserteilung gesetzlich zwingend vorgegebenen Pflicht zur Schaffung komplexer innerbörslicher Organ-, Rechtsetzungs-, Leitungs- und Entscheidungsstrukturen für Betreiber aufwendig[1259]. Das bedeutet für Letztere u. a. auch die „Hinnahme“ der gesetzlich vorgesehenen Selbstverwaltung[1260], an der die Handelsteilnehmer und Aktienemittenten als Börsennutzer maßgeblich beteiligt sind und die

1256 Mues, S. 103 f.; Liersch, S. 141 f., 149 f.; Schwark, Festschrift Immenga, S. 723 (734 f).

1257 Mues, S. 104 f.

1258 Kümpel, S. 2243 f., 17.92; ders./Hammen, S. 47 ff., 105; KOM (2002), 625, S. 10 („jüngste Untersuchungen zu den Durchführungskursen beinah aller an führenden europäischen Börsen gehandelter Aktien belegen in keiner Weise die These, der zufolge die Konzentration der Auftragsausführung auf Börsen die Markteffizienz erhöht“), 12 („die Verteilung des Handels-geschehens über mehrere Auftragsausführungsstrukturen kann dazu führen, dass sich die Kauf- und Verkaufsinteressen auf untiefe und getrennte, kleine Liquiditätsmärkte aufsplittern. Wenn dieser Prozess nicht kontrolliert wird, könnte er für die beiden wichtigsten Merkmale eines wettbewerbsfähigen Finanzmarktes - die Liquidität und eine effiziente Kursbildung - nachteilige Folgen haben. (...). Sowohl der Wettbewerb zwischen den Börsen als auch der Wettbewerb zwischen Börsen und anderen Auftragsausführungsstrukturen kann die Fragmentierung verstärken“), 13 f. („wenn die Auftragsausführung in großem Umfang nicht mehr auf einem geregelten Markt stattfindet, besteht die Gefahr, dass die Liquidität von den Börsen weg wandert und die Repräsentativität der Referenzkurse der geregelten Märkte damit in Frage gestellt wird. (...) Wichtig ist die Feststellung, dass sich diese Bedenken auf Wertpapiermärkten, in denen außerbörsliche Auftragsausführung zulässig ist, nicht unbedingt bestätigen“), 15; KOM (2000) 729, S. 20; Hopt-Rudolph, Börsenreform, S. 215, 255 ff.; Hopt-Hopt, Börsenreform, S. 336 ff., 362 ff.; ders./Baum, WM 1997, Sonderbeilage Nr. 4, 3 (14 f.); Beck, WM 1998, 417 (419); Mues, S. 21, 98 ff.; Dornau, Deutsche Börse AG, S. 2, 16; von Heusinger, Börsen-Zeitung v. 09.11.2000, S. 1; Börsensachverständigenkommission, S. 11 („Die Nachteile einer Marktfragmentierung sind im Interesse der Förderung von Innovation und Wettbewerb hinzunehmen“); Merkt, DJT-Gutachten (2002), G 48 f., 94; Spindler, WM 2002, 1325 (1328 f.); Mülbert, JZ 2002, 826 (828 f.); Schlüter, S. 367, Rn. 87; Lenenbach, S. 101, Rn. 3.5; Schwark-Schwark, § 22 BörsG Rn. 4, 13; Schmidt/Schleef/Küster Simic, ZBB 2001, 69 (69, 70).

1259 Breitkreuz, S. 173; Mues, S. 65 f.; Schwark, WM 1997, 293 (300).

1260 Breitkreuz, S. 113 ff.

Innovationen zu verhindern bemüht sein können[1261] (natürlich, wie die Einführung von Xetra zeigt, nicht notwendigerweise innovationsfeindlich sein müssen, jedenfalls nicht, wenn sie dem Einfluss des investierenden Betreibers ausgesetzt sind). Im Gegensatz dazu steht bei privaten Handelssystemen dem Betreiber, wenn er Eigentümer ist, die Gestaltungsbefugnis zu[1262].

Als Xetra seitens der Frankfurter Börse installiert wurde, hatte sie als Börse natürlich sämtliche börsengesetzlich vorgeschriebenen Organstrukturen schon lange etabliert. Außer den (nicht geringen) Entwicklungskosten für die erforderliche Technologie[1263] entstand ihr, anders als das bei potentiellen Konkurrenten der etablierten deutschen Börsen der Fall gewesen wäre, kein weiterer Aufwand für den Aufbau der gesetzlich vorgeschriebenen Börsenorganisation.

Diese Rechtslage, die in ähnlicher Weise auch in anderen EU-Staaten besteht[1264], bildete im Ergebnis eine Markteintrittsbarriere für neue Organisatoren multilateraler Märkte[1265]. Die Marktstellung der deutschen Börsen im angestammten Bereich wurde von alternativen elektronischen Handelseinrichtungen mit Börsenfunktion deshalb nur vom (vor allem anglo-amerikanischen) Ausland aus angegriffen.

Dieses in der Literatur beklagte „Entweder - oder“[1266] (entweder Erfüllung aller für Börsen vorgeschriebenen Organisationspflichten oder gar keine Möglichkeit zu Betrieb und Errichtung vom Inland aus) gehört nun der Vergangenheit an. Inzwischen fürchtet offenbar auch der Gesetzgeber die Folgen einer Liquiditätsfragmentierung zunehmenden Umfangs nicht mehr. Seit 01.02.2003 können multilaterale, dem materiellen Börsenbegriff entsprechende elektronische Handelssysteme von Kreditinstituten (Banken) und Finanzdienstleistungsinstituten auch in nicht-börslichem Gewand von Deutschland aus errichtet und betrieben werden, nämlich nach entsprechender Anzeige bei der Börsenaufsichtsbehörde

---

1261 Hopt-Rudolph, Börsenreform, S. 221; Mues, S. 118.

1262 Mues, S. 115, 116 f., 118; von den Befürwortern der Einführung einer rein privatrechtlichen Börsenorganisation werden in diesem Zusammenhang Mitbestimmungsmodelle erwogen, Hopt-Hopt, Börsenreform, S. 404, 407; Merkt, NJW-Beilage 23/2002, 37 (44).

1263 Mues, S. 18.

1264 Lamfalussy-Bericht, S. 14, pauschal für die Rechtsverhältnisse in den EU-Staaten.

1265 Merkt, DJT-Gutachten (2002), G 81 bis 93; ders., NJW-Beilage 23/2002, 37 (42); Börsensachverständigenkommission, S. 7; Hopt-Hopt, Börsenreform, S. 400 f., 402 ff., 407 ff.; ders./Baum, WM 1997, Sonderbeilage Nr. 4, 3 (14 f., 16 f.); Mues, S. 53, 88, 127 ff., 134, 143 ff., 150 (Rechtslage (vor dem 4. Finanzmarktförderungsgesetz) mit Staatsmonopol in Bezug auf Börsen verstoße gegen die Berufsfreiheit (Art. 12 GG) und gegen die Niederlassungsfreiheit (Art. 43 ff. EGV)); Breitkreuz, S. 173, 174 ff.; Schwark, WM 1997, 293 (300).

1266 Hopt-Hopt, Börsenreform, S. 392; ders./Baum, WM 1997, Sonderbeilage Nr. 4, 3 (16 f.); Breitkreuz, S. 175; Mues, S. 18; Hellwig, ZGR 1999, 781 (787) („Schwarz-Weiß-Schema“).

des Bundeslandes, in dem der Sitz sein soll, als „börsenähnliche Einrichtung“[1267]. Da es keiner in behördlichem Ermessen stehenden Genehmigung bedarf wie bei Börsen, liegt es jetzt also in der Macht des privaten Organisators, ob er multilateralen elektronischen Handel mit Börsenfunktion anbieten will[1268]. „Börse“ dürfen sich börsenähnliche Einrichtungen trotz ihrer Funktionsweise, die mit dem materiellen Börsenbegriff in Einklang steht, mangels einer formellen Genehmigung als Börse aber nicht nennen. Nach der Systematik des Gesetzes ist eine börsenähnliche Einrichtung eine besondere Art eines (außerbörslichen) „elektronischen Handelssystems“ (als dem Oberbegriff[1269]). Über die für alle elektronischen Handelssysteme geltenden Anzeige- und Unterlagenvorlagepflichten[1270] hinaus bestehen dann für börsenähnliche Einrichtungen mehrere Organisationspflichten[1271], die an den für Börsen bestehenden rechtlichen Anforderungen orientiert sind, auch wenn die Vorgaben nahe liegender Weise im Ergebnis hinter denen für Börsen deutlich zurückbleiben. Der Begriff „börsenähnliche Einrichtung“ signalisiert, dass derartige Systeme nicht dem Börsenrecht in seiner Gänze unterliegen[1272]. Börsenähnliche Einrichtungen, also vom Inland aus betriebene multilaterale elektronische Handelssysteme, unterstehen, obgleich sie nicht-börsliche (außerbörsliche) Märkte darstellen, der Aufsicht der Börsenaufsichtsbehörde[1273] und sind wohl, da die Betreiber Vermittlungsleistungen anbieten, als Wertpapierdienstleistungsunternehmen von der Bundesanstalt für Finanzdienstleistungsaufsicht (BaFin) zu überwachen[1274].

1267 §§ 59 f. i. V. m. 58 BörsG (Systeme mit „Marktplatzfunktion“, Bundestags-Drucksache (BT-Drs.) 14/8601, S. 16); Kümpel, S. 1539, 10.126; 2237 ff., 17.75 ff.; ders./Hammen, S. 38 ff.; Lenenbach, S. 101, Rn. 3.5.

1268 Vgl. die zuvor umfassend, das heißt auch in Bezug auf (formelle) Börsen erhobene rechtspolitische Forderung von Hopt-Hopt, Börsenreform, S. 405 („Nicht die Aufsichtsbehörde, sondern der Markt entscheidet, ob ein Bedürfnis für die angebotenen Börsendienstleistungen besteht oder nicht“, „die bisherige Bedürfnisprüfung hat zu entfallen“); die Aufstellung lediglich subjektiver Zulassungsvoraussetzungen in der Person des Börsenbetreibers ohne besondere börsengesetzliche Genehmigung für eine Börse privater Rechtsform de lege ferenda wurde zuvor erwogen von Mues, S. 99.

1269 Kümpel/Hammen, S. 40; Cohn, ZBB 2002, 365 (368).

1270 § 58 I BörsG; Cohn, ZBB 2002, 365 (369).

1271 § 59 Satz 1 Nr. 1 bis 7 BörsG; Cohn, ZBB 2002, 365 (369).

1272 Vgl. Merkt, NJW-Beilage 23/2002, 37 (43).

1273 § 60 BörsG; Kümpel/Hammen, S. 38; kritisch hinsichtlich dieser Kompetenzzuordnung Merkt, NJW-Beilage 23/2002, 37 (43).

1274 Schwark-Beck, § 2 WpHG Rn. 29; Kümpel/Hammen, S. 71; Cohn, ZBB 2002, 365 (371 f.); vgl. auch CESR, Standards for Alternative Trading Systems, S. 14 („Investment firms operating qualifying systems will already be subject to existing conduct of business rules established in accordance with Article 11 of the Investment Services Directive. The standards for ATSs are not designed to duplicate, replace, add to or subtract from these existing conduct

Soweit bestimmte multilaterale Systeme nach bisheriger börsenaufsichtsbehördlicher Genehmigungspraxis nicht unter den materiellen Börsenbegriff gefallen sein sollten, werden sie nach neuem Recht wie die übrigen, bereits bisher dem materiellen Börsenbegriff unzweifelhaft entsprechenden multilateralen Systeme auch als börsenähnliche Einrichtungen einzuordnen sein, die nur von bestimmten Betreibern (Kreditinstituten oder Finanzdienstleistungsinstituten) als solche errichtet und betrieben werden dürfen. Dies ergibt sich im Wege der Auslegung der Neuregelung[1275]. Da sie unter den materiellen Börsenbegriff fallen, dürfen sie von anderen als den gesetzlich Genannten nicht als börsenähnliche Einrichtung, sondern nur als Börse, ansonsten von diesen gar nicht errichtet und betrieben werden. Für diesen Betreiberkreis wird die neue Rechtslage im Vergleich zur bisherigen damit restriktiver.

In vergleichbarer Weise eröffnet nun die neue Wertpapierdienstleistungsrichtlinie auch Wertpapierfirmen die Möglichkeit, ein multilaterales Handelssystem zu betreiben[1276].

---

of business requirements"); anders Mülbert, JZ 2002, 826 (830); grundsätzlich kritisch hinsichtlich einer Kompetenzaufteilung Merkt, NJW-Beilage 23/2002, 37 (43).

1275 Spindler, WM 2002, 1325 (1333 ff., insbes. 1336).

1276 Art. 4 I Nr. 15, Anhang I, Abschnitt A, Nr. 8, ferner Artt. 14, 26, 29 f. Wertpapierdienstleistungsrichtlinie (n. F.); KOM (2002) 625, S. 20 (mit der vorgenommenen Änderung der Wertpapierdienstleistungsrichtlinie wird der Betrieb eines „multilateralen Handelssystems" als „neue Hauptwertpapierdienstleistung eingeführt. Diese Systeme seien dadurch gekennzeichnet, dass sie „die multilaterale Offenlegung fester Order bzw. Interessenbekundungen zwischen den Systemnutzern sowie die Ausführung von Order vorwegnehmen, die sich aus der Interaktion von Kauf-/Verkaufsinteressen, die über das System zusammengeführt werden, ergeben"; die Systeme würden „die autonomen Handelsentscheidungen der Systemnutzer unterstützen, ohne dass der Systembetreiber eingreifen muss" und „Abschlüsse erleichtern bzw. selbst (...) an den Geschäften mit Systemnutzern teilnehmen", „dem Systembetreiber" komme „bei der Vorauswahl, Empfehlungen oder sonstigen Zusammenführung von Handelsinteressen keine aktive oder diskretionäre Rolle zu", vielmehr unterstütze und erleichtere „das System die direkte Nutzerinteraktion mit anderen Systemnutzern", „diese Funktionalitätsform" bedeute, dass multilaterale Systeme „viele Merkmale der Börsen" besäßen und „beinahe die gleichen aufsichtlichen Probleme wie geregelte Märkte" aufwürfen; die „Funktionalität" der multilateralen Systeme „entspricht nicht direkt der der bestehenden Wertpapierdienstleistungen, und dies hat zu einer gewissen Unsicherheit hinsichtlich der zweckmäßigen Basis geführt, aufgrund deren derlei Systeme zugelassen und überwacht werden sollen. Die Anerkennung der (multilateralen Systeme) als eine Kategorie von Wertpapierhäusern soll die Wesensart dieses Geschäfts im Sinne der EU-Rechtsvorschriften klären und die Anwendung gemeinsamer regulatorischer Regeln gestatten, mit dem die (den Markt betreffenden) Risiken abgedeckt werden. Auf dieser Grundlage wird es den (multilateralen Systemen) möglich sein, ihre Systeme und Dienstleistungen den Nutzern in der gesamten EU auf Basis der Herkunftslandzulassung anzubieten"), 21 („Bei den Nutzern eines (multilateralen Handelssystems) handelt es sich um professionelle oder aktive Marktteilnehmer, die für eigene Rechnung und auf eigenes Risiko hin handeln und in der Lage sind, die Verantwortung für ihre Anlageentscheidungen zu übernehmen. Sie erwarten vom Betreiber eines (multilateralen Systems) nicht, ihnen den Schutz eines Vermittlers zu bieten. Folglich sind die Wohlverhaltensregeln und sonstigen Anlegerschutzbestimmungen für diese

3. Handel innerhalb neuartiger elektronischer, von Deutschland aus betriebener Handelseinrichtungen, die weder Börsen im formellen noch im materiellen Sinne sind, wie insbesondere bilaterale Systeme - „elektronische Handelssysteme"

In den zurückliegenden Jahren haben neu entstandene, verschieden aufgebaute alternative elektronische Handelsplattformen, deren Funktionsweisen von derjenigen einer Börse (im materiellen Sinn) in entscheidender Hinsicht abweichen[1277] (z. B. nur bilateralen Handel ermöglichende Plattformen („Kontrahentensysteme")) und deren außerbörsliches Betreiben deshalb schon bisher nicht gegen deutsches Börsenrecht verstieß, d. h. ohne börsenrechtliche Genehmigung zulässig war, Anteile am deutschen Aktienmarkt gewinnen können[1278] und die deutsche Kapitalmarktszenerie zusätzlich verwandelt. Bilateral funktionierende alternative Handelsplattformen werden nach Prognosen maßgeblich Beteiligter weiter an Bedeutung gewinnen. Dies hängt vor allem mit veränderten Interessenlagen der am Handelsgeschehen Beteiligten zusammen. Teilweise sind neue Rollenverteilungen zwischen Organisatoren von Börsenmärkten auf der einen und Banken als den zentralen Akteuren im börslichen und außerbörslichen Aktienhandel auf der anderen Seite entstanden[1279]. Private Großbanken und öffentlich-rechtliche Kreditinstitute sind zunehmend bemüht, Aktiengeschäfte mit der großen Zahl ihrer eigenen Kunden insbesondere des „retail"-Bereichs (Privatkunden)[1280], aber auch des „wholesale"-Bereichs (Firmenkunden) direkt abzuschließen, ohne die Kundenorders über die Börse zu leiten („Internalisierung"[1281], „hausinterner Abschluss"[1282], „hausinterner Ausgleich"[1283], „inter-

---

Art des über ein (multilaterales System) zum Abschluss gebrachten Handels nicht relevant"). Deshalb müssten solche Systeme zukünftig „die Teilnahme auf „in Frage kommende Gegenparteien" (...) beschränken").

1277 Schwark, Festschrift Immenga, S. 723 (732 f.).

1278 Börsensachverständigenkommission, S. 12; Kümpel, S. 2253 f., 17.120 ff.; 2257 f., 17.134 ff.; ders./Hammen, S. 27, 63 ff., 67 („bilaterale Systeme als dominierende außerbörsliche Handelsart"); Schwark-Schwark, § 22 BörsG Rn. 4; ders., Festschrift Immenga, S. 723 (723 f.).

1279 Vgl. auch Merkt, DJT-Gutachten (2002), G 71; Dornau, Deutsche Börse AG, S. 22 f.; Kümpel/Hammen, S. 27, 63 ff., 67 f.

1280 Börsensachverständigenkommission, S. 12; Geschäftsbericht 2002, Gruppe Deutsche Börse, S. 22.

1281 Kümpel, S. 2261, 17.144; ders./Hammen, S. 40, 49, 51; Schwark-Schwark, Einl BörsG Rn. 19; § 22 BörsG Rn. 12; Schwark, Festschrift Immenga, S. 723 (723 ff.); Geschäftsbericht 2002, Gruppe Deutsche Börse, S. 19; Mülbert, JZ 2002, 826 (830); Schlüter, S. 50 f., Rn. 231 ff.; 540 ff., Rn. 1010 ff.; Beck, DJT-Referat (2002), P 41, 43; KOM (2002) 625, S. 11, 13, 16, 22; Dornau, Deutsche Börse AG, S. 10; Hopt-Rudolph, Börsenreform, S. 159 f.; vgl. jetzt auch Art. 4 I Nr. 7 Wertpapierdienstleistungsrichtlinie (n. F.) („systematische Internalisierer").

1282 Hopt-Rudolph, Börsenreform, S. 251 f.

ne Ausführung"[1284] oder „Kompensation"[1285]), was ihnen für sie wirtschaftlich vorteilhaft zu sein verspricht. Die Transaktionskosten lassen sich so u. U. reduzieren[1286]. Dem Kunden wird dabei garantiert, dass der Preis mindestens so gut ist wie der gleichzeitige Börsenkurs des betreffenden Aktienwerts[1287] (der jeweilige Börsenkurs einer Aktie dient damit als Referenzkurs für die Abschlüsse im Internalisierungssystem, die Geschäfte dort wirken dann aber nicht auf den Börsenkurs unmittelbar zurück[1288], die Liquidität am Hauptmarkt wird durch die Internalisierung verringert (Liquiditätsfragmentierung) und es besteht die Gefahr, dass damit die Aussagekraft des Börsenkurses, der wieder als Referenzpreis für zukünftige Internalisierungsgeschäfte herangezogen wird, verschlechtert wird[1289]). Die erforderliche außerbörsliche Marktorganisation übernehmen sie dabei selbst[1290] bzw. lassen sie von anderen, aber eben nicht von Börsen, vornehmen. Hierfür geeignete, bilateralen Handel (zwischen der Bank und Kunden) ermöglichende elektronische Handelssysteme werden durch diverse Direktbanken, die häufig Tochterunternehmen von Großbanken sind, wurden bereits länger betrieben (sogenanntes „direct-brokerage" oder „online-brokerage" neuerer Machart, d. h. nicht lediglich Orderannahme via Internet wie beim „online-brokerage" ursprünglich ausschließlicher Beschaffenheit[1291]). Die Deutsche Bank hat sich von ihrer Beteiligung an der Deutsche Börse AG getrennt und die schon Ende 2000 geäußerten Pläne, eine eigene außerbörsliche Handelsplattform größeren Stils aufzubauen, in die Tat umgesetzt: seit 01.01.2003 können Kunden der Deutschen Bank über die neue Plattform „db pip" (Deutsche Bank, price improving plattform) mit ihr als Vertragspartner bilateral Aktienkäufe und -verkäufe durchführen[1292].

1283 Kümpel, S. 2254, 17.122; Stenzel, S. 31, 52 f., der dieser Handelsform (entgegen der im Anschluss an seine Prognose tatsächlich eingetretenen Entwicklung) geringere Zukunftschancen beigemessen hatte.

1284 KOM (2002) 625, S. 10.

1285 Schwark, Festschrift Immenga, S. 723 (723 f.).

1286 KOM (2002) 625, S. 11 („mögliche Vorteile der Internalisierung von Kundenaufträgen: beschleunigte Ausführung, bessere Kurse und geringere Durchführungskosten für Aufträge"); Schwark, Festschrift Immenga, S. 723 (725, 727, 733 (kritisch hinsichtlich der behaupteten wirtschaftlichen Vorteile für Kunden, fordert deshalb Gebührentransparenz)); Mülbert, JZ 2002, 826 (830).

1287 Schwark-Schwark, § 22 BörG Rn. 12.

1288 Schwark, Festschrift Immenga, S. 723 (727 f., 730).

1289 Schwark, Festschrift Immenga, S. 723 (730, 731 (die „mangels empirischer Belege zunächst nur abstrakten Gefahren der Internalisierung")).

1290 KOM (2002) 625, S. 13 (zu möglichen Interessenkonflikten, wenn Kundenaufträge intern gegen Eigenhandelsaufträge ausgeführt werden), 22.

1291 Zu Letzterem Kümpel, S. 1530 f., 10.97 ff.

1292 Kümpel, S. 2261, 17.144; ders./Hammen, S. 68; Köndgen/Theissen, WM 2003, 1497 (1497); Schwark-Schwark, Einl BörsG Rn. 19 m. w. N.; ders., Festschrift Immenga, S. 723

Bankaufsichtsrechtlich betreiben die Anbieter bilateraler Systeme Eigenhandel für andere[1293], kapitalmarktrechtlich bieten sie eine Wertpapierdienstleistung[1294]. Nach neuem deutschen Recht unterfallen derartige Systeme, wenn sie von Deutschland aus betrieben werden sollen, als „elektronische Handelssysteme" (nur) einer Anzeigepflicht gegenüber der zuständigen Börsenaufsichtsbehörde[1295]. Im Rahmen der Anzeige sind Angaben über das System zu machen[1296]. Ob die Betreiber im Übrigen weiterhin als Vermittlungsgeschäfte oder Eigenhandel für andere betreibende Wertpapierdienstleister insbesondere hinsichtlich der Einhaltung der Wohlverhaltenspflichten bundesaufsichtsbehördlich überwacht werden, ist zu klären[1297].
Die Novelle der Wertpapierdienstleistungsrichtlinie sieht nun für bilaterale (Internalisierungs-)Systeme insbesondere ziemlich umfassende Transparenzanforderungen vor, die im deutschen Recht so bisher nicht bestehen[1298].

---

(725); vgl. auch Mülbert, JZ 2002, 826 (830), mit der Erwägung, dass die Einrichtung des börslichen Handelssegments Xetra Best Execution Großbanken von der Neuinstallierung eigener Plattformen abhalten könnte; das Aufbauprinzip des oben vorgestellten, an den elektronischen Börsenhandel angeschlossenen Handelsmodells Xetra Best Execution entspricht diesen außerhalb formeller Börsen betriebenen Handelsplattformen in wesentlichen Aspekten, vgl. Kümpel/Hammen, S. 68 (Xetra-Best als „Internalisierungsfazilität"); Spindler, WM 2002, 1325(1328) (Xetra Best entspreche „in etwa einem (von einem Dritten, der Deutsche Börse AG, gestellten) Inhouse-Crossing"); Schwark-Beck, § 25 BörsG Rn. 39.

1293 Schwark, Festschrift Immenga, S. 723 (724).

1294 Kümpel, S. 2264 f., 17.154 ff.; ders./Hammen, S. 72.

1295 § 58 BörsG; Kümpel/Hammen, S. 39, 40; Cohn, ZBB 2002, 365 (369 f.); kritisch hinsichtlich dieser Kompetenzzuordnung Merkt, NJW-Beilage 23/2002, 37 (43); de lege ferenda für eine detailliertere Regulierung Mülbert, JZ 2002, 826 (830).

1296 § 58 I 4 BörsG.

1297 Bejahend Mülbert, JZ 2002, 826 (830); Kümpel/Hammen, S. 71; Cohn, ZBB 2002, 365 (369, 370, 371 f.); unsicher Spindler, WM 2002, 1325 (1332); Schwark-Schwark, § 58 BörsG Rn. 1.

1298 Artt. 27 f. Wertpapierdienstleistungsrichtlinie (n. F.).

J. Zwischenrésumé und Weiterführung

Aktienhandel kann, wie dargelegt, auf börslichen und außerbörslichen Märkten erfolgen.
Europarechtlich wird zunächst zwischen geregelten und sonstigen, d. h. nichtgeregelten Märkten differenziert.

Den deutschen börslichen Markt bilden mehrere parallel existierende Börsen, wobei der Frankfurter Wertpapierbörse (FWB) eine klare Vorrangstellung zukommt. Trägerin der FWB als nicht- bzw. teilrechtsfähiger Anstalt des öffentlichen Rechts ist die beliehene, privatrechtlich organisierte Deutsche Börse AG, die seit 2001 selbst börsennotiert ist.

Für den Bereich des Kassahandels ist jeder Börse die Unterteilung in amtlichen Markt, geregelten Markt und Freiverkehr als verschiedenen Marktsegmenten einer Börse, bei denen für die Voraussetzungen und die Folgen der Zulassung von Aktien zum bzw. der Einbeziehung in den Handel teilweise unterschiedliche Anforderungen gestellt werden, börsengesetzlich vorgegeben. Eine Börse kann innerhalb der Marktsegmente zusätzliche Handelssegmente mit gegenüber den gesetzlich vorgegebenen Standards eines Marktsegments strengeren Anforderungen an dort handelbare Aktien schaffen. Europarechtlich harmonisiert sind die Anforderungen an das Marktsegment des amtlichen Marktes. Außerdem gab es bisher wenige Bestimmungen für geregelte Märkte (im europarechtlichen, nicht im börsengesetzlichen Sinn). Geregelte Märkte in Deutschland sind die börslichen Marktsegmente des amtlichen Markts und des geregelten Markts. Die Wertpapierdienstleistungsrichtlinie (n. F.) sieht jetzt ein recht ausdifferenziertes Regelungsregime für geregelte Märkte vor.

Unterschieden werden die Handelsarten des Präsenzhandels und des elektronischen Handels. Innerhalb beider Handelsarten wird in den börslichen Marktsegmenten des amtlichen Marktes, des geregelten Marktes und des Freiverkehrs gehandelt. Ein Aktienwert kann nur in einem Marktsegment gehandelt werden (Verbot der Doppelnotierung), dabei aber sowohl im Präsenzhandel als auch im elektronischen Handel. Der Präsenzhandel, der nach wie vor nur unter dem Dach einer formell genehmigten Börse stattfinden darf, entspricht sowohl dem klassischen als auch dem neuen materiellen Börsenbegriff unproblematisch. Das elektronische Börsenhandelssystem Xetra sieht neben dem Xetra-Hauptmarkt mit seinen verschiedenen Handelsmodellen (Auktionsmodelle, Händlermodell) mit Xetra XXL (Crossing-System für Blockhandel mit Preisimport aus dem Xetra-Hauptmarkt) und Xetra Best Execution zusätzliche Xetra-Handelssegmente mit segmenttypisch organisierten Handelsabläufen vor.

Teilbereiche des außerbörslichen Gesamtmarkts mit jeweils eigenen Charakteristika sind der Telefonhandel, der Markt für außerbörsliche Unternehmenskäufe, der Markt für Wagnisbeteiligungen, Märkte nach öffentlichen Erwerbs- bzw. Übernahmeangeboten und elektronische Handelssysteme diverser Provenienz. In wirtschaftswissenschaftlichen Veröffentlichungen wird der Börsenbegriff häufig - unter Einbeziehung bestimmter alternativer elektronischer Handelssysteme - sehr weit gebraucht[1299], mit dem im deutschen Recht maßgeblichen Begriffsumfang der „Börse“ als Rechtsbegriff, wie er oben bestimmt wurde (materielle und formelle „Börsen“ auf der einen, materielle Börsen, die seit Februar 2003 als „börsenähnliche Einrichtungen“ von Deutschland aus betrieben werden dürfen, und ausländische materielle Börsen wie Instinet, die weder formelle Börsen nach deutschem Recht sind noch börsenähnliche Einrichtungen werden können, wenn sie weiter vom Ausland aus betrieben werden, auf der anderen Seite), deckt sich die Begriffsdefinition und Begriffsverwendung dann nicht genau[1300]; hierauf ist bei der Lektüre jeweils zu achten.

Formen elektronischen Handels, d. h. computerunterstützter Präsenzhandel bis hin zu vollelektronischem Handel, dürfen von einer formell genehmigten Börse angeboten werden. Dies gilt für elektronische Handelsmodelle, die dem materiellen Börsenbegriff entsprechen, aber auch für solche, die ihm nicht entsprechen, wobei in Letzteren zustande kommende Preise keine Börsenpreise im rechtlichen Sinne sind. Würden nicht dem materiellen Börsenbegriff genügende Handelsmodelle außerhalb einer bereits formell genehmigten Börse bereitgestellt werden, müssten sie nicht als Börse genehmigt werden, dürften es aber auch nicht.

Die ehemals eindeutige Zuordnung börslichen Handels ausschließlich zur Institution Börse und außerbörslichen Handels ausschließlich zur Sphäre außerhalb der Börse ist also durch die beschriebenen Entwicklungen nicht mehr ohne Weiteres möglich. Denn Börsen im formellen Sinn bieten, wie gesagt, zum Teil auch Handelssegmente an, die am materiellen Börsenbegriff gemessen als außerbörslicher Markt einzuordnen sind. Und es kann außerbörsliche elektronische Handelssysteme geben, die zumindest materiell Börsenfunktion aufweisen, ohne allerdings formell genehmigte Börsen zu sein (außerbörsliche elektronische multilaterale Handelssysteme, die vom Ausland aus betrieben werden, und seit Februar 2003 börsenähnliche Einrichtungen, also außerbörsliche elektronische multilaterale Handelssysteme, die insbesondere von Kreditinstituten von Deutschland aus betrieben werden können). Rechtlich muss aber jeweils entscheidbar sein, ob bzw. in welchen Hinsichten der betreffende (Teil-)Markt als börslicher oder außerbörslicher Markt reguliert ist.

1299 Hopt-Rudolph, Börsenreform, S. 163 ff.

1300 Hopt-Rudolph, Börsenreform, S. 161 („Die funktionsorientierte Börsenbetrachtung dient ihrer Begriffsbestimmung, die sich von bisherigen Börsendefinitionen deutlich abgrenzt“), 168 (die „Börsendefinition umfasst auch proprietäre Transaktionssysteme“, d. h. er meint den Begriff der Börse im materiellen Sinne, nicht den im formellen Sinne).

Xetra Best Execution ist als bilaterales Handelsmodell einzuordnen, das dem materiellen Börsenbegriff, der Multilateralität voraussetzt, nicht entspricht, da der Handel mit nur einem Market-Maker stattfindet. Mittels Xetra Best Execution wird gewissermaßen, stellt man auf den materiellen Börsenbegriff ab, „außerbörslicher Aktienhandel an der Börse" ermöglicht. Die Institution Börse bietet eine Handelsform an, die rechtlich als börslicher Handel eingeordnet und reguliert wird und die zu börslichen Umsätzen (jedoch nicht zu Börsenpreisen) führt, obwohl der Handel dort nicht-börslichen Charakter hat.
(Wenn die elektronischen Erscheinungsformen auch neu sind, so ist außerbörslicher Handel an der Börse kein grundsätzlich neues Phänomen. Neben dem Präsenzhandel gibt es „unter dem Dach der Börse" etablierte Formen außerbörslicher Geschäftsabschlüsse unter den Anwesenden, die nicht zu Börsenpreisen führen. Wie „echte" Börsengeschäfte, allerdings von diesen unterscheidbar, werden sie in das börsliche Abwicklungssystem Xontro eingegeben. Auch in Xetra können außerbörslich zustande gekommene Verpflichtungsgeschäfte eingegeben und so der automatischen Abwicklung durch Clearstream zugeführt werden[1301].)

Man kann Märkte auch unter dem Gesichtspunkt ihres Elektronisierungsgrades einteilen.
Ein börslicher nicht-elektronischer Sekundär- bzw. Kassamarkt ist der Präsenzhandel einer Börse.
Ein nicht-elektronischer oder jedenfalls nicht vollelektronischer Markt ist der computerunterstützte börsliche Präsenzhandel (Computerbörse im weiteren Sinne[1302]).
Nicht-börsliche nicht-elektronische Märkte sind der Telefonhandel (Interbankenhandel) oder auch solche, die sich in der Folge von öffentlichen Wertpapiererwerbs- oder Übernahmeangeboten bilden.
Computerunterstützter Telefonhandel[1303] ist auch ein jedenfalls nicht vollelektronischer Markt.
Der Markt für außerbörsliche Unternehmenskäufe ist angesichts der bei dortigen Geschäften vorherrschenden persönlichen Verhandlungskontakte als nicht-elektronischer Markt einzuordnen.
Elektronische Sekundärmärkte, d. h. vollelektronische Märkte sind bestimmte elektronische Handelssysteme wie das börsliche System Xetra oder außerbörsliche Systeme multilateraler, bilateraler oder sonstiger Art. Die wichtigsten Typen multilateraler Systeme sind Auktions- und (multilaterale) Händler-, ferner Crossing- und (aktive) Inseratsysteme. In Deutschland werden die verschiede-

1301 Schwark-Beck, § 24 BörsG Rn. 22.

1302 Die begriffliche Unterscheidung von Computerbörsen im engeren Sinne (vollelektronische Handelssysteme) und solchen im weiteren Sinne (elektronisch unterstützter Präsenzhandel) hat jedoch keinen Eingang ins deutsche Recht gefunden.

1303 Wastl, WM 1999, 620 (628); Gerke/Steiner-Hertle/Schenk, S. 411.

nen Modelle multilateraler Struktur, aber auch bilateral funktionierende börslich angeboten. Außerbörsliche Handelsplattformen werden vom deutschen Recht, wenn sie von Deutschland aus betrieben werden, seit Februar 2003 als elektronische Handelssysteme erfasst, multilaterale nochmals speziell als börsenähnliche Einrichtungen. Außerbörsliche Handelsplattformen dürfen, wenn sie multilateralen Handel ermöglichen und damit dem materiellen Börsenbegriff entsprechen, von Deutschland aus nur von Banken oder Finanzdienstleistungsinstituten betrieben werden. Aber auch (sonstige) elektronische Handelssysteme werden überwiegend von solchen angeboten.

Während eine Börse als teilrechtsfähige Anstalt des öffentlichen Rechts der staatlichen Aufsicht durch die Börsenaufsichtsbehörde des Bundeslandes, in dem sie ihren Sitz hat, unterliegt, werden börsliche und außerbörsliche Märkte bundeseinheitlich von der Bundesanstalt für Finanzdienstleistungsaufsicht (BaFin) auf die Einhaltung spezifischer bankaufsichtsrechtlicher und kapitalmarktrechtlicher Regeln überwacht. Im Bereich außerbörslicher elektronischer Handelssysteme sind die Aufsichtszuständigkeiten zwischen Börsenaufsichtsbehörden und BaFin verteilt. Haben solche ihren Sitz in Deutschland, ist eine Börsenaufsichtsbehörde zuständig, haben sie ihren Sitz im Ausland, die Bundesanstalt (BaFin).

Wie sich zeigt, ist das deutsche System der staatlichen Kapitalmarktaufsicht durch eine (komplizierter gewordene) Aufteilung und Verschränkung der Aufsichtszuständigkeiten zwischen Bund (Bundesanstalt für Finanzdienstleistungsaufsicht (BaFin)) und Ländern (Börsenaufsichtsbehörden) gekennzeichnet[1304]. Die komplexe Aufsichtsstruktur[1305], die historisch gewachsen ist und auch auf politische Kompromisse zwischen Bund und Ländern zurückgeht[1306], wird von Teilen der Literatur stark kritisiert, eine vollständige oder jedenfalls stärkere Zentralisierung der Aufsicht wird dort gefordert[1307]. Der Juristentag hat empfohlen, die derzeit bestehende dezentrale Länderaufsicht für Börsen durch eine bundeseinheitliche Aufsicht über die Börsen und den Kapitalmarkt zu ersetzen[1308]. Von Regierungsseite wurde angekündigt, dass diese Anregung im geplanten 5. Finanzmarktförderungsgesetz u. U. umgesetzt werden soll[1309].

1304 Schlüter, S. 174, Rn. 131 f.; Lenenbach, S. 553 ff., Rn. 12.1 ff..

1305 Assmann, DJT-Referat (2002), P 13 („Zersplitterung der Kapitalmarktaufsicht“).

1306 Hopt/Baum, WM 1997, Sonderbeilage Nr. 4, 3 (20); Merkt, DJT-Gutachten (2002), G 122; Mülbert, JZ 2002, 826 (829).

1307 Merkt, DJT-Gutachten (2002), G 122 ff.; Beck, DJT-Referat (2002), P 48, 56; Mülbert, JZ 2002, 826 (829); Hopt-Hopt, Börsenreform, S. 368 f., 449 ff.; ders./Baum, WM 1997, Sonderbeilage Nr. 4, 3 (19 f.).

1308 DJT-Beschlüsse (2002), NZG 1006 (1007 f.), 6.1.

1309 Eichel, Frankfurter Allgemeine Zeitung (FAZ) vom 07.03.2003, S. 20.

Die Organisation der Sekundärmärkte, die Bereitstellung marktlicher Infrastrukturen wird selbst zunehmend unternehmerisch betrieben, ist also selbst zum Unternehmensgegenstand geworden[1310]. Börsliche wie außerbörsliche Anbieter sind ständig bemüht, ihre Handelsinfrastruktur zu verbessern. Es ist deutlich geworden, dass außerbörslichen Transaktionsformen nach der Einschätzung am Kapitalmarktgeschehen maßgeblich beteiligter Kreise wohl weiter wachsende Bedeutung zukommt. Die verschiedenen börslichen und außerbörslichen Anbieter stehen als Marktorganisatoren miteinander im Wettbewerb und sind jeweils darum bemüht, dass möglichst viele Aktientransaktionen auf dem eigenen Markt durchgeführt werden, was eine größere Liquiditätsfragmentierung nach sich ziehen kann. Ein Wettbewerb der Aktienmärkte, ein „Markt der Märkte" ist entstanden. Die beschriebene Elektronisierung des Handelsgeschehens hat die Beweglichkeit der Handelsteilnehmer deutlich erhöht. Die tatsächlichen Verhältnisse sind dadurch charakterisiert, dass die Handelsakteure zwischen den verschiedenen börslichen und außerbörslichen Märkten hin- und herwechseln können[1311] („Multi-Market-Trading"[1312]). Für die Durchführung eines Aktiengeschäfts wählen sie den Markt aus, der die günstigsten Rahmenbedingungen bietet und die niedrigsten Transaktionskosten für die Transakteure verursacht. Über mehrere Handelsbildschirme verschaffen sie sich den Überblick über die Situationen an den verschiedenen Märkten (was wiederum zu einer gewissen Integration der verschiedenen Teilmärkte führt[1313]). Wahlfreiheit hinsichtlich des Marktes besteht natürlich nicht für alle Aktienwerte in gleicher Weise. Es kommt darauf an, wo sie gehandelt werden dürfen. Auch ein Handelsakteur kann nur solche Einrichtungen unmittelbar nutzen, zu denen er rechtlich und tatsächlich Zugang hat[1314]. Bei Kommissionsgeschäften gibt es den Börsenvorrang, d. h. Banken haben Aktiengeschäfte, die sie im Kundenauftrag durchführen, über die Börse auszuführen. Allerdings ist die außerbörsliche Ausführung bei einer entsprechenden Weisung des Kunden ohne Weiteres möglich.

Die Börsen konkurrieren miteinander um Anteile am Handelsaufkommen, teilweise sind die einzelnen Börsenmärkte aber auch miteinander koordiniert bzw. verbunden („Börsenkooperation"[1315], „Interbörsenorganisation"[1316]). So sind die Regionalbörsen an das elektronische Handelssystem Xetra, das von der FWB betrieben wird, angeschlossen. Das Orderleitsystem Xontro weist die tech-

---

1310 Merkt, DJT-Gutachten (2002), G 26, G 53 f., G 59; Hopt-Rudolph, Börsenreform, S. 169; Mues, S. 19, 29, 31 f., 95.

1311 Hopt-Rudolph, Börsenreform, S. 157; Kurth, WM 2000, 1521 (1524).

1312 Mues, S. 22.

1313 Mues, S. 106 ff.

1314 Vgl. auch Börsensachverständigenkommission, S. 10 f.

1315 Hopt-Rudolph, Börsenreform, S. 241 ff.; Florian, S. 245.

1316 Hopt-Rudolph, Börsenreform, S. 221 f.

nische Möglichkeit auf, Orders in den Präsenzhandel sämtlicher deutscher Börsen zu leiten. Bei der Preisfindung im Präsenzhandel gibt es Formen der Kommunikation und des Zusammenwirkens zwischen den Börsen (z. B. koordinierte Preisfeststellung im Dachskontroverfahren)[1317].
Im Verhältnis zwischen Börsen und außerbörslichen Märkten fallen grundsätzlich zwei Bewegungen auf. Organisatoren außerbörslicher Märkte sind bemüht, in den angestammten Bereich der Börsen einzudringen und einen möglichst großen Anteil des bisher börslich durchgeführten Handels auf außerbörsliche Märkte zu ziehen. Börsen versuchen im Gegenzug, Anteile an traditionell außerbörslich erfolgendem Handel zu gewinnen, indem an der Börse dem nicht-börslichen Handel vergleichbare Rahmenbedingungen angeboten werden. Derartige unternehmerische Bemühungen können natürlich nur innerhalb des Rahmens des geltenden Rechts stattfinden, das entsprechende Möglichkeiten in jeweils unterschiedlicher Weise begrenzt oder eröffnet, neuerdings aber einen Wettbewerb unter verschiedenen Anbietern von Handelsinfrastruktur fördern will. Zu einer Verschärfung des Wettbewerbs kann zum einen das seit Februar 2003 geltende deutsche Recht beitragen, welches Errichtung und Betrieb außerbörslicher, aber wie eine Computerbörse aufgebauter, d. h. dem materiellen Börsenbegriff entsprechender multilateraler Computerhandelssysteme mit Sitz in Deutschland unabhängig von bereits bestehenden, formell genehmigten Börsen erstmals gestattet, nämlich als börsenähnliche Einrichtungen. Ob solche entstehen und inwieweit sie dann Xetra Paroli bieten können, wird sich mittelfristig zeigen. Des Weiteren ist mit einer Ausweitung der Internalisierung durch Einsatz bilateraler elektronischer Handelssysteme zu rechnen.
Die Wertpapierbörsen sehen sich also im Kernbereich ihrer „Geschäftstätigkeit“, der Bereitstellung der Infrastruktur für Aktienhandel[1318], mit einer für sie nicht ungefährlichen Entwicklung hin zur vermehrten außerbörslichen Durchführung von Aktiengeschäften konfrontiert[1319] und verspüren seit Längerem Handlungsdruck.
Man ist seit Jahren bemüht, die Rahmenbedingungen des Börsenhandels ständig zu verbessern. Xetra wird technisch permanent weiterentwickelt. Die Frankfurter Börse hat im März 2001 mit Xetra XXL ein elektronisches Handelssegment für Blockhandel (Pakethandel) und im September 2002 Xetra Best Execution eingerichtet. Den wirtschaftlichen Hintergrund bildet die angesprochene Neigung der Großbanken, die Orderströme ihrer Kunden zu „internalisieren“. In grundsätzlicher Anerkennung dieses offenbar unaufhaltsamen Trends versucht die Frankfurter Börse mit Xetra Best Execution einen möglichst großen Teil des Order-flows, der an bankeigene außerbörsliche Handelsplattformen verloren zu gehen droht, an der Börse zu halten, indem sie den Banken die nötige Infra-

---

1317 §§ 5a Bedingungen, 30 f. BörsO, 24 BörsG; Hopt-Hopt, Börsenreform, S. 427 f.; Beck, WM 2000, 597 (606); Lenenbach, S. 121, Rn. 3.39.

1318 Geschäftsbericht 2001, Gruppe Deutsche Börse, S. 46.

1319 Geschäftsbericht 2001, Gruppe Deutsche Börse, S. 22.

struktur für diese Art bilateralen außerbörslichen Handels gegen günstiges Entgelt an der Börse anbietet und überdies auf (technisch) anspruchsvolle Weise an den normalen börslichen multilateralen Xetra-Handel anbindet. 2003 wurde eine zentrale Gegenpartei eingeführt[1320].

Die übrigen deutschen Börsen sind an den Xetra-Handel, der von Frankfurt aus betrieben wird, angebunden. An anderen Börsen als der Frankfurter Wertpapierbörse (FWB) zugelassene Handelsteilnehmer und Aktienwerte können unter bestimmten Voraussetzungen ohne weitere Zulassung auch innerhalb Xetra handeln bzw. gehandelt werden. Ausländischen Handelsteilnehmern wird der Zugang zum Börsenhandel durch das elektronische Handelssystem erleichtert („remote membership“), womit auch auf Europarecht zurückgehenden gesetzlichen Vorgaben entsprochen wird[1321]. Auch immer mehr ausländische Aktienwerte sind handelbar. Grenzüberschreitende Geschäfte, also solche, die in irgendeiner Form Auslandsberührung aufweisen, z. B. wegen ausländischer Kontrahenten oder ausländischer Aktien, müssen im Falle vorhandener Börsenzulassung der potentiellen Transaktionspartner und der interessierenden Aktienwerte nicht mehr zwangsläufig außerbörslich erfolgen, wie das früher viel häufiger der Fall war. Der deutsche Börsenmarkt konnte mittels Xetra für das Ausland sehr viel weiter geöffnet werden.

Der deutsche Börsenhandel ist differenziert (in weiten Teilen öffentlich-rechtlich, aber auch privatrechtlich) reguliert, differenzierter als der außerbörsliche Handel in den meisten seiner verschiedenen Ausprägungen[1322]. An diesem Befund ändert sich auch nichts durch die seit Mitte der neunziger Jahre erfolgte Schaffung umfangreichen, börsliches wie außerbörsliches Handelsgeschehen betreffenden Kapitalmarktrechts einschließlich neuer Spezialgesetze für außerbörsliche Bereiche und die damit eingetretene Annäherung des Regulierungsgrades außerbörslicher an denjenigen börslicher Märkte. Die Markttransparenz ist auf börslichen Sekundärmärkten größer als auf nicht-börslichen[1323].

Bei all der geäußerten Kritik und den Reformvorschlägen ist anzuerkennen, dass es in den zurückliegenden Jahren im Hinblick auf die Frankfurter Wertpapierbörse (FWB) mit Fingerspitzengefühl und beachtlichem Erfolg gelungen ist, die in Deutschland traditionell im Schwerpunkt öffentlich-rechtliche Börsenorgani-

---

1320 Geschäftsbericht 2004, Gruppe Deutsche Börse, S. 23; Geschäftsbericht 2002, Gruppe Deutsche Börse, S. 50 f.; vgl. auch Geschäftsbericht 2001, Gruppe Deutsche Börse, S. 41, 61.

1321 Beck, WM 2000, 597 (603).

1322 Lenenbach, S. 9, Rn. 1.18; Kümpel, Kapitalmarktrecht, S. 40, 61; Schwark, WM 1997, 293 (300 f.); Stenzel, S. 121 (das Regulierungsniveau von außerbörslichen Parallelmarktsystemen sei „teilweise bewusst unterhalb des Niveaus“ der Börsen „angesiedelt worden“, die Durchführung außerbörslicher Direktgeschäfte folge „meist nicht niedergeschriebenen Usancen“).

1323 Liersch, S. 143, 150; Lenenbach, S. 8, Rn. 1.18; Börsensachverständigenkommission, S. 2, 9; Wastl, WM 1999, 620 (628); Stenzel, S. 106 f.; dieses Regelungs- und Transparenzgefälle wird mit der Umsetzung der neu gefassten Wertpapierdienstleistungsrichtlinie deutlich abzunehmen haben.

sation durch die gesetzlich und börsenaufsichtsbehördlich zugelassene oder gar geförderte Entwicklung des privatrechtlichen Börsenträgers um unternehmerische Elemente zu ergänzen, um damit den Erfordernissen der Zeit im Bereich der Organisation von Wertpapierhandel besser genügen zu können[1324]. Die positive Entwicklung wurde natürlich dadurch begünstigt, dass die deutsche Rechtslage, die bis vor kurzem bestand, und die börsenaufsichtsbehördliche Genehmigungspraxis gewissermaßen ein Monopol[1325] der Börsen jedenfalls im Hinblick auf eine von Deutschland aus erfolgende Bereitstellung marktlicher Infrastruktur für multilateralen Wertpapierhandel erhalten hatten.

Auf die zunehmende Bedeutung ausländischer organisierter elektronischer Aktienmärkte, die auch Handelsteilnehmern in Deutschland Zugang bieten, hat der deutsche Gesetzgeber u. a. mit den neuen Anzeige- bzw. Erlaubnispflichten reagiert[1326]. Es wurde dargelegt, dass Betreiber elektronischer Handelssysteme aus dem EU-Ausland wegen des Europäischen Passes nicht daran gehindert werden können, Handelsteilnehmern in Deutschland Zugang zum Handel auf ihrer Plattform zu gewähren. Neuerdings unterliegen Betreiber aus dem EU-Ausland aber einer Anzeigepflicht gegenüber der BaFin. Betreiber aus Drittstaaten bedürfen jetzt einer Genehmigung durch die BaFin. Sie stehen in Deutschland in Konkurrenz zu deutschen Börsen und - durch die Änderungen des deutschen Rechts möglich gemacht - vielleicht bald in größerem Umfang als heute auch deutschen außerbörslichen Anbietern.

Deutsche und ausländische Börsen wetteifern mit außerbörslichen Handelssystemen u. a. darum, vielleicht irgendwann die erste gesamteuropäische Handelsplattform[1327] zu stellen[1328]. In Fachkreisen wurde aber bisher nicht damit gerechnet, dass das in absehbarer Zukunft gelingen wird. Ein einheitlicher europäischer Kapitalmarkt ist noch nicht realisiert, vielmehr ist von segmentierten nationalen Märkten auszugehen[1329], auch wenn geregelte Märkte denjenigen EU-Ausländern, die als Handelsteilnehmer an einem geregelten Markt eines anderen Mitgliedstaates zugelassen sind, Zugang gewähren müssen, und für im EU-Ausland zum Handel an einem geregelten Markt zugelassene

---

1324 Beck, DJT-Referat (2002), P 43 f., 44 f.; vgl. auch Schlüter, S. 353, Rn. 20 f.

1325 Spindler, WM 2002, 1325 (1327) („Börsen als Quasi-Monopolisten"); Stenzel, S. 57.

1326 §§ 37i ff. WpHG.

1327 Mues, Vorwort, S. 5; Jäger, NZG 2000, 1049 (1058) („Vision einer Europabörse").

1328 Merkt, DJT-Gutachten (2002), G 9 f.; KOM (2000) 729, S. 6; Weber, S. 80; Wastl, WM 1999, 620 (622); Geschäftsbericht 1999, Gruppe Deutsche Börse, S. 14.

1329 Dabei wird allerdings die leistungsstarke Xetra-Technologie inzwischen verschiedenen ausländischen Börsen zum Betrieb deren jeweiligen elektronischen Börsenhandels zur Verfügung gestellt; die Bereitstellung der Systeminfrastruktur für ausländische Börsen ist ein bedeutender Geschäftszweig des Betreibers der Frankfurter Börse geworden, Geschäftsbericht 2002, Gruppe Deutsche Börse, S. 21, 85 ff.

Aktienwerte erleichterte Zulassungsvoraussetzungen an einem inländischen geregelten Markt bestehen. Die jetzt deutlich energischeren Bemühungen auf EU-Ebene, die rechtlichen Voraussetzungen für die Entstehung eines einheitlichen europäischen Kapitalmarkts zu schaffen, lassen hier inzwischen aber optimistischere Prognosen zu. Ein wirklich zusammengewachsener europäischer Kapitalmarkt wäre eine wesentliche Voraussetzung dafür, dass der Aufbau einer paneuropäischen Handelseinrichtung sinnvoll wäre und gelingen könnte[1330].

Grenzüberschreitend werden zwischen Börsen verschiedene Formen der Zusammenarbeit oder gar des Zusammengehens (Überkreuzbeteiligung, Konzernbildung, Fusion) erwogen[1331].

Auch im Bereich der Organisation der Abwicklung von Aktiengeschäften zeichnet sich ein zunehmender Wettbewerb zwischen deutschen und ausländischen Anbietern ab („Markt der Abwicklungssysteme")[1332].

Banken übernehmen im Kapitalmarktgeschehen mehrere Rollen[1333].
Als zum Börsenhandel zugelassene Handelsteilnehmer und damit Börsennutzer wählen Banken und Finanzdienstleistungsinstitute die Börsenratsmitglieder und können selbst im Börsenrat als dem zentralen Rechtsetzungsorgan einer Börse vertreten sein[1334].

1330 Vgl. aber Geschäftsbericht 2002, Gruppe Deutsche Börse, S. 16 ff., 19 („Ist ein öffentliches „Versorgungsunternehmen" - denn ein solches entstünde aus diesem Modell - im Gegensatz zu im Wettbewerb stehenden Anbietern von Kapitalmarktinfrastruktur wirklich in der Lage, kosteneffizient zu arbeiten, und kann und will es ohne Wettbewerbsdruck wirklich innovativ sein?").

1331 Christoph, ZBB 2005, 82 (83 f.); Beck, WM 2000, 597 (607 ff.); Merkt, DJT-Gutachten (2002), G 50 ff.; Geschäftsbericht 2002, Gruppe Deutsche Börse, S. 25; vgl. die gescheiterten Pläne eines Zusammengehens der Frankfurter und der Londoner Börse im Jahr 2000, Geschäftsbericht 2002, Gruppe Deutsche Börse, S. 21; Geschäftsbericht 2001, Gruppe Deutsche Börse, S. 25.

1332 Merkt, DJT-Gutachten (2002), G 51 f.; Gruppe Deutsche Börse, Geschäftsbericht 2002, S. 5, 11, 34, 75 ff. (die Deutsche Börse AG hat sich durch den Erwerb der „Clearstream International" günstig aufgestellt); verhältnismäßig große Probleme bereitet die Abwicklung grenzüberschreitender Aktiengeschäfte, Beck, WM 2000, 597 (600); KOM (2000) 729, S. 4, die Angleichung der noch sehr unterschiedlichen rechtlichen Rahmenbedingungen der EU-Mitgliedstaaten wird auf europäischer Ebene als zentraler Bestandteil der Bemühungen um einen Kapitalmarkt betrachtet, Lamfalussy-Bericht, S. 22 f.; KOM (2000) 729, S. 4; Hopt-Rudolph, Börsenreform, S. 219 f.; Stenzel, S. 115 ff.

1333 Vgl. bereits Hopt-Rudolph, Börsenreform, S. 222 („(...) treten die am Wertpapierhandel beteiligten Wertpapierfirmen sowohl als Organisatoren, Nutzer und Konkurrenten verschiedener Marktzentren auf"); Weber, S. 57.

1334 Die Zahl der Vertreter der Kreditinstitute im Börsenrat wurde 1998 auf 50 % aller Mitglieder begrenzt, § 9 I 3 BörsG; Schäfer-Peterhoff, § 3 BörsG (a. F.) Rn. 3 ff.

Sie übernehmen außerdem besondere Funktionen im Börsenhandel. Im Präsenzhandel können sie als Skontroführer für bestimmte Aktienwerte, im elektronischen Xetra-Handel als Betreuer (designated sponsors) und im Handelssegment Xetra Best Execution als Best Executor für bestimmte Werte eingesetzt sein.
Sie sind außerdem selbst oder durch Tochterbanken in der Lage, außerbörsliche Märkte zu organisieren (im Telefonhandel zwischen Banken erfolgender Pakethandel, eigener Betrieb außerbörslicher Handelsplattformen wie börsenähnliche Einrichtungen oder sonstige elektronische Handelssysteme (direct-brokerage, Internalisierung)). Im Falle selbst vorgenommener außerbörslicher Marktorganisation und eigener Handelstätigkeit für sich und andere auf diesem Markt erhöht sich die Wahrscheinlichkeit von Interessengegensätzen.
Die klassische Rollenteilung zwischen Börsen als Märkten auf der einen und finanzgewerblichen Dienstleistern wie Banken und sonstigen Wertpapierhäusern, die auf Märkten agieren und dort ihre Wertpapierdienstleistungen für Kunden erbringen, verliert ihre frühere Trennschärfe, da die finanzgewerblichen Dienstleister zusehends selbst als Marktorganisatoren auftreten und die Geschäfte für bzw. mit Kunden jedenfalls zum Teil über solche von Wertpapierhäusern selbst organisierten elektronischen Parallelmärkte und nicht mehr nur über Börsen abwickeln[1335]. Seitens der EU-Kommission wird diese offenbar europa- und weltweit feststellbare Entwicklung folgendermaßen beschrieben: „In Europa wurden, wie in anderen Teilen der Welt auch, die Aufgaben des Finanzintermediärs und des Marktplatzes traditionell von getrennten Einrichtungen wahrgenommen. Zum Zeitpunkt der Annahme der bisherigen Wertpapierdienstleistungsrichtlinie genossen Börsen das Hoheitsrecht für die geregelte Zusammenführung von Kauf- und Verkaufsinteressen an im Hoheitsgebiet emittierten Wertpapieren. Die Intermediäre standen zueinander im Wettbewerb, indem sie Dienstleistungen für Endanleger und Emittenten erbrachten und OTC-Geschäfte abschlossen. Durch diese institutionelle Zweiteilung war eine klare Trennung möglich zwischen dem Anlegerschutz, der nur die Intermediäre betraf, und den Marktregeln, die das transparente und effiziente Funktionieren der Märkte gewährleisten und in erster Linie die Börsen betrafen. Seitdem die Wertpapierdienstleistungsrichtlinie (a. F.) beschlossen worden ist (1993), ist der europäische Finanzmarkt komplexer geworden und die Trennung zwischen Handelsplatz und Intermediär ist aufgeweicht. Die Informationstechnologien haben es ermöglicht, dass das Hauptgeschäft der Börsen von außerbörslichen Systemen mit geringem Kostenaufwand reproduziert wird und dass die Börsen wieder als konkurrierende Marktteilnehmer auftreten: heute gibt es eine Vielzahl von Marktteilnehmern und Handelsmöglichkeiten.“[1336] [1337]. „Die kompliziertesten

---

1335 KOM (2002) 625, S. 9, 22 ff.

1336 KOM (2002) 625, S. 9; vgl. auch CESR, Standards for Alternative Trading Systems, S. 1; Schmidt/Schleef/Küster Simic, ZBB 2001, 69 (70) („Börsen und sonstige Anbieter von Handelsplattformen“ als „Produzenten oder Dienstleister ohne Sonderstellung“).

und strittigsten Punkte der Änderung der Wertpapierdienstleistungsrichtlinie hängen oft mit der Verwischung der Grenze zwischen Marktplatz und Intermediär zusammen“[1338].

Wenn ein Intermediär als Unternehmen der Finanzbranche selbst die Rechtsform der Aktiengesellschaft aufweist wie insbesondere viele Großbanken als Kreditinstitute und Aktien emittiert hat, die börsennotiert sind, kann er z. B. in folgender unterschiedlicher Weise in Erscheinung treten: auf Primärmärkten als Emissionshelfer, auf Primärmärkten als Emittent der Aktien des eigenen Unternehmens, die dann von den eigenen Aktionären auf börslichen und außerbörslichen Sekundärmärkten unter Beteiligung von Intermediären (u. U. ihm selbst) oder nicht-intermediatisiert gehandelt werden; auf börslichen und außerbörslichen Sekundärmärkten als Dienstleister für Anlegerkunden (Finanzkommission, Eigenhandel für andere, Vermittlung, Finanzanalyse, Beratung bei Unternehmens- bzw. Beteiligungskaufverträgen[1339] u. a.); als Steller eines Börsenzulassungsantrags gemeinsam mit dem Zulassung begehrenden Emittenten; als auf Primär- und Sekundärmärkten für sich selbst Aktien fremder Unternehmen nachfragender und anbietender Anleger; im börslichen Präsenzhandel als preisfeststellender Skontroführer für bestimmte Aktienwerte; im elektronischen Börsenhandel als ständig Quotes stellender Betreuer bestimmter Aktienwerte (designated sponsor); als Mitglied im Börsenrat einer Börse; als (Groß-)Aktionär der privaten Betreibergesellschaft einer Börse; als (Mit-)Organisator des Telefonhandels, in dem insbesondere der Pakethandel erfolgt, und wichtiger Akteur dabei; als Anbieter alternativer Handelsplattformen und damit Organisator außerbörslicher elektronischer Sekundärmärkte multi-, bilateraler oder sonstiger Machart; als die Kontrolle über andere Unternehmen (z. B. Kapitalanlagegesellschaften oder Unternehmen finanzferner Branchen) ausübender Mehrheitsaktionär; als Entsender von Aufsichtsratmitgliedern in andere Unternehmen; als Depotbank für Kunden und Ausübender deren Stimmrechte in den Hauptversammlungen der betreffenden anderen Unternehmen; als Kreditgeber, d. h. Fremdkapitalgeber an andere Unternehmen; als Verrichter sonstiger bank- oder finanzdienstleistungsmäßiger Geschäfte.

1337 Die bereits bestehenden europarechtlichen Transparenzanforderungen für geregelte Märkte, das sind in Deutschland derzeit Börsen bzw. bestimmte Börsensegmente, werden ergänzt um neue für multilaterale Handelssysteme, die von geregelten Märkten oder von Wertpapierhäusern betrieben werden können, und für nicht-geregelte Märkte, also insbesondere außerbörsliche Märkte, wobei regelungstechnisch wie bisher nicht die Märkte selbst, sondern die Wertpapierhäuser, die solche betreiben oder auf solchen agieren, als Normadressaten vorgesehen sind, KOM (2002) 625, S. 48 (erforderlich sei „eine umfassende Transparenzregelung für alle Aktiengeschäfte, unabhängig davon, ob ein Wertpapierhaus diese auf bilateraler Basis oder über geregelte Märkte oder MTF ausführt“).

1338 KOM (2002) 625, S. 12.

1339 Vgl. Rozijn, ZBB 2000, 371 (372).

Von dieser Omnipräsenz profitieren die Kapitalmärkte in vielen Hinsichten[1340]. Mögliche negative Auswirkungen für die Funktionsfähigkeit der Kapitalmärkte und im Hinblick auf die Interessen anderer Anleger gilt es rechtlich im Zaum zu halten[1341]. Das neue europäische Sekundärrecht mit der Wertpapierdienstleistungsrichtlinie (n. F.) als Herzstück soll hierzu dienen. Hervorzuheben sind insbesondere die neuen Transparenzanforderungen an den außerbörslichen Handel und die präziser gefassten, nach Anleger- bzw. Kundentypen differenzierenden Wohlverhaltensregeln für Wertpapierdienstleister.

1340 Vgl. schon Mülbert, DJT-Gutachten (1996), E 76.

1341 KOM (2002) 625, S. 29, 47 („das immer größere Spektrum von Tätigkeiten, die viele Wertpapierhäuser und Kreditinstitute gleichzeitig ausführen, hat das Potential für Interessenkonflikte zwischen diesen unterschiedlichen Tätigkeiten und den Interessen der Kunden der Institute wachsen lassen. Deshalb ist es vordringlich geworden, Bestimmungen einzuführen, die sicherstellen, dass derlei Konflikte die Kundeninteressen nicht negativ beeinflussen“); Mülbert, DJT-Gutachten (1996), E 69 ff., aber auch 67 („Die bisherigen empirischen Untersuchungen (...) haben keinen Nachweis für die Nachteiligkeit des Bankeneinflusses erbracht“); vgl. auch Hopt, ZGR 2000, 779 (802 ff.).

K. Das Recht des außerbörslichen Aktienhandels vor dem Hintergrund des Rechts des börslichen Aktienhandels im Einzelnen

Im Folgenden soll zunächst das für den Börsenhandel, anschließend das für den außerbörslichen Handel besonders relevante Recht konkret zusammengestellt werden. Die gewählte Anordnung der Rechtsmassen soll deren gedankliche Erfassung erleichtern. Sie wird für den börslichen und den außerbörslichen Bereich möglichst analog vorgenommen, sodass Überschneidungen und Unterschiede leichter erkennbar werden. Bei Materien, die sowohl für den Börsenhandel als auch für den außerbörslichen Handel von Bedeutung sind, erfolgt die ausführlichere Darstellung im Kapitel zum außerbörslichen Handel, um entsprechend der Zielsetzung der Arbeit eine möglichst plastische Zusammenschau des für den außerbörslichen Handel relevanten Rechts zu erhalten und Wiederholungen zu vermeiden.

Die Darstellung des Rechts des börslichen Aktienhandels beginnt mit dem Börsenorganisationsrecht im engeren Sinne, also den Organen der Börse wie insbesondere Börsenrat, Börsengeschäftsführung und Zulassungsstelle, dem von der Börse gesonderten Börsenträger und der Börsenaufsicht.

Anschließend werden die Rechtsstrukturen, die für die börsengehandelten Aktien bzw. Unternehmen (Emittenten), und darauffolgend diejenigen, die für die Börsenhandelsteilnehmer von Belang sind, zusammengestellt.

Für die Emittenten spielen vor allem die Zulassungserfordernisse zu einem bzw. die Voraussetzungen der Einbeziehung in ein Börsenmarktsegment (amtlicher Markt, geregelter Markt, Freiverkehr) oder die Zulassung zu einem Handelssegment innerhalb eines Börsenmarktsegments (General Standard oder Prime Standard im amtlichen oder im geregelten Markt) eine Rolle. Im Zentrum der Zulassungsvoraussetzungen stehen Pflichten zur Veröffentlichung von Prospekten, die zur Information über das betreffende Unternehmen erfolgen müssen. Beim vorgeschriebenen Prospektinhalt wird an die allgemeine Rechnungslegungspublizität der Unternehmen angeknüpft. Bei pflichtwidrig erstellten Prospekten kann es zur Prospekthaftung gegenüber Anlegern kommen. Es gibt verschiedene Zulassungsfolgepflichten, zunächst die börsenrechtlichen Zulassungsfolgepflichten, die sich bei den verschiedenen Börsenmarkt- bzw. Handelssegmenten unterscheiden und deren Einhaltung von der Börse bzw. der Börsenaufsichtsbehörde überwacht wird, dann die vielfältigen kapitalmarktrechtlichen Zulassungsfolge- bzw. Einbeziehungsfolgepflichten, deren Befolgung seitens der BaFin beaufsichtigt wird. Börsenzulassungsvoraussetzungen einschließlich der Prospektpflichten und Börsenzulassungsfolgepflichten werden angesichts deren indirekter, aber gleichwohl großer Relevanz für den außerbörslichen Handel ausführlicher beim Recht des außerbörslichen Aktienhandels dargestellt.

An die die Aktien als börsliche Handelsgegenstände betreffenden Rechtsmaterien schließt sich die Exposition der auf die Börsenhandelsteilnehmer bezoge-

nen an. Hier geht es um die börsenrechtlichen Zulassungserfordernisse zu den verschiedenen börslichen Handelsarten (Präsenzhandel, u. U. gesonderte Zulassung als Skontroführer; elektronischer Handel nach verschiedenen Handelsmodellen, zu denen teilweise nochmals eine gesonderte Zulassung erforderlich ist), des Weiteren um die die Handelsteilnehmer treffenden bankaufsichtsrechtlichen und umfangreichen kapitalmarktrechtlichen und die privatrechtlichen Pflichten, die angesichts deren dortiger Relevanz überwiegend im Teil zum Recht des außerbörslichen Handels dargestellt werden.
Schließlich werden die börslichen Handelsabläufe und die Preisbildung im Präsenzhandel mit Skontroführern und im elektronischen Handel nach verschiedenen Handelsmodellen und in verschiedenen Handelssegmenten in Anlehnung an die detaillierten börsenrechtlichen Bestimmungen beschrieben.

Zu Anfang des Teils, der das Recht des außerbörslichen Aktienhandels zum Gegenstand hat, werden die organisatorischen Anforderungen des Börsengesetzes an börsenähnliche Einrichtungen und sonstige elektronische Handelssysteme als den außerbörslichen Märkten mit dem höchsten, Börsenmärkten am nächsten kommenden Organisationsgrad aufgeführt.
Es schließen sich zuerst die für den außerbörslichen Handel bedeutsamen rechtlichen Vorgaben für Aktien bzw. Unternehmen und dann die Pflichtenbindungen der Teilnehmer am außerbörslichen Handel an.
In Bezug auf nur außerbörslich gehandelte oder lediglich in den Börsenhandel einbezogene Werte ist außerbörslich neben der allgemeinen Rechnungslegungspublizität, die in diesem Zusammenhang darzustellen ist, die kapitalmarktrechtliche Primärmarktpublizität einschließlich der diesbezüglichen Prospekthaftung von besonderer Bedeutung. Für den außerbörslichen Handel mit börsennotierten Aktien bilden Börsenzulassungspublizität samt Prospekthaftung und börsenrechtliche und kapitalmarktrechtliche Börsenzulassungsfolge- bzw. kapitalmarktrechtliche Einbeziehungsfolgepflichten einen diesbezüglich dem börslichen Handel vergleichbaren rechtlichen Rahmen.
Pflichtenbindungen außerbörslicher Handelsakteure ergeben sich aus dem Bankaufsichts- und insbesondere dem Kapitalmarktrecht, außerdem aus Privatrecht (z. B. Bankvertrags- und Kommissionsrecht).
Schließlich werden die Grundstrukturen des neuen Übernahmerechts dargestellt.

I. Recht des börslichen Aktienhandels

Die Frankfurter Wertpapierbörse (FWB) ist eine nach § 1 I 1 BörsG staatlich genehmigte Wertpapierbörse[1342] gemäß §§ 1 VII BörsG, 2 I, II Nr. 1 a) bis c), Nr. 2 WpHG. Sie dient dem Abschluss von Handelsgeschäften (u. a.) in Aktien

[1342] Zu den Genehmigungsvoraussetzungen und zur Rechtsnatur der Börse vgl. die obige Darstellung.

durch zur Feststellung des Börsenpreises zugelassene Unternehmen (Skontroführer) oder im elektronischen Handelssystem (§ 1 I BörsO).

1. Börsenorgane

Wichtige Börsenorgane sind Börsenrat, Börsengeschäftsführung, Zulassungsstelle, Handelsüberwachungsstelle und Sanktionsausschuss.

a) Börsenrat

aa) Wahl und Zusammensetzung

Der gemäß § 9 I 1 BörsG zu bildende, im Wege der Gruppenwahl nach dem in der Landesverordnung über die Wahl der Börsenräte (WahlVO) festgelegten Verfahren (§§ 3 ff. WahlVO, 10 III 1 BörsG) für eine Amtszeit von drei Jahren (§§ 10 I BörsG, 18 I WahlVO, 6 S. 1 BörsO) von den zum Börsenhandel zugelassenen Unternehmen, den Emittenten der zum Börsenhandel zugelassenen Wertpapiere und den Skontroführern als Wahlberechtigten (§ 10 I WahlVO) unmittelbar zu wählende Börsenrat (§ 10 I BörsG)[1343] besteht aus maximal 24 Personen (§§ 9 I 1 BörsG, 5 I BörsO, 1 WahlVO) und muss die verschiedenen Gruppen repräsentieren (§ 9 I 2 BörsG). 11 Mitglieder haben dem Kreis der Kreditinstitute anzugehören, §§ 5 II BörsO, 1 Nr. 1 WahlVO, die übrigen Mitglieder kommen zu festgelegten Anteilen aus den Kreisen der Kapitalanlagegesellschaften, der Versicherungsunternehmen, deren Wertpapiere an der Börse zum Handel zugelassen sind, der Emittenten, deren Wertpapiere an der Börse zum Handel zugelassen sind, der Finanzdienstleistungsinstitute und sonstigen zugelassenen Unternehmen, der Skontroführer und der Privatanleger (§§ 1 Nr. 2 bis 7 WahlVO, 5 III BörsO)[1344], wobei die Zahl der Vertreter der Kreditinstitute einschließlich der Wertpapierhandelsbanken sowie der mit den Kreditinstituten verbundenen Kapitalanlagegesellschaften und sonstigen Unternehmen insgesamt nicht mehr als die Hälfte der Mitglieder des Börsenrates betragen darf (§ 9 I 3 BörsG). Die Mitglieder des Börsenrats werden von den genannten Gruppen aus ihrer Mitte im Wege der Briefwahl geheim (§ 11 I WahlVO) gewählt (§ 10 I, 1. HS. BörsG). Die Vertreter der Anleger werden von den übrigen Mitgliedern des Börsenrats hinzugewählt (§§ 10 I, 2. HS. BörsG, 16 WahlVO). Gemäß § 10 II 1 BörsG sind Unternehmen, die mehr als einer der genannten Gruppen angehören, nur in einer Gruppe wahlberechtigt. Verbundene Unternehmen dürfen im Börsenrat nur mit einem Mitglied vertreten sein (§ 10 II 2 BörsG).

1343 Kümpel/Hammen, S. 144 f.; Schäfer-Peterhoff, § 3a BörsG (a. F.) Rn. 1 ff.; Breitkreuz, S. 139.

1344 Zum Ganzen Schwark-Schwark, § 10 BörsG Rn. 1 ff.

bb) Regelungsbefugnisse

Der Börsenrat ist das zentrale Rechtsetzungsorgan der Börse[1345]. Er übt die wichtigsten Regelungsbefugnisse, die der Börse gesetzlich eingeräumt sind, aus. Er erlässt verschiedene Satzungen und die Bedingungen für Börsengeschäfte (Börsenusancen)[1346], §§ 9 II 1 Nr. 1, 4, 5, 13 II 2 Nr. 5, 16 IV 4 BörsG, 4 I 1 Nr. 1 bis 5 BörsO. Die wichtigste, vom Börsenrat zu erlassende Satzung ist die Börsenordnung (§§ 13 I, 9 II 1 Nr. 1, 1. Alt. BörsG)[1347]. Sie ist von der Börsenaufsichtsbehörde nach einer Rechtmäßigkeitskontrolle zu genehmigen (§ 13 V BörsG)[1348]. Das Börsengesetz macht Vorgaben hinsichtlich ihres Inhalts[1349] (obligatorische und fakultative Inhalte)[1350]. Nach § 13 II 1 BörsG soll die Börsenordnung sicherstellen, dass die Börse die ihr obliegenden Aufgaben erfüllen kann (z. B. Marktbildungs-, Preisbildungs-, Liquiditätsfunktion) und dabei den Interessen des Publikums und des Handels gerecht wird[1351].

1345 Schwark-Schwark, § 9 BörsG Rn. 13 ff.; Kümpel/Hammen, S. 144; Schäfer-Peterhoff, § 3 BörsG (a. F.) Rn. 1; Breitkreuz, S. 141 f.

1346 Schwark-Schwark, § 9 BörsG Rn. 13 f.; Schäfer-Peterhoff, § 3 BörsG (a. F.) Rn. 9; § 4 BörsG (a. F.) Rn. 1; § 5 BörsG (a. F.) Rn. 1; Breitkreuz, S. 117 ff.; Lenenbach, S. 112 f., Rn. 3.24.

1347 Schäfer-Peterhoff, § 4 BörsG (a. F.) Rn. 1; zur Satzung als Rechtsquelle Schwark-Schwark, § 13 BörsG Rn. 1.

1348 Schwark-Schwark, § 13 BörsG Rn. 3 f.

1349 Schäfer-Peterhoff, § 4 BörsG (a. F.) Rn. 2 ff.

1350 Schwark-Schwark, § 13 BörsG Rn. 5 ff.

1351 Zwingend zu beinhalten hat sie u. a. (die hier und in der Folge im Haupttext benannten Regelungsgegenstände werden selbstverständlich im weiteren Verlauf der Darstellung im Zusammenhang anzuführen und inhaltlich einzuordnen sein): Bestimmungen über die Organisation der Börse (§ 13 II 2 Nr. 2 BörsG), sofern keine gesetzlichen Festlegungen erfolgt sind (vgl. §§ 4, 9, 30 f. BörsG) (Schwark-Schwark, § 13 BörsG Rn. 10), die Vertretungsbefugnis der Börsengeschäftsführer (§ 12 II 2 BörsG), die Zusammensetzung und Wahl der Mitglieder der Zulassungsstelle (§ 13 III Nr. 1 BörsG) (in den Grenzen des § 31 II, III BörsG) (Schwark-Schwark, § 13 BörsG Rn. 13), den Nachweis der Voraussetzungen, die Unternehmen und die für solche handelnden Personen für die Zulassung zum Börsenhandel erbringen müssen (§ 16 VII, VI 4 i. V. m. IV bis VI 1 bis 3 BörsG), die Voraussetzungen und das Verfahren der Skontrenverteilung (§ 29 Satz 3 BörsG), inzwischen auch eine Entgeltordnung für die Tätigkeit der Skontroführer (§ 13 II 2 Nr. 5 BörsG), Bestimmungen über die Einführung eines elektronischen Handelssystems (§ 17 II 2 BörsG) und jetzt auch solche über die Handelsarten (§ 13 II 2 Nr. 3 BörsG), d. h. ob in einem bestimmten Marktsegment oder in einem Teilbereich eines Marktsegments nur elektronischer Handel stattfindet oder nach welchen Handelsmodellen gehandelt wird (Schwark-Schwark, § 13 BörsG Rn. 11). Durch die Börsenordnung zu normieren ist das börsliche Marktsegment des geregelten Marktes (§ 50 I, II BörsG). Sie muss des Weiteren Bestimmungen über die Veröffentlichung der Preise und Kurse sowie der ihnen zu Grunde liegenden Umsätze enthalten (§§ 13 II 2 Nr. 4, 24 II 6 BörsG). Die Preisfeststellungsregeln sind zwecks Schaffung größtmöglicher Transparenz für die Anleger und zur Sicherung der Qualität des Börsenpreises festzulegen. In der Börsenordnung kann die Möglichkeit eingeräumt werden, dass die Veröffentlichung der Preise und der ihnen zugrunde

Die seitens des Börsenrates (§ 9 II 1 Nr. 1, 2. Alt. BörsG) als Satzung ergehende, ebenfalls einer nach einer Rechtmäßigkeitskontrolle[1352] erfolgenden börsenaufsichtsbehördlichen Genehmigung bedürftige (§ 14 II 1 BörsG)[1353] Gebührenordnung[1354] kann gemäß der abschließenden Aufzählung in § 14 I BörsG[1355] die Erhebung mehrerer Gebühren[1356] vorsehen. Bei der Festlegung der Gebühren ist das Äquivalenzprinzip zu beachten, d. h. zwischen der Höhe der Gebühr und dem Wert der Leistung für den Empfänger muss ein angemessenes Verhältnis bestehen[1357]. Der Verwaltungsaufwand darf weder wesentlich geringer noch wesentlich höher sein als die erhobenen Gebühren[1358]. Der Börsenrat hat vor dem Erlass der Gebührenordnung Auskünfte beim die Börse finanzierenden Börsenträger über den Aufwand des Börsenbetriebs einzuholen, um die Höhe der Gebühren angemessen bestimmen zu können[1359]. Die Zulassung zur Teilnahme am Börsenhandel (§ 14 I Nr. 1, 1. Alt. BörsG) ist derzeit nicht gebührenpflichtig (§ 8 Gebührenordnung (GebO)). Gebühren erhoben werden u. a. für die Teilnahme am Börsenhandel in einem elektronischen Handelssystem (§§ 9 GebO, 14 I Nr. 1, 3. Alt. BörsG) und inzwischen auch bereits für die Teilnahme am Börsenhandel (Präsenzhandel) (§§ 9 GebO, 14 I Nr. 1, 2.

---

liegenden Umsätze mit angemessener zeitlicher Verzögerung erfolgt, soweit dies im Interesse der Vermeidung einer unangemessenen Benachteiligung der am Geschäft Beteiligten notwendig erscheint, wobei die Börsenordnung Merkmale zur Bestimmung der Geschäfte enthalten muss (§ 13 II 3 BörsG) (Schwark-Schwark, § 13 BörsG Rn. 12). Die Börsenordnung regelt Einzelheiten der Einführung eines elektronischen Handelssystems (§ 17 II 2 BörsG). Sie kann bestimmen, dass bzw. unter welchen näheren Voraussetzungen für die Teilnahme am elektronischen Handel die Zulassung eines Unternehmens zum Handel an einer anderen Börse ausreicht (§ 17 I BörsG). Die Börsenordnung kann Regelungen zur Begrenzung und Überwachung der Börsenverbindlichkeiten von Handelsteilnehmern bzw. Skontroführern vorsehen (§ 19 III BörsG). In der Börsenordnung kann bestimmt werden, dass die zur Teilnahme am Börsenhandel zugelassenen Unternehmen und die Skontroführer ausreichende Sicherheit zu leisten haben, um die Verpflichtungen aus Börsengeschäften jederzeit erfüllen zu können (§ 19 I 1 BörsG), und Näheres hierzu festgelegt werden (§ 19 I 3, II BörsG).

1352 Breitkreuz, S. 130 f.

1353 Schwark-Schwark, § 14 BörsG Rn. 6.

1354 Schäfer-Peterhoff, § 5 BörsG (a. F.) Rn. 1 ff.

1355 Schwark-Schwark, § 14 BörsG Rn. 1, 3; Breitkreuz, S. 130; Schäfer-Peterhoff, § 5 BörsG (a. F.) Rn. 2.

1356 Schwark-Schwark, § 14 BörsG Rn. 1 (Gebühren als „Geldleistungen, die für eine besondere Inanspruchnahme einer öffentlichen Einrichtung gefordert werden, also keine privaten Entgelte“, außerdem Erstattung von Auslagen als „Aufwendungen, die die Börse bei Durchführung der Verwaltungsleistungen im Interesse des Gebührenpflichtigen Dritten gegenüber erbracht hat“).

1357 Schwark-Schwark, § 14 BörsG Rn. 4 f.; Schäfer-Peterhoff, § 5 BörsG (a. F.) Rn. 1, 18; BVerfGE 42, 223 (228); BVerwG NVwZ 1989, 456 (456 f.).

1358 Schwark-Schwark, § 14 BörsG Rn. 4.

1359 Schwark-Schwark, § 14 BörsG Rn. 4, 5.

Alt. BörsG)[1360], für die Zulassung von Wertpapieren zum Börsenhandel (§§ 11 GebO, 14 I Nr. 3, 1. Alt. BörsG), die Einbeziehung von Wertpapieren in den Börsenhandel im geregelten Markt (§§ 12 GebO, 14 I Nr. 3, 2. Alt. BörsG) und den Widerruf der Zulassung und Einbeziehung (§§ 13 GebO, 14 I Nr. 3, 3. Alt.)[1361], die Einführung von Wertpapieren an der Börse (§§ 14 GebO, 14 I Nr. 4 BörsG)[1362] und mittlerweile auch für die Notierung von Wertpapieren, deren Laufzeit nicht bestimmt ist, an der Börse (§§ 15 GebO, 14 I Nr. 5 BörsG), wodurch die Emittenten stärker als bisher in angemessener Weise an den Kosten für den Börsenbetrieb beteiligt werden können[1363].
Auch die Prüfungsordnung für Handelsteilnehmer ergeht als börsenaufsichtsbehördlich zu genehmigende Satzung durch den Börsenrat (§ 16 VI 4 BörsG) (vgl. §§ 1 ff. Prüfungsordnung (PrüfO)).
Die vom Börsenrat zu erlassenden Bedingungen für Börsengeschäfte (Börsenusancen) (§ 9 II 1 Nr. 5 BörsG)[1364] haben weniger die Rechtsverhältnisse der Handelsteilnehmer zur Börse als die der Handelsteilnehmer untereinander zum Gegenstand[1365].

cc) Sonstige Befugnisse

Neben seinen Rechtsetzungsaufgaben ist der Börsenrat außerdem u. a. für die Bestellung und Abberufung der Börsengeschäftsführer zuständig, die im Einvernehmen mit der Börsenaufsichtsbehörde erfolgt (§§ 9 II 1 Nr. 2 BörsG, 4 I Nr. 6 BörsO)[1366], überwacht die Börsengeschäftsführung (§§ 9 II 1 Nr. 3 BörsG, 4 I Nr. 7 BörsO)[1367], bestellt den Leiter der Handelsüberwachungsstelle und dessen Stellvertreter auf Vorschlag der Börsengeschäftsführung und im Einvernehmen mit der Börsenaufsichtsbehörde (§§ 4 II 1 BörsG, 4 I Nr. 8 BörsO)[1368] und

---

1360 Schwark-Schwark, § 14 BörsG Rn. 2 („turnusmäßige Gebühren für die Teilnahme am Handel (...) als Gegenleistung für die fortlaufende Betreuung der Handelsteilnehmer"; Gebührenschuldner sind die zugelassenen Unternehmen einschließlich der Skontroführer), 8 (entgegen der herrschenden Meinung wären die privatrechtlichen Nutzungsverträge bzgl. Xetra mit dem Börsenträger samt der Entgeltregelungen in der BörsO zu regeln).

1361 Schwark-Schwark, § 14 BörsG Rn. 3.

1362 Schwark-Schwark, § 14 BörsG Rn. 3 (Einführung als tatsächlicher Eröffnung des Handels in einer Aktie).

1363 Schwark-Schwark, § 14 BörsG Rn. 3.

1364 Schwark-Schwark, § 9 BörsG Rn. 13, 19; Kümpel/Hammen, S. 144.

1365 Vgl. § 1 Satz 1 Bedingungen; Schwark-Beck, § 25 BörsG Rn. 18; ihre Rechtsnatur ist umstritten, Schwark-Schwark, § 9 BörsG Rn. 13, 19; Breitkreuz, S. 132 ff.; Lenenbach, S. 112, Rn. 3.24.

1366 Schwark-Schwark, § 9 BörsG Rn. 17; Schäfer-Peterhoff, § 5 BörsG (a. F.) Rn. 15.

1367 Schwark-Schwark, § 9 BörsG Rn. 16; Kümpel/Hammen, S. 143 f.; Schäfer-Peterhoff, § 5 BörsG (a. F.) Rn. 16.

1368 Schwark-Schwark, § 9 BörsG Rn. 18; Kümpel/Hammen, S. 144.

wählt laut Börsenordnung die Mitglieder der Zulassungsstelle für jeweils drei Jahre (§§ 4 I Nr. 9, 50 II, 51 BörsO)[1369]. Ferner bedarf die Entscheidung über die Einführung von technischen Systemen, die dem Handel oder der Abwicklung von Börsengeschäften dienen, der Zustimmung des Börsenrates (§§ 9 II 2 BörsG, 4 I Nr. 10, 1. Alt. BörsO)[1370]. Zu Kooperations- und Fusionsabkommen des Börsenträgers, die den Börsenbetrieb betreffen, und zur Auslagerung von Funktionen und Tätigkeiten auf ein anderes Unternehmen muss der Börsenrat Stellung nehmen können (§ 4 I Nr. 10, 2., 3. Alt. BörsO)[1371]. Das Börsengesetz erlaubt, in der Börsenordnung für andere Maßnahmen der Geschäftsführung von grundsätzlicher Bedeutung die Zustimmung des Börsenrates vorzusehen (§§ 9 II 3 BörsG, 4 II BörsO)[1372]. Gemäß § 4 II a) BörsO sind das Entscheidungen, die den Ablauf des Handels und der Abwicklung wesentlich verändern (regelmäßige offizielle Handelszeit, Einführung neuer Produkte), nach § 4 II b) BörsO Entscheidungen über die Übernahme von wesentlichen neuen Tätigkeitsfeldern oder deren Aufgabe und nach § 4 II c) BörsO das Eingehen von weitgehenden Kooperationen mit anderen Börsen und Organisationen, die Auswirkungen auf den Entscheidungsspielraum der FWB haben können.
Durch das 4. Finanzmarktförderungsgesetz wurde gesetzlich klargestellt, dass der Börsenrat nur im öffentlichen Interesse tätig wird (§§ 9 VI BörsG, 7 VI BörsO)[1373].

b) Börsengeschäftsführung

Die vom Börsenrat im Einvernehmen mit der Börsenaufsichtsbehörde bestellten hauptamtlichen Geschäftsführer der Börse, die ihre Leitungstätigkeit eigenverantwortlich (§§ 12 I 1 BörsG, 9 I 1 BörsO) und nur im öffentlichen Interesse ausüben (§§ 12 III BörsG, 9 IV BörsO)[1374], vertreten die Börse gemäß §§ 12 II 1 BörsG, 9 III BörsO gerichtlich und außergerichtlich, soweit nicht der Träger der Börse zuständig ist[1375]. Die Geschäftsführung, Organ und Behörde gemäß § 1 IV Verwaltungsverfahrensgesetz (VwVfG)[1376], ist das Verwaltungsorgan der Börse mit einer zentralen Zuständigkeit[1377]. Sie ist zuständig für alle Aufgaben, die nicht ausdrücklich anderen Börsenorganen zugewiesen sind (§ 9 II

1369 Schwark-Schwark, § 9 BörsG Rn. 18.
1370 Schwark-Schwark, § 9 BörsG Rn. 18.
1371 Schwark-Schwark, § 9 BörsG Rn. 18; Kümpel/Hammen, S. 144.
1372 Schwark-Schwark, § 9 BörsG Rn. 20.
1373 Kümpel/Hammen, S. 135 ff.
1374 Kümpel/Hammen, S. 140 f.
1375 Schwark-Schwark, § 12 BörsG Rn. 7; Schäfer-Peterhoff, § 3c BörsG (a. F.) Rn. 25 ff.
1376 Schwark-Schwark, § 12 BörsG Rn. 2; Kümpel/Hammen, S. 141.
1377 Breitkreuz, S. 143 f.

BörsO)[1378]. Im Börsengesetz, überwiegend jedoch in der Börsenordnung sind besondere Aufgaben der Geschäftsführung ausdrücklich festgelegt. So hat sie insbesondere (unbeschadet der Zuständigkeit der Handelsüberwachungsstelle) die Befolgung der die Wertpapierbörse betreffenden Gesetze, Verordnungen, Geschäftsbedingungen und sonstigen Regelungen zu überwachen (§ 10 I Nr. 4 BörsO)[1379].

c) Zulassungsstelle

aa) Wahl und Zusammensetzung

Der Börsenrat wählt die 3 ehrenamtlichen (§ 91 BörsO) Mitglieder der Zulassungsstelle (§ 51 I 1 BörsO), von denen 2 nicht berufsmäßig am Börsenhan-

---

1378 Kümpel/Hammen, S. 142, 143.

1379 Schwark-Schwark, § 12 BörsG Rn. 4; des Weiteren hat sie u. a. die Organisation und den Geschäftsablauf der Börse zu regeln und Ort und Zeit des Börsenhandels zu bestimmen (§ 10 I Nr. 2 BörsO), die Art der Preisermittlung im Sinne des § 25 BörsG unter Berücksichtigung der Erfordernisse des Handels in den Wertpapieren, des Schutzes des Publikums und eines ordnungsgemäßen Börsenhandels festzulegen, über die Aufnahme, Aussetzung und Einstellung der Preisfeststellung in Wertpapieren sowie die Unterbrechung des Börsenhandels oder der Preisfeststellung zu entscheiden (§§ 10 I Nr. 6, 7, 25, 27 III, V, 28 II 2, IV 1, 30 II 2, 33 a. E., 34 III, 41 I 3, 4, 41 III, 44 I 2, 44 II 4, 44a I 3, 5, 6, 7, 9, 10, 44b I, III 6, 44c I, 45 II 2, III, 46 I bis IV BörsO). Sie lässt die Handelsteilnehmer (Unternehmen und Personen) zum Börsenhandel zu (§§ 16 BörsG, 10 I Nr. 1, 14 I 1 BörsO) (Schwark-Schwark, § 12 BörsG Rn. 4), die dann den Anordnungen der Geschäftsführung Folge zu leisten haben (§ 11 I BörsO), oder schließt solche vom Börsenhandel aus (§ 10 I Nr. 1 BörsO). Die Geschäftsführung hat die Ordnung an der Börse und einen störungsfreien Geschäftsverkehr aufrechtzuerhalten und die ordnungsgemäße Benutzung der übrigen Börseneinrichtungen, insbesondere der EDV-Anlagen, sicherzustellen und hierfür geeignete Maßnahmen zu treffen (§§ 18 II, III BörsG, 10 I Nr. 3, 11 II BörsO) (Schwark-Heidelbach, § 31 BörsG Rn. 1), wobei sie sich hinsichtlich ausländischer Teilnehmer, die Aufträge nur im Wege elektronischer Datenverarbeitung an die Börse übermitteln oder nur über das elektronische Handelssystem am Börsenhandel teilnehmen, des Börsenträgers bedienen kann (§ 11 III BörsO). Ihr obliegt die Gebührenfestsetzung auf der Grundlage der Gebühren-ordnung (§ 2 II GebO), sofern nicht die Zulassungsstelle zuständig ist (§ 2 III GebO). Sie hat die Skontroführer im amtlichen und im geregelten Markt zuzulassen (§§ 26 I BörsG, 39a III BörsO), die Skontrenbildung vorzunehmen (§§ 29 BörsG, 10 I Nr. 5, 39b IV 1, V bzw. 39d I BörsO) (Schwark-Schwark, § 12 BörsG Rn. 4) und die Aufsicht über die Skontroführer auszuüben (§ 10 I Nr. 5, 2. Alt. BörsO), bestimmt, ob in einzelnen oder mehreren Aktien ein Designated Sponsoring durchgeführt wird (§ 23 I 1 BörsO), erteilt einem börsenzugelassenen Unternehmen auf dessen Antrag die Designated-Sponsor-Zulassung (§ 23 II 3 BörsO) und überwacht in der Folge die Pflichtgemäßheit der Tätigkeit als Market-Maker (§ 23c Satz 1 BörsO). Sie ist auch für die Einbeziehung von Aktien in den geregelten Markt zuständig (§§ 56 I BörsG). Außerdem erlässt die Geschäftsführung eine Schiedsgerichtsordnung (§ 10 I Nr. 8 BörsO). Sie kann Personen mit der Wahrnehmung bestimmter Aufgaben beauftragen (§ 10 II BörsO) und solchen, die bei der Handelsüberwachungstelle mit Überwachungsaufgaben betraut sind, mit Zustimmung der Börsenaufsichtsbehörde auch andere Aufgaben übertragen (§ 4 II 4, 5 BörsG).

del mit Wertpapieren beteiligt sein dürfen (§§ 31 II BörsG, 51 I 2 BörsO)[1380], für drei Jahre (§ 52 II 1 BörsO).

bb) Aufgaben und Befugnisse

Die Zulassungsstelle nimmt als selbständiges Börsenorgan[1381] und Behörde[1382] die Zulassung von Wertpapieren zum amtlichen Markt und zum geregelten Markt vor (§§ 31 I 1, 49 II 2 BörsG, 50 I BörsO)[1383], nicht aber die Einbeziehung in den geregelten Markt, die in den Aufgabenbereich der Geschäftsführung fällt (§ 83 II BörsO), und auch nicht diejenige in den Freiverkehr, für die die Deutsche Börse AG als Börsenträger zuständig ist (§ 3 Richtlinien Freiverkehr)[1384]. Die Zulassungsstelle trifft die zum Schutz des Publikums und für einen ordnungsgemäßen Börsenhandel erforderlichen Maßnahmen und überwacht die Einhaltung der Pflichten, die sich aus der Zulassung für den Emittenten und für das antragstellende Institut oder Unternehmen ergeben, soweit nicht die Geschäftsführung zuständig ist (§§ 31 I 2 BörsG, 50 II BörsO)[1385]. Näheres für die Zulassungsstelle wird überwiegend im Börsengesetz (§§ 31 ff. BörsG), außerdem in der Börsenordnung (§§ 50 ff. BörsO) geregelt[1386].
Gemäß §§ 31 V, 49 II 3 BörsG, 50 III BörsO wird auch die Zulassungsstelle nur im öffentlichen Interesse tätig[1387].

d) Handelsüberwachungsstelle

Die Börse richtet eine Handelsüberwachungsstelle (HüSt) ein und betreibt sie (§§ 4 I 1 BörsG, 12 BörsO)[1388].

1380 Schwark-Heidelbach, § 31 BörsG Rn. 7 (zumeist Emittenten); Schäfer-Hamann, § 37 BörsG (a. F.) Rn. 15 f.

1381 Schwark-Heidelbach, § 31 BörsG Rn. 1; Kümpel/Hammen, S. 145; Schäfer-Hamann, § 37 BörsG (a. F.) Rn. 2.

1382 Schäfer-Hamann, § 37 BörsG (a. F.) Rn. 2.

1383 Schwark-Heidelbach, § 31 BörsG Rn. 4; vgl. auch Heinze, S. 73.

1384 Breitkreuz, S. 300 f.

1385 Schwark-Heidelbach, § 31 BörsG Rn. 5 f.; Schäfer-Hamann, § 37 BörsG (a. F.) Rn. 6 ff.

1386 Schwark-Heidelbach, § 31 BörsG Rn. 7; Breitkreuz, S. 147 f.

1387 Schwark-Heidelbach, § 31 BörsG Rn. 12; Kümpel/Hammen, S. 135 ff., 146.

1388 Schwark-Beck, § 4 BörsG Rn. 1; Schäfer-Peterhoff, § 1b BörsG (a. F.), Rn. 1 ff.; Kümpel/Hammen, S. 146 f.; Lenenbach, S. 565 f., Rn. 12.21 f.

aa) Bestellung und Zusammensetzung

Der Leiter dieses ebenfalls nur im öffentlichen Interesse tätig werdenden Börsenorgans (§ 4 I 1, VI BörsG)[1389] wird gemäß § 4 II 1 BörsG vom Börsenrat auf Vorschlag der Geschäftsführung und im Einvernehmen mit der Börsenaufsichtsbehörde bestellt[1390], wodurch die persönliche und sachliche Unabhängigkeit der HÜSt gewährleistet werden soll[1391]. Die bei der HÜSt mit Überwachungsaufgaben betrauten Personen[1392] können gegen ihren Willen nur im Einvernehmen mit der Börsenaufsichtsbehörde von ihrer Tätigkeit entbunden werden (§ 4 II 3 BörsG)[1393]. Leiter und Mitarbeiter der HÜSt unterstehen außerhalb der Überwachungsbefugnisse dem allgemeinen Direktionsrecht der Börsengeschäftsführung[1394].

bb) Aufgaben und Befugnisse

Die HÜSt hat die Aufgabe, den Handel an der Börse und die Börsengeschäftsabwicklung zu überwachen, systematisch und lückenlos zu erfassen und auszuwerten sowie notwendige Ermittlungen durchzuführen (§ 4 I 1, 2 BörsG)[1395]. Sie überwacht insbesondere die Preisbildung und -feststellung und die Einhaltung der Börsenusancen[1396]. Hierfür stehen ihr gegenüber Handelsteilnehmern und Emittenten der zum amtlichen Markt oder geregelten Markt zugelassenen Aktien Auskunfts- und Prüfungsbefugnisse zu (§§ 2 I 1, 2 i. V. m. 4 III, 1. HS., 19 IV 2 BörsG)[1397]. Bei Anhaltspunkten für Regelverstöße oder sonstige Missstände kann sie von den Handelsteilnehmern die Angabe der Identität der Auftraggeber und der aus den getätigten Geschäften berechtigten oder verpflichteten Personen sowie der Veränderungen der Bestände von Handelsteilnehmern in an der Börse gehandelten Aktien und von den Auftraggebern und berechtigten oder verpflichteten Personen Auskünfte über die getätigten Geschäfte einschließlich der Angabe der Identität der an den Geschäften beteiligten Personen verlangen

---

1389 Schwark-Beck, § 4 BörsG Rn. 21.

1390 Kümpel/Hammen, S. 144.

1391 Schwark-Beck, § 4 BörsG Rn. 9.

1392 Hopt-Rudolph, Börsenreform, S. 216 ff.

1393 Schäfer-Peterhoff, § 1b BörsG (a. F.) Rn. 9.

1394 Schäfer-Peterhoff, § 1b BörsG (a. F.) Rn.10; Schwark-Beck, § 4 BörsG Rn. 13.

1395 Schwark-Beck, § 4 BörsG Rn. 10 f.; Schäfer-Peterhoff, § 1b BörsG (a. F.) Rn. 4; Breitkreuz, S. 260 f.; allgemein skeptisch hinsichtlich wirkungsvoller Überwachung durch Handelsüberwachungsstellen aufgrund der Besetzungspraxis Hopt-Rudolph, Börsenreform, S. 216 ff.

1396 Schwark-Beck, § 4 BörsG Rn. 10; Kümpel/Hammen, S. 147.

1397 Schäfer-Peterhoff, § 1b BörsG (a. F.) Rn. 12.

(§§ 2 I 3, 4 i. V. m. 4 III, 1. HS. BörsG)[1398]. Gemäß § 2 I 5 i. V. m. 4 III, 1. HS. BörsG kann sie Auskünfte über Veränderungen der Bestände von Handelsteilnehmern in an der Börse gehandelten Aktien auch von Wertpapiersammelbanken und Systemen zur Sicherung der Erfüllung von Börsengeschäften einholen. Im Rahmen der Aufgabenerfüllung stehen ihr bestimmte Rechte zum Betreten der Geschäftsräume von Handelsteilnehmern zu (§§ 2 I 6 i. V. m. 4 III, 1. HS. BörsG)[1399]. Die HÜSt darf Maßnahmen zur Durchführung ihrer Ermittlungen ergreifen, nicht aber aufgrund ihres Ermittlungsergebnisses[1400] (auch die Börsengeschäftsführung darf das nicht[1401]). Der Leiter der HÜSt hat der Börsenaufsichtsbehörde regelmäßig zu berichten (§ 4 II 2 BörsG)[1402]. Nach § 4 V 1 BörsG hat die Handelsüberwachungsstelle, wenn sie Tatsachen feststellt, die die Annahme rechtfertigen, dass börsenrechtliche Vorschriften oder Anordnungen verletzt werden oder sonstige Missstände vorliegen, welche die ordnungsgemäße Durchführung des Handels an der Börse oder die Börsengeschäftsabwicklung beeinträchtigen können, Börsenaufsichtsbehörde und Geschäftsführung unverzüglich zu unterrichten, aufgedeckte Regelverstöße unverzüglich an die Börsenaufsichtsbehörde und die Geschäftsführung zu melden[1403], im Zusammenhang mit Insidergeschäften oder Marktmanipulationen und sonstigen, deren Aufgabenbereich betreffenden Tatsachen die Bundesanstalt (BaFin) zu informieren (§ 4 V 4, 5 BörsG)[1404].

e) Sanktionsausschuss

Der Sanktionsausschuss[1405] (§§ 20 BörsG, 1 Satz 1 Sanktionsausschussverordnung (SanktAVO)) ist ein von der Geschäftsführung unabhängiges Börsenorgan[1406] (§ 1 I 2 SanktAVO), Behörde[1407], frei von Weisungen anderer Börsenorgane (§ 1 Satz 3 SanktAVO) und unterliegt der Rechtsaufsicht durch die Börsenaufsichtsbehörde (§ 1 Satz 4 SanktAVO).

1398 Schäfer-Peterhoff, § 1b BörsG (a. F.) Rn. 13.

1399 Schäfer-Peterhoff, § 1b BörsG (a. F.) Rn. 12.

1400 Schwark-Beck, § 4 BörsG Rn. 11.

1401 Breitkreuz, S. 258 f.

1402 Schwark-Beck, § 4 BörsG Rn. 9; Schäfer-Peterhoff, § 1b BörsG (a. F.) Rn. 16 ff.

1403 Schwark-Beck, § 4 BörsG Rn. 11.

1404 Schwark-Beck, § 4 BörsG Rn. 19 f.; Schäfer-Peterhoff, § 1b BörsG (a. F.) Rn. 19.

1405 Schwark-Schwark, § 20 BörsG Rn. 2; Kümpel/Hammen, S. 148; Schäfer-Geibel, § 9 BörsG (a. F.) Rn. 1 ff.; Breitkreuz, S. 148 f., 269 ff.

1406 Schwark-Schwark, § 20 BörsG Rn. 2; Kümpel/Hammen, S. 135 ff., 148; Schäfer-Geibel, § 9 BörsG (a. F.) Rn. 7.

1407 Schwark-Schwark, § 20 BörsG Rn. 2; Schäfer-Geibel, § 9 BörsG (a. F.) Rn. 7.

aa) Bestellung und Zusammensetzung

Der Ausschuss besteht aus bis zu drei vorsitzenden Mitgliedern und mindestens 10 beisitzenden Mitgliedern (§ 2 I 1 SanktAVO). Sie werden ehrenamtlich tätig (§§ 2 I 3 SanktAVO, 91 BörsO)[1408]. Alle Vorsitzenden und ein Stellvertreter, die gemäß § 2 II 3 SanktAVO auf Vorschlag der Börsengeschäftsführung vom Börsenrat im Einvernehmen mit der Börsenaufsichtsbehörde bestellt werden, müssen Volljuristen sein (§ 2 II 1 SanktAVO)[1409]. Sie dürfen weder Handelsteilnehmer noch Angehörige eines Börsenorgans, Beschäftigte des Börsenträgers oder Bedienstete der Börsenaufsichtsbehörde sein (§ 2 II 2 SanktAVO)[1410]. Beisitzende Mitglieder werden vom Börsenrat auf Vorschlag der Börsenhandelsteilnehmer, der Emittenten börsenzugelassener Wertpapiere oder der Geschäftsführung der Börse aus dem Kreis der Handelsteilnehmer und der Emittenten im Einvernehmen mit der Börsenaufsichtsbehörde bestellt (§ 2 III 1 SanktAVO).

bb) Funktionen und Befugnisse

Der Sanktionsausschuss wird gemäß § 4 I SanktAVO tätig auf Antrag der Börsenaufsichtsbehörde (Nr. 1), der Börsengeschäftsführung (Nr. 2) oder eines Handelsteilnehmers (Nr. 3, 4)[1411]. Im Verfahren ermittelt er von Amts wegen (§ 9 Satz 1 SanktAVO)[1412]. Er bedient sich der Beweismittel im Sinne des § 10 I SanktAVO[1413] und entscheidet - jetzt grundsätzlich im schriftlichen Verfahren (§ 7 SanktAVO)[1414] - unter Würdigung des Gesamtergebnisses des Verfahrens (§ 13 I 1 SanktAVO).

Der Sanktionsausschuss kann einen Handelsteilnehmer[1415] gemäß § 20 II 1 BörsG mit Verweis, mit Ordnungsgeld neuerdings bis zu 250.000.- Euro oder mit Ausschluss von der Börse für bis zu 30 Sitzungstage belegen[1416], wenn der Handelsteilnehmer vorsätzlich oder leichtfertig[1417] gegen börsenrechtliche Vorschriften oder Anordnungen verstößt, die eine ordnungsgemäße Durchführung des Handels an der Börse oder der Börsengeschäftsabwicklung sicherstellen

---

1408 Schwark-Schwark, § 20 BörsG Rn. 3; sie erhalten eine Auslagen- und Verdienstausfallpauschale, § 2 I 4 SanktAVO.

1409 Schwark-Schwark, § 20 BörsG Rn. 3.

1410 Schwark-Schwark, § 20 BörsG Rn. 3.

1411 Schwark-Schwark, § 20 BörsG Rn. 4 ff.

1412 Schwark-Schwark, § 20 BörsG Rn. 7.

1413 Schwark-Schwark, § 20 BörsG Rn. 7.

1414 Schwark-Schwark, § 20 BörsG Rn. 8 f.

1415 D. h. hier zugelassene Unternehmen und natürliche Personen, Schäfer-Geibel, § 9 BörsG (a. F.) Rn. 11; Schwark-Schwark, § 20 BörsG Rn. 10.

1416 Schwark-Schwark, § 20 BörsG Rn. 1, 10, 13.

1417 Schwark-Schwark, § 20 BörsG Rn. 21; Schäfer-Geibel, § 9 BörsG (a. F.) Rn. 22.

sollen (Nr. 1)[1418], oder im Zusammenhang mit seiner Tätigkeit den Anspruch auf kaufmännisches Vertrauen oder die Ehre eines anderen Handelsteilnehmers verletzt (Nr. 2)[1419]. In Nr. 1 sind die Bestimmungen des Börsengesetzes, auf dessen Grundlage erlassene Rechtsverordnungen, Börsensatzungen, andere Regelwerke der Börse, Verwaltungsakte der Börsenorgane, außerdem auch die von der Geschäftsführung zugelassenen privatrechtlichen Freiverkehrsrichtlinien in Bezug genommen[1420]. Der ordnungsgemäßen Durchführung des Handels dienen insbesondere die Regelungen zur Preisfeststellung im elektronischen Handel und im Präsenzhandel und zu den Pflichten der Skontroführer, die Bedingungen für Börsengeschäfte (Usancen) und die Regelwerke, die die elektronischen Handelssysteme betreffen[1421]. Nach § 20 II 2 BörsG kann der Sanktionsausschuss auch einen Emittenten mit einem Ordnungsgeld von bis zu 250.000.- Euro oder einem Börsenausschluss von bis zu 30 Sitzungstagen belegen, wenn dieser vorsätzlich oder leichtfertig gegen seine Pflichten aus der Zulassung verstößt[1422]. U. U. kann die Rücknahme der Zulassung von Handelsteilnehmern oder Emittenten gerechtfertigt sein, die seitens der Geschäftsführung nach entsprechender Prüfung vorzunehmen ist (§ 20 IV BörsG).
Gegen Entscheidungen des Sanktionsausschusses ist der Verwaltungsrechtsweg eröffnet (§ 20 II, III 1 BörsG)[1423].

2. Börsenträger

Der Börsenträger, die Betreibergesellschaft der Börse, sorgt in Entsprechung der mittlerweile zum Teil gesetzlich fixierten Pflichten (§§ 1 II, III, 9 II 4 BörsG) für die den Börsenhandel ermöglichende Infrastruktur. Der Träger ist gemäß § 1 II 1 BörsG zu Errichtung und Betrieb der Börse berechtigt und verpflichtet und muss der Börse auf Anforderung der Geschäftsführung der Börse die zur Durchführung und angemessenen Fortentwicklung des Börsenbetriebs erforderlichen finanziellen, personellen und sachlichen Mittel zur Verfügung stellen (§§ 1 II 2 BörsG, 2 Satz 2 BörsO)[1424]. § 1 III BörsG normiert Anforderungen an den Börsenträger bei der Auslagerung von Funktionen und Tätigkeiten, die für die Durchführung des Börsenhandels wesentlich sind, auf ein anderes Unternehmen[1425]. Die rechtlich selbständige Trägerin der Frankfurter Wertpapierbörse

---

1418 Schwark-Schwark, § 20 BörsG Rn. 14 f.; Schäfer-Geibel, § 9 BörsG (a. F.) Rn. 3, 13.

1419 Schwark-Schwark, § 20 BörsG Rn. 14, 16 ff.; Schäfer-Geibel, § 9 BörsG (a. F.) Rn. 18 ff.

1420 Schwark-Schwark, § 20 BörsG Rn. 15.

1421 Schwark-Schwark, § 20 BörsG Rn. 15.

1422 Schwark-Schwark, § 20 BörsG Rn. 1, 22.

1423 Schwark-Schwark, § 20 BörsG Rn. 24.

1424 Schwark-Beck, § 1 BörsG Rn. 11, 15 ff.

1425 Schwark-Beck, § 1 BörsG Rn. 28 ff.

(FWB), die Deutsche Börse AG (DBAG) (§ 2 Satz 1 BörsO), hat als Unternehmen und Aktiengesellschaft im Jahr 2001 selbst den Börsengang hinter sich gebracht, d. h. die Aktien der Deutsche Börse AG sind selbst börsennotiert[1426]. Sie werden im amtlichen Markt gehandelt und wurden in den Börsenindex „Dax 30" aufgenommen, dem die 30 bedeutendsten deutschen Unternehmen zugehören. Als Aktiengesellschaft verfügt sie selbst über die gesellschaftsrechtlich, also aktiengesetzlich vorgeschriebenen Organe wie den geschäftsführenden Vorstand, den Aufsichtsrat und die Hauptversammlung der eigenen Aktionäre. Einzelne Regulierungen des Börsenhandels und Entscheidungen sind in ihre Hände gelegt. Sie ist Trägerin des börslichen Freiverkehrs, erlässt die Handelsrichtlinien für den Freiverkehr (§ 89 II 1 BörsO)[1427] und nimmt die Einbeziehung von Aktien in den Freiverkehr vor (§§ 57 I BörsG, 3 Richtlinien Freiverkehr)[1428]. Sie, nicht die Börse, ist Gebührengläubigerin (§ 5 GebO)[1429].
§ 3 BörsG sieht Bestimmungen vor, die eine Mindesttransparenz hinsichtlich bedeutender Beteiligungen am Börsenträger für die Börsenaufsichtsbehörde herbeiführen sollen[1430]. Hier werden insbesondere Mitteilungspflichten gegenüber der Börsenaufsichtsbehörde für diejenigen begründet, die bedeutende Beteiligungen (§§ 1 IX 1 KWG, 3 I 1 BörsG) erwerben oder veräußern oder derartige Beteiligungen über gewisse Schwellenwerte hinaus erhöhen (u. U. bis zur Erlangung der Kontrolle (§§ 1 VIII KWG, 3 I 6 BörsG)) oder absenken wollen (§ 3 I, V BörsG)[1431]. Auch der Träger der Börse selbst hat der Börsenaufsichtsbehörde gemäß § 3 VI BörsG den Erwerb oder die Aufgabe einer bedeutenden Beteiligung an ihm, das Erreichen, das Über- oder Unterschreiten bestimmter Beteiligungsschwellen sowie die Tatsache, dass der Träger Tochterunternehmen eines anderen Unternehmens wird oder nicht mehr ist, unverzüglich anzuzeigen, wenn er von der Änderung dieser Beteiligungsverhältnisse Kenntnis erlangt[1432].

3. Börsenaufsicht

Die zuständige oberste Landesbehörde übt als Börsenaufsichtsbehörde (§ 1 I 1 BörsG) die Aufsicht über die Börse einschließlich der Einrichtungen, die sich auf den Börsenverkehr beziehen, nach dem Börsengesetz im öffentlichen Inte-

---

[1426] Schwark-Beck, § 1 BörsG Rn. 11.

[1427] Schwark-Schwark, § 57 BörsG Rn. 2.

[1428] Breitkreuz, S. 300 f.

[1429] Schwark-Schwark, § 14 BörsG Rn. 4, 5 (Gebührengläubiger wäre, anders als in der GebO geregelt, die Börse, die dann das Meiste an den Träger abzuführen hätte).

[1430] Bundestags-Drucksache (BT-Drs.) 14/8017, S. 72 f.; Schwark-Beck, § 3 BörsG Rn. 1; Lenenbach, S. 149, Rn. 3.76.

[1431] Schwark-Beck, § 3 BörsG Rn. 2 ff., 13.

[1432] Schwark-Beck, § 3 BörsG Rn. 2.

resse aus, § 1 IV, VI BörsG[1433]. Für die Frankfurter Wertpapierbörse (FWB) ist die oberste Landesbehörde des Landes Hessen zuständige Börsenaufsichtsbehörde (§ 3 BörsO) (Ministerium für Wirtschaft, Verkehr und Landesentwicklung). Nach § 1 IV 3 BörsG erstreckt sich die Aufsicht auf die Einhaltung der börsenrechtlichen Vorschriften und Anordnungen (Rechtsaufsicht)[1434] sowie die ordnungsgemäße Durchführung des Handels an der Börse und der Börsengeschäftsabwicklung (Markt- und Handelsaufsicht)[1435]. Beaufsichtigt werden die börslichen Handelsabläufe und das Verhalten der Beteiligten (allgemeine Handelsaufsicht, d. h. Verstoß- und Missstandsaufsicht), wobei die permanente Überwachung seitens der börslichen Handelsüberwachungsstelle erfolgt[1436]. Die Börsenaufsichtsbehörde ist nach § 1 V 2 BörsG von den Börsenorganen bei der Erfüllung ihrer Aufgaben zu unterstützen und kann gemäß § 1 V 1 BörsG an den Beratungen der Börsenorgane teilnehmen[1437]. Die Börsenaufsichtsbehörde kann der HüSt Weisungen erteilen und die Ermittlungen übernehmen (§ 4 I 3 BörsG)[1438]. Sie kann von den Ermächtigungen nach § 2 I 1 bis 6 BörsG zur Einholung von Auskünften und Unterlagen von Handelsteilnehmern, deren Auftraggebern und weiteren beteiligten Personen, von Wertpapiersammelbanken und Abwicklungseinrichtungen und von Emittenten börsengehandelter Aktien, die gemäß § 4 III, 1. HS. BörsG auch der Handelsüberwachungsstelle zustehen, Gebrauch machen[1439]. Gemäß § 2 II BörsG kann die Börsenaufsichtsbehörde gegenüber der Börse und den Handelsteilnehmern Anordnungen treffen, die geeignet und erforderlich sind, Verstöße gegen börsenrechtliche Vorschriften und Anordnungen zu unterbinden oder sonstige Missstände zu beseitigen oder zu verhindern, welche die ordnungsgemäße Durchführung des Handels an der Börse und der Börsengeschäftsabwicklung sowie deren Überwachung beeinträchtigen können[1440]. Maßnahmen der Aufsicht gegenüber den Handelsteilnehmern sind insbesondere die Untersagung bestimmter Geschäftspraktiken und Auflagen bis hin zum zeitweisen Handelsausschluss. Des Weiteren ist die Börsenaufsichtsbehörde befugt, zur Aufrechterhaltung der Ordnung und für den Geschäftsverkehr an der Börse Anordnungen zu erlassen (§ 18 I BörsG als spezialgesetz-

1433 Schwark-Beck, § 1 BörsG Rn. 31 ff., 43; Schäfer-Peterhoff, § 1 BörsG (a. F.) Rn. 8.

1434 Schwark-Beck, § 1 BörsG Rn. 33.

1435 Schwark-Beck, § 1 BörsG Rn. 37 f.; Schäfer-Peterhoff, § 1 BörsG (a. F.) Rn. 9 ff.

1436 Schwark-Beck, § 1 BörsG Rn. 37.

1437 Schwark-Beck, § 1 BörsG Rn. 42.

1438 Schwark-Beck, § 4 BörsG Rn. 8.

1439 Schwark-Beck, § 2 BörsG Rn. 1 ff.; Schäfer-Peterhoff, § 1a BörsG (a. F.) Rn. 2 f.

1440 Schwark-Beck, § 2 BörsG Rn. 17 ff.; Schäfer-Peterhoff, § 1a BörsG (a. F.) Rn. 6.

licher Ermächtigungsbefugnis[1441])[1442]. Sie kann sich bei der Durchführung ihrer Aufgaben anderer Personen und Einrichtungen bedienen (§ 5 II BörsG)[1443]. Der Börsenträger wird von der Börsenaufsichtsbehörde grundsätzlich nur im Rahmen des Beleihungsumfangs im Wege der Rechtsaufsicht überwacht (insbesondere im Hinblick auf die Betriebspflicht)[1444].
Bei der Beteiligungskontrolle hinsichtlich des Börsenträgers (§ 3 BörsG) hat die Börsenaufsichtsbehörde mehrere Befugnisse. So kann sie gemäß § 3 II 1 BörsG innerhalb eines Monats nach Eingang der vollständigen Anzeige, eine bedeutende Beteiligung am Börsenträger erwerben oder eine solche erhöhen zu wollen (§ 3 I 1, 6 BörsG), die Realisierung dieser Absicht untersagen, wenn Anhaltspunkte dafür bestehen, dass die Zuverlässigkeit nicht gegeben ist oder aus anderen Gründen nicht den im Interesse einer soliden und umsichtigen Führung des Börsenträgers zu stellenden Ansprüchen genügt wird, insbesondere wenn die aufgebrachten Mittel für den Erwerb der bedeutenden Beteiligung aus einer objektiv rechtswidrigen Tat herzurühren versprechen (Nr. 1) oder wenn die Durchführung und angemessene Fortentwicklung des Börsenbetriebs beeinträchtigt zu werden droht (Nr. 2)[1445]. Unter den Voraussetzungen des § 3 IV 1 BörsG kann die Börsenaufsichtsbehörde Stimmrechtsausübungs- und Anteilsveräußerungsverbote erlassen oder einen Treuhänder einschalten (§ 3 IV 2 bis 7 BörsG)[1446].

4. Schiedsgericht

In Streitigkeiten im Zusammenhang mit börslichen Wertpapiergeschäften entscheidet, wenn keine abweichende Vereinbarung der Parteien vorliegt, das Schiedsgericht der Börse, das aus zwei Beisitzern und einem Vorsitzenden besteht (§ 2 I 1 Schiedsgerichtsordnung (SchiedsGO)), nach deutschem Recht (§§ 49 I BörsO, 48 Bedingungen, 1 SchiedsGO)[1447]. Jede Partei bestimmt einen Beisitzer aus dem Kreis der aktuellen oder ehemaligen Börsenhändler oder für diese Tätigkeit jedenfalls geeigneten Personen (§ 2 I 2, II 1 SchiedsGO). Die Beisitzer bestimmen den Vorsitzenden, der Volljurist sein muss (§ 2 II 2 SchiedsGO) und entweder wie die Beisitzer aus dem Kreis der in § 2 I 2 SchiedsGO genannten Personen stammen oder in einer von der Geschäftsführung aufgestellten Liste geeigneter Personen aufgeführt sein muss (§ 2 II 3 SchiedsGO).

1441 Schwark-Schwark, § 18 BörsG Rn. 3.

1442 Schwark-Schwark, § 18 BörsG Rn. 1 ff.

1443 Schwark-Beck, § 5 BörsG Rn. 6.

1444 Schwark-Beck, § 1 BörsG Rn. 40 f.

1445 Schwark-Beck, § 3 BörsG Rn. 6 f.

1446 Schwark-Beck, § 3 BörsG Rn. 9 ff.

1447 Schäfer-Peterhoff, § 28 BörsG (a. F.) Rn. 1 ff.

Gemäß § 3 I 1 SchiedsGO bestimmt das Schiedsgericht den Gang des Verfahrens selbst, im Übrigen finden die §§ 1025 ff. der Zivilprozessordnung (ZPO) über das schiedsrichterliche Verfahren Anwendung (§§ 3 I 2 SchiedsGO, 49 II, III BörsO)[1448].

5. Börsengehandelte Aktien bzw. Unternehmen (Aktienemittenten) als Börsennutzer (mittelbare Börsenmarktteilnehmer)

Im Folgenden sollen zentrale, für den börslichen Aktienhandel relevante Regelungsgegenstände aufgeführt werden, die börsengehandelte Aktien bzw. Unternehmen betreffen wie die allgemeine Rechnungslegungspublizität, die börsenrechtlichen Voraussetzungen der Zulassung zum bzw. Einbeziehung in den Börsenhandel und die börsenrechtlichen und kapitalmarktrechtlichen Zulassungs- bzw. Einbeziehungsfolgepflichten.

a) Rechnungslegung

Unabhängig von einer Börsennotierung unterliegen Aktiengesellschaften der Pflicht zur Rechnungslegung. Sie müssen einen Jahresabschluss erstellen (§§ 242 I 1, II, III, 264 I 1 HGB, 91 I, 170 AktG), der durch einen Anhang (§§ 284 ff., 313 f. HGB) und u. U. einen Lagebericht (§§ 289 I, 315 HGB) zu ergänzen ist. Jahresabschlussbericht und Lagebericht sind von einem Abschlussprüfer zu prüfen (§§ 316 I, 267 HGB) und anschließend zum Handelsregister einzureichen (§ 325 I 1 HGB). Zur besseren Durchsetzung der Rechnungslegungsvorschriften sollen jetzt privatrechtliche Prüfstelle und in diesem Bereich neugeschaffene Aufsichtsbefugnisse der BaFin beitragen[1449].

b) Börsenrechtliche Voraussetzungen für die Zulassung zum bzw. Einbeziehung in den Börsenhandel

Die börslichen Marktsegmente des amtlichen Marktes (§§ 30 ff. BörsG, 56 BörsO), des geregelten Marktes (§§ 49 ff. BörsG, 68 f. BörsO) und des Freiverkehrs (§§ 57 BörsG, 89 BörsO) weisen jeweils unterschiedliche, marktsegmentspezifische rechtliche Rahmenbedingungen auf. Die Aktienwerte, die an der Börse gehandelt werden sollen, müssen zunächst, je nach Börsensegment, zum Börsenhandel zugelassen oder zumindest in den Börsenhandel einbezogen werden[1450].

1448 Schäfer-Peterhoff, § 28 BörsG (a. F.) Rn. 6 ff.

1449 Genauere Darstellung der Rechnungslegungspublizität beim Recht des außerbörslichen Aktienhandels.

1450 Kümpel/Hammen, S. 221.

aa) Zulassung zum börslichen Marktsegment des amtlichen Marktes

Nach §§ 30, 31 I 1 BörsG, 50 I, 1. Alt. BörsO hat die börsliche Zulassungsstelle die Zulassung von Aktien zum amtlichen Markt unter den Voraussetzungen des § 30 III BörsG vorzunehmen[1451]. Hierfür müssen insbesondere allgemeine Zulassungsvoraussetzungen gemäß §§ 1 ff. Börsenzulassungsverordnung (BörsZulVO), 30 III Nr. 1, 32 BörsG erfüllt sein, dürfen keine Umstände bekannt sein, die bei Zulassung der Aktien zu einer Übervorteilung des Publikums oder einer Schädigung erheblicher allgemeiner Interessen führen (§ 30 III Nr. 3 BörsG) und ist regelmäßig ein Wertpapierprospekt nach dem Wertpapierprospektgesetz (WpPG) zu veröffentlichen (§§ 30 III Nr. 2 BörsG). Bei Zulassungen vor dem 01.07.2005 hatte der Prospekt den §§ 13 ff. BörsZulVO (zum 01.07.2005 aufgehoben), 30 III Nr. 2, 32 BörsG (a. F.) zu entsprechen.
Gemäß § 60 II, III BörsO entscheidet die Zulassungsstelle auch über die Zulassung zum Teilsegment des Prime Standard, das über diejenigen des General Standard hinausgehende Folgepflichten für die Emittenten vorsieht[1452] [1453].

bb) Zulassung zum börslichen Marktsegment des geregelten Marktes

Die Zulassung von Aktien zum geregelten Markt[1454] erfolgt ebenfalls durch die börsliche Zulassungsstelle (§§ 49 I 1, 1. Alt., II 2 BörsG, 50 I, 2. Alt. BörsO). Aktien können zum geregelten Markt zugelassen werden, wenn sie an dieser Börse nicht zum amtlichen Markt zugelassen sind (§ 49 I 1 BörsG). Dafür müssen Emittent und Aktien den Anforderungen entsprechen, die für einen ordnungsgemäßen Börsenhandel notwendig sind (§ 51 I Nr. 1 BörsG) und ist ein Wertpapierprospekt nach dem WpPG zu veröffentlichen (§ 51 I Nr. 2 BörsG); vor dem 01.07.2005 war ein vom Gesetz „Unternehmensbericht" genannter Prospekt im Sinne des § 51 I Nr. 2 BörsG (a. F.) mit deutlich geringeren Mindestanforderungen an dessen Inhalt (§ 51 I Nr. 2, 2. HS. BörsG (a. F.)) zu veröffentlichen. Für die Zulassung zum geregelten Markt in Frankfurt verweist die Börsenordnung auf die Zulassungsvoraussetzungen des amtlichen Markts (General Standard) (§ 69 I, II BörsO), wobei in § 69 III BörsO einzelne Erleichterungen im Hinblick auf die in der Börsenzulassungsverordnung (BörsZulVO) bestimmten Anforderungen gewährt werden. Gemäß § 51 III BörsG ist eine vereinfachte

---

1451 Für Aktien wird eine Zulassungsgebühr von 3000.- Euro erhoben (§ 11 I, Tabelle IV GebO).

1452 Für die Zulassung zum Prime Standard ist keine zusätzliche Gebühr vorgesehen (§ 11 I, Tabelle IV GebO).

1453 Zu den Zulassungsvoraussetzungen des amtlichen Marktes einschließlich der Voraussetzungen für einen Widerruf der Zulassung ausführlich unten beim Recht des außerbörslichen Aktienhandels.

1454 Wie für den amtlichen Markt ist eine Zulassungsgebühr von 3000.- Euro zu zahlen (§ 11 I, Tabelle IV GebO).

Zulassung zum geregelten Markt möglich, wenn die Aktien bereits an einer anderen inländischen Börse zum amtlichen oder geregelten Markt zugelassen sind. Unter den Voraussetzungen des § 75 III BörsO ist auch im geregelten Markt die Zulassung zum Prime Standard möglich (§ 75 I, II BörsO)[1455] [1456].

cc) Einbeziehung in den geregelten Markt

Gemäß §§ 49 I 1, 2. Alt., 56 I BörsG, 83 BörsO können jetzt Aktien auch durch die Börsengeschäftsführung in den geregelten Markt einbezogen werden[1457]. Dies ist möglich, wenn die betreffenden Aktien schon an einer anderen inländischen Börse zum amtlichen oder geregelten Markt (§§ 56 I Nr. 1 a) BörsG, 84 IV 1 Nr. 1 BörsO) oder unter den Voraussetzungen gemäß §§ 56 I Nr. 1 b), c) BörsG, 84 IV 1 Nr. 2, 3 BörsO an einem ausländischen organisierten Markt zugelassen sind und wie bei der Zulassung zum amtlichen oder geregelten Markt keine Umstände bekannt sind, die bei Einbeziehung der Aktien zu einer Übervorteilung des Publikums oder einer Schädigung erheblicher allgemeiner Interessen führen (§§ 56 I Nr. 2 BörsG, 84 IV 1 Nr. 4 BörsO)[1458].

dd) Einbeziehung in den Freiverkehr

Aktien, die weder zum amtlichen noch zum geregelten Markt zugelassen oder in Letzteren einbezogen sind, können durch den Börsenträger in den Freiverkehr einbezogen werden (§§ 57 I BörsG, 3 Richtlinien Freiverkehr)[1459], wenn aus Sicht des Trägers keine Ablehnungsgründe wie insbesondere nicht zu erwartende Bildung eines börsenmäßigen Marktes, entgegenstehende Anlegerschutzinteressen oder zu erwartende Schädigung erheblicher allgemeiner Interessen vorliegen (§ 8 I Richtlinien Freiverkehr). Zwar sieht das Börsengesetz den Freiverkehr als Marktsegment vor, es kommen Börsenpreise in ihm zustande (§§ 57 II, 24 II BörsG)[1460] und er unterliegt börsenverwaltungsrechtlicher Aufsicht[1461].

1455 Wie beim Prime Standard des amtlichen Marktes ohne Zulassungsgebühr (§ 11 I, Tabelle IV GebO).

1456 Zu den Zulassungsvoraussetzungen des geregelten Marktes einschließlich der Voraussetzungen für einen Widerruf der Zulassung ausführlich unten beim Recht des außerbörslichen Aktienhandels.

1457 Gebhardt, WM 2003, Sonderbeilage Nr. 2, 3 (5); Schlüter, S. 490 f., Rn. 747 ff.; Schwark-Schwark, § 56 BörsG Rn. 1 (Einbeziehung als „Unterfall der Zulassung" bzw. „vereinfachte Zulassung"); nach § 12 I, Tabelle V GebO wird eine Einbeziehungsgebühr von 2.500.- Euro erhoben.

1458 Zu den Einbeziehungsvoraussetzungen des geregelten Marktes einschließlich der Voraussetzungen für einen Widerruf der Einbeziehung ausführlich unten beim Recht des außerbörslichen Aktienhandels.

1459 Dazu Jäger, NZG 1999, 381 (384); Schwark-Schwark, § 57 BörsG Rn. 3 (Einbeziehung als privatrechtliche Entscheidung).

1460 Schwark-Schwark, § 57 BörsG Rn. 1, 5, 6.

Gleichzeitig findet er aber weitgehend auf privatrechtlicher Basis statt[1462]. Träger des Freiverkehrs der Frankfurter Börse ist die Deutsche Börse AG als Börsenträgerin (§ 2 II Richtlinien Freiverkehr). Der Freiverkehr findet im Präsenzhandel und im elektronischen Handel statt (§ 89 I BörsO i. V. m. Präambel Richtlinien Freiverkehr).

ee) Bedeutung der allgemeinen Primärmarktpublizität für in den Börsenhandel einbezogene Aktien

Für Aktien, die lediglich in den börslichen geregelten Markt oder den börslichen Freiverkehr einbezogen werden sollen, gibt es keine Börsenzulassungspublizität, wie das bei einer angestrebten Zulassung der Fall wäre. Als Einbeziehungsvoraussetzung im Hinblick auf den geregelten Markt wird häufig § 56 I Nr. 1 a) BörsG erfüllt sein (Zulassung zum amtlichen oder zum geregelten Markt an einer anderen inländischen Börse), damit hat das Einbeziehung begehrende Unternehmen den Anforderungen der Börsenzulassungspublizität der anderen Börse entsprochen, womit die Informationen aus dem dort veröffentlichten Wertpapierprospekt (§ 3 III WpPG), vor dem 01.07.2005 Börsenzulassungsprospekt oder Unternehmensbericht, zur Verfügung stehen. Im Freiverkehr notierte Aktien werden zwar nicht zwingend, aber jedenfalls in der Regel vor der Einbeziehung außerbörslich öffentlich angeboten worden sein. Dann war vor dem 01.07.2005 regelmäßig ein Verkaufsprospekt mit im Vergleich zu denjenigen für eine Zulassung zum amtlichen oder geregelten Markt geltenden deutlich geringeren inhaltlichen Anforderungen (§§ 1, 7 Verkaufsprospektgesetz (VerkProspG), 1 ff. Verkaufsprospektverordnung (VerkProspVO) (zum 01.07.2005 aufgehoben)), seit dem 01.07.2005 ein Wertpapierprospekt nach § 3 I 1 WpPG mit umfangreichen, der Börsenzulassungspublizität angeglichenen Anforderungen zu veröffentlichen[1463]. Auf die dort über den betreffenden Emittenten gemachten Angaben kann dann beim Handel mit in den Börsenhandel einbezogenen Werten zurückgegriffen werden.

1461 Schwark-Schwark, § 57 BörsG Rn. 1, 6.

1462 Schwark-Schwark, § 57 BörsG Rn. 2.

1463 Zur Prospektpflicht bei erstmaligem öffentlichem Angebot ausführlich unten beim Recht des außerbörslichen Aktienhandels.

c) Prospekthaftung

aa) Neue gesetzliche Prospekthaftung bei fehlendem Prospekt

Neu ist die Haftung des Emittenten und des Anbieters, wenn bei nicht börsenzugelassenen Aktien trotz öffentlichen Angebots kein Prospekt veröffentlicht worden ist (§ 13a VerkProspG)[1464].

bb) Gesetzliche Prospekthaftung

Im Fall von unkorrekten Angaben im Prospekt können geschädigte Anleger Schadensersatzansprüche gegen die Prospektverantwortlichen gemäß § 44 BörsG, §§ 44, 55 BörsG bzw. §§ 44 BörsG, 13 VerkProspG geltend machen (gesetzliche Prospekthaftung)[1465] [1466].

cc) Allgemeine zivilrechtliche Prospekthaftung

Ansprüche können sich auch aus allgemein-zivilrechtlicher Prospekthaftung ergeben[1467].

d) Börsenrechtliche Zulassungsfolgepflichten

aa) Amtlicher Markt

Die Emittenten im amtlichen Markt notierter Aktien haben dann börsenrechtlichen Zulassungsfolgepflichten[1468] kontinuierlich zu entsprechen (§§ 39 ff. BörsG, 53 ff. BörsZulVO)[1469]; die Börsenordnung sieht für den Teilbereich des Prime Standard zusätzliche Zulassungsfolgepflichten gegenüber dem General Standard vor (§§ 62 ff. BörsO, 42 BörsG)[1470]. Die Einhaltung der börsen-

---

1464 Genauere Darstellung der Haftung gemäß § 13a VerkProspG unten beim Recht des außerbörslichen Aktienhandels.

1465 Schwark-Schwark, §§ 44, 45 BörsG Rn. 4; Kümpel, S. 1489, 9.348; Schäfer-Hamann, Vor § 36 BörsG (a. F.), Rn. 8; zur Reform der gesetzlichen Prospekthaftung durch das 3. Finanzmarktförderungsgesetz Assmann/Schütze-Assmann, Ergänzungsband, § 7, Rn. 21 ff.; eine europäische Harmonisierung der Prospekthaftung ist bisher nicht erfolgt, rechtspolitisch wird sie aber gefordert, vgl. DJT-Beschlüsse (2002), NZG 2002, 1006 (1006), 1.5.; Hopt/Voigt, WM 2004, 1801 (1801 ff.).

1466 Genauere Darstellung der gesetzlichen Prospekthaftung und ihrer Voraussetzungen unten beim Recht des außerbörslichen Aktienhandels.

1467 Genauere Darstellung unten beim Recht des außerbörslichen Aktienhandels.

1468 Schwark-Heidelbach, § 31 BörsG Rn. 5.

1469 Schäfer-Hamann, Vor § 36 BörsG (a. F.) Rn. 7.

1470 Gebhardt, WM 2003, Sonderbeilage Nr. 2, 3 (9 ff.).

rechtlichen Zulassungsfolgepflichten wird von der Zulassungsstelle überwacht (§ 31 I 2 BörsG)[1471].

bb) Geregelter Markt

Das Börsenrecht sieht einige Zulassungsfolgepflichten für den geregelten Markt (§§ 54 f. BörsG) und nochmals gesteigerte für den Prime Standard des geregelten Marktes (§§ 62 ff., 76 ff. BörsO, 54 S. 2 BörsG) vor.
In lediglich geringem Umfang entstehen Folgepflichten bei Einbeziehung in den geregelten Markt (§§ 86 f. BörsO)[1472].

cc) Freiverkehr

Für den Freiverkehr ist börsenrechtlich keine Zulassungsfolgepublizität vorgesehen.
Eine den genannten Segmenten entsprechende börsenrechtliche Regelpublizität gibt es im Freiverkehr nicht.

e) Kapitalmarktrechtliche Börsenzulassungsfolgepflichten bzw. Einbeziehungsfolgepflichten - bundesweite Überwachung durch die Bundesanstalt für Finanzdienstleistungsaufsicht (BaFin)

Zu benennen sind zunächst die sowohl für zum amtlichen oder geregelten Markt zugelassene als auch für lediglich in den geregelten Markt oder Freiverkehr einbezogene Aktien geltenden kapitalmarktrechtlichen Folgepflichten und im Anschluss die sich nur auf börsenzugelassene Werte beziehenden Gesetzesbestimmungen. Auf aktuelle Gesetzentwürfe im angesprochenen Bereich wird hingewiesen. Im Gegensatz zur Überwachung der Einhaltung des Börsenrechts durch die Börsenaufsichtsbehörde des Bundeslandes, in dem die Börse ihren Sitz hat, wird die Befolgung des Kapitalmarktrechts regelmäßig von der Bundesanstalt für Finanzdienstleistungsaufsicht (BaFin) bundesweit beaufsichtigt (vgl. insbesondere §§ 4, 40 WpHG).

aa) Verbot der Marktmanipulation

Das Verbot von Marktmanipulationen (§ 20a WpHG) gilt sowohl im Hinblick auf den Handel mit börsenzugelassenen als auch für lediglich in den Börsenhandel einbezogene, darüber hinaus für im EU- oder EWR-Ausland zu einem

---

1471 Genauere Darstellung der börsenrechtlichen Börsenzulassungsfolgepublizität für den amtlichen Markt unten beim Recht des außerbörslichen Aktienhandels.

1472 Genauere Darstellung der börsenrechtlichen Börsenzulassungsfolge- und Einbeziehungsfolgepublizität für den geregelten Markt unten beim Recht des außerbörslichen Aktienhandels.

organisierten Markt (§ 2 V WpHG) zugelassene Werte (§ 20a I 2 WpHG); es genügt bereits, dass ein Antrag auf Zulassung oder Einbeziehung gestellt oder öffentlich angekündigt ist (§ 20a I 3 WpHG)[1473].

bb) Insiderrecht

Insiderhandel mit börsenzugelassenen, in den Börsenhandel einbezogenen, im EU-/EWR-Ausland an einem organisierten Markt zugelassenen Werten ist regelmäßig verboten, Antragstellung oder diesbezügliche öffentliche Ankündigung genügen (§§ 14 i. V. m. 12 f. WpHG)[1474].

cc) Ad hoc-Publizität hinsichtlich Insiderinformationen

Die Rechnungslegungspublizität und die börsenrechtliche Zulassungs- und Zulassungsfolgepublizität werden um die Ad hoc-Publizität ergänzt (§ 15 WpHG), und zwar im Hinblick auf börsenzugelassene Aktien, die zum amtlichen Markt oder zum geregelten Markt zugelassen sind oder für die eine solche Zulassung beantragt ist (§ 15 I 1 WpHG)[1475].

dd) Schadensersatzansprüche wegen Verstoßes gegen die Ad hoc-Mitteilungspflicht

Bei einem Verstoß gegen die Anforderungen der Ad hoc-Publizität (§ 15 WpHG) entstehen für dadurch Geschädigte unter den gesetzlichen Voraussetzungen der §§ 37b, 37c WpHG Schadensersatzansprüche gegen den betreffenden Emittenten[1476].

ee) Außenhaftung der Organe nach § 826 BGB - aktienrechtliche Organhaftung (Innenhaftung) - Gesetzentwurf zur Einführung einer allgemeinen Kapitalmarktinformationshaftung einschließlich Außenhaftung für Organe

Eine Außenhaftung für Organe ergibt sich auf der Grundlage des geltenden Rechts nach neuerer höchstrichterlicher Rechtsprechung unter den strengen Voraussetzungen des § 826 BGB. Die bestehende aktienrechtliche Innenhaftung

---

1473 Genauere Darstellung des Verbots der Marktmanipulation unten beim Recht des außerbörslichen Aktienhandels.

1474 Genauere Darstellung des Insiderrechts unten beim Recht des außerbörslichen Aktienhandels.

1475 Genauere Darstellung der Ad hoc-Publizität unten beim Recht des außerbörslichen Aktienhandels.

1476 Genauere Darstellung der Anspruchsgrundlagen gemäß §§ 37c, 37d WpHG unten beim Recht des außerbörslichen Aktienhandels.

für Organe (§§ 93 II bis IV, 117 I, II AktG) ist präzisiert und verschärft worden. Zur Einführung einer allgemeinen Kapitalmarktinformationshaftung für Emittenten und Unternehmensorgane (Außenhaftung) ist es bislang nicht gekommen[1477].

ff) Führung von Insiderverzeichnissen - Aufklärungspflicht der Emittenten gegenüber Insidern

Emittenten börsenzugelassener Aktien (§§ 15b I 1, 1. Alt., 15 I 1 WpHG) und in ihrem Auftrag oder für ihre Rechnung handelnde Personen (§ 15b I 1, 2. und 3. Alt. WpHG) haben Insiderverzeichnisse zu führen (§ 15b WpHG)[1478].

gg) Veröffentlichungspflichten hinsichtlich bestimmter Geschäfte der Verwaltungsmitglieder von Emittenten

Nach § 15a WpHG müssen Führungspersonen von Emittenten, deren Aktien börsenzugelassen oder im EU-/EWR-Ausland zu einem organisierten Markt zugelassen sind (§ 15a I 3 WpHG) - die Stellung eines Antrags auf Zulassung oder dessen öffentliche Ankündigung genügt (§ 15a I 4 WpHG) - , Geschäfte mit Aktien des betreffenden Unternehmens (sog. „director's dealings") oberhalb einer Bagatellgrenze der BaFin mitteilen und veröffentlichen[1479].

hh) Stimmrechtsanteilspublizität

Die §§ 21 ff. WpHG begründen regelmäßig Mitteilungs- und Veröffentlichungspflichten für in einer Gesellschaft mit Sitz im Inland, deren Aktien in Deutschland börsenzugelassen oder im EU-/EWR-Ausland an einem organisierten Markt zugelassen sind (§ 21 I 1, Ia, II WpHG), Stimmberechtigte, und zwar bei Überschreitung gesetzlicher Schwellenwerte hinsichtlich der Stimmrechte durch Aktienerwerb oder bei Unterschreitung der Schwellenwerte durch Aktienveräußerung[1480].

1477 Genauere Darstellung der Haftungsregime de lege lata und de lege ferenda unten beim Recht des außerbörslichen Aktienhandels.

1478 Genauere Darstellung der Pflichten nach § 15b WpHG unten beim Recht des außerbörslichen Aktienhandels.

1479 Genauere Darstellung des § 15a WpHG unten beim Recht des außerbörslichen Aktienhandels.

1480 Genauere Darstellung der Stimmrechtsanteilspublizität unten beim Recht des außerbörslichen Aktienhandels.

ii) Jährliches Informationsdokument

Emittenten börsenzugelassener Werte haben nach dem neuen § 10 I Wertpapierprospektgesetz (WpPG) einmal jährlich ein Dokument mit den bis dahin vom Emittenten in Entsprechung zentraler Publizitätspflichten des Kapitalmarkt- und Börsenrechts veröffentlichten Informationen zur Verfügung zu stellen[1481].

jj) Musterverfahren in kapitalmarktrechtlichen Streitigkeiten

Ein Musterverfahren in kapitalmarktrechtlichen Streitigkeiten als neue zivilprozessuale Form kollektiven Rechtsschutzes ist eingeführt worden[1482].

6. Börsenhandelsteilnehmer als Börsennutzer (unmittelbare Börsenmarktteilnehmer)

a) Gesetzliches Börsenzulassungserfordernis - allgemeine Zulassungsvoraussetzungen für Unternehmen als Handelsteilnehmer - bankaufsichtsrechtliche Zulassung der wichtigsten Handelsteilnehmer

Die Teilnahme eines Unternehmens am Handel an der Börse setzt die Zulassung durch die Börsengeschäftsführung voraus[1483] (§§ 16 I 1, 2 BörsG, 14 I 1, 2. Alt. BörsO). Bei Wertpapierbörsen kommen gemäß §§ 16 II 1 BörsG, 15 BörsO nur Unternehmen in Betracht, die gewerbsmäßig bei börsenmäßig handelbaren Gegenständen wie u. a. Wertpapieren die Anschaffung und Veräußerung für eigene Rechnung (Nr. 1) bzw. die Anschaffung und Veräußerung im eigenen Namen für fremde Rechnung betreiben (Nr. 2) oder die Vermittlung von Verträgen über die Anschaffung und Veräußerung übernehmen (Nr. 3) und deren Gewerbebetrieb nach Art und Umfang einen in kaufmännischer Weise eingerichteten Geschäftsbetrieb erfordert. Diese Voraussetzungen erfüllen Unternehmen, die über eine bankaufsichtsrechtliche Zulassung zum Geschäftsbetrieb durch die Bundesanstalt für Finanzdienstleistungsaufsicht (BaFin) gemäß § 32 I Kreditwesengesetz (KWG)[1484] verfügen wie Kreditinstitute (§ 1 I 1 KWG) und Finanzdienstleistungsinstitute (§ 1 Ia 1 KWG), außerdem Finanzunternehmen (§ 1 III 1 KWG), die wegen ihres begrenzten finanzgewerblichen Tätigkeitsbereichs keine bankaufsichtsrechtliche Erlaubnis benötigen[1485]. Kreditinstitute dürfen das Finanzkommissionsgeschäft (§§ 1 I 2 Nr. 4 KWG, 16 II 1 Nr. 2 BörsG), Vermittlungsgeschäfte (§§ 1 Ia 2 Nr. 1, 2 KWG, 16 II 1 Nr. 3 BörsG) und

1481 Genauere Darstellung der gesetzlichen Anforderungen an das Dokument gemäß § 10 I WpPG unten beim Recht des außerbörslichen Aktienhandels.

1482 Genauere Darstellung unten beim Recht des außerbörslichen Aktienhandels.

1483 Schäfer-Ledermann, § 7 BörsG (a. F.) Rn. 2.

1484 Schlüter, S. 67 ff., Rn. 82 ff.

1485 Schwark-Schwark, § 16 BörsG Rn. 18.

Eigenhandel für sich oder andere (§§ 1 Ia 2 Nr. 4, III Nr. 5 KWG, 16 II 1 Nr. 1 BörsG) betreiben, Finanzdienstleistungsinstitute Vermittlungsgeschäfte und Eigenhandel für sich oder andere (§§ 1 Ia 2 Nr. 1, 2, 4, III Nr. 5 KWG, 16 II 1 Nr. 1, 3 BörsG) und Finanzunternehmen Eigenhandel für sich (§§ 1 III 1 Nr. 5 KWG, 16 II 1 Nr. 1 BörsG). Institute (§ 1 Ib KWG) haben für die bankaufsichtsrechtliche Erlaubnis u. a. nachweisen müssen, dass sie über die zum Geschäftsbetrieb erforderlichen Mittel verfügen (§§ 32 I 2 Nr. 1, 33 I Nr. 1 i. V. m. 10 IIa 1 Nr. 1 bis 7 KWG)[1486]. Dementsprechend haben sie einen Anspruch auf Börsenzulassung, ohne gegenüber der Börse einen (weiteren) Eigenmittelnachweis erbringen zu müssen; das gleiche gilt für Unternehmen mit Sitz im EU- oder EWR-Ausland mit einer Zweigstelle im Inland, die Bankgeschäfte betreibt oder Finanzdienstleistungen erbringt und die deshalb entweder als Kreditinstitut oder als Finanzdienstleistungsinstitut gilt (§§ 16 IV 1 Nr. 3 BörsG, 16 I Nr. 3 BörsO, 53 I 1, 53b I 1 KWG). Andere Unternehmen hingegen müssen mindestens 50.000.- Euro Eigenkapital nachweisen[1487] und die für eine ordnungsmäßige Teilnahme am Börsenhandel erforderliche Leistungsfähigkeit zu haben versprechen (§§ 16 IV 1 Nr. 3, 4 BörsG, 16 I Nr. 3, 4 BörsO)[1488]. Für solche Unternehmen stellt das Börsenrecht außerdem Anforderungen an Zuverlässigkeit und Eignung des Geschäftsinhabers bzw. der Geschäftsführung (§§ 16 IV 1 Nr. 1 BörsG, 16 I Nr. 1 BörsG)[1489], die bei Instituten schon im Vorfeld der bankaufsichtsrechtlichen Erlaubniserteilung überprüft worden sind (§§ 32 I 2 Nr. 3, 4 i. V. m. 1 II KWG), weshalb börsenrechtlich eine diesbezügliche Prüfung nicht mehr vorgesehen ist.

Zulassungsvoraussetzung für alle Unternehmen ist, dass die ordnungsgemäße Abwicklung der Geschäfte am Börsenplatz sichergestellt ist (§§ 16 IV 1 Nr. 2 BörsG, 16 I Nr. 2, II 1, 2 BörsO)[1490].

Durch die Zulassung, auf die bei Vorliegen der Voraussetzungen ein Anspruch besteht[1491], kommt ein Börsenbenutzungsverhältnis zwischen der Börse und dem Handelsteilnehmer zustande[1492].

Die ratio des Zulassungserfordernisses und der Zulassungsvoraussetzungen ist die Gewährleistung der schnellen Durchführung von Geschäften, die schließlich

---

1486 Schwark-Schwark, § 16 BörsG Rn. 26; Schlüter, S. 71 f., Rn. 102 ff.

1487 Schwark-Schwark, § 16 BörsG Rn. 26, 28 (relativ geringe Summe, deshalb begrenzte Sicherheit).

1488 Schwark-Schwark, § 16 BörsG Rn. 29.

1489 Schwark-Schwark, § 16 BörsG Rn. 22 ff.

1490 Schwark-Schwark, § 16 BörsG Rn. 25; Schlüter, S. 553 f., Rn. 1073 ff.; Kümpel/Hammen, S. 229; Claussen, S. 463, Rn. 222; Merkt, DJT-Gutachten (2002), G 96 ff.; ders., NJW-Beilage 23/2002, 37 (45); Ankündigung im Geschäftsbericht 2002, Gruppe Deutsche Börse, S. 50 f.; vgl. außerdem Horn, WM 2002, Sonderbeilage Nr. 2, 3 (3 ff.); Liersch, S. 122 f.; Florian, S. 248 f.

1491 Schwark-Schwark, § 16 BörsG Rn. 49.

1492 Schwark-Schwark, § 16 BörsG Rn. 5.

große Vermögenswerte zum Gegenstand haben können. Im Sinne des Funktionsschutzes ist die wirtschaftliche Leistungsfähigkeit der Handelsteilnehmer wichtig, da an der Börse Kontrahierungszwang besteht und nicht bei jedem Geschäft geprüft werden kann, ob der Vertragspartner auch erfüllen kann[1493] [1494].

b) Besondere Zulassungsvoraussetzungen zum elektronischen Börsenhandel (Xetra-Hauptmarkt)

Für eine Zulassung zum elektronischen Handel müssen über die allgemeinen Zulassungsvoraussetzungen hinaus u. a. technische Anforderungen zum Anschluss an das elektronische Handelssystem erfüllt sein (§ 18 I Nr. 3, IV BörsO), wobei die Einzelheiten gemäß § 18 IV 6 BörsO durch die Geschäftsführung in den Durchführungsbestimmungen über technische Einrichtungen betreffend das elektronische Handelssystem festgelegt worden sind. Außerdem muss über die allgemeine öffentlich-rechtliche Zulassung zum Börsenhandel (Verwaltungsakt) ein privatrechtlicher Anschlussvertrag mit dem Börsenträger abgeschlossen werden[1495] (zweistufige Ausgestaltung des Rechtsverhältnisses (Zweistufentheorie))[1496], in dem auch die zu zahlenden Entgelte für die Benutzung des elektronischen Handelssystems festzulegen sind (§ 18 I Nr. 5 BörsO).

Allerdings kann für die Teilnahme am Xetra-Handel der Frankfurter Börse die Zulassung zum Handel an einer anderen Börse ausreichen. Gemäß § 17 I, 1. HS. BörsG genügt für die Teilnahme eines Unternehmens am Börsenhandel in einem elektronischen Handelssystem an einer Wertpapierbörse die Zulassung dieses Unternehmens an einer anderen Wertpapierbörse, wenn die Börsenordnung der Wertpapierbörse, an der das Unternehmen zugelassen ist, dies vorsieht und das Unternehmen das Regelwerk für das elektronische Handelssystem anerkennt. Die Börsenordnung kann nähere Bestimmungen treffen (§ 17 I, 2. HS BörsG).

1493 Schwark-Schwark, § 20a WpHG Rn. 1, 2, 21 ff.; durch die Einführung der zentralen Gegenpartei haben sich diese Risiken zwar von den Handelsteilnehmern auf die Eurex Clearing als zentraler Gegenpartei verschoben, Letztere ist aber darauf angewiesen, dass es nicht zu häufig zur Haftung kommt.

1494 Gemäß §§ 1 I Nr. 1, 8 I 1, II, 9 Gebührenordnung (GebO) werden vom Börsenträger (§ 5 GebO) von Unternehmen für deren Zulassung zur Teilnahme am Börsenhandel (Präsenzhandel und elektronischer Handel) derzeit keine Gebühren erhoben (§ 8 I 2, 1. Alt., II, Tabelle I GebO). Für die Teilnahme am Börsenhandel selbst sind Gebühren zu zahlen, für die Teilnahme am Präsenzhandel pro Unternehmen jährlich 15.000.- Euro (§ 9 I 1 GebO), für die Teilnahme am Präsenzhandel über das Order-routing-system 7.500.- Euro (§ 9 II GebO) und für die Teilnahme am Xetra-Handel 1.500.- Euro (§ 9 III GebO). Pro Händler werden jährlich für dessen Handelsteilnahme 1.500.- Euro erhoben (§ 9 I 2 GebO). Die konkrete Festsetzung nimmt die Geschäftsführung vor (§ 2 Nr. 1, 2 GebO).

1495 Breitkreuz, S. 52.

1496 Beck, WM 1998, 417 (424).

c) Börsenrechtliche Zulassung der (natürlichen) Personen, die für ein börsenzugelassenes Unternehmen (Handelsteilnehmer) handeln (Börsenhändler, -makler)

Der Antrag eines Unternehmens auf Zulassung zum Börsenhandel ist unter Benennung desjenigen zu stellen, der für das Unternehmen am Börsenhandel teilnehmen soll (§ 14 I 1, 2. Alt., 2 BörsO). Personen, die berechtigt sein sollen, für ein zugelassenes Unternehmen an der Börse zu handeln (Börsenhändler), sind von der Geschäftsführung zuzulassen, wenn sie zuverlässig sind und die notwendige berufliche Eignung haben (§§ 16 V BörsG, 17 I 1, II 1 BörsO)[1497]. Die erforderlichen fachlichen Kenntnisse und Erfahrungen, die zum börsenmäßigen Wertpapiergeschäft befähigen, können insbesondere im Rahmen einer Prüfung durch die Prüfungskommission der Börse belegt werden (§§ 17 II 2, 3 BörsO, 16 VI 2, 3 BörsG)[1498]. Die Einzelheiten der Prüfung sind der Prüfungsordnung (PrüfO) zu entnehmen, die der Börsenrat erlassen und die die Börsenaufsichtsbehörde genehmigt hat (§§ 17 II 4 BörsO, 16 VI 4 BörsG). In der regelmäßig schriftlich und mündlich (§§ 11 III 1, 12 PrüfO) erfolgenden Börsenhändlerprüfung sind gemäß §§ 11 II, 13 PrüfO u. a. Kenntnisse hinsichtlich der börslichen Organisationsstruktur, der Rechtsgrundlagen für den Börsenhandel (I.) und der Praxis des Wertpapierhandels (II.) nachzuweisen. Für die Prüfung der beruflichen Eignung als Börsenhändler ausschließlich im elektronischen Handelssystem (EHS-Händlerprüfung) kommen gemäß § 1 II 1 PrüfO das Complete-Exam (§§ 11a, 13a PrüfO) und das Partial-Exam (§§ 11a, 13b PrüfO) in Betracht, die als elektronische Präsenzprüfungen (§§ 11a III 1, 11b III 1 PrüfO) ohne mündliche Prüfung (§ 12a I 3 PrüfO) auf Deutsch und Englisch (§ 12 a I 1 PrüfO) zu absolvieren sind. Auf Antrag (§ 7 PrüfO) werden zur Börsenhändlerprüfung und zum Complete-Exam solche Bewerber zugelassen, die sich vorbereitende Kenntnisse im Sinne des § 9 I PrüfO erworben haben und über eine wenigstens sechsmonatige praktische Erfahrung im Wertpapiergeschäft, und zwar im börslichen oder außerbörslichen Wertpapiergeschäft oder bei börsenähnlichen Geschäften, verfügen (§ 9 II 1, 2 PrüfO). Zum weniger umfassenden Partial-Exam wird unter den strengeren Voraussetzungen des § 9 III PrüfO u. a. zugelassen, wer innerhalb der letzten drei Jahre vor dem Zeitpunkt der Stellung des Antrags auf Zulassung zum Partial-Exam für mindestens sechs Monate eine Zulassung als Börsenhändler an einer anderen Börse, deren Zulassungsvoraussetzungen mit den Voraussetzungen einer Zulassung als Börsenhändler (Complete-Exam) im elektronischen Handelssystem der FWB ver-

[1497] Schwark-Schwark, § 16 BörsG Rn. 32 (theoretische Kenntnisse der für den Börsenhandel maßgeblichen wirtschaftlichen und rechtlichen Rahmenbedingungen, ausreichende praktische Erfahrungen im Wertpapiergeschäft, persönliche Fähigkeiten wie Belastbarkeit, Schnelligkeit, Genauigkeit); BVerwG WM 1986, 963 (963 ff.).

[1498] Schwark-Schwark, § 16 BörsG Rn. 32 (gesetzliche Regelvermutung für den Nachweis der fachlichen Kenntnisse durch die Prüfung).

gleichbar sind (Nr. 1 a.), oder wer innerhalb der letzten drei Jahre vor dem Zeitpunkt der Antragstellung auf Zulassung zum Partial-Exam adäquate Erfahrungen im Handelsbereich von mindestens einjähriger Dauer oder eine börsen- oder bankspezifische Ausbildung, die mit den Voraussetzungen der Zulassung als Börsenhändler im elektronischen Handelssystem der FWB (Complete-Exam) vergleichbar ist, nachweist (Nr. 3). Die Durchführung der Prüfungen ist in die Hände des Prüfungsausschusses (§§ 1 I, 2 PrüfO) bzw. aus dessen Mitglie-dern zu bildender Prüfungskommissionen (§§ 1 II 2, 3 I bis III PrüfO) gelegt. Die Geschäftsführung beruft die 12 Mitglieder des Prüfungsausschusses für drei Jahre (§ 2 I 1, II 1 PrüfO) regelmäßig aus dem Kreis der Börsenhandelsteilnehmer (im Einzelnen § 2 I 2 PrüfO) und bildet Prüfungskommissionen aus dem Kreis der Mitglieder des Prüfungsausschusses (§ 3 I, II 1 PrüfO).

Ein Börsenhändler kann nur für jeweils ein Unternehmen zugelassen werden (§ 17 I 2 BörsO)[1499] [1500].

Jedes am elektronischen Handel teilnehmende Unternehmen hat für jede Person, die berechtigt sein soll, für dieses am elektronischen Handel teilzunehmen, und für sonstige Personen, die im Auftrag und unter der Aufsicht eines zugelassenen Börsenhändlers zur Eingabe von Aufträgen berechtigt sind, einen persönlichen Zugangscode (Benutzerkennung mit der jeweiligen Systemberechtigung) zu beantragen (§ 18 II 1, 2 BörsO). Besondere Anforderungen bestehen bei Teilnahme vom Ausland aus (§ 18 III BörsO) und für die Benutzung von Order-Routing-Systemen (§ 18 V BörsO).

d) Prüfung der verschiedenen Zulassungsvoraussetzungen

Darlegungs- und Beweislast für die Zulassungsvoraussetzungen liegen beim Antragsteller (§ 19 I 1 BörsO)[1501]. Von deren Vorliegen hat sich die Geschäftsführung in geeigneter Weise zu überzeugen (§ 19 I 2, 3 BörsO).

e) Börsenrechtliche Voraussetzungen für Sicherheitsleistungen der Börsenhandelsteilnehmer

Die Anonymität des Börsenhandels, bei dem bei übereinstimmenden Geboten jeder Kontrahent akzeptiert werden muss (Kontrahierungszwang[1502]), verlangt

---

1499 Schwark-Schwark, § 16 BörsG Rn. 31.

1500 Für jeden ab dem zweiten zugelassenen Börsenhändler ist, sofern die Zulassung nicht auf eine Teilnahme am elektronischen Handelssystem beschränkt ist oder das zugelassene Unternehmen im Präsenzhandel Aufträge ausschließlich durch elektronische Datenübertragung erteilt, eine einheitlich festzusetzende Händlergebühr von höchstens 1.500.- Euro zu zahlen (§ 2 I d) S. 1 bis 3 GebO).

1501 Schwark-Schwark, § 16 BörsG Rn. 36.

eine Vorabkontrolle der Handelsteilnehmer[1503]. Die Leistungsfähigkeit im Hinblick auf Verpflichtungen aus abgeschlossenen Geschäften soll möglichst weitgehend gewährleistet sein, was bei Beteiligung professioneller, zum überwiegenden Teil der permanenten Bankaufsicht unterliegender Akteure regelmäßig der Fall sein wird. Die Frankfurter Wertpapierbörse (FWB) und ihr Betreiber (DBAG) haben gerade eine zentrale Gegenpartei eingeführt, die als Gegenseite eines jeden Aktiengeschäfts auftritt. Auf diese Weise wird den angesprochenen Absicherungsbedürfnissen der Handelsteilnehmer besonders gut entsprochen und im Abwicklungsbereich lassen sich Vereinfachungen erreichen[1504]. Insbesondere werden nicht alle Marktrisiken durch die bankaufsichtsrechtlichen Eigenmittelerfordernisse abgedeckt[1505].

Die an der Frankfurter Börse zugelassenen Handelsteilnehmer haben derzeit unter bestimmten Voraussetzungen Sicherheiten zu leisten[1506], um ihre Verpflichtungen aus Börsengeschäften jederzeit erfüllen zu können (1 ff., 6.1 III 1, 6.2 Satz 1 Durchführungsbestimmungen zu § 13 BörsO (DfBest § 13 BörsO) i. V. m. §§ 13 BörsO, 19 BörsG). Gemäß 2 I DfBest § 13 BörsO, § 13 I 5 BörsO kann jeder Handelsteilnehmer Geschäfte an der Frankfurter Börse bzw. im elektronischen Handelssystem der Börse abschließen, ohne Sicherheit leisten zu müssen, sofern die Kursrisiken aus diesen Börsengeschäften seinen Sicherheitsrahmen nicht überschreiten. Den Sicherheitsrahmen setzt die Börsengeschäftsführung für die Handelsteilnehmer in Abhängigkeit zu deren Kern- bzw. Eigenkapital fest (2 V 1 DfBest § 13 BörsO, §§ 13 I 3 BörsO, 19 I 1, 3 BörsG i. V. m. 2 II bis IV DfBest § 13 BörsO). Diesen Betrag kann jeder Handelsteilnehmer durch Bankgarantien oder Sicherheiten in Geld oder in Wertpapieren erhöhen (4 I 1 i. V. m. 4 I 2, II bis IV, 6.4, 6.5 DfBest § 13 BörsO). Die Einhaltung der individuellen Sicherheitsrahmen wird von der Handelsüberwachungsstelle überwacht (6.1 I 1, 2 DfBest § 13 BörsO, § 19 IV 1 i. V. m. 19 IV 2 bis 5 BörsG)[1507]. Bei Überschreitung informiert entweder der Handelsteilnehmer selbst oder die Handelsüberwachungsstelle die Geschäftsführung, die die Leistung zusätzlicher Sicherheiten festsetzt (6.1 I 2, 3, II DfBest § 13 BörsO)[1508]. Die Höhe der Sicherheitsleistung muss allgemein in angemessenem Verhältnis zu den mit den abgeschlossenen Geschäften verbundenen Risiken stehen (6.2 Satz 2 DfBest § 13 BörsO, § 19 I 2 BörsG). Die Börsengeschäftsführung ermittelt am Ende eines Handelstages das Kursrisiko eines jeden Handelsteil-

---

1502 Mues, S. 26.

1503 Hopt-Rudolph, Börsenreform, S. 202; Mues, S. 27.

1504 Merkt, NJW-Beilage 23/2002, 37 (45).

1505 Schwark-Schwark, § 19 BörsG Rn. 1.

1506 Schwark-Schwark, § 19 BörsG Rn. 4 ff.

1507 Schwark-Schwark, § 19 BörsG Rn. 8.

1508 Schwark-Schwark, § 19 BörsG Rn. 9.

nehmers (5 DfBest § 13 BörsO), d. h. den potentiellen Verlust, den die Börsengeschäftsparteien jedes Handelsteilnehmers erleiden, wenn dieser seine durch den Abschluss von Börsengeschäften eingegangene Zahlungs- oder Lieferverpflichtung nicht erfüllt (5 I DfBest § 13 BörsO). Wenn die bereits geleisteten Sicherheiten den Sicherheitsrahmen bzw. festgesetzten Betrag der Sicherheitsleistung nicht decken, muss ein Handelsteilnehmer den Fehlbetrag börsengeschäftstäglich leisten (6.1 I 3, IV DfBest § 13 BörsO). Im Falle regelwidrigen Verhaltens stehen der Geschäftsführung mehrere, verschieden strenge Sanktionen zur Verfügung (7 DfBest § 13 BörsO i. V. m. § 19 II BörsG)[1509]. Die Geschäftsführung hat die Börsenaufsichtsbehörde gemäß § 19 IV 6 BörsG hinsichtlich einer Überschreitung und in diesem Zusammenhang getroffene Maßnahmen zu informieren.

f) Besondere Zulassung als Skontroführer im Präsenzhandel

Auf entsprechenden Antrag können (zum Börsenhandel allgemein zugelassene[1510]) Kreditinstitute und Finanzdienstleistungsinstitute seitens der Geschäftsführung unter den gesetzlichen Voraussetzungen nach deren Ermessen als Skontroführer zugelassen werden (§§ 26 I 1, 4 BörsG, 39a I 1, III BörsO), die dann für die Preisfeststellung im Präsenzhandel in den jeweiligen skontroeigenen Werten zuständig sind[1511] [1512]. Skontroführer ist das als Handelsteilnehmer zugelassene Unternehmen, für das wiederum natürliche Personen konkret agieren, die ebenfalls dafür zugelassen werden müssen[1513]. Sowohl der Antragsteller und dessen Geschäftsleiter als auch die für ihn als Skontroführer bei der Skontroführung handelnden Personen müssen zuverlässig sein (§§ 26 I 2, 3, 1. HS. BörsG, 39a I 1, 2, 1. HS. BörsO), Letztere müssen überdies über die für die Skontroführung erforderliche berufliche Eignung verfügen (§§ 26 I 3, 2. HS. BörsG, 39a I 2, 2. HS. BörsO)[1514].

Über die Verteilung der Skontren, die befristet erfolgt, entscheidet regelmäßig die Geschäftsführung im Benehmen mit dem Skontroführerausschuss (§§ 29 BörsG, 39b IV 1, 39d I 1 BörsO)[1515] [1516]. Die fünf ordentlichen Mitglieder des Skontroführerausschusses werden seitens des Börsenrates aus dem Kreis der

---

1509 Schwark-Schwark, § 19 BörsG Rn. 10.

1510 Schwark-Schwark, § 26 BörsG Rn. 9.

1511 Schwark-Beck, § 29 BörsG Rn. 1.

1512 Zum Ablauf der Preisfeststellung im Präsenzhandel durch Skontroführer sogleich unten.

1513 Schwark-Schwark, § 26 BörsG Rn. 8, 10 ff. (die Zulassung des Unternehmens als Skontroführer ist eine Ermessensentscheidung (Bedürfnisprüfung)), 12 (die Zulassung der natürlichen Person hingegen eine gebundene Entscheidung).

1514 Schwark-Schwark, § 26 BörsG Rn. 13 ff.

1515 Schwark-Beck, § 29 BörsG Rn. 1 ff.

1516 Für die Zulassung als Skontroführer ist gemäß § 8 I 2, 2. Alt., Tabelle I GebO keine Gebühr mehr zu entrichten.

Skontroführer (drei) und dem der übrigen Handelsteilnehmer (zwei) ernannt (§ 39b I 1, 2 BörsO). Für seit dem 01.07.2005 zu verteilende Aktien-Skontren des amtlichen und geregelten Marktes - nicht aber für solche des Freiverkehrs - sieht die Börsenordnung mit den §§ 39c ff. BörsO neue differenzierte Regeln vor (§ 39c BörsO). Es gilt grundsätzlich das Gebot der Gleichbehandlung (§ 39d II, ferner §§ 39d III 1, 2, 39e BörsO). Bewerben sich für die Zuteilung einzelner Skontren mehrere Skontroführer, ist demjenigen Bewerber der Vorzug zu geben, der erwarten lässt, die Interessen des Publikums und des Handels an einem geordneten, schnellen und reibungslosen Ablauf des Börsenhandels und einer leistungsstarken Börse am besten zu befriedigen (§ 39d III 3 BörsO). Dem schriftlichen Antrag auf Zuweisung von Skontren (§ 39f I BörsO) sind u. a. Angaben über die bisher zugewiesenen Skontren, Angaben über bestehende oder beabsichtigte gesellschaftsrechtliche Verflechtungen mit anderen an der FWB zugelassenen Skontroführern sowie die Namen und die berufliche Qualifikation der Personen anzugeben, die den Handel in zugewiesenen Skontren tatsächlich erbringen (§ 39f II 1 BörsO). Es dürfen Referenzen vergleichbarer Tätigkeiten an anderen inländischen oder ausländischen Börsen oder organisierten Märkten beigefügt werden (§ 39f II 2, ferner 39f II 3 BörsO). Gemäß § 39f II 4 BörsO können Präferenzen der vom Bewerber favorisierten Skontrogruppen angegeben werden. Die Bewerber werden in neue und bestehende Skontroführer aufgeteilt (§ 39i BörsO). Es werden Skontrogruppen über alle im Prime Standard und im General Standard zu vergebenden Skontren gebildet (§ 39j I BörsO), im Prime Standard den Indexregularien entsprechend nach Industriegruppen (§ 39j II 1, 2 BörsO), im General Standard nach dem Land des Sitzes des Emittenten der betreffenden Aktie (§ 39j II 3 BörsO). Im Vorfeld der Erstellung eines vorläufigen Skontro-Verteilungsplans gemäß § 39m bzw. § 39n BörsO werden den Bewerbern Zuteilungspunkte zugeordnet (§ 39k BörsO), für deren konkrete Bemessung bei bestehenden Skontroführern deren Marktanteil und fachliche Leistungsfähigkeit heranzuziehen sind (§§ 39k II 2, IV, 39m II b), 39n BörsO) (für neue Skontroführer vgl. insbesondere §§ 39k V 2, 39m II a), 39n BörsO). Nach Erstellung des vorläufigen Skontro-Verteilungsplans erfolgt eine Anhörung der einzelnen Skontroführer (§ 39o BörsO). Dann beschließt die Geschäftsführung einen endgültigen Skontro-Verteilungsplan (§ 39p BörsO) und entscheidet über diesen regelmäßig im Benehmen mit dem Skontroführerausschuss (§ 39q I 1, 2 BörsO), wodurch die Zuweisung der Skontren für längstens fünf Jahre erfolgt (§ 39q III BörsO).

g) Besondere Zulassung als Designated Sponsor im elektronischen Handel (Xetra-Hauptmarkt)

Für Aktienwerte, für die die Geschäftsführung bestimmt hat, dass bei ihnen ein Designated Sponsoring im elektronischen Handelssystem durchgeführt wird (§

23 I 1 BörsO)[1517], kann ein zum Börsenhandel zugelassenes Unternehmen (§ 23 V BörsO) die Zulassung als Designated Sponsor für ein oder mehrere Aktien beantragen (§ 23 II 1, 2, IV BörsO). Die Zulassung als Designated Sponsor hat zur Folge, dass in den betreffenden Aktienwerten während der Handelszeit gleichzeitig limitierte Aufträge für die Nachfrage- und Angebotsseite (Quotes) in das Handelssystem einzustellen und zu diesen Handelsabschlüsse zu tätigen sind (§§ 23 III, 23b I 1, II 1 BörsO). Die Zulassung erfolgt u. a. unter der Voraussetzung der Geeignetheit (§ 23 II 3 BörsO)[1518].

h) Besondere Zulassung als Handelsteilnehmer im Blockhandelssegment Xetra XXL

Für die Teilnahme am (elektronischen) Blockhandel im Segment Xetra XXL bedarf es einer besonderen Zulassung durch die Geschäftsführung (§ 44c IV 1 BörsO). Angesichts des besonders großen Volumens der dort erfolgenden Transaktionen werden von der Geschäftsführung spezielle Regeln hinsichtlich des Sicherheitsrahmens festgelegt (§§ 44c IV 2, 3, 13 BörsO i. V. m. 2 VI DfBest § 13 BörsO)[1519].

i) Besondere Zulassung als Best Executor innerhalb Xetra Best Execution

Ein zum Börsenhandel zugelassenes Unternehmen (§ 46 V BörsO) kann auf Antrag für eine Mindestanzahl von Aktien, für die nach der Festlegung der Geschäftsführung eine Best Execution stattfindet (§ 46 II BörsO), als Best Executor im elektronischen Handelssystem zugelassen werden (§ 46 III, IV BörsO). Hierfür muss es mit dem Börsenträger eine entsprechende Vereinbarung abschließen, in der auch die Entgelte für die Best Execution festzulegen sind (§ 46 III BörsO)[1520].

j) Bankaufsichtsrechtliche und kapitalmarktrechtliche Pflichten der Börsenhandelsteilnehmer - Überwachung durch die BaFin

aa) Fortlaufende Bankaufsicht über die wichtigsten Handelsakteure

Institute unterliegen nach der bankaufsichtsrechtlichen Zulassung der Bankaufsicht durch die BaFin, insbesondere der laufenden Eigenmittel- und Liquiditätskontrolle (§§ 10 ff. KWG)[1521] und der Beteiligungskontrolle (§ 2b KWG).

1517 Schwark-Schwark, § 16 BörsG Rn. 48.

1518 Zum Market-Making durch Designated Sponsors sogleich.

1519 Zum Handel innerhalb Xetra XXL sogleich.

1520 Zur Best Execution sogleich unten.

1521 Bankrechts-Handbuch-Fischer, § 129; Schlüter, S. 126 ff., Rn. 7 ff.

Unter bestimmten gesetzlichen Voraussetzungen haben sie ein Handelsbuch zu führen[1522].

bb) Mitgliedschaft in einer Einlagensicherungs- und Anlegerentschädigungseinrichtung

Kreditinstitute und Finanzdienstleistungsinstitute müssen ihre Verbindlichkeiten aus Wertpapiergeschäften gegenüber Anlegern (§§ 1 III, IV, 2 EAEG) durch die Mitgliedschaft in einer Entschädigungseinrichtung (§§ 6 f. EAEG) absichern[1523].

cc) Kapitalmarktrechtliche Meldepflichten für die wichtigsten Börsenhandelsteilnehmer als Wertpapierdienstleistungsunternehmen hinsichtlich Geschäften mit börsennotierten Aktien

Die wichtigsten Börsenhandelsteilnehmer (Banken, Finanzdienstleistungsinstitute) als Wertpapierdienstleistungsunternehmen sind gemäß § 9 WpHG verpflichtet, der BaFin Geschäfte mit börsenzugelassenen, in den Börsenhandel einbezogenen oder an einem organisierten Markt im EU-/EWR-Ausland zugelassenen Aktien (§ 9 I 1 WpHG) mitzuteilen[1524].

dd) Kapitalmarktrechtliche Aufzeichnungspflicht

Wertpapierdienstleistungsunternehmen sowie Unternehmen mit Sitz im Inland, die an einer inländischen Börse zur Teilnahme am Handel zugelassen sind, haben gemäß § 16 S. 1 WpHG vor Durchführung von Aufträgen, die Insiderpapiere im Sinne des § 12 zum Gegenstand haben, die Identität der Auftraggeber und der Berechtigten oder Verpflichteten festzustellen und aufzuzeichnen [1525].

ee) Verhinderung von Geldwäsche

U. a. Kreditinstitute und Finanzdienstleistungsinstitute unterliegen den Bestimmungen des Geldwäschegesetzes mit der Pflicht zur Anzeige bei Verdacht der Geldwäsche (§ 11 I 1 GwG)[1526].

1522 Schlüter, S. 124 ff., Rn. 1 ff.

1523 Vgl. die ausführlichere Darstellung unten beim Recht des außerbörslichen Aktienhandels.

1524 Genauere Darstellung der Meldepflichten nach § 9 WpHG unten beim Recht des außerbörslichen Aktienhandels.

1525 Genauere Darstellung der Aufzeichnungspflichten nach § 16 WpHG unten beim Recht des außerbörslichen Aktienhandels.

1526 Genauere Darstellung beim Recht des außerbörslichen Aktienhandels.

ff) Kapitalmarktrechtliche Anzeigepflicht bei Verdacht des Insiderhandels oder der Marktmanipulation

Wertpapierdienstleistungsunternehmen und andere Kreditinstitute haben gemäß § 10 I 1 WpHG bei der Feststellung von Tatsachen, die den Verdacht begründen, dass mit einem Aktiengeschäft gegen § 14 WpHG (Insiderhandelsverbot) oder § 20a WpHG (Marktmanipulationsverbot) verstoßen wird, der BaFin hiervon unverzüglich Mitteilung zu machen[1527].

gg) Kapitalmarktrechtliche Wohlverhaltenspflichten und vertragsrechtliche Pflichten der wichtigsten Börsenhandelsteilnehmer als Wertpapierdienstleistungsunternehmen

Durch §§ 31 f. WpHG werden den Wertpapierdienstleistungsunternehmen umfangreiche Pflichten zum Wohlverhalten gegenüber ihren Kunden auferlegt. Pflichten ähnlichen Inhalts ergeben sich bankvertraglich bzw. im Falle der Komission aus dem Komissionsrecht[1528]. Bei Kommissionsgeschäften führt der Börsenvorrang (§ 22 BörsG) zur Verpflichtung, Kundenaufträge im Falle fehlender anderweitiger Weisung über die Börse auszuführen[1529] [1530].

hh) Organisationspflichten

§ 33 WpHG sieht Organisationspflichten für Wertpapierdienstleister vor (vgl. außerdem §§ 34, 34a WpHG)[1531].

ii) Wertpapieranalysen

Es wurden gesetzliche Anforderungen an börsenzugelassene oder in den Börsenhandel einbezogene Aktien oder deren Emittenten betreffende Finanzanalysen geschaffen (§ 34b WpHG)[1532].

1527 Genauere Darstellung der Anzeige in Verdachtsfällen unten beim Recht des außerbörslichen Aktienhandels.

1528 Genauere Darstellung des bank- bzw. komissionsvertraglichen Rechtsverhältnisses zwischen Bank und Anlegerkunde unten beim Recht des außerbörslichen Aktienhandels.

1529 Vgl. auch die Darstellung der Regelung des Börsenvorrangs unten beim Recht des außerbörslichen Aktienhandels.

1530 Umfassende Darstellung der Wohlverhaltensregeln unter Einbeziehung deren Handhabung seitens der BaFin - in Richtlinien niedergelegt - unten beim Recht des außerbörslichen Aktienhandels.

1531 Darstellung der Organisationspflichten unter Einbeziehung deren Handhabung seitens der BaFin - in Richtlinien niedergelegt - unten beim Recht des außerbörslichen Aktienhandels.

1532 Genauere Darstellung der Finanzanalysen betreffenden Bestimmungen beim Recht des außerbörslichen Aktienhandels.

jj) Anzeigepflicht (Wertpapieranalysen)

Es bestehen Anzeigepflichten hinsichtlich Personen, die für Wertpapieranalysen verantwortlich sind (§ 34c WpHG)[1533].

kk) Verbot der Marktmanipulation

Das Verbot der Marktmanipulation (§ 20a WpHG) gilt auch für die Handelsakteure.

7. Ablauf des Börsenhandels im Präsenzhandel und im elektronischen Handel - vor- und nachbörsliche Transparenz - Börsenpreise - verschiedene Handelsmodelle bzw. -segmente im elektronischen Handel - Erfüllung von Börsengeschäften

Allgemein müssen Börsenpreise ordnungsmäßig zustande kommen und - durch das 4. Finanzmarktförderungsgesetz eingefügt - der wirklichen Marktlage des Börsenhandels entsprechen (§§ 24 II 1 BörsG, 27 II 1 BörsO)[1534]. Es gilt der Grundsatz der formalen Preis- oder Kurswahrheit[1535], dem u. a. durch die Bündelung von Liquidität nachgekommen werden soll[1536]. Den Handelsteilnehmern müssen Angebote zugänglich und die Annahme der Angebote möglich sein (§ 24 II 2 BörsG). Durch diese Pre-trade-Transparenz soll Chancengleichheit realisiert werden[1537]. Der Handel darf nicht so organisiert sein, dass einzelne Teilnehmer über die Angebots- und Nachfragesituation besser informiert sind und/oder besondere Zugriffsrechte haben[1538]. Gemäß § 24 II 3 BörsG sind den Handelsteilnehmern die Börsenpreise und die ihnen zugrunde liegenden Umsätze unverzüglich bekannt zu machen[1539]. Ebenfalls eine Neuerung ist die Möglichkeit, an anderen Märkten zustande gekommene Preise als Referenzpreise zu importieren[1540]. Bei der Ermittlung des Börsenpreises können auch Preise einer anderen Börse oder börsenähnlichen Einrichtung im Inland oder eines organisierten Marktes im Ausland berücksichtigt werden (§ 24 II 4 BörsG)[1541], wobei den Handelsteilnehmern dann nach § 24 II 5 BörsG die betreffenden

---

1533 Genauere Darstellung unten beim Recht des außerbörslichen Aktienhandels.

1534 Schwark-Beck, § 24 BörsG Rn. 8 ff.

1535 Schwark-Beck, § 24 BörsG Rn. 3, 10.

1536 Schwark-Beck, § 24 BörsG Rn. 9.

1537 Schwark-Beck, § 24 BörsG Rn. 8, 9.

1538 Schwark-Beck, § 24 BörsG Rn. 9.

1539 Schwark-Beck, § 24 BörsG Rn. 21 f.

1540 Schwark-Beck, § 24 BörsG Rn. 17.

1541 Schwark-Beck, § 24 BörsG Rn. 17 (Vorteil für schwach liquide Regionalbörsen, die Kurse von der Leitbörse übernehmen können).

Märkte unverzüglich bekannt zu machen sind. Nach dem Gesetzeswortlaut und nach Sinn und Zweck der Bestimmung wird man davon auszugehen haben, dass bilaterale Systeme nicht als Referenzmärkte in Betracht kommen. Als in diesem Sinne taugliche außerbörsliche Märkte nennt das Gesetz nur börsenähnliche Einrichtungen, nicht etwa elektronische Handelseinrichtungen. Diese Begrenzung führt dazu, dass nur in dem materiellen Börsenbegriff genügenden, damit zumindest einer gegenüber sonstigem außerbörslichem Handel gesteigerten staatlichen (Markt-)Überwachung unterliegenden Systemen (§§ 59 f. BörsG) zustande gekommene Preise importiert werden dürfen[1542].
Die allgemeinen Anforderungen des § 24 BörsG an eine ordnungsgemäße Preisbildung gelten ganz überwiegend sowohl für den Präsenzhandel als auch für den elektronischen Handel[1543].

a) Präsenzhandel

Im Präsenzhandel erfolgt die Börsenpreisfeststellung durch Skontroführer (§§ 27 I BörsO, 25 S. 1, 2. Alt. BörsG), die die Vermittlung und den Abschluss von Börsengeschäften in den ihnen jeweils zur Skontroführung zugewiesenen Aktien vorzunehmen (öffentlich-rechtliche Betriebspflicht[1544]) und auf einen geordneten Marktverlauf hinzuwirken haben (§ 27 I 1 BörsG)[1545]. Die Handelsteilnehmer können limitierte oder unlimitierte Aufträge mündlich, telefonisch, schriftlich oder in elektronischer Form erteilen (§§ 2 I, II, 3 I 1 Bedingungen). Die Preisfeststellung kann nach dem Einheitskursverfahren (§§ 28 II 1 BörsO, 7 I, II 2, 3 Bedingungen) auf der Grundlage der vorliegenden Aufträge (§§ 29, 32 II 1 BörsO, vgl. auch §§ 28 III, IV 2 BörsO) stattfinden[1546]. D. h. es ist derjenige Preis festzustellen, zu dem der größte Umsatz bei größtmöglichem Ausgleich der dem Skontroführer vorliegenden Aufträge erfolgt (Meistausführungsprinzip) (§ 32 II 2 BörsO). Dabei soll die geringstmögliche Abweichung zum letzten notierten Preis angestrebt werden (§ 32 II 3 BörsO). Das Einheitspreisverfahren

---

1542 Ebenso Schwark-Beck, § 24 BörsG Rn. 17; a. A. Kümpel/Hammen, S. 48.; hinsichtlich dieser Rechtslage kritisch Schwark-Beck, § 24 BörsG Rn. 20 (die Qualität des Börsenpreises werde durch den Preisimport aus börsenähnlichen Einrichtungen, deren Überwachung deutlich hinter der des Börsenhandels zurückbleibe und in denen insbesondere selbst keine Börsenpreise ermittelt würden, ausgehöhlt);.zu klären wird außerdem sein, wo bei ausländischen Handelssystemen die Grenze zwischen möglichen Referenzmärkten und solchen, die dafür ausscheiden, zu ziehen ist (vgl. Schwark-Beck, § 24 BörsG Rn. 17, der nur ausländische Börsen für umfasst hält).

1543 Schwark-Beck, § 24 BörsG Rn. 6, 7.

1544 Schwark-Beck, § 25 BörsG Rn. 7.

1545 Schwark-Beck, § 27 BörsG Rn. 9 (bei der Preisfeststellung als vom Skontroführer zu treffender Entscheidung ist die gesamte Marktlage zu berücksichtigen, dabei zu beachten ist das Gebot der Preiskontinuität), 13 (diese Tätigkeit ist besonders wichtig bei insgesamt geringer Liquidität oder unausgeglichener Marktlage (Angebots- oder Nachfrageüberhang)).

1546 Schwark-Beck, § 25 BörsG Rn. 42, 45.

eignet sich für wenig liquide Aktien[1547]. Eine Preisfeststellung im Präsenzhandel ist im Falle einer dahingehenden Entscheidung der Geschäftsführung auch im fortlaufenden Handel möglich (§§ 28 II 2, 34 BörsO, 7 II 1 Bedingungen), der für liquidere Werte in Betracht kommt[1548]. Eröffnungs- und Schlusspreise werden dabei im Einheitskursverfahren festgestellt (§ 28 I, III, IV BörsO)[1549]. Zu Beginn jeder Preisfeststellung ruft der Skontroführer den Wert auf und sperrt sein elektronisches Orderbuch (§§ 32 I BörsO, 5 I 1, II 2 Bedingungen). Der Skontroführer kann auf der Basis der Auftragslage eine unverbindliche Taxe oder ein verbindliches Geschäftsangebot bekannt geben, innerhalb derer die Preisfeststellung erfolgen soll (§ 32 III BörsO). Der Markt wird durch den Ausruf der Preistaxe unterrichtet (§ 5 II 2 Bedingungen). Bis zur Beendigung der Auftragsannahme können weitere mündliche Aufträge erteilt werden (§ 5 II 3 Bedingungen). Danach kann nur noch durch Zuruf auf Geschäftsangebote des Skontroführers (§ 32 IV BörsO) reagiert werden (§ 5 II 4 Bedingungen). Der Preisausruf gilt als Vertragsangebot gegenüber allen zur Teilnahme am Börsenhandel zugelassenen Besuchern (§ 4 I 1 Bedingungen). Alle dem Skontroführer erteilten Aufträge sind von diesem in der Regel unverzüglich in die EDV-Anlage einzugeben (§ 37 I 1, 1. Alt. BörsO). Skontroführer müssen bei ihrer Tätigkeit, die sie weisungsfrei ausüben (§ 27 I 4 BörsG), neutral und pflichtgemäß handeln (§ 27 I 3 BörsG). Sie haben zum Zeitpunkt der Preisfeststellung vorliegende Aufträge gleich zu behandeln (§§ 27 II 2 BörsO, 27 II 1 BörsG), den Handelsteilnehmern kommt gegenüber dem Skontroführer ein Anspruch auf Ausführung ihrer Aufträge zu[1550] (Kontrahierungszwang gegenüber allen Handelsteilnehmern[1551]). Skontroführer müssen ein so genanntes „Limit-Kontrollsystem" haben (im Einzelnen § 27 IV bis VI BörsO). Über Einzelheiten der Preisfeststellung entscheidet unter den Voraussetzungen des § 27 III BörsO die Geschäftsführung. Bei Preisschwankungen (hohe Volatilität) ergreift der Skontroführer Maßnahmen gemäß § 8 Bedingungen. Bei erheblichen Preisschwankungen ist die Preisfeststellung unter Hinzuziehung der Handelsüberwachungsstelle und mit deren Zustimmung vorzunehmen (§ 38 II BörsO).
Börsengeschäfte kommen zwischen den Handelsteilnehmern durch Ausführung von Aufträgen und Geschäftsbestätigung, die im Präsenzhandel durch Schlussnote erfolgt (§ 11 I 3, 2. Alt. Bedingungen), zustande (§ 11 I 1 Bedingungen). Der Makler gibt getätigte Geschäfte unverzüglich in die EDV-Anlage ein (§ 37 I 1, 2. Alt. BörsO), damit jeder Partei der Abschluss am gleichen Tag durch eine maschinell erstellte Schlussnote bestätigt werden kann (§ 11 II 1 Bedingungen).

1547 Schwark-Beck, § 25 BörsG Rn. 42.
1548 Schwark-Beck, § 25 BörsG Rn. 42.
1549 Schwark-Beck, § 25 BörsG Rn. 42.
1550 Schwark-Beck, § 27 BörsG Rn. 24.
1551 Schwark-Beck, § 27 BörsG Rn. 3.

Der Skontroführer hat den festgestellten Preis und den zu diesem Preis ermittelten Umsatz durch Ausrufen und durch Eingabe in das EDV-System bekannt zu geben (§§ 35 BörsO, 24 II 3 BörsG). Die Geschäftsführung veröffentlicht dann die im Präsenzhandel festgestellten Preise (§ 39 Satz 1 BörsO) und die den Börsenpreisen zugrunde liegenden Umsätze (§ 47 II 1, 1. Alt. BörsO), gesetzlich vorgeschrieben ist nur, die Börsenpreise und die ihnen zugrunde liegenden Umsätze den Handelsteilnehmern unverzüglich bekannt zu machen (§ 24 II 3 BörsG).
Für Preisfeststellung und Auftragsausführung im Dachskontroverfahren zwischen den beteiligten Börsen bestehen Sonderregeln[1552] (§§ 5a Bedingungen, 30 f. BörsO, 24 II 4, 1. Alt., V, 1. Alt., VI, 1. HS. BörsG).

b) Elektronischer Handel (Xetra) - verschiedene Handelsmodelle

Im elektronischen Handel werden die Börsenpreise durch das elektronische Handelssystem ermittelt (§§ 44 I 1 BörsO, 25 Satz 1, 1. Alt. BörsG). Das ordnungsgemäße Zustandekommen von Geschäften im System wird durch die Geschäftsführung überwacht (§ 44 I 2 BörsO). Die Geschäftsführung entscheidet, welche börsennotierten Aktienwerte elektronisch gehandelt werden können (§ 41 I 1, 2 BörsO) und informiert die betreffenden Emittenten hierüber (§ 41 I 3 BörsO). Nach § 41 II 1, 3 BörsO kann die Geschäftsführung unter Beibehaltung der börsengesetzlichen Marktsegmentierung in amtlichen, geregelten Markt (jeweils mit General Standard und Prime Standard) und Freiverkehr verschiedene Handelssegmente bilden, für die jeweils bestimmte Handelsbedingungen gelten. Innerhalb eines Handelssegments kann zusätzlich zum Hauptmarkt ein Blockhandelssegment eingerichtet werden (§ 41 II 2 BörsO).

Die Börsenzeit ist in Vorhandels-, Haupthandels- und Nachhandelsphase aufgeteilt[1553] (§ 41a I 1 BörsO). Der eigentliche Handel erfolgt in der Haupthandelsphase (§ 41a III BörsO). In allen Phasen können Aufträge in das System eingegeben werden (§ 41a I 2, II, IV BörsO). Sie werden vom System erfasst, wenn sie Mindestanforderungen genügen (§ 34 I 2 Bedingungen). Die Handelsteilnehmer müssen bei der Eingabe ihrer limitierten und unlimitierten Aufträge (§ 32 I Bedingungen) in das elektronische Handelssystem angeben, ob es sich um ein Kauf- oder Verkaufsangebot handelt, welche Aktie Gegenstand des Angebots ist und welcher Aktiennennwert bzw. welche Aktienzahl gehandelt werden soll (§ 32 III 1 Bedingungen). Dabei sind u. U. Mindestschlussgrößen zu beachten[1554] (§ 32 IV 1, 2, V Bedingungen). Jeder Auftrag wird vom System mit

---

1552 Schwark-Beck, § 24 BörsG Rn. 18 (Ende der neunziger Jahre zum Teil praktiziert worden).

1553 Beck, WM 1998, 417 (426).

1554 Beck, WM 1998, 417 (428).

einer Transaktionsidentifikationsnummer und einem Zeitstempel versehen[1555] (§ 34 I 1 Bedingungen). Für jeden gehandelten Aktienwert gibt es ein Auftragsbuch, in dem alle Aufträge nach Preis und Eingangszeitpunkt geordnet und verwaltet werden[1556] (§ 34 II 1 Bedingungen). Die Aufträge müssen bei der Eingabe als Eigenauftrag oder Kundenauftrag gekennzeichnet sein (§ 32 III 3 Bedingungen). Limitierte Aufträge sind zum angegebenen Limit oder besser auszuführen (§ 32 I 3 Bedingungen). Unlimitierte Aufträge werden zum nächsten, vom System ermittelten Preis ausgeführt (§ 32 I 2 Bedingungen).
In der Haupthandelsphase findet der Handel nach verschiedenen Handelsmodellen im Hauptmarkt oder im Blockhandelssegment statt (§§ 41a III 1 i. V. m. 44a, 44b, 44c BörsO), wobei über die Einzelheiten der konkreten Durchführung die Geschäftsführung entscheidet (§§ 41a I 3, III 2, 44 II 4, 44a I 3, 5, 7, 9, 44b I, III 6, 44c I, III 6, IV 2, 3 BörsO).

aa) Auktion, fortlaufender Handel, fortlaufende Auktion

In der Auktion[1557] wird auf der Grundlage der bis zu einem bestimmten Zeitpunkt vorliegenden limitierten und unlimitierten Aufträge derjenige Preis ermittelt, zu dem das größte Auftragsvolumen bei minimalem Überhang ausgeführt werden kann; unlimitierte Aufträge werden vorrangig ausgeführt (§ 44a I 1 BörsO). Der Auktionshandel, der nach dem Meistausführungsprinzip organisiert ist, kann mit dem Verfahren zur Feststellung von Einheitskursen im Präsenzhandel verglichen werden[1558]. Die Auktion beginnt mit der Aufrufphase (§§ 44a I 2 BörsO, 35 I 1, II, III Bedingungen), dann folgt die Preisermittlung (§§ 44a I 2, 4, 5, 6, 7 BörsO, 35 IV Bedingungen) und bei einem Überhang nicht ausgeführter Aufträge regelmäßig ein Marktausgleich (§ 44a I 2, 3, 8 bis 10 BörsO).

Im fortlaufenden Handel[1559] kommen die Preise durch das Zusammenführen (Matching) von sich ausführbar gegenüberstehenden Aufträgen zum jeweils besten im Auftragsbuch angezeigten Geld- oder Brief-Limit, bei gleichem Preis in der Reihenfolge der Eingabe in das System (Preis-Zeit-Priorität), zu Geschäftsabschlüssen zustande (§§ 44a II 2 BörsO, 11 I 1, 36 II Bedingungen)[1560]; unlimitierte Aufträge werden vorrangig ausgeführt (§ 44a II 2 BörsO). Alle Aufträge werden kumuliert zum jeweiligen Limit angezeigt (offenes Auf-

---

1555 Beck, WM 1998, 417 (428).

1556 Beck, WM 1998, 417 (428).

1557 Beck, WM 1998, 417 (426 f.); Schwark-Beck, § 25 BörsG Rn. 33 f.; Lenenbach, S. 127, Rn. 3.45.

1558 Schwark-Beck, § 25 BörsG Rn. 33, 45.

1559 Beck, WM 1998, 417 (427); Schwark-Beck, § 25 BörsG Rn. 35; Lenenbach, S. 127, Rn. 3.46.

1560 Beck, WM 1998, 417 (428, 429).

tragsbuch) (§ 44a II 3 BörsO). Im fortlaufenden Handel gibt es Mindestschlussgrößen, diesen nicht entsprechende Aufträge werden in der Auktion ausgeführt (§ 32 III, IV Bedingungen). Für Aufträge im fortlaufenden Handel sind besondere Ausführungsbedingungen und Gültigkeitsbestimmungen möglich (§ 32 I, II Bedingungen).
Am Anfang des fortlaufenden Handels wird eine Eröffnungsauktion (§§ 44a II 1 i. V. m. I BörsO, 36 I 1 Bedingungen) und am Ende eine Schlussauktion durchgeführt (§§ 44a IV i. V. m. I BörsO, 36 IV 2 Bedingungen). Der fortlaufende Handel wird überdies durch untertägige Auktionen unterbrochen (§§ 44a III 1 BörsO, 37 Bedingungen).
Wie im Präsenzhandel ist auch im elektronischen Handel der fortlaufende Handel für liquidere Werte angemessen[1561].

In der fortlaufenden Auktion wird unmittelbar nach Beendigung einer Auktion die nächste Auktion eingeleitet (§ 44b II 2 BörsO) (im Einzelnen §§ 44b BörsO, 37a, 33 III Bedingungen).

Die Geschäftsbestätigung erfolgt im elektronischen Handel durch elektronische Bestätigung (§ 11 I 3, 1. Alt. Bedingungen).

Die Börsenpreise und die zugrunde liegenden Umsätze werden veröffentlicht (§§ 43 II 1, 47 II 1, 2. Alt. BörsO).

bb) Multilaterales Händlermodell - Market-Making durch Designated Sponsors

Ein Designated Sponsor ist verpflichtet, während der Handelszeit für die Aktien, für die er als Designated Sponsor zugelassen ist (§ 23 II 1, 4 BörsO), gleichzeitig limitierte Aufträge für die Nachfrage- und Angebotsseite (Quotes) in das Handelssystem einzustellen und zu diesen Geschäftsabschlüsse zu tätigen (§§ 23 III, 23b I 1, IV BörsO, 32 II, III 2 Bedingungen). Quotes sind bei der Eingabe als solche zu kennzeichnen (§ 32 III 4 Bedingungen). Während der Börsenzeit muss der Designated Sponsor immer erreichbar sein (§ 23b I 2 BörsO). Seitens der Geschäftsführung werden eine maximale Preisspanne (Maximum Spread) zwischen Nachfrage- und Angebotspreisen, ein Mindestquotierungsvolumen auf der Nachfrage- und Angebotsseite und eine minimale Einstelldauer von Quotes vorgegeben (§ 23b III BörsO). (Zu Quotes in fortlaufenden Auktionen §§ 23b II, 44b II, III, IV BörsO).

1561 Schwark-Beck, § 25 BörsG Rn. 40.

cc) Besonderes Blockhandelssegment Xetra XXL - Crossing-System (Auktionsmodell)

Für im Blockhandel innerhalb Xetra XXL (§§ 40 II 2, 44c BörsO)[1562] gehandelte Werte wird ein zusätzliches Auftragsbuch geführt (§ 34 II 3, 4 Bedingungen). In Xetra XXL finden zu von der Geschäftsführung festgelegten Zeitpunkten (§ 37b I 1 Bedingungen) Auktionen statt, in denen ausschließlich Preise ermittelt werden, die sich aus dem rechnerischen Mittelwert des zur gleichen Zeit im Hauptmarkt der jeweiligen Aktie besten, im Auftragsbuch angezeigten Nachfrage- und Angebotspreis ergeben (Midpoint) (§§ 44c I, II BörsO, 37b II, III Bedingungen). Das Auftragsbuch bleibt im Blockhandel geschlossen (§ 44c III 3 BörsO). Für Aufträge im Blockhandel (vgl. auch § 33 IV Bedingungen) gibt es ein Mindestvolumen, das von der Geschäftsführung festgelegt wird (§ 44c I BörsO). Aufträge mit der jeweils größeren Stückzahl werden vorrangig und bei gleicher Stückzahl in der Reihenfolge der Eingabe in das System ausgeführt (Volumen-Preis-Priorität) (§ 44c III 6 BörsO).
Im Handelssegment Blockhandel zustande gekommene Abschlüsse werden erst zum Ende des jeweiligen Handelstages veröffentlicht (§ 43 II 3 BörsO).

dd) Besonderes Handelssegment Xetra Best Execution (bilaterales Händlermodell - Market-Making durch Best Executor)

Während der Haupthandelsphase können in von der Geschäftsführung bestimmten Werten (§ 46 II BörsO) eigene Kundenaufträge sowie durch andere Handelsteilnehmer übermittelte Kundenaufträge, sofern die betreffenden Kundenaufträge wie von der Geschäftsführung vorgegeben gekennzeichnet werden, gegen Eigenaufträge eines bestimmten Handelsteilnehmers (Best Executor) zu einem Ausführungspreis ausgeführt werden, der für den Kunden eine Preisverbesserung gegenüber der potentiellen Ausführung im Auftragsbuch des elektronischen Handelssystems (Xetra-Hauptmarkt) darstellt (Best Execution) (§§ 46 I BörsO, 37c Bedingungen). Gemäß § 46a III BörsO können im Rahmen der Best Execution[1563] nur eigene Kundenaufträge des Best Executors und Kundenaufträge eines anderen Handelsteilnehmers ausgeführt werden, mit welchem der Best Executor eine entsprechende Vereinbarung über die Zuleitung von Kundenaufträgen geschlossen hat (§ 46a III BörsO). Andere Handelsteilnehmer, die keine Kunden des Best Executors sind, haben keine Möglichkeit, zu diesem leicht verbesserten Kurs abzuschließen[1564]. Die Preise innerhalb Xetra Best Execution müssen mindestens 0,01 Euro besser sein als der zum gleichen Zeit-

---

1562 Lenenbach, S. 128, Rn. 3.48.

1563 Zur Durchführung im Einzelnen vgl. § 46a I, II BörsO; Hammen, WM 2002, 2129 (2129 ff.); Köndgen/Theissen, WM 2003, 1497 (1503 ff.).

1564 Mülbert, JZ 2002, 826 (830).

punkt im Xetra-Hauptmarkt bestehende Kurs der betreffenden Aktie (§ 37c II 1 Bedingungen).

Die im Rahmen der Best Execution zustande kommenden Geschäfte führen nicht zu Börsenpreisen im rechtlichen Sinn und werden bei der Veröffentlichung besonders gekennzeichnet (§ 46a IV 1 BörsO).

Dem Xetra-Hauptmarkt wird durch Xetra Best natürlich zunächst einmal Liquidität entzogen und die Basis des zustande kommenden Börsenkurses geschmälert. Zum Ausgleich müssen Best Executor allerdings im Hauptmarkt als Quotes stellende Market-Maker (Designated Sponsor) auftreten (§ 46b I 1 BörsO).

c) Erfüllung von Börsengeschäften

Gemäß § 15 I, 1. Alt. Bedingungen sind Börsengeschäfte am zweiten Börsentag nach dem Tag des Geschäftsschlusses zu erfüllen. Der Käufer ist bei Lieferung zur Zahlung des Gegenwerts der gehandelten Wertpapiere verpflichtet, frühestens jedoch am zweiten Börsentag nach Geschäftsabschluss (§ 15 II Bedingungen). Die Lieferung erfolgt regelmäßig über die Wertpapiersammelbank in Anteilen an einem Girosammelbestand (§ 19 I 1, 1. Alt., II 1 Bedingungen). Für den Fall nicht rechtzeitiger Erfüllung seitens einer Partei droht die Zwangsregulierung (§§ 16 a ff. Bedingungen). Für Geschäfte in Namensaktien gelten die Sonderbestimmungen der §§ 25 f. Bedingungen.

II. Recht des außerbörslichen Aktienhandels

1. Elektronische Handelssysteme

a) Für alle inländischen elektronischen Handelssysteme geltende Bestimmungen

Wer beabsichtigt, im Inland ein elektronisches Handelssystem für Aktienhandel zu betreiben, das nicht nach § 1 I BörsG als Börse genehmigt ist, hat dies der Börsenaufsichtsbehörde am Geschäftssitz[1565] des Betreibers anzuzeigen (§ 58 I 1, 2 BörsG)[1566]. Ist der Betreiber ein Unternehmen mit Sitz im Ausland, ist die Börsenaufsichtsbehörde an dem Ort zuständig, an dem das System betrieben wird (§ 58 I 3 BörsG). Vorzulegen sind gemäß § 58 I 5 BörsG Name und Anschrift der Geschäftsleitung (Nr. 1), ein Geschäftsplan, aus dem die Art und die Voraussetzungen des Handelszugangs für die Marktteilnehmer, das Handelsverfahren und das Verfahren der Preisermittlung sowie der organisatorische Aufbau und die internen Kontrollverfahren des Systems hervorgehen (Nr. 2), sowie die Angabe, dass Aktien von den Marktteilnehmern gehandelt werden sollen (Nr.

1565 Vgl. § 5 I AktG.

1566 Schwark-Schwark, § 58 BörsG Rn. 9 f.

3). Änderungen sind der Börsenaufsichtsbehörde unverzüglich anzuzeigen (§ 58 I 6 BörsG).

Wer vorsätzlich oder leichtfertig entgegen § 58 I 1 eine entsprechende Anzeige nicht, nicht richtig, nicht vollständig oder nicht rechtzeitig erstattet, kann mit einer Geldbuße bis 100.000.- Euro belegt werden (§ 62 I Nr. 5, III BörsG).

Elektronische Handelssysteme, die nicht die Voraussetzungen des § 59 BörsG erfüllen, unterstehen der laufenden staatlichen Überwachung durch die Börsenaufsichtsbehörde nicht[1567].

b) Börsenähnliche Einrichtungen als besondere elektronische Handelssysteme

Ein Kreditinstitut, ein Finanzdienstleistungsinstitut oder ein nach § 53 I 1 oder § 53b I 1 KWG tätiges Unternehmen, das im Inland ein elektronisches Handelssystem betreibt, in dem Angebot und Nachfrage in Aktien mit dem Ziel zusammengeführt werden, Vertragsabschlüsse unter mehreren Marktteilnehmern innerhalb des Systems zu ermöglichen (börsenähnliche Einrichtung), ist gemäß § 59 Satz 1 BörsG über die Anzeige- und Unterlagenvorlagepflichten des § 58 BörsG hinaus verpflichtet, organisatorische Vorkehrungen zur Gewährleistung des Betriebs der börsenähnlichen Einrichtung zu treffen (Nr. 1)[1568], Regeln für eine ordnungsgemäße Durchführung des Handels und der Preisermittlung, für die Verwendung von Referenzpreisen, sofern diese einbezogen werden, und für eine vertragsmäßige Abwicklung der abgeschlossenen Geschäfte festzulegen sowie Vorkehrungen zu treffen, welche die Einhaltung der Regeln sicherstellen (Nr. 2)[1569], über angemessene Kontrollverfahren zur Verhinderung von Marktpreismanipulationen zu verfügen (Nr. 3)[1570], sicherzustellen, dass die Preise in der börsenähnlichen Einrichtung entsprechend den Regelungen des § 24 II 1 bis 3 BörsG zustande kommen (Nr. 4)[1571], dafür Sorge zu tragen, dass die

---

1567 Schwark-Schwark, § 58 BörsG Rn. 10; fraglich ist, inwieweit sie nach wie vor als Wertpapierdienstleister der Überwachung durch die BaFin zu unterliegen haben, bejahend Mülbert, JZ 2002, 826 (830); Kümpel/Hammen, S. 71; Cohn, ZBB 2002, 365 (369, 370, 371 f.); unsicher Spindler, WM 2002, 1325 (1332); Schwark-Schwark, § 58 BörsG Rn. 1.

1568 Schwark-Schwark, § 59 BörsG Rn. 12 (zweckentsprechende rechtliche Gestaltung, ausreichende Systemkapazitäten, interne Kontrollverfahren).

1569 Schwark-Schwark, § 59 BörsG Rn. 13 (Festlegung von Preisermittlungsregeln, Beschreibung und Abgrenzung der Handelsmodelle, falls verschiedene vorgesehen sind; Benennung (eventuell) externer Abwickler).

1570 Schwark-Schwark, § 59 BörsG Rn. 14 (zu etablierende Formen der Beobachtung der Handelsakteure beim Handel innerhalb der börsenähnlichen Einrichtung, aber u. U. auch außerhalb, denn häufig lassen sich Manipulationen nur so aufdecken).

1571 Schwark-Schwark, § 59 BörsG Rn. 15 (Verweis auf die gesetzlichen Bestimmungen über das ordnungsgemäße Zustandekommen von Börsenpreisen, u. a. Chancengleichheit,

Aufzeichnungen über die erteilten Aufträge und abgeschlossenen Geschäfte in der börsenähnlichen Einrichtung eine lückenlose Überwachung durch die Börsenaufsichtsbehörde gewährleisten; die erforderlichen Aufzeichnungen sind 6 Jahre aufzubewahren (Nr. 5)[1572], Regeln über die Veröffentlichung der Preise und der ihnen zugrunde liegenden Umsätze festzulegen (Nr. 6)[1573] sowie den Marktteilnehmern alle die für die Nutzung der börsenähnlichen Einrichtung zweckdienlichen Informationen bekannt zu geben (Nr. 7)[1574]. Nach § 60 I 1, 2 BörsG übt die Börsenaufsichtsbehörde die Aufsicht über die börsenähnliche Einrichtung hinsichtlich der Einhaltung der Vorschriften und Anordnungen (§§ 59 Satz 2, 60 II, III, IV BörsG) sowie der ordnungsgemäßen Durchführung des Handels in einer börsenähnlichen Einrichtung und der Geschäftsabwicklung aus[1575] (Rechtsaufsicht und Marktaufsicht[1576]). § 59 Satz 2 BörsG stellt eine Ermächtigungsbefugnis für die Börsenaufsichtsbehörde zu Anordnungen im Einzelfall im Zusammenhang mit den Anforderungen des § 59 Satz 1 BörsG dar[1577].

Geldbuße bis 100.000.- Euro kann gemäß § 62 I Nr. 6 a), III BörsG verhängt werden bei vorsätzlichem oder leichtfertigem Verstoß gegen eine vollziehbare Anordnung nach § 59 S. 2 BörsG (hinsichtlich der Vorkehrungen gemäß § 59 S. 1 Nr. 1 bis 7 BörsG) oder 60 IV 1 BörsG (hinsichtlich Auskunft oder Unterlagenvorlage) und Geldbuße bis 500.000.- Euro gemäß § 62 I Nr. 6 b), III BörsG bei einem solchen Verstoß gegen eine vollziehbare Anordnung nach § 60 II BörsG (u. a. Anordnungen bei Verstößen gegen Pflichten aus § 59 BörsG oder sonstigen Missständen) oder § 60 III 2 BörsG (u. a. Untersagung des Betreibens einer börsenähnlichen Einrichtung).

c) Ausländische elektronische Handelssysteme

Gemäß § 37m Satz 1 WpHG haben es ausländische organisierte Märkte in einem anderen EU- oder EWR-Staat, an denen Aktien gehandelt werden, oder

---

Mindest-Pre-trade-Transparenz, Post-trade-Transparenz, Kurswahrheit, d. h. auch gewisse Kontrolle, dass die in der börsenähnlichen Einrichtung ermittelten Preise nicht zu weit von den Kursen der auch auf börslichen Hauptmärkten gehandelten Werte abweichen; mangels Verweises auf § 24 II 4 BörsG ist ein Preisimport von Börsen, anderen börsenähnlichen Einrichtungen oder ausländischen organisierten Märkten nicht möglich).

1572 Schwark-Schwark, § 59 BörsG Rn. 16.

1573 Schwark-Schwark, § 59 BörsG Rn. 17.

1574 Schwark-Schwark, § 59 BörsG Rn. 18 (Marktteilnehmer sind aktuelle und potentielle Teilnehmer am Handel innerhalb des betreffenden Systems, d. h. auch Akteure auf anderen Märkten).

1575 Schwark-Schwark, § 60 BörsG Rn. 2 ff.

1576 Schwark-Schwark, § 60 BörsG Rn. 2 f.

1577 Schwark-Schwark, § 59 BörsG Rn. 19.

ihre Betreiber der BaFin anzuzeigen, wenn sie Handelsteilnehmern mit Sitz im Inland über ein elektronisches Handelssystem einen unmittelbaren Zugang gewähren. Nach § 37m Satz 2 WpHG muss die Anzeige enthalten: Name und Anschrift der Geschäftsleitung des organisierten Marktes oder des Betreibers (Nr. 1), einen Geschäftsplan, aus dem die Art des geplanten Marktzugangs für die Handelsteilnehmer, der organisatorische Aufbau und die internen Kontrollverfahren des organisierten Marktes hervorgehen (Nr. 2), die Angabe, dass Aktien von den Handelsteilnehmern gehandelt werden sollen (Nr. 3) sowie Namen und Anschrift der Handelsteilnehmer mit Sitz im Inland, denen der unmittelbare Marktzugang gewährt werden soll (Nr. 4)[1578].

Sonstige ausländische organisierte Märkte oder ihre Betreiber bedürfen der schriftlichen Erlaubnis der BaFin, wenn sie Handelsteilnehmern mit Sitz im Inland über ein elektronisches Handelssystem einen unmittelbaren Marktzugang gewähren (§ 37i I 1 WpHG)[1579]. Zusätzlich zu den Angaben, die organisierte Märkte im EU- oder EWR-Ausland bzw. deren Betreiber gemäß § 37m Satz 2 Nr. 1 bis 4 WpHG machen müssen (§ 37i I 2 Nr. 1, 3, 6, 7 WpHG), haben sonstige ausländische organisierte Märkte bzw. deren Betreiber Angaben zu machen, die für die Beurteilung der Zuverlässigkeit der Geschäftsleitung erforderlich sind (Nr. 2)[1580], einen Geschäftsplan, aus dem die Art des geplanten Marktzugangs für die Handelsteilnehmer, der organisatorische Aufbau und die internen Kontrollverfahren des organisierten Marktes hervorgehen (Nr. 3)[1581], Name und Anschrift eines Zustellungsbevollmächtigten im Inland zu benennen (Nr. 4)[1582] und die für die Überwachung des organisierten Marktes und seiner Handelsteilnehmer zuständigen Stellen des Herkunftsstaates und deren Überwachungs- und Eingriffskompetenzen anzugeben (Nr. 5)[1583], die Angabe der Art der Wertpapiere, die von den Handelsteilnehmern über den unmittelbaren Marktzugang gehandelt werden sollen (Nr. 6)[1584] sowie Namen und Anschrift der Handelsteilnehmer mit Sitz im Inland, denen der unmittelbare Marktzugang gewährt werden soll (Nr. 7)[1585].

Nach § 37j WpHG ist die Erlaubnis für sonstige organisierte Märkte im Sinne des § 37i WpHG zu versagen, wenn Tatsachen vorliegen, aus denen sich ergibt, dass die Geschäftsleitung nicht zuverlässig ist (Nr. 1), Handelsteilnehmern mit Sitz im Inland der unmittelbare Zugang gewährt werden soll, die nicht die Vo-

---

1578 Schwark-Beck, § 37m WpHG Rn. 1 f.

1579 Schwark-Beck, § 37i WpHG Rn. 4 ff.

1580 Schwark-Beck, § 37i WpHG Rn. 8.

1581 Schwark-Beck, § 37i WpHG Rn. 9.

1582 Schwark-Beck, § 37i WpHG Rn. 10.

1583 Schwark-Beck, § 37i WpHG Rn. 11.

1584 Schwark-Beck, § 37i WpHG Rn. 11.

1585 Schwark-Beck, § 37i WpHG Rn. 11.

raussetzungen des § 16 II BörsG erfüllen (Nr. 2), die Überwachung des organisierten Marktes oder der Anlegerschutz im Herkunftsstaat nicht dem deutschen Recht gleichwertig ist (Nr. 3) oder der Informationsaustausch mit den für die Überwachung des organisierten Marktes zuständigen Stellen des Herkunftsstaates nicht gewährleistet erscheint (Nr. 4)[1586].

Die BaFin kann Handelsteilnehmern mit Sitz im Inland, die Wertpapierdienstleistungen im Inland erbringen, untersagen, Aufträge für Kunden über ein elektronisches Handelssystem eines ausländischen organisierten Marktes auszuführen, wenn diese Märkte oder ihre Betreiber Handelsteilnehmern im Inland einen unmittelbaren Marktzugang über dieses elektronische Handelssystem ohne Erlaubnis gewähren (§ 37l WpHG)[1587].

d) Europaweite Regulierung elektronischer Handelssysteme durch die novellierte Wertpapierdienstleistungsrichtlinie

Die noch umzusetzende Wertpapierdienstleistungsrichtlinie (n. F.) sieht ein komplexes Regelungsregime für den außerbörslichen Bereich vor[1588], das dann europaweit gelten wird, insbesondere neue Melde- und Veröffentlichungspflichten. Multilaterale Handelssysteme können auch von Wertpapierfirmen betrieben werden (Artt. 4 I Nr. 15, 14). Der Betrieb eines multilateralen Handelssystems stellt für Wertpapierfirmen eine neue Wertpapierdienstleistung dar (Art. 4 I Nr. 2 i. V. m. Anhang I Abschnitt A Nr. 8 Wertpapierdienstleistungsrichtlinie (n. F.)). Betreiber müssen zunächst die für Wertpapierfirmen allgemein geltenden organisatorischen Anforderungen gemäß Art. 13 Wertpapierdienstleistungsrichtlinie (n. F.) einhalten (Art. 14 I Wertpapierdienstleistungsrichtlinie (n. F.)). Darüber hinaus haben sie transparente und nichtdiskretionäre Regeln und Verfahren für einen fairen und ordnungsgemäßen Handel sowie objektive Kriterien für die wirksame Ausführung von Aufträgen festzulegen (Art. 14 I Wertpapierdienstleistungsrichtlinie (n. F.)), transparente Kriterien zu bestimmen, nach denen sich bestimmt, welche Finanzinstrumente innerhalb ihrer Systeme gehandelt werden (Art. 14 II 1 Wertpapierdienstleistungsrichtlinie (n. F.)). Gegebenenfalls sind ausreichende öffentlich zugängliche Informationen bereitzustellen bzw. ist der Zugang zu solchen Informationen zu ermöglichen, damit seine Nutzer sich ein Urteil über die Anlagemöglichkeiten bilden können, wobei sowohl die Art der Nutzer als auch die Art der gehandelten Instrumente zu berücksichtigen ist (Art. 14 II 2 Wertpapierdienstleistungsrichtlinie (n. F.)). Es sind transparente, auf objektiven Kriterien beruhende Zugangsregeln festzulegen und einzuhalten (Art. 14 IV Wertpapierdienstleistungsrichtlinie (n. F.)). Die Modalitäten der Abrechnung der Geschäfte müssen geregelt sein (Art. 14 V Wertpa-

---

1586 Schwark-Beck, § 37j WpHG Rn. 1 ff.

1587 Schwark-Beck, § 37l WpHG Rn. 1 ff.

1588 Vgl. auch Seitz, AG 2004, 497 (497 ff.); Schwark, Festschrift Immenga, S. 723 (734 ff.).

pierdienstleistungsrichtlinie (n. F.)). Gemäß Art. 26 I Wertpapierdienstleistungsrichtlinie (n. F.) ist eine angemessene Handelsüberwachung vorzunehmen, es muss wirksame Vorkehrungen und Verfahren für die regelmäßige Überwachung der Einhaltung der Regeln des Handelssystems geben (S. 1) und die innerhalb des Systems seitens der Systemnutzer abgeschlossenen Geschäfte sind zu überwachen, um Verstöße gegen die Regeln, marktstörende Handelsbedingungen oder Verhaltensweisen, die auf Marktmissbrauch hindeuten könnten, zu erkennen (S. 2). Der zuständigen Behörde sind schwerwiegende Regelverstöße oder marktstörende Handelsbedingungen oder Verhaltensweisen, die auf Marktmissbrauch hindeuten könnten, zu melden (Art. 26 II 1 Wertpapierdienstleistungsrichtlinie (n. F.)). Der für die Ermittlung und Verfolgung von Marktmissbrauch zuständigen Behörde sind die einschlägigen Informationen unverzüglich zu übermitteln, die Behörde ist bei Ermittlungen wegen Marktmissbrauchs innerhalb ihrer oder über ihre Systeme und dessen Verfolgung in vollem Umfang zu unterstützen (Art. 26 II 2 Wertpapierdienstleistungsrichtlinie (n. F.)). Außerdem werden Vorhandels-Transparenz (Pre-trade-Transparenz) (Art. 29 Wertpapierdienstleistungsrichtlinie (n. F.) und Nachhandels-Transparenz (Post-trade-Transparenz) (Art. 30 Wertpapierdienstleistungsrichtlinie (n. F.)) verlangt. Nur für besonders große Handelsvolumina bestehen die Veröffentlichungspflichten nicht (Artt. 29 II, 30 II Wertpapierdienstleistungsrichtlinie (n. F.). Für systematische Internalisierer (bilaterale Systeme) werden jetzt - im deutschen Recht neu - ebenfalls Pre-trade- und Post-trade-Transparenz gewissen Umfangs herzustellen sein (Artt. 27 f. Wertpapierdienstleistungsrichtlinie (n. F.)), außer bei besonders großen gehandelten Mengen (Artt. 27 I, 28 II Wertpapierdienstleistungsrichtlinie (n. F.)).

2. Für den außerbörslichen Handel bedeutsame rechtliche Vorgaben für Aktien bzw. Unternehmen (Aktienemittenten)

a) Rechnungslegungspublizität für börsennotierte und nicht-börsennotierte Emittenten

Aktiengesellschaften als Kapitalgesellschaften unterliegen der Pflicht zur Rechnungslegung. Bei Geschäftsbeginn war eine Eröffnungsbilanz zu erstellen (§ 242 I HGB). Am Schluss eines jeden Geschäftsjahres ist vom Vorstand ein Jahresabschluss (Bilanz und Gewinn- und Verlustrechnung) (§§ 242 I 1, II, III, 264 I 1 HGB, 91 I, 170 AktG) aufzustellen[1589]. Nach § 264 II 1 HGB muss der Jahresabschluss einer Aktiengesellschaft als Kapitalgesellschaft unter Beachtung der Grundsätze ordnungsgemäßer Buchführung ein den tatsächlichen Verhältnissen entsprechendes Bild der Vermögens-, Finanz- und Ertragslage der Kapi-

---

[1589] Münchener Kommentar-Luttermann, § 242 HGB Rn. 20 ff.; Baumbach/Hopt-Merkt, § 242 HGB Rn. 1 ff.; Hennrichs, ZHR 168 (2004), 383 (384).

talgesellschaft vermitteln (Bilanzwahrheit)[1590]. Außerdem ist ein Anhang (§§ 284 ff. HGB)[1591] hinzuzufügen (§ 264 I 1 HGB), in dem gemäß § 264 II 2 HGB zusätzliche Angaben zu machen sind, wenn besondere Umstände dazu führen, dass der Jahresabschluss ein den tatsächlichen Verhältnissen entsprechendes Bild nicht vermittelt[1592], und, sofern es sich nicht um eine kleine Kapitalgesellschaft (§ 267 I HGB)[1593] handelt (§ 264 I 3 HGB)[1594], ein Lagebericht (§ 289 HGB)[1595] aufzustellen (§ 264 I 1 HGB)[1596]. Besonderheiten gelten für Konzerne (§§ 290 ff. HGB), durch das Mutterunternehmen sind regelmäßig ein Konzernabschluss und ein Konzernlagebericht aufzustellen (§ 290 I HGB).

aa) Jahresabschluss

1) Bilanz

Die in Kontoform zu verfassende (§ 266 I 1 HGB)[1597] Bilanz weist das Verhältnis des Vermögens (Aktiva) und der Schulden (Passiva) der Gesellschaft aus[1598], die Aktiva sind u. a. nach Anlage- und Umlaufvermögen, die Passiva u. a. nach Eigen- und Fremdkapital zu unterteilen (§§ 246 f., 266 HGB). Alle Kapitalgesellschaften, also große (§ 267 III HGB), mittelgroße (§ 267 II HGB) und kleine (§ 267 I HGB) müssen auf der Aktivseite beim Anlagevermögen immaterielle Vermögensgegenstände, Sachanlagen und Finanzanlagen (§ 266 I 2, II A. I. bis III. HGB) und beim Umlaufvermögen Vorräte, Forderungen und sonstige Vermögensgegenstände, Wertpapiere, Kassenbestand und Guthaben (§ 266 I 2, II B. I. bis IV. HGB), auf der Passivseite beim Eigenkapital das gezeichnete Kapital, Kapitalrücklagen, Gewinnrücklagen, Gewinn- bzw. Verlustvortrag und Jahresüberschuss bzw. Jahresfehlbetrag (§ 266 I 2, III A. I. bis V. HGB), auf der Passivseite außerdem Rückstellungen und Verbindlichkeiten (§ 266 I 2, III B. und C. HGB) aufführen. Für große und mittelgroße Kapitalgesellschaften verlangt das Gesetz teilweise weitergehend aufgeschlüsselte Angaben, bei kleinen genügt insofern eine verkürzte Bilanz (§ 266 I 2, 3 HGB).

1590 Münchener Kommentar-Luttermann, § 264 HGB Rn. 16 ff.; Baumbach/Hopt-Merkt, § 264 HGB Rn. 9 ff.; Kübler, S. 265.

1591 Münchener Kommentar-Luttermann, § 264 HGB Rn. 6; Baumbach/Hopt-Merkt, § 264 HGB Rn. 4.

1592 Baumbach/Hopt-Merkt, § 264 HGB Rn. 19 ff.

1593 Baumbach/Hopt-Merkt, § 267 HGB Rn. 1 ff.

1594 Münchener Kommentar-Luttermann, § 264 HGB Rn. 14; Baumbach/Hopt-Merkt, § 264 HGB Rn. 7.

1595 Baumbach/Hopt-Merkt, § 289 HGB Rn. 1 f.

1596 Münchener Kommentar-Luttermann, § 264 HGB Rn. 10; Baumbach/Hopt-Merkt, § 264 HGB Rn. 5.

1597 Baumbach/Hopt-Merkt, § 266 HGB Rn. 1.

1598 Baumbach/Hopt-Merkt, § 242 HGB Rn. 2.

Nach § 297 I 1 HGB besteht der Konzernabschluss aus Konzernbilanz, Konzern-Gewinn- und Verlustrechnung und Konzernanhang, die eine Einheit bilden. Sind Mutter- oder ein Tochterunternehmen an einem organisierten Markt notiert, so besteht der Konzernabschluss außerdem aus einer Kapitalflussrechnung, einer Segmentberichterstattung und einem Eigenkapitalspiegel (§ 297 I 2 HGB)[1599]. Es hat eine Zusammenfassung des Jahresabschlusses des Mutterunternehmens mit den Jahresabschlüssen der Tochterunternehmen zu erfolgen (§ 300 I 1 HGB). Die Einzelheiten dieser Konsolidierung finden sich in §§ 300 ff. HGB.

2) Gewinn- und Verlustrechnung

In der Gewinn- und Verlustrechnung werden gemäß § 242 II HGB Aufwendungen und Erträge des Geschäftsjahres gegenübergestellt, wobei § 275 HGB anzugebende Posten und deren Reihenfolge vorschreibt. In § 276 HGB finden sich hier für mittelgroße und kleine Gesellschaften in abgestufter Form gewisse Erleichterungen.

3) Anhang

Im Anhang sind Bilanz und Gewinn- und Verlustrechnung zu erläutern[1600]. Das Gesetz sieht Pflichtangaben und Wahlpflichtangaben vor (im Einzelnen §§ 284 ff. HGB). Besonders genannt werden sollen hier § 285 Nr. 9 HGB, der die Angabe der Gesamtbezüge der Organe vorschreibt, für jede Personengruppe aggregiert[1601], und § 285 Nr. 11 HGB, wonach der Anteilsbesitz der Gesellschaft ab 20 % aufzuführen ist[1602].
Der Konzernanhang hat den §§ 313 f. HGB zu genügen.

bb) Lagebericht

Im Lagebericht sind der Geschäftsverlauf und die Lage der Gesellschaft so darzustellen, dass ein den tatsächlichen Verhältnissen entsprechendes Bild vermittelt wird (§ 289 I 1 HGB). Der Lagebericht hat eine ausgewogene und umfassende, den Umfang und die Komplexität der Geschäftstätigkeit entsprechende Analyse des Geschäftsverlaufs und der Lage der Gesellschaft zu enthalten (§ 289 I 2 HGB). In die Analyse sind die für die Geschäftstätigkeit bedeutsamsten finanziellen Leistungsindikatoren einzubeziehen und unter Bezugnahme auf die im Jahresabschluss ausgewiesenen Beträge und Angaben zu erläutern (§ 289 I 3

1599 Baumbach/Hopt-Merkt, § 297 HGB Rn. 1.

1600 Baumbach/Hopt-Merkt, § 284 HGB Rn. 2.

1601 Baumbach/Hopt-Merkt, § 285 HGB Rn. 9.

1602 Baumbach/Hopt-Merkt, § 285 HGB Rn. 11.

HGB; für große Kapitalgesellschaften § 289 III HGB). Dabei ist auch auf die Risiken der künftigen Entwicklung einzugehen (§ 289 I 4, II Nr. 2 HGB)[1603]. Der Konzernlagebericht muss § 315 HGB entsprechen.

cc) Internationale Rechnungslegungsstandards

Ab dem Geschäftsjahr 2005 haben sich die konsolidierten Abschlüsse von Konzernen, bei denen das Mutterunternehmen an einem organisierten Markt gehandelt wird, zwingend nach internationalen Rechnungslegungsgrundsätzen zu richten[1604] (Art. 4 Verordnung (EG) Nr. 1606/2002; im Einzelnen § 315a HGB). Hiermit sind insbesondere die „International Accounting Standards" (IAS) und die „International Financial Reporting Standards" (IFRS) gemeint (Art. 2 Verordnung (EG) Nr. 1606/2002).

dd) Abschlussprüfung

Große und mittelgroße, nicht aber kleine Aktiengesellschaften, haben Jahresabschluss und Lagebericht durch einen Abschlussprüfer prüfen zu lassen (§§ 316 I, 267 HGB)[1605]. Ebenso sind Konzernabschluss und Konzernlagebericht einer Abschlussprüfung zu unterziehen (§ 316 II HGB). Der Abschlussprüfer wird regelmäßig von den Gesellschaftern, also den Aktionären, gewählt (§ 318 I 1 HGB). Hierfür kommen Wirtschaftsprüfer oder Wirtschaftsprüfungsgesellschaften in Frage (§ 319 I 1 HGB), bei denen keine Ausschlussgründe gemäß § 319 II bis V HGB vorliegen. Die Unabhängigkeit bzw. Unbefangenheit des Prüfers wäre insbesondere bei eigenem Anteilsbesitz am zu prüfenden Unternehmen (§ 319 II, III Nr. 1 HGB) oder wenn der Prüfer einen wesentlichen Anteil seiner Einkünfte von dem Unternehmen erhält (§ 319 II, III Nr. 5 HGB) nicht gewährleistet. Eine bei Vorliegen von Ausschlussgründen dennoch erfolgende Bestellung führt zur Nichtigkeit des festgestellten Jahresabschlusses (§ 256 I Nr. 3 AktG)[1606]. Abschlussprüfer sind gemäß § 323 I 1, 1. HS., 2 HGB zur gewissenhaften und unparteiischen Prüfung und zur Verschwiegenheit verpflichtet. Bei Zuwiderhandlung haftet der Prüfer gegenüber der Gesellschaft, wobei bei Fahrlässigkeit Haftungsbeschränkungen bestehen (§ 323 I 3, 4, II HGB).

ee) Offenlegung

Jahresabschluss und Lagebericht sind zum Handelsregister einzureichen (§ 325 I 1 HGB). Große Kapitalgesellschaften, denen zum amtlichen Markt einer Börse

---

1603 Baumbach/Hopt-Merkt, § 289 HGB Rn. 1 f.

1604 Baumbach/Hopt-Merkt, § 292a HGB Rn. 3.

1605 Hennrichs, ZHR 168 (2004), 383 (384); vgl. auch Kilian, ZGR 2004, 189 (189 ff.).

1606 Baumbach/Hopt-Hopt/Merkt, § 319 HGB Rn. 15; allgemein zur Nichtigkeit Hennrichs, ZHR 168 (2004), 383 (386 ff.).

zugelassene Aktiengesellschaften gleichgestellt sind (§ 267 III i. V. m. II HGB)[1607], müssen Jahresabschluss und Lagebericht überdies im Bundesanzeiger veröffentlichen (§ 325 II 1 HGB)[1608]. Handelt es sich um ein Unternehmen, das vor einer Zulassung zum amtlichen Markt nicht als große Kapitalgesellschaft einzustufen war, so ist es also nach einer entsprechenden Zulassung als eine solche anzusehen, womit Jahresabschluss und Lagebericht fortan im Bundesanzeiger zu veröffentlichen sind[1609].

ff) Prüfung durch BaFin und u. U. Prüfstelle

Mit dem neuen Gesetz zur Kontrolle von Unternehmensabschlüssen (Bilanzkontrollgesetz (BilKoG)[1610]) wurde ein sog. „Enforcement"-Verfahren[1611] eingeführt, um nach den negativen Erfahrungen in der Vergangenheit die Durchsetzung der Rechnungslegungsvorschriften zu verbessern[1612].
Es wurde die Möglichkeit geschaffen, eine privatrechtlich organisierte Einrichtung zur Prüfung von Verstößen gegen Rechnungslegungsvorschriften (Prüfstelle) zu etablieren (§ 342b I 1 HGB)[1613]. Das Bundesjustizministerium und das Bundesfinanzministerium müssen die Prüfstelle einvernehmlich durch Vertrag anerkennen und ihr die Aufgabe übertragen. Gemäß § 342b I 2 HGB muss die Einrichtung aufgrund ihrer Satzung, ihrer personellen Zusammenarbeit und der von ihr vorgelegten Verfahrensordnung gewährleisten, dass die Prüfung unabhängig, sachverständig, vertraulich und unter Einhaltung eines festgelegten Verfahrensablaufs erfolgt[1614] (vgl. auch § 342b VII HGB). Gegenstand der Prüfung sind der zuletzt[1615] festgestellte Jahresabschluss und Lagebericht bzw. Konzernabschluss und Konzernlagebericht von börsennotierten Gesellschaften, d. h. zum amtlichen oder geregelten Markt zugelassenen Unternehmen, darauf, ob sie mit den gesetzlichen Vorschriften einschließlich den Grundsätzen ordnungsgemäßer Buchführung oder den sonstigen gesetzlich zugelassenen Rechnungslegungsstandards übereinstimmen (§ 342 II 1, 2 HGB). Damit sind auch internationale Rechnungslegungsstandards erfasst (§§ 315a, 325a IIa HGB)[1616].

1607 Baumbach/Hopt-Merkt, § 267 HGB Rn. 7 ff.

1608 Hommelhoff, ZGR 2000, 748 (750 f.).

1609 Hommelhoff, ZGR 2000, 748 (750 f.); zum Ganzen Schlüter, S. 261 ff., Rn. 668 ff.

1610 BGBl. I, 2004, 3408.

1611 Baetge, ZHR 168 (2004), 428 (428 ff.).

1612 Baetge, ZHR 168 (2004), 428 (428 f.).

1613 Hennrichs, ZHR 168 (2004), 383 (399 ff.); Baetge, ZHR 168 (2004), 428 (429 f.).

1614 Baetge, ZHR 168 (2004), 428 (430 f.); zur Satzung der bereits am 14.05.2004 gegründeten privaten Prüfstelle, a. a. O. (431).

1615 Mattheus/Schwab, BB 2004, 1099 (1099); kritisch hinsichtlich dieser zeitlichen Beschränkung Hennrichs, ZHR 168 (2004), 383 (402).

1616 Hennrichs, ZHR 168 (2004), 383 (404); Mattheus/Schwab, BB 2004, 1099 (1099).

Eine Prüfung durch die Prüfstelle findet gemäß § 342b II 3 HGB statt, soweit konkrete Anhaltspunkte für einen Verstoß gegen Rechnungslegungsvorschriften vorliegen („Anlassprüfung"[1617]) und ein öffentliches Interesse an einer Prüfung besteht[1618] (vgl. § 342b II 5 HGB) (Nr. 1), auf Verlangen der Bundesanstalt (BaFin) (Nr. 2) oder ohne besonderen Anlass im Wege von Stichproben (Nr. 3), die nach mit der BaFin festgelegten Grundsätzen durchgeführt werden[1619]. Insbesondere die jederzeitige Möglichkeit, einer derartigen Stichprobe unterzogen zu werden, soll disziplinierend wirken[1620]. Prüfstelle und Emittent können übereinkommen, dass die Rechnungslegung fehlerhaft ist (arg. § 342b V HGB)[1621]. Selbst unmittelbar durchsetzen kann die privatrechtliche Prüfstelle die Einhaltung der Bestimmungen nicht[1622].

Nach § 37n WpHG hat die BaFin seit 01.07.2005 Jahresabschluss und Lagebericht oder Konzernabschluss und Konzernlagebericht von Unternehmen, deren Wertpapiere im Sinne des § 2 I 1 WpHG an einer inländischen Börse zum Handel im amtlichen oder geregelten Markt zugelassen sind, darauf zu prüfen, ob sie den gesetzlichen Vorschriften einschließlich den Grundsätzen ordnungsgemäßer Buchführung oder den sonstigen durch Gesetz zugelassenen Rechnungslegungsstandards entsprechen. Gemäß § 37o I 1 WpHG ordnet die BaFin eine Prüfung der Rechnungslegung an, soweit konkrete Anhaltspunkte für einen Verstoß gegen Rechnungslegungsvorschriften vorliegen; die Anordnung unterbleibt, wenn ein öffentliches Interesse an der Klärung offensichtlich nicht besteht[1623]. Die BaFin kann eine Prüfung aber auch ohne besonderen Anlass anordnen (stichprobenartige Prüfung) (§ 37o I 2 WpHG). Gemäß § 37o III WpHG kann sich die BaFin bei der Durchführung der Prüfung der Prüfstelle sowie anderer Einrichtungen und Personen bedienen. Der BaFin stehen in diesem Zusammenhang Rechte auf Auskunftserteilung zu (§ 37o IV 1 WpHG).
Ist nach § 342b I HGB eine Prüfstelle anerkannt, so finden stichprobenartige Prüfungen nur auf Veranlassung der Prüfstelle statt (§ 37p I 1 WpHG). Im Übrigen stehen der BaFin gemäß § 37p I 2 WpHG die Befugnisse nach § 37o WpHG erst zu, wenn ihr die Prüfstelle berichtet, dass ein Unternehmen seine Mitwirkung bei einer Prüfung verweigert oder mit dem Ergebnis der Prüfung

---

1617 Baetge, ZHR 168 (2004), 428 (431 f.) („Missbrauchsschutz" für die betroffenen Unternehmen gegen grundlose Vorwürfe Dritter); Hennrichs, ZHR 168 (2004), 383 (402 f.), prognostiziert Probleme bei der Auslegung, wann ausreichend konkrete Anhaltspunkte vorliegen, da Externe häufig nur Vermutungen haben können; vgl. auch Baetge, a. a. O. (432).

1618 Baetge, ZHR 168 (2004), 428 (432) (damit würde die „Wesentlichkeit" von Rechnungslegungsfehlern verlangt).

1619 Zu den hier gebotenen Grundsätzen Baetge, ZHR 168 (2004), 428 (432 f.).

1620 Hennrichs, ZHR 168 (2004), 383 (403), plädiert für ein Zufallsverfahren.

1621 Mattheus/Schwab, BB 2004, 1099 (1103).

1622 Baetge, ZHR 168 (2004), 428 (430).

1623 Hennrichs, ZHR 168 (2004), 383 (403).

nicht einverstanden ist (Nr. 1) oder erhebliche Zweifel an der Richtigkeit des Prüfungsergebnisses der Prüfstelle oder an der ordnungsgemäßen Durchführung der Prüfung durch die Prüfstelle bestehen (Nr. 2). Auf Verlangen der BaFin hat die Prüfstelle das Ergebnis und die Durchführung der Prüfung zu erläutern und einen Prüfbericht vorzulegen (§ 37p I 3 WpHG). Unbeschadet von § 37p I 2 WpHG kann die BaFin die Prüfung unter den Voraussetzungen des § 37p I 4 WpHG an sich ziehen.

Ergibt die Prüfung durch die BaFin, dass die Rechnungslegung fehlerhaft ist, so stellt die BaFin den Fehler fest (§ 37q I WpHG). Nach § 37q II 1 WpHG ordnet die BaFin an, dass das Unternehmen den von der BaFin oder den von der Prüfstelle im Einvernehmen mit dem Unternehmen festgestellten Fehler samt den wesentlichen Teilen der Begründung der Feststellung bekannt zu machen hat. Anleger und Intermediäre werden so aufgefordert, die Rechnungslegung des betreffenden Unternehmens besonders kritisch zu prüfen[1624]. Die Bekanntmachung hat unverzüglich im elektronischen Bundesanzeiger sowie entweder in einem überregionalen Börsenpflichtblatt oder über ein elektronisch betriebenes Informationsverbreitungssystem zu erfolgen (§ 37q II 4 WpHG). Gemäß § 37q II 2 WpHG sieht die BaFin von einer Anordnung nach § 37q II 1 WpHG ab, wenn kein öffentliches Interesse an der Veröffentlichung besteht. Auf Antrag des Unternehmens kann die BaFin von einer Anordnung nach § 37q II 1 WpHG absehen, wenn die Veröffentlichung geeignet ist, den berechtigten Interessen des Unternehmens zu schaden (§ 37q II 3 WpHG).
Eine Befugnis der BaFin, eine Korrektur in Form der Neuaufstellung eines bereits festgestellten Jahresabschlusses anzuordnen, hat der Gesetzgeber entgegen ursprünglichen Überlegungen nicht geschaffen[1625]. Auch im Fall einer förmlichen Fehlerfeststellung seitens der BaFin (§ 37q I WpHG) ist die Folge nicht etwa die Nichtigkeit des Abschlusses[1626]. Nichtigkeit und Pflicht zur Neuaufstellung sind erst das Ergebnis einer erfolgreichen Nichtigkeitsklage (§ 256 AktG)[1627]. Wenn eine entsprechende Feststellungsverfügung der BaFin bestandskräftig geworden ist, darf der Emittent nicht mehr behaupten, die eigene Rechnungslegung sei einwandfrei. Der jeweilige Fehler darf auch nicht in zukünftigen Abschlüssen wiederholt werden[1628]. Der Abschlussprüfer hat, wenn er die Wiederholung eines Fehlers bemerkt, seinen Bestätigungsvermerk entsprechend einzuschränken, bei zuvor festgestellter Nichtigkeit ganz zu versagen[1629].

1624 Mattheus/Schwab, BB 2004, 1099 (1101).

1625 Mattheus/Schwab, BB 2004, 1099 (1100).

1626 Mattheus/Schwab, BB 2004, 1099 (1100, 1101).

1627 Mattheus/Schwab, BB 2004, 1099 (1101 f.).

1628 Mattheus/Schwab, BB 2004, 1099 (1103).

1629 Mattheus/Schwab, BB 2004, 1099 (1104).

b) Kapitalmarktrechtliche Primärmarktpublizität (nicht-börsenzugelassene Werte)

Die Prospektpflicht, die bislang im Verkaufsprospektgesetz geregelt war (§§ 1, 7 Verkaufsprospektgesetz (VerkProspG), 1 ff. Verkaufsprospektverordnung (VerkProspVO)[1630], ergibt sich seit 01.07.2005 aus dem Wertpapierprospektgesetz (WpPG), mit dem die neue Prospektrichtlinie umgesetzt worden ist[1631]. Die Anforderungen an die Primärmarktpublizität haben sich damit deutlich erhöht und sind denjenigen, die im Rahmen der Börsenzulassungspublizität - bislang in der Börsenzulassungsverordnung (§§ 13 ff. BörsZulVO), seit 01.07.2005 ebenfalls im WpPG geregelt - gestellt werden, angeglichen worden.

aa) Prospektpflicht bei öffentlichem Angebot

Für Aktien, die im Inland öffentlich angeboten werden, muss der Anbieter einen Prospekt veröffentlichen (§§ 3 I 1, 2 Nr. 1 a), 1 I, 1. Alt. WpPG). Nach der Legaldefinition des § 2 Nr. 4, 1. HS. WpPG ist ein öffentliches Angebot eine Mitteilung an das Publikum in jedweder Form und auf jedwede Art und Weise, die ausreichende Informationen über die Angebotsbedingungen und die anzubietenden Wertpapiere enthält, um einen Anleger in die Lage zu versetzen, über den Kauf oder die Zeichnung dieser Wertpapiere zu entscheiden. Dies gilt gemäß § 2 Nr. 4, 2. HS. WpPG auch für die Platzierung von Aktien insbesondere durch Institute, wobei Mitteilungen aufgrund des Handels von Aktien an einem organisierten Markt oder im Freiverkehr kein öffentliches Angebot darstellen[1632].

1630 Schwark-Heidelbach, § 7 VerkProspG (a. F.) Rn. 4 f.

1631 Zimmer, WM 2005, 577 (577 ff.); Wieneke, NZG 2005, 109 (109 ff.); Kullmann/Sester, ZBB 2005, 209 (209 ff.); Ekkenga, BB 2005, 561 (561 ff.); Assmann, AG 2004, 435 (435 ff.); Crüwell, AG 2003, 243 (243 ff.).

1632 Vgl. zur Auslegung des „öffentlichen Angebots im Inland" nach § 1 Verkaufsprospektgesetz (VerkProspG) (a. F.) Schwark-Heidelbach, § 1 VerkProspG (a. F.) Rn. 13 ff.: zum Tatbestandsmerkmal „öffentlich" Rn. 17 (an einen unbegrenzten Pesonenkreis gerichtet, abzugrenzen zur Privatplatzierung, die eine begrenzte Personenzahl adressiert), 18 (möglich über Medien aller Art), 22; zum „Angebot im Inland" Rn. 23 ff. (in Deutschland zugänglich, über ausländische, im Inland gut zugängliche Medien, auch über Internet möglich, wenn eine gezielte Ansprache hier ansässiger Anleger erfolgt; Ansprache kann durch „disclaimer" ausgeschlossen werden); zum Anbieterbegriff Rn. 32 (das ist in der Regel der Emittent), 33 (bei „jungen Papieren" der Emittent immer), 35 f. (Emissionsbegleiter dann, wenn sie nach außen als Verantwortliche auftreten), 37 (Dritte, wenn sie Aktien bei einer Privatplatzierung oder im Ausland erworben haben, die Aktien im Inland öffentlich anbieten und als Verantwortliche auftreten); eine invitatio ad offerendum genügt, ein Angebot im Sinne des § 145 BGB ist nicht erforderlich, Schwark-Heidelbach, § 1 VerkProspG (a. F.) Rn. 8; Assmann/Lenz/Ritz-Ritz, § 1 VerkProspG (a. F.) Rn. 25 ff.; die bloße Einbeziehung von Aktien in den börslichen Freiverkehr und wohl auch die in den geregelten Markt allein stellt noch kein öffentliches Angebot nach § 1 VerkProspG (a. F.) dar, vgl. Assmann/Lenz/Ritz-Ritz, § 1 VerkProspG (a. F.) Rn. 49 ff.; Schäfer-Hamann, § 1 VerkProspG (a. F.) Rn. 12.

Wer vorsätzlich oder leichtfertig entgegen § 3 I 1 WpPG im Inland Aktien öffentlich anbietet, ohne dass ein Prospekt nach den Vorschriften des WpPG bereits veröffentlicht ist, handelt ordnungswidrig (§ 30 I Nr. 1 WpPG) und muss mit einer Geldbuße bis 50.000.- Euro rechnen (§ 30 III WpPG). Ein solches Angebot ohne Prospekt ist seitens der BaFin zu untersagen (§ 21 IV 1, 1. Alt. WpPG), sie kann überdies das betreffende öffentliche Angebot für höchstens 10 Tage aussetzen (§ 21 IV 2 WpPG). Wird gegen eine nach § 21 IV 1 oder 2 WpPG ergangene Anordnung der BaFin vorsätzlich oder fahrlässig verstoßen, kann eine Geldbuße bis 500.000.- Euro verhängt werden (§ 30 II Nr. 2, III WpPG).

bb) Ausnahmen von der Prospektpflicht - Rechtsbegriff des „qualifizierten Anlegers"

Ausnahmen von der Prospektpflicht bei öffentlichen Angeboten bestehen unter den Voraussetzungen der §§ 3 I 2, II, 4 I WpPG.
§ 3 II 1 WpPG sieht Ausnahmen von der Prospektpflicht im Hinblick auf bestimmte Arten des Angebots vor[1633].
Nach § 3 II 1 Nr. 1 WpPG besteht eine Prospektpflicht nicht für ein Angebot, das sich ausschließlich an qualifizierte Anleger richtet, solche verfügen typischerweise über anderweitige Möglichkeiten, sich zu informieren. § 2 Nr. 6 WpPG definiert den Kreis der qualifizierten Anleger. Unterscheiden lassen sich hier nun solche Anleger, denen der Status als qualifizierter Anleger durch Gesetz automatisch zuerkannt wird, und solchen, die sich den Status als qualifizierter Anleger verschaffen können. Qualifizierte Anleger sind insbesondere institutionelle Anleger wie u. a. Banken (Institute), Versicherungen, Kapitalanlagegesellschaften (§ 2 Nr. 6 a) WpPG), nationale und regionale „Regierungen", Zentralbanken oder die Kreditanstalt für Wiederaufbau (KfW) (§ 2 Nr. 6 b) WpPG) und andere juristische Personen außer kleinen und mittleren Unternehmen (§ 2 Nr. 6 c)). Gemäß §§ 27 I, 2 Nr. 6 d), e) WpPG können sich kleine oder mittlere Unternehmen und natürliche Personen unter den Voraussetzungen des § 27 II WpPG in ein bei der Bundesanstalt geführtes Register für qualifizierte Anleger eintragen lassen.
Keine Prospektpflicht gibt es außerdem bei einem Angebot, das sich in jedem Staat des EWR an weniger als 100 qualifizierte Anleger richtet (§ 3 II 1 Nr. 2 WpPG) oder das sich an Anleger richtet, die bei jedem gesonderten Angebot Wertpapiere ab einem Mindestbetrag von 50.000.- Euro pro Anleger erwerben können (§ 3 II 1 Nr. 3 WpPG)[1634]. Keine Prospektpflicht besteht des Weiteren, wenn die Wertpapiere eine Mindeststückelung von 50.000.- Euro haben (§ 3 II 1

1633 Vgl. Art. 3 II Prospektrichtlinie.

1634 Modifiziert § 2 Nr. 4, 2. Alt. VerkProspG (a. F.).

Nr. 4 WpPG)[1635] oder sofern der Verkaufspreis für alle angebotenen Wertpapiere weniger als 100.000.- Euro beträgt, wobei diese Obergrenze über einen Zeitraum von zwölf Monaten zu berechnen ist (§ 3 II 1 Nr. 5 WpPG)[1636] [1637]. Gemäß § 3 II 2 WpPG ist jede spätere Weiterveräußerung von Wertpapieren, die zuvor Gegenstand einer oder mehrerer der in Satz 1 genannten Angebotsformen waren, als ein gesondertes Angebot anzusehen.

§ 4 I WpPG sieht weitere Ausnahmen von der Prospektpflicht bei öffentlichen Angeboten vor, und zwar im Hinblick auf bestimmte Aktien (beim Austausch bereits ausgegebener Aktien derselben Gattung ohne Kapitalerhöhung (Nr. 1), bei einem Tauschangebot im Zusammenhang mit einer Übernahme, wenn ein einem Prospekt gleichwertiges Dokument verfügbar ist (Nr. 2), bei Verschmelzungen und gleichwertigem Dokument (Nr. 3), bei Kapitalerhöhungen und Dividenden in Aktien derselben Gattung bei gleichwertigem Dokument (Nr. 4) und bei Aktien, die Geschäftsführungsorganen oder Arbeitnehmern vom Arbeitgeber, dessen Aktien schon an einem organisierten Markt zugelassen sind, oder von einem verbundenen Unternehmen (§ 15 AktG) angeboten werden, wenn ein Dokument mit den gesetzlich bezeichneten Angaben zur Verfügung gestellt wird (Nr. 5))[1638] [1639].

Besteht keine Prospektpflicht, muss der Anbieter aber gemäß § 15 V 1 WpPG wesentliche Informationen über den Emittenten oder über ihn selbst, die sich an qualifizierte Anleger oder besondere Anlegergruppen richten, einschließlich Informationen, die im Verlauf von Veranstaltungen betreffend Angebote von Aktien mitgeteilt werden, allen qualifizierten Anlegern oder allen besonderen Anlegergruppen, an die sich das Angebot ausschließlich richtet, mitteilen.

cc) Prospektinhalt - Zusammenfassung neuer Pflichtbestandteil

§ 5 I 1 WpPG verlangt für den Prospekt, dass er in leicht analysierbarer und verständlicher Form sämtliche Angaben enthält, die im Hinblick auf den Emittenten und die öffentlich angebotenen Wertpapiere notwendig sind, um dem Publikum ein zutreffendes Urteil über die Vermögenswerte und Verbindlichkeiten, die Finanzlage, die Gewinne und Verluste, die Zukunftsaussichten des Emittenten und jedes Garantiegebers sowie über die mit diesen Wertpapieren verbundenen

---

1635 Modifiziert § 2 Nr. 4, 1. Alt. VerkProspG (a. F.).

1636 Modifiziert § 2 Nr. 4, 3. Alt. VerkProspG (a. F.).

1637 Zu den Ausnahmen nach § 2 Nr. 1 bis 5 VerkProspG (a. F.) Schwark-Heidelbach, § 2 VerkProspG (a. F.) Rn. 3 ff.; Assmann/Lenz/Ritz-Ritz, § 2 VerkProspG (a. F.) Rn. 5 ff.; Schäfer-Hamann, § 2 VerkProspG (a. F.) Rn. 2 ff.

1638 Vgl. Art. 4 Prospektrichtlinie; vgl. bislang §§ 3 f. VerkProspG (a. F.).

1639 Vgl. im Übrigen Verordnungsermächtigung gemäß § 4 III WpPG.

Rechte zu ermöglichen[1640]. Insbesondere muss der Prospekt Angaben über den Emittenten und über die Wertpapiere, die öffentlich angeboten werden sollen, enthalten (§ 5 I 2 WpPG). Die Form, in der der Prospekt abgefasst ist, muss sein Verständnis und seine Auswertung erleichtern (§ 5 I 3 WpPG)[1641].
§ 5 II 1, 2 WpPG statuiert die neue Verpflichtung, dass ein Prospekt eine Zusammenfassung zu enthalten hat, in der kurz und allgemein verständlich die wesentlichen Merkmale und Risiken zu nennen sind, die auf den Emittenten, jeden Garantiegeber und die Wertpapiere zutreffen. Sie muss gemäß § 5 II 3 WpPG Warnhinweise enthalten, dass sie als Einführung zum Prospekt verstanden werden sollte (Nr. 1), der Anleger jede Entscheidung zur Anlage in die betreffenden Wertpapiere auf die Prüfung des gesamten Prospekts stützen sollte (Nr. 2), der Anleger im Falle einer klageweisen Verfolgung seiner Rechte u. U. Übersetzungskosten zu tragen hat (im Einzelnen Nr. 3) und dass die für die Zusammenfassung verantwortlichen Personen nur für den Fall haften, dass die Zusammenfassung irreführend, unrichtig oder widersprüchlich ist, wenn sie zusammen mit den anderen Teilen des Prospekts gelesen wird (Nr. 4).

Der Prospekt muss Erstellungsdatum und Unterschrift des Anbieters (§ 5 III 1 WpPG) und die Prospektverantwortlichen einschließlich einer Richtigkeits- und Vollständigkeitserklärung von Letzteren (§ 5 IV 1 WpPG) aufweisen.

§ 7 WpPG verweist für den vorgeschriebenen Inhalt des Prospekts auf die die Prospektrichtlinie umsetzende Verordnung (EG) Nr. 809/2004, die mit Inkrafttreten des WpPG als Prospektrichtlinien-Umsetzungsgesetz selbst wirksam geworden ist (Präambel, 38. Erwägungsgrund Verordnung (EG) Nr. 809/2004) und die jetzt nach allgemeinen europarechtlichen Grundsätzen unmittelbar gilt[1642]. Der Mindestinhalt für Aktien richtet sich gemäß Artt. 4 Nr. 1, Nr. 2 (1), 3 I 1, II 1, 2, 2 (1), (2), 1 (2) Verordnung (EG) Nr. 809/2004 nach Anhang I und gemäß Art. 6 Nr. 1, Nr. 2 nach Anhang III. Anhang I schreibt den Emittenten[1643], Anhang III die Aktien[1644] betreffende Informationen vor.

Anhang I enthält 25 Punkte. Zu informieren ist über die für die Angaben verantwortlichen Personen (1.). Zu nennen sind die Abschlussprüfer (2.); für den Fall, dass während des von den historischen Finanzinformationen abgedeckten Zeitraums Abschlussprüfer entlassen, nicht wieder bestellt worden sind oder sich von selbst zurückgezogen haben, sind Einzelheiten zu veröffentlichen, falls sie von entscheidender Bedeutung sind. Ausgewählte Finanzinformationen sind

1640 Vgl. Art. 5 I bis III Prospektrichtlinie; vgl. bislang §§ 7 I, III VerkProspG, 1, 2 I 1, 3, 4 VerkProspVO (a. F.).

1641 Vgl. bislang § 2 I 3 VerkProspVO (a. F.).

1642 Vgl. Art. 7 Prospektrichtlinie.

1643 Vgl. bislang §§ 5 ff. VerkProspVO (a. F.).

1644 Vgl. bislang § 4 VerkProspVO (a. F.).

zu geben (3.), Risikofaktoren für den Emittenten bzw. dessen Branche (legaldefiniert in Art. 2 (3) als Liste von Risiken, die für die jeweilige Situation des Emittenten spezifisch sind und die Anlageentscheidungen erheblich beeinflussen) sind zu benennen (4.). Zu erteilen sind Informationen über den Emittenten (5.), d. h. dessen Geschäftsgeschichte/-entwicklung (5.1.) und Investitionen (5.2.). Ein Geschäftsüberblick muss gegeben werden (6.).
Die Haupttätigkeitsbereiche sind zu bezeichnen (6.1.), d. h. zum Einen die Wesensart der Geschäfte des Emittenten und seiner Haupttätigkeiten, die wichtigsten Arten der vertriebenen Produkte und/oder Dienstleistungen für jedes Geschäftsjahr (6.1.1.), neue Entwicklungen in dieser Hinsicht (6.1.2.) und eine entsprechende Angabe, falls diese durch außergewöhnliche Faktoren beeinflusst worden sind (6.3.), und zum anderen die wichtigsten Märkte, auf denen der Emittent tätig ist mit einer Aufschlüsselung der jeweiligen Gesamtumsätze für jedes Geschäftsjahr (6.2.) und die Angabe, falls diese durch außergewöhnliche Faktoren beeinflusst worden sind (6.3.). Zu nennen ist eine Abhängigkeit von Patenten usw. (6.4.). Anzugeben ist, ob der Emittent Teil eines Konzerns als Mutter- oder Tochterunternehmen ist (Organisationsstruktur) (7.). Es sind Angaben zu Sachanlagen (8.), zur Geschäfts- und Finanzlage (9.) und zur Eigenkapitalausstattung (10.) zu machen. U. U. sind Informationen zu Forschung und Entwicklung, Patenten und Lizenzen zu erteilen (11.). Aussagen über aktuelle Trends der wirtschaftlichen Entwicklung des Unternehmens sind zu tätigen (tendenzielle Informationen) (12.). Gewinnprognosen/-schätzungen müssen einen bestimmten Mindestinhalt aufweisen (13.). Gewinnprognose ist gemäß Art. 2 (10) ein Text, in dem ausdrücklich oder implizit eine Zahl oder eine Mindest- bzw. Höchstzahl für die wahrscheinliche Höhe der Gewinne und Verluste im laufenden Geschäftsjahr und/oder in den folgenden Geschäftsjahren genannt wird, oder der Daten enthält, aufgrund deren Berechnung einer solchen Zahl für die künftigen Gewinne oder Verluste möglich ist, selbst wenn keine Zahl genannt wird und das Wort „Gewinn" nicht erscheint. Gewinnschätzung ist nach Art. 2 (11) eine Gewinnprognose für ein abgelaufenes Geschäftsjahr, für das die Ergebnisse noch nicht veröffentlicht wurden. Werden solche aufgenommen, muss nach 13. und 13.1. außerdem eine Erläuterung der wichtigsten Annahmen erfolgen, auf die der Emittent seine Prognose oder Schätzung gestützt hat. Zu unterscheiden sind solche, die die Mitglieder der Verwaltungs-, Management- und Aufsichtsorgane beeinflussen können, und solche, die klar außerhalb deren Einflussbereichs liegen. Das muss u. a. für Anleger leicht verständlich erfolgen. 13., 13.2. verlangen darüber hinaus einen Bericht, der von unabhängigen Abschlussprüfern erstellt wurde.
Zu nennen sind Verwaltungs-, Management- und Aufsichtsorgane, Gründer (wenn die Gesellschaft weniger als fünf Jahre besteht) sowie oberes Management und etwaige verwandtschaftliche Beziehungen zwischen diesen (14., 14.1.). Außer über die Gründer sind für jede der betreffenden Personen detaillierte Angaben über deren Managementkompetenz und -erfahrung zu machen. Detailliert anzugeben sind die Namen sämtlicher Gesellschaften und

Konzerne, bei denen die jeweilige Person während der letzten fünf Jahre Mitglied der Verwaltungs-, Management- oder Aufsichtsorgane war bzw. weiter ist (solche Stellungen bei Tochtergesellschaften der prospekterstellenden Gesellschaft ausgenommen), etwaige Verurteilungen wegen betrügerischer Straftaten während zumindest der letzten fünf Jahre, Konkurse während zumindest der letzten fünf Jahre, die eine der genannten Personen betreffen, öffentliche Anschuldigungen und/oder behördliche Sanktionen und ob eine der Personen während zumindest der letzten fünf Jahre von einem Gericht als für eine derartige Position im Unternehmen als untauglich angesehen worden ist. Potentielle Interessenkonflikte bezüglich Verpflichtungen zwischen solchen Personen und ihren privaten Interessen oder sonstigen Verpflichtungen sind klarzustellen. Vereinbarungen mit Hauptaktionären, Kunden, Zulieferern oder sonstigen Personen, auf Grund deren eine solche Person ihre Stellung erlangt hat, sind zu nennen (14.2.). Für das letzte abgeschlossene Geschäftsjahr sind die Beträge der gezahlten Vergütungen (einschließlich etwaiger erfolgsgebundener oder nachträglicher Vergütungen) und Sachleistungen, die diesen Personen von der emittierenden Gesellschaft und ihren Tochterunternehmen für Dienstleistungen jeglicher Art gezahlt und gewährt werden (regelmäßig auf Einzelfallbasis), anzugeben (15., 15.1.), des Weiteren möglichst aktuelle Informationen über deren Aktienbesitz der emittierenden Gesellschaft und -optionen (17.2.). Die Gesamtbeträge der Reserven und Rückstellungen des Emittenten sind anzuführen (15.2.). Zu den Praktiken der Geschäftsführung ist etwas zu sagen (16.). U. a. ist über die Dienstleistungsverträge zwischen solchen Personen und Gesellschaft und über bei Beendigung des Verhältnisses vorgesehene Vergünstigungen zu informieren (16.2.). Zu erklären ist, ob dem Corporate Governance-Kodex entsprochen wird (16.4.). Die Zahl der Beschäftigten ist zu nennen (17., 17.1.). Anzugeben sind die Hauptaktionäre, sofern diese nach nationalem Recht zu melden sind (18.). Aussagen zu Geschäften mit verbundenen Parteien müssen gemacht werden (19.). Zu beinhalten hat ein Prospekt ferner finanzielle Informationen über die Vermögens-, Finanz- und Ertragslage des Emittenten (20.). Beizubringen ist die Rechnungslegung der vergangenen drei Jahre, für die letzten zwei Jahre in einer Form, die der des folgenden Jahresabschlusses entspricht. Wenn nicht nach internationalen Rechnungslegungsstandards, sondern nach nationalen Grundsätzen erstellt wurde, ist u. a. eine Kapitalflussrechnung beizufügen. Konzernmütter haben zumindest den konsolidierten Abschluss aufzunehmen (20.3.). Über den Verlauf von Abschlussprüfungen ist zu berichten (20.4.). Halbjährliche oder vierteljährliche Finanzinformationen seit dem letzten Jahresabschluss sind aufzunehmen (20.6.1.). Die Dividendenpolitik ist zu skizzieren (20.7.), der Betrag der Dividende pro Aktie muss angegeben werden (20.7.1). Gerichtsverfahren mit wirtschaftlicher Auswirkung auf das Unternehmen während der letzten 12 Monate sind anzuführen (20.8.). Verlangt werden zusätzliche Informationen (21.) zum Aktienkapital (21.1.) und zu Satzung und Statuten der Gesellschaft (21.2.). Wichtige abgeschlossene Verträge sind zu nennen (22.).

Weiter aufzunehmen sind Informationen von Seiten Dritter (23.), Hinweise auf einsehbare Dokumente (24.) und Informationen über Beteiligungen (25.).

Anhang III enthält 10 Punkte. Es handelt sich um die Aktien betreffende Angaben. Zu nennen sind die Prospektverantwortlichen (1.), die Risikofaktoren (2.) (vgl. Legaldefinition in Art. 2 (3): Liste von Risiken, die für die jeweilige Situation der Wertpapiere spezifisch sind und die Anlageentscheidungen erheblich beeinflussen). In der Rubrik „Wichtige Informationen“ (3.) haben sich eine Erklärung zum Geschäftskapital (3.1.), eine Übersicht über die Kapitalisierung und Verschuldung (3.2.), eine Beschreibung der Interessen natürlicher und juristischer Personen, die an dem Angebot beteiligt sind (3.3.) und Gründe für das Angebot und die Verwendung der Erträge (3.4.) zu finden. Zu den angebotenen Aktien als Wertpapieren müssen detaillierte Angaben in den Prospekt aufgenommen werden (4.), u. a. ob es Namens- oder Inhaberpapiere sind (4.3.) und welche Rechte mit der Aktie verbunden sind (Dividendendenrechte, Stimmrechte) (4.5.). Weiter sind Einzelheiten bezüglich der Bedingungen und Konditionen des Angebots anzugeben (5.). U. a. ist der Kurs, zu dem die Aktien angeboten werden, zu nennen (5.3.1). Auch muss unter Nennung der jeweiligen Märkte gesagt werden, ob die angebotenen Aktien Gegenstand eines Antrags auf Zulassung zum Börsenhandel sind oder sein werden und auf einem organisierten Markt oder gleichwertigen Märkten vertrieben werden sollen (6.1). Gefordert werden detaillierte Angaben zu Instituten, die als Intermediäre im Sekundärhandel tätig sind (6.4). Im Falle von beabsichtigten Kursstabilisierungsmaßnahmen ist hierüber zu berichten (6.5). Wertpapierinhaber mit Verkaufsposition sind namentlich anzugeben (7.). Die Kosten des Angebots sind zu beziffern (8.). Zusätzliche Informationen (10.) u. a. über Emissionsberater (10.1) und von Abschlussprüfern geprüfte Daten (10.2) sind zu erteilen.

§ 8 I WpPG sieht Anforderungen an die Angabe des Emissionspreises vor, die für den Fall des vorsätzlichen oder leichtfertigen Zuwiderhandelns bußgeldbewehrt sind (bis 50.000.- Euro) (§ 30 I Nr. 2, III WpPG).

Nach § 8 II WpPG kann die BaFin Befreiungen aussprechen, wenn die betreffenden Angaben dem öffentlichen Interesse zuwiderlaufen (Nr. 1), dem Emittenten erheblichen Schaden zufügen würden und keine Täuschung der Anleger zu befürchten ist (Nr. 2) oder die Angaben für das spezielle Angebot nicht relevant sind (Nr. 3).

Verweise im Prospekt auf andere Dokumente sind unter den Voraussetzungen des § 11 WpPG möglich. § 12 WpPG bestimmt, dass der Prospekt aus einem oder mehreren Einzeldokumenten bestehen kann.

dd) Prüfung und Billigung des Prospekts durch die BaFin

Ein Prospekt ist nach § 13 I WpPG seitens der BaFin auf Vollständigkeit und die vorgelegten Informationen sind auf Kohärenz und Verständlichkeit zu prüfen, bei positivem Ergebnis von ihr zu billigen und darf dann veröffentlicht werden. Die BaFin hat in der Regel innerhalb von 10 Werktagen eine Entscheidung zu treffen und dem Anbieter mitzuteilen (§ 13 II 1 WpPG; Verlängerung der Frist auf 20 Werktage unter den Voraussetzungen des § 13 II 2 WpPG). Diese Frist für die BaFin beginnt bei Unvollständigkeit bzw. Ergänzungsbedürftigkeit des Prospekts erst mit Eingang dieser Informationen (§ 13 III 1 WpPG). Nach § 21 I 1 WpPG kann die BaFin vom Anbieter die Aufnahme zusätzlicher Angaben in den Prospekt verlangen, wenn dies zum Schutz des Publikums geboten erscheint.

Wer vorsätzlich oder leichtfertig entgegen § 13 I WpPG einen Prospekt veröffentlicht, handelt ordnungswidrig (Bußgeld bis 500.000.- Euro) (§ 30 I Nr. 5, III WpPG). Seitens der BaFin hat in diesem Fall das öffentliche Angebot zu untersagen (§ 21 IV 1, 2. Alt. WpPG) und kann ein solches für höchstens 10 Tage aussetzen (§ 21 IV 2 WpPG). Bei vorsätzlicher oder fahrlässiger Zuwiderhandlung gegen eine derartige Anordnung der BaFin droht ein Bußgeld bis 500.000.- Euro (§ 30 II Nr. 2, III WpPG).

ee) Veröffentlichung des Prospekts

Gemäß § 13 IV WpPG veröffentlicht die BaFin gebilligte Prospekte 12 Monate auf ihrer Internetseite. Die BaFin kann die elektronische Übermittlung des Prospekts mit der Zusammenfassung (u. U. mit deren Übersetzung) verlangen (§ 13 V 1 WpPG).

Die Veröffentlichung durch den Anbieter hat unverzüglich, spätestens einen Werktag vor Beginn des öffentlichen Angebots zu erfolgen (§ 14 I 1 WpPG), und zwar auf eine der in § 14 II WpPG genannten Weisen: in einer der gesetzlich bezeichneten Zeitungen (Nr. 1), durch Bereithaltung des Prospekts in gedruckter Form zur kostenlosen Ausgabe an das Publikum (Nr. 2) oder auf einer der gesetzlich genannten Internetseiten (Nr. 3, 4). Der Anbieter hat die BaFin unverzüglich schriftlich über Datum und Ort der Veröffentlichung zu informieren (§ 14 III 1 WpPG) und in mindestens einer Zeitung gemäß § 14 II Nr. 1 WpPG mitzuteilen, wie die Veröffentlichung erfolgt ist und wo der Prospekt erhältlich ist (§ 14 III 2 WpPG). Bei Prospekten in mehreren Einzeldokumenten oder mit Verweisen ist auf die anderen Bestandteile zu verweisen und wo sie erhältlich sind (§ 14 IV WpPG). Bei Internetveröffentlichungen des Prospekts ist auf Verlangen eine Papierversion kostenlos zur Verfügung zu stellen (§ 14 V WpPG).

Wer vorsätzlich oder leichtfertig entgegen § 14 I 1 WpPG einen Prospekt nicht, nicht richtig, nicht vollständig, nicht in der vorgeschriebenen Weise oder nicht rechtzeitig veröffentlicht, hat mit einer Geldbuße bis 100.000.- Euro zu rechnen (§ 30 I Nr. 6, III WpPG). Wer auf diese Weise entgegen § 14 III 1 WpPG eine Mitteilung nicht, nicht richtig, nicht vollständig, nicht in der vorgeschriebenen Weise oder nicht rechtzeitig macht (§ 30 I Nr. 7 WpPG) oder wer entgegen § 14 V WpPG eine Papierversion des Prospekts nicht oder nicht rechtzeitig zur Verfügung stellt (§ 30 I Nr. 8 WpPG), kann jeweils mit einer Geldbuße bis 50.000.- Euro belegt werden (§ 30 III WpPG).

ff) Aufbewahrung des Prospekts durch die BaFin

Die BaFin bewahrt einen hinterlegten Prospekt 10 Jahre auf (§ 14 VI 1 WpPG).

gg) Gültigkeitsdauer des Prospekts - Aktualisierungserfordernis

Nach der Veröffentlichung ist ein Prospekt 12 Monate für öffentliche Angebote gültig und dürfen öffentliche Angebote auf dessen Grundlage erfolgen, sofern der Prospekt um die nach § 16 WpPG erforderlichen Nachträge ergänzt wird (§ 9 I, 1. Alt., V, 1. Alt. WpPG). Jeder wichtige neue Umstand oder jede wesentliche Unrichtigkeit der Prospektangaben, die die Beurteilung der Wertpapiere beeinflussen könnten und die nach Billigung des Prospekts und vor dem endgültigen Schluss des öffentlichen Angebots auftreten oder festgestellt werden, ist in einem bei der BaFin einzureichenden und von dieser zu billigenden Nachtrag zum Prospekt, der dann unverzüglich zu veröffentlichen ist, zu nennen (§§ 16 I, 14 WpPG). Die Zusammenfassung einschließlich etwaiger Übersetzung ist entsprechend zu ergänzen (§ 16 II WpPG). Unter den Voraussetzungen des § 16 III 1 WpPG können Anleger, die vor der Veröffentlichung des Nachtrags eine auf den Erwerb oder die Zeichnung der Aktien gerichtete Willenserklärung abgegeben haben, diese innerhalb zweier Werktage nach Veröffentlichung des Nachtrags widerrufen.

Wer die Veröffentlichung eines Nachtrags vorsätzlich oder leichtfertig entgegen § 16 I 4 WpPG nicht, nicht richtig, nicht in der vorgeschriebenen Weise oder nicht rechtzeitig veröffentlicht, kann im Wege einer Geldbuße bis 50.000.- Euro sanktioniert werden (§ 30 I Nr. 9, III WpPG). Die BaFin hat ein öffentliches Angebot zu untersagen, wenn der diesbezügliche Prospekt nicht mehr nach § 9 gültig ist (§ 21 IV 1, 3. Alt. WpPG), und kann es überdies höchstens 10 Tage aussetzen (§ 21 IV 2 WpPG). Vorsätzliche oder fahrlässige Verstöße gegen derartige Anordnungen sind bußgeldbewehrt (bis 500.000.- Euro) (§ 30 II Nr. 2, III WpPG).

hh) Angebote mit Auslandsbezug

Soll eine Aktie auch oder ausschließlich in einem oder mehreren anderen Staaten des EWR öffentlich angeboten werden, so ist der von der BaFin gebilligte Prospekt einschließlich etwaiger Nachträge nach § 17 I WpPG in beliebig vielen Aufnahmestaaten ohne zusätzliches Billigungsverfahren für ein öffentliches Angebot gültig, sofern die zuständige Behörde jedes Aufnahmestaates nach § 18 unterrichtet wird. § 18 I 1 WpPG sieht vor, dass die BaFin den zuständigen Behörden der Aufnahmestaaten auf Antrag des Anbieters innerhalb von drei Werktagen eine Bescheinigung über die Billigung des Prospekts zu übersenden hat. Der Anbieter hat dem Antrag die Übersetzungen der Zusammenfassung gemäß der für den Prospekt geltenden Sprachenregelung des jeweiligen Aufnahmemitgliedstaats beizufügen (§ 18 I 3 WpPG). Soll die Aktie, für deren Emittent Deutschland Herkunftsstaat ist, ausschließlich im EWR-Ausland angeboten werden, so kann er den Prospekt entweder in einer von der zuständigen Behörde des jeweiligen Aufnahmemitgliedstaats anerkannten oder in einer in internationalen Finanzkreisen üblichen Sprache erstellen (§ 19 II 1 WpPG). Soll eine solche Aktie auch in Deutschland angeboten werden, hat der Prospekt auf Deutsch erstellt zu werden, wobei die BaFin eine in internationalen Finanzkreisen gebräuchliche Sprache gestatten kann, sofern der Prospekt auch eine Übersetzung der Zusammenfassung in die deutsche Sprache und unter Berücksichtigung der Art der Wertpapiere eine ausreichende Information des Publikums enthält (§ 19 III WpPG).

Die BaFin untersagt ein öffentliches Angebot, bei dem die Billigung des Prospekts nicht durch eine Bescheinigung gemäß § 18 I WpPG nachgewiesen worden ist (§ 21 IV 1, 4. Alt. WpPG) oder bei dem der Prospekt nicht der Sprachenregelung des § 19 WpPG genügt (§ 21 IV 1, 5. Alt. WpPG). Es kann außerdem eine Aussetzung des Angebots für höchstens 10 Tage erfolgen. Vorsätzliche oder fahrlässige Verstöße gegen derartige Anordnungen der BaFin können eine Geldbuße bis 500.000.- Euro nach sich ziehen (§ 30 II Nr. 2, III WpPG).

ii) Werbung

Werbung hat den Anforderungen des § 15 WpPG zu genügen. Bei Verstößen gegen § 15 II bis V WpPG kann die BaFin Anordnungen zur Aussetzung der Werbung für bis zu 10 Tage (§ 15 VI 1 WpPG) oder bei irreführender Werbung im Sinne des § 15 VI 2 WpPG diese auf der Grundlage dieser Bestimmung untersagen.

Wer vorsätzlich oder fahrlässig einer vollziehbaren Anordnung gemäß § 15 VI 1 oder 2 WpPG zuwiderhandelt, kann mit Geldbuße bis 50.000.- Euro belegt werden (§ 30 II Nr. 1, 1. Alt., III WpPG).

c) Außerbörslich gehandelte börsenzugelassene bzw. in den Börsenhandel einbezogene Werte

Werden börsennotierte Aktien außerbörslich gehandelt, stehen die Informationen, die die betreffenden Emittenten bereitgestellt haben, um ihren börsenrechtlichen Verpflichtungen nachzukommen, auch für den außerbörslichen Handel der Aktien zur Verfügung und bieten dort Orientierung.

aa) Nutzen der Börsenzulassungspublizität und der Primärmarktpublizität beim außerbörslichen Handel auch börsengehandelter Aktien

1) Zum amtlichen Markt einer Börse zugelassene Aktien

Aktien, die im amtlichen Markt an der Börse gehandelt werden dürfen, bedurften der vorherigen Zulassung (§ 30 I BörsG). Die Entscheidung über die Zulassung zum amtlichen Markt hat gemäß §§ 31 I 1 BörsG, 50 I, 1. Alt. BörsO die Zulassungsstelle der Börse getroffen[1645], nachdem ein Antrag auf Zulassung seitens des betreffenden Emittenten regelmäßig zusammen mit einem als Handelsteilnehmer an einer inländischen Börse zugelassenen Kreditinstitut (im Einzelnen §§ 30 II BörsG, 56 BörsO) gestellt worden war. Zugelassene Aktien haben die Voraussetzungen des § 30 III BörsG erfüllt. Es mussten die Zulassungsvoraussetzungen gemäß §§ 1 ff. Börsenzulassungsverordnung (BörsZulVO), 30 III Nr. 1, 32 BörsG vorgelegen haben und regelmäßig ein Wertpapierprospekt veröffentlicht worden sein (§ 30 III Nr. 2 BörsG). Außerdem durften keine Umstände bekannt gewesen sein, die bei Zulassung der Aktien zu einer Übervorteilung des Publikums oder einer Schädigung erheblicher allgemeiner Interessen geführt hätten (§ 30 III Nr. 3 BörsG).

(a) Allgemeine Zulassungsvoraussetzungen

Der Emittent hat u. a. den Anforderungen an die Menge der zuzulassenden Aktien entsprochen. Der voraussichtliche Kurswert der zuzulassenden Aktien muss mindestens 1.250.000.- Euro betragen haben (§ 2 I 1 BörsZulVO), wenn eine diesbezügliche Schätzung nicht möglich war, muss das Eigenkapital der Gesellschaft diese Mindestgröße gehabt haben[1646]. Ging es um nennwertlose Aktien, war die Mindestzahl 10.000 Aktien, § 2 III BörsZulVO[1647]. Wenn es sich um geringere Beträge gehandelt hat, musste die Zulassungsstelle überzeugt gewesen sein, dass sich für die zuzulassenden Aktien ein ausreichender Markt

---

1645 Schwark-Heidelbach, § 31 BörsG Rn. 4, 13; Gebhardt, WM 2003, Sonderbeilage Nr. 2, 3 (6); Schäfer-Hamann, § 36 BörsG (a. F.) Rn. 1; § 37 (a. F.) Rn. 4.

1646 Schwark-Heidelbach, § 2 BörsZulVO Rn. 1.

1647 Schwark-Heidelbach, § 2 BörsZulVO Rn. 2.

bildet, § 2 IV BörsZulVO[1648]. Der Emittent zuzulassender Aktien hatte zum damaligen Zeitpunkt regelmäßig gemäß § 3 I BörsZulVO mindestens drei Jahre als Unternehmen bestanden und seine Jahresabschlüsse für die drei dem Antrag vorangegangenen Geschäftsjahre entsprechend den hierfür geltenden Vorschriften offen gelegt[1649]. Die Daten aus der allgemeinen bilanzrechtlichen Rechnungslegungspublizität stehen demnach bereits für die Jahre vor der Börsenzulassung zur Verfügung. Die Fungibilität der Aktien musste gewährleistet, § 5 I BörsZulVO, Anforderungen an die Aktienstückelung entsprochen worden sein, um den Bedürfnissen des Börsenhandels und des Publikums Rechnung zu tragen, § 6 BörsZulVO[1650]. Der Antrag auf Zulassung musste sich regelmäßig auf alle Aktien derselben Gattung bezogen haben, § 7 I 1 BörsZulVO[1651]. Die Aktien hatten grundsätzlich in einem oder mehreren Staaten im EU/EWR-Raum im Publikum ausreichend gestreut zu sein, § 9 I 1 BörsZulVO (d. h. 25 % des Gesamtnennbetrags bzw. bei nennwertlosen Aktien der Gesamtstückzahl waren vom Publikum erworben worden[1652] oder ein ordnungsgemäßer Börsenhandel war wegen der großen Zahl von Aktien derselben Gattung und ihrer breiten Streuung im Publikum auch mit einem niedrigeren Anteil gewährleistet, § 9 I 2 BörsZulVO[1653]). Emittenten aus Drittstaaten, die damals weder in diesem Staat noch in dem Staat ihrer hauptsächlichen Verbreitung an einer Börse amtlich notiert waren, mussten glaubhaft gemacht haben, dass die Notierung nicht aus Gründen des Schutzes des Publikums unterblieben ist, § 10 BörsZulVO[1654].

(b) Prospektpflicht - Ausnahmen - Prospektinhalt

Seit 01.07.2005 richten sich die Prospektanforderungen nach dem Wertpapierprospektgesetz (WpPG) (§ 30 III Nr. 2 BörsG). Davor waren die §§ 13 ff. Börsenzulassungsverordnung (BörsZulVO) (a. F.) maßgeblich (§ 30 III Nr. 2 BörsG (a. F.)). Gemäß § 30 III Nr. 2 BörsG war als Zulassungsvoraussetzung regelmäßig ein nach den Vorschriften des WpPG gebilligter oder bescheinigter Prospekt zu veröffentlichen. Nach § 3 III WpPG ist ein Prospekt zu erstellen, wenn Wertpapiere zum Handel an einem organisierten Markt im Inland zugelassen werden sollen, es sei denn, es liegt ein Befreiungsgrund von der Prospektpflicht im Sinne des § 4 II WpPG vor. Die Ausnahmen in § 4 II Nr. 2 bis 6 WpPG entsprechen ganz weitgehend den bei öffentlichen Angeboten gemäß § 4

1648 Schwark-Heidelbach, § 3 BörsZulVO Rn. 1.

1649 Schwark-Heidelbach, § 3 BörsZulVO Rn. 1 f.

1650 Schwark-Heidelbach, § 6 BörsZulVO Rn. 1.

1651 Schwark-Heidelbach, § 7 BörsZulVO Rn. 1; zu Ausnahmen i. S. d. § 7 I 2, 3 BörsZulVO Schwark-Heidelbach, § 7 BörsZulVO Rn. 2 ff.

1652 Schwark-Heidelbach, § 9 BörsZulVO Rn. 1.

1653 Schwark-Heidelbach, § 9 BörsZulVO Rn. 2; zu Ausnahmen i. S. d. § 9 II BörsZulVO Schwark-Heidelbach, § 9 BörsZulVO Rn. 3.

1654 Schwark-Heidelbach, § 10 BörsZulVO Rn. 1.

I Nr. 1 bis 5 WpPG bestehenden (beim Austausch bereits ausgegebener Aktien derselben Gattung ohne Kapitalerhöhung (Nr. 2), bei einem Tauschangebot im Zusammenhang mit einer Übernahme, wenn ein einem Prospekt gleichwertiges Dokument verfügbar ist (Nr. 3), bei Verschmelzungen und gleichwertigem Dokument (Nr. 4), bei Kapitalerhöhungen und Dividenden in Aktien derselben Gattung bei gleichwertigem Dokument (Nr. 5) und bei Aktien, die Geschäftsführungsorganen oder Arbeitnehmern vom Arbeitgeber oder von einem verbundenen Unternehmen (§ 15 AktG) angeboten werden, wenn ein Dokument mit den gesetzlich bezeichneten Angaben zur Verfügung gestellt wird (Nr. 6). Darüber hinaus gibt es keine Prospektpflicht bei der Zulassung von Aktien, die über einen Zeitraum von 12 Monaten weniger als 10 Prozent der Zahl der Aktien derselben Gattung ausmachen, die bereits zum Handel an demselben organisierten Markt zugelassen sind (Nr. 1), im Zusammenhang mit der Ausgabe von zuzulassenden Aktien derselben Gattung nach Ausübung von Umtausch- und Bezugsrechten (Nr. 7) und gemäß § 4 II Nr. 8 WpPG bei bereits zum Handel an einem anderen organisierten Markt zugelassenen Aktien, sofern sie oder Aktien derselben Gattung schon länger als 18 Monate zugelassen sind a), bereits ein den im genannten Anforderungen genügender Prospekt gebilligt worden ist (b)), die entsprechenden Informationspflichten erfüllt sind (c)), ein zusammenfassendes Dokument bestimmten Inhalts (f)) auf Deutsch erstellt (d)) und veröffentlicht (§ 14 WpPG) wird (e))[1655].

Der Prospekt muss (wie bei einem öffentlichen Angebot) in leicht analysierbarer und verständlicher Form sämtliche Angaben enthalten, die im Hinblick auf den Emittenten und die zum Handel an einem organisierten Markt zugelassenen Wertpapiere notwendig sind, um dem Publikum ein zutreffendes Bild über die Vermögenswerte und Verbindlichkeiten, die Finanzlage, die Gewinne und Verluste, die Zukunftsaussichten des Emittenten und jedes Garantiegebers sowie über die mit diesen Wertpapieren verbundenen Rechte zu ermöglichen (§ 5 I 1 WpPG) usw. Der Prospekt muss ebenfalls eine Zusammenfassung haben (§ 5 II WpPG). Beim Prospektinhalt sind die Mindestangaben im Sinne der Verordnung (EG) Nr. 809/2004 i. V. m. § 7 WpPG zu machen[1656] (vgl. die Darstellung zur Primärmarktpublizität oben).

(c) General Standard - Prime Standard

Für den Fall, dass eine Zulassung zum Prime Standard (§ 60 I, II BörsO) aktuell besteht, ist davon auszugehen, dass der Emittent seine gegenüber dem General Standard erweiterten Zulassungsfolgepflichten (im Einzelnen unten) ordnungsgemäß erfüllt (§ 60 III 1, 2 Nr. 2 BörsO) und kein Antrag auf Eröffnung des

---

1655 Vgl. im Übrigen Verordnungsermächtigung gemäß § 4 III WpPG.

1656 Vgl. bislang den auch schon umfangreichen Katalog gemäß §§ 13 ff. BörsZulVO (a. F.).

Insolvenzverfahrens über das Vermögen des Emittenten gestellt ist (§ 60 III Nr. 1 BörsO).

(d) Widerruf der Zulassung zum General Standard oder zum Prime Standard des amtlichen Marktes

Die Zulassungsstelle darf eine Zulassung auf Antrag des Emittenten widerrufen, wenn der Widerruf nicht dem Schutz der Anleger widerspricht (§§ 38 IV 1, 2 BörsG, 58 I 1 BörsO). Gemäß §§ 58 I 2 BörsO, 38 IV 5 BörsG steht der Schutz der Anleger einem Widerruf insbesondere dann nicht entgegen, wenn auch nach dem Wirksamwerden des Widerrufs die Zulassung und der Handel der Aktie an einem inländischen oder ausländischen organisierten Markt gewährleistet erscheint (§ 58 I Nr. 1 BörsO) oder die betreffende Aktie nach dem Wirksamwerden des Widerrufs weder an einer inländischen Börse noch an einem ausländischen organisierten Markt zugelassen ist und gehandelt wird, aber nach der Bekanntgabe der Widerrufsentscheidung den Anlegern ausreichend Zeit verbleibt, die vom Widerruf betroffenen Aktien über die Börse zu veräußern (Nr. 2). Gemäß § 58 II 1 BörsO erfolgt ein Widerruf im Sinne des § 58 I Nr. 1 BörsO mit sofortiger Wirkung, sofern die betreffende Aktie bei Bekanntgabe des Widerrufs an zumindest einer anderen inländischen Börse zugelassen ist und gehandelt wird. Ist die Aktie bei Bekanntgabe des Widerrufs ausschließlich an einem ausländischen organisierten Markt zugelassen und wird sie dort gehandelt, wird der Widerruf mit einer Frist von 3 Monaten nach dessen Veröffentlichung wirksam (§ 58 II 2 BörsO). In den Fällen des § 58 I Nr. 2 BörsO wird der Widerruf 6 Monate nach dessen Veröffentlichung wirksam (§ 58 II 3 BörsO). Gemäß § 58 III BörsO kann die Zulassungsstelle die Fristen nach § 58 II 2 und 3 BörsO auf Antrag des Emittenten verkürzen, wenn dies dem Interesse der Anleger nicht zuwiderläuft. Der Emittent muss die Voraussetzungen für einen Widerruf und die Fristenbemessung nachweisen (§ 58 IV 1 und 2 BörsO). Liegt eine der Voraussetzungen des § 58 I BörsO nach der Bekanntgabe des Widerrufs und vor dessen Wirksamwerden nicht mehr vor, kann die Zulassungsstelle ihre Entscheidung widerrufen (§ 58 IV 3 BörsO).
Von sich aus kann die Zulassungsstelle einen Widerruf außer nach den Bestimmungen des Verwaltungsverfahrensgesetzes (VwVfG) nach § 43 S. 2 BörsG vornehmen, d. h. wenn der Emittent seine Pflichten aus der Zulassung (zu diesen unten) auch nach einer ihm gesetzten angemessenen Frist nicht erfüllt[1657], oder nach §§ 38 III BörsG, 57 I BörsO, wenn ein ordnungsgemäßer Börsenhandel auf Dauer nicht mehr gewährleistet ist und die Geschäftsführung die Notierung im amtlichen Markt eingestellt hat.
Ein Widerruf ist, egal ob dieser auf Antrag des Emittenten oder von Amts wegen erfolgt ist, seitens der Zulassungsstelle auf Kosten des Emittenten unverzüglich

1657 Schwark-Heidelbach, § 43 BörsG Rn. 1 ff.; Schäfer-Hamann, § 44d BörsG (a. F.) Rn. 1 ff.

in mindestens einem überregionalen Börsenpflichtfach zu veröffentlich (§§ 38 IV 3 BörsG, 58 V BörsO).

Auch eine, die Zulassung zum amtlichen Markt (General Standard) im Übrigen unberührt lassender (§ 67 III BörsO) Widerruf der Zulassung zum Prime Standard des amtlichen Marktes ist möglich, und zwar ebenfalls auf Antrag des Emittenten oder von Amts wegen. Gemäß § 67 I 1 BörsO erfolgt der Widerruf auf Antrag des Emittenten und ist nach § 67 I 2 BörsO auch auf dessen Kosten zu veröffentlichen. Der Zeitraum zwischen der Veröffentlichung und der Wirksamkeit des Widerrufs beträgt 3 Monate (§ 67 I 3 BörsO). Für Widerrufe von Amts wegen verweist § 67 II BörsO auf die für den General Standard des amtlichen Marktes geltenden Voraussetzungen.

Nach einem wirksam erfolgten Widerruf der Zulassung darf der Handel in den betreffenden Aktien natürlich nur noch außerbörslich erfolgen.
Solange es keinen Widerruf gegeben hat, kann u. a. davon ausgegangen werden, dass die Voraussetzungen der Zulassung nicht entfallen sind und der Emittent seinen Pflichten aus der Zulassung[1658] nachkommt.

2) Zum börslichen Marktsegment des geregelten Marktes zugelassene Aktien

Über die Zulassung hat wie beim amtlichen Markt die Zulassungsstelle entschieden (§§ 49 II 2 BörsG, 50 I, 2. Alt., 68 I, 69 I, II, III BörsO)[1659].

(a) Allgemeine Zulassungsvoraussetzungen

Gemäß § 51 I Nr. 1 BörsG mussten Emittent und Aktien den Anforderungen entsprechen, die für einen ordnungsgemäßen Börsenhandel notwendig sind. Abweichend von § 3 I BörsZulVO, wonach ein Emittent, der zum amtlichen Markt zugelassen werden will, mindestens drei Jahre als Unternehmen bestanden haben musste, sieht die Börsenordnung der Frankfurter Wertpapierbörse (FWB) in § 69 III Nr. 1 BörsO lediglich eine Soll-Bestimmung vor: ein Unternehmen, das die Zulassung zum geregelten Markt begehrt, soll mindestens drei Jahre bestanden haben. Gemäß § 69 III Nr. 2 BörsO waren gegenüber § 7 I 3 BörsZulVO Erleichterungen im Hinblick auf Teilzulassungen der Gattung oder der Emission möglich. Nach § 69 III Nr. 3 BörsO konnten u. U. die im Vergleich zu § 9 BörsZulVO gesenkten Anforderungen an die ausreichende Streuung der Aktien die Zulassung zum geregelten Markt ermöglicht haben. Ansonsten mussten die Anforderungen, die für eine Zulassung zum amtlichen Markt gelten, erfüllt sein (§ 69 I, II BörsO).

1658 Zu diesen sogleich.

1659 Schwark-Schwark, § 49 BörsG Rn. 13.

(b) Prospektpflicht

Die Pflicht zur Veröffentlichung eines Wertpapierprospekts als Zulassungsvoraussetzung richtet sich jetzt wie beim amtlichen Markt nach § 3 III WpPG.

(c) General Standard - Prime Standard

Auch im geregelten Markt kann neben der Aufnahme in den General Standard (§ 68 BörsO) diejenige in den Prime Standard (§ 75 BörsO) beantragt werden.

(d) Widerruf der Zulassung zum General Standard oder zum Prime Standard des geregelten Marktes

Für den Widerruf einer Zulassung sowohl zum General Standard als auch zum Prime Standard des geregelten Marktes gelten Bestimmungen für den amtlichen Markt entsprechend (§§ 73, 82 BörsO; vgl. auch §§ 43 S. 2, 54 S. 1 BörsG).

3) In den geregelten Markt einbezogene Aktien

(a) Einbeziehungsvoraussetzungen

Börsengesetzliche Voraussetzungen einer Einbeziehung (§§ 49 I, 56 I BörsG, 83 I BörsO) durch die Börsengeschäftsführung (§ 83 II BörsO) waren nach §§ 56 I Nr. 1 BörsG, dass die Aktien bereits an einer anderen inländischen Börse zum amtlichen oder geregelten Markt zugelassen (a))[1660] oder in einem anderen EU- oder EWR-Staat zu einem organisierten Markt zugelassen waren (b))[1661], unter den im Gesetz genannten Voraussetzungen genügte die Zulassung an einem organisierten Markt in einem Drittstaat (c))[1662], und, § 56 I Nr. 2 BörsG, keine Umstände bekannt waren, die bei Einbeziehung der Aktien zu einer Übervorteilung des Publikums oder einer Schädigung erheblicher allgemeiner Interessen führen[1663] (vgl. auch § 84 IV 1 BörsO).

(b) Widerruf der Einbeziehung

Die Geschäftsführung der Börse widerruft die Einbeziehung in den geregelten Markt auf Antrag des Emittenten (§ 88 I BörsO) oder von Amts wegen, wenn die Voraussetzungen gemäß § 84 III, IV BörsO nicht mehr vorliegen. § 88 II 2 BörsO verweist auf § 57 I BörsO, § 88 III BörsO wegen der Anforderungen an die Veröffentlichung des Widerrufs auf § 57 II BörsO.

1660 Schwark-Schwark, § 56 BörsG Rn. 2.

1661 Schwark-Schwark, § 56 BörsG Rn. 3.

1662 Schwark-Schwark, § 56 BörsG Rn. 4.

1663 Schwark-Schwark, § 56 BörsG Rn. 5.

4) In den Freiverkehr einbezogene Aktien

Die nach § 9 Richtlinien Freiverkehr zu veröffentlichende Einbeziehung in den börslichen Freiverkehr (§ 57 BörsG) war auf Antrag eines Handelsteilnehmers (§ 4 Richtlinien Freiverkehr)[1664] durch den Börsenträger (§ 3 Richtlinien Freiverkehr)[1665] erfolgt, wenn aus Sicht des Trägers keine Ablehnungsgründe wie insbesondere nicht zu erwartende Bildung eines börsenmäßigen Marktes, entgegenstehende Anlegerschutzinteressen oder zu erwartende Schädigung erheblicher allgemeiner Interessen vorlagen (§ 8 I Richtlinien Freiverkehr). Dem Emittenten der betroffenen Aktien kam allerdings hier, anders als beim geregelten Markt, gemäß § 6 Richtlinien Freiverkehr ein Widerspruchsrecht zu[1666]. Das den Einbeziehungsantrag stellende Institut muss den Skontroführer und den Freiverkehrsausschuss über alle für die Bewertung des Emittenten wesentlichen Umstände unterrichtet haben. Vom Antragsteller konnte der Träger u. a. die Stellung ausreichender Sicherheit für Haftungsfälle, die sich aus der Einbeziehung ergibt, fordern (§ 4 Satz 2 Richtlinien Freiverkehr).

Hat ein Emittent die Anforderungen für eine Einbeziehung in den börslichen Freiverkehr erfüllt, kann das beim außerbörslichen Handel mit den betreffenden Aktienwerten insofern von Bedeutung sein, als eine Mindestliquidität im betreffenden Aktienwert zu erwarten und eine Mindestseriosität des betreffenden Emittenten und seiner Verantwortlichen anzunehmen ist.

5) Bedeutung der allgemeinen Primärmarktpublizität beim außerbörslichen Handel mit in den Börsenhandel einbezogenen Aktien

Für Aktien, die lediglich in den börslichen geregelten Markt oder den börslichen Freiverkehr einbezogen worden sind, gab es keine Börsenzulassungspublizität, wie das bei einer angestrebten Zulassung der Fall gewesen wäre. Sind die betreffenden Aktien vor der Einbeziehung außerbörslich öffentlich angeboten worden, gibt es einen Wertpapierprospekt nach dem Wertpapierprospektgesetz (§ 3 I 1 WpPG) bzw. bei vor dem 01.07.2005 erfolgten Angeboten einen Verkaufsprospekt, auf den Anleger zurückgreifen können, wenn sie außerbörsliche Transaktionen in den betreffenden Werten erwägen.

1664 Schwark-Schwark, § 57 BörsG Rn. 4.

1665 Schwark-Schwark, § 57 BörsG Rn. 3 (Einbeziehung als privatrechtliche Entscheidung).

1666 Vgl. auch Schwark-Schwark, § 57 BörsG Rn. 4.

bb) Prospekthaftung

1) Neue gesetzliche Prospekthaftung bei fehlendem Prospekt

Wenn der Pflicht zur Veröffentlichung eines Prospekts beim erstmaligen öffentlichen Angebot überhaupt nicht nachgekommen worden ist, entstehen unter den Voraussetzungen des mit dem Anlegerschutzverbesserungsgesetz neu eingeführten § 13a VerkProspG Schadensersatzansprüche[1667]. Gemäß § 13a I 1 VerkProspG kann der Erwerber von Aktien, die nicht zum Handel an einer inländischen Börse zugelassen sind, wenn ein Prospekt nicht veröffentlicht wurde, von dem Emittenten und dem Anbieter als Gesamtschuldner die Übernahme der Aktien gegen Erstattung des Erwerbspreises, soweit dieser den ersten Erwerbspreis nicht überschreitet, und der mit dem Erwerb verbundenen Kosten verlangen, sofern das Erwerbsgeschäft vor Veröffentlichung eines Prospekts und innerhalb von 6 Monaten nach dem ersten öffentlichen Angebot im Inland abgeschlossen wurde. Ist der Erwerber nicht mehr Inhaber der Aktien, so kann er Zahlung des Unterschiedsbetrags zwischen dem Erwerbspreis und dem Veräußerungspreis der Aktien sowie der mit dem Erwerb und der Veräußerung verbundenen Kosten verlangen (§ 13a II 1 VerkProspG).
Bei Angeboten mit Auslandsbezug bestehen Schadensersatzansprüche unter den Voraussetzungen des § 13a III VerkProspG.
Nach § 13a IV VerkProspG besteht der Anspruch nach den Absätzen 1 bis 3 nicht, sofern der Erwerber die Pflicht, einen Verkaufsprospekt zu veröffentlichen, beim Erwerb kannte.
Verjährung tritt gemäß § 13a V VerkProspG in einem Jahr seit dem Zeitpunkt ein, zu dem der Erwerber Kenntnis von der Pflicht, einen Verkaufsprospekt zu veröffentlichen, erlangt hat, spätestens jedoch 3 Jahre nach Abschluss des Erwerbsgeschäfts.
Vereinbarungen über den Ausschluss von Ansprüchen der genannten Art sind unwirksam (§ 13a VI 1 VerkProspG).
Weitergehende vertragliche Ansprüche oder deliktische Ansprüche wegen vorsätzlicher Handlungen bleiben unberührt (§ 13a VI 2 VerkProspG).

2) Gesetzliche Prospekthaftung für fehlerhafte Prospekte

Die Prospekthaftung kann auch zu Ansprüchen von Anlegern führen, die auf Grund eines Prospekts außerbörslich Aktien erworben haben. Die Prospekthaftung gilt für Wertpapierprospekte, die bei der Zulassung zum amtlichen Markt (§ 44 BörsG) und über gesetzliche Verweisungen auch für solche, die bei der Zulassung zum geregelten Markt (§§ 44, 55 BörsG) und beim erstmaligen

---

1667 Ziegler, NZG 2005, 301 (301 ff.); Fleischer, WM 2004, 1897 (1897 ff.).

öffentlichen Angebot (§§ 44 BörsG, 13 VerkProspG) erstellt worden sind[1668] (vor dem 01.07.2005: Börsenzulassungsprospekte, Unternehmensberichte[1669] und Verkaufsprospekte[1670]).

Der Erwerber von Aktien, die auf Grund eines Prospekts zum Börsenhandel zugelassen sind, in dem für die Beurteilung der Aktien wesentliche Angaben unrichtig oder unvollständig sind, kann von denjenigen, die für den Prospekt die Verantwortung übernommen haben und von denjenigen, von denen der Erlass des Prospektes ausgeht, als Gesamtschuldnern die Übernahme der Aktien gegen Erstattung des Erwerbspreises, soweit dieser den ersten Ausgabepreis der Aktien nicht überschreitet, und der mit dem Erwerb verbundenen üblichen Kosten verlangen, sofern das Erwerbsgeschäft nach Veröffentlichung des Prospekts und innerhalb von sechs Monaten nach erstmaliger Einführung der Aktien abgeschlossen wurde, § 44 I 1 BörsG. Zweck der Haftung ist in erster Linie der Anlegerschutz, ferner soll die kapitalmarktliche Informationseffizienz verbessert werden, womit ratio legis auch Aspekte des Funktionsschutzes sind[1671].
Unter „Prospekt" ist formal nur der Wertpapierprospekt zu verstehen[1672]. Gemäß § 44 IV BörsG steht einem Prospekt eine schriftliche Darstellung gleich, auf Grund deren Veröffentlichung der Emittent von der Pflicht zur Veröffentlichung eines Prospekts befreit wurde[1673].
Für die Feststellung, ob ein Prospekt fehlerhaft (unrichtig[1674] oder unvollständig[1675]) ist, muss auf den Gesamteindruck abgestellt werden[1676], sofern nicht im Einzelnen klare Unrichtigkeiten erkennbar sind[1677]. Sie ist für sämtliche An-

---

1668 Schwark-Schwark, §§ 44, 45 BörsG Rn. 4; Kümpel, S. 1489, 9.348; Schäfer-Hamann, Vor § 36 BörsG (a. F.), Rn. 8; zur Reform der gesetzlichen Prospekthaftung durch das 3. Finanzmarktförderungsgesetz Assmann/Schütze-Assmann, Ergänzungsband, § 7, Rn. 21 ff.; eine europäische Harmonisierung der Prospekthaftung ist bisher nicht erfolgt, rechtspolitisch wird sie aber gefordert, vgl. DJT-Beschlüsse (2002), NZG 2002, 1006 (1006), 1.5.; Möllers, ZBB 2003, 390 (396 f.).

1669 § 55 BörsG; Schlüter, S. 492, Rn. 757; Assmann/Schütze-Assmann, Ergänzungsband, § 7 Rn. 61 ff.

1670 Schlüter, S. 515, Rn. 877 f.; Assmann/Schütze-Assmann, Ergänzungs-band, § 7, Rn. 65 ff.

1671 Schwark-Schwark, §§ 44, 45 BörsG Rn. 1.

1672 Schwark-Schwark, §§ 44, 45 BörsG Rn. 15; Fleischer, DJT-Gutachten (2002), F 55.

1673 Schwark-Schwark, §§ 44, 45 BörsG Rn. 15; Schäfer-Hamann, §§ 45, 46 BörsG n. F. (a. F.), Rn. 14.

1674 Schwark-Schwark, §§ 44, 45 BörsG Rn. 25 ff.

1675 Schwark-Schwark, §§ 44, 45 BörsG Rn. 32 ff..

1676 BGH WM 1982, 862 (862 ff.); Schwark-Schwark, §§ 44, 45 BörsG Rn. 26; Fleischer, DJT-Gutachten (2002), F 58.

1677 Lenenbach, S. 427 ff., Rn. 8.85 ff.; Schwark-Schwark, §§ 44, 45 BörsG Rn. 25 ff.

leger einheitlich vorzunehmen[1678]. Dabei ist auf einen durchschnittlichen Anleger abzustellen[1679], der über Verständnis und Kritikfähigkeit verfügt, ohne dass dabei überzogene Erwartungen an dessen Fähigkeiten gestellt werden dürfen[1680]. Es muss sich bei den fehlerhaften laut Gesetzestext um wesentliche Angaben handeln[1681]. Abgrenzungsschwierigkeiten treten u. a. auf bei „Unvollständigkeiten durch Hintanstellen von Interessenkonflikten, absichtlich täuschende Unübersichtlichkeiten und Irreführung durch raffinierte Zweideutigkeit"[1682]. Prognosen und Werturteile können bei Fehlerhaftigkeit zur Haftung führen[1683], es sei denn, sie waren durch Tatsachen ausreichend gestützt und kaufmännisch vertretbar[1684].
Gemäß § 45 II Nr. 4 BörsG kann die Fehlerhaftigkeit durch eine Berichtigung vor Abschluss des fraglichen Erwerbsgeschäfts behoben werden[1685].

Gesamtschuldner[1686] in diesem Sinne sind regelmäßig der Emittent[1687], dessen Haftung insbesondere die Grundsätze der aktienrechtlichen Kapitalerhaltung regelmäßig nicht entgegenstehen[1688], die Banken, die als Emissionshelfer tätig waren[1689], diejenigen, die im Prospekt als Verantwortliche aufgeführt sind[1690]

1678 Lenenbach, S. 427, Rn. 8.84.

1679 BGH NJW 1982, 2823 (2824); WM 1992, 901 (904); Lenenbach, S. 427, Rn. 8.84; kritisch Assmann/Lenz/Ritz-Assmann, § 13 VerkProspG Rn. 23; Schlüter, S. 480, Rn. 685; Streitdarstellung bei Schwark-Schwark, §§ 44, 45 BörsG Rn. 18 f.

1680 Schwark-Schwark, §§ 44, 45 BörsG Rn. 19.

1681 Schwark-Schwark, §§ 44, 45 BörsG Rn. 21 ff.; Assmann/Lenz/Ritz-Assmann, § 13 VerkProspG Rn. 25 f.; Lenenbach, S. 430, Rn. 8.89; Kümpel, S. 1491, 9.354; Schäfer-Hamann, §§ 45, 46 BörsG n. F. (a. F.) Rn. 31.

1682 Fleischer, DJT-Gutachten (2002), F 58.

1683 Schwark-Schwark, §§ 44, 45 BörsG Rn. 21 ff.

1684 Kümpel, S. 1490 f., 9.353; Lenenbach, S. 428 f., Rn. 8.87 f.; Hopt, BGH-Festschrift, S. 497 (531).

1685 Schwark-Schwark, §§ 44, 45 BörsG Rn. 57 f.; Kümpel, S. 1492 f., 9.359 f.; Assmann/Schütze-Assmann, Ergänzungsband, § 7 Rn. 22 f.

1686 Schwark-Schwark, § 44, 45 BörsG Rn. 69 f.

1687 Schwark-Schwark, § 44, 45 BörsG Rn. 8; Lenenbach, S. 433, Rn. 8.94; Fleischer, DJT-Gutachten (2002), F 62.

1688 Münchener Kommentar-Bayer, § 57 AktG Rn. 14 ff., 75; Hopt, BGH-Festschrift, S. 497 (526 f.); Fleischer, DJT-Gutachten (2002), F 73 ff.; Schlüter, S. 481, Rn. 686 ff.; differenzierend Schwark-Schwark, § 44, 45 BörsG Rn. 13.

1689 Schwark-Schwark, § 44, 45 BörsG Rn. 8; Schlüter, S. 228, Rn. 78; Lenenbach, S. 433, Rn. 8.94.

1690 Schwark-Schwark, § 44, 45 BörsG Rn. 8; Hopt, BGH-Festschrift, S. 497 (528).

und darüber hinaus alle, „von denen der Prospekt ausgeht“[1691]. Die Haftung von Vorstandsmitgliedern ist nach derzeitiger Auffassung nur ausnahmsweise möglich, nämlich bei eigenem wirtschaftlichen Interesse an der Emission bzw. dominierendem Einfluss bei der Geschäftsgründung. De lege ferenda wird eine Haftungsausweitung auf die Geschäftsleitung erwogen[1692]. Nach dem im Entwurf für ein Kapitalmarktinformationshaftungsgesetz (KapInHaG-E) vorgesehenen § 44 I 1 Nr. 3 BörsG-E sollen auch die für die Erstellung des Prospekts verantwortlichen Mitglieder eines Leitungs-, Verwaltungs- oder Aufsichtsorgans des Emittenten haften. Inwieweit prospektverantwortlich auch Experten sein können, die an der Prospekterstellung beteiligt waren, wird für Wirtschaftsprüfer diskutiert[1693], allerdings mit Verweis darauf, dass nach der geltenden Rechtslage nur diejenigen, die für den gesamten Prospekt verantwortlich sind, als Haftende in Frage kommen, de lege lata überwiegend ausgeschlossen[1694]. § 44a I BörsG-E (KapInHaG-E) sieht vor, dass der Erwerber von Aktien, die aufgrund eines Prospekts zum Börsenhandel zugelassen sind, in dem für die Beurteilung der Aktien wesentliche Angaben unvollständig oder unrichtig sind, von einem Dritten, der bei der Erstellung dieser Angaben mitgewirkt und hierfür im Prospekt ausdrücklich die Verantwortung übernommen hat, einen Geldbetrag in Höhe des Unterschiedsbetrags zwischen dem Erwerbspreis, soweit dieser den ersten Ausgabepreis nicht überschreitet, und dem durchschnittlichen Börsenpreis der Aktie während der ersten 30 Tage nach dem öffentlichen Bekanntwerden der Unrichtigkeit oder Unvollständigkeit des Prospekts verlangen kann. Nach § 44a II 1 BörsG-E (KapInHaG-E) beschränkt sich die Haftung der nach Absatz 1 Verantwortlichen auf einen Geldbetrag in Höhe von vier Millionen Euro für einen Prospekt, es sei denn, der Verantwortliche hat vorsätzlich gehandelt.

Für eine Anspruchsberechtigung unerheblich ist, ob jemand Erst- oder Zweiterwerber der Aktien ist[1695] oder ob börslich oder außerbörslich erworben wurde[1696]. Erforderlich ist, dass der Erwerb entgeltlich war[1697] und ein Inlandsbezug im Sinne des § 44 III BörsG vorlag[1698]. Der Zeitpunkt des Erwerbs der Aktien muss innerhalb von sechs Monaten nach Prospektveröffentlichung

---

1691 Schwark-Schwark, § 44, 45 BörsG Rn. 9; Hopt, BGH-Festschrift, S. 497 (528 f.); typischerweise sind das Personen, die ein eigenes wirtschaftliches Interesse an der Emission haben, Kümpel, S. 1494 f., 9.367.

1692 Kümpel, S. 1242, 8.17; Fleischer, DJT-Gutachten (2002), F 62 ff.

1693 Schwark-Schwark, § 44, 45 BörsG Rn. 12; Fleischer, DJT-Gutachten (2002), F 66 ff.

1694 Schwark-Schwark, § 44, 45 BörsG Rn. 12.

1695 Assmann/Schütze-Assmann, Ergänzungsband, § 7 Rn. 35.

1696 Assmann/Schütze-Assmann, Ergänzungsband, § 7 Rn. 35.

1697 Schwark-Schwark, § 44, 45 BörsG Rn. 37; Assmann/Schütze-Assmann, Ergänzungsband, § 7 Rn. 36.

1698 Schwark-Schwark, § 44, 45 BörsG Rn. 38 ff.

erfolgt sein[1699]. Entscheidender Zeitpunkt ist der Abschluss des Verpflichtungsgeschäfts[1700].

Der fehlerhafte Prospekt muss für den Aktienerwerb ursächlich geworden sein[1701]. Eine Haftung ist nach § 45 II BörsG ausgeschlossen, wenn die Aktien nicht aufgrund des Prospekts erworben wurden (Nr. 1), der Erwerber die Unrichtigkeit oder Unvollständigkeit der Angaben des Prospekts bei dem Erwerb kannte (Nr. 3)[1702], vor dem Abschluss des Erwerbsgeschäfts im Rahmen des Jahresabschlusses oder Zwischenberichts des Emittenten, einer Veröffentlichung nach § 15 WpHG oder einer vergleichbaren Bekanntmachung eine deutlich gestaltete Berichtigung der unrichtigen oder unvollständigen Angaben im Inland veröffentlicht wurde (Nr. 4) oder - durch das Wertpapierprospektgesetz neu eingeführt - insbesondere ein nach den Vorschriften des WpPG gebilligter oder bescheinigter Prospekt veröffentlicht worden ist, soweit nicht nach § 4 II WpPG von der Veröffentlichung eines Prospekts abgesehen werden kann (Nr. 5). Die haftungsbegründende Kausalität zwischen Prospektangaben und Kaufentschluss wird widerleglich vermutet, Darlegungs- und Beweislast liegen also beim Anspruchsgegner[1703].

Im Bereich des Verschuldens setzt eine Haftung grobe Fahrlässigkeit voraus[1704]. Dabei gibt es für das Verschulden eine Beweislastumkehr[1705]. Nach § 45 I BörsG kann nicht gemäß § 44 BörsG in Anspruch genommen werden, wer nachweist, dass er die Unrichtigkeit oder Unvollständigkeit der Angaben des Prospekts nicht gekannt hat und die Unkenntnis nicht auf grober Fahrlässigkeit beruht.

Für Emittenten gelten angesichts deren Zugriffs auf die eigenen Unternehmensdaten hohe Sorgfaltsanforderungen[1706]. Die führende Emissionsbank hat Anga-

---

1699 Schwark-Schwark, § 44, 45 BörsG Rn. 35.

1700 Assmann/Schütze-Assmann, Ergänzungsband, § 7 Rn. 37.

1701 Schwark-Schwark, § 44, 45 BörsG Rn. 43.

1702 Schwark-Schwark, § 44, 45 BörsG Rn. 56; Fleischer, DJT-Gutachten (2002), F 70.

1703 BGHZ 139, 225 (233); Schwark-Schwark, § 44, 45 BörsG Rn. 43 f., 52 ff.; Möllers, ZBB 2003, 390 (401); Fleischer, DJT-Gutachten (2002), F 68; Schlüter, S. 229 f., Rn. 83; Hopt, BGH-Festschrift, S. 497 (531); Schäfer-Hamann, §§ 45, 46 BörsG n. F. (a. F.) Rn. 29; Assmann/Schütze-Assmann, Ergänzungsband, § 7 Rn. 37, 41 (der Ursachenzusammenhang kann fehlen, wenn die durch den Prospekt erzeugte Anlagestimmung vor Erwerb entfallen war).

1704 Schwark-Schwark, § 44, 45 BörsG Rn. 45; Kümpel, S. 1493 f., 9.362 ff.; Schäfer-Hamann, §§ 45, 46 BörsG n. F. (a. F.) Rn. 33 ff.; Fleischer, DJT-Gutachten (2002), F 60 ff., zu Schwierigkeiten der Abgrenzung zur einfachen Fahrlässigkeit a. a. O., F 62; kritisch zur Begrenzung auf grobe Fahrlässigkeit Hopt, BGH-Festschrift, S. 497 (531); für eine Beibehaltung des derzeitigen Verschuldensmaßstabs Möllers, ZBB 2003, 390 (404).

1705 Möllers, ZBB 2003, 390 (404); Schwark-Schwark, §§ 44, 45 BörsG Rn. 53; Schäfer-Hamann, §§ 45, 46 BörsG n. F. (a. F.) Rn. 36; Assmann/Schütze-Assmann, Ergänzungsband, § 7 Rn. 42 f.

1706 Schwark-Schwark, §§ 44, 45 BörsG Rn. 45; Fleischer, DJT-Gutachten (2002), F 62.

ben des Emittenten zu überprüfen, soweit dies möglich und zumutbar ist, ansonsten darf sie sich auf die Richtigkeit der Angaben verlassen[1707].
Ein Anspruch kann nicht geltend gemacht werden, wenn der Sachverhalt, über den unrichtige oder unvollständige Angaben im Prospekt enthalten sind, nicht zu einer Minderung des Börsenpreises der Aktien beigetragen hat (Nr. 2)[1708], für das Nichtvorliegen der haftungsausfüllenden Kausalität hat demnach der Prospektverantwortliche die Beweislast[1709].
Hat der Anspruchsteller die Aktien noch, sind der Erwerbspreis und die mit dem Erwerb verbundenen üblichen Kosten[1710] zu erstatten (gegen Rückübertragung der Wertpapiere), sofern der Erwerbspreis nicht über dem Ausgabepreis lag (§ 44 I BörsG)[1711]. Hat der Erwerber die Aktien schon an einen Dritten weiterveräußert, kann als Schaden die Differenz zwischen dessen Erwerbspreis und Weiterverkaufspreis zuzüglich der üblichen Kosten für den Erwerb und die Veräußerung geltend gemacht werden (§ 44 II BörsG)[1712]. Unter welchen Voraussetzungen ein Mitverschulden des Anlegers weiter anzunehmen ist, das sich anspruchsmindernd auswirkt, ist im Einzelnen streitig[1713].
Verjährung tritt in einem Jahr seit dem Zeitpunkt ein, zu dem der Erwerber von der Unrichtigkeit oder Unvollständigkeit der Angaben des Prospekts Kenntnis erlangt hat, spätestens jedoch in drei Jahren seit der Veröffentlichung des Prospekts (§ 46 BörsG)[1714]. Ein vertraglicher Haftungsausschluss im Voraus ist gemäß § 47 I BörsG unwirksam[1715].

1707 Schwark-Schwark, §§ 44, 45 BörsG Rn. 45, 47 ff.; Fleischer, DJT-Gutachten (2002), F 64 ff.

1708 Fleischer, DJT-Gutachten (2002), F 69; Assmann/Schütze-Assmann, Ergänzungsband, § 7 Rn. 46.

1709 Schwark-Schwark, §§ 44, 45 BörsG Rn. 55; Assmann/Schütze-Assmann, Ergänzungsband, § 7 Rn. 46.

1710 Z. B. gezahlte Provisionen oder Maklercourtagen, Schwark-Schwark, § 44, 45 BörsG Rn. 61.

1711 Schwark-Schwark, §§ 44, 45 BörsG Rn. 60 ff.; Kümpel, S. 1501, 9388; Schlüter, S. 228, Rn. 79; Schäfer-Hamann, §§ 45, 46 BörsG n. F. (a. F.) Rn. 47, 50 ff.; Assmann/Schütze-Assmann, Ergänzungsband, § 7 Rn. 50 ff.

1712 Schwark-Schwark, § 44, 45 BörsG Rn. 63 ff.; Fleischer, DJT-Gutachten (2002), F 40; Schäfer-Hamann, §§ 45, 46 BörsG n. F. (a. F.) Rn. 57 ff.; Assmann/Schütze-Assmann, Ergänzungsband, § 7 Rn. 54 ff.

1713 Fleischer, DJT-Gutachten (2002), F 70 ff; Schwark-Schwark, § 44, 45 BörsG Rn. 67 f.

1714 Schwark-Schwark, § 46 BörsG Rn. 1 f.

1715 Schwark-Schwark, § 47 BörsG Rn. 1; Kümpel, S. 1502, 9.394 f.; Assmann/Schütze-Assmann, Ergänzungsband, § 7 Rn. 58.

3) Allgemeine zivilrechtliche Prospekthaftung

Die gesetzliche Prospekthaftung stellt eine Spezialregelung dar, die in ihrem Anwendungsbereich abschließend ist[1716]. Über § 44 BörsG hinausgehende zivilrechtliche Ansprüche vertraglicher oder deliktischer Natur bleiben aber unberührt (§ 47 II BörsG)[1717]. Im Bereich der allgemeinen zivilrechtlichen Prospekthaftung wird unter „Prospekt" jede marktbezogene schriftliche Äußerung bzw. ein schriftlicher Bericht, der Angaben enthält, die einem unbestimmten Personenkreis als Grundlage für die Beurteilung von Vermögensanlagen dienen soll, verstanden, d. h. auch schriftliche Werbeveröffentlichungen. Ein Prospekt im engen Sinn ist also nicht erforderlich[1718]. Eine allgemeine Informationshaftung gibt es jedoch (noch) nicht[1719]. Der Kreis der potentiell Haftenden ist deutlich weiter als bei der gesetzlichen Prospekthaftung[1720]. Im Übrigen richten sich die Voraussetzungen der allgemeinen zivilrechtlichen Prospekthaftung nach den Grundsätzen, die für Auskunft und Beratung gelten[1721]. Eine Begrenzung des Verschuldens auf grobe Fahrlässigkeit wie bei der gesetzlichen Prospekthaftung gibt es hier nicht[1722].

d) Börsenrechtliche Zulassungsfolgepflichten

1) Amtlicher Markt - zusätzliche Folgepflichten im Prime Standard

Die Emittenten im amtlichen Markt notierter Aktien haben Folgepflichten der Zulassung kontinuierlich zu entsprechen (§§ 39 ff. BörsG, 53 ff. BörsZulVO)[1723]; die Börsenordnung sieht für den Teilbereich des Prime Standard zusätzliche Zulassungsfolgepflichten gegenüber dem General Standard

---

1716 Schwark-Schwark, §§ 44, 45 BörsG Rn. 73; Kümpel, S. 1505, 9.405.

1717 Kümpel, S. 1505, 9.404; Hopt, BGH-Festschrift, S. 497 (528).

1718 Hopt, BGH-Festschrift, S. 497 (528).

1719 Schlüter, S. 483, Rn. 704 f.; Fleischer, DJT-Gutachten (2002), F 56, 57 f.; keine Prospekte in diesem Sinne sind Zwischenberichte (§ 40 BörsG) oder Ad hoc-Meldungen (§ 15 WpHG), Schlüter, S. 484, Rn. 706 ff.; de lege ferenda Hopt, BB 2002, Heft 38, S. 1 („Auf jeden Fall ist ist die Vereinheitlichung der gesetzlichen und der richterrechtlich entwickelten allgemein-zivilrechtlichen Prospekthaftung, die stark divergieren und damit wettbewerbsverzerrend wirken, überfällig. Auf dem Sekundärmarkt wäre eine einheitliche Haftung für Informationspflichtverletzungen (...) wünschenswert"); in diesem Sinne jetzt KapInHaG-E; DJT-Beschlüsse (2002), NZG 2002, 1006 (1006), 1.2. („die gesetzliche und die bürgerlichrechtliche Prospekthaftung (sollten) einander angeglichen werden").

1720 Hopt, BGH-Festschrift, S. 497 (529 f.).

1721 Hopt, BGH-Festschrift, S. 497 (530).

1722 Hopt, BGH-Festschrift, S. 497 (531).

1723 Schäfer-Hamann, Vor § 36 BörsG (a. F.) Rn. 7.

vor[1724]. Die in diesem Zusammenhang bereitgestellten Daten stehen auch beim außerbörslichen Handel der Aktien zur Verfügung. Dass die Einhaltung der börsenrechtlichen Zulassungsfolgepflichten von der Zulassungsstelle überwacht wird (§ 31 I 2 BörsG)[1725], kommt auch dem außerbörslichen Handel zugute.

Emittenten zugelassener Wertpapiere haben die Inhaber der Wertpapiere unter gleichen Voraussetzungen gleich zu behandeln, § 39 I Nr. 1 BörsG[1726] (vgl. bereits § 53a AktG)[1727]; hierdurch werden alle Organe des Emittenten gegenüber den Aktionären gebunden[1728]. Emittenten müssen dafür sorgen, dass für die gesamte Dauer der Zulassung der Aktien mindestens eine Zahl- und Hinterlegungsstelle im Inland bestimmt ist, bei der alle erforderlichen Maßnahmen hinsichtlich der Aktien, im Falle der Vorlegung der Aktien bei dieser Stelle kostenfrei, bewirkt werden können, § 39 I Nr. 2 BörsG[1729]. Das Publikum und die Zulassungsstelle sind über den Emittenten und die zugelassenen Aktien angemessen zu unterrichten, § 39 I Nr. 3 BörsG[1730] (vgl. hierzu §§ 63 ff., 68 BörsZulVO, 39 II BörsG[1731]). Für später ausgegebene Aktien derselben Gattung wie derjenigen der bereits zugelassenen ist die Zulassung zum amtlichen Markt zu beantragen, § 39 I Nr. 4 BörsG[1732].
Eine wichtige Zulassungsfolgepflicht ist diejenige zur Veröffentlichung eines Zwischenberichts (§§ 40 I i. V. m. 40 II BörsG, 53 bis 62 BörsZulVO), der eine Beurteilung ermöglichen muss, wie sich die Geschäftstätigkeit des Emittenten in den ersten sechs Monaten des Geschäftsjahres entwickelt hat, § 53 Satz 1 BörsZulVO[1733]. Damit wird die bilanzrechtliche Regelpublizität ergänzt[1734]. Freiwillige Quartalsberichte sind darüber hinaus bei größeren Unternehmen, die die damit verbundenen Kosten nicht scheuen müssen, verbreitet[1735].

1724 Gebhardt, WM 2003, Sonderbeilage Nr. 2, 3 (9 ff.).

1725 Schwark-Heidelbach, § 31 BörsG Rn. 5.

1726 Schwark-Heidelbach, § 39 BörsG Rn. 2 f., 7; Schäfer-Hamann, § 44 BörsG (a. F.) Rn. 5 ff.

1727 Schwark-Heidelbach, § 39 BörsG Rn. 3.

1728 Schwark-Heidelbach, § 39 BörsG Rn. 2.

1729 Schwark-Heidelbach, § 39 BörsG Rn. 8 ff.; Schäfer-Hamann, § 44 BörsG (a. F.) Rn. 21 ff.

1730 Schwark-Heidelbach, § 39 BörsG Rn. 15 f.; Schäfer-Hamann, § 44 BörsG (a. F.) Rn. 26 ff.

1731 Schwark-Heidelbach, § 39 BörsG Rn. 15, 23.

1732 Schwark-Heidelbach, § 39 BörsG Rn. 17 ff.; Schäfer-Hamann, § 44 BörsG (a. F.) Rn. 39.

1733 Schwark-Heidelbach, § 40 BörsG Rn. 1 ff.; Schäfer-Hamann, § 44b BörsG (a. F.) Rn. 1 ff.; Schlüter, S. 183, Rn. 181 ff.; Hommelhoff, ZGR 2000, 748 (753, 756 f.).

1734 Schwark-Heidelbach, § 40 BörsG Rn. 1, 5, 7.

1735 Schwark-Heidelbach, § 40 BörsG Rn. 14 m . w. N.; Schlüter, S. 183, Rn. 182.

Gemäß § 41 I BörsG sind der Emittent und das antragstellende Institut oder Unternehmen nach der Zulassung verpflichtet, aus ihrem Bereich alle Auskünfte zu erteilen, die für die Zulassungsstelle oder die Geschäftsführung zur ordnungsgemäßen Erfüllung ihrer Aufgaben erforderlich sind[1736]. Die Zulassungsstelle kann nach § 41 II 1 BörsG verlangen, dass der Emittent der zugelassenen Aktien in angemessener Form und Frist bestimmte Auskünfte veröffentlicht, wenn dies zum Schutz des Publikums oder für einen ordnungsgemäßen Börsenhandel erforderlich ist[1737]. Im Falle der Nichtentsprechung seitens des Emittenten kann die Zulassungsstelle diese Auskünfte nach Anhörung des Emittenten auf dessen Kosten selbst veröffentlichen, § 41 II 2 BörsG[1738].

Weitere Zulassungsfolgepflichten gelten im Prime Standard[1739]. § 62 BörsO stellt umfangreiche, an internationalen Rechnungslegungsstandards orientierte Anforderungen an den Jahresabschluss der Unternehmen, die im Prime Standard gehandelt werden, auf, (§ 62 I bis V BörsO), die über die entsprechenden, unberührt bleibenden gesetzlichen Anforderungen (§ 62 VI BörsO) hinausgehen. Außerdem wird eine, die Pflicht zur Erstellung von Zwischenberichten unberührt lassende (§ 63 XI BörsO) Pflicht zur Erstellung internationalen Rechnungslegungsgrundsätzen genügender Quartalsberichte statuiert (§§ 63 I, 62 I BörsO), die regelmäßig in Deutsch und Englisch abzufassen sind (§ 63 V BörsO). Gemäß § 63 III 1 BörsO muss der Quartalsbericht eine Beurteilung ermöglichen, wie sich die Geschäftstätigkeit des Emittenten im jeweiligen Berichtszeitraum und vom Beginn des Geschäftsjahres bis zum Quartalsstichtag entwickelt hat. Er muss insbesondere die Angaben nach § 63 III 2 Nr. 1 bis 6, IV Nr. 1 bis 6 BörsO aufweisen, die einer prüferischen Durchsicht unterzogen worden sein müssen (§ 63 VII BörsO).
Jeder Emittent muss einen so genannten Unternehmenskalender in Deutsch und Englisch erstellen, veröffentlichen, der Zulassungsstelle in elektronischer Form übermitteln und laufend aktualisieren. Der Unternehmenskalender muss Angaben über die wesentlichen Termine des Emittenten wie z. B. die Hauptversammlung, die Bilanzpressekonferenz und mindestens einmal pro Jahr abzuhaltenden Analystenveranstaltungen enthalten (§§ 64 f. BörsO).

Erfüllt der Emittent der zugelassenen Aktien seine Pflichten aus der Zulassung nicht, so kann die Zulassungsstelle diese Tatsache durch Börsenbekanntmachung veröffentlichen, § 43 Satz 1 BörsG, und die Zulassung widerrufen, wenn

---

1736 Schwark-Heidelbach, § 41 BörsG Rn. 1 f., 3 ff.; Schäfer-Hamann, § 44c BörsG (a. F.), Rn. 1 ff.

1737 Schwark-Heidelbach, § 41 BörsG Rn. 9 f.; Schäfer-Hamann, § 44c BörsG (a. F.) Rn. 8 ff.

1738 Schwark-Heidelbach, § 41 BörsG Rn. 11; Schäfer-Hamann, § 44c BörsG (a. F.) Rn.11.

1739 Gebhardt, WM 2003, Sonderbeilage Nr. 2, 3 (9 ff.); Schwark-Heidelbach, § 40 BörsG Rn. 1, 4.

der Emittent diese auch nach einer ihm gesetzten angemessenen Frist nicht erfüllt, § 43 Satz 2 BörsG[1740].

Die Zulassungsfolgepflichten sind zum Teil für den Fall des vorsätzlichen oder leichtfertigen Zuwiderhandels bußgeldbewehrt. Gemäß §§ 62 I Nr. 2, III BörsG droht ein Bußgeld bis 50.000.- Euro, wenn eine Zahl- und Hinterlegungsstelle im Sinne des § 39 I Nr. 2 BörsG nicht bestimmt wird. Nach § 62 I Nr. 3, III kann ein Bußgeld bis 100.000.- Euro verhängt werden, wenn ein Zwischenbericht entgegen § 40 I BörsG nicht, nicht richtig, nicht vollständig, nicht in der vorgeschriebenen Weise oder nicht rechtzeitig veröffentlicht wird. 50.000.- Euro Geldbuße sind möglich, wenn eine Auskunft gemäß § 41 I BörsG nicht, nicht richtig oder nicht vollständig erteilt wird (62 I Nr. 4, III BörsG).

2) Geregelter Markt - zusätzliche Folgepflichten im Prime Standard

Zulassungsfolgepflichten für den geregelten Markt (§§ 54 f. BörsG, 71 BörsO)[1741] sind u. a. das Gleichbehandlungsgebot (§§ 38 I Nr. 1, 54 Satz 1 BörsG, das Gebot, das Publikum und die Zulassungsstelle über den Emittenten und die zugelassenen Aktien angemessen zu unterrichten (§§ 39 I Nr. 1, 63 ff. BörsZulVO) und die Auskunftspflichten gemäß § 41 BörsG. Für den Prime Standard gelten zusätzlich die §§ 62 ff., 76 ff. BörsO, 54 Satz 2 BörsG[1742].

Zulassungsfolgepflichten des geregelten Marktes gelten nur bei Zulassung, nicht bei Einbeziehung[1743]. Allerdings werden die betreffenden Werte regelmäßig an einer anderen Börse zum amtlichen oder geregelten Markt zugelassen sein (vgl. § 56 I Nr. 1 BörsG), sodass bereits deshalb die entsprechenden Zulassungsfolgepflichten der dortigen Börse einschließlich der börsengesetzlichen einzuhalten sein werden[1744].

Ordnungswidrigkeitstatbestände sind insbesondere die §§ 62 I Nr. 2 bis 4, 7, III BörsG.

Für lediglich in den geregelten Markt einbezogene Werte bestehen Unterrichtungspflichten gemäß §§ 56 II BörsG i. V. m. 86 f. BörsO[1745].

1740 Schwark-Heidelbach, § 43 BörsG Rn. 1 ff.; Schäfer-Hamann, § 44d BörsG (a. F.) Rn. 1 ff.

1741 Schlüter, S. 183 f., Rn. 184 ff.

1742 Schwark-Schwark, § 54 BörsG Rn. 2.

1743 Gebhardt, WM 2003, Sonderbeilage Nr. 2, 3 (5); zu den Einbeziehungsfolgen vgl. §§ 86 f. BörsO.

1744 Schwark-Schwark, § 56 BörsG Rn. 2.

1745 Schlüter, S. 185, Rn. 193.

3) Freiverkehr

Mangels einer Zulassungsfolgepublizität im Freiverkehr kann beim außerbörslichen Handel von Freiverkehrswerten nicht von einer solchen profitiert werden.

e) Kapitalmarktrechtliche Zulassungsfolgepflichten bzw. Einbeziehungsfolgepflichten - Überwachung durch die BaFin

Die Beachtung der kapitalmarktrechtlichen Pflichten des Wertpapierhandelsgesetzes (WpHG), die als Folge einer Zulassung zum oder Einbeziehung in den Börsenhandel entstehen, werden von der Bundesanstalt für Finanzdienstleistungsaufsicht (BaFin) bundesweit überwacht (§ 4 I 1, II 1 WpHG). Es handelt sich hierbei insbesondere um das Verbot der Marktmanipulation (§ 20a WpHG), das Verbot des Insiderhandels (§§ 14 i. V. m. §§ 12 f. WpHG), die schadensersatzbewehrte (§§ 37b, 37c WpHG) Pflicht zur Veröffentlichung von Ad hoc-Mitteilungen hinsichtlich Insiderinformationen (§ 15 WpHG), die Pflicht zur Führung von Insiderverzeichnissen (§ 15b WpHG), Mitteilungs- und Veröffentlichungspflichten hinsichtlich bestimmter Geschäfte von Führungspersonen (director's dealings) (§ 15a WpHG) und Mitteilungs- und Veröffentlichungspflichten bei Veränderungen des Stimmrechtsanteils an einem Unternehmen (§§ 21 ff. WpHG). Die BaFin kann Anordnungen treffen, die zu ihrer Durchsetzung geeignet und erforderlich sind (§ 4 II 1 WpHG). Außerdem hat sie im Rahmen der ihr zugewiesenen Aufgaben Missständen entgegenzuwirken, welche die ordnungsgemäße Durchführung u. a. des Aktienhandels (vgl. § 2 I Nr. 1, 1. Alt., IIb 1, 1. Alt. WpHG) oder von Wertpapierdienstleistungen oder -nebendienstleistungen (§ 2 III, IIIa WpHG) beeinträchtigen oder erhebliche Nachteile für den Finanzmarkt bewirken können (§ 4 I 2 WpHG). Gemäß § 4 I 3 WpHG kann sie Anordnungen treffen, die geeignet sind, diese Missstände zu beseitigen oder zu verhindern. Soweit dies zur Durchsetzung einzelner, gesetzlich genannter Verbote oder bei der allgemeinen Missstandsaufsicht nach § 4 I WpHG geboten ist, kann die BaFin Handel mit bestimmten Aktien auf Aktienmärkten untersagen oder aussetzen (§ 4 II 2 WpHG). Des Weiteren stehen der BaFin u. a. Auskunftsrechte (§ 4 III, IX WpHG) und Betretensrechte (§ 4 IV WpHG) zu.

aa) Verbot der Marktmanipulation

Marktmanipulationen sind nicht erlaubt (§ 20a WpHG)[1746]. Das Verbot gilt auch für den außerbörslichen Handel[1747]. Gesetzeszweck ist der Funktions-

---

1746 BaFin-Emittentenleitfaden, S. 86 ff.

1747 Assmann/Schneider-Vogel, § 20a WpHG (a. F.) Rn. 24 (z. B. manipulativer Handel in PTS, im Telefonverkehr und bei manipulativen Effektenaufträgen von Anlegern zur außerbörslichen Ausführung im Sinne des § 22 BörsG).

schutz, die größtmögliche Kurswahrheit soll gewährleistet werden[1748]. Das mit dem 4. Finanzmarktförderungsgesetz eingeführte Marktmanipulationsverbot[1749] wurde durch das die zwischenzeitlich ergangene Marktmissbrauchsrichtlinie[1750]

1748 Assmann/Schneider-Vogel, § 20a (a. F.) Rn. 12 ff.; Schwark-Schwark, § 20a WpHG (a. F.) Rn. 5 (unklar ist, ob auch der Anlegerschutz bezweckt wird).

1749 Zu § 20a WpHG (a. F.) Schlüter, S. 198 f., Rn. 275 ff. (278: Vortäuschen von Marktaktivität und -liquidität durch „wash sales" (Geschäfte mit zumindest wirtschaftlich identischen Vertragspartnern), „improper matched orders" (abgesprochene inhaltsgleiche Geschäfte und Gegengeschäfte), „painting the tape" (Geschäftsabschlüsse nur, um Umsätze dokumentieren zu können), „pumping and dumping" (abgesprochene Geschäfte, um Preise in die Höhe zu treiben und anschließend große Eigenbestände abzustoßen), „advancing the bid" (manipulatives Hochtreiben der Nachfrage, um anschließend Eigenbestände abzustoßen)), (279: Verknappung des Angebots durch „Cornering", „abusive squeezes"), (280 ff.: Manipulation von Abrechnungsgrundlagen, relevant bei Derivaten oder außerbörslichen Paketgeschäften); Lenzen, S. 9 ff. (durch fiktive Transaktionen wie wash sals (10 f.), matched oders (11), circular trading (11 f.), durch tatsächliche Transaktionen (12 ff.), Verbreitung falscher Informationen (28 ff.) wie beim Scalping (28 ff.), durch Handlungen zur Veränderung des inneren Wertes (31 f.)); Schwark-Schwark, § 20a WpHG (a. F.) Rn. 23 ff.; ferner Ekkenga, ZIP 2004, 781 (781 ff.); Streinz/Ohler, WM 2004, 1309 (1309 ff.); Ziouvas, ZGR 2003, 113 (113 ff.); Fleischer, ZIP 2003, 2045 (2045 ff.); Schlüter, S. 196 ff., Rn. 264 ff.; Möller, WM 2002, 309 (309 ff.).

1750 ABl. EU 2003, Nr. L 96, S. 16; Beispiele für Marktmanipulationen sind gemäß Art. 1 Nr. 2, 2. Unterabsatz Marktmissbrauchsrichtlinie die Sicherung einer marktbeherrschenden Stellung in Bezug auf das Angebot von oder die Nachfrage nach Aktien durch eine Person oder mehrere in Absprache handelnde Personen mit der Folge einer direkten oder indirekten Festsetzung des Ankaufs- oder Verkaufspreises oder anderer unlauterer Handelsbedingungen, der Kauf oder Verkauf von Aktien bei Börsenschluss mit der Folge, dass Anleger, die auf Grund des Schlusskurses tätig werden, irregeführt werden, die Ausnutzung eines gelegentlichen oder regelmäßigen Zugangs zu den traditionellen oder elektronischen Medien durch Abgabe einer Stellungnahme zu Aktien (oder indirekt zu den Emittenten dieser Aktien), wobei zuvor Positionen bei diesen Aktien eingegangen wurden und anschließend Nutzen aus den Auswirkungen der Stellungnahme auf den betreffenden Aktienkurs gezogen wird, ohne dass der Öffentlichkeit gleichzeitig dieser Interessenkonflikt auf ordnungsgemäße und effiziente Weise mitgeteilt wird. Bei der Prüfung, ob eine Marktmanipulation vorliegt, sind nach Art. 4 Durchführungsrichtlinie 2003/124/EG zur Marktmissbrauchsrichtlinie zu berücksichtigen der Umfang, in dem erteilte Geschäftsaufträge oder abgewickelte Geschäfte einen bedeutenden Teil des Tagesvolumens der Transaktionen mit der entsprechenden Aktie auf dem jeweiligen geregelten Markt ausmachen, vor allem dann, wenn diese Tätigkeiten zu einer erheblichen Veränderung des Aktienkurses führen (a)), der Umfang, in dem erteilte Geschäftsaufträge oder abgewickelte Geschäfte, die von Personen mit einer bedeutenden Kauf- oder Verkaufsposition in einer Aktie getätigt wurden, z. B. zu einer erheblichen Veränderung dieses Kurses dieser Aktie führen (b)), ob abgewickelte Geschäfte zu keiner Veränderung in der Identität des wirtschaftlichen Eigentümers der Aktien führen (c)), der Umfang, in dem erteilte Geschäftsaufträge oder abgewickelte Geschäfte Umkehrungen von Positionen innerhalb eines kurzen Zeitraums beinhalten und einen beträchtlichen Teil des Tagesvolumens der Geschäfte mit den betreffenden Aktien auf dem betreffenden geregelten Markt ausmachen, sowie mit einer erheblichen Veränderung des Aktienkurses in Verbindung gebracht werden können (d)), der Umfang, in dem erteilte Geschäftsaufträge oder abgewickelte Geschäfte innerhalb einer kurzen Zeitspanne des Börsentages konzentriert werden und zu einer Kursveränderung

umsetzende Anlegerschutzverbesserungsgesetz novelliert, die zum Kursmanipulationsverbot in seiner ursprünglichen Fassung erlassene Kursmanipulations-Konkretisierungsverordnung (KuMaKVO)[1751] durch die auf Grund der Ermächtigung gemäß § 20a V 1 WpHG erlassene Marktmanipulations-Konkretisierungsverordnung (MaKonVO) abgelöst[1752].

Unrichtige[1753] oder irreführende[1754] Angaben[1755] über bewertungserhebliche Umstände[1756] hinsichtlich an einer inländischen Börse zum amtlichen oder geregelten Markt zugelassener oder in den geregelten Markt oder in den Freiverkehr einbezogener oder im Europäischen Wirtschaftsraum an einem organi-

---

führen, die in der Folge wieder umgekehrt wird (e)), der Umfang, in dem erteilte Geschäftsaufträge die besten bekannt gemachten Kurse für Angebot und Nachfrage der Aktie verändern oder genereller die Aufmachung des Orderbuchs verändern, das den Marktteilnehmern zur Verfügung steht, und vor ihrer eigentlichen Abwicklung annulliert werden könnten (f)) und der Umfang, in dem Geschäftsaufträge genau oder ungefähr zu einem bestimmten Zeitpunkt erteilt oder Geschäfte zu diesem Zeitpunkt abgewickelt werden, an dem die Referenzkurse, die Abrechnungskurse und die Bewertungen berechnet werden, und dies zu Kursveränderungen führt, die sich auf eben diese Kurse und Bewertungen auswirken (g)). Gemäß Art. 5 Durchführungsrichtlinie 2003/124/EG zur Marktmissbrauchsrichtlinie ist bei der Prüfung überdies zu berücksichtigen, ob von bestimmten Personen erteilte Geschäftsaufträge oder abgewickelte Geschäfte vorab oder im Nachhinein von der Verbreitung falscher oder irreführender Informationen durch dieselben oder in enger Beziehung zu ihnen stehenden Personen begleitet wurden (a)) oder ob Geschäftsaufträge von Personen erteilt bzw. Geschäfte von diesen abgewickelt werden, bevor oder nachdem diese Personen oder in enger Beziehung zu ihnen stehende Personen Analysen oder Anlageempfehlungen erstellt oder weitergegeben haben, die unrichtig oder verzerrt sind oder ganz offensichtlich von materiellen Interessen beeinflusst wurden (b)).

1751 BGBl. I, 2003, 2300.

1752 BGBl. I, 2005, 515; BaFin-Emittentenleitfaden, S. 86.

1753 BaFin-Emittentenleitfaden, S. 89 (bei Tatsachen Unwahrheit, bei Unvollständigkeit, wenn wichtige Teilaspekte ausgelassen werden und falsches Gesamtbild entsteht; bei Werturteilen, Prognosen falsche Tatsachenbasis oder unvertretbare Schlussfolgerungen aus wahren Tatsachen; Erklärungen „ins Blaue hinein"); Schwark-Schwark, § 20a WpHG (a. F.) Rn. 11 ff.

1754 BaFin-Emittentenleitfaden, S. 89 f. (inhaltlich richtig, aber durch die Art der Darstellung beim Empfänger der Information falsche Vorstellung erweckend, Unwahres schlüssig miterklärt, Gesamtzusammenhang entscheidend).

1755 BaFin-Emittentenleitfaden, S. 88 f. (Erklärungen über das Vorliegen nachprüfbarer Gegebenheiten (Tatsachenmitteilungen, Werturteile, Prognosen aus Tatsachenkern), ausreichend, dass die Erklärung nach außen dringt und zumindest eine weitere Person davon Kenntnis nehmen kann; z. B. Erklärungen aufgrund von Publizitätspflichten, freiwillige Erklärungen bei Einzelgesprächen, in der Hauptversammlung, bei Konferenzen; schriftlich, mündlich, in Textform, elektronisch (E-mail, Internet).

1756 Vgl. jetzt § 2 MaKonVO (im Einzelnen sogleich); d. h. für die Anlageentscheidung eines verständigen Anlegers; BaFin-Emittentenleitfaden, S. 90 f.; zu § 20a WpHG (a. F.) Schlüter, S. 198, Rn. 274 (durchschnittlich vorsichtiger, vernünftiger Anleger); Schwark-Schwark, § 20a WpHG (a. F.) Rn. 15 ff. (Verkehrsauffassung als Maßstab).

sierten Markt zugelassener Aktien (§ 20a I 2 Nr. 1, 2 WpHG) dürfen nicht gemacht werden[1757] (§ 20a I 1 Nr. 1, 1. Alt. WpHG). Das Verbot gilt bereits im Falle der Beantragung einer entsprechenden Zulassung oder Einbeziehung oder einer diesbezüglichen öffentlichen Ankündigung (§ 20a I 3 WpHG). Neuerdings sind also neben (wie bisher) unrichtigen auch irreführende Angaben Gegenstand des Marktmanipulationsverbots[1758]. Darüber hinaus ist ein Verschweigen bewertungserheblicher Umstände entgegen bestehenden Rechtsvorschriften[1759] nicht erlaubt, wenn die Angaben oder das Verschweigen geeignet sind, auf den inländischen Börsenpreis solcher Aktien einzuwirken[1760] (§ 20a I 1 Nr. 1, 2. Alt. WpHG). Verboten ist gemäß § 20a I 1 Nr. 3 WpHG außerdem die Vornahme sonstiger Täuschungshandlungen[1761], die geeignet sind, auf den inländischen Börsenpreis einzuwirken. Es bedarf nicht mehr der Absicht der Einwirkung, sondern es genügt Vorsatz[1762]. Untersagt ist jetzt auch die Vornahme von Geschäften oder die Erteilung von Kauf- oder Verkaufsaufträgen, die geeignet sind, falsche oder irreführende Signale für das Angebot, die Nachfrage oder den Börsen- oder Marktpreis der genannten Aktien zu geben oder ein künstliches Preisniveau herbeizuführen (§ 20a I 1 Nr. 2 WpHG[1763]; vgl. Art. 1 Nr. 2 a) Marktmissbrauchsrichtlinie); hierunter fallen mit der zulässigen Marktpraxis vereinbare Handlungen nicht, wenn der Handelnde außerdem legitime Gründe hat (§ 20a II WpHG[1764]; vgl. Art. 1 Nr. 2 a) Marktmissbrauchsrichtlinie).

Bewertungserhebliche Umstände im Sinne des § 20a I 1 Nr. 1 WpHG sind nach §§ 2 I 1 MaKonVO, 20a V 1 Nr. 1 WpHG Tatsachen und Werturteile, die ein verständiger Anleger bei seiner Anlageentscheidung berücksichtigen würde (etwas anders noch § 2 I KuMaKVO). Gemäß § 2 I 2 MaKonVO gelten als bewertungserhebliche Umstände auch solche, bei denen mit hinreichender

---

1757 Assmann/Schneider-Vogel, § 20a (a. F.) Rn. 34 ff.; Schwark-Schwark,§ 20a WpHG (a. F.) Rn. 18 (eine Kundgabe muss abstrakt geeignet sein, eine entsprechende Kursreaktion am Markt hervorzurufen, ein Öffentlichkeitsbezug ist erforderlich).

1758 Diekmann/Sustmann, NZG 2004, 929 (937).

1759 BaFin-Emittentenleitfaden, S. 91 f.; zu § 20a WpHG (a. F.) Assmann/Schneider-Vogel, § 20a (a. F.) Rn. 59 ff.; Schwark-Schwark,§ 20a WpHG (a. F.) Rn. 19 ff. (erforderlich ist eine gesetzliche Offenbarungspflicht, z. B. gesellschaftsrechtliche oder kapitalmarktrechtliche Publizitätspflichten §§ 40 BörsG, 53 ff. BörsZulVO, 15, 15a WpHG, 10 WpÜG).

1760 BaFin-Emittentenleitfaden, S. 92 f. (objektiv nachträgliche Betrachtung); zu § 20a WpHG (a. F.) Schwark-Schwark,§ 20a WpHG (a. F.) Rn. 8 (§ 20a WpHG als abstraktes Gefährdungsdelikt, bei dem kein Erfolg nötig ist), 15 (es muss nicht tatsächlich zum Kauf/Verkauf kommen, ausreichend ist, wenn ein Anleger zu einer Aktienbewertung kommt, die vom eigentlichen Kurs abweicht), 17.

1761 BaFin-Emittentenleitfaden, S. 89, 93 (frei Erfundenes, falsche Gerüchte, falsche Empfehlungen); zu § 20a WpHG (a. F.) Assmann/Schneider-Vogel, § 20a (a. F.) Rn. 87 ff.

1762 Diekmann/Sustmann, NZG 2004, 929 (937); anders noch § 20a I 1 Nr. 2 WpHG (a. F.).

1763 Diekmann/Sustmann, NZG 2004, 929 (937).

1764 Diekmann/Sustmann, NZG 2004, 929 (937).

Wahrscheinlichkeit davon ausgegangen werden kann, dass sie in Zukunft eintreten werden. Bewertungserhebliche Umstände sind regelmäßig Insiderinformationen, die nach § 15 I 1 WpHG, sowie Entscheidungen und Kontrollerwerbe, die nach § 10 oder § 35 WpÜG zu veröffentlichen sind (§ 2 II MaKonVO), außerdem insbesondere bedeutende Kooperationen, Erwerb oder Veräußerung von wesentlichen Beteiligungen sowie der Abschluss, die Änderung oder die Kündigung von Beherrschungs- und Gewinnabführungsverträgen und sonstigen bedeutenden Vertragsverhältnissen (§ 2 III Nr. 1 MaKonVO), Liquiditätsprobleme, Überschuldung oder Verlustanzeige nach § 92 AktG (§ 2 III Nr. 2 MaKonVO), bedeutende Erfindungen, Erteilung oder Verlust bedeutender Patente und Gewährung wichtiger Lizenzen (§ 2 III Nr. 3 MaKonVO), Rechtsstreitigkeiten und Kartellverfahren von besonderer Bedeutung (§ 2 III Nr. 4 MaKonVO), Veränderungen in personellen Schlüsselpositionen des Unternehmens (§ 2 III Nr. 5 MaKonVO) und strategische Unternehmensentscheidungen, insbesondere der Rückzug aus oder die Aufnahme von neuen Kerngeschäftsfeldern oder die Neuausrichtung des Geschäfts (§ 2 III Nr. 6 MaKonVO). Bewertungserhebliche Umstände können insbesondere auch Änderungen in den Jahresabschlüssen und Zwischenberichten und den hieraus üblicherweise abgeleiteten Unternehmenskennzahlen (§ 2 IV Nr. 1 MaKonVO), Änderungen der Ausschüttungen, insbesondere Sonderausschüttungen, eine Dividendenänderung oder die Aussetzung der Dividende (§ 2 IV Nr. 2 MaKonVO), Übernahme-, Erwerbs- und Abfindungsangebote, soweit nicht von § 2 II erfasst (§ 2 IV Nr. 3 MaKonVO) und Kapital- und Finanzierungsmaßnahmen (§ 2 IV Nr. 4 MaKonVO) sein.

Anzeichen für falsche oder irreführende Signale oder die Herbeiführung eines künstlichen Preisniveaus im Sinne des § 20a I 1 Nr. 2 WpHG sind auf Aktien bezogene Geschäfte oder Kauf- oder Verkaufsaufträge, die an einem Markt einen bedeutenden Anteil am Tagesgeschäftsvolumen dieser Aktien ausmachen, insbesondere wenn sie eine erhebliche Preisänderung bewirken (§§ 3 I Nr. 1 a) MaKonVO, 20a V 1 Nr. 2 WpHG (vgl. Art. 4 (a) Durchführungsrichtlinie 2003/124)), durch die Personen erhebliche Preisänderungen bei Aktien, von denen sie bedeutende Kauf- oder Verkaufspositionen innehaben, oder bei sich darauf beziehenden Derivaten oder Basiswerten (§ 3 I Nr. 1 b) MaKonVO (vgl. Art. 4 (b) Durchführungsrichtlinie 2003/124)), mit denen innerhalb kurzer Zeit Positionen umgekehrt werden und die an einem Markt einen bedeutenden Anteil am Tagesgeschäftsvolumen dieser Aktien ausmachen und die mit einer erheblichen Preisänderung im Zusammenhang stehen könnten (§ 3 I Nr. 1 c) MaKonVO (vgl. Art. 4 (d) Durchführungsrichtlinie 2003/124)), die durch die Häufung innerhalb eines kurzen Abschnitts des Börsentages eine erhebliche Preisänderung bewirken, auf die eine gegenläufige Preisänderung folgt (§ 3 I Nr. 1 d) MaKonVO (vgl. Art. 4 (e) Durchführungsrichtlinie 2003/124)), die nahe zu dem Zeitpunkt der Feststellung eines bestimmten Preises, der als Referenzpreis für ein Finanzinstrument oder andere Vermögenswerte dient, erfolgen und mittels Einwirkung auf diesen Referenzpreis den Preis oder die Bewertung des

Finanzinstruments oder des Vermögenswertes beeinflussen (§ 3 I Nr. 1 e) MaKonVO (vgl. Art. 4 (g) Durchführungsrichtlinie 2003/124)). Anzeichen für falsche oder irreführende Signale oder die Herbeiführung eines künstlichen Preisniveaus im Sinne des § 20a I 1 Nr. 2 WpHG sind außerdem auf Aktien bezogene Kauf- oder Verkaufsaufträge, die auf die den Marktteilnehmern ersichtliche Orderlage, insbesondere auf die zur Kenntnis gegebenen Preise der am höchsten limitierten Kaufaufträge oder der am niedrigsten limitierten Verkaufsaufträge, einwirken und vor der Ausführung zurückgenommen werden (§ 3 I Nr. 2 MaKonVO (vgl. Art. 4 (f) Durchführungsrichtlinie 2003/124)), und Geschäfte, die zu keinem Wechsel des wirtschaftlichen Eigentümers einer Aktie führen (§ 3 I Nr. 3 MaKonVO (vgl. Art. 4 (c) Durchführungsrichtlinie 2003/124)) (ähnlich § 3 II Nr. 1 KuMaKVO). Irreführende Signale im Sinne des § 20a I 1 Nr. 2 WpHG werden insbesondere auch durch den Kauf oder den Verkauf von Aktien bei Börsenschluss gegeben, wenn dadurch Anleger, die auf Grund des festgestellten Schlusspreises Aufträge erteilen, über die wahren wirtschaftlichen Verhältnisse getäuscht werden (§ 3 II MaKonVO (vgl. Art. 1 Nr. 2, 2. Unterabsatz Durchführungsrichtlinie 2003/124)).

Sonstige Täuschungshandlungen im Sinne des § 20a I 1 Nr. 3 WpHG sind Handlungen oder Unterlassungen, die geeignet sind, einen verständigen Anleger über die wahren wirtschaftlichen Verhältnisse, insbesondere Angebot und Nachfrage in Bezug auf eine Aktie, an einer Börse oder einem Markt in die Irre zu führen und den inländischen Börsen- oder Marktpreis einer Aktie oder den Preis einer Aktie an einem organisierten Markt in einem anderen EU- oder EWR-Mitgliedstaat hoch- oder herunter zu treiben oder beizubehalten (§§ 4 I MaKonVO, 20a V 1 Nr. 5 WpHG (modifiziert § 3 I KuMaKVO)). Sonstige Täuschungshandlungen können insbesondere Geschäfte oder einzelne Kauf- oder Verkaufsaufträge über Aktien sein, bei denen ein Kauf- und ein Verkaufsauftrag zu im Wesentlichen gleichen Stückzahlen und Preisen von verschiedenen Parteien, die sich abgesprochen haben, erteilt wird; es sei denn, diese Geschäfte wurden im Einklang mit den jeweiligen Marktbestimmungen rechtzeitig angekündigt (§ 4 II Nr. 1 MaKonVO), die den unzutreffenden Eindruck wirtschaflich begründeter Umsätze erwecken (§ 4 II Nr. 2 MaKonVO), die geeignet sind, über Angebot und Nachfrage bei einer Aktie im Zeitpunkt der Feststellung eines bestimmten Börsen- oder Marktpreises, der als Referenzpreis für eine Aktie oder andere Produkte dient, zu täuschen (§ 4 II Nr. 3 MaKonVO). Gemäß § 4 III MaKonVO sind Täuschungshandlungen auch die Sicherung einer marktbeherrschenden Stellung über das Angebot von oder die Nachfrage nach Aktien durch eine Person oder mehrere in Absprache handelnde Personen mit der Folge, dass unmittelbar oder mittelbar Ankaufs- oder Verkaufspreise dieser Aktien bestimmt oder nicht marktgerechte Handelsbedingungen geschaffen werden (Nr. 1) (vgl. Art. 1 Nr. 2, 2. Unterabsatz Durchführungsrichtlinie 2003/124) (modifiziert § 3 III Nr. 1 KuMaKVO) und die Kundgabe von Gerüchten oder Meinungen, insbesondere Empfehlungen, zu Aktien oder deren Emittenten bei Bestehen eines möglichen Interessenkonflikts, ohne dass dieser zugleich in adäquater Weise offenbart wird (Nr. 2). Anzeichen für sonstige Täuschungshandlungen sind auch Geschäfte oder einzelne Kauf- oder Verkaufsaufträge, bei denen die Vertragspartner oder Auftraggeber oder mit diesen in enger Beziehung stehende Personen vorab oder im Nachhinein unrichtige oder irreführende Informationen weitergeben (§ 4 IV Nr. 1 MaKonVO) oder unrichtige, fehlerhafte verzerrende oder von wirtschaftlichen Interessen beeinflusste Finanzanalysen oder Anlageempfehlungen erstellen oder weitergeben (vgl. Art. 5 (a), (b) Durchführungsrichtlinie 2003/124).

Bei der Anerkennung von Gepflogenheiten als zulässige Marktpraxis gemäß §§ 20a II 2 WpHG und 7 I MaKonVO, 20a V 1 Nr. 5 WpHG berücksichtigt die Bundesanstalt nach § 8 I MaKonVO insbesondere, ob die Gepflogenheit für den gesamten Markt hinreichend transparent ist (Nr. 1), die Liquidität und Leistungsfähigkeit des Marktes nicht gefährdet (Nr. 2), das Funktionieren der Marktkräfte und das freie Zusammenspiel von Angebot und Nachfrage unter Berücksichtigung wesentlicher Parameter, insbesondere der Marktbedingungen vor Einführung der Marktpraxis, des gewichteten Durchschnittskurses eines Handelstages und der täglichen Schlussnotierung, nicht beeinträchtigt (Nr. 3), mit dem Handelsmechanismus auf dem Markt vereinbar ist und den anderen Marktteilnehmern eine angemessene und rechtzeitige Reaktion erlaubt (Nr. 4), den Strukturmerkmalen des Marktes, insbesondere dessen Regulierung und Überwachung, den gehandelten Aktien und der Art der Marktteilnehmer gerecht wird (Nr. 4) und die Integrität anderer Märkte, auf denen dieselbe Aktie der Marktteilnehmer gerecht wird (Nr. 5) und die Integrität anderer Märkte, auf denen dieselbe Aktie gehandelt wird, nicht gefährdet (Nr. 6).

Manipulationen im Sinne des § 20a I 1 WpHG liegen u. a. unter den Voraussetzungen des § 20a III 1 WpHG nicht vor, wenn mit eigenen Aktien im Rahmen von Rückkaufprogrammen gehandelt wird oder wenn Kursstabilisierungsmaßnahmen ergriffen werden (vgl. Art. 8 Marktmissbrauchsrichtlinie). Die Durchführungsverordnung 2273/2003 zur Marktmissbrauchsrichtlinie sieht hierzu Detailregelungen vor (Artt. 1, 7 Durchführungsverordnung 2273/2003 zur Marktmissbrauchsrichtlinie). U. a. darf ein Emittent bei Geschäften im Rahmen eines Rückkaufprogramms Aktien nicht zu einem Kurs erwerben, der über dem des letzten unabhängig getätigten Abschlusses oder (sollte dieser höher sein) über dem des derzeit höchsten unabhängigen Angebots auf den Handelsplätzen, auf denen der Kauf stattfindet, liegt (Art. 5 I, 1. Unterabsatz Durchführungsverordnung 2273/2003 zur Marktmissbrauchsrichtlinie). Ist der Handelsplatz kein geregelter Markt, so ist der im Rahmen des letzten unabhängigen Abschlusses erzielte Kurs oder das derzeit höchste unabhängige Angebot auf dem geregelten Markt des Mitgliedstaates, in dem der Kauf stattfindet, als Referenzkurs zu berücksichtigen (Art. 5 I, 2. Unterabsatz Durchführungsverordnung 2273/2003 zur Marktmissbrauchsrichtlinie). Der Emittent darf an einem Tag

aber nicht mehr als 25 % des durchschnittlichen täglichen Aktienumsatzes auf dem geregelten Markt, auf dem der Kauf erfolgt, erwerben (Art. 5 II, 1. Unterabsatz Durchführungsverordnung 2273/2003 zur Marktmissbrauchsrichtlinie), es sei denn er teilt bei außerordentlich niedriger Liquidität auf dem relevanten Markt das Vorhaben, über 25 %, aber keinesfalls über 50 % hinauszugehen der BaFin und der Öffentlichkeit mit (Art. 5 III Durchführungsverordnung 2273/2003 zur Marktmissbrauchsrichtlinie). Während der Laufzeit des Rückkaufprogramms darf der Emittent eigene Aktien nicht verkaufen, nicht während „geschlossener Zeiträume" oder aufgeschobener Bekanntgabe von Insiderinformationen handeln (Art. 6 I Durchführungsverordnung 2273/2003 zur Marktmissbrauchsrichtlinie).
Kursstabilisierungsmaßnahmen sind vorher bekannt zu geben, aufzuzeichnen, spätestens am Ende des 7. Handelstages nach dem Tag der Ausführung dieser Maßnahmen hinsichtlich der Einzelheiten mitzuteilen und bekannt zu geben (Art. 9 I bis IV Durchführungsverordnung 2273/2003 zur Marktmissbrauchsrichtlinie). Stabilisierungsmaßnahmen sind auf 30 Tage befristet (Art. 8 I bis III Durchführungsverordnung 2273/2003 zur Marktmissbrauchsrichtlinie).

Zur Durchsetzung der Einhaltung des Manipulationsverbots[1765] hat die BaFin über die allgemeinen Befugnisse insbesondere gemäß § 4 I, II 1, III, IV WpHG hinaus die Möglichkeit, Aktienhandel auf Aktienmärkten auszusetzen oder zu untersagen (§ 4 II 2 WpHG). Adressaten von Maßnahmen nach § 4 II bis IV WpHG, die von der BaFin wegen eines möglichen Verstoßes gegen § 20a WpHG vorgenommen werden, dürfen andere Personen als staatliche Stellen und solche, die auf Grund ihres Berufs einer gesetzlichen Verschwiegenheitspflicht unterliegen, von diesen Maßnahmen oder von einem daraufhin eingeleiteten Ermittlungsverfahren nicht in Kenntnis setzen (§ 4 VIII WpHG).
Bei der Überwachung des Manipulationsverbots wird die BaFin von der Handelsüberwachungsstelle der Börse unterstützt (§ 4 V 4, 5 BörsG)[1766].

Als Ordnungswidrigkeit werden Verstöße gegen § 20a I 1 Nr. 2 oder 3 WpHG (§ 39 I Nr. 1, 2 WpHG) oder vorsätzliche oder leichtfertige Verstöße gegen § 20a I 1 Nr. 1 WpHG (§ 39 II Nr. 11 WpHG) mit einem Bußgeld von bis zu einer Million Euro belegt (§ 39 IV, 1. Alt. WpHG). Mit Freiheitsstrafe bis zu 5 Jahren oder mit Geldstrafe wird gemäß § 38 II WpHG bestraft, wer eine der in den Ordnungswidrigkeitstatbeständen oder ein entsprechendes ausländisches Verbot (§ 38 V WpHG) bezeichneten Taten vorsätzlich begeht und dadurch auf den inländischen Börsen- oder Marktpreis einer Aktie oder auf den Aktienpreis an einem organisierten Markt im EU- oder EWR-Ausland einwirkt.

1765 Schlüter, S. 201 f., Rn. 292 ff.; Schwark-Schwark, § 20a WpHG (a. F.) Rn. 1; § 20b WpHG (a. F.) Rn. 1.
1766 Schwark-Schwark, § 20a WpHG (a. F.) Rn. 2 ff.

bb) Insiderrecht

1) Allgemeines Insiderrecht

Das deutsche Insiderrecht ging ursprünglich auf die europäische Insiderrichtlinie[1767] zurück. Letztere ist durch die Missbrauchsrichtlinie[1768] ersetzt worden (Präambel, Erwägung 13 Marktmissbrauchsrichtlinie). Das Insiderhandelsverbot des deutschen Rechts ist durch das die Richtlinie transformierende Anlegerschutzverbesserungsgesetz (AnSVG) reformiert worden[1769]. Das Insiderrecht dient vorrangig dem Funktionsschutz[1770]. Es ist verboten, börsenzugelassene (§ 12 Satz 1 Nr. 1, 1. Alt. WpHG; vgl. Art. 9 Marktmissbrauchsrichtlinie) oder in den Börsenhandel einbezogene Aktien, also einschließlich der Freiverkehrswerte (§ 12 Satz 1 Nr. 1, 2. und 3. Alt. WpHG)[1771], oder im Europäischen Wirtschaftsraum an einem organisierten Markt zugelassene Aktien (§ 12 Satz 1 Nr. 2 WpHG; Art. 9 Marktmissbrauchsrichtlinie)[1772] unter Verwendung[1773] einer Insiderinformation für eigene oder fremde Rechnung oder für einen anderen zu erwerben oder zu veräußern (§ 14 I Nr. 1 WpHG; vgl. Artt. 2 I, 4 Marktmissbrauchsrichtlinie)[1774], einem anderen eine Insiderinformation unbefugt[1775] mitzuteilen[1776] oder zugänglich zu machen[1777] (§ 14 I Nr. 2 WpHG;

1767 ABl. EG 1989, Nr. L 334, S. 31; Schwark-Schwark, vor § 12 WpHG (a. F.) Rn. 3.

1768 ABl. EU 2003, Nr. L 96, S. 16.

1769 Rodewald/Tüxen, BB 2004, 2249 (2249 ff.).

1770 Schwark-Schwark, vor § 12 WpHG (a. F.) Rn. 8.

1771 BaFin-Emittentenleitfaden, S. 16; so schon die frühere Rechtslage: Schwark-Schwark, § 12 WpHG (a. F.) Rn. 2 ff.; Schäfer-Schäfer, § 12 WpHG (a. F.) Rn. 3 ff.; Lenenbach, S. 489 f., Rn. 10.24 ff.; Schwark-Schwark, § 12 WpHG (a. F.) Rn. 5.

1772 BaFin-Emittentenleitfaden, S. 17; zu § 12 WpHG (a. F.) Schwark-Schwark, § 12 WpHG (a. F.) Rn. 6; Assmann/Schneider-Assmann, § 12 (a. F.) Rn. 6; Schäfer-Schäfer, § 12 WpHG (a. F.) Rn. 10 f.; Schlüter, S. 157 ff., Rn. 36 ff.

1773 BaFin-Emittentenleitfaden, S. 26 f. (in Kenntnis der Information handeln; Kenntnis muss bei Ordererteilung bestehen, nicht schädlich ist, wenn Kenntnis erst zwischen Ordererteilung und -ausführung eintritt; ausreichend ist die rechtliche Verpflichtung zum Geschäft, nicht nötig ist Erfüllung).

1774 BaFin-Emittentenleitfaden, S. 27 (ausreichend ist die rechtliche Verpflichtung zum Geschäft, nicht nötig ist Erfüllung); zu § 14 WpHG (a. F.): Schwark-Schwark, § 14 WpHG (a. F.) Rn. 5 ff.; Schäfer-Schäfer, § 14 WpHG (a. F.) Rn. 3 ff.; Schlüter, S. 162, Rn. 64 ff.; Abschluss eines Verpflichtungsgeschäfts kann ausreichen, Lenenbach, S. 500, Rn. 10.48, a. A. Schlüter, S. 162, Rn. 64: nach Wortlaut sei Änderung der sachenrechtlichen Güterzuordnung erforderlich; unerheblich ist, ob jemand als Eigenhändler oder als Komissionär handelt, Schlüter, S. 162, Rn. 66; nicht erfasst ist das Unterlassen von Geschäften, Schlüter, S. 162, Rn. 67; Lenenbach, S. 500, Rn. 10.49.

1775 BaFin-Emittentenleitfaden, S. 32 (nicht im üblichen Rahmen der Aufgabenerfüllung für Emittenten).

1776 BaFin-Emittentenleitfaden, S. 31 (unmittelbare Weitergabe).

vgl. Artt. 3 a), 4 Marktmissbrauchsrichtlinie)[1778] oder einem anderen auf der Grundlage Insiderpapiere zu empfehlen[1779] oder einen anderen auf sonstige Weise dazu zu verleiten[1780] (§ 14 I Nr. 3 WpHG; vgl. Artt. 3 b), 4 Marktmissbrauchsrichtlinie). Eine Insiderinformation ist eine konkrete[1781] Information über nicht öffentlich bekannte[1782] Umstände, die sich auf einen oder mehrere Emittenten von Insiderpapieren oder auf die Insiderpapiere selbst beziehen[1783] und die geeignet sind, im Falle ihres öffentlichen Bekanntwerdens den Börsen- oder Marktpreis der Insiderpapiere erheblich zu beeinflussen (§ 13 I 1 WpHG; vgl. Art. 1 I Marktmissbrauchsrichtlinie[1784]; Art. 1 I Durchführungsrichtlinie 2003/124/EG zur Marktmissbrauchsrichtlinie). Der Rechtsbegriff im alten Recht war nicht „Insiderinformation", sondern „Insidertatsache" (§ 13 I WpHG (a. F.))[1785], „unter Ausnutzung einer Insidertatsache" in § 14 I Nr. 1 WpHG (a. F.)

1777 BaFin-Emittentenleitfaden, S. 31 (Voraussetzungen der Kenntnisnahme durch Dritte schaffen).

1778 Zu § 14 WpHG (a. F.): Schwark-Schwark, § 14 WpHG (a. F.) Rn. 25 ff.; Schäfer-Schäfer, § 14 (a. F.) WpHG Rn. 14 ff.; Schlüter, S. 163, Rn. 70 ff.; Lenenbach, S. 502 ff., Rn. 10.52 ff.

1779 BaFin-Emittentenleitfaden, S. 32 (Unterfall des Verleitens); zu § 14 WpHG (a. F.): Schwark-Schwark, § 14 WpHG (a. F.) Rn. 50 ff.; Schäfer-Schäfer, § 14 WpHG (a. F.) Rn. 25 ff.; Schlüter, S. 163, Rn. 74 f.; Lenenbach, S. 504, Rn. 10.56.

1780 BaFin-Emittentenleitfaden, S. 32 (Willen des anderen durch beliebige Mittel beeinflussen).

1781 BaFin-Emittentenleitfaden, S. 19 (so bestimmt, dass hinreichende Grundlage für Einschätzung über zukünftigen Verlauf des Börsen- oder Marktpreises eines Insiderpapiers, präzise Information über bereits existierende Umstände, die hinreichend wahrscheinlich auch in Zukunft existieren (vgl. bisherige h. Rspr. und Lehre).

1782 BaFin-Emittentenleitfaden, S. 20 f. (öffentlich bekannt, wenn breitem Anlegerpublikum und damit einer unbestimmten Zahl von Personen zeitgleich zugänglich gemacht (Bereichsöffentlichkeit, informationelle Chancengleichheit), nicht genügend ist Veröffentlichung in nur bestimmten Kreisen bekannten Börseninformationsdiensten, in der Hauptversammlung, in Pressekonferenzen).

1783 BaFin-Emittentenleitfaden, S. 21 f. (auch den Emittenten nur mittelbar betreffende Umstände, z. B. Marktdaten, sofern sie für den Emittenten relevant sind); zu § 13 WpHG (a. F.): Schwark-Schwark, § 13 WpHG (a. F.) Rn. 41 f.; Schäfer-Schäfer, § 13 WpHG (a. F.) Rn. 52 ff.; Schlüter, S. 164, Rn. 80 f.: unternehmensinterne Vorgänge und Zustände oder geschäftliche Außenbeziehungen; Lenenbach, S. 492 f., Rn. 10.32.

1784 Möllers, ZBB 2003, 390 (391).

1785 Zur „Insidertatsache" i. S. d. § 13 WpHG (a. F.): Schwark-Schwark, § 13 WpHG (a. F.) Rn. 27; Schäfer-Schäfer, § 13 WpHG (a. F.) Rn. 35; Schlüter, S. 163 ff., Rn. 77 ff., insbes. S. 166 f., Rn. 91; Lenenbach, S. 490 ff., Rn. 10.27 ff.; zur „nicht öffentlich bekannten Tatsache" i. S. d. § 13 WpHG (a. F.): Schwark-Schwark, § 13 WpHG (a. F.) Rn. 27 ff.; Assmann/Schneider-Assmann, § 13 (a. F.) Rn. 38 ff.; Schäfer-Schäfer, § 13 WpHG (a. F.) Rn. 35 ff.; Schlüter, S. 164, Rn. 79 (veröffentlichte Zwischenberichte und Ad hoc-Veröffentlichungen heben den Insidercharakter auf, ebenso die Herstellung der sog. „Bereichsöffentlichkeit"); Lenenbach, S. 493 f., Rn. 10.33 f.

ist durch „unter Verwendung einer Insiderinformation“ (§ 14 I Nr. 1 WpHG) ersetzt worden[1786]. Damit ist eine Ausweitung des Insidertatbestandes erfolgt, u. a. indem zum einen auch Werturteile und Prognosen[1787], darüber hinaus Pläne, Vorhaben und Strategien[1788] erfasst werden. Nach § 13 I 3 WpHG gelten als Umstände im Sinne des Satzes 1 auch solche, bei denen mit hinreichender Wahrscheinlichkeit davon ausgegangen werden kann, dass sie in Zukunft eintreten werden. Zum anderen erfordert die Verwendung einer Insiderinformation nicht mehr zweckgerichtetes Handeln, was in subjektiver Hinsicht zu Beweiserleichterungen führen soll[1789]. § 13 I 4 WpHG stellt u. a. klar, dass eine Insiderinformation insbesondere auch eine Information über nicht öffentlich bekannte Umstände im Sinne des Satzes 1, die sich auf Aufträge von anderen Personen über den Kauf oder Verkauf von Finanzinstrumenten bezieht (Nr. 1). Eine Bewertung, die ausschließlich aufgrund öffentlich bekannter Umstände erstellt wird, ist keine Insiderinformation, selbst wenn sie den Kurs von Insiderpapieren erheblich beeinflussen kann (§ 13 II WpHG)[1790]. Gemäß § 13 I 2 WpHG ist eine Eignung zur erheblichen Kursbeeinflussung gegeben, wenn ein verständiger Anleger die Information bei seiner Anlageentscheidung berücksichtigen würde (vgl. Art. 1 II Durchführungsrichtlinie 2003/124/EG zur Marktmissbrauchsrichtlinie)[1791]. Die Eignung zur erheblichen Kursbeeinflussung ist wohl nach wie vor (d. h. wie auf der Grundlage der früheren Gesetzesfassung) im Wege einer nachträglich vorzunehmenden objektiven ex ante-Prognose[1792] festzustellen. Das alte Recht war bereits so ausgelegt worden, dass der Horizont eines durchschnittlich börsenkundigen Anlegers bzw. eines vernünftigen Anlegers mit Lebenserfahrung maßgeblich sein sollte[1793]; inzwischen liegt ja in § 13 I 2 WpHG eine entsprechende gesetzliche Regelung vor. Die Eignung muss

---

1786 BaFin-Emittentenleitfaden, S. 18.

1787 Diekmann/Sustmann, NZG 2004, 929 (930 f.); Möllers, ZBB 2003, 390 (391 f.).

1788 Möllers, ZBB 2003, 390 (391 f.).

1789 Bundestags-Drucksache (BT-Drs.) 15/3174, S. 34; Diekmann/Sustmann, NZG 2004, 929 (931).

1790 Zu § 13 WpHG (a. F.): Schwark-Schwark, § 13 WpHG (a. F) Rn. 64 f.

1791 Zu § 13 WpHG (a. F.): Schwark-Schwark, § 13 WpHG (a. F.) Rn. 43 ff.; Assmann/Schneider-Assmann, § 13 (a. F.) Rn. 59 ff.; Schäfer-Schäfer, § 13 WpHG (a. F.) Rn. 56 ff.; Schlüter, S. 164 ff., Rn. 82 ff.; Lenenbach, S. 494 ff., Rn. 10.36 ff.

1792 BaFin-Emittentenleitfaden, S. 23; zu § 13 WpHG (a. F.), der eine Legaldefinition der „Eignung“ i. d. S. noch nicht vorsah: Schwark-Schwark, § 13 WpHG (a. F) Rn. 45; Assmann/Schneider-Assmann, § 13 (a. F) Rn. 65 ff.; Schlüter, S. 164 f., Rn. 83.

1793 Zu § 13 WpHG (a. F.): Schlüter, S. 165, Rn. 84; Schwark-Schwark, § 13 WpHG (a. F.) Rn. 46; Assmann/Schneider-Assmann, § 13 (a. F.) Rn. 65c.

eher wahrscheinlich als unwahrscheinlich gewesen sein[1794]. Die Erheblichkeit des Kursausschlags ist für den konkreten Einzelfall zu bestimmen[1795].
Ein Verstoß gegen § 14 I WpHG liegt unter den Voraussetzungen des § 14 II WpHG bei Rückkaufprogrammen und Kursstabilisierungen nicht vor (vgl. Art. 8 Marktmissbrauchsrichtlinie)[1796].

Vorsätzliche oder leichtfertige Verstöße gegen § 14 I Nr. 2 oder 3 WpHG werden als Ordnungswidrigkeiten (§ 39 II Nr. 3, 4 WpHG) mit Geldbuße bis 200.000.- Euro (§ 39 IV WpHG) geahndet. Nach § 38 I WpHG wird mit Freiheitsstrafe bis zu 5 Jahren oder mit Geldstrafe bestraft, wer entgegen § 14 I Nr. 1 WpHG ein Insiderpapier erwirbt oder veräußert (§ 38 I Nr. 1 WpHG) oder - § 38 I Nr. 2 WpHG - als Mitglied des Geschäftsführungs- oder Aufsichtsorgans oder als persönlich haftender Gesellschafter des Emittenten oder eines mit dem Emittenten verbundenen Unternehmens (a)), auf Grund seiner Beteiligung am Kapital des Emittenten oder eines mit dem Emittenten verbundenen Unternehmens (b)), auf Grund seines Berufs oder seiner Tätigkeit oder seiner Aufgabe bestimmungsgemäß (c)) oder auf Grund der Vorbereitung oder Begehung einer Straftat (d)) über eine Insiderinformation verfügt und unter Verwendung dieser Insiderinformation eine in § 39 II Nr. 3 oder 4 bezeichnete vorsätzliche Handlung begeht. Strafbarkeit im Sinne des § 38 I WpHG auszulösen vermag auch die Verletzung einer entsprechenden ausländischen Vorschrift (§ 38 V WpHG). Der Versuch ist strafbar (§ 38 III i. V. m. I WpHG). Bei leichtfertiger Begehung einer Tat nach § 38 I WpHG droht Freiheitsstrafe bis zu einem Jahr oder Geldstrafe (§ 38 IV WpHG).

2) Insiderrecht beim Pakethandel

Spezielle insiderrechtliche Fragestellungen tauchen beim Pakethandel auf[1797].

Die Absicht, einen Aktienblock zu verkaufen, stellt für sich allein noch keine Insiderinformation dar. Erst wenn der verkaufswillige Aktionär Dritten gegenüber über sein Verkaufsvorhaben spricht, und überdies angesichts der Größe des zu verkaufenden Pakets mit einer erheblichen Kursbeeinflussung im Falle des öffentlichen Bekanntwerdens des Verkaufsvorhabens zu rechnen ist, ist vom Vorliegen einer Insiderinformation auszugehen[1798].

1794 Zu § 13 WpHG (a. F.): Schwark-Schwark, § 13 WpHG (a. F.) Rn. 47; Assmann/Schneider-Assmann, § 13 (a. F.) Rn. 65e; Lenenbach, S. 495, Rn. 10.37.

1795 Zu § 13 WpHG (a. F.): Lenenbach, S. 496 f., Rn. 10.38; Schlüter, S. 165 f., Rn. 86 ff; Schwark-Schwark, § 13 WpHG (a. F) Rn. 54 ff.; Assmann/Schneider-Assmann, § 13 (a. F.) Rn. 68.

1796 Diekmann/Sustmann, NZG 2004, 929 (932).

1797 Schlitt/Schäfer, AG 2004, 346 (353 ff.).

1798 Schlitt/Schäfer, AG 2004, 346 (353 f.).

Nach allgemeinen insiderrechtlichen Grundsätzen darf der Entschluss zum Verkauf eines Aktienblocks nicht aufgrund der Kenntnis einer Insiderinformation gefällt werden. Ist ein entsprechender Entschluss bereits gefasst worden und erlangt der Verkaufswillige erst danach Kenntnis von einer Insiderinformation, so liegt beim Verkauf mangels Ursächlichkeit keine Verwendung der Information vor, womit ein Verstoß gegen das Insiderrecht ausscheidet[1799]. Selbstverständlich ist ein Verstoß anzunehmen, wenn der ursprüngliche Verkaufsentschluss nach Bekanntwerden einer Insiderinformation in der Weise modifiziert wird, dass nun mehr Aktien verkauft werden[1800].

Insiderinformationen dürfen seitens des Verkaufswilligen bei Paketen, die keine unternehmerische Kontrolle über das betreffende Unternehmen vermitteln, an (potentielle) Aktienkäufer nicht weitergegeben werden[1801]. Auch der Emittent selbst darf bei Aktienpaketen der genannten Größe keine Insiderinformationen an Kaufinteressenten weitergeben[1802].

3) Sonderproblem: Insiderrechtliche und aktienrechtliche Pflichtenbindungen bei der Gestattung der due diligence durch einen Großaktionär seitens des Vorstands im Vorfeld eines Unternehmensverkaufs

Im Zusammenhang mit der Anbahnung eines Unternehmenskaufs bzw. Erwerbs eines Kontrollpakets und dem Interesse des potentiellen Erwerbers an möglichst genauen Informationen über das Unternehmen, die gemeinhin im Wege einer due diligence-Prüfung unter Mitwirkung der Unternehmensleitung erlangt werden[1803], stellen sich Fragen der Abstimmung mit den Anforderungen, die das Insiderrecht für die Unternehmensführungsorgane einer börsennotierten Aktiengesellschaft vorgibt[1804]. Das Insiderrecht, auch das Aktienrecht ver-

1799 Lenenbach, S. 501, Rn. 10.50.

1800 Schlitt/Schäfer, AG 2004, 346 (354).

1801 Schlitt/Schäfer, AG 2004, 346 (354).

1802 Schlitt/Schäfer, AG 2004, 346 (355).

1803 Körber, NZG 2002, 263 (263 f.); Müller, NJW 2000, 3452 (3452); Mertens, AG 1997, 541 (541); Schroeder, DB 1997, 2161 (2161).

1804 Freiherr von Falkenhausen/Widder, BB 2005, 225 (225 ff.); Böttcher, NZG 2005, 49 (49 ff.); Hasselbach, NZG 2004, 1087 (1087 ff.); Diekmann/Sustmann, NZG 2004, 929 (931); Fromm-Russenschuck, Viola/Banerjea, Nirmal Robert, BB 2004, 2425 (2425 ff.); Hammen, WM 2004, 1753 (1753 ff.); Menke, NZG 2004, 697 (697 ff.); Schlitt/Schäfer, AG 2004, 346 (355); Vaupel, WM 2003, 2126 (2126 ff.); Schroeder, DB 1997, 2161 (2163); Schmidt-Diemitz, DB 1996, 1809 (1809); Wastl, NZG 2000, 505 (510 f.); Müller, NJW 2000, 3452 (3455 f.); Körber, NZG 2002, 263 (267); Assmann/Schneider-Assmann/Cramer, § 14 Rn. 88b.

pflichten den Unternehmensvorstand zur Verschwiegenheit[1805]. Diese Pflicht lässt sich überdies aus dem Anstellungsvertrag ableiten[1806]. Gemäß § 14 I Nr. 2 WpHG ist die Weitergabe von Insiderinformationen verboten. Nach § 93 I 2 AktG müssen Vorstandsmitglieder über vertrauliche Angaben und Geheimnisse der Gesellschaft, namentlich Betriebs- oder Geschäftsgeheimnisse, die ihnen durch ihre Tätigkeit im Vorstand bekannt geworden sind, schweigen[1807]. Andererseits wird man angesichts der auf dem Spiel stehenden Beträge und Vermögenswerte das Bedürfnis des Erwerbsinteressenten nach einer breiteren Entscheidungsgrundlage für eine etwaig zu treffende Kaufentscheidung nicht ohne Weiteres von der Hand weisen können[1808]. In Betracht kommt auch, dass Letzterer als Ausgleich für vorenthaltene Informationen ein für ihn günstigeres Verkaufsangebot verlangt, worauf einfach einzugehen nicht immer angemessen sein wird, denkt man an möglicherweise ungünstige Auswirkungen auf den Börsenkurs des Unternehmens, wenn der durch einen Risikoabschlag wegen unterbliebener due diligence zustande gekommene niedrigere Kaufpreis anderen Akteuren auf dem Kapitalmarkt bekannt werden sollte[1809]. Dabei ist aber nur das Unternehmensinteresse zu erwägen, nicht etwa das Interesse des verkaufswilligen Großaktionärs an der Erzielung eines möglichst hohen Verkaufspreises für sein Aktienpaket[1810].

Im Hinblick auf das aktienrechtliche Verschwiegenheitsgebot gilt es, eine Abwägung zwischen dem Geheimhaltungsinteresse der Gesellschaft einerseits und den Vorteilen, die die Gesellschaft im Zusammenhang mit dem Paketerwerb zu erwarten hat[1811], andererseits vorzunehmen[1812]. Maßstab ist das objektive Gesellschaftsinteresse[1813]. Dem Vorstand kommt in diesem Rahmen die Verpflichtung zu, die möglichen günstigen Folgen für das Unternehmen zu eruieren[1814]. Das Ergebnis wird stark von den konkreten Umständen des

---

1805 Mertens, AG 1997, 541 (542); Schroeder, DB 1997, 2161 (2161 ff.); Schneider/Singhof, Festschrift Kraft, S. 585 (587); Körber, NZG 2002, 263 (266 f.).

1806 Schneider/Singhof, Festschrift Kraft, S. 585 (587).

1807 Lutter, ZIP 1997, 613 (617); Körber, NZG 2002, 263 (266 f.).

1808 Müller, NJW 2000, 3452 (3454); Mertens, AG 1997, 541 (541); Assmann/Schneider-Assmann/Cramer, § 14 (a. F.) Rn. 88b.

1809 Müller, NJW 2000, 3452 (3454); Mertens, AG 1997, 541 (545); Körber, NZG 2002, 263 (269).

1810 Mertens, AG 1997, 541 (545).

1811 Schroeder, DB 1997, 2161 (2162).

1812 Müller, NJW 2000, 3452 (3453); Mertens, AG 1997, 541 (544); Schroeder, DB 1997, 2161 (2162, 2166); restriktiver Lutter, ZIP 1997, 613 (618), der ein Recht zur Informationsweitergabe des Vorstands nur ganz ausnahmsweise als bestehend annimmt.

1813 Assmann/Schneider-Assmann/Cramer, § 14 (a. F.) Rn. 88c.

1814 Müller, NJW 2000, 3452 (3453); Mertens, AG 1997, 541 (545, 546).

Einzelfalls abhängen[1815]. Wenn er dann nach gewissenhafter[1816] Prüfung zu der Einschätzung gelangt, dass die Vorteile überwiegen, darf er Informationen an den Erwerbsinteressenten herausgeben. Sollte sich später herausstellen, dass die Einschätzung des Vorstands sich nicht bewahrheitet hat, kann ihm im Nachhinein daraus kein Vorwurf gemacht werden, wenn er seine Prognose zuvor nur sorgfältig angestellt hat[1817]. Dabei kann von ihm erwartet werden, dass er für jede sensible Information speziell abwägt und nicht pauschal „alles herausgibt"[1818]. Einsichtnahmemöglichkeiten in Unterlagen können ausreichen, eine Aushändigung von Dokumenten birgt größere Gefahren[1819]. Zu denken ist an teilweise Schwärzung von Schriftstücken, Zurverfügungstellen von Daten in einem „data room"[1820] oder die Erteilung lediglich mündlicher Erläuterungen[1821]. Auch hängt die Frage, ob eine Abwägung korrekt durchgeführt worden ist, von der Person des Erwerbsinteressierten ab[1822]. Handelt es sich um jemanden, der bereits Gesellschafter des Unternehmens ist, unterliegt er der Treuepflicht gegenüber dem Unternehmen, weshalb im Hinblick auf ihn weniger Argwohn angebracht sein wird[1823]. Besondere Vorsicht und Zurückhaltung ist naheliegenderweise dann zu fordern, wenn es sich um einen Wettbewerber des betroffenen Unternehmens handelt[1824]. Die Zwischenschaltung Dritter (Anwaltskanzleien, Banken) wird sich nicht selten anbieten[1825]. Ausgeschlossen ist die Weitergabe solcher Informationen, hinsichtlich derer sich das Unternehmen Dritten gegenüber zur Geheimhaltung verpflichtet hat, es sei denn, diese würden eine entsprechende Freigabe erteilen[1826]. Auch muss eine hinreichend verfestigte Erwerbsabsicht erkennbar sein[1827]. Eine solche wird man dann als nicht vorhanden annehmen können, wenn die Finanzkraft des Interessenten

---

1815 Mertens, AG 1997, 541 (544); Schroeder, DB 1997, 2161 (2162); Körber, NZG 2002, 263 (269).

1816 Schroeder, DB 1997, 2161 (2162 f.).

1817 Müller, NJW 2000, 3452 (3453 f.); Schroeder, DB 1997, 2161 (2163); Körber, NZG 2002, 263 (268).

1818 Müller, NJW 2000, 3452 (3454); Körber, NZG 2002, 263 (270 f.).

1819 Mertens, AG 1997, 541 (544); vgl. auch Schroeder, DB 1997, 2161 (2163).

1820 Körber, NZG 2002, 263 (271).

1821 Körber, NZG 2002, 263 (271); Mertens, AG 1997, 541 (547).

1822 Mertens, AG 1997, 541 (544).

1823 Körber, NZG 2002, 263 (270, 272).

1824 Körber, NZG 2002, 263 (270); Müller, NJW 2000, 3452 (3454, 3455); Mertens, AG 1997, 541 (544); Schroeder, DB 1997, 2161 (2162).

1825 Müller, NJW 2000, 3452 (3455); Schroeder, DB 1997, 2161 (2163).

1826 Müller, NJW 2000, 3452 (3454).

1827 Körber, NZG 2002, 263 (270); Mertens, AG 1997, 541 (544).

augenscheinlich für eine entsprechende Transaktion nicht ausreicht. Hiervon wird man sich im Rahmen des Zulässigen ein Bild zu machen haben[1828].
Für den Fall der Weitergabe sensibler Informationen ist der Informierte vorab vertraglich darauf zu verpflichten, mit diesen diskret umzugehen und sie nicht weiterzugeben[1829].
Die Entscheidung über die Zulassung einer due diligence mit der Weitergabe sensibler Informationen ist im Wege eines Vorstandsbeschlusses herbeizuführen[1830], wobei regelmäßig eine Mehrheitsentscheidung ausreichen wird[1831].
Ein anderer verkaufswilliger Großaktionär kann nach der Gestattung der due dilligence beim Verkauf des Aktienpakets eines anderen Aktionärs Gleichbehandlung verlangen (§ 53a AktG)[1832]. Unter dem Aspekt der Gleichbehandlung ergibt sich jedoch kein Anspruch anderer Aktionäre darauf, selbst Kenntnis von den weitergegebenen Informationen zu erhalten[1833]. Die due dilligence zugunsten des verkaufenden Großaktionärs und damit seine diesbezügliche Bevorzugung ist aus den genannten Gründen sachlich gerechtfertigt[1834].

Daten, die im Zuge einer due diligence weitergegeben werden, werden häufig im Falle ihres öffentlichen Bekanntwerdens zu erheblichen Aktienkursveränderungen führen können und deshalb Insidertatsachen sein[1835]. Im Falle eines oben beschriebenen sorgfältigen Vorgehens handelt der Vorstand aber nicht unbefugt[1836] im Sinne des § 14 I Nr. 2 WpHG[1837] und verstößt deshalb nicht gegen das Insiderrecht[1838].

cc) Ad hoc-Publizität hinsichtlich Insiderinformationen

Die Rechnungslegungspublizität und die börsenrechtliche Zulassungs- und Zulassungsfolgepublizität werden im Hinblick auf Aktien, die zum amtlichen

---

1828 Müller, NJW 2000, 3452 (3455).

1829 Körber, NZG 2002, 263 (271); Müller, NJW 2000, 3452 (3455); Mertens, AG 1997, 541 (544); Schroeder, DB 1997, 2161 (2163).

1830 Körber, NZG 2002, 263 (268); Schroeder, DB 1997, 2161 (2162).

1831 Müller, NJW 2000, 3452 (3455); a. A. Körber, NZG 2002, 263 (268): Einstimmigkeit erforderlich.

1832 Mertens, AG 1997, 541 (547).

1833 Körber, NZG 2002, 263 (265); Schroeder, DB 1997, 2161 (2166); zur Reichweite des Auskunftsrechts differenziert Schneider/Singhof, Festschrift Kraft, S. 585 (595 ff.).

1834 Mertens, AG 1997, 541 (547); Schroeder, DB 1997, 2161 (2165).

1835 Schroeder, DB 1997, 2161 (2164).

1836 Zu den Kriterien, die an die Unbefugtheit zu stellen sind, Schneider/Singhof, Festschrift Kraft, S. 585 (588 ff.).

1837 Vgl. Schroeder, DB 1997, 2161 (2164 f.).

1838 Körber, NZG 2002, 263 (267); Müller, NJW 2000, 3452 (3456).

Markt oder zum geregelten Markt zugelassen sind[1839] oder für die eine solche Zulassung beantragt ist[1840], um die Ad hoc-Publizität[1841] ergänzt (§ 15 I WpHG), durch welche Transparenz zeitnah realisiert werden soll[1842], was der Funktionsfähigkeit des Kapitalmarkts[1843], vor allem der Kurswahrheit dienen soll[1844]. Im Übrigen soll die Ad hoc-Publizität aber auch dem Insiderhandel vorbeugen[1845]. Die Schadensersatzansprüche gemäß §§ 37b, 37c WpHG[1846] belegen, dass sie jetzt auch den Anlegerindividualschutz zum Zweck haben[1847]. Der Emittent[1848] derartiger Aktien hat ihn unmittelbar betreffende Insiderinformationen (§ 13 WpHG) regelmäßig unverzüglich[1849] zu veröffentlichen[1850] (§ 15 I 1, 2 WpHG; vgl. Art. 6 I Marktmissbrauchsrichtlinie) und neben den Geschäftsführungen der organisierten Märkte, an denen die Aktien oder sich auf diese beziehende Derivate gehandelt werden, insbesondere der BaFin

---

1839 BaFin-Emittentenleitfaden, S. 38 f.; zu § 15 WpHG (a. F.): Assmann/Schneider-Kümpel/Assmann, § 15 (a. F.) Rn. 3 ff.; Schäfer-Geibel, § 15 WpHG (a. F.) Rn. 19; Lenenbach, S. 507 f., Rn. 10.65; für lediglich einbezogene Werte gilt die Ad hoc-Publizität also nicht, BaFin-Emittentenleitfaden, S. 39; Schwark-Zimmer, § 15 WpHG (a. F.) Rn. 22.; zur Freistellung im Freiverkehr gehandelter Werte, Assmann/Schneider-Kümpel/Assmann, § 15 (a. F) Rn. 34 f.; Schäfer-Geibel, § 15 WpHG (a. F.) Rn. 20 ff.

1840 BaFin-Emittentenleitfaden, S. 39, 42 f.

1841 Nietsch, BB 2005, 785 (785 ff.); Veith, NZG 2005, 254 (254 ff.); Leuering, NZG 2005, 12 (12 ff.); Tollkühn, ZIP 2004, 2215 (2215 ff.); Grimme/von Buttlar, WM 2003, 901 (901 ff.); Fürhoff, AG 2003, 80 (80 ff.); Veil, ZHR 167 (2003), 365 (365 ff.); Rössner/Bolkart, WM 2003, 953 (953 ff.); Fleischer, NJW 2002, 2977 (2977); Schlüter, S. 184, Rn. 189

1842 BaFin-Emittentenleitfaden, S. 38; zu § 15 WpHG (a. F.): Assmann/Schneider-Kümpel/Assmann, § 15 (a. F.) Rn. 23; Schäfer-Geibel, § 15 WpHG (a. F.) Rn. 1, 5; Schlüter, S. 184, Rn. 190; Lenenbach, S. 506, Rn. 10.61.

1843 Assmann/Schneider-Kümpel/Assmann, § 15 (a. F.) Rn. 18 f.

1844 BaFin-Emittentenleitfaden, S. 38 (gleicher Informationsstand der Marktteilnehmer durch schnelle und gleichmäßige Unterrichtung des Marktes); Schwark-Zimmer, § 15 WpHG (a. F.) Rn. 8 f.

1845 BaFin-Emittentenleitfaden, S. 38; zu § 15 WpHG (a. F.): Schwark-Zimmer, § 15 WpHG (a. F.) Rn. 3, 4, 10 f., 14; Assmann/Schneider-Kümpel/Assmann, § 15 (a. F.) Rn. 6 f., 21 ff., 78 ff.; Schäfer-Geibel, § 15 WpHG (a. F.) Rn. 1, 4; Schlüter, S. 184, Rn. 190 f.; 186, Rn. 199; Lenenbach, S. 506 f., Rn.10.62; 508, Rn. 10.67.

1846 Zu diesen sogleich.

1847 Assmann/Schneider-Sethe, §§ 37b, 37c (a. F.) Rn. 2.

1848 Zu § 15 WpHG (a. F.): Schäfer-Geibel, § 15 WpHG (a. F.) Rn. 26; gilt auch für ausländische Emittenten, vgl. Lenenbach, S. 508, Rn. 10.66.

1849 Ohne schuldhaftes Zögern, § 121 I BGB; Schwark-Zimmer, § 15 WpHG (a. F.) Rn. 137 ff.; Schäfer-Geibel, § 15 WpHG (a. F.) Rn. 53; Schlüter, S. 188, Rn. 214 f.; Lenenbach, S. 517 f., Rn. 10.82a.

1850 Schwark-Zimmer, § 15 WpHG (a. F.) Rn. 139 ff.; Assmann/Schneider-Kümpel/Assmann, § 15 (a. F.) Rn. 217 ff.; Schlüter, S. 187 ff., Rn. 211 ff.

mitzuteilen (§ 15 IV 1 WpHG)[1851]. Anders als früher knüpfen die Bestimmungen zur Ad hoc-Publizität wie das neue Insiderrecht an den Begriff der Insiderinformation an, wobei nicht jede Insiderinformation ad hoc-publizitätspflichtig ist, sondern gemäß § 15 I WpHG nur die den jeweiligen Emittenten unmittelbar betreffenden[1852], worunter nach § 15 I 2 WpHG insbesondere solche zu verstehen sind, die in seinem Tätigkeitsbereich eingetreten sind. Danach kommen also nunmehr auch außerhalb des Tätigkeitsbereichs des Emittenten eingetretene Informationen in Betracht[1853], womit der Umfang der Ad hoc-Publizität gesetzlich erweitert wurde[1854]. Früher war eine neue, im Tätigkeitsbereich des Emittenten eingetretene[1855] und nicht öffentlich bekannte[1856] Tatsache[1857], die wegen der Auswirkungen auf die Vermögens- und Finanzlage oder auf den allgemeinen Geschäftsverlauf des Emittenten[1858] ge-

---

1851 Zu § 15 WpHG (a. F.): Assmann/Schneider-Kümpel/Assmann, § 15 (a. F.) Rn. 164 ff.; Schäfer-Geibel, § 15 WpHG (a. F.) Rn. 121 ff.; Schlüter, S. 187, Rn. 208 ff.; Lenenbach, S. 515 f., Rn. 10.79 f.

1852 BaFin-Emittentenleitfaden, S. 41; Diekmann/Sustmann, NZG 2004, 929 (934).

1853 BaFin-Emittentenleitfaden, S. 40.

1854 BaFin-Emittentenleitfaden, S. 40; Diekmann/Sustmann, NZG 2004, 929 (934); vgl. auch Möllers, ZBB 2003, 390 (392).

1855 Schwark-Zimmer, § 15 WpHG (a. F.) Rn. 45 ff.; Assmann/Schneider-Kümpel/Assmann, § 15 (a. F.) Rn. 44 ff., 54 ff.; Lenenbach, S. 510, Rn. 10.69: im Unternehmen getroffene Entscheidungen, plötzlich eintretende Umstände, nicht aber allgemeine Marktdaten; Schäfer-Geibel, § 15 WpHG (a. F.) Rn. 37 ff.; Schlüter, S. 186, Rn. 200 ff.; Unterschied zum Insiderrecht: Vorliegen einer Großorder ist keine ad hoc-pflichtige Tatsache (Rn. 201).

1856 Schwark-Zimmer, § 15 WpHG (a. F.) Rn. 41 ff.; Assmann/Schneider-Kümpel/Assmann, § 15 (a. F.) Rn. 51 ff.; Lenenbach, S. 493, Rn. 10.33; 514, Rn. 10.75: Bereichsöffentlichkeit genügt, die durch Publikation in einem elektronischen Informationssystem für professionelle Anleger (insbesondere das der Deutschen Gesellschaft für Ad hoc-Publizität (DGAP), vgl. S. 516 f., Rn. 10.82) realisiert werden kann; u. U. genügt die Bekanntmachung an einem ausländischen Finanzplatz; Schäfer-Geibel, § 15 WpHG (a. F.) Rn. 46 ff.

1857 Schwark-Zimmer, § 15 WpHG (a. F.) Rn. 31 ff.; Assmann/Schneider-Kümpel/Assmann, § 15 (a. F.) Rn. 36 ff., 50; Schäfer-Geibel, § 15 WpHG (a. F.) Rn. 27 ff.; Schlüter, S. 186 f., Rn. 203 ff.; Lenenbach, S. 509 f., Rn. 10.68: z. B. Zahlungsunfähigkeit, Verlust der Hälfte des Grundkapitals, Ergebniseinbrüche, die auf einem plötzlich von außen einwirkenden Ereignis beruhen oder durch unternehmensinterne Kontrollmaßnahmen aufgedeckt werden; allgemein nur solche Einzeltatsachen, die im Jahresabschluss zu einem Buchungsvorgang führen müssten (§ 264 HGB), ebenso Schlüter, S. 187, Rn. 205 f.

1858 Schwark-Zimmer, § 15 WpHG (a. F.) Rn. 58 ff.; Assmann/Schneider-Kümpel/Assmann, § 15 (a. F.) Rn. 81 ff.; Lenenbach, S. 511, Rn. 10.70: z. B. rechnungslegungspflichtige Tatsachen, die zu einem Buchungsvorgang im Jahresabschluss führen (§ 264 II 1 HGB) bzw. im Lagebericht anzugeben sind (§ 289 HGB), aber auch z. B. personelle Veränderung im Vorstand; 513, Rn. 10.73: Entscheidungsfindung in der Gesellschaft muss abgeschlossen sein; Schäfer-Geibel, § 15 WpHG (a. F.) Rn. 58 ff., 66 ff.

eignet ist, den Börsenpreis der Aktien erheblich zu beeinflussen[1859], unverzüglich zu veröffentlichen (§ 15 I 1 WpHG (a. F.)[1860]. Während nach altem Recht also nur Tatsachen mit der Eignung zur Kursbeeinflussung veröffentlichungspflichtig waren, gilt das nun für alle Insiderinformationen, die den Emittenten unmittelbar betreffen[1861].

Die auf der Grundlage der Verordnungsermächtigung des § 15 VII WpHG ergangene Wertpapierhandelsanzeige- und Insiderverzeichnisverordnung (WpAIV)[1862] beinhaltet genaue Anforderungen an Veröffentlichung (§§ 4 ff. WpAIV)[1863] und Mitteilung (§§ 8 f. WpAIV), sofern nicht bereits im Wertpapierhandelsgesetz (WpHG) Regelungen hierzu getroffen sind. Die möglichst kurz zu fassende Veröffentlichung (§ 4 I 2 WpAIV) hat regelmäßig in deutscher Sprache zu erfolgen (§ 5 I 1 WpAIV)[1864]. Dies muss über ein elektronisch betriebenes Informationsverbreitungssystem[1865], das u. a. bei Kreditinstituten und anderen, zur Teilnahme am Börsenhandel zugelassenen Unternehmen mit Sitz in Deutschland weit verbreitet ist (§ 5 I 1 Nr. 1 WpAIV), sowie im Internet unter der Adresse des Emittenten, sofern er über eine solche verfügt, für die Dauer von mindestens einem Monat geschehen, wobei die Hauptseite einen deutlich erkennbaren Hinweis auf eine Seite mit Informationen für Anleger zu enthalten hat, unter welcher die Veröffentlichung leicht aufzufinden sein muss (Nr. 2), wobei die Veröffentlichung im Internet gemäß Nr. 2 nicht vor der Veröffentlichung im Informationsverbreitungssystem gemäß Nr. 1 erfolgen darf (§ 5 I 2 WpAIV). Die Veröffentlichung kann zusätzlich zeitgleich auch auf Englisch vorgenommen werden (§ 5 II 1 WpAIV). Emittenten mit Sitz im Ausland dürfen, wenn dadurch eine ausreichende Unterrichtung der Öffentlichkeit nicht gefährdet erscheint, bei entsprechender, im Ermessen stehender Gestattung seitens der BaFin auch ausschließlich auf Englisch veröffentlichen (§ 5 II 2 WpAIV)[1866].

1859 Schwark-Zimmer, § 15 WpHG (a. F.) Rn. 101 ff. (ex ante-Prognose); Assmann/Schneider-Kümpel/Assmann, § 15 (a. F.) Rn. 81 ff.; Schäfer-Geibel, § 15 WpHG (a. F.) Rn. 92 ff.; Schlüter, S. 187, Rn. 207; Lenenbach, S. 493, Rn. 10.33; 511 f., Rn. 10.71; 514, Rn. 10.75.

1860 BaFin-Emittentenleitfaden, S. 40.

1861 BaFin-Emittentenleitfaden, S. 40; Diekmann/Sustmann, NZG 2004, 929 (934).

1862 BGBl. I, 2004, 3376.

1863 BaFin-Emittentenleitfaden, S. 56 ff.

1864 BaFin-Emittentenleitfaden, S. 65.

1865 Vgl. bereits § 15 III 1, 1. HS. Nr. 2 WpHG (a. F.).

1866 BaFin-Emittentenleitfaden, S. 65; vgl. bereits § 15 III 1, 2. HS. WpHG (a. F.); Lenenbach, S. 517, Rn. 10.82.

Die Mitteilung bezüglich der Veröffentlichung ist unverzüglich schriftlich oder elektronisch vorzunehmen, wobei der Veröffentlichungszeitpunkt erkennbar sein muss (§ 5 III 1, 2 WpAIV)[1867].

In der Veröffentlichung genutzte Kennzahlen müssen im Geschäftsverkehr üblich sein und einen Vergleich mit den zuletzt genutzten Kennzahlen ermöglichen (§ 15 I 5 WpHG)[1868].
Wer als Emittent oder als eine Person, die in dessen Auftrag oder auf dessen Rechnung handelt, im Rahmen seiner Befugnis einem anderen Insiderinformationen mitteilt oder zugänglich macht, hat diese zeitgleich zu veröffentlichen, es sei denn der andere ist rechtlich zur Vertraulichkeit verpflichtet[1869] (§ 15 I 3 WpHG; vgl. Art. 6 III, 1. und 2. Unterabsatz Marktmissbrauchsrichtlinie). Erfolgt die Mitteilung oder Zugänglichmachung der Insiderinformation nach Satz 3 unwissentlich, so ist die Veröffentlichung unverzüglich nachzuholen (§ 15 I 4 WpHG).
Der Emittent ist gemäß § 15 III 1 WpHG von der Veröffentlichungspflicht nach Absatz 1 Satz 1 solange befreit, wie es der Schutz seiner berechtigten Interessen erfordert, keine Irreführung der Öffentlichkeit zu befürchten[1870] ist und der Emittent die Vertraulichkeit der Insiderinformation gewährleisten kann[1871] (vgl. Art. 6 II Marktmissbrauchsrichtlinie[1872]). Der Emittent hat jetzt die entsprechende Einschätzung also selbst vorzunehmen[1873]. Berechtigte Interessen in diesem Sinne[1874] liegen gemäß § 6 Satz 1 WpAIV vor, wenn die Interessen des Emittenten an der Geheimhaltung der Information die Interessen des Kapitalmarktes an einer vollständigen und zeitnahen Veröffentlichung überwiegen. Das kann nach § 6 Satz 2 WpAIV insbesondere dann der Fall sein, wenn das Ergebnis oder der Gang laufender Verhandlungen über Geschäftsinhalte, die geeignet wären, im Fall ihres öffentlichen bekannt Werdens den Börsen- oder Marktpreis erheblich zu beeinflussen, von der Veröffentlichung wahrscheinlich erheblich beeinträchtigt würden und eine Veröffentlichung die Interessen der Anleger ernsthaft gefährden würde (Nr. 1; vgl. Art. 3 I a) Durchführungsrichtlinie 2003/124/EG zur Marktmissbrauchsrichtlinie) oder durch das Geschäftsorgan des Emittenten abgeschlossene Verträge oder andere getroffene Entscheidungen

---

1867 BaFin-Emittentenleitfaden, S. 65 f.

1868 BaFin-Emittentenleitfaden, S. 48 ff.; Fleischer, NJW 2002, 2977 (2977 f.); Schlüter, S. 188 f., Rn. 217.

1869 BaFin-Emittentenleitfaden, S. 46, 63 f.

1870 BaFin-Emittentenleitfaden, S. 55 f.

1871 BaFin-Emittentenleitfaden, S. 56; zur früheren Rechtslage, wonach der Emittent eine Befreiung seitens der BaFin vorher einzuholen hatte (15 I 5 WpHG (a. F.)): Schäfer-Geibel, § 15 WpHG (a. F.) Rn. 114 ff.; Lenenbach, S. 515, Rn. 10.77 f.

1872 Möllers, ZBB 2003, 390 (392).

1873 BaFin-Emittentenleitfaden, S. 53.

1874 BaFin-Emittentenleitfaden, S. 54 ff.

zusammen mit der Ankündigung bekannt gegeben werden müssten, dass die für die Wirksamkeit der Maßnahme erforderliche Zustimmung eines anderen Organs des Emittenten noch aussteht, und dies die sachgerechte Bewertung der Information durch das Publikum gefährden würde (Nr. 2; vgl. Art. 3 I b) Durchführungsrichtlinie 2003/124/EG zur Marktmissbrauchsrichtlinie). Während einer solchen Befreiung muss der Emittent nach § 7 den Zugang zur Insiderinformation kontrollieren, indem er wirksame Vorkehrungen dafür trifft, dass andere Personen als solche, deren Zugang zu Insiderinformationen für die Wahrnehmung ihrer Aufgaben beim Emittenten unerlässlich ist, keinen Zugang zu dieser Information erlangen (Nr. 1; vgl. Art. 3 II a) Durchführungsrichtlinie 2003/124/EG zur Marktmissbrauchsrichtlinie) und dass er die Information unverzüglich bekannt geben kann, wenn er nicht länger in der Lage ist, ihre Vertraulichkeit zu gewährleisten (Nr. 2; vgl. Art. 3 II c) Durchführungsrichtlinie 2003/124/EG zur Marktmissbrauchsrichtlinie).
Veröffentlichung und Mitteilung sind dann aber unverzüglich nachzuholen, § 15 III 2 bis 4, IV WpHG. Der Mitteilung an die BaFin sind außerdem die Gründe für die Befreiung unter Angabe des Zeitpunktes der Entscheidung über den Aufschub der Veröffentlichung mitzuteilen, § 15 III 4 WpHG.

Gemäß § 15 II 1 WpHG dürfen sonstige Angaben, die die Voraussetzungen des Absatzes 1 offensichtlich nicht erfüllen, auch in Verbindung mit veröffentlichungspflichtigen Informationen im Sinne des Absatzes 1, nicht veröffentlicht werden (vgl. Art. 2 I, 3. Unterabsatz Durchführungsrichtlinie 2003/124/EG zur Marktmissbrauchsrichtlinie). § 15 II 2 WpHG bestimmt, dass nach Absatz 1 veröffentlichte unwahre Informationen zu berichtigen sind[1875].

Ordnungswidrig sind vorsätzliche oder leichtfertige Verletzungen des § 15 III 4 oder IV 1 WpHG (§ 39 II Nr. 2 c) WpHG), des § 15 I 1, 3 oder 4 WpHG (§ 39 II Nr. 5 a) WpHG), des § 15 V 1 WpHG (§ 39 II Nr. 6 WpHG) (jeweils Bußgeld bis 1 Million Euro (§ 39 IV WpHG)) oder des § 15 V 2 WpHG (§ 39 II Nr. 7, 1. Alt. WpHG) (Bußgeld bis 50.000.- Euro (§ 39 IV WpHG)).

dd) Schadensersatzansprüche wegen Verstoßes gegen die Ad hoc-Mitteilungspflicht

Nach mit dem 4. Finanzmarktförderungsgesetz eingeführten[1876], inzwischen bereits novellierten Anspruchsgrundlagen kann Schadensersatz wegen unter-

---

1875 BaFin-Emittentenleitfaden, S. 60 f.; zu § 15 WpHG (a. F.): Fleischer, NJW 2002, 2977 (2978); Lenenbach, S. 508, Rn. 10.67.

1876 Zu §§ 37b, 37c (a. F.): Escher-Weingart/Lägeler/Eppinger, WM 2004, 1845 (1845 ff.); Schwark-Zimmer, §§ 37b, 37c WpHG (a. F.) Rn. 3; Assmann/Schneider-Sethe, §§ 37b, 37c (a. F.) Rn. 1 ff.; Fleischer, NJW 2002, 2977 (2979 ff.); Schlüter, S. 192 ff., Rn. 237 ff.; Lenenbach, S. 531, Rn. 10.111.

lassener unverzüglicher Veröffentlichung von Insiderinformationen (§ 37b WpHG) und wegen Veröffentlichung unwahrer Insiderinformationen (§ 37c WpHG) verlangt werden, § 15 VI 1 WpHG. Anspruchsgegner können nur Emittenten sein, deren Aktien zum amtlichen oder geregelten Markt zugelassen sind (§§ 37b I 1, 37c I 1 WpHG)[1877]. Nicht richten können sie sich gegen Vorstandsmitglieder[1878]. Diese sollen dennoch angehalten werden, den Ad hoc-Pflichten für die von ihnen geführten Unternehmen nachzukommen. Deshalb ist nach §§ 37b VI, 37c VI WpHG eine Vereinbarung, durch die Ansprüche des Emittenten gegen Vorstandsmitglieder wegen der Inanspruchnahme des Emittenten nach dem jeweiligen Absatz 1 im Voraus ermäßigt oder erlassen werden, unwirksam. De lege ferenda wird derzeit die Möglichkeit einer direkten Inanspruchnahme von Verwaltungsmitgliedern durch geschädigte Anleger diskutiert[1879].

Unterlässt ein Aktienemittent die unverzügliche Veröffentlichung einer ihn unmittelbar betreffenden Insiderinformation, ist er einem Dritten gemäß § 37b I WpHG zum Ersatz des durch die Unterlassung entstandenen Schadens verpflichtet, wenn der Dritte die Aktien nach der Unterlassung erwirbt und er bei bekannt Werden der Tatsache noch Inhaber der Aktien ist (Nr. 1) oder die Aktien vor dem Entstehen der Insiderinformation erwirbt und nach der Unterlassung veräußert (Nr. 2), es sei denn die Unterlassung des ad hoc-veröffentlichungspflichtigen Unternehmens beruhte nicht auf Vorsatz oder grober Fahrlässigkeit (§ 37b II WpHG)[1880] oder der Dritte die nicht veröffentlichte Tatsache im Falle des Absatzes 1 Nr. 1 bei dem Erwerb oder im Falle des Absatzes 1 Nr. 2 bei der Veräußerung kannte (§ 37b III WpHG)[1881]. Verjährung tritt spätestens 3 Jahre nach der Unterlassung ein, vorher, wenn der Dritte

1877 Zu §§ 37b, 37c WpHG (a. F.): Assmann/Schneider-Sethe, §§ 37b, 37c (a. F.) Rn. 11, 13 ff.; Fleischer, NJW 2002, 2977 (2979).

1878 Möllers, ZBB 2003, 390 (398); Fleischer, NJW 2002, 2977 (2979); Schlüter, S. 193, Rn. 245; Assmann/Schneider-Sethe, §§ 37b, 37c (a. F.) Rn. 20, 78; Schwark-Zimmer, §§ 37b, 37c WpHG (a. F.) Rn. 4.

1879 Vgl. KapInHaG-E (hierzu sogleich); Fleischer, NJW 2002, 2977 (2979); Schwark-Zimmer, §§ 37b, 37c WpHG (a. F.) Rn. 4; bereits nach geltendem Recht haften nach neuer höchstrichterlicher Rechtsprechung Vorstandsmitglieder für fehlerhafte Ad hoc-Mitteilungen unter den Voraussetzungen des § 826 BGB, vgl. BGH ZIP 2004, 1593 (1593 ff.) („Infomatec") (hierzu sogleich).

1880 Schwark-Zimmer, §§ 37b, 37c WpHG (a. F.) Rn. 53 f., 62 (widerlegliche gesetzliche Vermutung für grobe Fahrlässigkeit/Beweislastumkehr); Assmann/Schneider-Sethe, §§ 37b, 37c Rn. 40 ff.

1881 Schwark-Zimmer, §§ 37b, 37c WpHG (a. F.) Rn. 77 ff.; Assmann/Schneider-Sethe, §§ 37b, 37c (a. F.) Rn. 46.

Kenntnis von der Unterlassung erlangt, nämlich nach einem Jahr seit Kenntniserlangung (§ 37b IV WpHG)[1882].

Anspruchsberechtigt sind Anleger, die nach Pflichtverstößen Aktien gekauft oder solche veräußert haben[1883]. Nicht anspruchsberechtigt sind Aktionäre, die durch falsche Ad hoc-Mitteilungen davon abgehalten worden sind, ihre Aktien zu verkaufen[1884].

Zwischen der Pflichtverletzung und dem Aktiengeschäft des Anlegers muss nach allgemeinen Grundsätzen haftungsbegründende Kausalität bestehen[1885]. Die Darlegungs- und Beweislast liegt grundsätzlich beim Anspruchsteller, wobei Beweiserleichterungen erwogen werden[1886].

Ein Schadensersatzanspruch setzt weiterhin einen Schaden und haftungsausfüllende Kausalität voraus. Ersetzt wird das negative Interesse (Vertragsabschlussschaden), d. h. der Geschädigte ist so zu stellen, als wenn der Vertragsschluss nicht stattgefunden hätte,[1887] oder das Alternativinteresse, d. h. der Betrag, um den der Investor die Aktie wegen der Fehlinformation zu teuer erworben hat oder zu billig veräußert hat (Kursdifferenzschaden)[1888]. Außerdem bedarf es laut Gesetzestext des Verschuldens (mindestens grobe Fahrlässigkeit), wobei der Anspruchsgegner gegenbeweispflichtig ist[1889].

Veröffentlicht der Emittent von Aktien, die zum Handel an einer inländischen Börse zugelassen sind, in einer Mitteilung nach § 15 WpHG eine unwahre, ihn unmittelbare betreffende Insiderinformation, ist er einem Dritten gemäß § 37c I WpHG zum Ersatz des Schadens verpflichtet, der dadurch entsteht, dass der Dritte auf die Richtigkeit der Insiderinformation vertraut, wenn der Dritte die Aktien nach der Veröffentlichung erwirbt und er bei dem Bekanntwerden der Unrichtigkeit der Insiderinformation noch Inhaber der Wertpapiere ist (Nr. 1) oder die Aktien vor der Veröffentlichung erwirbt und vor dem Bekanntwerden der Unrichtigkeit der Insiderinformation veräußert (Nr. 2), es sei denn, der

---

1882 Schwark-Zimmer, §§ 37b, 37c WpHG (a. F.) Rn. 95 ff.; Assmann/Schneider-Sethe, §§ 37b, 37c (a. F.) Rn. 72 ff.

1883 Schwark-Zimmer, §§ 37b, 37c WpHG (a. F.) Rn. 64 ff.

1884 Kritisch Fleischer, NJW 2002, 2977 (2980).

1885 Möllers, ZBB 2003, 390 (402); Fleischer, NJW 2002, 2977 (2980); Assmann/Schneider-Sethe, §§ 37b, 37c (a. F.) Rn. 66 ff.; Schlüter, S. 192 f., Rn. 239; 194 f., Rn. 250 ff.; a. A. Schwark-Zimmer, §§ 37b, 37c WpHG (a. F.) Rn. 90.

1886 Möllers, ZBB 2003, 390 (402).

1887 Möllers, ZBB 2003, 390 (400 f.); Assmann/Schneider-Sethe, §§ 37b, 37c (a. F.) Rn. 48 ff.; zu den Problemen der Schadensberechnung a. a. O., Rn. 50 ff.; Fleischer, NJW 2002, 2977 (2980 f.).

1888 Möllers, ZBB 2003, 390 (400 f.).

1889 Möllers, ZBB 2003, 390 (403 f.), dieser auch ablehnend gegenüber Überlegungen im Schrifttum, den Haftungsmaßstab auf Vorsatz zu beschränken oder auf einfache Fahrlässigkeit auszuweiten.

Emittent hat die Unrichtigkeit nicht gekannt und die Unkenntnis beruhte nicht auf grober Fahrlässigkeit (§ 37c II WpHG) oder der Dritte kannte die Unrichtigkeit der Insiderinformation im Falle des Absatzes 1 Nr. 1 bei dem Erwerb oder im Falle des Absatzes 1 Nr. 2 bei der Veräußerung (§ 37c III WpHG)[1890].
Entsprechend der Regelung in § 37b IV WpHG tritt nach § 37c IV WpHG Verjährung 1 Jahr nach Kenntniserlangung des Dritten von der Unrichtigkeit, spätestens aber 3 Jahre nach der Veröffentlichung ein[1891].
Wie bei Ansprüchen nach § 37b WpHG sind bei solchen nach § 37c WpHG Verschulden, Schaden und haftungsausfüllende Kausalität erforderlich[1892].

Bei Verstoß gegen diese Mitteilungs- oder Veröffentlichungspflichten kommen Schadensersatzansprüche nur nach §§ 37b und 37c WpHG in Betracht, sofern sie nicht auf anderen Rechtsgrundlagen beruhen (§ 15 VI WpHG)[1893]. Nach §§ 37b V, 37c V WpHG bleiben weitergehende Ansprüche, die nach Vorschriften des bürgerlichen Rechts auf Grund von Verträgen oder vorsätzlichen unerlaubten Handlungen erhoben werden können, unberührt.

ee) Außenhaftung der Unternehmensorgane nach § 826 BGB - novellierte aktienrechtliche Organhaftung (Innenhaftung) - Gesetzentwurf zur Einführung einer allgemeinen Kapitalmarktinformationshaftung einschließlich Außenhaftung für Emittenten und Organe

1) Außenhaftung der Organe nach § 826 BGB

In Betracht kommt eine Haftung auch unter den strengen Voraussetzungen des § 826 BGB[1894]. Nach der neueren Rechtsprechung des Bundesgerichtshofs („Infomatec") begründet die vorsätzlich unlautere Beeinflussung des Sekundärmarktpublikums durch eine grob unrichtige Ad hoc-Mitteilung einen Schadensersatzanspruch der Vorstandsmitglieder gemäß § 826 BGB[1895]. Kausalität zwischen falscher Kapitalmarktinformation und Anlageentscheidung ist vom Kläger nachzuweisen, was gemeinhin Schwierigkeiten bereitet[1896]. Beweiserleichterungen gibt es, wenn der Aktienerwerb zeitnah auf die falsche Information

1890 Schlüter, S. 193, Rn. 242.

1891 Assmann/Schneider-Sethe, §§ 37b, 37c (a. F.) Rn. 75.

1892 Fleischer, NJW 2002, 2977 (2980 f.).

1893 Assmann/Schneider-Sethe, §§ 37b, 37c (a. F.) Rn. 2 ff.

1894 Kort, NZG 2005, 496 (496 ff.); Kiethe, NZG 2005, 333 (333 ff.); Leisch, ZIP 2004, 1573 (1573 ff.); Möllers, WM 2003, 2393 (2393 ff.); ders., ZBB 2003, 390 (398 ff.).

1895 BGH ZIP 2004, 1593 (1594); 1599 (1599); 1604 (1604); Spindler, WM 2004, 2089 (2091).

1896 Spindler, WM 2004, 2089 (2092).

folgt[1897]. Der geschädigte Anleger kann Naturalrestitution verlangen, d. h. Erstattung des gezahlten Kaufpreises gegen Übertragung der erworbenen Aktien. Sind Aktien zwischenzeitlich weiterveräußert worden, ist der an ihre Stelle getretene Veräußerungspreis anzurechnen[1898] [1899].

2) Novellierte Haftung der Organe gegenüber dem Emittenten im Innenverhältnis

Nach geltendem Recht haftet der Vorstand für Pflichtverletzungen der Gesellschaft im Innenverhältnis (sog. Innenhaftung) unter den Voraussetzungen des § 93 II bis IV bzw. 117 I, II AktG[1900].

Das Gesetz zur Unternehmensintegrität und Modernisierung des Anfechtungsrechts (UMAG)[1901], mit dem ein weiterer wesentlicher Teil der aktienrechtlichen Reformvorschläge der Regierungskommission Corporate Governance von 2001 in geltendes Recht umgesetzt worden ist, sieht u. a. die erleichterte Durchsetzung von Haftungsansprüchen der Gesellschaft gegenüber Organen der Gesellschaft (Innenhaftung) vor. Die Klagedurchsetzung durch eine Aktionärsminderheit wird einfacher möglich. Gleichzeitig ist die gesetzliche Formulierung eines Haftungsfreiraums für Organmitglieder (sog. business judgment rule) erfolgt, wobei das Vorliegen der betreffenden Voraussetzungen vom Organmitglied darzulegen und zu beweisen ist. Zu unterscheiden sind also fehlgeschlagene unternehmerische Entscheidungen, bei denen sich keine Haftung ergibt, und Pflichtverletzungen (Treupflichten, Informationspflichten, allgemeine Gesetzes- oder Satzungsbestimmungen), bei denen gehaftet wird. Gemäß § 93 I 2 AktG liegt eine Pflichtverletzung nicht vor, wenn die Vorstandsmitglieder bei einer unternehmerischen Entscheidung vernünftigerweise annehmen durften, auf der Grundlage angemessener Information zum Wohl der Gesellschaft zu handeln. „Handeln" ist weit zu verstehen, meint die Entscheidung selbst und die Umsetzung durch Rechtsgeschäft oder tatsächliche Handlung. Das Organmitglied muss hierbei aus seiner eigenen Perspektive ex

---

1897 Spindler, WM 2004, 2089 (2092).

1898 BGH ZIP 2004, 1604 (1604).

1899 Zur Haftung nach § 826 von Prospektverantwortlichen vgl. BGH, Urt. v. 28.02.2005, WM 2005, 736 (736 ff.).

1900 Habersack/Schürnbrand, WM 2005, 957 (957 ff.); S. H. Schneider/U. H. Schneider, AG 2005, 57 (57 ff.).

1901 Bundestags-Drucksache (BT-Drs.) 15/5092; Weiss/Buchner, WM 2005, 162 (162 ff.); Seibert, WM 2005, 157 (157 ff.); Seibert/Schütz, ZIP 2004, 252 (252 ff.); Jahn, BB 2005, 5 (5 ff.); Wilsing, ZIP 2004, 1082 (1082 ff.); Fleischer, ZIP 2004, 685 (685 ff.); Paefgen, AG 2004, 245 (245 ff.); Weißhaupt, WM 2004, 705 (705 ff.); Roth, BB 2004, 1066 (1066 ff.); Kuthe, BB 2004, 449 (449 ff.).

ante[1902] davon ausgegangen sein dürfen, dass die unternehmerische Entscheidung bzw. Handlung der langfristigen Ertragsstärkung und Wettbewerbsfähigkeit des Unternehmens und seiner Produkte oder Dienstleistungen dient; im Falle eines Konzerns ist das Wohl der Tochtergesellschaften miteinzubeziehen. Das Handeln muss unabhängig und unbefangen, unbeeinflusst von Interessenkonflikten, Fremdeinflüssen und ohne unmittelbaren Eigennutz erfolgt sein. Zum eigenen Wohl des Organmitglieds darf nur agiert werden, wenn sich das mittelbar aus dem Gesellschaftswohl ergibt. Hinsichtlich der Angemessenheit zugrunde zu legender Information steht dem Vorstand bei der Abwägung des Informationsbedarfs ein großer Spielraum zu. Maßgeblich hierbei sind z. B. Gewicht, Art und Zeitvorlauf der Entscheidung und betriebswirtschaftliche Verhaltensmaßstäbe wie Rentabilität, Risikobewertung, Investitionsvolumen, Finanzierung etc.

Treupflichtverletzungen von Organmitgliedern[1903] sollen künftig unter erleichterten Voraussetzungen verfolgt werden können. Gleichzeitig soll die Gefahr missbräuchlicher Klagen eingedämmt werden. § 147 I 1 AktG sieht u. a. vor, dass die Ersatzansprüche der Gesellschaft aus der Geschäftsführung gegen die Mitglieder des Vorstandes und des Aufsichtsrates oder aus § 117 geltend gemacht werden müssen, wenn es die Hauptversammlung mit einfacher Stimmenmehrheit beschließt. Nach § 147 I 2 AktG soll der Ersatzanspruch binnen sechs Monaten seit dem Tag der Hauptversammlung geltend gemacht werden. Neu ist ein Klagezulassungsverfahren. Nach § 148 I 1 AktG können Aktionäre, deren Anteile im Zeitpunkt der Antragstellung zusammen den einhundertsten Teil des Grundkapitals oder einen Börsenwert von 100.000.- Euro (§ 142 II 2 AktG) erreichen[1904], die Zulassung beantragen, im eigenen Namen die in § 147 I 1 AktG bezeichneten Ersatzansprüche der Gesellschaft geltend zu machen[1905]. Das Aktionärsforum (§ 127 a AktG) soll Aktionären helfen, sich zu finden. Der Antrag auf Klagezulassung ist von der börsennotierten Gesellschaft unverzüglich in den Gesellschaftsblättern bekannt zu machen (§ 149 I AktG). Das nach § 148 II 1, 2 AktG zuständige Gericht lässt die Klage gemäß § 148 I 2 AktG zu, wenn die Aktionäre nachweisen, dass sie die Aktien vor dem Zeitpunkt erworben haben, in dem sie oder im Falle der Gesamtrechtsnachfolge ihre Rechtsvorgänger von den beanstandeten Pflichtverstößen aufgrund einer Veröffentlichung Kenntnis erlangen mussten (Nr. 1), sie glaubhaft machen, dass die Gesellschaft unter Setzung einer angemessenen Frist vergeblich aufgefordert haben, selbst Klage zu erheben (Nr. 2), Tatsachen vorliegen, die den Verdacht

---

1902 Vgl. BGHZ 135, 244 (253).

1903 Fleischer, WM 2003, 1045 (1045 ff.).

1904 D. h. bei nicht-börsennotierten (kleinen) Aktiengesellschaften wird immer nur auf den Anteil (1 %) abgestellt, der Marktwert wäre schwer zu ermitteln.

1905 Klagen ohne ausreichendes eigenes wirtschaftliches Interesse sollen durch diese Voraussetzungen ausgeschlossen werden.

rechtfertigen, dass der Gesellschaft durch Unredlichkeit oder grobe Verletzung des Gesetzes oder der Satzung ein Schaden entstanden ist (Nr. 3) und der Geltendmachung des Ersatzanspruchs keine überwiegenden Gründe des Gesellschaftswohls entgegenstehen (Nr. 4).

3) Gesetzentwurf zur Einführung einer allgemeinen Kapitalmarktinformationshaftung einschließlich Außenhaftung für Organe

Die zwischenzeitlich geplante Einführung einer allgemeinen Kapitalmarktinformationshaftung für börsenzugelassene Gesellschaften ist bislang nicht realisiert worden. Ein Gesetzentwurf (KapInHaG-E) war vorgelegt worden. Nach § 37a I 1 WpHG-E (KapInHaG-E) haftet ein im amtlichen oder geregelten Markt börsennotierter[1906] Aktienemittent nach Maßgabe der folgenden Bestimmungen auf Schadensersatz, wenn er in öffentlichen Bekanntmachungen oder Mitteilungen[1907] über geschäftliche Verhältnisse, die zur Erstellung von Finanzanalysen oder für einen größeren Kreis von Personen bestimmt sind[1908], unrichtige Angaben[1909] über Umstände macht, die für die Bewertung der Aktien erheblich sind[1910], oder solche entgegen bestehenden Rechtsvorschriften verschweigt, wenn die Angaben oder das Verschweigen geeignet sind, auf den Börsenpreis der Aktie einzuwirken[1911], es sei denn, dass er die Unrichtigkeit der Angabe nicht gekannt hat und die Unkenntnis oder das Verschweigen nicht auf Vorsatz oder grober Fahrlässigkeit beruht[1912]. Gemäß § 37a I 2 WpHG-E haftet der Emittent für mündliche Äußerungen nur, wenn diese in Ansprachen oder Auskünften im Rahmen der Hauptversammlung oder einer vom Emittenten veranlassten Informationsveranstaltung[1913] angegeben werden[1914].

1906 Zu dieser Beschränkung Baums ZHR 167 (2003), 139 (147 f.).

1907 Schriftlich, elektronisch oder anderweitig in Textform; zum Schriftlichkeitserfordernis Baums ZHR 167 (2003), 139 (157).

1908 Z. B. Jahresabschluss (§ 325 HGB), Zwischenbericht (§ 40 BörsG), Ad hoc-Mitteilungen (§ 15 WpHG); Mitteilungen an Aktionäre, Kunden oder Finanzanalysten; vgl. Baums ZHR 167 (2003), 139 (152 ff.).

1909 Nach Baums ZHR 167 (2003), 139 (154 f.) soll bei aktiv unrichtigen Angaben gleichgültig sein, ob es sich um Pflichtangaben oder freiwillige Angaben handelt.

1910 Entsprechung zu § 20a WpHG; d. h. ausgeschlossen sind Mitteilungen, deren Grundlage zwar ein bewertungserheblicher Umstand ist, jedoch der Gehalt der Äußerung so unzureichend ist, dass eine Anlagestimmung bei den Informationsempfängern und damit eine Anlagestimmung nicht erzeugt werden kann; vgl. auch Baums ZHR 167 (2003), 139 (154, 157 ff.) („Wesentlichkeit" jedenfalls bei zu erwartenden Kursausschlägen über 5 %).

1911 Entsprechung zu § 20a WpHG.

1912 Verschuldensmaßstab und Beweiserleichterung wie bei § 45 BörsG und §§ 37b, 37c WpHG in der aktuellen Fassung; zum Verschulden Baums ZHR 167 (2003), 139 (190 ff.); Zimmer, WM 2004, 9 (17).

1913 Z. B. Analystenkonferenzen, abzugrenzen gegen dem Emittenten nicht zurechenbare Veranstaltungen wie Fernsehinterviews.

Neu wäre eine Außenhaftung für Organmitglieder[1915] (§ 37a II WpHG-E) als den eigentlich Verantwortlichen für die Erstellung und Verbreitung von Unternehmensnachrichten. Zweck der Einführung dieser Durchgriffshaftung wäre ein verstärkter Anreiz für korrekte Kapitalmarktinformationen[1916]. Das geltende Recht sieht bisher für Organmitglieder nur eine Innenhaftung gegenüber der Gesellschaft vor (§§ 93, 116 AktG). Wer als Mitglied eines Leitungs,Verwaltungs- oder Aufsichtsorgans eines börsennotierten Emittenten nach Absatz 1 unrichtige Angaben macht oder Umstände verschweigt, haftet nach Maßgabe der Absätze 3 bis 7 auf Schadensersatz (§ 37a II 1 WpHG-E). Die Zurechnung im Einzelnen soll nach den für die Innenhaftung bestehenden Grundsätzen erfolgen. Dem Vorstandsvorsitzenden kommt grundsätzlich eine Gesamtverantwortung zu, bei Gremienentscheidungen sollen nur die Vorstände haftbar sein, die zugestimmt haben. Aufsichtsratsmitglieder haften nur für eigene Erklärungen. Nach Satz 1 haftet auch, wer als Mitglied eines Leitungs- oder Verwaltungsorgans bei einem solchen Verhalten dieses Organs, einzelner Organmitglieder oder von Angestellten des Emittenten seine Kontrollpflichten verletzt (§ 37a II 2 WpHG-E). Maßgeblich hierfür ist die interne Geschäftsverteilung[1917]. Für mündliche Erklärungen haften Mitglieder eines Leitungs-, Verwaltungs- oder Aufsichtsorgans nur, wenn diese im Rahmen der Hauptversammlung oder einer vom Emittenten veranlassten Informationsveranstaltung abgegeben werden (§ 37a II 3 WpHG-E).
Wer innerhalb von drei Monaten[1918] nach einer Handlung oder Unterlassung im Sinne der Absätze 1 oder 2 die Aktien erworben hat und bei dem öffentlichen Bekanntwerden der Unrichtigkeit der Angabe oder der verschwiegenen Umstände noch Inhaber der Aktien ist, kann von den Ersatzpflichtigen als Gesamtschuldnern Ersatz des ihm durch die Handlung oder Unterlassung entstandenen Schadens in Geld verlangen (§ 37a III 1 WpHG-E). Nach Satz 1 ist auch anspruchsberechtigt, wer die Aktien vor der Handlung oder Unterlassung im Sinne der Absätze 1 oder 2 erworben und sie innerhalb von drei Monaten nach der Handlung oder Unterlassung, aber vor dem öffentlichen Bekanntwerden der Unrichtigkeit der Angabe oder der verschwiegenen Umstände veräußert[1919] hat (§ 37a III 2 WpHG-E). Gemäß §§ 37a III 3, 37b I Nr. 1 WpHG-E ist nach Satz 1 nur anspruchsberechtigt, wer geltend macht, dass die Aktien aufgrund der unrichtigen Angabe erworben oder veräußert wurden oder bei Kenntnis der

---

1914 Baums ZHR 167 (2003), 139 (155 f.) tritt für Beschränkung der Haftung auf schriftliche Äußerungen ein.

1915 Baums ZHR 167 (2003), 139 (171 ff.); dagegen Zimmer, WM 2004, 9 (10 ff.).

1916 Baums ZHR 167 (2003), 139 (174).

1917 Vgl. auch Baums ZHR 167 (2003), 139 (172 f.).

1918 Vgl. 6-Monatsfrist bei Prospekthaftung (§ 44 BörsG), dort Ausschlussfrist, hier zeitlich begrenzte Beweislastumkehr (widerlegbare Vermutung).

1919 Zum Transaktionserfordernis für Anspruchsberechtigung Baums ZHR 167 (2003), 139 (177 ff.); Zimmer, WM 2004, 9 (16 f.).

verschwiegenen Umstände erworben oder veräußert worden wären. Der Erwerber oder Veräußerer darf die Unrichtigkeit der Angabe oder die verschwiegenen Umstände bei dem Erwerb oder der Veräußerung nicht gekannt haben (§ 37b I Nr. 2 WpHG-E). Ein Anspruch scheidet gemäß § 37b I Nr. 3 WpHG-E des Weiteren aus, wenn vor dem Abschluss des Erwerbs- oder Veräußerungsgeschäfts im Rahmen des Jahresabschlusses oder Zwischenberichts des Emittenten, einer Veröffentlichung nach § 15 WpHG oder einer vergleichbaren Bekanntmachung eine deutlich gestaltete Berichtigung der unrichtigen Angabe oder die verschwiegenen Umstände veröffentlicht wurden[1920].
Als Schaden ist dem Gläubiger der Unterschiedsbetrag zwischen dem Kauf- oder Verkaufspreis und dem gewichteten durchschnittlichen inländischen Börsenpreis der Aktie während der ersten 30 Tage nach dem öffentlichen Bekanntwerden der Unrichtigkeit der Angabe oder der verschwiegenen Umstände zu ersetzen (§ 37a IV 1 WpHG-E)[1921]. Der Ersatzpflichtige kann geltend machen, dass durch die Handlung oder Unterlassung im Sinne des Absatzes 1 ein Schaden des Gläubigers in dieser Höhe nicht eingetreten ist (§ 37a IV 2 WpHG-E). Die Geltendmachung eines über Satz 1 hinausgehenden Schadens ist gemäß § 37a IV 3 WpHG-E nicht ausgeschlossen[1922].
Ein Mitglied eines Leitungs-, Verwaltungs- oder Aufsichtsorgans, das grob fahrlässig gehandelt hat, kann seine Haftung nach Absatz 2 insgesamt auf einen Höchstbetrag in Höhe der vierfachen, ihm vom Emittenten in den letzten zwölf Monaten vor der unrichtigen Angabe oder dem Zeitpunkt, zu welchem die Umstände hätten offenbart werden müssen, geleisteten Bruttovergütung einschließlich der variablen Vergütungsbestandteile beschränken, soweit die Schäden aus einer einheitlichen Handlung nach Absatz 1 entstanden sind (§ 37a V 1 WpHG-E)[1923]. Übersteigen mehrere nach Absatz 2 zu leistende Entschädigungen den in Satz 1 bezeichneten Höchstbetrag, so verringern sich die einzelnen Entschädigungen gemäß § 37a V 2 WpHG-E in dem Verhältnis, in dem ihr Gesamtbetrag zum Höchstbetrag steht[1924]. Die Aktien sind auf den Stichtag des Schadensereignisses zu bewerten (§ 37a V 3 WpHG-E).

1920 Zur haftungsbegründenden Kausalität Baums ZHR 167 (2003), 139 (180 f.); Zimmer, WM 2004, 9 (17 f.).

1921 Schadenspauschalierung; anders als bei Prospekthaftung (§ 44 BörsG) kann nicht die Übernahme der Aktien verlangt werden, sondern nur Geldersatz; zum Schaden Baums ZHR 167 (2003), 139 (185 ff.); Zimmer, WM 2004, 9 (17 f.).

1922 D. h. beide Seiten können anderen Schaden nachweisen.

1923 Existenzgefährdung des Verantwortlichen soll verhindert werden; zu Haftungshöchstgrenze Baums ZHR 167 (2003), 139 (176 f.).

1924 Zum Vergleich: Emittent selbst haftet unbegrenzt, vgl. Baums ZHR 167 (2003), 139 (171).

Schließt die Gesellschaft für Mitglieder des Leitungs-, Verwaltungs- oder Aufsichtsorgans eine Versicherung[1925] ab, durch die eine Inanspruchnahme nach Absatz 2 abgedeckt werden soll, so ist ein Selbstbehalt zu Lasten des Versicherten in Höhe von fünfzig Prozent der Versicherungssumme zu vereinbaren (§ 37a VI WpHG-E)[1926].

Ansprüche nach § 37a WpHG-E verjähren gemäß § 37b II WpHG-E in einem Jahr von dem Zeitpunkt an, zu dem der Ersatzberechtigte von der Unrichtigkeit der Angabe oder den verschwiegenen Umständen Kenntnis erlangt hat, spätestens jedoch in drei Jahren seit dem öffentlichen Bekanntwerden der Unrichtigkeit der Angabe oder dem Zeitpunkt, zu dem die verschwiegenen Umstände hätten offen gelegt werden müssen.
Haftungsbeschränkungen sind nach § 37c I WpHG-E unwirksam. Weitergehende Ansprüche nach bürgerlichem Recht bleiben unberührt (§ 37c II WpHG-E).

ff) Führung von Insiderverzeichnissen - Aufklärungspflicht der Emittenten gegenüber Insidern

Mit dem Anlegerschutzverbesserungsgesetz wurde die Pflicht zur Führung von Insiderverzeichnissen eingeführt[1927]. Emittenten börsenzugelassener Aktien haben jeweils unverzüglich zu aktualisierende Verzeichnisse über solche Personen zu führen, die für sie tätig sind und bestimmungsgemäß Zugang zu Insiderinformationen haben (§ 15b I 1, 2, 1. Alt. WpHG; vgl. Art. 6 III, 3. Unterabsatz, Satz 1 Marktmissbrauchsrichtlinie)[1928]. Nähere Anforderungen an den Inhalt der Verzeichnisse finden sich in §§ 14 WpAIV, 15b II WpHG (vgl. Art. 5 II Durchführungsrichtlinie 2004/72/EG zur Marktmissbrauchsrichtlinie). Auf entsprechendes Verlangen sind Insiderverzeichnisse der BaFin zu übermitteln (§ 15b I 2, 2. Alt. WpHG). Öffentlich zugänglich sind sie aber nicht[1929].
Verlangt wird eine unverzügliche Aktualisierung eines Verzeichnisses, wenn es unrichtig geworden ist (§§ 15 Satz 1, 2 WpAIV, 15b I 2, 1. Alt. WpHG; vgl. Art. 6 III, 3. Unterabsatz, Satz 2 Marktmissbrauchsrichtlinie; Art. 5 III Durchführungsrichtlinie 2004/72/EG zur Marktmissbrauchsrichtlinie).
Die in den Verzeichnissen geführten Personen sind durch die Emittenten über die rechtlichen Pflichten, die sich aus dem Zugang zu Insiderinformationen er-

---

1925 Sog. „D & O-Versicherung"; Fleischer, WM 2005, 909 (909 ff.); Deilmann, NZG 2005, 54 (54 ff.); Lange, ZIP 2004, 2221 (2221 ff.); ders., ZIP 2003, 466 (466 ff.).

1926 Haftungsrisiko soll nicht komplett abwälzbar sein, anderenfalls ginge gesteigerter Anreiz zu normgemäßem Verhalten weitgehend verloren; vgl. Baums ZHR 167 (2003), 139 (175 f.); Zimmer, WM 2004, 9 (18 f.).

1927 Steidle/Waldeck, WM 2005, 868 (868 f.); U. H. Schneider/von Buttlar, ZIP 2004, 1621 (1621 ff.).

1928 Diekmann/Sustmann, NZG 2004, 929 (932).

1929 Diekmann/Sustmann, NZG 2004, 929 (933).

geben, sowie über die Rechtsfolgen von Verstößen aufzuklären (§ 15b I 3, 4 WpHG; vgl. Art. 5 V Durchführungsrichtlinie 2004/72/EG zur Marktmissbrauchsrichtlinie).

Ordnungswidrig handelt, wer vorsätzlich oder leichtfertig § 15b I 1 WpHG (§ 39 II Nr. 8 WpHG) oder § 15b I 2 WpHG (§ 39 II Nr. 9 WpHG) zuwiderhandelt (Geldbuße bis 50.000.- Euro (§ 39 IV WpHG)).

gg) Veröffentlichungspflichten hinsichtlich bestimmter Geschäfte der Verwaltungsmitglieder von Emittenten

Mit dem 4 Finanzmarkförderungsgesetz 2002 wurden neue gesetzliche Pflichten für Vorstands- und Aufsichtsratsmitglieder[1930] zum amtlichen oder geregelten Markt zugelassener Gesellschaften oder des Mutterunternehmens einer solchen Gesellschaft sowie deren Ehepartner, eingetragene Lebenspartner und Verwandte ersten Grades[1931] begründet, u. a. Geschäfte mit Aktien des Unternehmens, in dem die Funktion ausgeübt wird („directors' dealings"), dem Unternehmen und der BaFin mitzuteilen[1932]. Durch das Anlegerschutzverbesserungsgesetz 2004 ist es hier bereits zu einer Novellierung gekommen[1933]. Führungspersonen von zum amtlichen oder geregelten Markt[1934] oder an einem organisierten Markt im Europäischen Wirtschaftsraum zugelassenen Gesellschaften sowie mit Führungspersonen in enger Beziehung stehende Personen müssen Geschäfte[1935] mit Aktien des betreffenden Unternehmens innerhalb von 5 Werktagen dem Emittenten und der BaFin mitteilen (§ 15a I 1 bis 3, II, III WpHG; vgl. Art. 6 IV Satz 1 Marktmissbrauchsrichtlinie; Art. 6 I Durchführungsrichtlinie 2004/72/EG zur Marktmissbrauchsrichtlinie))[1936]. Der betreffende Emittent hat eine solche Mitteilung unverzüglich zu veröffentlichen (§ 15a IV 1 WpHG; vgl. Art. 6 IV Satz 2 Marktmissbrauchsrichtlinie)) und die Veröffentlichung der BaFin unverzüglich zu übersenden (§ 15a IV 2 WpHG).

1930 Schwark-Zimmer, § 15a WpHG (a. F.) Rn. 17 ff.; Assmann/Schneider-Sethe, § 15a (a. F.) Rn. 2, 23 ff.

1931 Schwark-Zimmer, § 15a WpHG (a. F.) Rn. 23; Assmann/Schneider-Sethe, § 15a (a. F.) Rn. 36 ff.

1932 Schuster, ZHR 167 (2003), 193 (193 ff.).

1933 Wastl, NZG 2005, 17 (17 ff.).

1934 Zu § 15a WpHG (a. F.): Schwark-Zimmer, § 15a WpHG (a. F.) Rn. 13; Assmann/Schneider-Sethe, § 15a (a. F.) Rn. 19.

1935 Schwark-Zimmer, § 15a WpHG (a. F.) Rn. 24 ff.; Assmann/Schneider-Sethe, § 15a (a. F.) Rn. 44 ff.

1936 Zu § 15a WpHG a. F.: Schwark-Zimmer, § 15a WpHG (a. F.) Rn. 1, 35 ff.; Assmann/Schneider-Sethe, § 15a (a. F.) Rn. 16, 80 ff.; Fleischer, NJW 2002, 2977 (2978); U. H. Schneider, AG 2002, 473; Schlüter, S. 189 ff., Rn. 220 ff.; Lenenbach, S. 530 f., Rn. 10.110.

Mitteilung und Veröffentlichung können allerdings unterbleiben, wenn die Gesamtsumme der Geschäfte einer Person mit Führungsaufgaben und der mit dieser Person in enger Beziehung stehenden Personen insgesamt einen Betrag von 5.000 Euro bis zum Ende des Kalenderjahres nicht erreicht (§ 15a I 5 WpHG; vgl. Art. 6 II Durchführungsrichtlinie 2004/72/EG zur Marktmissbrauchsrichtlinie)[1937]. Damit ist gegenüber der früheren Regelung eine Erweiterung der Publizitätspflichten für director's dealings erfolgt[1938].
Genauere Anforderungen hinsichtlich Inhalt und Form der Mitteilung finden sich in §§ 10 f. WpAIV, 15a V WpHG. Einzelheiten zu Inhalt und Art der Veröffentlichung sind in §§ 12 f. WpAIV niedergelegt (vgl. Art. 6 III Durchführungsrichtlinie 2004/72/EG zur Marktmissbrauchsrichtlinie). Die Veröffentlichung muss u. a. auch die Angabe enthalten, ob der Mitteilende Führungsaufgaben bei dem Emittenten wahrnimmt oder eine Person ist, die mit einer solchen Person nach § 15a III WpHG in einer engen Beziehung steht (§ 12 Nr. 4 WpAIV), außerdem eine jeweils in einem Schlagwort zu formulierende Beschreibung der Position und des Aufgabenbereichs der Person mit Führungsaufgaben, eine genaue Bezeichnung der Aktie, mit der das Geschäft getätigt worden ist (§§ 12 Nr. 6, 10 Nr. 5 WpAIV) und eine genaue Beschreibung des Geschäfts u. a. unter Angabe des Ortes des Geschäftsabschlusses (§§ 12 Nr. 6, 10 Nr. 6 WpAIV). Die Veröffentlichung hat auf Deutsch im Internet unter der Adresse des Emittenten für die Dauer von mindestens einem Monat zu erfolgen, wobei die Hauptseite einen deutlich erkennbaren Hinweis auf eine Seite mit Informationen für Anleger zu enthalten hat, unter welcher die Veröffentlichung leicht aufzufinden sein muss (§ 13 I 1 WpAIV). Die BaFin kann eine weitere Veröffentlichung unter ihrer Adresse vornehmen (§ 13 I 2 WpAIV). Zeitgleich zur deutschen darf auch eine englische Fassung veröffentlicht werden (§ 13 I 3 WpAIV). Im Ermessen steht eine Gestattung gegenüber Emittenten mit Sitz im Ausland, die Veröffentlichung nur auf Englisch vorzunehmen, wenn dadurch eine ausreichende Unterrichtung der Öffentlichkeit nicht gefährdet erscheint (§ 13 I 4 WpAIV).

Ordnungswidrig sind vorsätzliche oder leichtfertige Verletzungen des § 15a I 1 WpHG (§ 39 II Nr. 2 d) WpHG,), des § 15a IV 1 WpHG (§ 39 II Nr. 5 b) WpHG) (jeweils Bußgeld bis 100.000.- Euro (§ 39 IV WpHG)) oder des § 15a IV 2 WpHG (§ 39 II Nr. 7, 2. Alt. WpHG) (Bußgeld bis 50.000.- Euro (§ 39 IV WpHG)).

1937 Vgl. § 15a I 4 WpHG (a. F.); Schwark-Zimmer, § 15a WpHG (a. F.) Rn. 29 ff.; Fleischer, NJW 2002, 2977 (2978); Schlüter, S. 191, Rn. 230 ff.

1938 Diekmann/Sustmann, NZG 2004, 929 (936).

hh) Stimmrechtsanteilspublizität

Die §§ 21 ff. WpHG sehen Mitteilungspflichten bei Veränderungen des Stimmrechtsanteils an börsennotierten Gesellschaften für deren Aktionäre, die über die für Aktionäre sonstiger Aktiengesellschaften gemäß §§ 20 ff. AktG bestehenden Meldepflichten gegenüber ihrer Gesellschaft[1939] hinausgehen, und entsprechende Veröffentlichungspflichten für die Gesellschaft selbst vor[1940]. Börsennotiert im Sinne der genannten Bestimmungen sind zum Handel an einem amtlichen oder geregelten Markt einer deutschen Börse oder an einem organisierten Markt im EU- oder EWR-Ausland zugelassene Gesellschaften (§ 21 II WpHG)[1941]. Mit diesen Bestimmungen wurde die Transparenzrichtlinie[1942] umgesetzt[1943]. Diese Beteiligungstransparenz gewissen Umfangs bezweckt sowohl Anlegerschutz als auch Funktionsschutz[1944].

Wer[1945] durch Erwerb, Veräußerung oder auf sonstige Weise[1946] 5, 10, 25, 50 oder 75 Prozent[1947] der Stimmrechte[1948] an einer börsennotierten Gesellschaft erreicht, überschreitet oder unterschreitet (Meldepflichtiger) oder wem im Zeitpunkt der erstmaligen Zulassung der Aktien einer Gesellschaft zu einem der in § 21 II WpHG genannten Märkte 5 % oder mehr zustehen, hat der Gesellschaft sowie der Bundesanstalt (BaFin)[1949] unverzüglich, spätestens innerhalb von 7

1939 Assmann/Schneider-Schneider, Vor § 21 Rn. 38 ff.; Schwark-Schwark, vor § 21 WpHG Rn. 5.

1940 Assmann/Schneider-Schneider, Vor § 21 Rn. 72 ff.; Schäfer-Opitz, § 21 WpHG Rn. 3 ff.; Lenenbach, S. 519 ff., Rn. 10.87.

1941 Assmann/Schneider-Schneider, Vor § 21 Rn. 45 ff.; Schwark-Schwark, vor § 21 WpHG Rn. 3.

1942 ABl. EG 1988, Nr. L 348, S. 63, vgl. auch die noch umzusetzende neue Transparenzrichtlinie, ABl. EU 2004, Nr L 142, S. 12.

1943 Assmann/Schneider-Schneider, Vor § 21 Rn. 1 ff.; Schwark-Schwark, vor § 21 WpHG Rn. 1; Lenenbach, S. 521, Rn. 10.89.

1944 Assmann/Schneider-Schneider, Vor § 21 Rn. 12 ff.; Schwark-Schwark, vor § 21 WpHG Rn. 2; § 21 WpHG Rn. 16.

1945 Assmann/Schneider-Schneider, § 21 Rn. 5 ff.; Schwark-Schwark, § 21 WpHG Rn. 2.

1946 Assmann/Schneider-Schneider, § 21 Rn. 41 ff.; Schwark-Schwark, § 21 WpHG Rn. 12 f.

1947 Assmann/Schneider-Schneider, § 21 Rn. 14; Schwark-Schwark, § 21 WpHG Rn. 6.

1948 Assmann/Schneider-Schneider, § 21 Rn. 16 ff.; Schwark-Schwark, vor § 21 WpHG Rn. 4; nicht entscheidend ist die Beteiligung am Grundkapital, Assmann/Schneider-Schneider, § 21 Rn. 16 ff.; Schwark-Schwark, vor § 21 WpHG Rn. 4; § 21 WpHG Rn. 7; Lenenbach, S. 520, Rn. 10.87.

1949 Assmann/Schneider-Schneider, § 21 Rn. 72; Schwark-Schwark, § 21 WpHG Rn. 14.

Kalendertagen,[1950] das Erreichen, Überschreiten oder Unterschreiten der genannten Schwellen sowie die Höhe seines Stimmrechtsanteils unter Angabe seiner Anschrift und des Tages des Erreichens, Überschreitens oder Unterschreitens schriftlich mitzuteilen (§ 21 I 1, Ia WpHG)[1951]. Ein Aktiengeschäft kann die Meldepflicht sowohl für den Veräußerer als auch für den Erwerber auslösen[1952].
Unter den Voraussetzungen des § 22 WpHG werden einem Aktionär im Hinblick auf die Pflichten aus § 21 WpHG Stimmrechte aus Aktien anderer Aktionäre zugerechnet.
Auf an die Bundesanstalt (BaFin) zu richtenden Antrag hin bleiben einem Aktionär zustehende Stimmrechte für die Pflichten aus § 21 WpHG gemäß § 23 I WpHG unberücksichtigt, wenn der Antragsteller als Handelsteilnehmer an einer deutschen Börse oder an einer Börse im EU- oder EWR-Ausland zugelassen ist und Wertpapierdienstleistungen erbringt (Nr. 1)[1953], die betreffenden Aktien im Handelsbestand hält oder zu halten beabsichtigt (Nr. 2)[1954] und darlegt, dass mit dem Erwerb der Aktien nicht beabsichtigt ist, auf die Geschäftsführung der Gesellschaft Einfluss zu nehmen (Nr. 3)[1955]. Für andere Unternehmen mit Sitz in der EU oder im EWR, die die Voraussetzungen des § 23 I WpHG nicht erfüllen, kann die BaFin gemäß § 23 II WpHG auf Antrag zulassen, dass Aktienstimmrechte für die Meldeschwelle von 5 % unberücksichtigt bleiben, wenn der Antragsteller die betreffenden Aktien hält oder zu halten beabsichtigt, um bestehende oder erwartete Unterschiede zwischen dem Erwerbspreis und dem Veräußerungspreis kurzfristig zu nutzen (Nr. 1), und darlegt, dass mit dem Erwerb der Aktien nicht beabsichtigt ist, auf die Geschäftsführung der Gesellschaft Einfluss zu nehmen (Nr. 2)[1956]. Nach § 23 IV WpHG können allerdings Stimmrechte aus Aktien, die aufgrund einer Befreiung nach § 23 I oder II WpHG unberücksichtigt bleiben, nicht ausgeübt werden, wenn im Falle ihrer Berücksichtigung eine Mitteilungspflicht nach § 21 I oder Ia WpHG bestünde[1957].

Nach §§ 25 I 1 WpHG hat eine börsennotierte Gesellschaft Mitteilungen nach § 21 I, Ia WpHG unverzüglich, spätestens neun Kalendertage nach Zugang der Mitteilung, in deutscher Sprache in einem überregionalen Börsenpflichtblatt zu

---

1950 Assmann/Schneider-Schneider, § 21 Rn. 84 ff.; Schwark-Schwark, § 21 WpHG Rn. 22 f.

1951 Assmann/Schneider-Schneider, § 21 Rn. 72 ff.

1952 Lenenbach, S. 520, Rn. 10.87.

1953 Schwark-Schwark, § 23 WpHG Rn. 3 ff.

1954 Schwark-Schwark, § 23 WpHG Rn. 6.

1955 Schwark-Schwark, § 23 WpHG Rn. 7 ff.

1956 Schwark-Schwark, § 23 WpHG Rn. 10 ff.

1957 Schwark-Schwark, § 23 WpHG Rn. 19 ff.

veröffentlichen, wobei der Meldepflichtige mit Namen oder Firma und Staat, in dem sich der Wohnort befindet, oder Sitz anzugeben (§ 25 I 2 WpHG)[1958]. Sind die Aktien auch an einem organisierten Markt im EU- oder EWR-Ausland zugelassen, bestehen auch Pflichten zur Veröffentlichung im betreffenden Staat (§ 25 II WpHG)[1959].
Unter den Voraussetzungen des § 25 IV kann die BaFin Befreiungen vornehmen[1960].
Hat die Gesellschaft ihren Sitz im Ausland, bestehen unter den Voraussetzungen und im Umfang des § 26 WpHG Veröffentlichungspflichten.
Rechte aus Aktien, die einem Meldepflichtigen gehören, bestehen in der Regel nicht für die Zeit, für welche die Mitteilungspflichten nicht erfüllt werden (§ 28 WpHG)[1961].

Ordnungswidrig sind vorsätzliche oder leichtfertige Missachtungen des § 21 I oder Ia WpHG (§ 39 II Nr. 2 e) WpHG (Geldbuße bis 200.000.- Euro (§ 39 IV WpHG)), der § 25 I 1, § 25 II 1 oder § 26 I 1 WpHG (§ 39 II Nr. 5 c) WpHG) oder des §§ 25 III 1 WpHG (§ 39 II Nr. 7, 3. Alt. WpHG) (jeweils Geldbuße bis 50.000.- Euro (§ 39 IV WpHG)).

ii) Jährliches Informationsdokument

Ein Emittent, dessen Aktien zum Handel an einem organisierten Markt zugelassen sind, hat gemäß § 10 I 1 WpPG mindestens einmal jährlich dem Publikum ein Dokument in der in § 10 I 1 Nr. 3 WpPG vorgesehenen Weise durch Hinterlegung bei der BaFin (§ 10 II 1 WpPG) zur Verfügung zu stellen, das alle Informationen enthält oder auf sie verweist, die der Emittent in den vorausgegangenen zwölf Monaten auf Grund der §§ 15, 15a, 25 oder 26 WpHG (Nr. 1), des § 39 I Nr. 3 und II BörsG i. V. m. dem 2. Kapitel der Börsenzulassungsverordnung (BörsZulVO) (Nr. 2), der § 42 und 54 BörsG i. V. m. einer Börsenordnung (BörsO) (Nr. 3) oder der den Nummern 1 bis 3 entsprechenden ausländischen Vorschriften (Nr. 4) veröffentlicht oder dem Publikum zur Verfügung gestellt hat.

jj) Musterverfahren in kapitalmarktrechtlichen Streitigkeiten

Mit dem Gesetz über Musterverfahren in kapitalmarktrechtlichen Streitigkeiten (KapMuG)[1962] ist zum Zwecke des Anlegerschutzes eine neue zivilprozessuale

---

1958 Assmann/Schneider-Schneider, § 25 Rn. 2 ff.; Schwark-Schwark, § 25 WpHG Rn. 2 ff.; Schäfer-Opitz, § 25 WpHG Rn. 2 ff.; Lenenbach, S. 520, Rn. 10.88.

1959 Assmann/Schneider-Schneider, § 25 Rn. 27 ff.; Schwark-Schwark, § 25 WpHG Rn. 8.

1960 Schwark-Schwark, § 23 WpHG Rn. 11 ff.

1961 Schwark-Schwark, § 28 WpHG Rn. 1 ff.; Lenenbach, S. 523, Rn. 10.94.

Form kollektiven Rechtsschutzes geschaffen worden. In verschiedenen Prozessen gestellte gleiche Tatsachen- oder Rechtsfragen können zur kostengünstigeren Rechtsverfolgung einheitlich für alle Kläger bzw. Beklagten in einem Musterprozess beim Oberlandesgericht geklärt werden. Wenn mindestens 10 gleichgerichtete Musterfeststellungsanträge vorliegen, werden die jeweiligen erstinstanzlichen Verfahren unterbrochen und entscheidet das Oberlandesgericht über die Musterfrage einheitlich[1963]. Vorbild dieses objektiven Zwischenverfahrens ist das verwaltungsprozessuale Verfahren im Sinne des § 93a VwGO[1964].

Gemäß § 1 I 1, 2, 3 KapMuG kann in einem erstinstanzlichen Verfahren, in dem ein Schadensersatzanspruch wegen falscher, irreführender oder unterlassener öffentlicher Kapitalmarktinformation (I 1 Nr. 1) oder ein Erfüllungsanspruch aus Vertrag, der auf einem Angebot nach dem Wertpapiererwerbs- und Übernahmegesetz beruht (I 1 Nr. 2), auf Antrag des Klägers oder Beklagten die Feststellung des Vorliegens oder Nichtvorliegens einer anspruchsbegründenden oder anspruchsausschließenden Voraussetzung oder einer Rechtsfrage begehrt werden, wenn die Entscheidung des Rechtsstreits hiervon abhängt[1965]. Was unter „öffentlichen Kapitalmarktinformationen" im Sinne des § 1 I 1 Nr. 1 KapMuG zu verstehen ist, wird in § 1 I 4 KapMuG legaldefiniert: für eine Vielzahl von Kapitalanlegern zugängliche oder zugänglich zu machende Informationen über Tatsachen, Umstände, Kennzahlen und sonstige Unternehmensdaten, die einen Emittenten von Wertpapieren betreffen, insbesondere Angaben in Börsenprospekten (§ 30 III Nr. 2 BörsG) (Nr. 1), in Unternehmensberichten (§ 51 I Nr. 2 BörsG) (Nr. 2), in Verkaufsprospekten (Nr. 3), in Mitteilungen über Insiderinformationen (§ 15 WpHG) (Nr. 4), in Darstellungen, Übersichten, Vorträgen und Auskünften in der Hauptversammlung über die Verhältnisse der Gesellschaft einschließlich ihrer Beziehungen zu verbundenen Unternehmen gemäß § 400 I Nr. 1 AktG (Nr. 5), Jahresabschlüsse, Lageberichte, Konzernabschlüsse, Konzernlageberichte sowie Zwischenberichte des Emittenten (Nr. 6) und Angaben in einer Angebotsunterlage (§ 11 I 1 WpÜG) (Nr. 7).

Einen zulässigen Musterfeststellungsantrag macht das Prozessgericht im für jedermann kostenfrei einsehbaren (§ 2 II KapMuG) Klageregister des elektronischen Bundesanzeigers unter Aufnahme der in § 2 I 3 KapMuG bestimmten, später wieder zu löschenden (§ 2 V KapMuG) Eckdaten öffentlich bekannt (§ 2

1962 BGBl. I, 2005, 2437; Duve/Pfitzner, BB 2005, 673 (673 ff.); Sessler, WM 2004, 2344 (2344 ff.); Reuschle, WM 2004, 2334 (2334 ff.); Hess, WM 2004, 2329 (2329 ff.); ders., AG 2003, 113 (113 ff.); ders./Michailidou, ZIP 2004, 1381 (1381 f.); dies., WM 2003, 2318 (2318 ff.); Zypries, ZRP 2004, 177 (177 ff.).

1963 Kritisch Hess, WM 2004, 2329 (2329) (Musterverfahren hätte besser zuerst angegangenem Landgericht zugewiesen werden sollen).

1964 Hess, WM 2004, 2329 (2329); Deutscher Anwaltsverein (DAV), NZG 2005, 166 (169).

1965 Zu § 1 KapMuG-E Deutscher Anwaltsverein (DAV), NZG 2005, 166 (166 f.).

I 1 KapMuG). Gleichgerichtete Anträge werden in einer Tabelle des Klageregisters in der gesetzlich vorgesehenen Reihenfolge aufgeführt (§ 2 I 4, 5 KapMuG). Gemäß § 3 KapMuG wird das erstinstanzliche Verfahren mit Bekanntmachung des Musterfeststellungsantrags im Klageregister unterbrochen. Seitens des Prozessgerichts erfolgt nach § 4 I 1 KapMuG die Vorlage an das Oberlandesgericht, wenn in dem bei ihm anhängigen Verfahren der zeitlich erste Musterfeststellungsantrag gestellt wurde (Nr. 1) und innerhalb von 4 Monaten nach seiner Bekanntmachung in mindestens 9 weiteren Verfahren bei demselben oder anderen Gerichten gleichgerichtete Musterfeststellungsanträge in das Klageregister eingetragen wurden (Nr. 2)[1966]. Gleichgerichtetheit liegt vor, wenn das Feststellungsziel und das zugrunde liegende Ereignis identisch sind (§ 4 I 4 KapMuG).

Nach § 8 II 1 KapMuG bestimmt das OLG nach billigem Ermessen den Musterkläger aus den Klägern bei dem Gericht, das den Musterbescheid einholt[1967]. Zu berücksichtigen sind gemäß § 8 II 2 KapMuG die Höhe des Anspruchs[1968], soweit er Gegenstand des Musterverfahrens ist (Nr. 1) und die Verständigung mehrerer Kläger auf einen Musterkläger[1969] (Nr. 2)[1970]. Die Kläger der übrigen ausgesetzten Verfahren sind zu dem Musterverfahren beizuladen (§ 8 III 1 KapMuG)[1971]. Beteiligte des Musterverfahrens sind gemäß § 8 I KapMuG der Musterkläger (Nr. 1), der Musterbeklagte (Nr. 2) und die Beigeladenen (Nr. 3). Musterkläger und -beklagte und das Feststellungsziel des Musterverfahrens sind seitens des OLG im Klageregister bekannt zu machen (§ 6 S. 1 Nr. 1 bis 3 KapMuG).

Der nach mündlicher Verhandlung vom OLG zu erlassende Musterentscheid (§ 14 I 1 KapMuG) bindet gemäß § 16 I 1 KapMuG die Prozessgerichte[1972], deren Entscheidung von der im Musterverfahren getroffenen Feststellung oder der im Musterverfahren zu klärenden Rechtsfrage abhängt. Mit der Einreichung des rechtskräftigen (vgl. § 16 I 2 bis 4 KapMuG) Musterentscheides durch einen Beteiligten des Musterverfahrens einschließlich der Beigeladenen wird das Verfahren in der Hauptsache wieder aufgenommen (§ 16 I 5 KapMuG).

1966 Zu § 4 KapMuG-E Deutscher Anwaltsverein (DAV), NZG 2005, 166 (168).

1967 Vgl. Vorbild § 93a I VwGO, Bestimmung des Musterklägers von Amts wegen Neuheit im Zivilprozess; kritisch Deutscher Anwaltsverein (DAV), NZG 2005, 166 (169).

1968 Ein Großaktionär hat gesellschaftsrechtlich eine bedeutende Stellung.

1969 Bündelungseffekt, nahe liegend, wenn mehrere Kläger von einer Kanzlei vertreten werden.

1970 Ein „race to the courtroom", das auftritt, wenn derjenige Musterkläger wird, der zuerst klagt bzw. den Antrag stellt, soll verhindert werden.

1971 Hess, WM 2004, 2329 (2330 f.) (Anlehnung an einfachen Nebenintervenienten (§ 67 ZPO), Streithelfer ist nicht selbst Partei, aber von Amts wegen zu jedem Termin zu laden).

1972 Hess, WM 2004, 2329 (2331).

e) Nicht-börsennotierte Aktien bzw. Emittenten

Ganz überwiegend sind also börsenzugelassene Emittenten Adressaten der inzwischen umfassenden Rechtsbestimmungen des Börsen- und Kapitalmarktrechts. Zur Verdeutlichung des Regulierungsgefälles soll im Folgenden das für nicht-börsennotierte Emittenten geltende, deutlich weniger umfangreiche Regelungsregime noch einmal besonders kenntlich gemacht werden.

Die Pflicht zur Rechnungslegung gilt, wie gesagt, für sämtliche Aktiengesellschaften, also auch für lediglich in den Börsenhandel einbezogene oder nicht-börsennotierte Emittenten, wobei oben darauf hingewiesen wurde, dass für nicht-börsenzugelassene bzw. mittlere und kleine Aktiengesellschaften in gestufter Form gewisse Erleichterungen bestehen. Die neuen Prüfungskompetenzen der privatrechtlichen Prüfstelle und der BaFin (Enforcement) beziehen sich aber nur auf die Rechnungslegung börsenzugelassener Unternehmen.

Mit dem Inkrafttreten des Wertpapierprospektgesetzes deutlich anspruchsvoller geworden sind die Anforderungen im Bereich der kapitalmarktrechtlichen Primärmarktpublizität bei erstmaligem öffentlichen Angebot von Aktien, das regelmäßig außerbörslich erfolgt. Wie dargestellt ist es zu einer weitgehenden Angleichung gegenüber der jetzt im selben Gesetz geregelten Börsenzulassungspublizität gekommen. Der Wertpapierprospekt hat im Vergleich zum früheren Verkaufsprospekt deutlich mehr Informationen zu enthalten, es erfolgt eine Prüfung des Prospekts durch die BaFin und es bestehen laufende Pflichten nach dem WpPG. Im Falle fehlerhafter Prospektangaben oder völlig unterbliebener Prospektveröffentlichung können dem geschädigten Anleger Ansprüche aus Prospekthaftung zustehen.

Ebenso wenig wie lediglich in den Börsenhandel einbezogene unterliegen nicht-börsennotierte Aktiengesellschaften den von der Zulassungsstelle über-wachten Börsenzulassungsfolgepflichten. (In den geregelten Markt einbezogene Werte haben gewisse Unterrichtungspflichten (§§ 56 II BörsG, 86 f. BörsO)). Zwar gilt deshalb für solche nicht das Gleichbehandlungsgebot des § 39 I Nr. 1 BörsG, aber ein vergleichbares Gebot ergibt sich bereits aus dem für alle Aktiengesellschaften und damit auch für nicht-börsennotierte Emittenten geltenden Aktienrecht (§ 53a AktG). Es besteht keine Unterrichtungspflicht gegenüber Publikum und Zulassungsstelle im Sinne des § 39 I Nr. 3 BörsG, keine Zwischenberichtspflicht hinsichtlich der ersten 6 Monate des Geschäftsjahres (§ 40 I BörsG), keine Pflicht zur Auskunft gegenüber börslicher Zulassungsstelle und Börsengeschäftsführung bzw. gegebenenfalls zur Veröffentlichung (§ 41 I, II BörsG). Die besonderen Pflichten des Prime Standard gelten nicht, d. h. es muss keine Rechnungslegung nach internationalen Standards erfolgen (§ 62 I bis V BörsO), es müssen keine Quartalsberichte (§§ 63 I, 62 I BörsO) und kein Unternehmenskalender (§ 64 f. BörsO) erstellt werden.

Das Marktmanipulationsverbot (§ 20a WpHG) und das Insiderhandelsverbot (§§ 14 i. V. m. 12 f. WpHG) gelten auch für in den Börsenhandel einbezogene Werte, nicht aber für nicht-börsennotierte. Die schadensersatzbewehrte Ad hoc-Publizität (§§ 15, 37b, 37c WpHG) gilt weder für einbezogene noch für nicht-börsennotierte Emittenten.
Weder von lediglich einbezogenen noch von nicht-börsennotierten Gesellschaften zu beachten sind die Pflicht zur Führung von Insiderverzeichnissen (§ 15b WpHG), die Veröffentlichungspflicht hinsichtlich director's dealings (§ 15a WpHG), die Stimmrechtsanteilspublizität (§ 21 ff. WpHG) (dafür aber § 20 ff. AktG.) und ebenso wenig die Pflicht zur Veröffentlichung eines jährlichen Informationsdokuments (§ 10 I WpPG).
Musterverfahren kommen nur für materiell-rechtliche Ansprüche im Zusammenhang mit Verfehlungen betreffend börsenzugelassene Werte in Betracht (§ 1 I 1 Nr. 1, 2 KapMuG).
Die zwischenzeitlich erwogene, mittlerweile „auf Eis gelegte" Einführung einer allgemeinen Kapitalmarktinformationshaftung (Außenhaftung für Emittenten und Unternehmensorgane) bezöge sich ebenfalls nur auf börsenzugelassene Werte (§ 37a I 1 WpHG-E (KapInHaG-E)).
Die Veränderungen im Bereich der Innenhaftung der Organe (UMAG) hingegen kommen auch Aktionären lediglich einbezogener und nicht-börsennotierter Aktiengesellschaften zugute.

Abgemildert wird der Unterschied des Regulierungsgrades zwischen börsennotierten und nicht-börsennotierten Gesellschaften, wenn sich Letztere durch eine Entsprechenserklärung gemäß § 161 AktG freiwillig den Bestimmungen des Deutschen Corporate Governance Kodex[1973] unterwerfen. Der Kodex richtet sich zwar in erster Linie an börsennotierte Gesellschaften und fasst nicht nur, aber überwiegend für solche ohnehin geltendes Recht zusammen. Aber auch nicht-börsennotierten Gesellschaften wird die Beachtung des Kodex empfohlen (Präambel Corporate Governance Kodex), für diese wird dann eine stattliche Anzahl von zusätzlichen Bestimmungen relevant. Es erfolgt z. B. eine Selbstverpflichtung zur Ad hoc-Publizität (6.1 Corporate Governance Kodex), zur Stimmrechtsanteilspublizität (6.2 Corporate Governance Kodex), zur Veröffentlichung von director's dealings (6.6 Corporate Governance Kodex). Im Bereich der Rechnungslegung werden privatrechtliche Prüfstelle und BaFin zur Überprüfung (Enforcement) ermächtigt (7.1.2 Corporate Governance Kodex).

1973 Fassung vom 02.06.2005.

3. Pflichtenbindungen der Handelsakteure im außerbörslichen Bereich

Wie beim Börsenhandel sind auch beim außerbörslichen Handel Banken und Finanzdienstleistungsinstitute die zentralen Akteure. Entweder handeln sie für sich selbst oder als Intermediäre für Anlegerkunden.

a) Allgemeines Bankaufsichtsrecht

Anlegerkunden und sonstige Beteiligte am Handelsgeschehen profitieren beim außerbörslichen Handel im gleichen Maße wie beim Börsenhandel davon, dass Institute für das Finanzkommissionsgeschäft, den Eigenhandel für andere und Vermittlungsgeschäfte eine bankaufsichtsrechtliche Geschäftserlaubnis brauchen (§§ 32 I i. V. m. 1 I 2 Nr. 4, Ia 2 Nr. 4, Ia 2 Nr. 1, 2 KWG) und nach der Erlaubniserteilung der fortlaufenden Bankaufsicht unterliegen (§§ 2b, 6 I, 10 ff. KWG).

Institute unterliegen nach der bankaufsichtsrechtlichen Zulassung der laufenden Eigenmittel- und Liquiditätskontrolle (§§ 10 ff. KWG)[1974] und der Beteiligungskontrolle (§ 2b KWG)[1975] und müssen u. U. ein Handelsbuch führen[1976].

b) Börsenzulassung

Viele Institute bzw. für sie außerbörslich agierende Personen werden überdies börsenzugelassen (§ 16 BörsG) sein. Sie sind also von einer Börsengeschäftsführung als den börsenrechtlichen Voraussetzungen u. a. an Zuverlässigkeit und Eignung gerecht werdend befunden worden, was für deren Geschäftspartner auch im außerbörslichen Bereich als Indiz für deren Seriosität dienen kann.

c) Mitgliedschaft in einer Einlagensicherungs- und Anlegerentschädigungseinrichtung

Kreditinstitute, die eine Genehmigung zum Betreiben des Einlagen- und Kreditgeschäfts, des Finanzkommissionsgeschäfts, des Emissionsgeschäfts, des Vermittlungsgeschäfts, des Eigenhandels für andere besitzen oder bestimmte Geschäfte nach dem Investmentgesetz (InvG) (§ 1 I Nr. 1, 2, 4 Einlagensicherungs- und Anlegerentschädigungsgesetz (EAEG)[1977]), und Finanzdienstleis-

---

1974 Bankrechts-Handbuch-Fischer, § 129; Schlüter, S. 126 ff., Rn. 7 ff.

1975 Schlüter, S. 241 f., Rn. 539 ff.

1976 Schlüter, S. 124 ff., Rn. 1 ff.

1977 BGBl. I 1998, S. 1842, das der Umsetzung der EG-Einlagensicherungsrichtlinie, ABl. EG 194, Nr. L 135, S. 5, und der EG-Anlegerentschädigungsrichtlinie, ABl. EG 1997, Nr. L 84, S. 22, diente; Schlüter, S. 284 ff., Rn. 800 ff.

tungsinstitute, die Vermittlungsgeschäfte und/oder Eigenhandel für andere betreiben dürfen (§ 1 I Nr. 3 EAEG)[1978], müssen einer gemäß § 8 EAEG von ichnen durch Beiträge zu finanzierenden[1979] Entschädigungseinrichtung im Sinne der §§ 6 f. EAEG angehören[1980], wodurch ihre Einlagen (§§ 1 II, 4 II 2 EAEG) bzw. Verbindlichkeiten aus Wertpapiergeschäften gegenüber Anlegern (§ 1 III, IV EAEG) abgesichert werden (§ 2 EAEG)[1981]. Wenn Institute solche Verbindlichkeiten oder Einlagen aus Gründen ihrer Finanzlage nicht zurückzahlen können (Entschädigungsfall, § 1 V EAEG)[1982], stehen deren Gläubigern Ansprüche gegen die Entschädigungseinrichtung zu (§§ 3, 4 I, III bis VI EAEG), die allerdings auf 90 % der Einlagen oder Verbindlichkeiten und 20.000.- Euro begrenzt sind (§ 4 II 1 Nr. 1, 2 EAEG)[1983].

d) Kapitalmarktrechtliche Meldepflichten für Wertpapierdienstleistungsunternehmen hinsichtlich Geschäften mit börsennotierten Aktien

Nach § 9 I 1 WpHG[1984] sind u. a.[1985] Kreditinstitute und Finanzdienstleistungsinstitute mit der Erlaubnis zum Betreiben des Eigenhandels und an einer deutschen Börse zugelassene Unternehmen[1986] verpflichtet, der BaFin jedes Geschäft in Aktien, die zum Handel an einem organisierten Markt in einem EU- oder EWR-Staat oder in den geregelten Markt oder Freiverkehr einer inländischen Börse einbezogen sind[1987], spätestens an dem auf den Tag des Geschäftsabschlusses folgenden Werktag, der kein Samstag ist, mitzuteilen, wenn sie das Geschäft im Zusammenhang mit einer Wertpapierdienstleistung oder als Eigengeschäft abschließen[1988]. Die Meldepflicht gilt auch für außer-

[1978] Schlüter, S. 288, Rn. 825; S. 289, Rn. 832 ff.; S. 290 f., Rn. 839.

[1979] Schlüter, S. 291, Rn. 843 ff.; S. 293 ff., Rn. 855 ff.

[1980] Schlüter, S. 282, Rn. 792 ff.

[1981] Schlüter, S. 288 f., Rn. 823, 826 ff.

[1982] Schlüter, S. 292, Rn. 847 ff.

[1983] Schlüter, S. 292, Rn. 850.

[1984] Mit der Bestimmung wurde Art. 20 Wertpapierdienstleistungsrichtlinie (a. F.), ABl. EG 1993, Nr. L 141, S. 27, umgesetzt, vgl. Assmann/Schneider-Dreyling, § 9 Rn. 1; Schwark-Beck, § 9 WpHG Rn. 20.

[1985] Zum Kreis der Meldepflichtigen im Einzelnen vgl. Assmann/Schneider-Dreyling, § 9 Rn. 6 ff.; Schwark-Beck, § 9 WpHG Rn. 4 ff.

[1986] Zu betonen ist, dass, was sich aus dem Wortlaut ergibt, eine Börsenzulassung des betreffenden Wertpapierdienstleisters nicht zwingende Voraussetzung der Meldepflicht ist, Assmann/Schneider-Dreyling, § 9 Rn. 2.

[1987] Zu den meldepflichtigen Geschäften im Einzelnen Assmann/Schneider-Dreyling, § 9 Rn. 10 ff. (erfasst sind auch Vermittlungsgeschäfte von skontroführenden Maklern, Rn. 11)).

[1988] Schwark-Beck, § 9 WpHG Rn. 13, 20 (Abschluss des Verpflichtungsgeschäftes); Schlüter, S. 235 ff., Rn. 504 ff.; durchschnittlich erfolgen 1,8 Millionen Meldungen pro Tag, Assmann/Schneider-Dreyling, § 9 Rn. 34.

börsliche Transaktionen[1989]. Finanzkommission, Eigenhandel für andere und Vermittlungsgeschäfte stellen Wertpapierdienstleistungen dar (§ 2 III Nr. 1, 2, 4 WpHG). Gemäß § 9 II 1 WpHG hat die Mitteilung auf Datenträgern oder im Wege der elektronischen Datenübertragung zu erfolgen[1990]. Nach § 9 II 2 WpHG sind die Aktie mit Kennnummer (Nr. 1), Datum und Uhrzeit des Abschlusses oder der maßgeblichen Kursfeststellung (Nr. 2), Kurs, Stückzahl, Nennbetrag der Aktien (Nr. 3), die an dem Geschäft beteiligten Institute und Unternehmen im Sinne des § 9 I WpHG (Nr. 4), die Börse oder das elektronische Handelsystem der Börse, sofern es sich um ein Börsengeschäft handelt (Nr. 5), Kennzeichen zur Identifikation des Geschäfts (Nr. 6), Kennzeichen zur Identifikation des Depotinhabers oder des Depots (Nr. 7) und Kennzeichen für Auftraggeber, sofern dieser nicht mit dem Depotinhaber identisch ist, zu nennen[1991]. Einzelheiten sind in einer gemäß § 9 III, IV WpHG ergangenen bundesaufsichtsbehördlichen Verordnung über die Meldepflichten niedergelegt[1992].

§ 36 WpHG sieht detaillierte Regelungen vor hinsichtlich der einmal jährlich duchzuführenden Prüfung, ob ein Wertpapierdienstleistungsunternehmen die Meldepflichten gemäß § 9 WpHG einhält.

Ordnungswidrig sind vorsätzliche oder leichtfertige Verletzungen der Pflichten gemäß § 9 I 1 WpHG (§ 39 II Nr. 2 a) WpHG), § 36 II 1 (§ 39 II Nr. 14, 2. Alt. WpHG) oder § 36 I 3 WpHG (§ 39 II Nr. 15 WpHG) (jeweils Bußgeld bis 50.000.- Euro (§ 39 IV WpHG)).

e) Kapitalmarktrechtliche Aufzeichnungspflicht

Wertpapierdienstleistungsunternehmen sowie Unternehmen mit Sitz im Inland, die an einer inländischen Börse zur Teilnahme am Handel zugelassen sind, haben vor Durchführung von Aufträgen, die Insiderpapiere im Sinne des § 12 zum Gegenstand haben, bei natürlichen Personen den Namen, das Geburtsdatum und die Anschrift, bei Unternehmen die Firma und die Anschrift der Auftraggeber und der berechtigten oder verpflichteten Personen oder Unternehmen festzustellen und diese Angaben aufzuzeichnen (§ 16 Satz 1 WpHG). Diese Aufzeichnungen sind mindestens sechs Jahre aufzubewahren (§ 16 Satz 2 WpHG).

1989 Assmann/Schneider-Dreyling, § 9 Rn. 1, 2, 11.

1990 Schwark-Beck, § 9 WpHG Rn. 21.

1991 Schwark-Beck, § 9 WpHG Rn. 21; ungenau Hopt-Rudolph, Börsenreform, S. 234.

1992 Wertpapierhandel-Meldeverordnung vom 02.12.1995, BGBl. I, 1995, 2094, geändert durch VO vom 17.03.1998, BGBl. I, 1998, 519, zuletzt geändert durch VO vom 26.06.2003, BGBl. I, 2003, 1042, dazu Knauth, WM 2003, 1593 (1593 ff.); Lenenbach, S. 556 f., Rn. 12.6; Assmann/Schneider-Dreyling, § 9 Rn. 21, 35.

Als Ordnungswidrigkeit mit einem Bußgeld bis 50.000.- Euro bewehrt ist der vorsätzliche oder leichtfertige Verstoß gegen § 16 S. 1 WpHG (§ 39 II Nr. 10, 1 Alt., IV WpHG).

f) Verhinderung von Geldwäsche

Durch das Geldwäschegesetz (GwG)[1993], das der Bekämpfung der organisierten Kriminalität dient[1994], wird u. a. für ein Kreditinstitut, Finanzdienstleistungsinstitut oder ein Finanzunternehmen (§ 1 I bis IV GwG)[1995] die Pflicht begründet, bei einzelnen oder mehreren miteinander in Verbindung stehenden Finanztransaktionen (§ 1 VI GwG) im Wert von 15.000 Euro oder mehr denjenigen zu identifizieren, der ihm gegenübertritt (§ 2 I, II GwG)[1996]. Gemäß § 8 I GwG hat das Institut dabei auch die Erkundigung einzuholen, ob der zu identifizierende für eigene Rechnung handelt (§ 8 I 1 GwG), wenn nicht, sich Namen und Anschrift desjenigen geben zu lassen, für dessen Rechnung dieser handelt (§ 8 I 2 GwG)[1997]. Im Falle eines Verdachts, dass eine Finanztransaktion der Geldwäsche im Sinne des § 261 StGB dient oder zu dienen bestimmt ist, ist Anzeige zu erstatten (§ 11 I 1 GwG)[1998]. Es müssen Vorkehrungen dagegen getroffen werden, zur Geldwäsche missbraucht zu werden (§ 14 I, II GwG)[1999].

Zuwiderhandlungen stellen unter den Voraussetzungen des § 17 GwG bußgeldbewehrte Ordnungswidrigkeiten dar.

g) Kapitalmarktrechtliche Anzeigepflicht bei Verdacht des Insiderhandels oder der Marktmanipulation

Mit dem Anlegerschutzverbesserungsgesetz wurde eine neue Anzeigepflicht geschaffen[2000]. Wertpapierdienstleistungsunternehmen, andere Kreditinstitute und Betreiber von außerbörslichen Märkten, an denen Aktien gehandelt werden, haben gemäß § 10 I 1 WpHG bei der Feststellung von Tatsachen, die den Verdacht begründen, dass mit einem Aktiengeschäft gegen § 14 oder § 20a WpHG verstoßen wird, der BaFin hiervon unverzüglich Mitteilung zu machen

---

1993 BGBl. I, 1993, 1770, zuletzt geändert durch Art. 18 Finanzdienstleistungsaufsichtsgesetz, BGBl. I, 2002, 1310; Geldwäscherichtlinie, ABl. EG 1991, Nr. L 166, S. 83, verschärft durch Richtlinie ABl. EG 2001, Nr. L 344, S. 76; Schlüter, S. 266 ff., Rn. 695 ff.; Kapitalmarkt Deutschland-Caspari, S. 22.

1994 Schlüter, S. 266 f., Rn. 695 ff.

1995 Schlüter, S. 272 f., Rn. 724 ff.

1996 Schlüter, S. 274 f., Rn. 738 ff.

1997 Schlüter, S. 275 f., Rn. 748 ff.

1998 Schlüter, S. 276 f., Rn. 761 ff.

1999 Schlüter, S. 278 ff., Rn. 772 ff.

2000 Schwintek, WM 2005, 861 (861 ff.).

(vgl. Art. 6 IX Marktmissbrauchsrichtlinie; Artt. 7, 8 Durchführungsrichtlinie 2004/72/EG zur Marktmissbrauchsrichtlinie)[2001] (zum Inhalt der Mitteilung vgl. Art. 9 Durchführungsrichtlinie 2004/72/EG zur Marktmissbrauchsrichtlinie). Die auf der Basis der Verordnungsermächtigung des § 10 IV WpHG ergangene Wertpapierhandelsanzeige- und Insiderverzeichnisverordnung (WpAIV)[2002] sieht in §§ 2 f. Näheres zu Inhalt und Form der Anzeige vor. Die jedenfalls grundsätzlich schriftlich einzureichende Anzeige (§ 3 I 1 WpAIV) hat neben den in § 2 I Nr. 1 WpAIV geforderten Angaben zur anzeigepflichtigen Person gemäß § 2 I Nr. 2 WpAIV Angaben zum betreffenden Geschäft zu enthalten: u. a. Name und Ort der Börse oder des außerbörslichen Marktes (a)), Art des Handels, insbesondere Präsenzhandel oder elektronischer Handel (b)) und Art des Geschäfts (z. B. Kundengeschäft) (c)). Außerdem wird die Angabe der Tatsachen verlangt, auf die sich die Annahme eines Verstoßes gegen ein Verbot oder Gebot nach § 14 oder § 20a WpHG stützt (§ 2 I Nr. 3 WpAIV), eine Darlegung, weshalb diese Tatsachen den Verdacht begründen, dass mit dem Geschäft gegen ein Verbot oder Gebot nach § 14 oder § 20a WpHG verstoßen wird (§ 2 I Nr. 4 WpAIV), die Benennung der zur Identifizierung der Person und zur Klärung ihrer Rolle bei dem Geschäft erforderlichen Angaben zum Auftraggeber und zu der aus dem Geschäft berechtigten oder verpflichteten Person sowie allen am Geschäft beteiligten Personen (§ 2 I Nr. 5 a) bis g) WpAIV) und die Angabe aller sonstigen relevanten Angaben (§ 2 I Nr. 6 WpAIV).
Gemäß § 10 III WpHG kann, wer eine Anzeige nach Absatz 1 erstattet, wegen dieser Anzeige nicht verantwortlich gemacht werden, es sei denn, die Anzeige ist vorsätzlich oder grob fahrlässig unwahr erstattet worden.

Bei einem eine Ordnungswidrigkeit darstellenden vorsätzlichen oder leichtfertigen Verstoß gegen § 10 I 1 WpHG kann Bußgeld bis 50.000.- Euro verhängt werden (§ 39 II Nr. 2 b), IV WpHG).

h) Kapitalmarktrechtliche Wohlverhaltenspflichten und vertragsrechtliche Pflichten für Wertpapierdienstleistungsunternehmen - vertragsrechtliche Konstruktionen beim Pakethandel

Das deutsche Kapitalmarktrecht sieht so genannte Wohlverhaltensregeln vor, die gemäß Art. 11 Wertpapierdienstleistungsrichtlinie (a. F.) zu schaffen waren[2003]. Die Bestimmungen dienen sowohl dem Funktions- als auch dem Anlegerschutz[2004].

2001 Diekmann/Sustmann, NZG 2004, 929 (933).

2002 BGBl. I, 2004, 3376.

2003 Schwark-Schwark, § 31 WpHG Rn. 2.

2004 Schwark-Schwark, § 31 WpHG Rn. 3; Assmann/Schneider-Koller, § 31 Rn. 8 ff.

Gemäß § 31 I Nr. 1 WpHG ist ein Wertpapierdienstleistungsunternehmen verpflichtet, Wertpapierdienstleistungen und -nebendienstleistungen mit der erforderlichen Sachkenntnis, Sorgfalt und Gewissenhaftigkeit im Interesse seiner Kunden zu erbringen[2005] und gemäß § 31 I Nr. 2 WpHG dazu, sich um die Vermeidung von Interessenkonflikten zu bemühen und dafür zu sorgen, dass bei unvermeidbaren Interessenkonflikten der Kundenauftrag unter der gebotenen Wahrung des Kundeninteresses ausgeführt wird[2006]. Der Status als Kunde hängt nicht von fehlender Professionalität und damit besonderer Schutzbedürftigkeit ab[2007]. Wertpapierdienstleistungsunternehmen haben im bestmöglichen[2008] konkret-individuellen[2009] Interesse des Kunden loyal und fremdnützig zu handeln[2010]. Die Pflicht zur individuellen Ausrichtung hindert nicht die in der Praxis übliche Zuordnung zu Kundengruppen, die durch unterschiedliche Kenntnisse und Erfahrenheit in Kapitalmarktdingen charakterisiert sind[2011]. Konkrete Formen verbotener Verhaltensweisen werden in den besonderen Verhaltensregeln des § 32 I, II WpHG genannt[2012]. Danach ist es verboten, Kunden den An- oder Verkauf von Aktien zu empfehlen, wenn und soweit die Empfehlung nicht mit den Interessen der Kunden übereinstimmt (§ 32 I Nr. 1 WpHG)[2013], eine entsprechende Empfehlung zu dem Zweck vorzunehmen, Preise für Eigengeschäfte in eine bestimmte Richtung zu lenken (§ 32 I Nr. 2 WpHG)[2014] oder Eigengeschäfte aufgrund der Kenntnis eines Kundenauftrags abzuschließen, die Nachteile für den Auftraggeber zur Folge haben können (§ 32 I Nr. 3 WpHG)[2015]. Vergleichbare Pflichten werden für Unternehmensführung und Angestellte von Wertpapierdienstleistungsunternehmen in § 32 II WpHG festgelegt[2016].

Ein Wertpapierdienstleistungsunternehmen ist gemäß § 31 II 1 Nr. 1 WpHG verpflichtet, von seinen Kunden Angaben über ihre Erfahrungen oder Kenntnisse in Geschäften, die Gegenstand von Wertpapierdienstleistungen oder -nebendienstleistungen sein sollen, über ihre mit den Geschäften verfolgten Ziele und

---

2005 Schwark-Schwark, § 31 WpHG Rn. 4 ff.; Assmann/Schneider-Koller, § 31 Rn. 1 ff. (Umsetzung von Art. 11 I 2. Spiegelstrich Wertpapierdienstleistungsrichtlinie (a. F.) (Rn. 7)).

2006 Schwark-Schwark, § 31 WpHG Rn. 23 ff.; Assmann/Schneider-Koller, § 31 Rn. 26 ff.

2007 Assmann/Schneider-Koller, § 31 Rn. 8; Schwark-Schwark, § 31 WpHG Rn. 18 ff.

2008 Schwark-Schwark, § 31 WpHG Rn. 4, 5, 12.

2009 Schwark-Schwark, § 31 WpHG Rn. 6; Assmann/Schneider-Koller, § 31 Rn. 10.

2010 Assmann/Schneider-Koller, § 31 Rn. 4 ff.

2011 Schwark-Schwark, § 31 WpHG Rn. 9.

2012 Schwark-Schwark, § 32 WpHG Rn. 1.

2013 Schwark-Schwark, § 32 WpHG Rn. 6 ff.

2014 Schwark-Schwark, § 32 WpHG Rn. 10 ff.

2015 Schwark-Schwark, § 32 WpHG Rn. 14 f.

2016 Schwark-Schwark, § 32 WpHG Rn. 16 f.

über ihre finanziellen Verhältnisse zu verlangen, soweit dies zur Wahrung der Kundeninteressen und im Hinblick auf Art und Umfang der beabsichtigten Geschäfte erforderlich ist[2017], wobei nach § 31 II 2 WpHG Kunden diesem Verlangen nicht nachkommen müssen[2018].

Ein Wertpapierdienstleistungsunternehmen hat seinen Kunden, soweit dies zur Wahrung deren Interessen und im Hinblick auf Art und Umfang der beabsichtigten Geschäfte erforderlich ist, alle zweckdienlichen Informationen zu erteilen (§ 31 II 1 Nr. 2 WpHG)[2019].

Gemäß § 37 I 1 WpHG gelten u. a. die §§ 31, 32 WpHG nicht für Geschäfte, die an einer Börse zwischen zwei Wertpapierdienstleistungsunternehmen abgeschlossen werden und zu Börsenpreisen führen. Wertpapierdienstleistungsunternehmen, die an einer Börse ein Geschäft als Kommissionär abschließen, unterliegen insoweit den Pflichten gemäß § 34 WpHG[2020].

Die Verhaltenspflichten (§§ 31, 32 WpHG) werden für das Kommissionsgeschäft, den Eigenhandel für andere und das Vermittlungsgeschäft der Wertpapierdienstleistungsunternehmen (vor allem Kredit- und Finanzdienstleistleistungsunternehmen) durch eine bundesaufsichtsbehördliche Richtlinie im Sinne des § 35 VI WpHG vom 23.08.2001[2021] in der Weise konkretisiert, dass die Grundsätze der aufsichtsbehördlichen Rechtsanwendung offen gelegt werden[2022].

Die bundesaufsichtsbehördliche Richtlinie zu §§ 31, 32 WpHG definiert in Teil A. ihren Anwendungsbereich, sieht in Teil B., 3. Abschnitt, Konkretisierungen der Pflichten gemäß § 31 I WpHG und in Teil E. solche der Pflichten nach § 32 WpHG vor.
Ein Wertpapierdienstleister darf Geschäfte für Kunden nur innerhalb eines Vertragsverhältnisses oder im Rahmen anderer vertraglich vereinbarter Befugnisse tätigen (3., Satz 2). Auf diese Weise ist insbesondere gewährleistet, dass eine privatvertragliche Pflichtenbindung aus einem allgemeinen Bankvertrag bzw. aus besonderen Vereinbarungen wie z. B. einem Kommissionsvertrag gegenüber dem Kunden besteht und Pflichtverstöße des Dienstleisters unter den

2017 Schwark-Schwark, § 31 WpHG Rn. 39 ff.

2018 Schwark-Schwark, § 32 WpHG Rn. 48.

2019 Schwark-Schwark, § 31 WpHG Rn. 52 ff.; zu den Einschränkungen der kapitalmarktrechtlichen Informationspflichten beim direct-brokerage Balzer, WM 2001, 1533 (1533 ff.).

2020 Hierzu unten.

2021 Bundesanzeiger (BAnz.) Nr. 165 v. 04.09.2001, S. 19.217.

2022 Vgl. außerdem bundesaufsichtsbehördliche Bekanntmachung über Anforderungen an Verhaltensregeln für Mitarbeiter der Kreditinstitute und Finanzdienstleistungsinstitute in Bezug auf Mitarbeitergeschäfte v. 07.06.2000.

jeweiligen rechtlichen Voraussetzungen Ausgleichsansprüche des Kunden zur Folge haben.

Das Rechtsverhältnis zwischen der Bank und ihrem Kunden kann verschieden gestaltet sein.

Beim Finanzkommissionsgeschäft[2023], bei dem jede Bank gegen Provision und Erstattung ihrer Aufwendungen[2024] als Kommissionärin im eigenen Namen, aber für fremde Rechnung[2025], nämlich die ihres Kunden als Kommittent[2026], handelt, ist die sorgfältige Bemühung um die Anschaffung bzw. Veräußerung von Aktien (Dienstvertrag, Geschäftsbesorgung) unter Wahrung der Kundeninteressen[2027] geschuldet. U. U. entstehen Aufklärungs- und Beratungspflichten gegenüber dem Kunden[2028]. Die Kommissionäre schließen dabei im Erfolgsfall das eigentliche Aktiengeschäft (Ausführungsgeschäft[2029]) als Handelskauf[2030] miteinander ab[2031] und haben dann in Entsprechung ihrer Pflichten aus den Kommissionsverhältnissen das durch die Geschäftsausführung jeweils Erhaltene, den Kaufpreis bzw. die Aktien, an ihren jeweiligen Kommittenten abzuführen (Abwicklungsgeschäft)[2032]. Wirtschaftliche Vor- und Nachteile des Ausführungsgeschäfts verbleiben also beim Kunden. Die Bank haftet im Zuge

2023 § 1 I 2 Nr. 4 KWG; Schlüter, S. 82, Rn. 152.

2024 §§ 396 I, II HGB, 670 BGB, Nr. 1 III SWB; Schlüter, S. 85, Rn. 173, 174; zu den „Kommissionskosten" Hopt-Rudolph, Börsenreform, S. 174; Stenzel, S. 111 („In der Regel erheben die Intermediäre für die Kosten der Auftragsannahme, der Auftragsweiterleitung, des Geschäftsabschlusses und des Aktientransfers eine Provision, die unabhängig von den tatsächlich entstandenen Kosten ist und als Prozentsatz des Transaktionsgegenwertes berechnet wird").

2025 § 383 I HGB, Nr. 1 I SBW; Claussen, S. 460 f., Rn. 213 f.

2026 Vgl. Nr. 1 SBW; Hammen, ZBB 2000, 293 (294); Lenenbach, S. 92, Rn. 2.57; 93, Rn. 2.60; 154 ff., Rn.4.8 ff. („Das Komissionsgeschäft passt deshalb so gut, da die Bank als Mittelsperson einen gewissen Handlungsspielraum hat und gleichzeitig das Geschäftsrisiko dem Anleger zugeordnet ist"); Schlüter, S. 83, Rn. 156; 86, Rn. 175 f.; 96, Rn. 231 ff.

2027 § 384 I HGB; Schlüter, S. 83 f., Rn. 160 ff.

2028 Schlüter, S. 83 f., Rn. 161 ff.

2029 Nr. 1 I 2 SWB; Schlüter, S. 86, Rn. 175 f.

2030 §§ 373 ff., 381 HGB, 433 ff. BGB; Kümpel/Hammen, S. 219; Hammen, ZBB 2000, 293 (294).

2031 Lenzen, S. 176 f.; Besonderheiten bestehen, wenn der Organisator eines Sekundärmarktes als zentrale Gegenpartei auftritt und damit selbst jeweils Vertragspartei im Verhältnis zu den Transaktionspartnern wird; die Frankfurter Börse hat kürzlich die zentrale Gegenpartei eingeführt.

2032 §§ 384 II 2. HS. HGB, 667 BGB; Schlüter, S. 85, Rn. 169 ff.; auf der dinglichen Ebene unterscheidet sich die rechtliche Konstruktion bei der Einkaufskommission (§§ 18 ff. Depotgesetz (DepG)) von derjenigen der Verkaufskommission (§ 185 BGB), vgl. Schlüter, S. 87, Rn. 183 f.

der von ihr übernommenen Delkrederehaftung für die ordnungsgemäße Erfüllung durch die Dritten[2033].

Aufträge für den Kauf oder Verkauf von Aktien, die zum Handel an einer inländischen Börse zugelassen oder in den geregelten Markt oder in den Freiverkehr einbezogen sind, sind gemäß § 22 I 1, 1. HS. BörsG[2034] über den Handel an einer Börse auszuführen, sofern der Auftraggeber seinen gewöhnlichen Aufenthalt oder seine Geschäftsführung im Inland hat und er nicht für den Einzelfall ausdrücklich eine andere Weisung erteilt. Handelt es sich bei dem Auftraggeber nicht um einen Verbraucher, kann er auch für eine unbestimmte Zahl von Fällen eine andere Weisung erteilen (§ 22 I 1, 2. HS. BörsG). Der Auftraggeber bestimmt den Ausführungsplatz und die Handelsart, in der der Auftrag auszuführen ist (§ 22 I 2 BörsG).

Beim Festpreisgeschäft[2035] schließen Bank und Kunde miteinander einen Aktienkaufvertrag ab. Hierbei bedarf es aber einer besonderen, unmissverständlichen Abrede, weil die Bank hier anders als bei der Kommission in Verfolgung ihrer eigenen Interessen agieren kann[2036]. Die Nebenpflichten sind allerdings denen beim Kommissionsverhältnis angenähert.

Der Auftrag eines Kunden an eine Bank zum Kauf oder Verkauf von Aktien bei der Kommission oder das direkte Vertragsangebot beim Festgeschäft kann auf verschiedenen Wegen erteilt werden, z. B. schriftlich, mündlich, fernmündlich oder seit einiger Zeit auch auf elektronischem Wege (online) im Rahmen des „direct-brokerage“, das verschiedene Direktbanken ermöglichen[2037].

Das Vertragsverhältnis zwischen Bank und Kunde kann auf ein Wertpapiergeschäft beschränkt sein (Einmalgeschäft). Ein Wertpapiergeschäft kann aber

---

2033 Nr. 8 SWB, § 394 I, II 1 HGB; Schlüter, S. 97, Rn. 241.

2034 Vgl. Art. 14 III, IV Wertpapierdienstleistungsrichtlinie (a. F.); zu den europarechtlichen Vorgaben Hopt-Hopt, Börsenreform, S. 323.

2035 Lenenbach, S. 156 f., Rn. 4.11 („Der zum Teil angenommene Gegensatz zwischen der Kommission mit der Pflicht zur fremdnützigen Interessenwahrung und dem Festpreisgeschäft mit dem Recht zur egoistischen Interessenwahrnehmung (BGH WM 1959, 999 (1001)) besteht nicht“).

2036 Schlüter, S. 92, Rn. 216; grundsätzlich besteht eine Vermutung für das Vorliegen eines Kommissionsverhältnisses, die allerdings bei nicht-börsennotierten Werten (hierzu sogleich) schwächer ist, a. a. O., S. 92 f., Rn. 216; 93, Rn. 218 ff.

2037 Balzer, WM 2001, 1533 (1533 ff.); Krüger/Bütter, WM 2001, 221 (222); Lenenbach, S. 186, Rn. 4.72, 407 ff., Rn. 8.44 ff.; Merkt, DJT-Gutachten (2002), G 42; Hopt-Rudolph, Börsenreform, S. 152, 204, 222, 236; Florian, S. 7 f.; Beck/Prinz, ZfgK 2000, 1182 (1182 ff.); Riehmer/Heuser, NZG 2001, 385 (385, 386); zum Pflichtenumfang der Direktbanken gegenüber ihren Kunden beim direct-brokerage vgl. Lenenbach, S. 192 ff., Rn. 4.85 ff.; 407 ff., Rn. 8.44 ff.

auch ein einzelnes Geschäft im Rahmen einer ständigen Geschäftsbeziehung zwischen Bank und Kunde darstellen[2038]. Typischerweise haben dann beide Seiten einen allgemeinen Bankvertrag vereinbart[2039], bei dem es sich um einen Dienstvertrag mit Geschäftsbesorgungscharakter handelt und der regelmäßig allgemeine Geschäftsbedingungen der Bank zum Inhalt hat[2040]. Ob eine derartige Bindung von den Parteien gewollt war, ist im Zweifel nach allgemeinen Grundsätzen im Wege der Auslegung zu ermitteln. Vereinbart ist ein Vertrauensverhältnis zwischen den Vertragspartnern, wobei die Bank die Interessen des Kunden zu wahren verspricht. Es bestehen bestimmte Schutz- und Verhaltenspflichten der Bank, insbesondere ist das Bankgeheimnis des Kunden zu wahren und allgemeinen Aufklärungs-, Auskunfts- oder Beratungspflichten zu entsprechen. Eine allgemeine Rechtspflicht zur umfassenden Beratung, Aufklärung und Warnung des Kunden vor riskanten Geschäften besteht hingegen nicht[2041], jeder ist zunächst einmal für sich selbst verantwortlich[2042]. Auch können schützenswerte Eigeninteressen der Bank einer Kundeninformation entgegenstehen[2043]. Der Kunde kann verlangen, im Massengeschäft nicht willkürlich schlechter behandelt zu werden als andere Kunden derselben Bank. Die Rechte und Pflichten ergeben sich aus dem allgemeinen Bankvertrag und den einzelnen konkreten Bankgeschäften[2044]. Informationspflichten als Schutzpflichten bestehen insofern, als der Kunde ungefragt über die für das jeweilige Bankgeschäft entscheidungserheblichen Umstände, die er nicht erkennt, zu informieren ist[2045]. Inhalt und Umfang etwaiger Informationspflichten sind nach Treu und Glauben (§ 242 BGB) zu bestimmen[2046], sie sind regelmäßig abhängig vom Grad der Erfahrenheit und vom Wissen des Kunden[2047] und von den konkreten Umständen des Bankgeschäfts. Über die maßgeblichen individuellen Verhältnisse des Kunden muss die Bank sich bei ihm erkundigen[2048]. Die Aufklärung muss sorgfältig, vollständig, sachlich richtig, zeitnah und für den Kunden verständlich sein[2049]. Sie muss sich auf Risiken und Chancen der Anlage beziehen[2050]. Es ist die Information zu geben, die zur sachgemäßen

2038 Lenenbach, S. 392, Rn. 8.17.

2039 Bankrechts-Handbuch-Bunte, § 2 Rn. 2.

2040 Bankrechts-Handbuch-Bunte, § 2, Rn. 6 ff.

2041 Bankrechts-Handbuch-Siol, § 43 Rn. 1.

2042 Bankrechts-Handbuch-Siol, § 43 Rn. 16.

2043 Bankrechts-Handbuch-Siol, § 43 Rn. 20.

2044 Bankrechts-Handbuch-Bunte, § 2 Rn. 9.

2045 Bankrechts-Handbuch-Siol, § 43 Rn. 5, 9 ff.

2046 Lenenbach, S. 392, Rn. 8.17.

2047 Bankrechts-Handbuch-Siol, § 43 Rn. 16; Lenenbach, S. 398, Rn. 8.27.

2048 Lenenbach, S. 398 ff., Rn. 8.27 ff.

2049 BGHZ 123, 126 (129 f.); Lenenbach, S. 397, Rn. 8.25.

2050 Lenenbach, S. 401 ff., Rn. 8.32 ff.

Abwicklung des betreffenden Bankgeschäfts und zur Vermeidung typischer Gefahren objektiv nötig ist[2051]. Unzulässig ist eine Falschinformation[2052] bzw. der Rat zu etwas, das dem Kunden schadet und der Bank nützt[2053]. Unwissentlich gegebene Falschinformationen sind zu berichtigen[2054]. Nach einer pflichtgerechten Beratung, die Anlegerkunden befähigen soll, eigenverantwortliche Anlageentscheidungen zu treffen, trägt der Kunde die Risiken selbst[2055].
Weitergehende Pflichten, dann als klagbare Leistungspflichten, bestehen im Falle des Zustandekommens eines speziellen Auskunfts- oder Beratungsvertrages[2056], wobei an den konkludenten Abschluss eines derartigen Beratungsvertrages hohe Anforderungen gestellt werden[2057].
Reduzierte Informationspflichten bestehen beim direct-brokerage. Hier werden regelmäßig nur standardisierte, aber nicht individuell bei jedem Wertpapiergeschäft Informationen erteilt[2058]. Allerdings hat bei Begründung der Geschäftsbeziehung (Abschluss des Rahmenvertrags) eine Einordnung des Kunden nach Wissen und Erfahrung zu erfolgen, die es ermöglicht, ihm nur zu entsprechenden Geschäften Zugang zu gewähren[2059].
Im Falle der Verletzung von Schutzpflichten als bankvertraglichen Nebenpflichten können Schadensersatzansprüche nach § 280 I 1 BGB (n. F.) entstehen[2060]. Ein entsprechender Anspruch setzt außer der Pflichtverletzung deren Kausalität für die Anlageentscheidung des Kunden und einen eingetretenen Schaden, u. U. einen Schutzzweckzusammenhang und Verschulden voraus[2061]. Gemäß § 280 I 2 BGB kommt der Bank die Beweislast zu, die Pflichtverletzung nicht zu vertreten zu haben[2062]. Nach ständiger Rechtssprechung hat die Bank die Beweislast für eine fehlende Kausalität zwischen Pflichtverletzung und Anlage-

---

2051 Bankrechts-Handbuch-Siol, § 43 Rn. 13 ff.

2052 Lenenbach, S. 393, Rn. 8.20.

2053 Bankrechts-Handbuch-Siol, § 43 Rn. 12.

2054 Bankrechts-Handbuch-Siol, § 43 Rn. 27.

2055 Lenenbach, S. 391, Rn. 8.14, 8.15; 398, Rn. 8.27; 400 f., Rn. 8.30 f. (Die „anlegerschützenden Pflichten (der Bank) dürfen aber nicht mit einer Versicherung gegen Unbillen des Kapitalmarkts verwechselt werden").

2056 Bankrechts-Handbuch-Siol, § 43 Rn. 5 ff.

2057 BGHZ 136, 36 ff.; Lenenbach, S. 393, Rn. 8.19; 397 ff., Rn. 8.24 ff.

2058 Balzer, WM 2001, 1533 (1535 ff.); Lenenbach, S. 407 ff., Rn. 8.45 ff.

2059 Lenenbach, S. 408 f., Rn. 8.49 ff.

2060 Bankrechts-Handbuch-Siol, § 43 Rn. 11; Lenenbach, S. 392, Rn. 8.17; 394 ff., Rn. 8.20a f.; 411, Rn. 8.56; zur Verjährung vgl. Lenenbach, S. 414 ff., Rn. 8.64 ff.

2061 Bankrechts-Handbuch-Siol, § 43 Rn. 29 ff.; Lenenbach, S. 411 ff., Rn. 8.57 ff.; zu den Fallgruppen, in denen die Rechtsprechung einen Schutzzweckzusammenhang verlangt, vgl. Lenenbach, S. 412, Rn. 8.57.

2062 Lenenbach, S. 412 f., Rn. 8.59.

entscheidung[2063]. Für ihre Mitarbeiter haftet die Bank nach § 278 BGB. Als Schaden (§ 249 Satz 1 BGB) kann nach den Grundsätzen der Naturalrestitution Wiederherstellung des Zustandes verlangt werden, der vor der Anlage bestanden hat (insbesondere (Rück-)Übertragung der Kapitalanlage gegen Zahlung des Kaufpreises). Auch entgangener Gewinn (§ 252 BGB) ist zu erstatten[2064]. Deliktische Ansprüche können bestehen (§§ 823 II BGB, 31, 32 WpHG bzw. § 826 BGB)[2065], sind allerdings angesichts der vertraglichen Beziehungen regelmäßig von untergeordneter Bedeutung[2066].

Bei Verkäufen von Aktienpaketen, die nicht einen die Unternehmenskontrolle mit sich bringenden Umfang haben, schließen verkaufender Aktionär und Bank regelmäßig einen so genannten Übernahmevertrag ab. Dessen inhaltliche Ausgestaltung richtet sich vorwiegend nach der von den Vertragsparteien gewünschten Risikoverteilung.
Soll das Risiko weitgehend beim Aktienverkäufer verbleiben, bietet sich die Durchführung des Blockverkaufs durch die Bank in Kommission an, also im eigenen Namen für fremde Rechnung. Die Bank bietet den betreffenden Aktienblock Kaufinteressenten im Rahmen eines beschleunigten Bookbuilding-Verfahrens zum Kauf an. Nach Abschluss des Bookbuilding legen Verkäufer und Bank Menge und Preis vertraglich fest („Best-Efforts-Underwriting")[2067]. Statt als Kommissionär kommt auch eine Rechtskonstruktion in Betracht, nach der die Bank als Vertreter des Verkäufers auftritt, womit sie selbst weder als Käufer noch als Zwischeneigentümer in Erscheinung tritt („Agency-Struktur"). Mangels abweichender Vereinbarung bleibt auch hier das Risiko beim Aktionär[2068].
Das Risiko kann aber vertraglich auch in größerem Umfang oder sogar ganz überwiegend der Bank zugewiesen werden. Möglich ist z. B., dass die Bank zwar als Vertreter des Verkäufers agiert („Agency-Struktur"), sich dabei aber gegenüber dem Verkäufer verpflichtet, an Dritte nicht zu verkaufende Aktien selbst zu übernehmen[2069].
Die umfassendste Risikoüberwälzung auf die Bank erfolgt, wenn die Bank die Aktien vom verkaufenden Aktionär erst selbst erwirbt und dann an Dritte, u. U. nach Durchführung eines Bookbuilding, weiterverkauft („Bought-Deal")[2070].

2063 BGHZ 124, 151 (159); Lenenbach, S. 412, Rn. 8.58 m. w. N.

2064 Lenenbach, S. 413 f., Rn. 8.60.

2065 Lenenbach, S. 393, Rn. 8.18; 410 f., Rn. 8.54 f.; 447 ff., Rn. 8.119 ff.

2066 Bankrechts-Handbuch-Siol, § 43 Rn. 53 ff.

2067 Schlitt/Schäfer, AG 2004, 346 (346, 348).

2068 Schlitt/Schäfer, AG 2004, 346 (348 f.).

2069 Schlitt/Schäfer, AG 2004, 346 (348 f.).

2070 Schlitt/Schäfer, AG 2004, 346 (348).

Verkaufswilliger und Bank können auch vereinbaren, dass die in Kommission verkaufende Bank einen Mindestpreis erzielen muss („Back-Stop-Preis"). Möglich ist, dass die Bank den Verkauf zum Mindestpreis in der Weise garantiert, dass sie zu diesem Preis nicht veräußerbare Aktien selbst aufzukaufen hat. Gelingt im Zuge des Bookbuilding der Verkauf zu einem höheren Preis, hängt es von der individuellen Gestaltung des Übernahmevertrags ab, wie der Mehrerlös zwischen Bank und Kunde aufgeteilt wird[2071].

Eine Haftung des verkaufenden Aktionärs bzw. der Bank gegenüber den Erwerbern von Aktienblöcken, die keine unternehmerische Kontrolle vermitteln, scheidet nicht vollständig, jedoch weitgehend aus.
Regelmäßig war kein Wertpapierprospekt zu veröffentlichen. Wollte man die Aktien einem breiteren Interessentenkreis anbieten, wird u. U. ein „Informationsmemorandum" unterbreitet worden sein[2072], das zwar kein Prospekt im Sinne der gesetzlichen Prospekthaftung darstellt, als schriftliches Dokument aber die allgemeine zivilrechtliche Prospekthaftung auszulösen vermag[2073].
Ansprüche aus vertraglicher Garantie oder gesetzlicher Sachmängelhaftung scheiden, anders als beim Unternehmenskauf, regelmäßig aus[2074]. Eine Aufklärungspflicht aus culpa in contrahendo besteht gemeinhin ebenso wenig[2075].

Neben die privatrechtlichen Pflichtenbindungen sind die kapitalmarktrechtlichen getreten. Die bundesaufsichtsbehördliche Richtlinie zur Konkretisierung der kapitalmarktrechtlichen Bestimmungen greift auf die höchstrichterliche Kasuistik zur Präzisierung der privatvertraglichen Pflichten zurück. Die inhaltliche Ausgestaltung beider Pflichtenkomplexe wird sich nicht unabhängig voneinander weiterentwickeln können.
Nach der Richtlinie müssen Wertpapierdienstleistungen des Weiteren im bestmöglichen, erkennbaren Interesse des Kunden erbracht werden (3.3, Satz 1, 2). Erkennbar interessewidrige Aufträge dürfen nur nach Verdeutlichung der Risiken gegenüber dem Kunden ausgeführt werden (3.3, Satz 3).
Gemäß 3.3 Satz 9 hat sich ein Kommissionär mit verkehrsüblicher Sorgfalt darum zu bemühen, auf dem nach § 22 BörsG maßgeblichen Markt unter Berücksichtigung der anfallenden Kosten den günstigsten Preis zu erzielen, wobei nach 3.3 Satz 10 gegebenenfalls Erkundigungen über die Liquidität der Märkte einzuholen sind.
Bei Eigenhandel für andere muss sich der Kaufpreis regelmäßig am Marktpreis orientieren (3.3 Satz 12). Der Kunde ist über das Zustandekommen eines

---

2071 Schlitt/Schäfer, AG 2004, 346 (348).

2072 Schlitt/Schäfer, AG 2004, 346 (346, 350).

2073 Schlitt/Schäfer, AG 2004, 346 (350).

2074 Schlitt/Schäfer, AG 2004, 346 (349, 350 f.).

2075 Schlitt/Schäfer, AG 2004, 346 (351 f.).

Kaufvertrages zwischen Wertpapierdienstleistungsunternehmen und ihm aufzuklären (3.3 Satz 11).

Wenn nicht ausnahmsweise eine spätere Ausführung bzw. Weiterleitung eines Kundenauftrages nachvollziehbar im Kundeninteresse liegt, hat eine solche grundsätzlich zeitnah (3.2, Satz 1, 7) und in der Reihenfolge des Eingangs der Kundenaufträge bzw. Kundenweisungen (3.2, Satz 2), im Falle von an der Börse auszuführenden Aufträgen unverzüglich (3.2, Satz 3) zu erfolgen. Ausdrücklichen Kundenweisungen hinsichtlich des Ausführungs- bzw. Weiterleitungszeitpunktes ist gemäß 3.2 Satz 8 nachzukommen.

Die Aufteilung eines einheitlich erteilten Auftrags in mehrere Teilaufträge ist nur erlaubt, wenn sie unter Berücksichtigung der dadurch anfallenden Kosten wirtschaftlich sinnvoll ist und im Interesse des Kunden liegt (3.3, Satz 4), es sei denn, der Kunde hat eine Aufteilung ausdrücklich verlangt (3.3, Satz 5).

Kundenaufträge dürfen mit anderen Kundenaufträgen und mit Eigengeschäften des Wertpapierdienstleistungsunternehmens nur dann zu einem Auftrag zusammengefaßt werden, wenn das Kundeninteresse dadurch nicht verletzt wird (3.5, Satz 1). Unverzüglich nach Ausführung, d. h. grundsätzlich noch am Handelstag, ist eine Kundenzuordnung, die jederzeit möglich sein muss (3.5, Satz 3), vorzunehmen (3.5, Satz 4). Durch eine Zusammenfassung etwaig entstehende Kostenvorteile sind anteilig an den Kunden weiterzugeben (3.5, Satz 2).

Kundenaufträge sind gegenüber Eigengeschäften vorrangig auszuführen, wenn die Ausführung sämtlicher Aufträge nicht möglich ist (3.5, Satz 5), es sei denn, ohne die Zusammenfassung mit Eigenaufträgen wäre eine Zuteilung an den betreffenden Kunden überhaupt nicht oder nur zu schlechteren Bedingungen möglich gewesen (3.5, Satz 6).

Allgemein darf ein Wertpapierdienstleistungsunternehmen einzelne Kunden nicht ohne sachlichen Grund zu Lasten anderer Kunden bevorzugen (3, Satz 1).

Ein konkreter Anwendungsfall dieser allgemeinen Regel findet sich in 3.2, Satz 4, wonach es durch die Ausführung von interessewahrenden Aufträgen (IW-Orders) im Hinblick auf Aufträge anderer Kunden nicht zu einer Benachteiligung kommen darf. Für die Reihenfolge der Auftragsausführung ist der Zeitpunkt der Auftragseingänge entscheidend (3.2, Satz 5, 6).

Nach Abwicklung eines Verkaufsauftrags ist dem Kunden unverzüglich eine entsprechende Kontogutschrift zu erteilen (3.2, Satz 8).

Die Anforderungen an die Dokumentation der Geschäftsdurchführung werden in 3.6 präzisiert.

Die Richtlinie konkretisiert die gesetzlichen Pflichten des § 31 II WpHG in Teil B., 1. und 2. Abschnitt. Danach bestehen im Vorfeld der Ausführung von Wertpapiergeschäften für Kunden umfassende Informationspflichten Letzteren gegenüber, deren angemessene Erfüllung dadurch ermöglicht werden soll, dass Angaben über den Erfahrungs- und Kenntnisstand des jeweiligen Kunden in Wertpapierdingen eingeholt werden, sofern der Kunde auskunftsbereit ist. Dem Kunden ist dabei aber zu verdeutlichen, dass die freiwilligen Angaben in seinem

Interesse liegen (2.1, Satz 3). Gemäß 2.4 Satz 1 hat sich das Unternehmen ernsthaft um die Erlangung der erforderlichen Kundenangaben zu bemühen. Wenn ein Kunde keine Angaben machen will, ist dies seitens des Unternehmens zu dokumentieren (2.4 Satz 2).
Gemäß 2.1 Satz 1 ist ein Wertpapierdienstleistungsunternehmen verpflichtet, den Kunden nach den von ihm verfolgten Anlagezielen (2.1 Satz 14 a.), seinen Kenntnissen oder Erfahrungen in den einzelnen Anlageformen (2.1 Satz 14 b.) und, soweit dies erforderlich ist, seinen finanziellen Verhältnissen (2.1 Satz 14 c.) zu befragen. Maßstab sind das Interesse des Kunden und Art und Umfang der beabsichtigten Geschäftsarten (2.1, Satz 4). Hinsichtlich der Anlageziele des Kunden sind sein Interesse an lang- und kurzfristigen Anlagen (z. B. zur Altersversorgung, Ausbildung), einmaligen oder wiederkehrenden Ausschüttungen (Erträgen) und seine Risikobereitschaft zu erfragen (2.1 Satz 14 b.). Es sollen Erkundigungen darüber eingeholt werden, in welchen Anlageformen der Kunde über Wissen verfügt (z. B. Aktien) bzw. welche Anlageformen er selbst in der Vergangenheit bereits gewählt hat (Umfang und Häufigkeit der Geschäfte, Zeitraum) (2.1 Satz 14 b.).
Die Anforderungen an die Intensität der Kundenbefragung sind auch davon abhängig, ob der Kunde die beabsichtigten Geschäfte mit eigenem Vermögen oder durch Kredite finanzieren will und welche Verlust-, Nachschuss- oder sonstigen Risiken bestehen (2.1, Satz 14 c.).
Sicherzustellen ist nach 2.1, Satz 9, dass die erhaltenen Angaben ausschließlich für Zwecke der Aufklärung und gegebenenfalls der Beratung des Kunden verwendet werden dürfen, es sei denn, der Kunde stimmt einer anderweitigen Verwendung zu.

Die einzuholenden Kundenangaben bilden die Basis für die Einschätzung, wie umfassend er vor seiner Auftragserteilung (2.2 Satz 1) aufzuklären ist. Im Allgemeinen hat ein Wertpapierdienstleistungsunternehmen auf Kundennachfrage Art und Umfang der angebotenen Wertpapierdienstleistungen einschließlich des Produktangebots darzustellen (1.1 Satz 1). Soweit erforderlich ist der Kunde über Eigenschaften und Risiken der Anlageform (Aktien) und auf andere erhebliche Umstände hinzuweisen; auf die Möglichkeit der Limitierung von Aufträgen ist er aufmerksam zu machen, was insbesondere bei Märkten mit geringer Liquidität ratsam ist (2.2 Satz 1, 2). Der Kunde ist auf seine Möglichkeit zur Erteilung von Weisungen, insbesondere hinsichtlich des Ausführungsortes, hinzuweisen (2.2 Satz 3). Auf Nachfrage des Kunden ist darüber zu informieren, an welchen Börsen oder Märkten sein Auftrag ausgeführt werden soll und welche Vermittler, Händler, Market-Maker, Makler, Depotbanken oder Clearing-Organisationen an der Ausführung beteiligt sind (2.2 Satz 4). Besondere Risiken im Hinblick auf bestimmte Märkte oder Beteiligte (z. B. Ausfall- und Abwicklungsrisiken) sind zu nennen (2.2 Satz 5), vor allem bei grenzüberschreitenden Geschäften (2.2 Satz 6). Bei Aktien soll insbesondere über den Ertrag (Dividende), das Kurs-, Bonitäts-, Liquiditäts-, Konjunktur- und

Währungsrisiko aufgeklärt werden (2.2.2 Satz 1), bei weder im In- noch im Ausland börsennotierten Werten sind Angaben über den Markt (insbesondere dessen Liquidität), das besondere Verlustrisiko und die Entgelte der an der Ausführung beteiligten Wertpapierdienstleistungsunternehmen zu machen (2.2.2 Satz 2). Allgemein sind dem Kunden Berechnung, Höhe und Art der Kosten, gegebenenfalls zu erbringende Sicherheitsleistungen zur Kenntnis zu geben und auf Nachfrage zu erläutern (1.2 Satz 1).

Verstöße gegen § 32 I oder II WpHG sind ordnungswidrig und können mit einer Geldbuße bis 200.000.- Euro belegt werden (§ 39 I Nr. 3, IV WpHG).

i) Organisationspflichten

Weiterhin ist ein Wertpapierdienstleistungsunternehmen gemäß § 33 I WpHG verpflichtet, die für eine ordnungsgemäße Durchführung der Wertpapierdienstleistung und -nebendienstleistung notwendigen Mittel und Verfahren vorzuhalten und wirksam einzusetzen (Nr. 1). Es muss so organisiert sein, dass bei der Erbringung der Wertpapierdienstleistungen und -nebendienstleistungen Interessenkonflikte zwischen dem Wertpapierdienstleistungsunternehmen und seinen Kunden des Wertpapierdienstleistungsunternehmens möglichst gering sind (Nr. 2). Außerdem muss es über angemessene interne Kontrollverfahren verfügen, die geeignet sind, Verstößen gegen Verpflichtungen nach diesem Gesetz entgegenzuwirken (Nr. 3). Bei Auslagerungen von entsprechenden Dienstleistungen sind die gesetzlichen Anforderungen gemäß § 33 II WpHG zu beachten.

Nach § 34 WpHG bestehen Aufzeichnungs- und Aufbewahrungspflichten. Ein Wertpapierdienstleistungsunternehmen hat bei der Erbringung von Wertpapierdienstleistungen u. a. aufzuzeichnen: den Auftrag und hierzu erteilte Anweisungen des Kunden sowie die Ausführung des Auftrags (Nr. 1), den Namen des Angestellten, der den Auftrag des Kunden angenommen hat, sowie die Uhrzeit der Erteilung und Ausführung des Auftrags (Nr. 2), die dem Kunden für den Auftrag in Rechnung gestellten Provisionen und Spesen (Nr. 3), die Erteilung eines Auftrags für eigene Rechnung an ein anderes Wertpapierdienstleistungsunternehmen, sofern das Geschäft nicht der Meldepflicht nach § 9 WpHG unterliegt; Aufträge für eigene Rechnung sind besonders zu kennzeichnen (Nr. 5).
Die Aufzeichnungen sind gemäß § 34 III 1 WpHG mindestens 6 Jahre aufzubewahren.

§ 34a WpHG statuiert Pflichten zur getrennten Vermögensverwahrung von Kundengeldern.

Vom Gesetz als Ordnungswidrigkeiten eingeordnet werden vorsätzliche oder leichtfertige Verletzungen des § 34 I WpHG (§ 39 II Nr. 10, 2. Alt. WpHG), des § 34 III 1 (§ 39 II Nr. 12 WpHG) (jeweils Bußgeld bis 50.000.- Euro (§ 39 IV WpHG)), des § 34a I 1, 2 oder 3 oder des § 34a II 1 WpHG (§ 39 II Nr. 13 WpHG) (Bußgeld bis 100.000.- Euro § 39 IV WpHG).

j) Wertpapieranalysen

Personen, die im Rahmen ihrer Berufs- oder Geschäftstätigkeit eine Information über zum Börsenhandel zugelassene, in den Börsenhandel einbezogene oder an einem organisierten Markt im Europäischen Wirtschaftsraum zugelassene Aktien (§ 34b III WpHG) oder deren Emittenten erstellen, die direkt oder indirekt eine Empfehlung für eine bestimmte Anlageentscheidung enthält und einem unbestimmten Personenkreis zugänglich gemacht werden soll (Finanzanalyse), sind zu der erforderlichen Sachkenntnis, Sorgfalt und Gewissenhaftigkeit verpflichtet (§ 34b I 1 WpHG). Die Finanzanalyse darf gemäß § 34b I 2 WpHG nur weitergegeben oder öffentlich verbreitet werden, wenn sie sachgerecht erstellt und dargeboten wird und die Identität der Person, die für die Weitergabe oder die Verbreitung der Finanzanalyse verantwortlich ist (Nr. 1), und Umstände oder Beziehungen, die bei den Erstellern, den für die Erstellung verantwortlichen juristischen Personen oder mit diesen verbundenen Unternehmen Interessenkonflikte begründen können (Nr. 2), zusammen mit der Finanzanalyse offen gelegt werden. Eine Zusammenfassung einer von einem Dritten erstellten Finanzanalyse darf nach § 34b II WpHG nur weitergegeben werden, wenn der Inhalt der Finanzanalyse klar und nicht irreführend wiedergegeben wird und in der Zusammenfassung auf das Ausgangsdokument sowie auf den Ort verwiesen wird, an dem die mit dem Ausgangsdokument verbundene Offenlegung nach Absatz 1 Satz 2 unmittelbar und leicht zugänglich ist, sofern diese Angaben öffentlich verbreitet wurden.

Ordnungswidrig und mit Bußgeld bis 200.000.- Euro bewehrt ist die Missachtung des § 34b I 2 WpHG (§ 39 I Nr. 4, IV WpHG). Für die Ordnungswidrigkeiten des § 34b II WpHG (§ 39 I Nr. 5 WpHG) und des § 34b VI 1 WpHG (§ 39 I Nr. 6 WpHG) droht jeweils eine Geldbuße in Höhe von bis zu 50.000.- Euro (§ 39 IV WpHG).

k) Anzeigepflicht (Wertpapieranalysen)

Für andere Personen, die in Ausübung ihres Berufes oder im Rahmen ihrer Geschäftstätigkeit für die Erstellung von Finanzanalysen oder deren Weitergabe verantwortlich sind, haben dies ebenso wie die Einstellung dieser Tätigkeiten der BaFin anzuzeigen (§ 34c WpHG).

Die vorsätzliche oder leichtfertige Nichtbeachtung des § 34c S. 1, 2 oder 4 WpHG stellt eine Ordnungswidrigkeit dar (§ 39 II Nr. 14, 1. Alt. WpHG), die mit Bußgeld bis 50.000.- Euro geahndet werden kann (§ 39 IV WpHG).

l) Verbot der Marktmanipulation

Den Handelsakteuren sind Kurs- und Marktpreismanipulation untersagt (§§ 20a f. WpHG).

m) Pflichtenbindungen der Handelsakteure im außerbörslichen Bereich hinsichtlich nicht-börsennotierter Werte

Die Meldeplichten für Wertpapierdienstleistungsunternehmen gelten nur hinsichtlich Geschäften mit börsennotierten einschließlich einbezogener Aktien, nicht für solche mit nicht-börsennotierten. Die Aufzeichnungspflicht im Hinblick auf Geschäfte mit Insiderpapieren gemäß § 16 S. 1 WpHG gilt für einbezogene, aber nicht für nicht-börsennotierte Aktien, da es sich bei Letzteren nicht um Insiderpapiere handelt. Die Anzeigepflicht gemäß § 10 I 1 WpHG kann sich nur auf börsengehandelte Werte beziehen, da nur für diese das Marktmanipulationsverbot und das Insiderhandelsverbot gelten.
Das Geldwäscheverbot (§§ 1 ff. GwG) bezieht sich hingegen auch auf nicht-börsennotierte Werte. Die Wohlverhaltenspflichten (§§ 31 ff. WpHG), Bankvertragsrecht und Kommissionsrecht gelten natürlich auch beim Handel mit nicht-börsennotierten Aktien.
Die Anforderungen an Wertpapieranalysen (§§ 34b, 34c WpHG) beziehen sich wiederum nur auf zugelassene und einbezogene Werte.

4. Öffentliche Wertpapiererwerbs- und Übernahmeangebote - Squeeze-out

Das WpÜG[2076] regelt Angebote[2077], d. h. freiwillige oder auf Grund einer Verpflichtung nach dem WpÜG erfolgende[2078] öffentliche[2079] Kauf- oder

2076 Dazu Kölner Kommentar; Geibel/Süßmann; Fleischer/Kalss; Steinmeyer/Häger; Kümpel, S. 1322 ff., 8.272 ff.; zur noch umzusetzenden Übernahmerichtlinie Seibt/Heiser, NZG 2005, 200 (200); Maul, NZG 2005, 151 (151); dies./Muffat-Jeandet, AG 2004, 221 (221 ff.) und 306 (306 ff.); Grundmann, NZG 2005, 122 (122 ff.); Wiesner, ZIP 2004, 343 (343 ff.).

2077 Kölner Kommentar-Versteegen, § 1 WpÜG, Rn. 17 ff.; § 2 WpÜG Rn. 9 ff.; Schwark-Noack, § 11 WpÜG Rn. 3 f.

2078 Kölner Kommentar-Versteegen, § 2 WpÜG, Rn. 67 ff.

2079 Schwark-Noack, §§ 1, 2 WpÜG Rn. 13 ff. (nicht-individuelle Ansprache mehrerer Aktionäre, der Inhalt kann standardisiert, darf aber nicht verhandelbar sein; das verwendete Medium muss typischerweise einer Vielzahl von Personen zugänglich sein; die Adressaten sind dem Bieter nicht bekannt).

Tauschangebote[2080] zum Erwerb[2081] von Wertpapieren (§ 2 I WpÜG)[2082] wie u. a. Aktien (§ 2 II Nr. 1 WpÜG)[2083], die von einer Zielgesellschaft[2084] mit Inlandssitz (§§ 1, 2 WpÜG)[2085] ausgegeben wurden und zum Handel an einem organisierten Markt (§ 2 VII WpÜG)[2086] zugelassen sind (§ 1 WpÜG)[2087]. In Betracht kommen demnach Unternehmen, die zum Handel im amtlichen Markt oder im geregelten Markt einer Börse zugelassen[2088], nicht aber solche, die in den geregelten Markt oder den Freiverkehr einbezogen oder gar nicht börsennotiert sind[2089]. Bieter sind gemäß § 2 IV WpÜG natürliche oder juristische Personen oder Personengesellschaften, die allein oder gemeinsam mit anderen Personen ein Angebot abgeben, ein solches beabsichtigen oder zur Abgabe verpflichtet sind[2090].

§ 3 WpÜG legt für das Verfahren und die Anwendung des Gesetzes allgemein maßgebliche Grundsätze fest. Aktionäre der Zielgesellschaft sind gleich zu behandeln (§ 3 I WpÜG)[2091], sie müssen über genügend Zeit und ausreichend Information verfügen, um in Kenntnis der Sachlage über das Angebot entscheiden zu können (§ 3 II WpÜG)[2092]. Vorstand und Aufsichtsrat der Zielgesellschaft müssen im Interesse der Zielgesellschaft handeln (§ 3 III WpÜG)[2093]. Für Bieter und Zielgesellschaft gilt das Gebot der möglichst zügigen Durchfüh-

---

2080 Kölner Kommentar-Versteegen, § 2 WpÜG, Rn. 37 ff.

2081 Kölner Kommentar-Versteegen, § 2 WpÜG, Rn. 32 ff.

2082 Schwark-Noack, §§ 1, 2 WpÜG Rn. 8 ff.

2083 Kölner Kommentar-Versteegen, § 2 WpÜG, Rn. 84 f.; Schwark-Noack, §§ 1, 2 WpÜG Rn. 18 f.

2084 Kölner Kommentar-Versteegen, § 2 WpÜG, Rn. 97 ff.; Schwark-Noack, §§ 1, 2 WpÜG Rn. 22 ff.

2085 Kölner Kommentar-Versteegen, § 2 WpÜG, Rn. 107; Schwark-Noack, §§ 1, 2 WpÜG Rn. 24.

2086 Kölner Kommentar-Versteegen, § 1 WpÜG, Rn. 33 ff.; Schwark-Noack, §§ 1, 2 WpÜG Rn. 49 f.

2087 Schwark-Noack, §§ 1, 2 WpÜG Rn. 3.

2088 Schwark-Noack, §§ 1, 2 WpÜG Rn. 5.

2089 Schwark-Noack, §§ 1, 2 WpÜG Rn. 49.

2090 Kölner Kommentar-Versteegen, § 2 WpÜG, Rn. 112 ff.; Schwark-Noack, §§ 1, 2 WpÜG Rn. 28 ff.; es gilt ein formeller Bieterbegriff: Bieter ist, wer das Angebot abgibt, nicht aber etwaige Hintermänner, Schwark-Noack, §§ 1, 2 WpÜG Rn. 29 f.; Kölner Kommentar-Versteegen, § 2 WpÜG, Rn. 129 f.

2091 Kölner Kommentar-Versteegen, § 3 WpÜG, Rn. 12 ff.; Schwark-Noack, § 3 WpÜG Rn. 3 ff.

2092 Kölner Kommentar-Versteegen, § 3 WpÜG, Rn. 27 ff.; Schwark-Noack, § 3 WpÜG Rn. 12 ff.

2093 Kölner Kommentar-Versteegen, § 3 WpÜG, Rn. 34 ff.; Schwark-Noack, § 3 WpÜG Rn. 15.

rung (§ 3 IV 1 WpÜG)[2094]. Beim Handel mit Aktien der Zielgesellschaft, der Bietergesellschaft oder anderer durch das Angebot betroffener Gesellschaften dürfen keine Marktverzerrungen geschaffen werden (§ 3 V WpÜG)[2095].

Der Bieter hat seine Entscheidung zur Abgabe eines entsprechenden Angebots unverzüglich zu veröffentlichen (§ 10 I 1, III WpÜG)[2096] und zuvor Börsengeschäftsführung(en) und BaFin (§ 10 II 1 WpÜG) mitzuteilen[2097]. Im Anschluss an die Veröffentlichung muss der Bieter den Vorstand der Zielgesellschaft unverzüglich über die Entscheidung informieren (§ 10 V 1 WpÜG)[2098]. Der Bieter hat innerhalb von 4 Wochen nach der Entscheidung zur Abgabe des Angebots eine Angebotsunterlage an die BaFin zu übermitteln (§§ 11 I 1, 1. Alternative, 14 I 1 WpÜG)[2099], dann zu veröffentlichen (§§ 11 I 1, 2. Alternative, 14 II, III WpÜG)[2100] und unverzüglich nach der Veröffentlichung an den Vorstand der Zielgesellschaft zu leiten (§ 14 IV 1 WpÜG)[2101]. Die Angebotsunterlage, die primär der Information der Aktionäre der Zielgesellschaft dient[2102], hat vor allem den Inhalt des Angebots zu enthalten (§ 11 II 1, 2 WpÜG)[2103], d. h. insbesondere die Wertpapiere, die Gegenstand des Angebots sind (§ 11 II 2 Nr. 3 WpÜG)[2104], Art und Höhe der für die Wertpapiere der Zielgesellschaft gebotenen Gegenleistung (§ 11 II 2 Nr. 4 WpÜG)[2105] und den Beginn und das Ende der zwischen 4 und 10 Wochen betragenden (§ 16 I 1

2094 Kölner Kommentar-Versteegen, § 3 WpÜG, Rn. 40 ff.; Schwark-Noack, § 3 WpÜG Rn. 16 ff.

2095 Kölner Kommentar-Versteegen, § 3 WpÜG, Rn. 44 ff.; Schwark-Noack, § 3 WpÜG Rn. 21 ff.

2096 Kölner Kommentar-Versteegen, § 10 WpÜG, Rn. 14 ff.; Schwark-Noack, § 10 WpÜG Rn. 5 ff., 25 ff.; diese Veröffentlichungspflicht ist ein Spezialfall der Ad hoc-Publizität, Schwark-Noack, §§ 10 WpÜG Rn. 5.

2097 Kölner Kommentar-Versteegen, § 10 WpÜG, Rn. 47 ff.; Schwark-Noack, § 10 WpÜG Rn. 16 ff.

2098 Kölner Kommentar-Versteegen, § 10 WpÜG, Rn. 79 ff.; Schwark-Noack, § 10 WpÜG Rn. 34 ff.

2099 Kölner Kommentar-Seydel, § 14 WpÜG, Rn. 16 ff.; Schwark-Noack, § 11 WpÜG Rn. 1 ff.; § 14 WpÜG Rn. 3 ff.

2100 Kölner Kommentar-Seydel, § 14 WpÜG, Rn. 55, 61 ff.; Schwark-Noack, § 14 WpÜG Rn. 15 ff.

2101 Kölner Kommentar-Seydel, § 14 WpÜG, Rn. 69; Schwark-Noack, § 14 WpÜG Rn. 27 f.

2102 Kölner Kommentar-Seydel, § 11 WpÜG, Rn. 3; Schwark-Noack, § 11 WpÜG Rn. 1.

2103 Kölner Kommentar-Seydel, § 11 WpÜG, Rn. 25, 48; Schwark-Noack, § 11 WpÜG Rn. 9 ff.

2104 Kölner Kommentar-Seydel, § 11 WpÜG, Rn. 51; Schwark-Noack, § 11 WpÜG Rn. 10.

2105 Kölner Kommentar-Seydel, § 11 WpÜG, Rn. 52 ff.; Schwark-Noack, § 11 WpÜG Rn. 11 ff.

WpÜG)[2106] Annahmefrist (§ 11 II 2 Nr. 6 WpÜG)[2107], darüber hinaus ergänzende Angaben (§ 11 II 1, 3 WpÜG) [2108] wie solche zu den notwendigen Maßnahmen, die sicherstellen, dass dem Bieter die zur vollständigen Erfüllung des Angebots notwendigen Mittel zur Verfügung stehen, und zu den erwarteten Auswirkungen eines erfolgreichen Angebots auf die Vermögens-, Finanz- und Ertragslage des Bieters (§ 11 II 3 Nr. 1 WpÜG)[2109], solche über die Absichten des Bieters im Hinblick auf die künftige Geschäftstätigkeit der Zielgesellschaft, insbesondere den Sitz und den Standort wesentlicher Unternehmensteile, die Verwendung ihres Vermögens, ihre künftigen Verpflichtungen, die Arbeitnehmer und deren Vertretungen, die Mitglieder ihrer Geschäftsführungsorgane und wesentliche Änderungen der Beschäftigungsbedingungen einschließlich der insoweit vorgesehenen Maßnahmen (§ 11 II 3 Nr. 2 WpÜG)[2110] und solche über Geldleistungen oder andere geldwerte Vorteile, die Vorstands- oder Aufsichtsratsmitgliedern der Gesellschaft gewährt oder in Aussicht gestellt werden (§ 11 II 3 Nr. 3 WpÜG)[2111].

Im Falle einer fehlerhaften Angebotsunterlage haftet der Bieter gegenüber demjenigen, der das Angebot angenommen hat, (auch) unter den Voraussetzungen des § 12 WpÜG[2112].

Die Finanzierung des Angebots muss sichergestellt sein, § 13 WpÜG[2113]. Die BaFin muss die Veröffentlichung der Angebotsgrundlage regelmäßig gestatten (§ 14 II 1, 1. Alt. WpÜG)[2114]. Der Gestattung geht eine formale Vollständigkeitsprüfung durch die BaFin voraus[2115]. Unter den Voraussetzungen des § 15 WpÜG untersagt die BaFin das Angebot[2116], wodurch hinsichtlich eines erneu-

2106 Schwark-Noack, § 16 WpÜG Rn. 2 ff.

2107 Kölner Kommentar-Seydel, § 11 WpÜG, Rn. 56; Schwark-Noack, § 11 WpÜG Rn. 17.

2108 Schwark-Noack, § 11 WpÜG Rn. 18 ff.

2109 Kölner Kommentar-Seydel, § 11 WpÜG, Rn. 57 ff.; Schwark-Noack, § 11 WpÜG Rn. 18 ff.

2110 Kölner Kommentar-Seydel, § 11 WpÜG, Rn. 66 ff.; Schwark-Noack, § 11 WpÜG Rn. 21 ff.

2111 Kölner Kommentar-Seydel, § 11 WpÜG, Rn. 75 ff.; Schwark-Noack, § 11 WpÜG Rn. 24 ff.

2112 Kölner Kommentar-Möllers, § 12 WpÜG, Rn. 1 ff.; Schwark-Noack, § 12 WpÜG Rn. 1 ff.

2113 Kölner Kommentar-Möllers, § 12 WpÜG, Rn. 1 ff.; Schwark-Noack, § 13 WpÜG Rn. 1 ff.

2114 Kölner Kommentar-Seydel, § 14 WpÜG, Rn. 44 ff.

2115 Kölner Kommentar-Seydel, § 14 WpÜG, Rn. 37; Schwark-Noack, § 14 WpÜG Rn. 9.

2116 Kölner Kommentar-Seydel, § 15 WpÜG, Rn. 1 ff.; Schwark-Noack, § 15 WpÜG Rn. 1 ff.

ten Angebots regelmäßig eine Sperrfrist in Gang gesetzt wird (§ 26 I 1 WpÜG)[2117].

Vorstand und Aufsichtsrat der Zielgesellschaft müssen eine begründete Stellungnahme zu dem Angebot sowie zu jeder seiner Änderungen abgeben (§ 27 I 1 WpÜG)[2118] und unverzüglich veröffentlichen (§ 27 III 1 WpÜG)[2119]. In der Stellungnahme ist auf alle wesentlichen Aspekte des Angebots einzugehen[2120] (im Einzelnen § 27 I 2 Nr. 1 bis 4 WpÜG[2121]).
Der Bieter muss die Anzahl sämtlicher ihm zustehenden Wertpapiere der Zielgesellschaft nach Veröffentlichung der Angebotsunterlage wöchentlich sowie in der letzten Woche vor Ablauf der Annahmefrist täglich (§ 23 I 1 Nr. 1 WpÜG) und unverzüglich nach Ablauf der Annahmefrist (§ 23 I 1 Nr. 2 WpÜG) bzw. weiteren Annahmefrist (§ 23 I 1 Nr. 3 WpÜG) veröffentlichen (innerhalb von Kalendertagen) und der BaFin mitteilen[2122]. Der Bieter hat im Falle der Erlangung der Kontrolle über die Zielgesellschaft (d. h. mindestens 30 % der Stimmrechte an der Zielgesellschaft, § 29 II WpÜG)[2123] unverzüglich danach die Öffentlichkeit hierüber unter Angabe seines Stimmanteils zu informieren, § 35 I 1 WpÜG[2124], und innerhalb von 4 Wochen eine Angebotsunterlage für die übrigen Aktien (Pflichtangebot) zu veröffentlichen und an die BaFin zu übermitteln, § 35 II WpÜG[2125], wenn die Kontrolle ohne vorheriges Übernahmeangebot erlangt wurde (vgl. § 35 III WpÜG)[2126].

Besondere Angebote im Sinne des § 2 I WpÜG sind solche, die auf den Erwerb der Kontrolle über die Zielgesellschaft gerichtet sind (Übernahmeangebote), §§

2117 Kölner Kommentar-Seydel, § 26 WpÜG, Rn. 16 ff.; Schwark-Noack, § 26 WpÜG Rn. 4 ff.

2118 Kölner Kommentar-Hirte, § 27 WpÜG, Rn. 16 ff.; Schwark-Noack, § 27 WpÜG Rn. 1 ff., insbes. 5 ff.

2119 Kölner Kommentar-Hirte, § 27 WpÜG, Rn. 67 ff.; Schwark-Noack, § 27 WpÜG Rn. 27 (ausreichend, wenn das innerhalb von 2 Wochen geschieht).

2120 Kölner Kommentar-Hirte, § 27 WpÜG, Rn. 30 ff.; Schwark-Noack, § 27 WpÜG Rn. 7.

2121 Kölner Kommentar-Hirte, § 27 WpÜG, Rn. 36 ff.; Schwark-Noack, § 27 WpÜG Rn. 9 ff.

2122 Kölner Kommentar-Möllers, § 27 WpÜG, Rn. 45 ff.; Schwark-Noack, § 23 WpÜG Rn. 1 ff.

2123 Kölner Kommentar-von Bülow, § 29 WpÜG, Rn. 68 ff; Schwark-Noack, § 29 WpÜG Rn. 12 ff.

2124 Kölner Kommentar-von Bülow, § 35 WpÜG, Rn. 27 ff.; Schwark-Noack, § 35 WpÜG Rn. 33 ff.

2125 Kölner Kommentar-von Bülow, § 35 WpÜG, Rn. 135 ff.; Schwark-Noack, § 35 WpÜG Rn. 37 ff.

2126 Kölner Kommentar-von Bülow, § 35 WpÜG, Rn. 179 ff.; zu Übernahmeangeboten sogleich.

29 I, 34 WpÜG[2127]. Ein Übernahmeangebot muss sich regelmäßig auf alle Aktien der Zielgesellschaft erstrecken, darf also nicht auf einen Teil begrenzt werden, § 32 WpÜG[2128].
Die den Aktionären der Zielgesellschaft abzubietende Gegenleistung, die in Geld (Euro) oder in bestimmten Aktien bestehen kann (§ 31 II 1 WpÜG), muss angemessen sein[2129], wofür der durchschnittliche Börsenkurs der Aktien der Zielgesellschaft (§§ 5, 6 WpÜG-AngebotsVO)[2130] und Erwerbe von Aktien der Zielgesellschaft durch den Bieter zu berücksichtigen sind (§§ 31 I 1, 2 WpÜG, 4 WpÜG-AngebotsVO)[2131].
Von besonderer Bedeutung sind die Bestimmungen des § 31 IV und V WpÜG. Wenn der Bieter vor Veröffentlichung der Zahl der erlangten Aktien, die ja unverzüglich nach Ablauf der Annahmefrist erfolgen muss, Aktien der Zielgesellschaft erwirbt und hierfür eine wertmäßig höhere als die im Angebot genannte Gegenleistung gewährt oder vereinbart, erhöht sich gemäß § 31 IV WpÜG die den Angebotsempfängern der jeweiligen Aktiengattung geschuldete Gegenleistung wertmäßig um den Unterschiedsbetrag[2132]. Nach § 31 V 1 WpÜG hat der Bieter den entsprechenden Unterschiedsbetrag auch zu leisten, wenn er innerhalb eines Jahres nach Veröffentlichung der Zahl der gehaltenen Aktien nach Ablauf der Annahmefrist außerhalb der Börse Aktien zu einem gegenüber der Angebotsunterlage höheren Preis erworben bzw. Optionen erlangt (§ 31 VI WpÜG) hat[2133].
Zwischen der Veröffentlichung der Entscheidung des Bieters zur Angebotsabgabe und der Veröffentlichung des Ergebnisses nach Ablauf der Annahmefrist darf der Vorstand der Zielgesellschaft keine Handlungen vornehmen, durch die der Erfolg des Angebots verhindert werden könnte, § 33 I 1 WpÜG[2134]. Die Hauptversammlung einer Aktiengesellschaft kann den eigenen Vorstand unter

2127 Kölner Kommentar-von Bülow, § 29 WpÜG, Rn. 19 ff.; Schwark-Noack, § 29 WpÜG Rn. 2 ff.

2128 Kölner Kommentar-Hasselbach, § 32 WpÜG, Rn. 1 ff.; Schwark-Noack, § 32 WpÜG Rn. 1 ff.

2129 Kölner Kommentar-Kremer/Oesterhaus, § 31 WpÜG, Rn. 13 ff.; Schwark-Noack, § 31 WpÜG Rn. 3 ff.

2130 Schwark-Noack, § 31 WpÜG Rn. 7 ff.

2131 Kölner Kommentar-Kremer/Oesterhaus, § 31 WpÜG, Rn. 15 ff.; Schwark-Noack, § 31 WpÜG Rn. 10 ff.

2132 Kölner Kommentar-Kremer/Oesterhaus, § 31 WpÜG, Rn. 60 ff.; Schwark-Noack, § 31 WpÜG Rn. 38 ff.

2133 Kölner Kommentar-Kremer/Oesterhaus, § 31 WpÜG, Rn. 79 ff.; Schwark-Noack, § 31 WpÜG Rn. 42 ff.

2134 Kölner Kommentar-Hirte, § 33 WpÜG, Rn. 26 ff.; Schwark-Noack, § 33 WpÜG Rn. 4 ff.; Lenenbach, S. 591 ff., Rn. 13.74 ff.

den Voraussetzungen des § 33 II WpÜG zu Gegenmaßnahmen gegen ein später etwaig erfolgendes Übernahmeangebot ermächtigen[2135].
Ein Bieter darf Vorstands- oder Aufsichtsratsmitgliedern der Zielgesellschaft im Zusammenhang mit dem Angebot keine ungerechtfertigten Geldleistungen oder andere ungerechtfertigte geldwerte Vorteile gewähren oder in Aussicht stellen, § 33 III WpÜG[2136].

Die Einhaltung der Vorschriften des WpÜG überwacht die BAFin (§ 4 WpÜG)[2137]. Diese übt insbesondere eine Missstandsaufsicht aus und nimmt eine Missstandsbekämpfung vor[2138].

Gemäß § 327a I 1 AktG kann die Hauptversammlung einer Aktiengesellschaft auf Verlangen eines Aktionärs, dem Aktien der Gesellschaft in Höhe von 95 % des Grundkapitals gehören (Hauptaktionär), die Übertragung der Aktien der übrigen Aktionäre (Minderheitsaktionäre) auf den Hauptaktionär gegen Gewährung einer angemessenen Barabfindung beschließen[2139]. Der Hauptaktionär legt die Höhe der Barabfindung fest (§ 327b I 1, 1. HS. AktG). Die Barabfindung muss die Verhältnisse der Gesellschaft im Zeitpunkt der Beschlussfassung berücksichtigen, wofür dem Hauptaktionär durch den Vorstand alle dafür notwendigen Unterlagen zur Verfügung zu stellen und Auskünfte zu erteilen sind (§ 327b I 1, 2. HS., 2 AktG)[2140].

2135 Kölner Kommentar-Hirte, § 33 WpÜG, Rn. 95 ff.; Schwark-Noack, § 33 WpÜG Rn. 24 ff.

2136 Kölner Kommentar-Hirte, § 33 WpÜG, Rn. 183 ff.; Schwark-Noack, § 33 WpÜG Rn. 34 f.; Lenenbach, S. 594, Rn. 13.79.

2137 Kölner Kommentar-Giesberts, § 4 WpÜG, Rn. 10 ff.

2138 Kölner Kommentar-Giesberts, § 4 WpÜG, Rn. 13 ff.; Schwark-Noack, § 31 WpÜG Rn. 3 ff.

2139 Kölner Kommentar-Hasselbach, § 327a AktG Rn. 15 ff.

2140 Kölner Kommentar-Hasselbach, § 327a AktG Rn. 3 ff.

L. Ergebnis

Die noch vor wenigen Jahren häufig geäußerte Einschätzung, außerbörslicher Aktienhandel wäre praktisch unreguliert und fände sozusagen „im rechtsfreien Raum“ statt, trifft jedenfalls heute nicht mehr zu. Das gilt vor allem insofern, als außerbörsliche elektronische Handelssysteme einer Mindestregulierung zugeführt worden sind, und allgemein für den außerbörslichen Handel mit börsennotierten Aktien, hier insbesondere für solche Werte, die über eine Zulassung zum amtlichen oder geregelten Markt einer Börse verfügen. Für den Versuch der öffentlichen Übernahme börsenzugelassener Gesellschaften sieht das deutsche Übernahmerecht inzwischen differenzierte Regeln vor.

Die grundsätzlich von allen Aktiengesellschaften vorzunehmende Rechnungslegung kann jetzt bei im amtlichen oder geregelten Markt zugelassenen Emittenten durch die beliehene privatrechtliche Prüfstelle und die Bundesanstalt für Finanzdienstleistungsaufsicht (BaFin) überprüft werden (Enforcement). Die Qualität der Rechnungslegung börsenzugelassener Emittenten dürfte angesichts dieser neuen Kontrollmöglichkeiten zunehmen. Die damit verlässlicher werdenden Informationen der betreffenden Unternehmen können auch bei Investitionsentscheidungen im außerbörslichen Bereich herangezogen werden.

Von den börsenrechtlichen Voraussetzungen für eine Zulassung zum Börsenhandel und den Rechtsfolgen einer solchen Zulassung kann der außerbörsliche Handel indirekt profitieren. Die Informationen, die Emittenten zwecks Erfüllung der Publizitätspflichten für eine Zulassung und in deren Anschluss aufgrund Börsenrechts der Öffentlichkeit zur Verfügung stellen müssen, können auch bei außerbörslich zu realisierenden Anlageentscheidungen Orientierung über die wirtschaftliche Situation der betreffenden Emittenten bieten. Im Hinblick auf die Zulassungspublizität relativiert sich das allerdings angesichts angeglichener Anforderungen im Bereich der Primärmarktpublizität zukünftig. Eine wesentliche Voraussetzung für eine Zulassung zum amtlichen Markt der Börse war bis 01.07.2005 die Veröffentlichung eines Börsenzulassungsprospekts, der die bis dahin in der Börsenzulassungsverordnung vorgegebenen Mindestangaben zu enthalten hatte. Für die Zulassung zum geregelten Markt war ein Unternehmensbericht genannter Prospekt zu veröffentlichen, der nach dem Gesetz deutlich weniger Informationen beinhalten musste, mindestens aber die relativ wenigen, die ein bei erstmaligem öffentlichen Angebot zu erstellender Verkaufsprospekt (Primärmarktpublizität) nach dem Verkaufsprospektgesetz in Verbindung mit der Verkaufsprospektverordnung aufzuweisen hatte. Seit 01.07.2005 ist sowohl für eine Zulassung zum amtlichen oder geregelten Markt der Börse als auch bei erstmaligem öffentlichen Angebot ein Wertpapierprospekt zu veröffentlichen, der den umfangreichen inhaltlichen Anforderungen des Wertpapierprospektgesetzes zu genügen hat und vor Veröffentlichung seitens der Bundesanstalt für Finanzdienstleistungsaufsicht (BaFin) inhaltlich zu prüfen und zu billigen ist. Waren die Unterschiede zwischen Börsenzulassungspublizität und Primärmarktpublizität also bis zum 01.07.2005 beachtlich, so sind sie mittlerweile praktisch beseitigt.

Im Falle fehlerhafter Angaben in (sowohl bei für eine Börsenzulassung als auch bei erstmaligem öffentlichen Angebot erstellten) Wertpapierprospekten oder völlig unterbliebener Prospektveröffentlichung drohen Ansprüche aus Prospekthaftung, die geschädigte Anleger gegen die betreffenden Emittenten geltend machen können. Dies ist auch der Fall, wenn Aktien auf Grund fehlerhafter Angaben, die im Zuge einer Börsenzulassung im Wertpapierprospekt gemacht worden sind, außerbörslich erworben wurden.

Die Anforderungen im Bereich der Börsenzulassungsfolgepublizität erhöhen die Transparenz, die auch im außerbörslichen Zusammenhang nützlich ist. Börsenzugelassene Emittenten haben von der börslichen Zulassungsstelle überwachte Börsenzulassungsfolgepflichten, insbesondere Unterrichtungspflichten gegenüber Publikum und Zulassungsstelle, Auskunftspflichten gegenüber Zulassungsstelle und Börsengeschäftsführung, gegebenenfalls Veröffentlichungspflichten. Zum amtlichen Markt zugelassene Gesellschaften müssen halbjährlich einen Zwischenbericht veröffentlichen. Für im Prime Standard des amtlichen oder geregelten Marktes notierte Emittenten bestehen gegenüber dem General Standard zusätzliche Folgepflichten wie u. a. die Pflichten zur Rechnungslegung nach internationalen Standards und zur Veröffentlichung von Quartalsberichten.

Die Bestimmungen des (allgemeinen) Kapitalmarktrechts knüpfen im Rahmen verschiedener kapitalmarktrechtlicher Sachverhalte ganz überwiegend Rechtsfolgen daran, dass börsennotierte Aktien betroffen sind. Kein Unterschied macht das Recht allerdings dann, ob börsennotierte Aktien im konkreten Fall börslich oder außerbörslich gehandelt werden. Diese sind vielmehr sowohl im Bereich des Börsenhandels als auch bei außerbörslichen Transaktionen einzuhalten. Die Einhaltung der kapitalmarktrechtlichen Börsenzulassungs- bzw. Einbeziehungsfolgepflichten wird durch die BaFin überwacht. Für börsenzugelassene wie einbezogene Werte gelten das Verbot der Marktmanipulation und das Verbot des Insiderhandels. Die für den Fall der Missachtung schadensersatzbewehrte Ad hoc-Mitteilungspflicht gilt nur für börsenzugelassene Emittenten. Des Weiteren gelten nur für börsenzugelassene Gesellschaften die Pflicht zur Führung von Insiderverzeichnissen, die Veröffentlichungspflichten hinsichtlich director's dealings und die Stimmrechtsanteilspublizität. Außerdem ist seitens zum amtlichen oder geregelten Markt zugelassener Unternehmen über die für das Geschäftsjahr vorzunehmende Rechnungslegung hinaus ein jährliches Informationsdokument nach dem Wertpapierprospektgesetz zu veröffentlichen. Die neue Form kollektiver Rechtsverfolgung bei kapitalmarktrechtlichen Streitigkeiten in einem Musterverfahren ist auch nur für solche Ansprüche eröffnet, die im Zusammenhang mit börsenzugelassenen Werten geltend gemacht werden.

Wenn sich allerdings nicht-börsennotierte Gesellschaften durch eine Entsprechenserklärung freiwillig dem Deutschen Corporate Geovernance Kodex unterworfen haben, schwächt sich das kapitalmarktrechtliche Regelungsgefälle gegenüber börsennotierten Emittenten ab, denn dann gelten für sie u. a. Selbstverpflichtungen zur Ad hoc-Publizität, zur Stimmrechtsanteilspublizität und zur Veröffentlichung von director's dealings. Privatrechtliche Prüfstelle und BaFin werden hinsichtlich deren Rechnungslegung zur Prüfung ermächtigt.

Die novellierte aktienrechtliche Innenhaftung droht Organen börsennotierter wie nicht-börsennotierter Aktiengesellschaften.

Die zentralen professionellen Handelsakteure, die für sich selbst oder für Kunden auf börslichen oder außerbörslichen Märkten agieren, müssen den Anforderungen des Bankaufsichtsrechts genügen. Banken und Finanzdienstleistungsinstitute haben eine Gewerbeerlaubnis der Bundesanstalt für Finanzdienstleistungsaufsicht (BaFin). Um die Erlaubnis zu erhalten, hatten sie insbesondere ausreichende Eigenmittel nachzuweisen und geeignet und zuverlässig zu sein. Nach der Zulassung werden sie fortlaufend beaufsichtigt. Ansprüche von Kunden gegen sie werden für den Fall ihrer Zahlungsunfähigkeit immerhin bis zu einer gewissen Höhe dadurch abgesichert, dass für Institute die Mitgliedschaft in einer Anlegerentschädigungseinrichtung Pflicht ist, gegen die geschädigte Anleger im Entschädigungsfall Ansprüche geltend machen können. Die Bestimmungen gegen Geldwäsche müssen sie im Zusammenhang mit börslichen wie außerbörslichen Kundenbeziehungen einhalten. Die kapitalmarktrechtliche Aufzeichnungspflicht im Hinblick auf (auch außerbörsliche) Geschäfte mit Insiderpapieren, die Anzeigepflicht bei Verdacht des (auch außerbörslichen) Insiderhandels oder der (auch außerbörslichen) Marktmanipulation und die Anforderungen bezüglich Wertpapieranalysen gelten nur im Hinblick auf börsennotierte Werte. Von herausragender Bedeutung für den Bereich des außerbörslichen Handels sind die Wohlverhaltensregeln (und Organisationspflichten) des Wertpapierhandelsgesetzes. In differenzierter Weise werden Wertpapierdienstleistern Verhaltensgebote für den geschäftlichen Umgang mit ihren Anlegerkunden aufgegeben. Deren Einhaltung wird durch die BaFin überwacht. Diese kann im Rahmen ihrer gesetzlichen Ermächtigungen bei Verstößen einschreiten. Zwar sind Anleger auch aufgrund der bestehenden privatrechtlichen Rechtsverhältnisse (regelmäßig Bankvertrag, Komissionsvertrag) mit entsprechenden Pflichtenbindungen für die professionellen Dienstleister geschützt, müssen nach allgemeinen zivilrechtlichen bzw. zivilprozessualen Grundsätzen aber eventuelle Ansprüche bei Regelverstößen der anderen Seite selbst gerichtlich verfolgen. Neuen europarechtlichen Vorgaben gemäß werden die Wohlverhaltensregeln der Wertpapierdienstleistungsunternehmen zu präzisieren sein. Beim Umfang der Wohlverhaltensregeln wird nach der Professionalität der Kunden zu unterscheiden sein. Dadurch ist eine Feinjustierung des

Anlegerschutzes möglich: Privatanleger werden besser geschützt, professionelle Anleger nicht behindert.

Als Maßstab für eine geordnete Marktorganisation im Bereich des Aktienhandels wird auch zukünftig der durch das ausdifferenzierte Börsenrecht regulierte Börsenmarkt zu gelten haben. Durch die Zusammenstellung zentraler Elemente des Börsenorganisationsrechts ist deutlich geworden, wie ausdifferenziert die Börse mit ihren Börsenorganen als Institution und der von ihr organisierte Börsenhandel ist. Die Börsenorganisation ist durch das abgestimmte Zusammenwirken der verschiedenen Börsenorgane, des Börsenträgers und der Börsenaufsichtsbehörde des Bundeslandes, in dem die Börse ihren Sitz hat, gekennzeichnet. Der demokratisch legitimierte Börsenrat hat Normierungsbefugnisse in den grundlegenden Bereichen, die Börsengeschäftsführung leitet die Börse, der Zulassungsstelle kommen die Befugnisse bei der Zulassung von Aktien bzw. Emittenten zum Börsenhandel und bei der Überwachung der Einhaltung der Börsenzulassungsfolgepflichten durch die Emittenten im Anschluss an eine Zulassung zu, die Handelsüberwachungsstelle beaufsichtigt den Handel und die Abwicklung an der Börse. Der privatrechtliche Börsenträger kann u. a. unternehmerisch agieren. Die Börsenaufsicht übt die staatliche Aufsicht aus. Es gibt einen Sanktionsausschuss und das börsliche Schiedsgericht. Neben Zulassungs- oder Einbeziehungsvoraussetzungen für Emittenten, deren Aktien an der Börse gehandelt werden können sollen, gibt es Zulassungsvoraussetzungen für Börsenhandelsteilnehmer (Unternehmen bzw. natürliche Personen, die konkret für Erstere agieren) allgemein zum Börsenhandel, d. h. Präsenzhandel, besondere als Skontroführer im Präsenzhandel, besondere zum elektronischen Handel, weitere zu speziellen Handelssegmenten im elektronischen Handel. Unter bestimmten Voraussetzungen sind Sicherheitsleistungen zu erbringen. Der Ablauf des Handels ist detailliert geregelt. In den vergangenen Jahren ins Zentrum gerückt ist der vollelektronische Handel innerhalb Xetra, der den traditionellen börslichen Präsenzhandel unter Einsatz von Skontroführern als Maklern in den Hintergrund gedrängt hat. Die Bedenken, die seit der Mitte der neunziger Jahre im Hinblick auf Tendenzen der Verlagerung des Handelsschwerpunkts in den Bereich elektronischer Systeme geäußert und zunächst als Problem außerbörslichen Handels eingeordnet worden waren, sind durch Xetra zu einem guten Teil zerstreut worden. Jedenfalls im Anwendungsbereich des Börsenrechts lässt sich Aktienhandel problemlos elektronisch organisieren. Deutliche Vorteile im Hinblick auf Verfahrenseffizienz lassen sich ausmachen. Qualitätsgarant sind die strengen Anforderungen des Börsengesetzes an eine ordnungsgemäße Börsenpreisbildung. Für seitens der Börsenaufsichtsbehörde zu überwachende börsenähnliche Einrichtungen als außerbörsliche multilaterale Handelseinrichtungen und damit Börsen nicht im formellen, aber im materiellen Sinn verweist das Gesetz auf diese Bestimmungen zur ordnungsgemäßen Kursbildung. Die Beaufsichtigung der Einhaltung der Anforderungen, wie sie an der Börse durch eine Handelsüberwachungsstelle geleistet wird, muss bzw. kann vom Betreiber auf andere Weise privatautonom bewerkstelligt werden. Die verschiedenen Handelsmodelle innerhalb Xetra geben ein gutes Bild davon, was zukünftig innerhalb außerbörslicher Systeme an Handelsorganisation angeboten werden dürfte. Besonders interessant scheint derzeit die Organisation bilateralen, also nichtbörslichen Handels durch Internalisierer. In deutsches Recht zu transformierendes neues europäisches Sekundärrecht statuiert umfangreiche neue Anforderungen, insbesondere solche an die Transparenz des innerhalb derartiger Handelsplattformen stattfindenden Handels.

Literaturverzeichnis

Assmann, Heinz-Dieter, Die Prospekthaftung beruflicher Sachkenner de lege lata und de lege ferenda, AG 2004, 435

ders., Empfiehlt es sich, im Interesse des Anlegerschutzes und zur Förderung des Finanzplatzes Deutschland das Kapitalmarkt- und Börsenrecht neu zu regeln?, Verhandlungen des vierundsechzigsten Deutschen Juristentags, 2002, Band II/2, Referat, P 7 (zitiert: Assmann, DJT-Referat (2002))

ders., Neuemissionen von Wertpapieren über Internet - Initial Public Offerings (IPO's) als Gegensatnd des deutschen Kapitalmarktrechts, Festschrift für Rolf A. Schütze, 1999 (zitiert: Assmann, Schütze-Festschrift)

ders./Lenz, Jürgen/Ritz, Corinna, Verkaufsprospektgesetz, 2001 (zitiert: Assmann/Lenz/Ritz-Bearbeiter)

ders./Uwe H. Schneider, Wertpapierhandelsgesetz, 3. Auflage, 2003 (zitiert: Assmann/Schneider-Bearbeiter)

ders./Schütze, Rolf A., Handbuch des Kapitalanlagerechts, 2. Auflage, 1997 (zitiert: Assmann/Schütze-Bearbeiter)

ders./Schütze, Rolf A., Handbuch des Kapitalanlagerechts, 2. Auflage, Ergänzungsband, Stand Juni 2001 (zitiert: Assmann/Schütze-Bearbeiter, Ergänzungsband)

Baetge, Jörg, Anmerkungen zum deutschen Enforcement-Modell, ZHR 168 (2004), 428

Balzer, Peter, Der Vorschlag der EG-Kommission für eine neue Wertpapierdienstleistungsrichtlinie, ZBB 2003, 177

ders., Rechtsfragen des Effektengeschäfts der Direktbanken, WM 2001, 1533

Barta, Sebastian, Der Prospektbegriff in der neuen Verkaufsprospekthaftung, NZG 2005, 305

Bauer, Hartmut/Möllers, Christoph, Die Beendigung des Parketthandels an der Frankfurter Wertpapierbörse, Baden-Baden, 2001

Baumbach, Adolf/Hefermehl, Wolfgang, Wechselgesetz und Scheckgesetz, 22. Auflage, 2001 (zitiert: Baumbach/Hefermehl, WPR)

Baumbach, Adolf/Hopt, Klaus J., Handelsgesetzbuch, 31. Auflage, 2003 (zitiert: Baumbach/Hopt-Bearbeiter)

Baums, Theodor (Hrsg.), Bericht der Regierungskommission Corporate Governance: Unternehmensführung, Unternehmenskontrolle, Modernisierung des Aktienrechts, Köln, 2001 (zitiert: Baums, Bericht Regierungskommission)

ders., Haftung wegen Falschinformation des Sekundärmarktes, ZHR 167 (2003), 139

ders., Vorschlag eines Gesetzes zur Verbesserung der Transparenz von Vorstandsvergütungen, ZIP 2004, 1877

Beck, Hanno/Prinz, Aloys, Sind Banken die Verlierer des digitalen Zeitalters?, Zur Zukunft der Finanzintermediäre, ZfgK 2000, 1182

Beck, Heiko, Das neue elektronische Handelssystem Xetra der Frankfurter Wertpapierbörse, WM 1998, 417

ders., Die Börsen im Lichte des deutschen und europäischen Kartellrechts, WM 2000, 597

ders., Die Reform des Börsenrechts im Vierten Finanzmarktförderungsgesetz, Teil 1: Änderungen des Börsenorganisationsrechts, BKR 2002, 662

ders., Empfiehlt es sich, im Interesse des Anlegerschutzes und zur Förderung des Finanzplatzes Deutschland das Kapitalmarkt- und Börsenrecht neu zu regeln?, Verhandlungen des vierundsechzigsten Deutschen Juristentags, Berlin 2002, Band II/2, Referat, P 39 (zitiert: Beck, DJT-Referat (2002))

Graf von Bernstorff, Christoph, Ausgewählte Rechtsprobleme im Electronic Commerce, RIW 2000, 14

Bessler, Wolfgang/Opfer, Heike, Aktienrenditen und makroökonomische Risikoprämien: Eine empirische Untersuchung für den deutschen Kapitalmarkt, ZIP 2005, 73

Bihr, Dietrich, Due Diligence: Geschäftsführungsorgane im Spannungsfeld zwischen Gesellschafts- und Gesellschafterinteressen, BB 1998, 1198

Blitz, Jürgen, Kooperation oder Wettbewerb im Wertpapierclearing, ZfgK 2000, 776

ders., Übergang zum Euro - Beginn des stückefreien Wertpapierverkehrs?, WM 1997, 2211

Böttcher, Lars, Verpflichtung des Vorstands einer AG zur Durchführung einer Due Diligence, NZG 2005, 49

Brandi, Tim Oliver/Süßmann, Rainer, Neue Insiderregeln und Ad hoc-Publizität - Folgen für Ablauf und Gestaltung von M & A-Transaktionen, AG 2004, 642

Brauer, Markus/Dreier, Nils, Der Fall Mannesmann in der nächsten Runde - Zur Geltendmachung von Ersatzansprüchen gegen die ehemaligen Organmitglieder, NZG 2005, 57

Breitkreuz, Tilman, Die Ordnung der Börse, Berlin, 2000

Burgard, Ulrich, Kapitalmarktliche Lehren aus der Übernahme Vodafone-Mannesmann, WM 2000, 611

Callies, Gralf-Peter, Heimatstaatprinzip und Europa-Pass (single licence principle) im europäischen Finanzmarktrecht: Wettbewerb der Finanzdienstleister oder der Finanzplätze?, EWS 2000, 432

Caspari, Karl-Burkhard, Anlegerschutz in Deutschland im Lichte der Brüsseler Richtlinien, NZG 2005, 98

Christoph, Fabian L., Die börsenrechtliche Zulässigkeit einer expansiven Unternehmenspolitik durch deutsche Börsenbetreiber, ZBB 2005, 82

Claussen, Carsten P., Bank- und Börsenrecht, 2. Auflage, 2000 (zitiert: Claussen, 2. Auflage)

Claussen, Carsten P., Bank- und Börsenrecht, 3. Auflage, 2003 (zitiert: Claussen)

Cohn, Daniela, Alternative Handelssysteme - Ein Beitrag zur Neufassung der §§ 58 ff. BörsG, ZBB 2002, 365

Committee of European Securities Regulators (CESR), Standards for Alternative Trading Systems, 2002

Crüwell, Christoph, Die europäische Prospektrichtlinie, AG 2003, 243

DAI-Factbook 2001, Deutsches Aktieninstitut, 2001 (zitiert: DAI-Factbook 2001)

DAI-Factbook 2002, Deutsches Aktieninstitut, 2002 (zitiert: DAI-Factbook 2002)

DAI-Factbook 2003, Deutsches Aktieninstitut, 2003 (zitiert: DAI-Factbook 2003)

DAI-Factbook 2004, Deutsches Aktieninstitut, 2004 (zitiert: DAI-Factbook 2004)

Deilmann, Barbara, Fehlen einer Directors & Officers (D & O) Versicherung als Rücktrittsgrund für die Organmitglieder einer Aktiengesellschaft, NZG 2005, 54

Deipenbrock, Gudula, Aktuelle Rechtsfragen zur Regulierung des Ratingwesens, WM 2005, 261

Deutsche Börse AG, Xetra, Market Model Block Crossing, 01.12.2000

Deutscher Juristentag 2002, Die Beschlüsse, NZG 2002, 1006

Diekmann, Hans/Sustmann, Marco, Gesetz zur Verbesserung des Anlegerschutzes (Anlegerschutzverbesserungsgesetz - AnSVG), NZG 2004, 929

Dornau, Robert, Deutsche Börse AG, Alternative Handelssysteme in den USA und in Europa, Dezember 1999 (zitiert: Dornau, Deutsche Börse AG)

Dreher, Meinrad, Das Finanzkommissionsgeschäft nach § 1 Abs. 1 Satz 2 Nr.4 KWG, ZIP 2004, 2161

ders./Görner, André, Der angemessene Selbstbehalt in der D & O-Versicherung, ZIP 2003, 2321

Drygala, Tim, A Step Ahead of the Crowd, Teil I, WM 2001, 1282

ders., A Step Ahead of the Crowd, Teil II, WM 2001, 1313

Duve, Christian/Pfitzner, Tanja V., Braucht der Kapitalmarkt ein neues Gesetz für Massenverfahren?, BB 2005, 673

Einsele, Dorothee, Das UNIDROIT-Projekt zu intermediärverwahrten Wertpapieren als Konzept für eine Modernisierung des deutschen Depotrechts, WM 2005, 1109

dies., Wertpapiere im elektronischen Bankgeschäft, WM 2001, 7

dies., Wertpapierrecht als Schuldrecht, 1995 (zitiert: Einsele)

Ekkenga, Jens, Fragen der deliktischen Haftungsbegründung bei Kursmanipulationen und Insidergeschäften, ZIP 2004, 781

ders., Kapitalmarktrechtliche Aspekte der „Investor Relations", NZG 2001, 1

ders., Änderungs- und Ergänzungsvorschläge zum Regierungsentwurf eines neuen Wertpapierprospektgesetzes, BB 2005, 561

Escher-Weingart, Christina/Lägeler, Alexander/Eppinger, Christoph, Schadensersatzanspruch, Schadensart und Schadensberechnung gem. der §§ 37b, 37c WpHG, WM 2004, 1845

Freiherr von Falkenhausen, Joachim/Widder, Stefan, Die befugte Weitergabe von Insiderinformationen nach dem AnSVG, BB 2005, 225

Fleckner, Andreas M./Vollmuth, Christian, Geschäfte zu nicht marktgerechten Preisen (Mistrades) im außerbörslichen Handel - Zu den Grenzen außerbörslicher Mistrade-Regeln, zur Interessewahrung im außerbörslichen Handel sowie zur Drittschadensliquidation im Rahmen des § 122 BGB - zugleich eine Anmerkung zu BGH WM 2002, 1687, WM 2004, 1263

Fleischer, Holger, Aktienrechtliche Legalitätspflicht und „nützliche" Pflichtverletzungen von Vorstandsmitgliedern, ZIP 2005, 141

ders., Bestellungshindernisse und Tätigkeitsverbote von Geschäftsleitern im Aktien-, Bank- und Kapitalmarktrecht, WM 2004, 157

ders., Das Vierte Finanzmarktförderungsgesetz, NJW 2002, 2977

ders., Die „Business Judgment Rule": Vom Richterrecht zur Kodifizierung, ZIP 2004, 685

ders., Empfiehlt es sich, im Interesse des Anlegerschutzes und zur Förderung des Finanzplatzes Deutschland das Kapitalmarkt- und Börsenrecht neu zu regeln?, Kapitalmarktrechtliches Teilgutachten, Gutachten F für den vierundsechzigsten Deutschen Juristentag, 2002 (zitiert: Fleischer, DJT-Gutachten (2002))

ders., Erweiterte Außenhaftung der Organmitglieder im Europäischen Gesellschafts- und Kapitalmarktrecht - Insolvenzverschleppung, fehlerhafte Kapitalmarktinformation, Tätigkeitsverbote -, ZGR 2004, 437

ders., Haftungsfreistellung, Prozesskostenersatz und Versicherung für Vorstandsmitglieder - eine rechtsvergleichende Bestandsaufnahme zur Enthaftung des Managements -, WM 2005, 909

ders., Legal Transplants im deutschen Aktienrecht, NZG 2004, 1129

ders., Statthaftigkeit und Grenzen der Kursstabilisierung, ZIP 2003, 2045

ders., Vorstandsverantwortlichkeit und Fehlverhalten von Unternehmensangehörigen - Von der Einzelüberwachung zur Einrichtung einer Compliance-Organisation, AG 2005, 291

ders., Zur Haftung bei fehlendem Verkaufsprospekt im deutschen und US-amerikanischen Kapitalmarktrecht, WM 2004, 1897

ders., Zur Leitungsaufgabe des Vorstands im Aktienrecht, ZIP 2003, 1

ders., Zur organschaftlichen Treuepflicht der Geschäftsleiter im Aktien- und GmbH-Recht, WM 2003, 1045

ders., Zur Verantwortlichkeit einzelner Vorstandsmitglieder bei Kollegialentscheidungen im Aktienrecht, BB 2004, 2645

ders./Kalss, Susanne, Das neue Wertpapiererwerbs- und Übernahmegesetz, 2002

Florian, Ulrich, Rechtsfragen des Wertpapierhandels im Internet, 2001

Fromm-Russenschuck, Viola/Banerjea, Nirmal Robert, Die Zulässigkeit des Handels mit Insiderpapieren nach Durchführung einer Due-Diligence-Prüfung, BB 2004, 2425

Fuchs, Andreas, Grenzen für eine aktienkursorientierte Vergütung von Aufsichtsratsmitgliedern, WM 2004, 2233

Fürhoff, Jens, Neuregelung der Ad-hoc-Publizitätspflicht auf europäischer Ebene, AG 2003, 80

Gasteyer, Thomas/Branscheid, Michaela, Garantie und Haftungsausschluß beim Unternehmenskauf, AG 2005, 307

Gehling, Christian, Erfolgsorientierte Vergütung des Aufsichtsrats, ZIP 2005, 549

Geibel, Stephan/Süßmann, Rainer, Wertpapiererwerbs- und Übernahmegesetz (WpÜG), 2002 (zitiert: Geibel/Süßmann-Bearbeiter)

Geiger, Rudolph, EUV/EGV, 3. Auflage, 2000 (zitiert: Geiger-Bearbeiter)

Gerke, Wolfgang/Steiner, Manfred, Handwörterbuch des Bank- und Finanzwesens, 2. Auflage, 1995 (zitiert: Gerke/Steiner-Bearbeiter)

Gounalakis, Georgios/Lochen, Sebastian, Elektronische Marktplätze und Kartellrecht, ZHR 167 (2003), 113

Grimme, Leonie/von Buttlar, Julia, Neue Entwicklungen in der Ad-hoc-Publizität - Vom Vierten Finanzmarktförderungsgesetz zur Marktmissbrauchsrichtlinie, WM 2003, 901

von der Groeben, Hans/Schwarze, Jürgen (Hrsg.), Vertrag über die Europäische Union und Vertrag zur Gründung der Europäischen Gemeinschaft, Kommentar, Band 1 und 2, 6. Auflage, 2003 (zitiert: von der Groeben/Schwarze-Bearbeiter)

Groß, Wolfgang, Kapitalmarktrecht, 2. Auflage, 2002

Großfeld, Bernhard, Wandel der Unternehmensverfassung, NZG 2005, 1

Grothaus, Achim, Reform des Insiderrechts: Großer Aufwand - viel Rechtsunsicherheit - wenig Nutzen?, ZBB 2005, 62

Grundmann, Stefan, Die rechtliche Verfassung des Marktes für Unternehmenskontrolle nach Verabschiedung der Übernahme-Richtlinie, NZG 2005, 122

Gruppe Deutsche Börse, Geschäftsbericht 1999

Gruppe Deutsche Börse, Geschäftsbericht 2000

Gruppe Deutsche Börse, Geschäftsbericht 2001

Gruppe Deutsche Börse, Geschäftsbericht 2002

Gruppe Deutsche Börse, Geschäftsbericht 2003

Gruppe Deutsche Börse, Geschäftsbericht 2004

Gruppe Deutsche Börse, Kapitalmarkt Deutschland, White Paper, 2003 (zit.: Gruppe Deutsche Börse, Kapitalmarkt Deutschland-Bearbeiter)

Habersack, Mathias, Die erfolgsabhängige Vergütung des Aufsichtsrats und ihre Grenzen - Zugleich Besprechung der Entscheidung BGH ZIP 2004, 613 (Mobil Com), ZGR 2004, 721

ders., Europäisches Gesellschaftsrecht, 1999

ders., Rechtsfragen des Emittenten-Ratings, ZHR 169 (2005), 155

ders./ Schürnbrand, Jan, Die Rechtsnatur der Haftung aus §§ 93 Abs. 3 AktG, 43 Abs. 3 GmbHG, WM 2005, 957

Hammen, Horst, „Best" - Was ist Börsenhandel?, WM 2002, 2129

ders., Börsengeschäft und allgemeines Privatrecht - Das „Matchen" von Angeboten desselben Kreditinstituts, ZBB 2000, 293

ders., Börsen- und kreditwesengesetzliche Aufsicht über börsenähnliche Handelssysteme, Wertpapierbörsen und Börsenträger, WM 2001, 929

ders., Pakethandel und Insiderhandelsverbot, WM 2004, 1753

ders., Rechte des Emittenten bei der „Fusion" von Wertpapierbörsen, ZBB 2001, 84

Hammes, Nicole, Die Vorschläge der Europäischen Kommission zur Überarbeitung der Wertpapierdienstleistungsrichtlinie, ZBB 2001, 498

Handelsrechtsausschuß des DAV, Stellungnahme zu dem Regierungsentwurf eines Gesetzes zur Unternehmensintegrität und Modernisierung des Anfechtungsrechts (UMAG), NZG 2005, 388

Hansen, Herbert, Die Aktivitäten deutscher Fondsmanager im Aktienmarkt, AG 2001, R 212

ders., Die Renaissance der Aktie, AG 2000, R 123

Hasselbach, Kai, Die Weitergabe von Insiderinformationen bei M & A-Transaktionen mit börsennotierten Aktiengesellschaften, NZG 2004, 1087

Heintzen, Markus, Der Deutsche Corporate Governance Kodex aus der Sicht des deutschen Verfassungsrechts, ZIP 2004, 1933

Heinze, Stephan, Europäisches Kapitalmarktrecht, 1999

Hellwig, Hans-Jürgen, Empfiehlt es sich, im Interesse des Anlegerschutzes und zur Förderung des Finanzplatzes Deutschland das Kapitalmarkt- und Börsenrecht neu zu regeln?, Verhandlungen des vierundsechzigsten Deutschen Juristentags, 2002, Band II/2, Referat, P 59 (zitiert: Hellwig, DJT-Referat (2002))

ders., Möglichkeiten einer Börsenreform zur Stärkung des deutschen Kapitalmarktes, ZGR 1999, 781

Hemeling, Peter, Gesellschaftsrechtliche Fragen der Due diligence beim Unternehmenskauf, ZHR 169 (2005), 274

Hennrichs, Joachim, Fehlerhafte Bilanzen, Enforcement und Aktienrecht, ZHR 168 (2004), 383

Hess, Burkhard, Der Regierungsentwurf für ein Kapitalanlegermusterverfahrensgesetz - eine kritische Bestandsaufnahme, WM 2004, 2329

ders., Sammelklagen im Kapitalmarktrecht, AG 2003, 113

ders./Michailidou, Chrisuola, Die kollektive Durchsetzung von Schadensersatzansprüchen im Kapitalmarktrecht, WM 2003, 2318

dies., Das Gesetz über Musterverfahren zu Schadensersatzklagen von Kapitalanlegern, ZIP 2004, 1381

von Heusinger, Robert, Börsen ohne Aufsicht, Börsen-Zeitung vom 09.11.2000, 1

Hildner, Claus R., Aspekte des Anlagebetrugs im staatsanwaltlichen Ermittlungsverfahren, WM 2004, 1068

Hölters, Wolfgang, Handbuch des Unternehmens- und Beteiligungskaufs, 5. Auflage, 2002 (zitiert: Hölters-Bearbeiter)

Hoffmann-Becking, Michael, Rechtliche Anmerkungen zur Vorstands- und Aufsichtsratsvergütung, ZHR 169 (2005), 155

Holzapfel, Joachim/Pöllath, Reinhard, Unternehmenskauf, 11. Auflage, 2003

Holzborn, Timo/Israel, Alexander, Das Anlegerschutzverbesserungsgesetz - Die Veränderungen im WpHG, VerkProspG und BörsG und ihre Auswirkungen in der Praxis -, WM 2004, 1948

Hommelhoff, Peter, Anlegerinformationen im Aktien-, Bilanz- und Kapitalmarktrecht, ZGR 2000, 748

ders., Der Einfluß der Banken in der Aktiengesellschaft, Festschrift für Wolfgang Zöllner, Band I, 1998, 235

Hopt, Klaus J., Börsenreform, 1997 (zitiert: Hopt-Bearbeiter, Börsenreform)

ders., Deutscher Juristentag 2002 in Berlin: Börsen, Kapitalmarkt und Anlegerschutz, BB 2002, Heft 38, 1

ders., ECLR - Gemeinsame Grundsätze der Corporate Governance in Europa?, ZGR 2000, 779

ders., Empfiehlt es sich, im Interesse des Anlegerschutzes und zur Förderung des Finanzplatzes Deutschland das Kapitalmarkt- und Börsenrecht neu zu regeln?, Verhandlungen des vierundsechzigsten Deutschen Juristentags, 2002, Band II/2, Eröffnung (zitiert: Hopt, DJT-Eröffnung (2002))

ders., Kapitalanlegerschutz im Recht der Banken, 1976 (zitiert: Hopt, Kapitalanlegerschutz)

ders., Kapitalmarktrecht (mit Prospekthaftung) in der Rechtssprechung des Bundesgerichtshofs, Festschrift 50 Jahre Bundesgerichtshof, 2001, 497 (zitiert: Hopt, BGH-Festschrift)

ders./Baum, Harald, Börsenrechtsreform: Überlegungen aus vergleichender Perspektive, WM 1997, Sonderbeilage Nr. 4, 3

ders./Voigt, Hans-Christoph, Prospekt und Kapitalmarktinformation - Recht und Reform in der Europäischen Union, der Schweiz und den USA -, WM 2004, 1801

Horn, Norbert, Die Erfüllung von Wertpapiergeschäften unter Einbeziehung eines zentralen Kontrahenten an der Börse - sachenrechtliche Aspekte -, WM 2002, Sonderbeilage Nr. 2

ders., Zur Entwicklung des Finanzbinnenmarktes in Phase 3 der Europäischen Währungsunion, ZBB 1999, 1

Hüffer, Uwe, Aktiengesetz, 5. Auflage, 2002

van Hulle, Karel/Maul, Silja, Aktionsplan zur Modernisierung des Gesellschaftsrechts und Stärkung der Corpaorate Governance, ZGR 2004, 484

Ihrig, Hans-Christoph, Reformbedarf beim Haftungsrarbestand des § 93 AktG, WM 2004, 2098

Jäger, Axel, Thema Börse (1): Vorüberlegungen aus Berater- und Unternehmersicht, NZG 1998, 496

ders., Thema Börse (2): Alternative Maßnahmen der Kapitalbeschaffung, NZG 1998, 718

ders., Thema Börse (3): Prüfung der Börsenreife, NZG 1998, 932

ders., Thema Börse (4): Wahl der richtigen Rechtsform, NZG 1999, 101

ders., Thema Börse (5): Wahl des richtigen Börsensegments, NZG 1999, 381

ders., Thema Börse (6): Emissionspartner und Anleger, NZG 1999, 643

ders., Thema Börse (7): Emissionskonzept und Plazierungsstrategie, NGZ 1999, 814

ders., Thema Börse (8): Investor Relations und Publizität, NZG 2000, 186

ders., Thema Börse (9): Wiege für die New Economy, NZG 2000, 1049

Jahn, Joachim, UMAG: Das Aus für „räuberische Aktionäre" oder neues Erpressungspotential, BB 2005, 5

Keller, Christoph, Die EG-Richtlinie 98/26 vom 19.5.1998 über die Wirksamkeit von Abrechnungen im Zahlungs- sowie Wertpapierliefer- und -abrechungssystemen und ihre Umsetzung in Deutschland, WM 2000, 1269

Kiethe, Kurt, Die Renaissance des § 826 BGB im Gesellschaftsrecht, NZG 2005, 333

ders., Maßnahmenkatalog der Bundesregierung zur Aktienrechtsreform 2003, - „Verbesserung" des Klagerechts der Aktionäre?, ZIP 2003, 707

Kilian, Matthias, Glaubwürdigkeit des Jahresabschlusses: Die Kontrolle der Kontrolleure, ZGR 2004, 189

Kindl, Johann, Unternehmeskauf und Schuldrechtsmodernisierung, WM 2003, 409

Knauth, Oliver, Änderung der Wertpapierhande-Meldeverordnung - § 9 WpHG quo vadis?, WM 2003, 1593

Knigge, Dagmar, Änderungen des Aktienrechtes durch das Transparenz- und Publizitätsgesetz, WM 2002, 1729

Knott, Hermann J., Unternehmenskauf nach der Schuldrechtsreform, NZG, 2002, 249

Kölner Kommentar zum WpÜG, Zöllner, Wolfgang/Noack, Ulrich (Hrsg.), 2003 (zitiert: Kölner Kommentar-Bearbeiter)

Köndgen, Johannes, Die Zukunft der europäischen Börsenlandschaft, Festschrift Marcus Lutter, 2001, 1401 (zitiert: Köndgen, Festschrift Lutter)

ders./Mues, Jochen, Zwangslizenz für Xetra? Deutsches Börsenwesen zwischen Staatsauftrag und privatwirtschaftlicher Freiheit, WM 1998, 53

Körber, Torsten, Geschäftsleitung der Zielgesellschaft und due dilligence bei Paketerwerb und Unternehmenskauf, NZG 2002, 263

Körner, Marita, Comply or disclose: Erklärung nach § 161 AktG und Außenhaftung des Vorstands, NZG 2004, 1148

Kollmann, Katharina, Aktuelle Corporate-Governance-Diskussion in Deutschland - Deutscher Corporate-Governance-Kodex der Regierungskommission sowie Transparenz- und Publizitätsgesetz (TransPuG) -, WM 2003, Sonderbeilage Nr. 1, 3

Kort, Michael, Die Haftung der AG nach §§ 826, 31 BGB bei fehlerhaften Adhoc- Meldungen, NZG 2005, 496

Kramesch, Michael H., Organvergütung, ZHR 169 (2005), 112

Krüger, Thomas/Bütter, Michael, Elektronische Willenserklärungen im Bankgeschäftsverkehr: Risiken des Online-Banking, WM 2001, 221

Kübler, Friedrich, Gesellschaftsrecht, 5. Auflage, Heidelberg, 1999

ders., Shareholder Value: Eine Herausforderung für das Deutsche Recht?, Festschrift für Wolfgang Zöllner, Band I, 1998, 321

Kümpel, Siegfried, Bank-, Börsen- und Kapitalmarktrecht, 3. Auflage, 2004 (zitiert: Kümpel)

ders., Kapitalmarktrecht, 2. Auflage, 2000 (zitiert: Kümpel, Kapitalmarktrecht)

ders., Verbraucherschutz im Bank- und Kapitalmarktrecht, WM 2005, 1

ders./Hammen, Horst, Börsenrecht, 2003 (zitiert: Kümpel/Hammen)

dies., Zur Genehmigungsfähigkeit eines geplanten Börsenverbundes, WM 2000, Sonderbeilage Nr. 3, 3

Kuhner, Christoph, Unternehmensinteresse vs. Shareholder Value als Leitmaxime kapitalmarkorientierter Aktiengesellschaften, ZGR 2004, 244

Kullmann, Walburga/Sester, Peter, Inhalt und Format von Emissionsprospekten nach dem WpPG, ZBB 2005, 209

Kurth, Ekkehard, Problematik grenzüberschreitender Wertpapieraufsicht, WM 2000, 1521

Kuthe, Thorsten, Änderungen des Kapitalmarktrechts durch das Anlegerschutzverbesserungsgesetz, ZIP 2004, 883

ders., Die Fortsetzung der Aktienrechtsreform durch den Entwurf eines Gesetzes zur Unternehmensintegrität und Modernisierung des Anfechtungsrechts, BB 2004, 449

Lächler, Christoph/Oplustil, Krystof, Funktion und Umfang des Regelungsbereichs der SE-Verordnung, NZG 2005, 381

Lange, Oliver, Die D & O-Versicherungsverschaffungsklausel im Manageranstellungsvertrag, ZIP 2004, 2221

ders., Die Eigenschadenklausel in der D & O-Vesicherung, ZIP 2003, 466

Leisch, Franz Clemens, Vorstandshaftung für falsche Ad-hoc-Mitteilungen - ein höchstrichterlicher Beitrag zur Stärkung des Finanzplatzes Deutschland, ZIP 2004, 1573

Lenenbach, Markus, Kapitalmarkt- und Börsenrecht, 2002

Lenzen, Ursula, Das neue Recht der Kursmanipulation, ZBB 2002, 279

dies., Unerlaubte Eingriffe in die Börsenkursbildung, 2000 (zitiert: Lenzen)

Leuering, Dieter, Die Ad-hoc-Pflicht auf Grund der Weitergabe von Insiderinformationen (§ 15 I 3 WpHG), NZG 2005, 12

Liersch, Jan, Regulierung des Blockhandels an den organisierten Aktienmärkten der Vereinigten Staaten, Großbritanniens und Deutschlands, 2002

ders., Nachteile für den Finanzplatz durch außerbörsliche Wertpapiergeschäfte, WM 2003, 473

Linker, Anja Celina/Zinger, Georg, Rechte und Pflichten der Organe einer Aktiengesellschaft bei der Weitergabe vertraulicher Unternehmensinformationen, NZG 2002, 497

Lösler, Thomas, Das moderne Verständnis von Compliance im Finanzmarktrecht, NZG 2005, 104

Lutter, Marcus, Corporate Governance und ihre aktuellen Probleme, vor allem: Vorstandsvergütung und ihre Schranken, ZIP 2003, 737

ders., Das neue „Gesetz für kleine Aktiengesellschaften und zur Deregulierung des Aktienrechts", AG 1994, 429

ders., Die Auslegung angeglichenen Rechts, JZ 1992, 593

ders., Due diligence des Erwerbers beim Unternehmenskauf, ZIP 1997, 613

ders., Entwicklung und Fortbildung des Rechts durch Entscheidung: Der Bundesgerichtshof und das Aktienrecht, Festschrift 50 Jahre Bundesgerichtshof, 2001, 321 (zitiert: Lutter, BGH-Festschrift)

Martens, Klaus-Peter, Die Vorstandsvergütung auf dem Prüfstand, ZHR 169 (2005), 124

Matteus, Daniela/Schwab, Martin, Fehlerkorrektur nach dem Rechnungslegungs-Enforcement: Private Initiative vor staatlicher Intervention, BB 2004, 1099

Maul, Silja, Die EU-Übernahmerichtlinie - ausgewählte Fragen, NZG 2005, 151

dies., Verantwortlichkeit der Organmitglieder - Entwicklungen aus europäischer Sicht -, WM 2004, 2146

dies./Muffat-Jeandet, Danièle, Die Übernahmerichtlinie - Inhalt und Umsetzung ins nationale Recht (Teil I), AG 2004, 221

dies./Muffat-Jeandet, Danièle, Die Übernahmerichtlinie - Inhalt und Umsetzung ins nationale Recht (Teil II), AG 2004, 306

Medicus, Dieter, Allgemeiner Teil des BGB, 8. Auflage, 2002 (zitiert: Medicus, BGB AT)

Menke, Thomas, Befugnis des Vorstands einer börsennotierten Aktiengesellschaft zur bevorzugten Information eines Aktionärspools, NZG 2004, 697

Mentz, Alexander/Fröhling, Viviane, Die Formen der rechtsgeschäftlichen Übertragung von Aktien, NZG 2002, 201

Merkt, Hanno, Der Kapitalschutz in Europa - ein rocher de bronze?, ZGR 2004, 305

ders., Empfiehlt es sich, im Interesse des Anlegerschutzes und zur Förderung des Finanzplatzes Deutschland das Kapitalmarkt- und Börsenrecht neu zu regeln?, Börsenrechtliches Teilgutachten, Gutachten G für den vierundsechzigsten Deutschen Juristentag, 2002 (zitiert: Merkt, DJT-Gutachten (2002))

ders., Unternehmenspublizität, 2001 (zitiert: Merkt)

ders., Zum Verhältnis von Kapitalmarktrecht und Gesellschaftsrecht in der Diskussion um die Corporate Governance, AG 2003, 126

Mertens, Kai, Die Information des Erwerbers an einer wesentlichen Unternehmensbeteiligung an einer Aktiengesellschaft durch deren Vorstand, AG 1997, 541

Michalski, Lutz, GmbHG, Band 1, 2002

Möllers, Thomas M.J., Das europäische Kapitalmarktrecht im Umbruch, ZBB 2003, 390

ders., Die unterlassene Ad-hoc-Mitteilung als sittenwidrige Schädigung gem. § 826 BGB, WM 2003, 2393

ders., Kapitalmarkttauglichkeit des deutschen Gesellschaftsrechts, AG 1999, 433

Mues, Jochen, Die Börse als Unternehmen, Baden-Baden, 1999

Mülbert, Peter O., Empfehlen sich gesetzliche Regelungen zur Einschränkung des Einflusses der Kreditinstitute auf Aktiengesellschaften?, Verhandlungen des einundsechzigsten Deutschen Juristentags, 1996, Band I, Gutachten E (zitiert: Mülbert, DJT-Gutachten (1996))

ders., Empfiehlt es sich, im Interesse des Anlegerschutzes und zur Förderung des Finanzplatzes Deutschland das Kapitalmarkt- und Börsenrecht neu zu regeln?, JZ 2002, 826

ders., Konzeption des europäischen Kapitalmarktrechts für Wertpapierdienstleistungen, WM 2001, 2085

Müller, Klaus J., Gestattung der Due Diligence durch den Vorstand der Aktiengesellschaft, NJW 2000, 3452

Müller, Welf, Prüfverfahren und Jahresabschlußnichtigkeit nach dem Bilanzkontrollgesetz, ZHR 168 (2004), 414

Münchener Kommentar zum Aktiengesetz, Kropff, Bruno/Semler, Johannes (Hrsg.), Band 1, §§ 1-53, 2. Auflage, 2000 (zitiert: Münchener Kommentar-Bearbeiter)

Münchener Kommentar zum Aktiengesetz, Kropff, Bruno/Semler, Johannes (Hrsg.), Band 2, §§ 53a - 75, 2. Auflage, 2003 (zitiert: Münchener Kommentar-Bearbeiter)

Neuhof, Rudolf, Beteiligungsrisiken der Banken, WM 2005, 405

Nietsch, Michael, Schadensersatzhaftung wegen Verstoßes gegen Ad-hoc-Publiziätspflichten nach dem Anlegerschutzverbesserungsgesetz, BB 2005, 785

Noack, Ulrich, Elektronische Publizität im Aktien- und Kapitalmarktrecht in Deutschland und Europa, AG 2003, 537

Nowak, Eric/Rott, Roland/Mahr, Till G., Wer den Kodex nicht einhält, den bestraft der Kapitalmarkt? - Eine empirische Analyse der Selbstregulierung und Kapitalmarktrelevanz des Deutschen Corporate Governance Kodex, ZGR 2005, 252

Oechsler, Jürgen, Kapitalerhaltung in der Europäischen Gesellschaft (SE), NZG 2005, 449

Oehler, Andreas, Die Erklärung des Verhaltens privater Anleger, Stuttgart, 1995

Oelkers, Felix, Der Begriff des „Eigenhandels für andere" im KWG, WM 2001, 340

Paech, Philipp, Grenzüberschreitende Wertpapierverfügungen - Rechtssicherheit und Effizienz durch Kompatibilität des Depotrechts - Erläuterungen zum UNIDROIT-Konventionsentwurf -, WM 2005, 1101

Paefgen, Walter, Börsenpreisorientierte Vergütung und Überwachungsaufgabe des Aufsichtsrats, WM 2004, 1169

ders., Dogmatische Grundlagen, Anwendungsbereich und Formulierung einer Business Judgment Rule im künftigen UMAG, AG 2004, 346

Piltz, Detlev, Unternehmensbewertung und Börsenkurs im aktienrechtlichen Spruchstellenverfahren, ZGR 2001, 185

Pluskat, Sorika, Die neuen Vorschläge für die Europäische Aktiengesellschaft, EuZW 2001, 524

Reuschle, Fabian, Ein neuer Weg zur Bündelung und Durchsetzung gleichgerichteter Ansprüche - Zum Entwurf eines Kapitalanleger-Musterverfahrensgesetzes (KapMuG), WM 2004, 2334

Riehmer, Klaus/Heuser, Friederike, Börsen und Internet, NZG 2001, 385

Rodewald, Jörg/Tüxen, Andreas, Neuregelung des Insiderrechts nach dem Anlegerschutzverbesserungsgesetz (AnSVG) - Neue Organisationsanforderungen für Emittenten und ihre Berater, BB 2004, 2249

Roschmann, Christian/Frey, Johannes, Geheimhaltungspflichten der Vorstandsmitglieder von Aktiengesellschaften bei Unternehmenskäufen, AG 1996, 449

Rössner, Michael-Christian/Bolkart, Johannes, Rechtliche und verfahrenstaktische Analyse des Vorgehens geschädigter Anleger bei fehlerhaften Unternehmensmeldungen, WM 2003, 953

Rössner, Michael-Christian/Arendts, Martin, Die Haftung wegen Kontoplünderung durch Spesenschinderei (Churning), WM 1996, 1517

Roth, Markus, Das unternehmerische Ermessen des Vorstands, BB 2004, 1066

Rozijn, Michael, Verflechtungen bei M & A-Dienstleistungen durch Banken, ZBB 2000, 371

Rupprecht, Klaus, Pakethandel und Paketzuschläge im amerikanischen und deutschen Aktienrecht, Düsseldorf, 1973

Schäfer, Frank A., Wertpapierhandelsgesetz, Börsengesetz mit BörsZulV, Verkaufsprospektgesetz mit VerkProspV, 1999

ders., Zulässigkeit und Grenzen der Kurspflege, WM 1999, 1345

Schäfer, Susanne/Schlitt, Michael, Quick to Market - Aktuelle Rechtsfragen im Zusammenhang mit Block-Trade-Transaktionen, AG 2004, 346

Schanz, Kay, Börseneinführung, 2. Auflage, 2002

Schefold, Dietrich, Grenzüberschreitende Wertpapierübertragungen und Internationales Privatrecht, IPRax 2000, 468

Schiereck, Dirk, Die Ziele eines Anlegers bei der Wahl des Börsenplatzes, ZBB 1996, 185

Schiessl, Maximilian, Ist das deutsche Aktienrecht kapitalmarkttauglich?, AG 1999, 442

Schimansky, Herbert/Bunte, Hermann-Josef/Lwowski, Hans-Jürgen, Bankrechts-Handbuch, Bände I bis III, 2001 (zitiert: Bankrechts-Handbuch-Bearbeiter)

Schlitt, Michael, Die neuen Marktsegmente der Frankfurter Wertpapierbörse, AG 2003, 57

Schlüter, Uwe, Wertpapierhandelsrecht, 2. Auflage, 2002

Schmidt, Hartmut/Schleef, Michael/Küster Simic, André, Warentests für Handelsplattformen - Zur Anlegerfreiheit am Aktienmarkt, ZBB 2001, 69

Schmidt-Diemitz, Pakethandel und das Weitergabeverbot von Insiderwissen, DB 1996, 1809

Schneider, Uwe H., Anwendungsprobleme bei den kapitalmarktrechtlichen Vorschriften zur Offenlegung von wesentlichen Beteiligungen an börsennotierten Aktiengesellschaften (§§ 21 ff. WpHG), AG 1997, 81

ders., Compliance als Aufgabe der Unternehmensleitung, ZIP 2003, 645

ders., Internationales Kapitalmarktrecht, AG 2001, 269

ders., Meldepflichtige Wertpapiergeschäfte von Organmitgliedern („Directors' Dealings") im Konzern, AG 2002, 473

ders./Burgard, Ulrich, Börsenrechtliche Bewertung einer Einbeziehung der Trägergesellschaft der Frankfurter Wertpapierbörse in einen multinationalen Börsenkonzern und die Verlagerung des Handels in Standardwerten an eine andere Börse, WM 2000, Sonderbeilage Nr. 3, 24

ders./von Buttlar, Julia, Die Führun von Insiderverzeichnissen: Neue Compliance-Pflichten für Emittenten, ZIP 2004, 1621

ders./Schneider, Sven H., Vorstandshaftung im Konzern, AG 2005, 57

ders./Singhoff, Bernd, Die Weitergabe von Insidertatsachen in der konzernfreien Aktiengesellschaft, insbesondere im Rahmen der Hauptversammlung und an einzelne Aktionäre, Festschrift für Alfons Kraft, 1998 (zitiert: U. H. Schneider/Singhoff, Festschrift Kraft)

ders./Strenger, Christian, Die „Corporate Governance-Grundsätze" der Grundsatzkommission Corporate Governance (German Panel on Corporate Governance), AG 2000, 106

Schröcker, Stefan, Unternehmenskauf und Anteilskauf nach der Schuldrechtsreform, ZGR 2005, 63

Schroeder, Ulrich, Darf der Vorstand der Aktiengesellschaft dem Aktienkäufer eine Due Diligence gestatten?, DB 1997, 2161

Schütz, Carsten, UMAG Reloaded, NZG 2005, 5

Schuster, Gunnar, Die internationale Anwendung des Börsenrechts, 1996

ders., Kapitalmarktrechtliche Verhaltenspflichten von Organmitgliedern am Beispiel des § 15a WpHG, ZHR 167 (2003), 193

Schwark, Eberhard, Kapitalmarktrechts-Kommentar, 3. Auflage, 2004 (zitiert: Schwark-Bearbeiter)

ders., Börsen und Wertpapierhandelsmärkte in der EG, WM 1997, 293

ders., Börsenrecht, Festschrift 50 Jahre Bundesgerichtshof, 2001, 455

ders., Internalisierung, Festschrift für Ulrich Immenga, 2004, 723

Schwintek, Sebastian, Die Anzeigepflicht bei Verdacht von Insidergeschäften und Marktmanipulation nach § 10 WpHG, WM 2005, 861

Seibert, Ulrich, UMAG und Hauptversammlung - Der Regierungsentwurf eines Gesetzes zur Unternehmensintegrität und Modernisierung des Anfechtungsrechts (UMAG), WM 2005, 157

ders./Schütz, Carsten, Der Referentenentwurf eines Gesetzes zur Unternehmensintegrität und Modernisierung des Anfechtungsrechts - UMAG, ZIP 2004, 252

Seibt, Christoph H./Heiser, Kristian J., Analyse der EU-Übernahmerichtlinie und Hinweise für eine Reform des deutschen Übernahmerechts, ZGR 2005, 200

Seidel, Wolfgang, Der Deutsche Corporate Governance Kodex - eine private oder doch eine staatliche Regelung?, ZIP 2004, 285

ders., Kodex ohne Rechtsgrundlage, NZG 2004, 1095

Seitz, Joachim, Die Regulierung von Wertpapierhandelssystemen in der EG, AG 2004, 497

Semler, Johannes/Gittermann, Stephan, Persönliche Haftung der Organmitglieder für Fehlinformationen des Kapitalmarktes - Zeigt das KapInHaG den richtigen Weg?, NZG 2004, 1081

Sessler, Anke, Das Kapitalanleger-Musterverfahrensgesetz - eine Stellungnahme aus anwaltlicher Sicht -, WM 2004, 2344

Siebel, Ulf R./Gebauer, Stefan, Prognosen im Aktien- und Kapitalmarktrecht, Teil I, WM 2001, 118

dies., Prognosen im Aktien- und Kapitalmarktrecht, Teil II, WM 2001, 173

Spindler, Gerald, Elektronische Finanzmärkte und Internet-Börsen, - Teil I: Grundlegende Risiken und Reform des nationalen Kapitalmarktrechts -, WM 2002, 1325

ders., Elektronische Finanzmärkte und Internet-Börsen, - Teil II: Regulierungsvorhaben auf europäischer Ebene, WM 2002, 1365

ders., Emissionen im Internet: Kapitalmarktrecht und Kollisionsrecht, NZG 2000, 1058

ders., Finanzanalyse vs. Finanzberichterstattung: Journalisten und das AnSVG, NZG 2004, 1138

ders., Internationale Kapitalmarktangebote und Dienstleistungen im Internet, WM 2001, 1689

ders., Kapitalmarktgeschäfte im Binnenmarkt, IPRax 2001, 400

ders., Persönliche Haftung der Organmitglieder für Falschinformationen des Kapitalmarktes - de lege lata und de lege ferenda -, WM 2004, 2089

ders., Prime Standard und General Standard - Die Börse als Ersatzgesetzgeber für Quartalsberichte?, WM 2003, 2073

ders./Christoph, Fabian L., Die Entwicklung des Kapitalmarktrechts in den Jahren 2003/2004, BB 2004, 2197

Steidle, Roland/Waldeck, Werner Michael, Die Pflicht zur Führung von Insiderverzeichnissen unter dem Blickwinkel der informationellen Selbstbestimmung, WM 2005, 868

Steinmeyer, Roland/Häger, Michael, WpÜG, 2002

Stenzel, Stefan, Außerbörslicher Aktienhandel, Teilband I: Umfang und Ursachen, Berlin, 1995

Streinz, Rudolf/Ohler, Christoph, § 20a WpHG in rechtsstaatlicher Perspektive - europa- und verfassungsrechtliche Anforderungen an das Verbot von Kurs- und Marktpreismanipulationen, WM 2004, 1309

Strunz-Happe, Anne, Externe Ratingagenturen - Marktregulierung durch Basel II - Vorgaben zur Anerkennung als ECAI und die aufsichtsrechtliche Behandlung von externen Ratings -, WM 2004, 115

Thümmel, Roderich C., Aufsichtsratshaftung vor neuen Herausforderungen - Überwachungsfehler, unternehmerische Fehlentscheidungen, Organisationsmängel und andere Risikofelder, AG 2004, 83

Tollkühn, Oliver, Die Ad-hoc-Publizität nach dem Anlegerschutzverbesserungsgesetz, ZIP 2004, 2215

Vaupel, Christoph F., Die aufsichtsrechtliche Behandlung automatisierter Handelssysteme in den USA, RIW 1995, 568

ders./Uhl, Laurenz, Insiderrechtliche Aspekte bei der Übernahme börsennotierter Unternehmen, WM 2003, 2126

Veil, Rüdiger, Die Ad-hoc-Publizitätsverpflichtung im System kapitalmarktlicher Informatonshaftung, ZHR 167 (2003), 365

Veith, Alexander, Die Befreiung von der A-hoc-Publizitätspflicht nach § 15 III WpHG, NZG 2005, 254

Vetter, Eberhard, Der Deutsche Corporate Governace Kodex - nur ein Testballon für den Gesetzgeber, ZIP 2004, 1527

ders., Rechtsprobleme des externen Ratings, WM 2004, 1701

Wastl, Ulrich, Der Handel mit größeren Aktienpaketen börsennotierter Unternehmen, NZG 2000, 505

ders., Die juristische Organisationsstruktur deutscher Börsen- bzw. Finanzplätze und deren Optimierung, WM 1999, 620

ders., Director's Dealings und aktienrechtliche Treuepflicht, NZG 2005, 17

ders./Schlitt, Christian, Abkehr vom klassischen Börsenbegriff - Chance für einen Neuanfang de lege lata, WM 2001, 1702

dies., Internetbörse - Revolution am Kapitalmarkt oder einfach nur juristisches Neuland?, MMR 2000, 387

Weber, Martin, Börsenkursbestimmung aus ökonomischer Perspektive, ZGR 2004, 280

Weber, Stefan, Kapitalmarktrecht, Wien, 1999

Weiss, Susanne/Buchner, Markus, Wird das UMAG die Haftung und Inanspruchnahme der Unternehmensleiter verändern?, WM 2005, 162

Weißhaupt, Frank, Modernisierung des Informationsmängelrechts in der Aktiengesellschaft nach dem UMAG-Regierungsentwurf - Versuch einer kritischen Systematisierung -, WM 2004, 705

Westermann, Harm Peter, Due Diligence beim Unternehmenskauf, ZHR 169 (2005), 248

Wieneke, Laurenz, Emissionspublizität, NZG 2005, 109

Wiesner, Peter M., Corporate Governance und kein Ende: Zum Aktionsplan der EU-Kommission über die Modernisierung des Gesellschaftsrechts und Verbesserung der Corporate Governance, ZIP 2003, 977

ders., Die neue Übernahmerichtlinie und die Folgen, ZIP 2004, 343

Wilsing, Hans-Ulrich, Neuerungen des UMAG für die aktienrechtliche Beratungspraxis, ZIP 2004, 1082

Witte, Jürgen/Hrubesch, Boris, Rechtsschutzmöglichkeiten beim Unternehmens-Rating, ZIP 2004, 1346

Wittig, Arne, Bankaufsichtsrechtliche Grundlagen des (internen) Ratings und seine Transformation in das Darlehensverhältnis mit Unternehmen, ZHR 169 (2005), 212

Wittkowski, Bernd, Die Entwicklung am Kapitalmarkt, insbesondere am Neuen Markt, ZHR 167 (2003), 130

Wörle, Ulrike/Roth, Günther H., Die Unabhängigkeit des Aufsichtsrats - Recht und Wirklichkeit, ZGR 2004, 565

Wolf, Margareta, Anlegerschutz und Förderung des Finanzplatzes Deutschland - Notwendigkeit der Reform des Kapitalmarkt- und Börsenrechts?, WM 2001, 557

Ziegler, Ole, Die Rechtsfolgen der §§ 13, 13a VerkProspG n. F. und der Kapitalerhaltungsgrundsatz, NZG 2005, 301

Zimmer, Daniel, Internationales Gesellschaftsrecht, 1996

ders., Prospekthaftung von Experten? Kritik eines Gesetzentwurfs, WM 2005, 577

ders., Verschärfung der Haftung für fehlerhafte Kapitalmarktinformation, WM 2004, 9

Ziouvas, Dimitris, Das neue Recht gegen Kurs- und Marktpreismanipulation im 4. Finanzmarktförderungsgesetz, ZGR 2003, 113

Zivilverfahrensrechtsausschuss des Deutschen Anwaltvereins, Stellungnahme zum Diskussionsentwurf eines Gesetzes über Musterverfahren zu Schadensersatzklagen von Kapitalanlegern (Kapitalanleger-Musterverfahrensgesetz - KapMuG), NZG 2005, 166

SOZIALÖKONOMISCHE SCHRIFTEN

Herausgegeben von Professor Dr. Dr. h.c. Bert Rürup

Band 1 Marietta Jass: Erfolgskontrolle des Abwasserabgabengesetzes. Ein Konzept zur Erfassung der Gesetzeswirkungen verbunden mit einer empirischen Untersuchung in der Papierindustrie. 1990.

Band 2 Frank Schulz-Nieswandt: Stationäre Altenpflege und "Pflegenotstand" in der Bundesrepublik Deutschland. 1990.

Band 3 Helmut Böhme, Alois Peressin (Hrsg.): Sozialraum Europa. Die soziale Dimension des Europäischen Binnenmarktes. 1990.

Band 4 Stephan Ruß: Telekommunikation als Standortfaktor für Klein- und Mittelbetriebe. Telekommunikative Entwicklungstendenzen und regionale Wirtschaftspolitik am Beispiel Hessen. 1991.

Band 5 Reinhard Grünewald: Tertiärisierungsdefizite im Industrieland Bundesrepublik Deutschland. Nachweis und politische Konsequenzen. 1992.

Band 6 Bert Rürup, Uwe H. Schneider (Hrsg.): Umwelt und Technik in den Europäischen Gemeinschaften. Teil I: Die grenzüberschreitende Entsorgung von Abfällen. Bearbeitet von: Thomas Kemmler, Thomas Steinbacher. 1993.

Band 7 Mihai Nedelea: Erfordernisse und Möglichkeiten einer wachstumsorientierten Steuerpolitik in Rumänien. Dargestellt am Beispiel der Textil- und Bekleidungsindustrie. 1995.

Band 8 Andreas Schade: Ganzjährige Beschäftigung in der Bauwirtschaft – Eine Wirkungsanalyse. Analyse und Ansätze für eine Reform der Winterbauförderung. 1995.

Band 9 Frank Schulz-Nieswandt: Ökonomik der Transformation als wirtschafts- und gesellschaftspolitisches Problem. Eine Einführung aus wirtschaftsanthropologischer Sicht. 1996.

Band 10 Werner Sesselmeier, Roland Klopfleisch, Martin Setzer: Mehr Beschäftigung durch eine Negative Einkommensteuer. Zur beschäftigungspolitischen Effektivität und Effizienz eines integrierten Steuer- und Transfersystems. 1996.

Band 11 Sylvia Liebler: Der Einfluß der Unabhängigkeit von Notenbanken auf die Stabilität des Geldwertes. 1996.

Band 12 Werner Sesselmeier: Einkommenstransfers als Instrumente der Beschäftigungspolitik. Negative Einkommensteuer und Lohnsubventionen im Lichte moderner Arbeitsmarkttheorien und der Neuen Institutionenökonomik. 1997.

Band 13 Stefan Lorenz: Der Zusammenhang von Arbeitsgestaltung und Erwerbsleben unter besonderer Berücksichtigung der Erwerbstätigkeiten von Frauen und Älteren. 1997.

Band 14 Volker Ehrlich: Arbeitslosigkeit und zweiter Arbeitsmarkt. Theoretische Grundlagen, Probleme und Erfahrungen. 1997.

Band 15 Philipp Hartmann: Grenzen der Versicherbarkeit. Private Arbeitslosenversicherung. 1998.

Band 16 Martin Setzer, Roland Klopfleisch, Werner Sesselmeier: Langzeitarbeitslose und Erster Arbeitsmarkt. Eine kombinierte Strategie zur Erhöhung der Wiederbeschäftigungschancen. 1999.

Band 17 Dorothea Wenzel: Finanzierung des Gesundheitswesens und Interpersonelle Umverteilung. Mikrosimulationsuntersuchung der Einkommenswirkung von Reformvorschlägen zur GKV-Finanzierung. 1999.

Band 18 Ingo Schroeter: Analyse und Bewertung der intergenerativen Verteilungswirkungen einer Substitution des Umlage- durch das Kapitalstocksverfahren zur Rentenfinanzierung. 1999.

Band 19 Roland Klopfleisch: Fiskalische Konsequenzen der Europäischen Währungsunion. Die Veränderung des Seigniorage und dessen Bedeutung für die nationalen EWU-11 Haushalte. 2000.

Band 20 Klaus Heubeck, Bert Rürup: Finanzierung der Altersversorgung des öffentlichen Dienstes. Probleme und Optionen. 2000.

Band 21 Manon Pigeau: Der Einfluß der Arbeitszeit auf die Erwerbsbeteiligung von Frauen. Empirische Befunde, mikroökonomische Modellierung und politische Konsequenzen. 2002.

Band 22 Carsten Müller: Existenzgründungshilfen als Instrument der Struktur- und Beschäftigungspolitik. 2002.

Band 23 Stefan Lewe: Wachstumseffiziente Unternehmensbesteuerung. 2003.

Band 24 wird vor Drucklegung nachgetragen

Band 25 Alexander Meindel: Intergenerative Verteilungswirkung beim Übergang zu einer nachgelagerten Rentenbesteuerung. 2004.

Band 26 Jochen Gunnar Jagob: Das Äquivalenzprinzip in der Alterssicherung. 2004.

Band 27 Tobias Fehr: Recht des außerbörslichen Aktienhandels vor dem Hintergrund des Rechts des börslichen Aktienhandels. Das Kapitalmarktszenario für kapitalmarktaktive Aktiengesellschaften, deren Unternehmensführungen und aktuelle und potentielle Aktionäre und für Wertpapierdienstleister. 2006.

FSC
www.fsc.org
MIX
Papier | Fördert
gute Waldnutzung
FSC® C083411

Kolibri 360 GmbH
Ferdinand-Jühlke-Straße 7
99095 Erfurt, Deutschland
produktsicherheit@kolibri360.de

Druck:
CPI Druckdienstleistungen GmbH
im Auftrag der
Kolibri 360 GmbH
Ferdinand-Jühlke-Str. 7
99095 Erfurt